U0936000

’2013中国广告年鉴

China Advertising Yearbook

中 国 广 告 协 会
《中国广告年鉴》编辑部编

新 华 出 版 社

图书在版编目（CIP）数据

'2013中国广告年鉴 /《中国广告年鉴》编辑部编

—北京：新华出版社，2014.1

ISBN 978-7-5166-0857-9

Ⅰ.①2… Ⅱ.①中… Ⅲ.①广告－中国－2013－年鉴 Ⅳ.①F713.8-54

中国版本图书馆CIP数据核字（2014）第003860号

'2013 中国广告年鉴

China Advertising Yearbook

主　　编：《中国广告年鉴》编辑部

出 版 人：张百新　　**责任编辑**：梁秋克　王晓娜

特约编辑：柏　群　　**封面设计**：孙　鹏　周向东

出版发行：新华出版社

地　　址：北京石景山区京原路8号　　**邮　　编**：100040

网　　址：http：//www.xinhuapub.com　　http：//press.xinhuanet.com

经　　销：新华书店

购书热线：010-63077122　　中国新闻书店购书热线：010-63072012

照　　排：全中环球广告传媒(北京)有限公司

印　　刷：北京顺诚彩色印刷有限公司

成品尺寸：210mm×285mm

印　　张：37　　**彩　　插**：130页

字　　数：1000千字

版　　次：2014年2月北京第一版　　**印　　次**：2014年2月北京第一次印刷

书　　号：ISBN 978-7-5166-0857-9

定　　价：380.00元（精装）

编辑说明

INTRODUCTION

一、《中国广告年鉴》是一部图文并茂的大型资料工具书，2013年版收编了2012年与中国广告业发展有关的主要文献资料。

二、“大事记”、”政策法规”等，以日期为序。

三、本年鉴收集的2012年资料和数据中，未包括我国台湾省、香港特别行政区和澳门特别行政区。

四、为便于读者检索，书末附有“广告刊户索引”。

五、限于编辑水平和所掌握的资料，缺点和错误在所难免。欢迎读者批评指正。

Ⅰ. *China Advertising Yearbook* is a big reference book with a large number of photos and illustrations.The Edition of 2013 includes major information concerning the development of China advertising industry in 2012.

Ⅱ. Columns of "Chronicle of Events" and "Policies,Laws & Regulations" are arranged in order of date.

Ⅲ. Information of Taiwan Province,Hong Kong Special Administrative Region and Macao Special Administrative Region is not included in the yearbook.

Ⅳ. For the convenience of readers，"Index of Advertisers " are enclosed at the end of the yearbook.

Ⅴ. Due to limited information available,oversight and mistakes are inevitable.We welcome readers to comment and point out our mistakes.

CZAD
常州国家广告产业园区
Changzhou National Advertising Industry Park

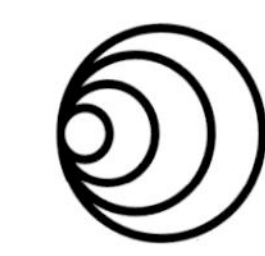

’2013 中国广告年鉴
China Advertising Yearbook

杜　红	中广协副会长、新浪销售与市场资深总裁
李文杰	中国广告主协会事业发展部主任
吴干冰	中广协副会长、浙江省广告协会会长
吴东彬	中广协学术培训部主任
何　洁	中广协副会长、清华大学美术学院副院长
汪　良	中广协副会长、北京人民广播电台台长
沈赞臣	中广协副会长、上海灵狮广告有限公司董事长
张　晔	国家工商行政管理总局广告监管司综合处处长
张继宏	中广协铁路分会主任
陈　观	中广协光源和标识广告分会主任
陈学军	中广协副会长、上海市工商行政管理局副局长
邵　明	中广协电力分会主任
罗　明	中广协副会长、中广协电视分会主任、中央电视台副台长
金定海	中广协学术委员会主任
周玉梅	中国广告协会副秘书长
郑加强	中广协副会长、中国国际广播电台国广传媒发展中心副总经理
郑有义	中广协副会长、人民日报广告部主任
贺寿天	中广协副会长、江苏省广告协会会长
贺超兵	中广协副会长、中广协户外分会主任、大贺传媒股份有限公司董事长
徐　见	中广协副会长、陕西电视台副台长
郭丽娟	中广协副会长、上海广告有限公司董事长
庹登夫	中国广告协会副秘书长
梁勤俭	中广协报纸分会主任
彭德湘	中广协副会长、麦肯光明广告有限公司总裁
程小玲	中广协副会长、中广协广告公司分会主任、中国广告联合总公司总经理
路　华	中广协民航分会主任
廖　伶	中广协副会长、重庆市广告协会会长
潘　阳	中广协副会长、哈尔滨海润国际广告传播集团董事长
镰田正志	中广协副会长、资生堂（中国）投资有限公司总经理

'2013 中国广告年鉴
China Advertising Yearbook

梅金华	湖南省广告协会秘书长
林　阳	广东省工商行政管理局广告处处长
刘洪海	广东省广告协会秘书长
何春雷	广西壮族自治区工商行政管理局广告处处长
邓　东	广西壮族自治区广告协会秘书长
黄会军	海南省工商行政管理局广告监管处处长、海南省广告协会秘书长
魏　彬	重庆市工商行政管理局广告处处长
廖　伶	重庆市广告协会会长
袁　桥	四川省工商行政管理局广告处处长
肖本华	四川省广告协会秘书长
刘永丽	贵州省工商行政管理局广告处处长
王长林	贵州省广告协会秘书长
陈学坤	云南省工商行政管理局广告处处长
弈　焱	云南省广告协会秘书长
次　仁	西藏自治区广告协会秘书长
周华庭	西藏自治区工商行政管理局商标广告处处长
宋军良	陕西省工商行政管理局广告处处长
侯云章	陕西省广告协会秘书长
任　歆	甘肃省工商行政管理局广告处处长
严　勇	甘肃省广告协会秘书长
马秀梅	青海省工商行政管理局广告处处长、青海省广告协会秘书长
樊胜邦	宁夏回族自治区工商行政管理局商标广告处处长
王晓胤	宁夏回族自治区广告协会秘书长
袁虎英	新疆维吾尔自治区工商行政管理局商标广告处处长
苗桂云	新疆维吾尔自治区广告协会秘书长
于春波	大连市工商行政管理局广告处处长、大连市广告协会秘书长
龚央纬	宁波市工商行政管理局商标广告处处长、宁波市广告协会秘书长
林卫东	厦门市工商行政管理局广告处处长
颜俊华	厦门市广告协会秘书长
刘　军	青岛市工商行政管理局广告处、青岛市广告协会秘书长
王建青	深圳市市场监督管理局市场规范处处长

’2013 中国广告年鉴
China Advertising Yearbook

汤山文　　深圳市广告协会秘书长
王　强　　沈阳市工商行政管理局广告处处长、沈阳市广告协会秘书长
姜　超　　长春市工商行政管理局广告分局局长
金　岩　　长春市广告协会秘书长
张春玲　　哈尔滨市工商行政管理局广告处处长、哈尔滨市广告协会秘书长
张家斌　　南京市工商行政管理局广告处处长
陆道爱　　南京市广告协会会长
汪晓敏　　杭州市工商行政管理局广告处处长
候吉光　　济南市工商行政管理局广告处处长、济南市广告协会秘书长
周　平　　武汉市工商行政管理局商标广告处处长
徐　波　　武汉市广告协会会长
陈国平　　广州市工商行政管理局广告处处长
李　平　　成都市工商行政管理局广告处处长
邹俐莉　　成都市广告协会秘书长
王　斌　　西安市工商行政管理局广告处处长

编辑部人员名单

编辑部主任：柏　群
编辑部副主任：项　扬
编　　审：仲　辉
编　　辑：肖葵葵　魏艳英
装帧设计：周向东
校　　对：杨　宁　赵　党
督　　印：宋　江

专家指导委员会：

顾　问：

屈建民	国家工商行政管理总局广告监管司原司长

主　任：

金定海	中国广告协会学术委员会主任 上海师范大学人文与传播学院副院长、广告系主任

成　员：（按姓氏笔划为序）

邓广梼	互动通控股集团总裁
田　涛	央视市场研究股份有限公司副总裁
刘立宾	中国商务广告协会常务副会长
吴晓波	中国消费者认知研究中心董事长、广东平成广告有限公司董事长
张　翔	中国广告研究院副院长、中国传媒大学广告学院教授
李德成	中国律师协会知识产权专业委员会主席
杨同庆	首都经济贸易大学广告研究所所长、教授
杨宇时	北京远景联动网络资讯有限公司创始人、资深广告传媒管理专家
陈　刚	北京大学新闻与传播学院副院长、教授、博导
陈徐彬	《广告大观》杂志总编辑
陈培爱	厦门大学人文学院副院长、教授、博导
胡晓云	浙江大学传媒与国际文化学院传播系副主任、浙江大学品牌研究中心主任、浙江大学CARD中国农业品牌研究中心主任
倪　宁	中国人民大学校长助理、新闻学院教授、博导
徐智明	龙之媒广告文化书店董事长
贾丽军	卓越形象品牌传播事业机构CEO及执行创意总监
高　峻	梅高（中国）创意咨询有限公司董事长
黄升民	中国传媒大学广告学院院长、教授、博导
程士安	复旦大学新闻学院广告学系主任

中央人民广播电台
CHINA NATIONAL RADIO

王求台长与央广新媒体2012年最佳管理奖得主合影

中央人民广播电台是中华人民共和国国家广播电台（简称“CNR”），是中国最重要、最具权威性和最具影响力的综合传媒机构之一。

中央人民广播电台是目前中国唯一覆盖全国的广播电台，在中国拥有听众超过7亿，是世界上拥有国内听众最多的广播电台，现办有中国之声、经济之声、音乐之声等16套广播节目。

以广播为依托，中央人民广播电台全面开展新媒体业务，丰富各类传媒形式，拥有目前中国最大的广播音频网站“中国广播网”及“中国民族广播网”、“你好，台湾网”、网络电台“银河台”，开办了4套数字广播节目、2套数字电视频道《幸福购物》和《家庭健康》、1套互联网电视节目、1套手机电视频道《央广视讯》及3套手机广播节目。此外，中央人民广播电台还主办了《中国广播》杂志、《音乐之声》杂志、《中国广播报》等平面媒体，设有中国广播音像出版社等机构。中央人民广播电台下设的全资公司——央广传媒发展总公司，依托中央人民广播电台可经营性节目资源，积极面向市场，目前旗下拥有3家分公司，14家全资、控股子公司，3家参股公司，并获得多家金融机构的资金授信，已成为中国广播产业开发的重要标志。

2012年，面对持续低迷的经济形势、不断收紧的国家广告管理政策，中央台的广告经营管理，积极贯彻“事业产业协调发展”的要求，调整思路、适应变化、强化服务、稳中求进。广告管理紧紧围绕“促进广告收入持续增长”这一工作重心，从广告审查、广告监听、广告数据服务、广告专业知识技能培训、广告管理政策制定和监督实施等多方面落实广告管理职能，规范管理，强化服务，全面提升广告经营管理的效率和经济效益。台全资公司所属的广告经营机构根据经济环境变化积极应对，通过调整产品结构，满足企业多方位需求，全力维护老客户、积极吸纳中小客户，提升广告饱和度。在销售过程中，充分发挥各频率的品牌优势，采用碎片化、事件营销等多种营销方式，增加广告收入。

2012年度，中央台广告经营收入取得新突破，广告管理水平再上新台阶。2012年度，中央台广告经营收入为7.19亿元，比去年同期增长24.39%；中国之声广告经营收入为5.01亿元，同比增长22.19%；经济之声频率广告收入首次突破亿元大关，达1.02亿元，同比增长64.27%。

中央人民广播电台“第四届全国广播广告作品创优评析活动”获奖照片

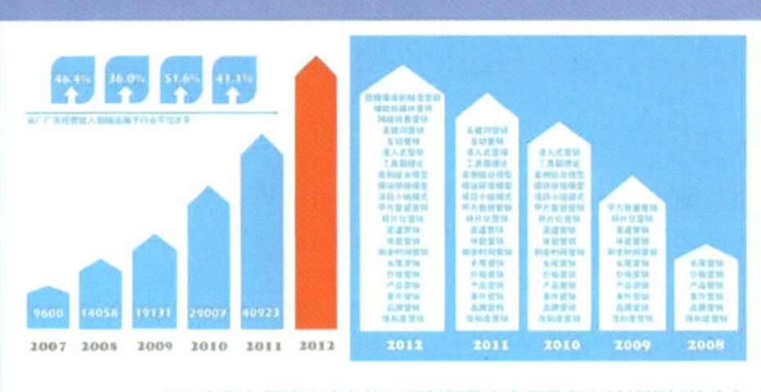

央广广告在营销方法上的不断创新是广告经营收入持续增长的动力

'2013 中国广告年鉴
China Advertising Yearbook

目录

四　大事记

五　政策、法规

六　广告监管

'2013 中国广告年鉴
China Advertising Yearbook

CONTENTS

VI Advertising Supervision

VIII Organizations in Advertising Industry

China Advertising Association

XVII Introduction of Selected Advertising Units in China

XVIII Index

'2013 中国广告年鉴
China Advertising Yearbook

领导讲话

Speeches by Leaders

深入贯彻党的十七届六中全会精神
不断开创实施广告战略新局面
——在全国工商系统广告工作会议上的讲话

（2012 年 4 月 19 日）

国家工商行政管理总局局长　周伯华

同志们：

这次全国工商系统广告工作会议的主要任务是，深入贯彻落实党的十七届六中全会精神，认真总结近年来全系统广告工作取得的成绩和经验，全面部署广告战略的实施，营造良好市场环境，提升服务发挥效能，为促进经济社会科学发展和经济发展方式加快转变不断作出新的贡献。

这次会议在江苏召开，得到了江苏省委、省政府的高度重视和大力支持。今天，江苏省副省长傅自应同志百忙之中又亲临会议做指导。中央和地方有关新闻单位也派员出席会议。江苏省工商局为开好这次会议做了大量筹备工作。在此，我代表国家工商总局和全体与会代表，对江苏省委、省政府长期以来对工商行政管理工作的重视和关心，对有关部门和新闻界的朋友们对工商行政管理工作的支持与帮助，对江苏省工商局的同志们为开好这次会议付出的辛勤劳动，表示衷心的感谢！

江苏美丽富饶，是经济大省。近年来，江苏省委、省政府深入落实科学发展观，认真执行中央决策部署，以推动科学发展、建设美好江苏为主题，加快实现“三个转变”，深入实施六大发展战略，积极推进“两个率先”，取得了经济社会又好又快发展的显著成绩。江苏省工商局在省委、省政府的正确领导下，始终围绕江苏经济社会科学发展履职尽责，坚持以工商行政管理理论创新成果指导实践，开拓创新，扎实工作，在服务经济发展中发挥了重要作用，在规范市场秩序中树立了监管权威，在强化消费维权中筑牢了民心根基，在推进依法行政中规范了执法行为，在严格锻炼队伍中强化了组织保障，不少工作走在了全国工商系统前列。特别是在指导广告业发展和依法加强监管中思路新、措施实、效果好，积累了许多宝贵经验。这次会议在江苏召开，也为大家提供了一个相互学习、交流借鉴的良好平台。

下面，我就深入贯彻落实党的十七届六中全会精神，不断开创实施广告战略的新局面，讲几点意见。

一、近年来全国工商系统广告工作取得了显著成绩

近年来，全国工商系统深入贯彻落实科学发展观，认真履行指导广告业发展和加强广告监管的法定职责，坚持积极服务与加强管理并重，整顿规范与指导发展并举，创新机制，提高效能，广告市场环境持续好转，广告业保持平稳较快发展，广告工作取得了显著成绩，为促进经济社会又好又快发展做出了积极贡献。仅 2011 年就有 37 位省委、省政府领导对工商系统广告工作取得的成绩作出批示给予表扬。

（一）虚假违法广告明显下降

经过近年来持续不断地开展专项整治行动，广告市场秩序日趋规范。总局广告抽查监测结果显示，2011 年省级电视台卫视频道、都市类报纸发布的医疗、药品、保健食品、化妆品、美容服务等五类重点商品与服务广告，平均违法率比 2007 年下降 13%。2011 年全系统共查处各类广告违法案件 4.2 万件，比 2007 年下降 26%，一批虚假违法广告受到严厉查处。认真落实国务院领导批示精神，组织开展清理部分商品滥用“特供、专供”等标识专项行动，取得了明显成效。积极配合有关部门开展整治网络淫秽色情及低俗信息专项行动，查处了一批发布非法“性药品”广告导航网站、含有非法“性药品”广告内容的链接网站。

（二）广告监管制度创新取得新成果

各地不断探索推行“联合告诫”、“联合公告”、“联合检查”、“联合督查”等部门联动机制，充分发挥了广告监管部际联席会议制度的作用。积极实行广告监测、违法广告公告、案件查办落实情况报告、广告审查员等广告管理制度，不断丰富了广告监管长效机制的内涵。积极运用预警教育、约见谈话、行政指导、行政告诫等广告监管手段，切实促进了广告主、广告经营者、广告发布者完善制度、加强自律。积极采取经济处罚、信用约束、暂停产品销售、暂停广告业务、责令停业整改、市场退出、行政执法与刑事司法衔接等监管方式，进一步加大了对违法广告主、广告经营者、广告发布者的处罚力度。

（三）实施广告战略成为工商部门服务发展新的亮点

一是广告业发展势头良好。2011 年全国广告经营单位达到 29 万余户、广告从业人员 167 万多人、广告经营额 3125 亿元，分别比上年同期增长 21.80%、13.03%、33.54%。一些省市已将促进广告业发展上升为政府行为，纳入地方经济社会发展大局。二是规划了“十二五”时期广告业发展目标。总局制定了《广告业“十二五”发展规划》，一些省市也制定了本省广告业“十二五”发展规划。山东以省政府文件名义出台了《关于促进全省广告产业发展的意见》。北京、天津等 20 个省市以部门联合发文形式出台了当地促进广告业发展的指导意见。各地党委、政府加大对广告业发展的重视支持，有力推动了区域广告业全面协调持续发展。三是广告产业园区建设稳步推进。总局会同财政部开展了国家广告产业园区试点工作，首批在 7 个省市确定了 9 家试点单位，落实中央财政支持资金 3 亿元；与北京、江苏等省市政府签署了推进地方广告业发展的战略合作协议，积极发挥了示范引领作用。总局专门出台《国家广告产业园区认定和管理

暂行办法》，进一步促进了广告园区的规范化建设和可持续发展。四是开展了一系列富有成效的广告活动。先后举办了第十八届中国国际广告节、2011 中国广告论坛、中国长沙国际广告节、2011 海峡两岸广告高峰论坛等广告活动，扩大了广告业对外开放，促进了海峡两岸经贸交流。五是培养了广告专业人才。顺利举行了全国首次助理广告师、广告师职业水平统一考试，产生了我国第一批广告师和助理广告师，为广告业发展提供了人才保障。大力推进培养广告专业人才基地建设，总局在中国传媒大学设立了全国性的广告研究基地，北京、青岛等地依托高校建立广告业发展研究、人才培养和职业水平考试基地，山东、哈尔滨在知名广告企业建立广告人才实践基地，有效提高了广告从业人员素质和行业服务水平。

（四）公益广告充分发挥了引领社会风尚的重要作用

近年来，先后组织开展了倡导禁烟、义务献血、希望工程、保护动物、关爱他人、环境保护、交通安全、节约用水、诚信守约、社会公德、反腐倡廉、尊师重教、打击盗版、助人为乐、食品安全、“庆祝建党 90 周年”等内容丰富、主题鲜明的公益广告宣传，并联合中央文明办开展了全国优秀公益广告评选表彰活动，充分发挥了公益广告引领社会风尚、助推道德建设的积极作用。

（五）广告工作基础建设迈上新台阶

一是广告法制建设积极推进。《广告法》修订工作进展顺利，《保健食品广告审查发布标准》、《化妆品广告管理办法》制定、修订工作稳步推进。二是积极推进广告监测系统建设。总局扩大了监测抽查范围，多数省市工商局设立了专门的监测机构，监测范围覆盖了地市以上电视、广播、报纸等传统媒体，北京、上海、浙江等地将监测范围拓展到互联网、移动通信终端、交互式视频等新兴媒体。一些省市制定了广告监测监管操作规范，推动了广告监测常态化，广告监测能力稳步提升。三是加强了广告统计工作。国家统计局正式明确由工商部门负责广告行业发展统计工作。总局加强了广告统计制度和规范建设，会同国家统计局研究制定了广告业统计指标体系，已在一些地方开始试点。

这些成绩的取得，是各级党委、政府重视关心的结果，是全系统广大工商干部辛勤努力的结果。在此，我代表总局党组，向关心支持工商行政管理工作的各级党委、政府及有关部门，表示衷心的感谢！对从事广告监管和指导广告业发展的广大工商干部，致以诚挚的慰问！

在充分肯定成绩的同时，必须清醒地看到，当前广告工作还存在一些差距和不足。一是虚假违法广告屡禁不止，个别地方广告违法率仍居高不下，广告市场秩序与人民群众的美好期待还有一定差距。二是广告诚信度还不够高，广告市场秩序有待进一步规范。三是我国广告业仍存在专业化和组织化程度不高、创新能力不强、高端专业技术人才匮乏、综合竞争力不强等问题。四是广告业在国民经济中的比重有待提升。全国广告年经营额占 GDP 总量的比重、占社会消费品总额的比重等，尚不及发达国家平均水平的一半，这种状况与加快转变经济发展方式的要求还不相适应。这些都需要我们在今后的工作中切实加以改进。

二、充分认识实施广告战略的重要意义

广告是传播经济信息的工具、开拓市场的手段、引领消费的指南。广告业是现代服务业和文化产业的重要组成部分，是创意经济中的重要产业，在服务生产、引导消费、推动经济增长和社会文化发展等方面，发挥着重要作用。党的十七届六中全会《决定》强调要发展壮大包括广告在内的传统文化产业和新兴文化产业，国家《“十二五”规划》指出要促进广告业健康发展。我国经济又好又快发展、人民生活水平和消费水平不断提高，为广告业的持续发展提供了内在驱动力。党和国家对广告产业越来越重视和支持，使广告业的发展迎来了新的机遇。适应新的形势、任务和要求，总局党组提出大力实施广告战略，这是贯彻落实党的十七届六中全会精神和国家《“十二五”规划》的一项重大举措。各级工商行政管理机关要从服务经济社会发展全局的高度，充分认识实施广告战略的重要意义，切实增强全面推进广告战略实施的责任感和使命感。

实施广告战略，是促进文化产业大发展大繁荣的基本要求。广告业是文化产业中的重要行业，是传媒业生存和发展的重要经济支撑。大力实施广告战略，促进广告业健康发展，是经济活动的需要、社会活动的需要、文化繁荣发展的需要。广告作为传播大众文化的重要载体，对社会文化价值观的形成和变化具有潜移默化的影响，对提升国家文化软实力发挥着重要作用。公益广告是传播社会主义精神文明的重要阵地，是宣传社会主义核心价值观的重要渠道，是展示社会主义先进文化的重要舞台。大力实施广告战略，深入整顿和规范广告市场秩序，发展壮大公益广告事业，有助于弘扬时代主旋律、倡导社会主义核心价值体系、传播中华民族优秀文化和人文精神、提高国家文化软实力、提升公民思想道德水平。

实施广告战略，是更加自觉服务经济发展的客观需要。广告业的繁荣，反映的是生产蓬勃、消费旺盛，体现的是经济发展健康状况。广告业不仅是国民经济的重要组成部分，也是衡量一个国家综合经济实力的重要指标。指导广告业发展，是工商部门承担的行业管理职能。改革开放以来，伴随着经济社会的快速发展和科学技术的全面进步，我国广告业取得了长足发展，成为世界广告大国，2011 年广告市场的总体规模已跃居世界第三。大力实施广告战略，促进广告业科学发展，是新形势下工商部门更加自觉服务经济发展的重要要求。各级工商部门要主动承担起指导广告业发展的职能，认真研究广告业发展中的新情况，明确新任务，采取新举措，充分发挥广告促进经济社会发展的重要作用。

实施广告战略，是促进经济发展方式加快转变的重要途径。以知识密集、技术密集、人才密集为行业特征的广告业，是现代服务业的重要组成部分，也是创意经济的重要产业，具有完整的产业链，关联行业众多，对其他产业发展有着很强的带动作用。大力实施广告战略，有助于促进服务业发展提速、比重提高、水平提升，有助于宣传企业文化、塑造产品品牌、增强自主创新能力，有助于推动经济结构战略性调整、促进产业结构优化升级。

实施广告战略，是拉动内需的重要手段。引导消费、拉动内需是广告的主要功能。大力实施广告战略，营造文明诚信的广告市场环境，传播富有创意的广告作品，有助于人们获取消费信息、增长消费知识、提振消费信心、培育消费热点、扩大消费需求，提高消费对经济增长的贡献率。

三、努力开创实施广告战略新局面

经过改革开放以来 30 多年的发展，我国广告业已经成为具有一定规模和效益的产业。贯彻落实党的十七届六中全会精神，在新的起点上大力实施广告战略，总体要求是：坚持以邓小平理论和“三个代表”重要思想为指导，深入贯彻落实科学发展观，以加强广告监管和服务广告业发展效能建设为抓手，以全面提升广告产业市场化、规模化、集约化、专业化水平为目标，以净化广告传播环境、规范广告市场秩序为主线，以健全完善广告法律法规、构建广告市场长效监管机制为保障，积极争取地方党委和政府的支持，激发调动社会各界参与热情，促进广告业科学发展，为加快转变经济发展方式、构建社会主义和谐社会、推动社会主义文化大发展大繁荣提供强大动力。按照这个总体要求，要重点抓好以下几个方面的工作：

（一）着力实现广告战略发展目标

各级工商机关要紧紧围绕实施广告战略目标开展工作，确保工作的针对性、有效性。到 2020 年，努力把我国建设成为广告创意、策划、设计、制作、发布、管理水平达到国际先进水平的国家。广告法律法规和管理体制更加完善，与我国经济社会发展需要相适应的广告行政管理体制和运行机制运转顺畅。广告市场秩序更加规范，全社会广告法制意识明显增强，广告行业的诚信度明显提高。广告市场规模与质量效益协调发展，广告产业结构进一步优化，广告行业竞争力和影响力进一步增强，形成一批专业化程度高、创新能力强、具有国际竞争力的广告企业集团，培养一批国际化、创新型高端广告专业人才。广告业拉动消费、扩大内需、促进相关行业发展的作用明显提升，弘扬社会主义核心价值体系、传播社会主义先进文化、推动和谐社会建设的作用进一步彰显，提升国家文化软实力的作用进一步增强，广告的功能作用和产业价值得到社会普遍认同。

（二）着力规范广告市场秩序

虚假违法广告，危害人民群众健康安全，扰乱社会秩序，影响社会稳定，社会反映强烈。各级工商机关要切实把广告市场整治工作抓紧、抓实、抓出成效，坚决遏制违法广告高发频发的态势，坚决治理好人民群众反映强烈的医疗、药品、保健食品等广告，坚决打击危害青少年身心健康的低俗不良广告。一是突出重点，深入开展虚假违法广告专项整治工作。切实履行牵头职责，会同部级联席会议成员单位，发挥监管合力，突出重点商品、重点媒体、重点地区，深入开展集中整治。二是全面推进，强化广告日常监管。积极创新监管理念，推进监管关口前移，综合运用信用分类监管、行政指导等手段，督促媒体加强广告发布前审查，切实规范广告发布行为。拓展监管领域，强化对互联网、手机等新兴媒体广告的监管。创新监管方式，加强对地市级媒体的分类监管。丰富监管手段，充分运用现代信息技术，提升监管效能。三是着眼长远，健全监管长效机制。完善广告监管制度，建立健全广告监测体系、广告监管执法联动体系、广告信用监管体系。

（三）着力提升服务广告业发展效能

一是切实抓好广告产业园区建设。广告产业园区的集聚效应、辐射效应和示范效应，有利于推动广告产业向专业化、规模化、品牌化、国际化方向发展，有助于将广告战略由部门行为上升为政府行为。要把广告产业园区建设作为实施广告战略的一个重要抓手，坚持政府主导与市场运作相结合，支持有条件、有意愿、基础好、示范性强的城市先行一步。各地工商部门要依据《国家广告产业园区认定和管理暂行办法》的规定，加强对广告产业园区建设的指导。二是强化发展规划指导。各地要结合实际，制定并组织实施广告业发展“十二五”规划，进一步明确“十二五”时期广告业发展的指导思想、目标任务。三是加快推进公益广告事业发展。积极发挥政府引导作用，推进建立和完善公益广告的多元化运作模式和激励机制，鼓励引导社会各类主体投入和参与各类公益广告活动。鼓励和支持在生产、生活领域增加公益广告设施和发布渠道，扩大公益广告宣传和社会影响。

（四）着力加强实施广告战略基础建设

一是进一步加强广告法律法规和制度体系建设。总局要积极配合立法机关推进《广告法》修订工作尽快完成。各地要结合实际，进一步加强广告立法立规工作，力争在创新执法机制、完善监管制度、强化重点领域监管等方面有新的突破。注重实践创新和归纳总结，进一步完善广告行政审批、审查、监测、执法办案等工作制度。二是进一步加强广告信息化建设。要大力推进广告信息化硬件和应用系统的开发建设，建设好广告监测、广告监管执法、广告统计分析等数据平台，全面提升工商干部熟练掌握信息化技术手段的能力。三是进一步加强广告统计工作。组织开展全国广告行业普查，实行广告业统计报告制度，摸清广告业发展基本情况，加强对广告新业态、新技术的研究，了解广告业发展动态，研究广告业发展中遇到的新情况、新问题，积极探索广告业发展规律。四是加强广告管理干部队伍建设。高素质的干部队伍是深入实施广告战略的智力保障。要在重视广告机构建设的同时，以提升广告监管服务能力为核心，加大教育培训力度，推动广告管理干部队伍政治素质、业务素质、作风素质的全面提升。大力激发广告战线干部履职尽责、科学监管、服务发展的热情，争做推进广告战略实施的先锋。

（五）着力强化组织领导

推进实施广告战略，是一项复杂的系统工程。要切实加强组织领导，细化各阶段工作目标和任务分工，真抓实干抓好落实。一是建立工作领导机制。总局已成立由我任组长、甘霖副局长任副组长，有关司局、直属事业单位负责同志为成员的推进广告战略实施领导小组。各地会后要尽快建立由主要领导牵头负责的推进落实机构，统筹规划广告战略实施工作。二是加强工商机关内部的协调配合。加强工商部门内部的分工协作，分解任务，落实责任。健全完善广告战略监督检查工作制度，建立健全广告战略信息反馈制度，畅通信息渠道，认真总结推广好的做法经验。三是积极争取将广告战略上升为政府行为。要积极主动向当地党委和政府报告，争取党委、政府的支持，切实把推动广告业发展纳入地方经济社会发展大局来谋划和推动。四是进一步完善省部合作机制。总局已经与北京市、江苏省签署推进广告业发展战略合作协议，下一步要在拓展合作内容、创新合作机制、落实合作任务上下功夫。各地也要积极探索建立工商部门与重点城市间的推进广告战略合作机制，充分调动当地政府促进广告业发展的积极性、主动性。五是要主动加强与相关部门的沟通协调。要积极协调政府相关职能部门出台促进广告业发展的政策措施，与有关部门建立相应的工作协调制度，共同解决工作中遇到的问题，确保广告战略顺利实施。

同志们，维护广告市场良好秩序、指导广告产业健康发展，是工商行政管理部门的重要职责。我们要深入贯彻落实党的十七届六中全会精神，抓住机遇，奋发有为，履职尽责，扎实工作，努力开创实施广告战略的新局面，为服务经济社会科学发展不断做出新的贡献，以优异成绩迎接党的十八大胜利召开！

在全国工商系统广告工作会议暨国家广告产业园区建设现场会上的总结讲话

（2012 年 4 月 20 日）

国家工商行政管理总局副局长 甘 霖

同志们：

在大家的共同努力下，全国工商系统广告工作会议暨国家广告产业园区建设现场会，圆满完成了各项议程。总局党组对这次会议非常重视，周伯华局长亲临会议并作了重要讲话，对大力实施广告战略，努力开创广告工作新局面进行了全面的动员和部署。与会同志围绕学习领会周局长的讲话精神落实实施广告战略的意见，联系各自工作实际，进行了认真的讨论和交流。江苏、北京等七个省市工商局介绍了创新开展广告工作的经验做法，南京市建邺区政府介绍了推进广告产业园区建设的做法，与会代表实地考察了南京市广告产业园区。会议期间，对首批认定的上海中广国际广告创意产业基地等九个国家广告产业园区进行了授牌。

这次会议是在我国广告业处于跨越式发展、广告工作大有可为的关键时期召开的，对于夯实广告工作基础，强化监管职责，拓展发展功能，打造工商工作新亮点，树立新形象，更加有效作为具有里程碑意义。周局长的重要讲话，高度概括了近年来全国工商系统广告工作取得的成绩，深刻分析了当前广告工作面临的新形势、新挑战，全面阐述了推进广告战略实施的重要意义，明确提出了推进广告战略实施的目标任务和总体要求，立意高远，鼓舞人心，任务明确，要求具体，具有很强的指导性。大家一致认为，这次会议主题突出、内容丰富、会风务实，非常及时、非常重要、非常成功，是一次统一思想、提高认识的动员会，是一次坚定信心、振奋精神的鼓劲会，是一次明确目标、开拓创新的部署会。大家一致表示，要尽快将这次会议的精神向当地党委和政府领导汇报，组织干部认真学习、领会，按照此次会议的部署和要求，扎实推进广告战略实施，努力把广告工作提高到一个新的水平。

下面，我结合大家的学习讨论情况，就贯彻落实此次会议精神，讲两点意见。

一、广告工作实现了“十二五”良好开局

去年 5 月，总局在长沙召开了全国工商系统广告工作座谈会。一年来，各级工商部门按照总局的工作部署和要求，深入整顿和规范广告市场秩序，强化对广告业发展的规划和指导，努力夯实广告工作的基础，取得了积极成效。

（一）规范广告市场秩序取得新成绩

专项整治成果持续扩大。各地工商机关坚持把专项整治作为市场监管的重要抓手，积极履行牵头职责，会同联席会议成员单位，按照《2011 年虚假违法广告专项整治工作实施意见》的要求，落实任务分工，突出整治重点，整合监管力量，实施综合治理，不断巩固和扩大成果。2011 年全系统共查处各类广告违法案件 4.2 万件，罚没款 2.6 亿元。2012 年第一季度，关系人民群众健康安全的医疗、药品、保健食品、化妆品、美容服务广告的平均违法率比去年同期下降了 2.7 个百分点。

日常监管能力稳步提升。各地进一步加强了广告监管力量。湖南、大连等省市工商局对内设机构进行了调整，单设了广告处。贵州、沈阳等地加大资金投入，更新升级了广告监测设备。全国近一半省市工商局设

立了专门的广告监测机构，监测范围覆盖了地市以上电视、广播、报纸等传统媒体。安徽、云南等省市制定了广告监管监测工作规范。2011 年全国广告监测总量超过 6000 万条次。

监管方式不断创新。各地工商部门积极加强对媒体广告发布审查的行政指导，逐步从重事后监管向事前、事中、事后全过程监管转变。上海积极探索互联网广告监测和案件查办的工作规律，强化对互联网广告的监管。湖南把广告监管纳入全省基层工商所“五无”监管区创建活动的重要内容，促进广告监管重心下移和职能到位。重庆实行媒体广告扣分考核和责任追究制度，福建采取省市区三级联查方式，在强化广告日常监管工作中发挥了较好效果。

长效机制建设扎实推进。总局会同专项整治部际联席会议成员单位联合制定了《大众传播媒介广告发布审查规定》，强化大众传播媒介广告审查责任。湖北、厦门进一步完善了特殊商品广告发布前备案制度和法律咨询制度，黑龙江制定了《广告行政指导制度》，上海、江苏、浙江、安徽四省市工商部门签署了《沪苏浙皖工商行政管理部门广告监管执法联动合作协议》，建立了广告监管执法联动合作机制。

维护社会和谐稳定积极作为。配合国务院新闻办开展整治网上涉性用品药品非法信息专项行动，部署查处 380 家含有非法涉性广告内容的网站和 154 家为发布非法涉性广告网站提供链接服务的专业、导航网站。各地工商机关配合有关部门积极开展“药品安全专项整治”、“扫黄打非”等专项整治工作，为维护社会和谐稳定做出了积极努力。

（二）指导广告业发展实现新突破

广告业发展提速提质。得益于国家大力发展服务业、文化产业的政策环境，广告业发展提速，呈现出强劲的发展活力。2011 年，全国广告经营额 3125 亿元，占 GDP 总量的 0.66%，比 2010 年上升 0.07 个百分点。

广告业发展环境日益优化。总局出台了《贯彻落实党的十七届六中全会精神促进社会主义文化大发展大繁荣的意见》，明确提出要积极履行指导广告业发展职能，大力促进广告业繁荣发展。各地党委、政府日益重视广告业发展，把广告业发展纳入地方经济发展大局，陆续出台了指导广告业发展的政策措施。北京、上海、四川等省市把促进广告业发展写入落实六中全会精神的文件，南京市把广告产业园区建设写入党代会工作报告。省部合作机制开始建立，总局与北京、江苏等省市政府签署了推进地方广告业发展的战略合作协议，对宣传广告工作、促进广告业发展，起到了重要的推动和示范引领作用。今年以来，有 16 个省市党委、政府领导专程到总局商谈广告业发展事宜。总局会同中央电视台，制作播出《广告的力量》专题片，积极宣传广告的功能作用，全国两会期间推出了广告工作特刊，为广告业发展营造了良好氛围。

广告产业园区建设有序推进。总局会同财政部开展了支持广告业发展试点工作，引起积极反响。各地加快了广告产业园区建设进度，今年又有 20 多个省市提出了建设广告产业试点园区的设想，总局和财政部正在推进新增试点工作。山东等地开展了省级广告产业园区建设工作。为推动广告产业园区的规范化建设和可持续发展，总局出台了《国家广告产业园区认定和管理暂行办法》。

公益广告事业稳步发展。总局会同中宣部等部门组织开展了“庆祝建党 90 周年”主题公益广告活动。新疆工商局在全疆开展民族团结公益广告巡展。吉林省工商局联合有关部门开展“新农村、新发展”公益广告活动。广东省工商局开展“消费与民生”公益广告活动，并着手进行促进公益广告的地方立法。海南省工商局服务国际旅游岛战略，举办公益广告大赛。目前，公益广告宣传已经成为创新社会管理的重要方式之一。

（三）广告工作基础建设迈上新台阶

广告管理干部队伍素质不断提高。总局举办了全国广告处长、广告监测中心主任培训班。云南、贵州、内蒙古等 17 个省市开展了广告监管人员的业务培训。上海组织开展了新媒体广告行为和监管措施专题研究，提高了干部队伍业务素质。河南结合行风评议、创先争优活动，加强基层党组织和党员队伍建设，在服务经济社会发展中树立了广告监管的良好形象。

广告业发展基础进一步夯实。一是按照底数清、数字准、情况明的要求，加强了统计工作。总局会同国家统计局研究制定了广告业统计指标体系，已在部分省市开始试点。上海、天津、宁夏开展广告业及其相关行业的调查，浙江制定《广告统计工作评比办法》，广东开发广告业经营情况统计软件，为指导广告业发展提供了有力的数据支持。二是加强了广告专业人才培养。顺利举行全国首次助理广告师、广告师职业水平统一考试，依托高校建立了一批广告业人才培养基地和实践基地，有效提高了广告从业人员素质和行业服务水平。三是进一步加强了对外交流合作。成功举办了中国国际广告节等在国内外有影响的广告盛会，对促进广告业对外开放、交流合作和经贸交流发挥了积极作用。

一年来，各级广告协会，充分发挥熟悉行业、联系行业、服务行业的优势，强化职能完善服务，强化责任反映诉求，强化自律规范行为，扩大交流加强合作，强化建设凝聚力量，促进了广告业繁荣发展。

成绩来之不易，经验弥显珍贵，我们有理由感到自豪，但我们决不能自满，应当清醒地认识到，广告的基础管理工作仍相对薄弱，还存在底数不清的情况，广告市场环境和广告业发展还有许多问题亟待解决。特别是广告业总体规模与国民经济发展不匹配，广告业竞争力不强、效益不高的问题仍很突出，广告市场秩序现状与人民群众的美好期待还有较大差距。需要站在更高的起点上，以更加进取的精神、更加积极的作为、更加有力的举措，切实加以解决。

二、认真贯彻落实会议精神，扎实推进广告战略实施

广告业是现代服务业和文化产业的重要组成部分。党的十七届六中全会明确提出，要在重点领域实施一批重大项目，推进文化产业结构调整，发展壮大包括广告业在内的文化产业。温家宝总理在十一届全国人大五次会议上的《政府工作报告》中提出，要提高文化产业规模化、集约化、专业化水平，推动文化产业成为国民经济支柱性产业。工商部门作为指导广告业发展和监管广告市场的职能部门，必须敢为、善为、乐为、有为，担当起推动广告业科学发展的历史责任。

要切实把思想和认识统一到周局长的重要讲话精神上来，统一到总局党组对广告工作的安排部署上来。一是深刻认识工商行政管理机关在维护广告市场秩序、促进广告业科学发展中肩负的重要责任，进一步增强依法履职、服务发展的责任感、使命感。二是切实加强组织领导，尽快建立主要领导牵头负责的推进落实机构，准确把握广告战略实施的目标任务和总体要求，统筹规划广告战略实施工作。三是积极争取地方党委、政府支持，将广告战略纳入当地经济社会发展总体布局，结合本地区特点和实际情况，学习借鉴各地的先进经验和做法，抓紧研究制定贯彻落实工作方案。四是加强内部协调和横向沟通，建立有效的工作协调机制，调动各方面的积极性，将广告战略任务具体，将广告战略举措落实。

实施广告战略不仅是当前的重要工作，也是一项长期任务。各地要结合本地实际，统筹安排好不同阶段的重点工作，坚持不懈，扎实推进。今年，要着重抓好以下几项工作。

（一）继续深入整顿和规范广告市场秩序

整顿和规范广告市场秩序是关注民生、执法为民的重要体现，也是保障广告业健康发展的必然选择。各地要牢固树立不抓监管就是失职、抓不好监管就是不称职的意识，切实提高监管执法效能，依法严厉查处虚假违法广告，营造文明诚信的广告市场环境。

深入开展整治虚假违法广告专项行动。整治虚假违法广告专项行动是整合监管合力、解决突出问题的重要措施。今年初，总局作为牵头单位，组织召开了广告专项整治工作部际联席电视电话会议，周局长做了重要讲话，11 个部门负责人对本部门开展广告专项整治提出了明确要求。各级工商部门要积极作为。一是切实履行牵头职责，主动做好组织协调工作，按照分工要求，抓好任务分解和责任落实。二是突出重点，

继续加大对都市类报纸、广播电台、电视台媒体广告的监测检查力度，严格监管电视购物广告，依法整治以新闻形式和健康资讯节目（栏目）变相发布广告的行为。三是加大查处力度，严厉查处虚假违法的医疗、药品、保健食品、美容服务、化妆品广告以及收藏品、招商加盟等广告，不断巩固和扩大整治成果，确保广告市场规范有序。

强化广告监测工作。广告监测是实施监管的基础，对增强广告监管工作的主动性、预见性，提升监管效能具有重要意义。目前，大部分省级工商机关都开展了广告监测工作，但工作水平并不均衡，在监测人员、监测设备、监测制度等方面还需要进一步加强。一是要加强广告监测机构建设。监测机构的体制和编制可因地制宜，灵活把握，核心是要有机构、有设备、有人员，能够正常开展监测工作。总局今年将对部分广告监测工作基础薄弱的省级工商机关给予资金支持。要通过上下共同努力，力争在今年年底形成覆盖全国的广告监测网络。二是要进一步统一监测标准，完善监测制度。总局正着手制定广告监测制度规范，各地要按照规范要求，加强广告监测制度化、规范化建设。三是要强化广告监测与监管执法的衔接。要充分运用监测结果，建立证据提供、案件交办、立案查处、结果反馈一体化的监管指挥系统，不断完善案件查办机制。

强化对广告发布环节的监管。广告发布环节好比“水龙头”，抓住发布环节就是抓住了关键。为强化对发布环节的监管，今年，总局会同部际联席会议成员单位联合印发了《大众传播媒介广告发布审查规定》，各地要切实抓好该规定的落实工作。一是要围绕广告监管工作重点，认真组织开展广告审查员广告法律法规培训，提高广告审查员素质，增强广告媒介单位自律意识和把关能力。二是要会同媒介行政主管部门加强日常监督检查，督促大众传播媒介认真执行广告发布的有关规定，切实落实广告发布审查责任。三是要严格落实责任追究，对不执行广告发布审查规定，导致严重虚假违法广告屡禁不止、广告违法率居高不下，造成恶劣社会影响的大众传播媒介，要依法依规严肃处理。

推进广告监管长效机制建设。一是加强广告法制建设。目前，国务院法制部门加快了《广告法》修订工作步伐。各地要积极做好《广告法》修订配合工作，按照总局要求及时报送有关材料。同时，积极推动地方广告监管立法立规，通过参与制定和修改地方法规，先行先试，为监管执法提供支撑。二是进一步完善联席会议工作机制。加强联席会议成员单位之间信息沟通和工作衔接，加强联合检查、联合公告、联合告诫、联合督查等工作，建立健全监管执法联动体系。三是进一步加强广告信息化建设。要深入推进广告业务与信息化技术的融合，建设和完善广告监测、广告监管执法、广告统计分析等数据平台，建立广告企业信息数据库，为行业管理部门和社会提供数据信息服务。四是要加快建立广告信用监管体系。研究设立广告主、广告经营者、广告发布者信用评价指标，建立广告企业信用数据库，重点记录、归集广告市场主体开展经营活动、广告监测、广告案件查处等信息，推进信用监管工作。

（二）全面提升指导行业发展效能

组织实施《广告业“十二五”发展规划》。《广告业“十二五”发展规划》已完成意见征求和吸收工作，将很快出台。各地要做好《广告业“十二五”发展规划》的组织实施工作，结合本地实际，制定实施意见，进一步明确“十二五”时期广告业发展的指导思想、目标任务，协调政府相关职能部门出台促进广告业发展的政策措施。

大力推进广告产业园区建设。广告产业园区，是实施广告战略的重要载体和履行工商职能的重要抓手。各地工商部门要依据《国家广告产业园区认定和管理暂行办法》，加强对广告产业园区建设的指导，推动广告产业园区所在地政府出台支持园区建设和发展的政策措施。广告产业园区建设，要坚持政府主导与市场运作相结合。园区建设过程中，注重以下几个方面：一是将广告产业园区建设融入地方经济社会发展大局，与地方特色经济、文化产业融合，以服务地方经济社会发展带动自身的发展。二是立足于当地经济社会发展基础，科学规划园区规模、定位、特色和发展路径。有条件、基础好的地区，应延伸广告产业链，培育广告产业集群，提高广告业的组织化与规模化程度。基础薄弱的地方，可考虑通过政策调节或建设园中园，促进广告产业集聚。要因地制宜，积极稳妥推进园区建设，防止脱离实际，一哄而上。三是制定好园区建设方案，确定园区建设进度、周期等，明确园区建设、管理和运营机构及各自责任，落实园区建设资金，防止出现“半拉子”工程。四是注重园区功能建设，建设区域性广告专业人才培训、广告技术支持、广告作品展示、广告产品交易和公共服务平台，吸引企业入驻，帮助做大做强，以利于园区可持续发展。五是成立专门的园区运营团队，落实有关园区优惠政策措施，做好招商引资工作。

进一步完善省部合作机制。总局已经与北京市、江苏省政府签署了战略合作协议，即将与河南、湖南、浙江等省签署协议。下一步要在拓展合作内容、创新合作机制上下功夫，抓紧推动《合作协议》内容的组织实施。各省也要逐步探索建立工商部门与重点城市间的推进广告战略合作机制，调动各方面发展广告业的积极性、主动性。

继续推进公益广告事业发展。要积极会同党委宣传部、文明办等单位，广泛开展“迎接十八大、讲文明树新风”公益广告宣传活动，大力倡导自强、厚德、崇简、守信、明礼、报国、尽孝等道德理念，推动社会主义核心价值体系建设，为党的十八大胜利召开营造良好氛围。推动建立公益广告的多元化运作模式和激励机制，鼓励引导社会各类主体投入和参与各类公益广告活动。

（三）着力建设高素质的广告管理队伍

实现广告战略目标和任务关键在人，关键在培养造就一支高素质的广告管理队伍，努力提升广告工作效能。

强化教育培训。要围绕建设“三个过硬”的干部队伍，以强化教育培训为重点，组织广告监管干部认真学习中国特色社会主义理论，学习以“五个四”和“五个更加”为核心的工商行政管理理论，学习广告业务知识和法律法规，全面提升广告条线干部综合素质和业务能力。下半年，总局将在深圳行政学院举办一期广告监管执法培训班。各地也要加强干部培训工作，大力培养广告工作专家型人才和复合型人才。

强化责任意识。实施广告战略，责任重大，使命光荣。各级工商机关的广告监管干部，要以推进广告战略顺利实施为己任，“立足岗位创先进、履职尽责争优秀、效能建设作贡献”，把工作岗位作为干事创业、为民造福的舞台，在干事创业中敢于担当、敢于创新、敢于碰硬，遇到困难不推诿、不扯皮，关键时刻敢出面，处理问题能决断。牢记自己的使命，在其位、谋其政、负其责、尽其力，真正把应承担的任务承担好、应完成的使命完成好、应解决的问题解决好。

强化作风建设。良好的工作作风是抓好落实的关键。要自觉践行《工商行政管理人员职业道德规范》，着力培养求真务实的工作作风、与时俱进的创新精神、恪尽职守的敬业精神。围绕实施广告战略重点工作和热点难点问题，深入开展专题调研，结合实际，积极探索、大胆实践、创造性地开展工作，及时总结推广工作实践中积累的好经验、好做法，全面提升工作水平。

广告行业组织是实施广告战略的一支重要力量。各级工商部门要注重发挥广告行业组织的作用，加强和改进对广告协会工作的指导，支持广告协会依照法律法规和章程开展“提供服务、反映诉求、规范行为”的活动。充分利用广告协会熟悉广告行业、了解广告企业的优势，加大广告业政策、法规的宣传，开展课题研究，制定行业标准，建设公共服务平台，加强诚信建设，促进广告战略重点任务落实。

“雄关漫道真如铁，而今迈步从头越。”我们要以这次会议为契机，进一步统一思想，坚定信心，振奋精神，以改革创新为动力，以提高工作效率、管理效益和社会效果为目标，科学配置资源，优化管理要素，完善工作机制，全面提高工作效能，大力推进广告战略实施，努力开创广告工作的新局面，为推动经济社会又好又快发展作出新的更大的贡献！

认清形势 把握机遇 促进广告业健康科学发展
——在 2012 年中国 4A 杭州论坛上的演讲

（2012 年 10 月 13 日）

国家工商行政管理总局广告监督管理司司长 孙鸿志

尊敬的周可仁会长、李东生会长，各位广告界的朋友们，大家上午好！

今天受邀参加中国 4A 的广告论坛，我很荣幸，也很高兴。中国 4A 代表了中国广告业的第一梯队，是广告业未来发展的主力军，广告业的精英们坐在一起交流思想，探讨如何进一步发展壮大广告业，是很有意义的事情。我就任工商总局广告司司长的时间虽然不长，但我深深感觉到，发展壮大广告业不仅意义重大，而且任务艰巨，需要政府职能部门和广告业界的方方面面“心往一处想，劲往一处使”，需要更多交流和沟通。今天我就“广告业发展”这一主题，与各位广告界的朋友们交流探讨一些体会和认识。

一、广告业的发展形势——机遇与挑战并存

当今社会广告无处不在，深刻影响着社会各个层面。对个人而言，广告是提供生活信息、引导和便利消费活动、提高生活质量的重要途径。对企业而言，广告是塑造品牌、开拓市场、增强自主创新能力的有力工具。对城市而言，广告是打造城市文化、宣传城市形象、提升城市竞争力的重要手段。对国家而言，广告是扩大内需、拉动经济增长、加快转变经济发展方式的积极推动力量。对社会而言，广告是传播先进文化，建设社会主义核心价值体系，提升国民道德水平的重要载体，也是宣传各项方针政策、创新社会管理的重要途径。广告业是现代服务业和文化产业的重要组成部分，具有经济和社会双重属性，其发展水平直接反映了一个国家或地区的市场经济发育程度、科技进步水平、综合经济实力和社会文化质量。广告的功能作用决定了广告业对经济社会发展的重要性，并越来越受到重视，我国广告业正在迎来新一轮发展机遇。

首先，广告业的发展现状和新技术的开发应用为新一轮发展提供了坚实基础。改革开放以来，我国经济持续平稳较快增长。2003 年至 2011 年，中国经济年均实际增长 10.7%。2011 年，我国人均 GDP 达到 5432 美元，人民收入水平和消费能力不断提高。经济发展促进了广告业的发展，更为其新一轮发展奠定了良好的市场基础。截至 2011 年底，全国已有广告经营单位 29 万户，广告从业人员 167 万人，300 多所高等院校开设了广告相关专业，全年广告经营额达 3125 亿元，广告市场的总体规模居世界前列。同时，新一代数字传播技术的发展、互联网等新媒体的普及、“三网”融合步伐的加快，使得我国广告业在与新技术相互融合的发展领域，处在与发达国家相同的起跑线上。

其次，党和国家的高度重视为新一轮发展带来了新的机遇。党的十七届六中全会提出，要推动文化产业成为国民经济支柱性产业，其中将广告业列为要发展壮大的文化产业之一。国家“十二五”规划提出“促进广告业发展”，国家文化产业“十二五”发展规划和服务业“十二五”发展规划都把“促进广告业发展”列为重要内容。国家发改委 2011 年《产业结构调整目录》，把“广告创意、广告策划、广告设计、广告制作”

列为鼓励类产业。党和国家一系列重大经济社会发展战略的实施，为我国广告业科学发展提供了强有力的政策支持和制度保障。

第三，各地党委政府的积极支持为新一轮发展营造了良好氛围。随着广告的功能作用日益凸显，社会对广告和广告业的认识越发全面、客观。各地党委政府纷纷把发展广告业纳入当地经济社会发展大局统筹规划，许多地方出台了指导广告业发展的政策措施。去年以来，已有20多个省市党委、政府与总局商讨广告业发展事宜，总局先后与北京、江苏、河南、湖南、山东、湖北、辽宁等7个省市签署了推进广告业发展的战略合作协议。促进广告业发展已在社会各界形成共识，为新一轮发展营造了良好的社会氛围。

广告业迎来新一轮发展机遇的同时，也不能忽视发展中存在的问题。应当看到，我国广告业总体上还处于较低的发展水平，目前广告经营额仅相当于国内生产总值的0.6%，低于世界平均水平，广告经营额仅占社会消费品零售总额的1.75%，不及发达国家平均水平的一半，人均广告费更是远低于发达国家。当前广告业的发展规模与我国“世界第二大经济体和第一大出口国”的地位极不相称，与经济社会发展的要求不相适应，特别是与加快转变经济发展方式战略要求还存在较大差距。从产业结构上看，广告企业总量虽然有29万户，但存在着“小、弱、散”的弊端，缺少较大规模的综合型广告企业。从市场竞争秩序上看，随着主体增加，市场竞争激烈化程度不断加剧，无序竞争和违法行为不同程度存在。从社会发展环境上看，一方面社会对广告的认知和重视不够，另一方面虚假违法广告误导消费者、损害人民群众的切身利益，既损害了广告业公信力，又影响了广告业良性发展。

市场层面和政策层面的利好是广告业新一轮发展的机遇所在，发展过程中积累的诸多弊端则是广告业进一步发展面临的困难。如何抓住机遇、迎接挑战、破解难题，促进广告业科学发展，是我们共同面对的重大课题。

二、实施广告战略——监管与发展并重

工商行政管理机关承担着监督管理广告活动与指导广告行业发展的双重职能。面对广告业发展的机遇和挑战，今年工商总局党组做出了“推进实施广告战略”的重要决定。广告战略的核心内容是：全面提升广告产业核心竞争力，净化广告市场环境，建立健全广告市场监管机制，促进广告业科学发展，为加快转变经济发展方式、构建社会主义核心社会、推动社会主义文化大发展大繁荣提供强大动力。广告战略的总体目标是：到2020年，把我国建设成为广告创意、策划、设计、制作、发布、管理水平达到或接近国际先进水平的国家。

实施广告战略有十项主要任务，包括加强广告法律法规体系建设，完善广告管理体制机制，强化广告市场监督管理，促进广告业科学发展，支持广告业创新发展，推进公益广告事业持续发展，加快广告专业人才培养，建设广告公共服务体系，提高信息化建设水平，扩大广告国际交流与合作。

实施广告战略，必须坚持加强监管与促进发展的有机结合。在广告法律法规体系建设方面，《广告法》的修订工作已进入关键阶段，制定《互联网广告管理办法》、修订《化妆品广告管理办法》等工作也在紧张进行。在广告管理体制机制完善方面，总局联合中宣部等十二个部门联合印发《大众传播媒介广告发布审查规定》，抓住广告发布的关键环节，强化广告审查责任，降低违法广告的发生率。在强化广告市场监督管理方面，完善了广告监测体系，出台《广告监测工作规定》，健全广告监测制度规范，统一广告监测标准，全国广告监测网络已基本建立；完善了广告监管执法联动体系，实施广告监测、监管、执法联动，提高对违法广告的快速处置能力；正在探索建立广告信用监管体系，将建立广告企业信用数据库，记录和归集广告活动主体的各类信息，实施信用分类监管。在指导广告业发展方面，出台了《广告产业发展“十二五”规划》，确定了全面、协调、可持续发展的我国广告业发展总体方向，明确提出“广告业集约

化、专业化、国际化水平大幅提高”的基本目标；在全国17个省的20个城市开展广告产业园区建设试点，中央财政投入支持资金8亿元，20个园区已完成投资207亿元。在基础工作方面，制定了新的广告业统计制度，统计指标更为全面、科学，有助于真实反映广告业对经济社会发展的贡献度。

实施广告战略是工商部门履行广告管理职能，服务经济社会发展的重要举措，是一项长期的系统工程。工商部门将始终坚持服务发展是第一要务、监管执法是第一职责，全面推进广告战略实施，并在重点领域实现突破。要继续深入整顿和规范广告市场秩序，严厉查处虚假违法广告，推进广告监管长效机制建设；要进一步提高指导行业发展能力，组织实施《广告产业发展“十二五”规划》，协调落实有助于广告业发展的相关政策措施，大力推进广告产业园区建设，进一步完善省部合作机制，促进广告业科学发展；要努力提升广告业社会地位，要以广告产业园区建设试点为契机，促进广告业为区域经济社会发展作出更大贡献，争取地方党委政府的更多支持，要继续推进公益广告事业发展，支持建立促进公益广告发展的专业机构和可持续发展的良性机制，充分发挥广告的社会属性，体现社会责任。

三、广告业的未来发展——经济效益与社会效益双赢

广告兼具经济属性和社会属性，广告业的健康发展、科学发展，必须要坚持经济效益与社会效益有机结合。这次论坛围绕“中国广告行业的困境和出路”开展研讨，我认为广告业实现经济效益与社会效益的“双赢”，就是出路，而且是唯一的出路。对此，我谈三点建议。

（一）要提升竞争力

有实力的广告企业要进一步做大做强，成为大型广告骨干企业，成为具有全球服务能力的大型广告集团；中小型广告企业要提升专业化水平，向专、精、特、新方向发展；广告企业要实施品牌战略，形成一批特色鲜明、优势突出的广告服务品牌群体；广告业要打造产业链和产业集群，密切与广告业上下游产业的联系，延伸广告产业链，要在有条件的地区形成优质广告集群，产生产业融合效应，形成良好的产业生态。

（二）要体现社会责任

一方面要强化遵纪守法的社会责任，要不断学习补充广告法律知识，切实在广告经营活动中加强审查把关，拒绝为虚假违法广告提供服务；另一方面要体现传播文明的社会责任，要重视公益广告事业发展，用心做好公益广告，加大广告创意、策划、制作和传播等方面的投入，提高公益广告的质量水准。

（三）要提高社会地位

要发挥广告业的集体智慧，为广告做广告，为广告业做广告，让更广泛的社会层面正确认识广告和广告业，让广告的功能作用和产业价值得到社会普遍认同。

如果说实现经济效益主要依靠广告企业公平竞争、各显神通，实现社会效益则需要广告业界齐心协力、同舟共济。在中国4A的网站有一段话：以一个更健康的方式发展广告业，提升整个中国广告行业的地位和社会形象，同时为中国广告业培养人才。我深表赞同。中国4A作为中国优秀广告企业的代表性群体，就是要有这样的远见和胸怀，要有这样的担当和责任。在广告业进一步发展的过程中，广告同业组织必将发挥更大的作用。

朋友们，随着我国经济社会持续稳定发展，广告业必将为加快转变经济发展方式、构建和谐社会作出更大贡献。中国广告行业大有可为，前景光明。在此，我祝愿中国4A伴随中国广告业继续健康成长，让我们全面把握广告业发展的机遇和挑战，切实增强促进广告业发展的责任感和使命感，为着促进广告业健康、科学发展的共同目标而努力。

谢谢大家！

发挥广告协会职能作用　促进广告产业科学发展
——全国广告协会工作会议工作报告

（2012 年 3 月 19 日）

中国广告协会副会长兼秘书长　燕　军

同志们：

这次全国广告协会工作会议，是经国家工商总局领导同意召开的。会议的主要任务是，全面贯彻党的十七届六中全会、全国“两会”和全国工商行政管理工作会议精神，按照深入落实科学发展观的要求，回顾总结 2011 年广告协会的工作，研究探讨 2012 年促进广告业健康发展的工作思路。总局领导对此次会议非常重视，甘霖副局长专程到会并做了重要讲话，我们一定要认真学习领会，切实抓好落实。

本次会议得到了常州市人民政府、江苏省工商局、江苏省广告协会、常州工商局、常州市广告协会的高度重视和大力支持。常州是全国首批国家级广告产业试点园区之一，文化创意产业基础好、活力强。常州工商局重视加强对广告市场的监管和对广告业发展的指导，受到广泛好评。常州市广告协会积极服务行业、服务会员，工作扎实有效。为保证此次会议顺利举行，常州市有关领导带领工商局和广告协会的同志制定了周密的接待方案。我提议，大家再一次用热烈的掌声对他们的辛勤劳动和周到服务表示衷心的感谢。

现在，我代表中国广告协会报告 2011 年的工作情况和 2012 年的工作思路。

一、履职尽责，努力完成各项工作任务

2011 年，是国家实施 “十二五”规划的开局之年，也是文化大发展大繁荣号角吹响之年，广告业界思想活跃，广告市场迅速发展。一年来，中国广告协会贯彻落实党中央、国务院的决策部署，按照国家工商总局党组“五个四”、“五个更加”的总体要求，切实履行“提供服务、反映诉求、规范行为”的基本职能，紧紧围绕“五个进一步”的工作思路，为促进广告业科学发展而不懈努力。

（一）进一步强化职能完善服务，推动广告行业科学发展

1. 提高思想认识，增强服务能力

一是认真学习贯彻党的十七届五中、六中全会精神，把促进广告业健康发展放在服务国家文化强国战略实施的高度来认识和谋划，增强促进国家文化发展的自觉性、主动性和创造性。二是积极促进广告业诚信体系建设，引导行业、指导会员通过参与诚信经营单位创建等活动，进一步提升素质、规范行为，加强自律和企业文化建设。三是推动广告企业竞争力提升工程和广告产业结构与布局优化工程，推动广告业自主创新和扩大开放。四是认真抓好职业水平评价考试和广告人才培育工程，完善广告人才培养体系，为广告产业未来发展奠定坚实基础。

2. 增强大局意识，服务政府决策

一是参与《广告法》的修订、《广告业发展“十二五”规划》的调研编制、《“十二五”现代服务业发展规划》的修改等工作，完成 2010 年度广告经营单位经营情况统计与排序工作。二是配合总局认真开展互联网广告监管、广告业统计等课题研究，并按时提交课题报告，分析现存问题，探讨解决办法。三是配合总局实施国

家广告战略，积极发挥广告行业组织在推动社会主义文化大发展大繁荣中的作用。四是发挥职能作用，配合工商行政管理机关工作，支持广告企业改革发展，推动广告产业园区建设。

3. 加强指导管理，强化组织建设

一是召开了全国广告协会工作暨“双先”表彰会议、中广协五届理事会第三次会议，增强凝聚力，调动积极性。二是加强对各分支机构的管理和工作指导，严格执行重大事项请示报告制度，完成学术委员会、户外广告分会换届工作和商业企业委员会成立的筹备工作。三是注意发现先进典型，总结推广经验，有效指导各地协会工作。

4. 抓好职业考试，提升队伍素质

一是首批广告专业技术人员职业水平评价考试工作顺利完成，取得了良好的开端。2011 年全国报名参考人数为 10106 人，实际参加考试的人数为 7722 人，共有 1788 人通过了考试。二是加强培训工作，先后成功举办数字营销高级培训班、全国广告审查员法律法规培训班，并指导协调各地广告协会开展广告师考前培训，全国 2/3 以上的广告协会开展了考前培训，收到良好效果。

5. 科学办展办节，助推经济发展

一是成功举办第十八届中国国际广告节，积极为行业交流搭建广阔平台，为地方经济发展提供优质服务。二是举办首届中国户外广告论坛，推动户外广告与城市、社会、政府管理的良性互动。三是举办或协助举办第七届中国广告论坛、第九届中国大学生广告艺术节、2011 中国长沙国际广告节、2011 海峡两岸广告高峰论坛、2011“品牌无锡”广告设计大奖赛等专业活动。在这里，要特别感谢辽宁、吉林、湖南、福建、广东、沈阳、长春、深圳、无锡等地工商局和广告协会的辛勤付出。

6. 强化信息服务，提升品牌价值

一是《现代广告》不断创新内容，精心打造《中国广告业年度生态调查报告》等核心品牌，不断提升杂志品牌影响力和竞争力。二是定期编辑《国内广告动态》等四本电子月刊（10 万字／月以上），帮助会员开阔视野、精进业务、提升素质。三是积极配合《中国工商报 · 时代广告专刊》办好“协会之窗”专版，拓展行业交流平台，及时宣传推介协会工作。四是精心组织《中国广告年鉴》编撰工作，提升传统品牌的影响力。

（二）进一步强化责任反映诉求，维护行业会员合法权益

1. 借助高端平台，展示广告形象

一是编印《2011 中国新闻 · 两会特刊》之《中国广告业发展专辑》，向两会代表委员宣传“十一五”广告业发展成就和“十二五”广告业发展展望，树立广告业新形象。二是配合国家工商总局做好形象宣传片和《广告的力量》专题系列电视片的策划和拍摄工作。三是“戛纳中国系列活动”继续深入展开，在国际广告大舞台上展示中国广告的风采和力量。四是积极参与《中国工商行政管理分论》丛书“广告分论”编撰工作，系统介绍广告行业和广告协会工作情况。

2. 广泛协调沟通，反映行业需求

一是向国家财政部、税务总局反映会员企业建议继续执行《关于部分行业广告费和业务宣传费税前扣除政策的通知》的意见；接受财政部税政司委托，对全国口腔护理、化妆品等 10 个行业广告费税前扣除比例问题进行调研。二是协调政府有关部门，推进文化事业建设费、户外广告管理政策、广告业作为现代服务业的水电气与工业同价等问题的解决。三是受有关法院的委托，对广告经营单位制作企业宣传册所需费用进行行业调查，提供参考意见。

（三）进一步强化自律规范行为，营造行业发展良好环境

1. 强化资质认定，倡导诚信经营

一是不断提高企业资质认定工作的规范化、科学化水平，严格按照《中国广告企业资质认定办法》的规定，开展了第九批企业资质认定工作。二是积极筹备开展广告行业诚信经营单位创建活动，活动方案已经得到国家工商总局领导同意，目前已印发至各地广

告协会和中广协分支机构落实。

2. 提供咨询服务，回应社会关切

一是继续加强广告发布前的咨询服务工作，为2300余件广告作品提供了发布前的咨询服务，受到广告客户和刊播媒体的好评。二是深入开展涉嫌违法违规广告自律劝诫和公开点评工作，召开新闻发布会对长沙晚报等媒体发布的4则涉嫌违法违规广告进行法律剖析和曝光。三是配合国家工商总局、商务部和广电总局等部门，规范电视购物广告发布行为。四是深入开展“广告知识产权及保护机制”研究，营造广告行业知识产权保护氛围。五是积极参与户外广告政策调研，反映行业诉求，努力为户外广告的良性发展争取有利空间。

（四）进一步扩大交流加强合作，促进广告事业繁荣发展

1. 加强对外联络，拓展合作领域

一是坚持“走出去”，组织业内专业人员参加亚太、戛纳广告节等国际广告赛事活动，并组织两批赴美国密歇根州立大学培训团，达到开阔视野、学习借鉴的目的。二是重视“请进来”，在做好国际广告协会中国分会日常工作的同时，在更大的范围和更广的领域发挥作用。邀请国际广告协会主席参加2011中国长沙国际广告节和第三届中国服务贸易大会；与英国国际视觉协会共同主办中英创意产业展示会；正式加入亚洲广告公司协会联合会，成为其执委会成员；与俄罗斯等三国国际广告协会分会进行沟通；与英国广告从业者协会等6批次国际广告业界来宾进行业务交流，继续拓展合作渠道和领域。三是成功组织了中国互联网广告高级代表团访美和美国互动广告局主席访华，双方进行了多角度对话交流和深层次考察。

2. 加强横向联合，共谋发展良策

进一步加强了与中国商务广告协会、中国广告主协会等广告行业协会及中国口腔护理用品工业协会等其他行业协会的沟通、交流与合作。

（五）进一步强化建设凝聚力量，发挥行业组织整体效能

1. 以风险防范为重点，加强协会内部建设

认真学习贯彻《中国共产党党员领导干部廉洁从政若干准则》，严格执行廉政风险点防范措施和有关配套制度，树立中国广告协会的良好形象。

2. 以制度建设为抓手，规范协会日常工作

进一步修订完善有关规章制度，推进协会各项工作制度化、规范化、程序化，建立稳定、高效的管理秩序和工作秩序。

3. 以改革创新为前提，促进协会事业发展

一是适应“十二五”时期协会改革发展的形势要求，在各地广告协会改革进程加快的情况下，探索指导各地协会工作的新机制、新方法，加强与计划单列市和副省级市广告协会的沟通，重点加强与已脱钩协会的联系，确保工作整体开展和推进。二是以如何办好中国国际广告节为核心，广泛征求业界专家、学者和从业人员的意见和建议，通过走上门虚心问计、请进来沟通交流，开阔了思路，明确了方向，坚定了信心。

2011年，中广协各分支机构按照协会的总体安排和各自职责，开拓创新，积极进取，做了大量卓有成效的工作。电视分会积极承办广告节项目，并协助会员单位在京举办推介活动。广播分会召开了广播广告作品创优评析会。广告公司分会编写了分会发展大事记。报刊分会组织了“全国重点党报红旗图书出版发行联盟”。学术委员会举办了2011年全国广告学术研讨会。铁路分会对铁路广告企业现状进行了调研。公交分会启动全国公交广告行业规范标准的修订工作。法律委员会积极为行业和会员提供法律服务，答疑解惑。民航分会积极加强对外交流合作。烟草分会进一步加强与会员沟通。户外广告分会在牵头筹办首届中国户外广告论坛的同时，召开了户外广告经营交流会。电力分会建立了分会QQ群，并进行媒体技术规范交流。光源与标识分会组织了全国霓虹、景观、亮化优秀作品评选。互动网络分会在配合国家工商总局进行课题研究的同时，主动开展了多项专业调研活动。商业企业委员会筹备工作进展顺利。

在各级工商机关、广告协会的支持和配合下，中

国广告协会圆满完成了2011年的各项工作任务。我代表中国广告协会向大家表示衷心的感谢!

2011年，各地广告协会在积极配合中国广告协会做好工作的同时，结合各地的实际，为会员、为行业、为促进经济社会发展做了许多有益工作，亮点纷呈，成绩突出。

(1) 积极作为，促进行业发展取得新成果

北京广协召开促进广告业发展座谈会，积极宣传贯彻促进文化创意产业发展的政策规定。江苏、浙江、山东广协参与当地广告业发展规划制定工作，促成当地出台“十二五”广告产业发展规划。云南广协配合省政府督导组调研广告行业发展难题。青岛广协草拟的《关于促进全市广告业发展的实施意见》获准通过。大连广协撰写了《关于大连市广告业发展情况的调查报告》。哈尔滨广协承担了《哈尔滨市广告业的现状与发展报告》的起草任务。湖南广协积极配合本省广告业“十二五”发展规划的调研制定工作。上海广协向市政府建议降低征收文化事业建设费税率，由原来的4%减为3%。山西广协积极参与省级文明和谐行业创建工作。江西广协进行了“红色文化与广告人”的课题调研。

(2) 尽心尽力，提升服务水平取得新进步

福建广协与有关部门签订了建立“海峡广告传媒大厦”的项目协议，目前该大厦已动工兴建并认购完毕。成都广协举办周末主题活动，组织会员围绕不同主题开展专题交流活动。广州广协组织会员学习有关广告税收的法规，依法纳税。海南、南京、沈阳广协针对广告管理法律法规的调整，及时组织培训。湖北广协工作人员分批到各地开展重点工作指导。深圳广协加大力度扶持优质企业。重庆广协实地考察走访会员单位。安徽、长春广协指导协调会员单位的业务学习和交流工作。济南广协积极帮助广告企业建设广告园区争取优惠政策。宁夏广协积极组织会员参加行业活动。

(3) 加强自律，营造良好环境取得新进展

青海广协参与了省级媒体季度广告监测和群众举报违法广告的协调工作。西藏、西安、武汉、宁波广协配合广告专项整治工作，引导广告经营单位切实加强自律。黑龙江广协举办广告审查员培训班。吉林广协研究广告监测动态通告机制，变“监测后报告”为“监测中互动”。天津广协开展全市广告企业评优活动。

(4) 搞好活动，提高专业水准取得新突破

四川、河北、内蒙古、厦门广协举办了广告作品大赛。陕西、贵州广协开展公益广告评选活动。杭州广协启动了2011“ONE SHOW 杭州”创意节。甘肃广协举办了首届甘肃广告节。广东广协继续办好广东国际广告展。新疆广协组织了民族团结公益广告优秀作品巡展。辽宁、河南广协结合各自的实际组织行业活动。广西广协在区工商局的支持下恢复开展工作。

香港广告业联会、澳门广告商会和中广协保持密切联系，积极发挥作用。

本次会议专门安排了经验交流的议程，希望大家通过互相学习交流，在工作思路上得到启发，在工作方法上得到改进，进一步提高做好协会工作的能力和水平。

回顾总结过去一年的工作，有几点体会：

一是广告事业充满生机，迎来了重要的战略机遇期。2008年4月，国家工商总局、国家发改委联合发布《关于促进广告业发展的指导意见》，明确提出“知识密集、技术密集、人才密集的广告业是现代服务业的重要组成部分，是创意经济中的重要产业”。2009年7月，国务院常务会议审议通过《文化产业振兴规划》，首次将文化体制改革和大力发展文化产业上升到国家战略，并将广告业列为当前和今后一个时期国家重点发展的文化产业之一。2011年3月，国家发改委《产业结构调整指导目录（2011年本）》把“广告创意、广告策划、广告设计、广告制作”列为鼓励类商务服务业；十一届全国人大四次会议通过的《国民经济和社会发展第十二个五年规划纲要》提出，要促进广告业健康发展。党的十七届六中全会更是提出“构建现代文化产业体系”，推进文化产业结构调整，广告业作为传统文化产业要发展壮大。中国广告业在这一系列国家战略部署中都清晰地找到了自己的定位，迎来重要的战略机遇期，中国广告人为之振奋、深受鼓舞，同时更增强了责任感、使命感和紧迫感。

二是协会工作任重道远，离不开政府的指导和支持。国家大力发展文化产业、现代服务业等一系列重大经济社会发展战略的实施，为广告业加快发展提供了强有力的政策支持与制度保障。国家工商总局《关于认真学习贯彻党的十七届六中全会精神积极促进社会主义文化大发展大繁荣的意见》，明确提出工商部门要积极履行指导广告业发展职能，大力实施广告战略。各地政府日益重视广告工作，把发展广告业作为加快转变经济发展方式的一项重要举措。面对新形势，广告协会组织要积极改革创新，加强自身建设，继续主动与工商部门加强沟通、接受指导，通过更多的作为，作出更大的贡献，赢得更高的地位。

三是面对新形势新挑战，亟须全面提升工作效能。中国广告协会团结带领各地广告协会做了大量工作，但广告协会的工作与国家对行业组织改革发展的要求还不完全适应，与政府部门和广告业界对协会提高服务水平的期待还不完全适应，与实施国家广告战略、推动广告业跨越式发展的要求还有较大差距。同时，中国广告协会与各地广告协会的沟通协调机制还不健全完善，中广协分支机构的管理和规范还需要进一步加强，工作开展不平衡的问题也亟待解决。进一步加强效能建设，立足本职、服务大局，健全机制、优化服务，努力开创工作新局面，是广告协会的责任所在、希望所在。

二、中国广告协会 2012 年的工作思路

2012 年中国广告协会的总体工作思路是：以邓小平理论和“三个代表”重要思想为指导，深入贯彻落实科学发展观，认真学习贯彻党的十七届五中、六中全会和中央经济工作会议精神，紧紧围绕总局党组的总体部署，坚持“提供服务、反映诉求、规范行为”的宗旨，把总局党组的要求、行业发展的需要和协会自身的工作紧密结合起来，立足协会基本职能，着力促进行业发展，着力提高服务水平，着力强化行业自律，着力提高工作效能，振奋精神，开拓进取，服务广告战略实施，促进广告业持续、高效、健康、和谐发展，推动社会主义文化大发展大繁荣，以优异成绩迎接党的十八大胜利召开。

（一）在更新观念上下功夫，着力促进行业发展

1. 围绕大局，服务文化产业发展

一是围绕构建现代文化产业体系，推进文化产业结构调整，推动实施广告战略。二是配合总局和有关部门制定推进文化产业发展规划，完善广告发展产业政策。

2. 提升素质，服务广告行业发展

一是继续做好评价考试工作，不断完善职业水平评价制度。二是制定人才培养长远规划，积极构建协会多层次全方位的培训体系，全面推进行业队伍素质提升。三是办好以“广告发展与文化繁荣”为主题的第八届（2012）中国广告论坛。

3. 整合资源，服务经济社会发展

一是以“推动广告战略实施，服务文化产业发展”为主题，办好第十九届中国国际广告节。二是继续加大对地方广告协会工作的指导力度，支持各地广告协会组织开展各种专业活动，协助地方政府开展以广告为重要板块的各种经贸活动。三是继续办好中国大学生广告艺术节，使其真正成为大学生展示创意才能和拓宽就业渠道的平台。

（二）在创新方式上下功夫，着力提高服务水平

1. 深入调研，积极反映诉求

一是紧密跟踪国家产业发展方向和监督管理动向，深入调研、收集整理并及时反映行业诉求。二是完成《互联网广告监管》课题第二阶段专项研究，深化《中国广告业生态调查》课题研究，积极参与总局“实施国家广告战略”课题研究。三是建立协会工作联系点制度，选择一批地市级广告协会作为中国广告协会工作联系点。四是积极筹办 2012 城市户外广告创新与

发展研讨活动，推动城市形象建设与户外广告的科学发展。

2. 创新思路，服务会员进步

一是继续开展企业资质认定，积极做好证明商标的申请和使用工作，推动企业资质认定工作科学化水平。二是继续办好《现代广告》杂志和学刊。三是创新《国际广告动态》等电子刊物的内容和形式，为会员提供更加及时、优质的信息服务。四是加强调查研究，了解会员和行业需求，有针对性地开展服务工作。

3. 扩大交流，加强国际合作

一是坚持“请进来”开展中外广告业交流工作，引进并利用好国外成熟的奖项资源，为我国广告业发展服务。二是继续“走出去”开展好广告培训和境外考察工作。三是开拓创新国际广告协会中国分会的工作，进一步加强与国际广告协会总部的联系，争取协会在国际广告协会领导层的地位和话语权。四是进一步挖掘“中国元素”国际创意大奖和中国艾菲奖等涉外广告赛事潜能，做好相关服务保障工作。

（三）在规范行为上下功夫，着力强化行业自律

1. 扎实工作，净化市场环境

一是启动“广告行业诚信经营单位”创建活动，推动广告行业诚信建设。二是深化广告发布前的信息咨询服务工作，重视分析总结，丰富服务手段，提升服务水平。三是健全广告投诉受理、纠纷调解机制，建立社会投诉、举报和监督机制。四是进一步加大涉嫌违法违规广告自律劝诫和公开点评工作力度。五是持续跟踪《广告法》修订动态，提出行业建议。六是开展全国范围的广告行业自律规则的汇编整理工作。

2. 加强指导，完善工作机制

一是健全管理制度，理顺工作机制，完善常务理事会、理事会、会员大会和分支机构会等例会制度。二是开展 2011–2012 年度“双先”表彰活动，引导行业创先争优，推动工作迈上新台阶。三是进一步强化对分支机构的分类指导与管理。

（四）在自身建设上下功夫，着力提高工作效能

1. 强化制度建设和队伍建设

一是建立较为完备的党务、政务、事务、会务制度体系。二是逐步构建考核和激励长效机制，激发工作热情，调动积极性。三是建立协会内部培训长效机制，增强培训的实效性。四是推进协会信息化建设，提高工作效率。五是继续加强党组织建设和党风廉政建设。

2. 扎实推进学习型协会建设

一是建立健全领导班子集体学习制度、议事制度和决策制度。二是健全学习机制，促使学习活动制度化、常态化。三是建立完善调研报告制度，提倡鼓励员工有意识、有目的地做好会员和行业需求调研工作。

需要强调的是，中国广告协会将在今年启动广告行业诚信经营单位创建活动和 2011–2012 年度“双先”表彰活动，并着手建立协会工作联系点制度；第八届（2012）中国广告论坛将于今年 3 月下旬在北京举行，第十九届中国国际广告节将于今年 10 月下旬在天津举办；广告专业技术人员职业水平评价考试将于今年 5 月下旬再次举行。希望各地工商部门和广告协会对这些工作和活动能够继续给予支持和配合。

广告天下，协力同行。我们相信，在各级工商部门支持指导下，在广协工作人员团结努力下，广告协会组织必将为促进广告产业科学发展和社会主义文化大发展大繁荣，发挥应有的作用，作出应有的贡献！

’2013 中国广告年鉴
China Advertising Yearbook

中国广告业发展综述

Survey of the Development of China Advertising Industry

2012 年中国广告业发展综述

2012 年全球经济跌宕起伏，形势没有明显好转，广告业也呈现不平衡发展态势。在美国、日本等传统广告强国及中国等新兴国家的支撑下，全球广告业略有增长。综合有关国际统计机构统计，2012 年全球广告支出为 4900 亿美元，增长了 3.6%。以世界洲际地域统计，最快的增长来自拉丁美洲，2012 年广告支出上涨了 11%，达到 346.6 亿美元。亚太、东欧、中东和非洲的增长率也高于世界平均水平。北美增长率明显放缓，西欧广告支出呈下滑趋势。

美国依然是全球最大的广告市场，2012 年广告支出达到 1660 亿美元，增长 4.9%，约占全球广告支出 33.8%。世界第三传统广告强国日本，2012 年广告费总额约为 631 亿美元，比 2011 年增长 3.2%，恢复至 2010 年水平，约占全球广告支出 12.9%。欧洲最大的、同时也是世界第四传统广告强国德国，2012 年仅增长 1.5%，达到 277 亿美元，约占全球广告支出的 5.65%。

表一　2012 年部分国家、地区广告业发展基本情况

国家	广告经营情况（单位: 亿美元）	增长率（%）	来源
全球	4900.00	3.6%	美国《广告时代》杂志网
美国	1660.00	4.9%	Emarketer
中国	769.00	50.3%	国家工商行政管理总局
日本	621.51	3.2%	warc.com
德国	277.00	1.5%	Emarketer
英国	268.90	2.3%	英国金融时报网
俄罗斯	100.00	13%	warc.com
意大利	96.95	-14.3%	warc.com
印度尼西	87.47	20%	47 news
印度	53.30	9.1%	印度报纸
马来西亚	36.82	6.3%	response

注：以上数据由编者网上搜集，汇率换算不尽统一。

2012 年英国的广告支出增长较快，达到 268.9 亿美元，增长 2.3%，约占全球广告支出的 5.49%。

2012 年中国经济发展任务繁重，仍处于继续转变经济发展方式，加强和改善宏观调控，保证稳步增长的关键时期。2012 年全国国内生产总值 51.93 万亿元（人民币下同），按可比价格计算，比 2011 年增长 7.8%。其中，第一产业增长 4.5%，增加值占国内生产总值比重为 10.1%；第二产业增长 8.1%，增加值占国内生产总值比重为 45.3%；第三产业增长 8.1%，增加值占国内生产总值比重为 44.6%。2012 年全社会商品零售总额 21 万亿元，扣除价格因素，比上年实际增长 12.1%。据国家工商行政管理总局统计，2012 年

表二 1981 年 –2012 年中国广告业占 GDP 比重

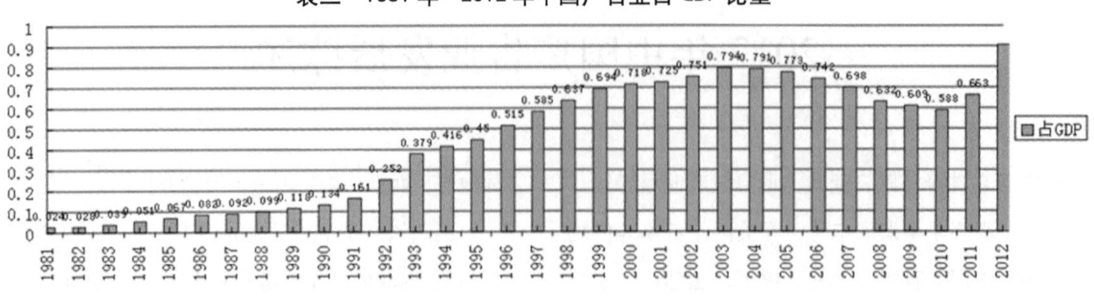

表三 2012 年中国广告业经营状况

项　目	2012 年经营额(万元)	2011 年经营额（万元）	增长率(%)	2012 年经营单位（户）	2011 年经营单位(户)	增长率(%)
合计	46982791	31255529	50.32	377778	296507	27.41
1. 广告公司	21447197	13576098	57.98	204757	170215	20.29
其中：股份有限公司	1052469	269692	290.25	3786	3174	19.28
有限责任公司	20394728	13306406	53.27	200971	167041	20.31
2. 兼营广告企业	1907647	839628	127.20	106250	72808	45.93
3. 电视台	11322728	8979233	26.10	2859	2917	−1.99
4. 广播电台	1410556	909525	55.09	786	784	0.26
5. 报社	5556310	4694530	18.36	1721	1833	−6.11
6. 期刊社	832723	520883	59.87	3504	3959	−11.49
7. 经营广告的网站	1821139	733153	148.40	3882	2406	61.35
8. 其他	2684492	1002479	167.79	54019	41585	29.90

中国广告业在 2011 年超常增长的基础上继续快速增长。广告经营额为 4698.28 亿元，同比增长 50.32%。广告经营额占国内生产总值比重达到 0.9%，占社会消费品零售总额比重达到 2.27%，占第三产业增加值比重为 2%，分别比 2011 年提高 0.25%、0.55% 和 0.48%，2012 年中国广告经营额约占全球广告支出 14%。

一、指导方针：大力发展广告业已提升为国家战略

2012 年对于蓬勃发展的中国广告业无疑是具有转折意义的一年，这一年最令人瞩目的事件是政府以行政、经济、政策等手段大力推动广告业的发展，广告业前所未有的被提升为国家发展战略。

（一）大力发展广告业已列为国家战略

2011 年 10 月召开的中国共产党第十七届中央委员会第六次全体会议通过的《中共中央关于深化文化体制改革，推动社会主义文化大发展大繁荣若干重大问题的决定》（以下简称《决定》）将广告业定位于现代文化产业体系的重要组成部分，这样划分，为进一步统一和提升全社会对广告业的全面认识，科学评价广告业在社会经济、思想、文化领域的积极作用提供了政策基础，从而也为中国广告业持续、稳定、较

快发展，实现新的跨越，创造了更为和谐宽松的发展环境。

2011 年 12 月，全国工商行政管理工作会议做出了“大力实施广告战略”的重要决定。2012 年 4 月，国家工商总局出台了《关于推进广告战略实施的意见》，明确了当前和今后一个时期广告工作的目标、任务和要求。5 月，国家工商总局制定发布了《广告产业发展“十二五”规划》，把广告业发展列入国民经济和社会发展规划体系，进一步明确“十二五”期间广告工作的指导思想、目标任务和具体要求。同年 6 月国家工商总局会同财政部等部门联合印发了《现代服务业综合试点管理办法》，继国家《产业结构指导目录》（2011 年）把广告核心服务列为鼓励类项目后，广告工作再次被列入国家层面具体支持。

各地落实党的十七届五中、六中全会精神和国家“十二五”规划纲要，制定了一系列支持促进广告业发展的政策措施，出台专门文件 60 多份。继 2011 年与北京市政府签订共同推进首都广告业发展战略合作协议后，2012 年，国家工商总局与江苏、河南、湖南、山东、湖北、辽宁、天津、浙江、广东 9 个省市人民政府先后签署了共同推进广告业发展战略合作协议。重庆、湖南、山东、河南、广东、成都等省市人民政府也相继出台了促进广告业发展的政策措施。

国家广告战略的实施，充分体现了各级政府落实中国共产党十七届六中全会通过的《决定》精神，加大对广告业的指导功能，最大限度地调动中央与地方在调整产业结构、发展广告业、增加服务业产业比例方面的积极性，将广告业逐步融入经济社会发展大局之中。

（二）广告产业园区成为实施国家广告战略的重要载体

广告产业园区已成为实施国家广告战略的重要载体。2012 年 4 月份国家工商总局出台的《关于推进广告战略实施的意见》明确提出要加大广告产业园区建设力度，坚持政府主导与市场运作相结合，鼓励广告及其关联企业在园区内集聚发展，延伸广告产业链，培育广告产业集群，提高广告业的组织化与规模化程度。各地政府把国家广告产业试点园区建设作为提升城市文化品位、调整地方产业结构、培育经济新的增长点、提高综合竞争力的重要抓手，以务实的态度、有力的政策以及高效的服务，积极扶持广告产业园区建设工作。在各方的关注与支持下，2012 年，广告产业园区建设进程加快，广告业的影响力和社会关注度随之提升。

2012 年 4 月 19 日，国家工商总局首批认定了 9 个国家广告产业园区并授牌，对广告业实现集聚发展起到了示范引领作用，在全社会营造了重视广告业发展的氛围。在国家政策的带动下，各地政府思想认识明确，发展广告产业园区热情高涨。5 月，国家工商总局在总结首批试点经验的基础上，会同财政部深入推进中央财政支持广告业发展试点工作，新增试点园区 11 家，试点园区总数达到 20 家，落实中央财政资金 8 亿元，分布在全国 17 个省（市、自治区）和计划单列市。截至 2012 年 11 月，20 个试点园区已完成投资 287 亿元，其中地方政府投入约 172 亿元，园区建设取得初步成效。

（三）统计改革为科学指导广告业奠定基础

2012 年 8 月国家工商总局联合国家统计局印发了《关于认真做好广告业统计工作的通知》（以下称《通知》）。《通知》明确指出，“广告业统计工作是服务业统计工作的重要组成部分，也是一项重要的广告行业管理工作，对于准确反映广告业发展规模、效益、地区分布情况，科学制定广告业发展规划，提高广告业科学管理水平，实现广告业又好又快发展，具有十分重要的意义。”

国办发〔2011〕42 号文件规定由工商行政管理部门承担广告行业统计职责。国家工商总局《关于推进广告战略实施的意见》将建立广告业统计调查体系作为一项重要任务，明确提出“科学设定广告业统计体系，实行广告业统计报告制度”的具体要求。《通知》还要求，各级工商行政管理部门要建立健全广告业统计工作协调机制，确保分工明确、责任到人、层层落实；要切实保障开展广告业统计工作的人员和相关设备到位，配备经过培训的广告业统计专门人员；要结合本地区本部门实际，制定广告业统计工作制度，将统计任务分解到基层单位和具体工作人员，做到任务到岗、责任到人；要将执行《广告业统计报表制度》，开展广告业统计工作任务的完成情况纳入年度工作考核范围，确保广告业统计工作按时、高效完成。

广告业新统计制度同旧统计制度相比较有较大变化：一是由过去工商行政管理局部门层层调查上报汇总，改为以企业自报为基础，各级工商行政管理部门综合汇总统计。二是明确将兼营广告企业纳入统计范围。三是统计具体格式内容有较大调整。

《通知》对广告统计工作做了明确要求，有效地推进了我国广告统计工作的整体水平，使 2012 年广告数据统计收到明显效果。北京、江苏、广西、辽宁等地的效果尤为明显，北京的广告营业额比上年增加 997.99 亿元，是全国增加值最快的地区，增幅达到了 123.27%，经营单位的增幅也达到了 37.6%。科学的规范广告行业统计工作为广告业科学发展奠定了基础，它标志着一个行业开始步入成熟阶段。统计制度的规范使得以前未能统计的部分进入统计范围，这是今年广告营业额大幅度增长的主要原因。先行试点的地区，如上海则基本避免了统计规范带来的广告营业额超常增长。2012 年的统计数据是广告统计制度改进的结果，它更科学地反映了广告业的实际规模，但也应当清醒地看到，超常增长率主要来自原统计制度的不完善。

数据统计标准化，让我们明显看到广告业地域发展差距，地区发展非常不平衡，有超过 1/3 的地区保持在个位数增长，还有三个地区出现了负增长。去除统计性增长的因素，可以发现虽然国家推出了广告业恢复以来最强有力的行业扶持、激励政策，但广告业的整体发展受国际经济下行和国内市场环境不确定因素的影响仍然很大，这进一步证实了广告与市场经济环境的关联属性。科学的挖掘和使用数据已经成为宏观指导行业发展的必要条件。

二、广告主：投放品类格局有变，行业景气新旧互补

2012 年是中国经济艰难转型的一年，处于不同生命周期的不同行业在转型期具体感受不同，对于广告投放的态度也不同。处于上升期的行业，如智能终端、电商等迎合消费者的新需求而处于跳跃式发展阶段的行业，如火如荼，激战正酣；稳健发展的行业，如日化、金融、食品饮料、汽车、家电等传统行业，正在千方百计、绞尽脑汁考虑如何能突破消费市场成长进入成熟阶段后陷入的“瓶颈”。

据统计，2012 年广告投放排前五位的依然是化妆品、汽车、房地产、食品及服务业，与 2011 年唯一不同的是，化妆品和房地产的座次调换，前者不论是增长幅度（141.6%），还是投放金额都是 2012 年当之无愧的霸主。金融保险的增幅（81.82%）紧随其后。增幅据前五位的还有酒类（64.67%）、服务业（55.76%）和农资（52.28%）。

化妆品一直是广告投放主力。2012 年表现仍较为突出。从 2011 年的第五位跃居第一位，特别应关注的是本土日化企业的表现。由于受到金融危机余波的冲击，跨国公司纷纷减少了在传统媒体的广告投放，而本土企业奋起直追。从统计数字上看，集体企业广告投放增加 26 倍，私营企业增加 4.7 倍，而同期外商投资企业只增加 0.85 倍。

虽然汽车在投放金额排名中仍居第二位，但增幅已经从 2011 年的 73.84%下滑到 41.79%。2012 年，在经济下行趋势下，消费者购买力受到影响，汽车厂商库存增多，汽车企业广告投放更加注重实效，开始缩减电视、平面广告，转向网络等数字媒体。据统计，2012 年上半年传统广告媒体市场增幅创近五年最低，其中交通类客户特别是轿车类广告花费减少，下降速度明显快过行业平均水平。而在网络媒体方面，统计显示，交通类客户对网络广告的贡献率一直在上升。按照网络广告投放天次计算指标，前三季度依次为 28.6%、36.0%和 41.0%。

房地产行业广告投放近十年来一直居首位，但 2012 年退居第三，增速减缓，以 20.25%的增速沦为

表四 2012 年广告投放前 10 行业比较

单位：万元

项 目	2012 年	2011 年	比较 (%)
化妆品	5095779	2109165	141.60
汽车	4371682	3083117	41.79
房地产	4080313	3393293	20.25
食品	3797050	2550307	48.89
服务业	3568289	2290853	55.76
药品	2660587	1950267	36.42
家用电器	2050889	1403375	46.14
酒类	1714081	1040949	64.67
信息产业	1645559	1128135	45.87
医疗服务	1525903	1518937	0.46

增速排名第十五位。其中电视投放为 -10.23%，广播为 13.44%，报纸为 10.35%，期刊为 44.21%，都低于 50.32%的平均增长水平。只有网站投放为 88.49%，显示出在行业不景气背景下，房地产广告投放的转移趋势。

值得关注的品类还有增幅为 46.14%的家用电器和增幅达 64.67%的酒类。在房地产宏观调控的大背景下，家电行业也遭受了前所未有的不利影响。而一些电商平台的崛起，更加威胁到家电连锁巨头市场份额。于是一些家电巨头加大广告投入，力求快速打造自身品牌形象。一些国内外家电著名品牌也在增加传统媒体投入的同时，不断开拓新的媒体资源和宣传方式，以期获得消费者更多的青睐。相比之下，酒类品牌的投放则是延续了近年来稳步增长的势头，实力雄厚者继续抢占电视等传统媒体高地，电视、广播、报纸、期刊增幅分别为 72.42%、87.53%、79.94%和 190.50%。

作为唯一下滑的品类，保健食品的投放从 2011 年的 141.6975 亿元萎缩至 2012 年的 125.7524 亿元，增幅从 2011 年的 43.40%下降为 2012 年的 11.25%，远远低于年平均水平。保健食品一直是发布虚假违法广告的重灾区，是全国整治的重点，保健品广告投放大幅度下滑，应该是继续加大广告市场秩序整顿力度的反映。

三、广告公司：个体私营增速，代理公司加快转型

国家工商总局统计数据显示，2012 年全国广告经营单位的增幅为 27.41%，从业人员的增幅也达到了 30.14%。表现最为活跃的是个体工商户、私营企业和集体事业单位，增幅分别是 33.45%、29.56%和 22.49%。而集体企业、国有事业单位都出现负增长。国有企业单位也仅增长了 2.4%。兼营广告企业增速最快，达 45.93%，远超行业平均增长水平，应予关注。而平均分摊的每个经营单位上的广告营业额只有 124.366 万元，与广告发达国家和跨国广告集团相差甚远。

广告公司面临艰难转型。从《2012 年中国广告业生态调查报告》的层面来看广告公司发展状况，在整体经济增速回落的市场环境下，广告公司不得不摆脱粗放型增长的陈旧模式，继而通过结构转型，谋求发

表五 2012年全国广告经营单位基本情况

项目	经营单位（户）			从业人员（人）		
	2011年	2012年	比较(%)	2011年	2012年	比较(%)
广告公司	170215	204757	20.29	1086659	1382776	27.25
其中：股份有限公司	3174	3786	19.28	20170	29263	45.08
有限责任公司	167041	200971	20.31	1066489	1353513	26.91
兼营广告企业	72808	106250	45.93	280121	434162	54.99

展。“走出去，请进来”成为了2012年广告公司转型的重要表象之一。2012年，群邑、宏盟、阳狮、广东省广、安吉斯等广告大户纷纷出手，通过并购或整合一些有资源的中小型公司，以形成优势互补；同时，架构的调整也成了众多广告公司内部挖潜的有效手段，例如传立与Google合资建立Mobile Garage，TBWA成立DIGITALART NETWORKS等，通过吸引跨界人才，给客户带来更加完善的解决方案。随着更多的新产品、新方法、新平台的诞生，在结构优化的基础上又进一步提升了公司的投入产出比。

这种由内而外的转变推动了整个行业效率的提高，这在数据中体现得也十分明显。例如发展较为快速的北京、广州等地，从业人员的增长率远远低于经营单位的增长率，在北京甚至出现了18.44%从业人员负增长；而在广告经营额上同比正增长，我们看到了广告企业整合做强的趋势。相信在2013年，会有更多的广告企业加速转型的步伐，在投入最优化、效率最大化的前提下，以创意为导向，并通过跨界的智慧来推进整个行业的发展，从而带动整体文化创意产业的大繁荣大发展。

四、广告媒体：互联网广告广播广告大幅攀升，纸媒广告出现下滑趋势

数据显示，2012年电视广告的营业额为1132.2728亿元，增幅从上年的32.08%下滑到26.1%，受市场整体环境影响明显。出现这种状况的原因有来自于广电总局“限娱令”、“限广令”的影响。在电视广告资源受限的情况下，电视媒体不得不以提高黄金广告时段价格来弥补，自然会造成部分品牌广告的“缩水”；也有电视媒体的品牌化优势进一步凸显，品牌节目吸引资金的能力越来越集中。这在《中国好声音》这样的强势节目中充分显示；另一方面，受到经济形势不明朗的影响，广告主采取了更为谨慎的投放态度，分流部分预算到其他媒体，以提高整合传播效果。即便是传统的电视投放大户，也不再只满足于以往的硬广、贴片等简单形式，更多地尝试利用内容营销的手段，让广告信息变成电视的栏目“内容”，让消费者更乐于接受。

受到房地产、汽车、商业及服务性行业广告投放低迷等直接因素的影响，报纸的日子也越发的不好过。特别是像家用电器、汽车、房地产这样的支柱行业广告投放的大幅萎缩，对报纸的经营造成了不小的冲击。但药企和奢侈品广告的崛起，依然带动了报社广告经营额的小幅提升（18.36%），达到了555.6310亿元。同时，借助多种媒体技术和移动终端，报业也在积极尝试一些新的营销方式，但目前多数还只是停留在对广告客户的增值服务上，并未找到新盈利增长点。

随着汽车文化的成熟和社会老年化的加剧，广播广告已经进入一个持续上扬的发展阶段。2012年广播电台的广告经营额大幅攀升至141.0556亿元，增幅达到55.09%。究其原因，主要来自于收听群体的稳步扩大，驾车族和老年退休人员成为广播消费的主要人群，

表六 2012 年媒体广告基本情况

项目	经营单位（户）			从业人员（人）			广告经营额（万元）		
	2011 年	2012 年	比较(%)	2011 年	2012 年	比较(%)	2011 年	2012 年	比较（%）
电视台	2917	2859	-1.99	45037	49562	10.05	8979233	11322728	26.10
广播电台	784	786	0.26	11009	11749	6.72	909525	1410556	55.09
报社	1833	1721	-6.11	42246	41848	-0.94	4694530	5556310	18.36
期刊社	3959	3504	-11.49	30521	27229	-10.79	520883	832723	59.87

他们的消费力成为一股不可小视的市场力量。另外，作为拉动广播电台经营的三驾马车，金融、生活服务、汽车的投放一直在递增。同时，广播电台还纷纷利用各种新科技手段，挖掘内容优势，并以新媒体、新终端为载体，逐步实现数字化转型；同时，通过深入分析受众需求，广播电台可以实现精准的传播，令其在越来越多的广告主眼中成为了一个高效的推广平台。

互联网广告经营企业的大举扩张则是意料之中的事。数据显示，在 2012 年，参与经营广告的网站达到了 3882 家，远远超过了广播电台（786 家）与报社（1721 家）之和，增幅高达 61.35%。

另据中国广告协会互动网络分会的数据显示，2012 年我国互联网广告营业额达到 437.97 亿元，比上一年增长 47.6%。但是视频网站的盈利能力开始显现，电商和搜索广告成为本年度亮点，随之而来的则是对传统广告市场的整合力在迅速提升。同时，互联

表七 2012 年各省、市、自治区广告业发展情况

单位：万元

地区	2012 广告经营额	2011 广告经营额	增长幅度（%）
北京	18076138	8096238	123.27
广东	4663079	3736551	24.80
上海	4378926	4376913	0.05
江苏	4362070	2498939	74.56
浙江	2361417	2205542	7.07
山东	1763867	1180083	49.47
天津	1400889	1224000	14.45
福建	1202931	1101842	9.17
湖南	1151296	1043066	10.38
四川	1026968	751177	36.71
辽宁	954810	516301	84.93
安徽	820853	695946	17.95
河南	817906	355623	129.99
湖北	625525	554167	12.88
黑龙江	426538	347454	22.76

续表

地区	2012 广告经营额	2011 广告经营额	增长幅度（%）
重庆	375526	339572	10.59
江西	350300	323216	8.38
吉林	343428	284600	20.67
云南	343174	294777	16.42
山西	340590	308566	10.38
内蒙古	306339	134331	128.05
陕西	167098	204714	−18.37
贵州	136450	96450	41.47
海南	134379	100941	33.13
广西	116165	56074	107.16
甘肃	90519	87904	2.97
新疆	76057	130929	−41.91
河北	72509	117406	−38.24
青海	41206	38019	8.38
宁夏	33241	31612	5.15
西藏	22596	22574	0.10

网广告营销也将面临更加严峻的挑战，这种挑战不是来自于外部，而是来自于互联网自身，PC 平台向移动平台的延展、媒体属性化营销向社会化营销的拓展以及数据创新产品的开发利用，都是摆在互联网营销面前的挑战，必须在有限的时间内找到最佳解决方案。通过观念创新，超越自我是互联网营销发展的唯一路径，必须要向传统媒体学习市场运营的经验，并用技术创新的方法解决新的市场需求。

五、区域发展：两极分化的趋势比较明显，前五位市场份额接近 3/4

数据显示，北京作为全国唯一破千亿的行政区，广告行业的经营额达到了史无前例的 1807.6138 亿元，占到全国广告行业营业额的 38.47%；占到北京市 2012 年 GDP 的 10.15%，已成为名副其实的支柱产业，再次印证了文化创意产业在北京经济发展中不可或缺的重要地位。相比之下，上海（437.8926 亿元，占本地 GDP 的 2.2%）、广东（466.3079 亿元，占本地 GDP 的 0.9%）、江苏（436.2070 亿元，占本地 GDP 的 0.8%）以及浙江（236.1417 亿元，占本地 GDP 的 0.7%）等广告重镇，去年都为当地的市场发展贡献了不小的力量。

在这些广告大省的带动下，2012 年全国各地的广告营业额都出现了不同幅度的增长。其中，内蒙古、河南、广西、辽宁等二三线地区的增长势头最猛，特别是前三者的增幅都超过了 100%，这与当地市场发展环境和政府对广告产业的大力支持和帮助是密不可分的，特别是根据国家工商总局《规划》要求，各地国家级广告产业示范区相继启动或启用，极大地带动了当地广告行业的发展。

数据显示，排在全国广告营业额前列的省份（北京、广东、上海、江苏、浙江、山东）都是建立广告产业园区的受益者。其中，江苏和山东已建成的广告产业园区还不止一个，前者的广告营业额实现了74.56%的跨越式增长，后者也实现了49.47%的增幅。

此外，地区间发展极端不均衡的状态依然困扰着我国广告产业。数据显示，排名前五位省市的广告营业额达到了3384.1630亿元，占到全国广告营业额72.03%；而广告行业不发达的西藏、宁夏、青海、河北、新疆、甘肃、广西、海南、贵州、陕西十省的广告营业总额仅为89.0221亿元，仅占全国广告总额的1.89%。其中虽然广西、贵州、海南三省的广告营业额在2012年都有较大幅度的增长（分别为107.16%、41.47%以及33.13%），但由于基数过低，对经济的拉动作用十分有限，只能说明该地区的广告行业尚处在发展的起步阶段。由于各地经济发展水平的不均衡，全国广告产业这种两极分化的状况很难在短时期内有所改观。

六、广告监管：提高科学监管能力 促进行业健康发展

2012年，各级广告监管部门坚持把专项整治作为市场监管的重要抓手，针对虚假违法广告易发多发领域，多措并举，重拳迭出。

新年伊始，整治虚假违法广告部际联席会议成员单位制定下发了《2012年虚假违法广告专项整治工作要点》，把关系人民群众健康安全且违法问题易发多发的医疗、药品、保健食品以及危害未成年人身心健康的非法涉性、低俗不良广告作为整治重点，提出四个方面23条措施。2月28日，整治虚假违法广告部际联席电视电话会议召开，对全年广告专项整治工作进行动员和部署。

此后，针对社会反映的热点问题，全国对旅游服务广告市场、对利用互联网销售滥用“特供”、“专供”等标识商品的现象进行了深入清理整顿，开展了专项治理。11月份，全国广告市场秩序整顿部际联席会议成员单位对10个省区市的广告专项整治工作进行了联合督查。

根据国家工商总局统计数据显示，1至11月，全国共查处违法广告案件3.4万件，查办网上非法涉性广告案件1700余件，责令撤除违规使用“特供”、“专供”等标识7600余件。抽查监测结果显示，媒体发布的五类重点商品与服务广告平均违法率与去年同期相比下降4.46个百分点。

在2012年查处的广告违法案件中，户外是违法广告数量最多的媒介，达到了22104件，印刷品与电视违法广告的数量也都超过了4000件。从违法性质上看，虚假广告和非法经营广告占到了1/2强。值得关注的是，网络广告违法案件的数量排到了第五位，达到了3725件，其中虚假广告的数量竟然达到2918件，占比高达78.33%，再度凸显了一直以来困扰网络广告的诚信问题。

一年来，全国各地广告监管部门创新监管机制，创新工作方法，不断加强对虚假违法广告的整治工作，得到社会各界广泛认可。重庆率全国之先，在重庆市官方主流新闻网站——华龙网首页设立了虚假违法广告曝光台，有效抵消了虚假违法广告的误导宣传效应，震慑了广告违法行为。浙江积极探索互联网广告案件查办工作规律，强化了对互联网广告的监管。福建采取省市区三级联查方式，提高了广告监管效能。广东通过官方微博发布违法广告公告，得到网民的普遍认可和好评。

强化广告监管，不仅要加大对违法案件的查处力度，更要加强前期预防和管理。抓住了发布环节，就抓住了关键，强化发布环节的监管，成了2012年全国广告监管工作的一大亮点。

2012年2月，国家工商行政管理总局会同整治虚假违法广告部际联席会议成员单位制定并发布《大众传播媒介广告发布审查规定》，以进一步完善广告审查制度，强化广告审查把关意识，落实大众传播媒介广告审查责任，预防和最大限度减少违法广告的发布。在贯彻实施《大众传播媒介广告发布审查规定》电视电话会议上，中宣部、国务院新闻办、国家广电总局、新闻出版总署、工商总局等部门负责人到会讲话。会

上，人民日报社、中央人民广播电台、中央电视台、北京电视台、上海广播电视台、《三联生活周刊》杂志社、新华网、搜狐网等 8 家单位还联合向全国大众传播媒介发起自律倡议。

一年里，覆盖全国的广告监测体系基本建立。国家工商总局制定下发了《广告监测工作规定》，统一了广告监测标准，提升了广告监测工作的制度化、规范化水平。国家工商总局向监测力量较弱的 18 个省区市下拨广告监测专项经费，提升了各地广告监测能力。目前，全国多数省区市建立了广告监测机构，监测范围基本覆盖了地市以上主要媒体。截至 11 月底，全国工商系统共监测广告 6000 多万条次，广告监管工作的主动性、预见性明显增强。国家工商总局进一步扩大广告抽查监测覆盖面，增加频次，由每季度抽查一次改为每月抽查一次，覆盖 72 个电视台和广播电台，72 家报纸，每月抽查广告 8 万余条，累计发布违法广告公告 11 期，曝光典型违法广告 165 条。

一年里，广告信用体系建设取得积极进展。国家工商总局选择北京、重庆、浙江、江苏等省市进行广告信用监管体系建设试点。对广告经营主体信用评价指标进行了调研论证，指导部分省区市开展广告信用分类监管试点。各级广告协会充分发挥熟悉行业、联系行业、服务行业的优势，强化职能完善服务，强化自律规范行为，推进了广告信用体系建设。

表八　2011–2012 年全国查处违法广告案件数量前 10 名的行业

名次	行业	单位	2012 年查处数量	2011 年查处数量	增减量	增长率 (%)
1	药品	个	1737	1957	−220	−11.24
2	食品	个	1350	1679	−329	−19.60
			其中保健品 724	其中保健品 981	其中保健品 −257	−26.20
3	医疗服务	个	787	877	−90	−10.26
4	房地产	个	609	736	−127	−17.26
5	农资	个	299	313	−14	−4.47
6	家用电器	个	275	307	−32	−10.42
7	信息产品	个	275	108	167	154.63
8	服装、服饰	个	244	217	27	12.44
9	化妆品	个	234	220	14	6.36
10	医疗器械	个	232	274	−42	−15.33

'2013 中国广告年鉴
China Advertising Yearbook

中国广告业年度统计与数字

Annual Statistics & Numerals of China Advertising Industry

2012 年全国广告经营单位基本情况统计表

项目		经营单位（户）	从业人员（人）	广告经营额（万元）	纳税额（万元）
合计		377778	2177840	46982791	2139067
其中	国有企业	9554	89687	4077237	283889
	国有事业	7354	100557	14134871	505817
	集体企业	2173	22740	942228	31459
	集体事业	512	5077	90597	6508
	私营企业	281509	1631226	18048316	905125
	个体工商户	53905	185591	583179	29058
	外商投资企业	1112	29075	7601966	193133
	其他	21659	113887	1504399	184078
其中	广告公司	204757	1382776	21447197	1118293
	其中：股份有限公司	3786	29263	1052469	79090
	其中：有限责任公司	200971	1353513	20394728	1039203
	兼营广告企业	106250	434162	1907647	94625
	电视台	2859	49562	11322728	339973
	广播电台	786	11749	1410556	71288
	报社	1721	41848	5556310	260941
	期刊社	3504	27229	832723	83332
	经营广告的网站	3882	19151	1821139	62862
	其他	54019	211363	2684492	107752

资料来源：国家工商行政管理总局广告监督管理司（本表不包含国家局数据）

2012 年全国主要行业广告营业额统计表

单位：万元

项目			药品	食品	保健食品	化妆品	美容业	医疗器械
合计			2660587	3797050	1257524	5095779	636131	598976
其中	国有企业		197008	285012	121181	239585	57529	73356
	国有事业		1346181	1620197	541785	649365	159532	165033
	集体企业		67111	31892	42926	424298	5127	26212
	集体事业		10891	5259	2821	13105	2756	990
	私营企业		850196	1367131	396996	3025715	349114	276925
	个体工商户		30473	37458	32576	17165	14485	11455
	外商投资企业		98427	385084	66535	677944	31689	34368
	其他		60300	65018	52704	48603	15899	10637
其中	广告公司		758807	1536799	478824	1527002	294175	315443
	其中	股份有限公司	46995	59112	43666	47505	33096	28312
		有限责任公司	711812	1477687	435159	1479497	261079	287131
	兼营广告企业		77514	73648	61310	52955	53814	24777
	电视台		941389	1523009	432107	1575956	101721	121296
	广播电台		139141	63711	67740	40428	13662	22727
	报社		324017	258341	139455	240545	90923	63880
	期刊社		76204	37157	18447	63348	10169	14850
	经营广告的网站		95955	110593	16089	367972	40643	6695
	其他		247560	193791	43551	1227572	31024	29307

续表

单位：万元

项目			医疗服务	烟草	酒类	招生招聘	房地产	农资	服务业
合计			1525903	160503	1714081	544573	4080313	199062	3568289
其中	国有企业		91307	48082	148416	75775	368858	46147	306143
	国有事业		711400	18397	547610	165321	1364579	65714	1468518
	集体企业		36017	5521	45847	17989	42181	12836	30693
	集体事业		4389	34	2271	1242	10104	832	3596
	私营企业		592587	58018	670412	202032	1759690	57525	1296807
	个体工商户		21478	1922	36672	9667	81172	7814	46313
	外商投资企业		20082	1418	168337	55258	273445	805	279571
	其他		48644	27112	94516	17288	180286	7388	136649
其中	广告公司		505710	106317	734753	232851	2007216	85943	1567054
	其中	股份有限公司	38100	21225	52694	43301	72164	28916	118986
		有限责任公司	467609	85092	682059	189550	1935053	57027	1448068
	兼营广告企业		44140	35624	63987	22304	128842	8171	119342
	电视台		430926	9699	561879	67886	621202	60819	850282
	广播电台		82888	1909	60628	11594	97612	5816	169088
	报社		331162	4240	140065	139072	951232	20309	454175
	期刊社		19161	703	29756	9548	70577	5974	119472
	经营广告的网站		75493	167	16064	27459	79035	2416	225859
	其他		36423	1845	106949	33859	124596	9611	63017

续表

单位：万元

项目			信息产业	金融保险	汽车	家用电器	服装服饰	其他	小计
合计			1645559	1521250	4371682	2050889	1524023	10030615	46982791
其中	国有企业		192088	191704	377536	186015	126012	945484	4077237
	国有事业		378048	537007	1091485	765939	338822	2199939	14134871
	集体企业		18029	16083	26938	17846	13472	61212	942228
	集体事业		1304	1409	7408	4827	4019	13340	90597
	私营企业		428319	609505	1718793	684289	720022	2984239	18048316
	个体工商户		14914	11418	18129	27306	22117	140645	583179
	外商投资企业		560524	120697	963537	299436	242080	3322730	7601966
	其他		52333	33427	167857	65232	57479	363027	1504399
其中	广告公司		1024253	555607	2145860	859983	718919	5991679	21447197
	其中	股份有限公司	58093	60254	72681	50834	49313	127221	1052469
		有限责任公司	966160	495353	2073179	809148	669606	5864459	20394728
	兼营广告企业		56709	57695	459477	142757	135354	289224	1907647
	电视台		242094	410868	717430	709444	357334	1587386	11322728
	广播电台		49836	104632	168734	53467	20810	236132	1410556
	报社		168397	207233	655157	190757	97819	1079528	5556310
	期刊社		26322	31798	47039	18638	31641	201920	832723
	经营广告的网站		46404	122980	136896	30075	125678	294664	1821139
	其他		31544	30437	41088	45768	36468	350081	2684492

资料来源：国家工商行政管理总局广告监督管理司

2012 年全国各地区广告经营情况统计表

地 区	经营单位（户）	从业人员（人）	广告经营额（万元）
合 计	377778	2177840	46982791
北京市	25176	98670	18076138
天津市	14272	69195	1400889
河北省	5375	20019	72509
山西省	4333	24124	340590
内蒙古自治区	6835	48397	306339
辽宁省	8671	59953	954810
吉林省	5650	33769	343428
黑龙江省	3393	24011	426538
上海市	68574	213539	4378926
江苏省	24824	177963	4362070
浙江省	23005	156194	2361417
安徽省	8486	51090	820853
福建省	10455	72907	1202931
江西省	7006	56048	350300
山东省	26136	154247	1763867
河南省	10343	69440	817906
湖北省	7389	44740	625525
湖南省	9908	45646	1151296
广东省	33972	207053	4663079
广西壮族自治区	9206	162489	116165
海南省	2097	14105	134379
重庆市	21224	98255	375526
四川省	14542	91185	1026968
贵州省	3487	17435	136450
云南省	9513	80223	343174
西藏自治区	653	3897	22596
陕西省	2934	20252	167098
甘肃省	2018	14027	90519
青海省	677	4345	41206
宁夏回族自治区	2191	13174	33241
新疆维吾尔自治区	5433	31448	76057

资料来源：国家工商行政管理局广告监督管理司

2012 年全国查处广告违法案件情况统计表

项 目		查处案件总数（件）	其中：按违法性质分		
			虚假广告	非法经营广告	其他
合 计		43912	12410	7191	24311
违法经营额	1 万元以下	36798	9674	6153	20971
	1 万 –5 万元	6069	2341	914	2814
	5 万 –10 万元	592	244	70	278
	10 万 –50 万元	368	132	37	199
	50 万元以上	85	19	17	49
违法主体	广告主	25431	7921	3854	13656
	广告经营者	4983	1382	1190	2411
	广告发布者	10225	2384	1815	6026
	其他	3273	723	332	2218
违法媒介	电视	4122	1661	597	1864
	广播	615	224	86	305
	报纸	2683	676	332	1575
	期刊	338	63	45	230
	户外	22104	2710	5144	14250
	印刷品	4222	1979	458	1785
	网络	3725	2918	49	758
	其他	6203	2179	480	3544

责令公开更正（件）	责令停止发布（件）	停业整顿（户）	吊销执照（户）	罚没款（万元）
3167	12484	30	1	28121
1919	7504	4	1	14025
319	1261	5		3464
820	3342	13		8949
109	377	8		1683
311	1639	3		4856
56	161			726
218	1123	3		3252
19	90	3		889
1475	6333	11		8507
365	1457	2		2971
449	1302	2	1	3036
274	1379	6		3885

项 目		查处案件总数（件）	其中：按违法性质分		
			虚假广告	非法经营广告	其他
违法类别	药品	4193	1737	682	1774
	医疗器械	572	232	86	254
	医疗服务	3435	787	641	2007
	农资	1317	299	190	828
	其中：农药	412	103	83	226
	兽药	10	4		6
	食品	3325	1350	496	1479
	其中：保健食品	1543	724	186	633
	酒类	662	157	132	373
	化妆品	595	234	72	289
	烟草	82	7	34	41
	房地产	3489	609	623	2257
	家用电器	1306	275	290	741
	信息产品	661	275	104	282
	服装、服饰	819	244	139	436
	汽车	460	62	85	313
	金融保险	235	40	52	143
	生活美容、美体、休闲服务	566	203	89	274

续表

责令公开更正（件）	责令停止发布（件）	停业整顿（户）	吊销执照（户）	罚没款（万元）
196	1600	2		4112
87	200	1		491
294	1343	2		3625
59	182	2		430
23	54			128
	3			12
240	1167	2		2347
92	564			1187
44	148			319
66	190	1	1	574
	39	1		30
244	946	2		3337
74	254			434
41	119			348
98	225			360
39	118			443
18	43			155
66	203	1		387

项 目		查处案件总数（件）	其中：按违法性质分		
			虚假广告	非法经营广告	其他
违法类别	信息服务	548	132	139	277
	加工承揽及经营合作	317	172	40	105
	商场销售	1173	210	244	719
	教育	345	118	63	164
	旅游	109	26	13	70
	招工招聘及其他服务	87	21	14	52
	出入境中介	11	5	2	4
	其他	19605	5215	2961	11429

续表

责令公开更正（件）	责令停止发布（件）	停业整顿（户）	吊销执照（户）	罚没款（万元）
65	138			363
47	64			74
62	388			390
49	103			217
7	40			62
9	14			27
3	3			4
1359	4957	16		9591

2012 年全国户外广告经营基本情况统计表

项目		单位	合计
户外广告经营单位户数		户	91663
户外广告经营额		万元	3156299
户外广告媒体数		个	2362455
其中	展示牌广告	个	493716
	电子显示装置广告	个	410477
	灯箱广告	个	393035
	霓虹灯广告	个	82312
	交通工具广告	个	414748
	水上漂浮物广告	个	9032
	升空器具广告	个	9431
	充气物广告	个	23513
	模型广告	个	21132
	其他户外广告	个	505059

2012 年度中国广告企业（媒体服务类）广告营业额前 100 名排序

排名	参赛单位	营业额（万元）
1	群邑（上海）广告有限公司	1287227
2	昌荣传媒有限公司	519868
3	凯帝珂广告（上海）有限公司	340407
4	上海分众德峰广告传播有限公司	311007
5	中视金桥国际传媒集团有限公司	302137
6	广东凯络广告有限公司上海分公司	274641
7	号百信息服务有限公司	213000
8	谷歌广告（上海）有限公司	147402
9	北京首都机场广告有限公司	140738
10	大贺投资控股集团有限公司	133574
11	奥美世纪（北京）广告有限公司	133163
12	西藏山南东方博杰广告有限公司	119083
13	海南白马广告媒体投资有限公司	117984
14	盟博广告（上海）有限公司	98258
15	上海机场德高动量广告有限公司	97737
16	北京广易通广告有限公司	95603
17	上海定向广告传播有限公司	84059
18	三人行广告有限公司上海分公司	82024
19	上海聚胜万合广告有限公司	80000
20	上海新分众广告传播有限公司	78330
21	远誉广告（上海）有限公司	68787
22	上海雅仕维广告有限公司	66380
23	上海申通德高地铁广告有限公司	61673
24	德高广告（上海）有限公司	61102
25	北京赫斯特广告有限公司上海分公司	60500
26	康仕广告（上海）有限公司	52355
27	南京永达户外传媒有限公司	51792
28	北京艾德思奇科技有限公司	51350
29	上海好耶趋势广告传播有限公司	50920
30	上海第一财经传媒有限公司	50808
31	北京巴士传媒股份有限公司	50778

续表

排名	参赛单位	营业额（万元）
32	上海魄力广告传媒有限公司	50242
33	上海韵洪广告有限公司	47087
34	上海驰众广告传播有限公司	47086
35	上海好耶广告有限公司	47072
36	浩志媒体传播（上海）有限公司	46860
37	上海中润解放传媒有限公司	45322
38	上海中视国际广告有限公司	43726
39	上海七星广告有限公司	43327
40	江苏卓艺国际传媒有限公司	43172
41	上海麦罗特广告有限公司	42626
42	上海铁路文化广告发展有限公司	41865
43	上海郁金香广告传媒有限公司	39997
44	四川省巴蜀新形象广告传媒股份有限公司	38715
45	上海新民传媒广告有限公司	37593
46	上海前景广告有限公司	37248
47	广州铁路集团文化广告总公司	36047
48	上海香榭丽广告传媒股份有限公司	33513
49	上海华君广告有限公司	30124
50	上海迪岸广告有限公司	30083
51	中铁世纪传媒广告有限公司	29496
52	上海雅润文化传播有限公司	29429
53	云南春晚传媒有限公司	28346
54	南京金陵文化传媒有限公司	28274
55	福建九龙宝典传媒有限公司	27529
56	哈尔滨海润国际广告传播（集团）有限公司	24700
57	扬子江文化传媒（上海）有限公司	24488
58	南京雷迪欧广告公司	23549
59	上海得胜广告传媒有限公司	23350
60	上海傲飞广告有限公司	22961
61	上海盛越广告有限公司	22945
62	上海唐风广告有限公司	22271
63	福建兆翔雅仕维联合广告有限公司	21711
64	福建希望文化传播有限公司	21449
65	星尚传媒有限公司	21101

续表

排名	参赛单位	营业额（万元）
66	贵州天马传媒有限公司	20553
67	上海亚风文化传播有限公司	20164
68	上海传智广告有限公司	20087
69	郁金香广告传播（上海）股份有限公司	19060
70	上海互信广告传播有限公司	18542
71	西部机场集团广告传媒（西安）有限公司	18160
72	上海二十一世纪文化传播有限公司	17868
73	上海中广影视广告有限公司	17577
74	东方航空传媒有限公司	17341
74	上海睿艾广告传媒有限公司	17125
74	山东通广传媒广告有限公司	16337
77	大象广告有限公司	16299
78	上海煦日文化传播有限公司	16102
79	杭州公交广告公司	15530
80	城市纵横（上海）文化传媒有限公司	15336
81	上海嘉美信息广告有限公司	15095
82	陕西沙龙传媒有限公司	15093
83	上海康泰纳仕广告有限公司	14954
84	江苏雅智广告有限公司	14642
85	上海高越文化传媒股份有限公司	14153
86	江苏汇特广告传媒有限公司	14024
87	沈阳铁道文化传媒集团有限公司	14000
88	南京梅迪派勒公交广告有限公司	13833
89	星空传媒（中国）有限公司	13552
89	西岸传媒股份有限公司	13368
91	南京地铁德高广告有限公司	13092
92	山东中铁旅游广告集团有限公司	13000
93	福建太古广告有限公司	12917
94	陕西瑞翔广告装饰有限责任公司	12893
95	南京华泽广告传媒有限公司	12000
96	晨鸿集团传媒有限公司	12000
97	上海触频广告有限公司	11808
98	安徽高速传媒有限公司	11482
99	上海诠释广告有限公司	11448
100	西安市振兴公交广告有限责任公司	11318

资料来源：中国广告协会

2012 年度中国广告企业（非媒体服务类）广告营业额前 100 名排序

排名	参赛单位	营业额（万元）
1	上海李奥贝纳广告有限公司	744840
2	北京恒美广告有限公司上海分公司	597175
3	盛世长城国际广告有限公司	559830
4	北京电通广告有限公司	512496
5	广东省广告股份有限公司	462664
6	北京杰尔思行广告有限公司	283822
7	北京太阳圣火国际传媒有限公司	206130
8	北京广告有限公司	178727
9	上海广告有限公司	151618
10	南京银都奥美广告有限公司	150000
11	思美传媒股份有限公司	144397
12	中航文化股份有限公司	143847
13	阳狮广告有限公司上海分公司	133087
14	金鹃广告股份有限公司	97697
15	北京伊诺盛北广广告有限公司	92678
16	上海龙韵广告传播股份有限公司	91146
17	上海博报堂广告有限公司	82598
18	上海伊诺盛广告有限公司	74921
19	北京互通联合国际广告有限公司	71500
20	上海美术设计有限公司	70823
21	安索帕（上海）广告传播有限公司	68118
22	华扬联众数字技术股份有限公司上海分公司	55737
23	灵智精实广告有限公司上海分公司	54928
24	上海旭通广告有限公司	53026
25	上海先河文化传播有限公司	50179
26	信和（上海）广告传媒有限公司	43217
27	上海分众晶视广告有限公司	39404
28	湖南北纬国际传媒咨询有限公司	37407
29	上海智马传媒股份有限公司	33512
30	上海奥美广告有限公司	30526
31	上海凸版广告有限公司	30514

续表

排名	参赛单位	营业额（万元）
32	上海统量广告有限公司	29797
33	山东世纪经纶营销企划有限公司	29681
34	南京金棕榈广告有限公司	29404
35	上海欧安派广告传播有限公司	29035
36	上海韵翔广告有限公司	28602
37	上海网迈广告有限公司	28177
38	上海唐神广告传播有限公司	27808
39	石家庄市中仁广告艺术有限公司	26512
40	上海新易传媒广告有限公司	26099
41	长春华锐广告信息有限公司	25156
42	上海昊讯广告有限公司	25079
43	上海财友广告有限公司	24509
44	上海恺达广告有限公司	24017
45	上海龙瑞文化广告传媒有限公司	22502
46	扬罗必凯（北京）广告有限公司上海分公司	21054
47	长春吉广传媒集团有限公司	19994
48	麦肯·光明广告有限公司上海分公司	19854
49	上海星汇广告有限公司	19726
50	上海蓝梦广告有限责任公司	19004
51	博达大桥国际广告传媒有限公司上海分公司	18803
52	太原好运达国际广告传媒有限公司	18619
53	旭通世纪（上海）广告有限公司	18463
54	上海腾迈广告有限公司	16670
55	上海四维文化传媒股份有限公司	16498
56	北京恒美广告有限公司上海卢湾分公司	15984
57	城市纵横（上海）文化传媒有限公司	15336
58	天联广告有限公司上海分公司	15266
59	上海印迹广告有限公司	15241
60	中国广告联合总公司	14744
61	上海伟淇广告有限公司	14560
62	博报堂创意广告（上海）有限公司	14271
63	上海威汉广告有限公司	13968
64	上海赛博展览广告有限公司	13067
65	上海安义广告有限公司	11934

续表

排名	参赛单位	营业额（万元）
66	智威汤逊——中乔广告有限公司上海分公司	11532
67	成都阿佩克思奥美品牌营销咨询有限公司	11208
68	上海安瑞信杰广告有限公司	10923
69	江苏大唐灵狮广告有限公司	10716
70	上海恒驰广告有限公司	10618
71	上海网视广告传媒有限公司	10294
72	上海千胜广告事务所	10000
73	上海博唐广告有限公司	9850
74	山东国际广告有限公司	9842
74	山东超越文化传播有限公司	9817
74	上海蓝瀚广告有限公司	9767
77	上海形家广告设计有限公司	9680
78	上海网策广告有限公司	9677
79	上海激创广告有限公司	9528
80	上海杰凡文化传媒有限公司	9430
81	太原华妙广告有限公司	9380
82	上海高得广告传播有限公司	9340
83	杭州焦点广告传播有限公司	9015
84	百比赫广告（上海）有限公司	8956
85	大广（上海）广告有限公司	8907
86	爱德威广告（上海）有限公司	8903
87	松下广告（上海）有限公司	8768
88	宁夏动感飞扬广告公司	8700
89	上海韦柯广告有限公司	8428
89	上海云指广告有限公司	8332
91	上海东方名流传播有限公司	7947
92	河北都市文化传播有限公司	7934
93	凯立广告（上海）有限公司	7681
94	上海灵狮广告有限公司	7618
95	北京国安广告总公司	7566
96	上海贞观文化传播有限公司	7251
97	湖南鼎翰文化传播有限公司	7231
98	晶赞广告（上海）有限公司	7194
99	上海黑与白文化传播有限公司	7092
100	上海尊尚广告有限公司	7032

资料来源：中国广告协会

2012年度中国媒体单位广告营业额前100名排序

排名	参赛单位	营业额（万元）
1	中央电视台	2690000
2	上海东方传媒集团有限公司（广播、电视部分）	646100
3	湖南电视台	600512
4	江苏电视台（集团）	473200
5	深圳报业集团	396588
6	浙江广播电视集团	387101
7	腾讯控股有限公司	338230
8	山东广播电视台	315000
9	北京电视台	310000
10	深圳广电集团（电视）	280800
11	安徽（广播）电视台广告中心	273800
12	新浪	257740
13	河南电视台	187317
14	天津电视台	175000
15	国家广播电影电视总局电视卫星频道	161000
16	四川广电传媒集团有限公司	156119
17	陕西省广播电视台广告中心	155192
18	广东电视台	153000
19	江西电视台广告中心	140000
20	湖北广播电视台	135531
21	大众报业集团	128210
22	今晚传媒集团	125000
23	重庆日报报业集团	120340
24	黑龙江电视台	117500
25	云南广播电视台	112135
26	天津日报报业集团	105000
27	成都商报	103000
28	宁波日报报业集团有限公司	94242
29	河北电视台广告经营管理中心	91000
30	辽宁电视台	90000
31	西安华商广告有限责任公司	84000

续表

排名	参赛单位	营业额（万元）
32	南京广播电视集团	83281
33	吉林电视台	78000
34	成都电视台广告中心	75700
35	文汇新民联合报业集团	72224
36	山西广播电视总台	70850
37	广西电视台	70200
38	贵州广播电视台（电视）	70000
39	浙江都市快报传媒有限公司	68000
40	海峡都市报社	64658
41	海南电视台	61800
42	天津人民广播电台	55000
43	大河报社	55000
44	温州日报报业集团	52042
45	重庆广播电视传媒集团股份有限公司广播电视广告经营分公司	48485
46	福建东南卫视（卫视部分）	48200
47	潇湘晨报	44427
48	上海新娱乐传媒有限公司	43307
49	新安传媒有限公司（新安晚报）	42000
50	新闻报社	41896
51	广西日报社	40029
52	青岛电视台	38500
53	大连电视台	38000
54	厦门日报社	34305
55	宁波广播电视广告有限公司	32566
56	贵州日报报业集团	32000
57	内蒙古电视台	30000
58	长沙晚报社	28000
59	昆明广播电视台	26372
60	温州市广播电视总台	26331
61	上海第一财经报业有限公司	26264
62	贵阳日报传媒集团	26000
63	新疆电视台	25200
64	江南都市报社	25000
65	济南广播电视台电视广告中心	22002

续表

排名	参赛单位	营业额（万元）
66	无锡报业发展有限公司广告分公司	21573
67	厦门广播电视广告有限公司	21010
68	甘肃省广播电影电视总台	21000
69	宁夏广播电视总台	20805
70	西安日报社	19353
71	泉州广播电视台	18600
72	杭州日报传媒有限公司	18000
73	三湘都市报	17739
74	宁夏日报集团广告中心	17000
74	杭州人民广播电台交通经济广播	17000
74	河北人民广播电台	17000
77	上海世纪出版股份有限公司译文出版社	16862
78	厦门海峡导报发展有限公司	15494
79	常州市报业广告中心	15411
80	烟台风云广告有限公司（烟台报业集团）	14382
81	上海炫动传播股份有限公司	14140
82	山西日报社广告中心	13635
83	台州广播电视总台	13600
84	体坛传媒	13554
85	太原电视台	13500
86	南京日报社	13400
87	长沙电视台政法频道	13069
88	潍坊电视台	12113
89	吉林人民广播电台	12000
89	福州广播电视集团广告中心	12000
91	太原日报社	12000
92	山东商报社	11781
93	烟台广播电视台	11670
94	福建中广广播广告有限公司	11526
95	广西广播电台	11403
96	陕西日报社广告中心	11300
97	绍兴日报报业广告有限公司	11018
98	嘉兴嘉报传媒广告有限公司	10896
99	湖南日报	10800
100	金华日报社	10705

资料来源：中国广告协会

2012年度中国广告企业户外广告营业额前100名排序

排名	参赛单位	营业额（万元）
1	凯帝珂广告（上海）有限公司	340407
2	上海分众德峰广告传播有限公司	311007
3	大贺投资控股集团有限公司	133574
4	海南白马广告媒体投资有限公司	117984
5	上海机场德高动量广告有限公司	97737
6	北京电通广告有限公司	92872
7	上海定向广告传播有限公司	84059
8	上海新分众广告传播有限公司	78330
9	上海雅仕维广告有限公司	66263
10	上海申通德高地铁广告有限公司	61673
11	德高广告（上海）有限公司	61102
12	号百信息服务有限公司	56000
13	北京巴士传媒股份有限公司	50778
14	上海驰众广告传播有限公司	47086
15	上海铁路文化广告发展有限公司	41865
16	上海郁金香广告传媒有限公司	39997
17	北京首都机场广告有限公司	36664
18	广州铁路集团文化广告总公司	35887
19	广东省广告股份有限公司	35034
20	上海迪岸广告有限公司	30083
21	中铁世纪传媒广告有限公司	29496
22	上海香榭丽广告传媒股份有限公司	27746
23	上海传智广告有限公司	20087
24	郁金香广告传播（上海）股份有限公司	19060
25	西部机场集团广告传媒（西安）有限公司	17392
26	大象广告有限公司	16299
27	杭州公交广告公司	15530
28	城市纵横（上海）文化传媒有限公司	15336
29	陕西沙龙传媒有限公司	15093
30	上海高越文化传媒股份有限公司	14153
31	沈阳铁道文化传媒集团有限公司	14000

续表

排名	参赛单位	营业额（万元）
32	浙江高速广告有限责任公司	11147
33	安徽高速传媒有限公司	11127
34	云南空港雅仕维信息传媒有限公司	10903
35	福建太古广告有限公司	10336
36	上海东方明珠移动电视有限公司	10126
37	江西华赣公交文化传媒有限公司	9854
38	上海博唐广告有限公司	9850
39	安徽黑白广告有限责任公司	9812
40	福建兆翔雅仕维联合广告有限公司	9435
41	上海框架广告发展有限公司	9300
42	上海地铁时代传媒发展有限公司	9172
43	上海公共交通广告有限公司	9172
44	西岸传媒股份有限公司	9022
45	云南天下艺佳广告传媒有限公司	8816
46	上海美术设计有限公司	8804
47	陕西瑞翔广告装饰有限责任公司	8723
48	重庆唐码传媒有限公司	8706
49	福建三维广告传播事业有限公司	8560
50	山东通广传媒广告有限公司	8210
51	上海东方明珠国际广告有限公司	8121
52	大连国域无疆传媒集团有限公司	8055
53	上海新云传媒有限公司	8024
54	福建省泉州市艺林集团有限公司	7800
55	德高广告（北京）有限公司上海分公司	7800
56	重庆媒体伯乐公交广告有限公司	7384
57	山东智慧广告传媒公司	7335
58	贵州高速广告有限公司	7254
59	海南雅仕维广告有限公司	7235
60	浙江联合动力传媒广告有限公司	7012
61	上海分众广告传播有限公司	7001
62	山东迅华传媒广告有限公司	6943
63	湖北诚信广告装饰工程有限责任公司	6936
64	无锡红五星传媒有限公司	6818
65	上海飞帆广告有限公司	6708

续表

排名	参赛单位	营业额（万元）
66	苏州工业园苏城广告有限公司	6638
67	苏州市安泰交通安全设施工程有限公司	6600
68	上海联都广告有限公司	6270
69	厦门市唐码博美广告有限公司	6179
70	厦门市路桥广告有限公司	6159
71	思美传媒股份有限公司	5904
72	重庆市加米广告有限公司	5720
73	上海传智华光广告有限公司	5546
74	北京杰尔思行广告有限公司	5394
74	西安市振兴公交广告有限责任公司	5293
74	浙江博通广告有限公司	5173
77	浙江银马广告有限公司	5000
78	武汉铁路中力文化传媒有限公司	4894
79	厦门华盟广告有限公司	4801
80	山东中铁旅游广告集团有限公司	4600
81	江苏恒诺文化传媒有限公司	4598
82	四川省巴蜀新形象广告传媒股份有限公司	4500
83	上海电力广告有限公司	4235
84	福建省高速公路广告有限公司	4229
85	陕西铁路客运服务有限公司	4167
86	温州交运集团城东公交有限公司	4143
87	厦门威扬广告有限公司	3955
88	福建省新联合广告有限公司	3857
89	山东高速文化传媒有限公司	3834
89	重庆星月广告传播有限公司	3829
91	长沙达美文化传播有限公司	3744
92	长春赛博广告有限公司	3666
93	浙江义乌中国小商品城广告有限责任公司	3349
94	长春唐码鑫星传媒有限公司	3276
95	浙江朝辉广告有限公司	3039
96	浙江实力高空广告股份有限公司	2905
97	苏州工业园展望广告策划有限公司	2874
98	福建省广告公司	2756
99	福建唐码新奥传媒有限公司	2676
100	太原新通广告有限公司	2570

资料来源：中国广告协会

2012 年全国广告经营单位增长情况统计表

（与 2011 年同期对比）

项目			2012 年	2011 年	增长率（%）
合计			377778	296507	27.41
其中	国有企业		9554	9322	2.49
	国有事业		7354	7593	-3.15
	集体企业		2173	2559	-15.08
	集体事业		512	418	22.49
	私营企业		281509	217274	29.56
	个体工商户		53905	40394	33.45
	外商投资企业		1112	1045	6.41
	其他		21659	17902	20.99
其中	广告公司		204757	170215	20.29
	其中	股份有限公司	3786	3174	19.28
		有限责任公司	200971	167041	20.31
	兼营广告企业		106250	72808	45.93
	电视台		2859	2917	-1.99
	广播电台		786	784	0.26
	报社		1721	1833	-6.11
	期刊社		3504	3959	-11.49
	经营广告的网站		3882	2406	61.35
	其他		54019	41585	29.90
从业人员（人）			2177840	1673444	30.14
广告经营额（万元）			46982791	31255529	50.32
查处违法案件（件）			43912	41938	4.71
罚没金额（万元）			28121	26064	7.89

资料来源：国家工商行政管理局广告监督管理司

1990-2012年全国广告业基本情况统计表

项 目（年）	经营单位（户）	从业人员（人）	广告经营额（万元）	查处案件总数（件）	罚没金额（万元）
1990	11123	131970	250173		
1991	11769	134506	350893		
1992	16652	184279	632216		
1993	31744	310638	1264374		
1994	43046	410094	2002623		
1995	48082	477371	2732690		
1996	52871	512087	3666372		
1997	57024	545788	4619638	31780	5855
1998	61730	578876	5378327	37707	4884
1999	64882	587474	6220506	51494	7552
2000	70747	641116	7126632	66824	10005
2001	78339	709076	7948876	79236	15801
2002	89552	756414	9031464	83653	17752
2003	101786	871366	10786846	71689	18552
2004	113508	913832	12645601	61755	17062
2005	125394	940415	14163487	67676	20750
2006	143129	1040099	15730018	61867	23157
2007	172615	1112528	17409626	56627	27189
2008	185765	1266393	18995614	51599	24660
2009	204982	1334898	20410322	46903	21009
2010	243445	1480525	23405076	46889	24400
2011	296507	1673444	31255529	41938	26064
2012	377778	2177840	46982791	43912	8121

’2013中国广告年鉴

China Advertising Yearbook

中国广告经营单位
北京市精选品牌展示

The Advertising Units of China
The Selected Brand Show in Beijing

航美传媒集团

航美传媒集团（Nasdaq:AMCN）是中国极具影响力的中高端户外媒体运营商，拥有中国航空数码媒体市场超过90%的占有率，以及领先份额的机场传统媒体资源，打造了覆盖北京、上海、广州等全国主要机场以及国航、东航、南航等多家航空公司2300余条航线的航空媒体网络。

2007年11月，航美传媒在美国纳斯达克成功上市。

航美传媒2005年建立之初便成为中国航空媒体的领军企业。在机场数码媒体方面，航美传媒凭借不断创新的媒体技术和高效的运营能力，开创性的建立了遍布中国各主要城市机场的航空电视及数码刷屏系统，实现了航空数码媒体的网络化覆盖。在机场传统媒体方面，强调创意与创新的结合，实现了对首都机场、广州机场及深圳机场等优势媒体资源的优化与革新。

▲机场电视
◄机场108寸刷屏
▼加油站媒体

航美传媒集团有限公司
中国北京市东城区东直门
外大街46号天恒大厦15层
T:+8610-84386868
F:+8610-84608658
www.airmedia.net.cn

在航空媒体领域地位不断提升之时，航美传媒集团还将业务延伸到加油站户外媒体领域，与中国石化集团签订独家特许经营协议，获得了中国石化在全国超过3万个加油站的媒体开发与经营权，翻开了中国户外媒体发展的新篇章。

航美传媒注重发挥其特有的媒体影响力，与联合国开发计划署、世界自然基金会、中国红十字会等NGO组织达成合作，并与包含中国中央电视台、上海文广集团等几十家强势媒体携手，广泛参与到“2008北京奥运会”、“夏季达沃斯论坛”、“APEC论坛”、“中央电视台年度经济人物评选”等重要活动中。今后，航美传媒将延续“高端影响力”与“媒体网络化”的发展轨迹，勾画未来中国户外媒体新的风景线。

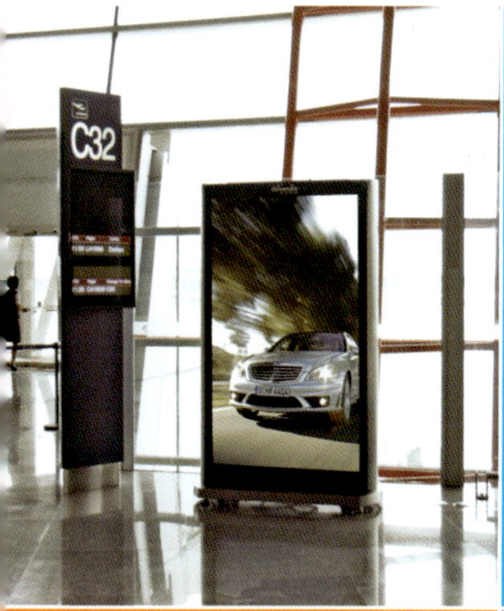

◂ 机场刷屏
▸ 机载电视

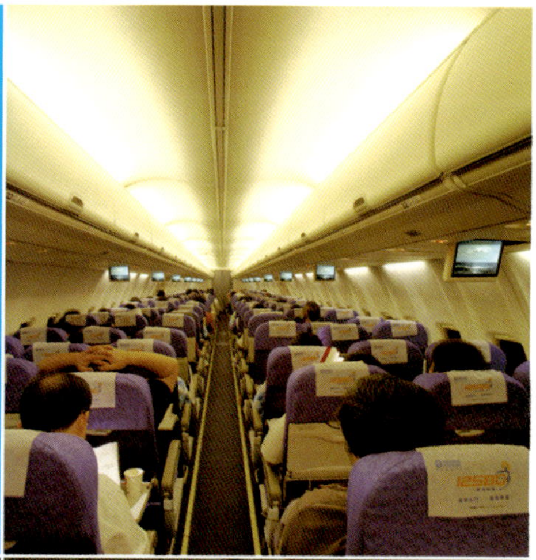

▸ 影视业务
▸ 机场传统媒体

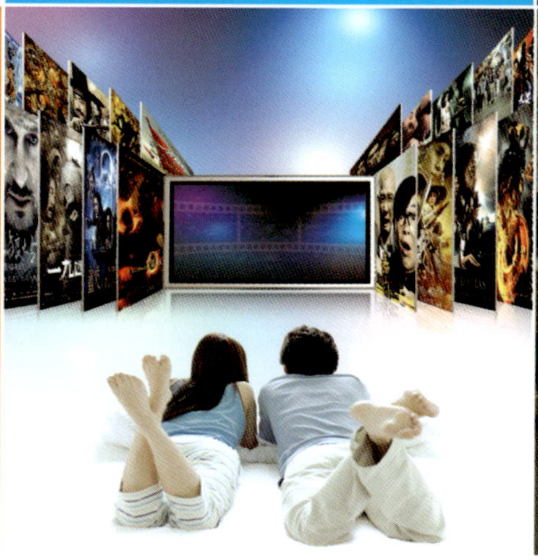

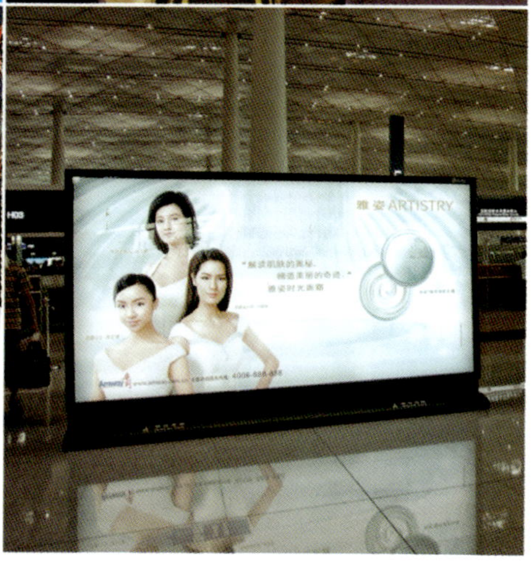

北京地铁通成

全方位的北京地铁媒体网络

【网络主干线】

北京地铁通成负责北京地铁1号线、2号线、5号线、6号线、8号线、9号线、10号线及13号线的管理和运营

【优质媒体】

地铁媒体拥有最佳的视觉效果，媒体形式不断创新，打造全新户外广告感官体验

垂询热线 Hotline：010-85010888　传真 Fax：010-85010889　地址 Add：北京市东城区东长安街1号东方广场西三办公楼1201-03室 / 507-508室

【全城覆盖】

北京地铁线路不断扩张，日客流量已突破**1,000万**人次，广告效果不断升级

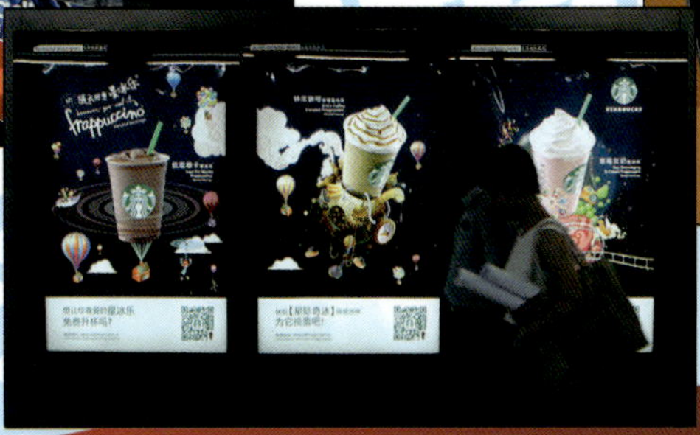

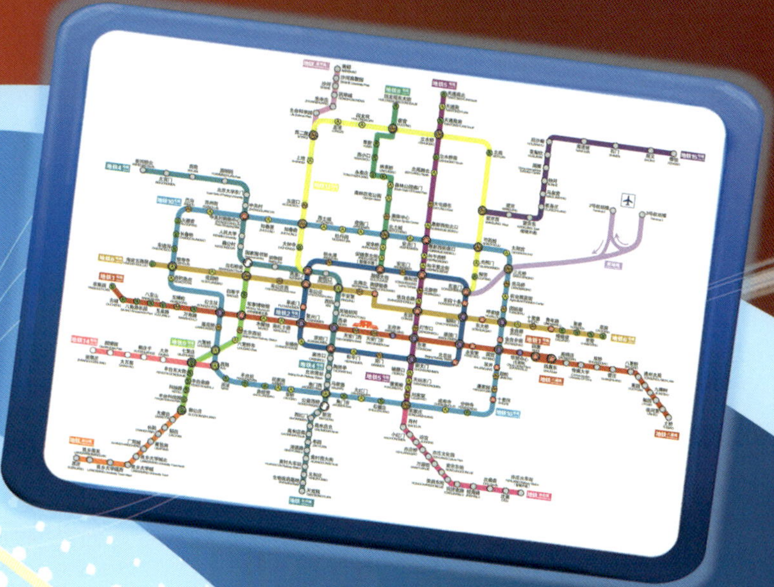

’2013中国广告年鉴

China Advertising Yearbook

中国广告经营单位
上海市精选品牌展示

The Advertising Units of China
The Selected Brand Show in Shanghai

即时信息 敬请查询 http://adv.smg.cn

追求
最鲜活 最实用
的新闻
SHANGHAI
MORNING
POST

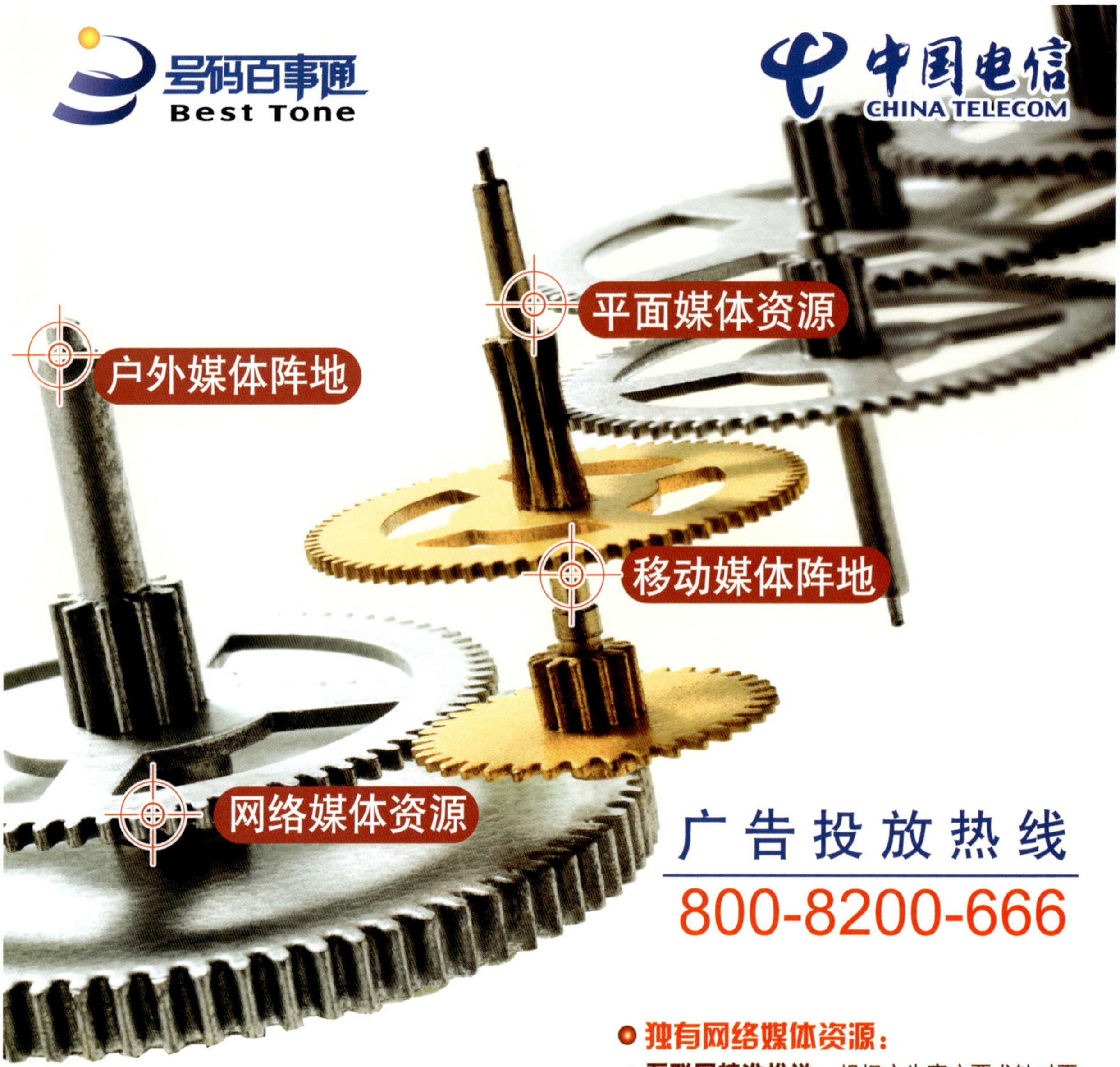

公司介绍

“上海热线”是上海电信旗下目前国内最优秀的区域互联网综合信息内容和服务提供商之一。自1996年成立以来，凭像敏锐的战略发展眼光始终保持与网络时代同步，迅速地获得关注上海、热爱上海的网民的认可，奠定了其门户网站的地位。

上海热线建有各类上海本地生活服务信息频道70余个，其中娱乐、房产、市民、旅游、教育、财经、电影、阿拉购商城等特色频道，以及依好上海、汽车、美食等热门频道，在上海和长三角地区拥有一批忠实的用户群体，是上海首选的网络广告传播媒体。目前，上海热线日访问量已逾3000万，拥有注册用户500万。

不断创新，锐意进取，上海热线始终坚持以贴近市场，贴近用户的原则，以汇聚庞大的会员和用户群体为己任，依托本地强大的媒体信息资源，为上海电信及广大上游客户提供全面的网络广告、电子商务和会员营销综合服务方案。

了解上海
发现生活

STI-2013-010A

新闻 news.online.sh.cn

市民 ala.online.sh.cn

房产 house.online.sh.cn

体育 sports.online.sh.cn

嘉宾聊天 newchat.online.sh.cn

亲子 baby.online.sh.cn

二手房 refang.online.sh.cn

汽车 auto.online.sh.cn

结婚 marry.online.sh.cn

美食 eat.online.sh.cn

电影 movie.online.sh.cn

论坛 bbs.online.sh.cn

侬好上海 hi.online.sh.cn

女人 happy.online.sh.cn

旅游 tttrip.online.sh.cn

乐活上海 lohas.online.sh.cn

数码 digital.online.sh.cn

商城 alago.online.sh.cn

娱乐 joy.online.sh.cn

财经 rich.online.sh.cn

’2013中国广告年鉴

China Advertising Yearbook

业界人物选介

Advertising Figures Selected

张继宏·中国广告协会铁路分会主任、中铁世纪传媒广告有限公司董事长、总经理

张继宏，现任中国广告协会铁路分会主任、中铁世纪传媒广告有限公司董事长、总经理，在铁路广告经营与管理方面有着丰富的理论与实践经验。在他的带领下，中铁世纪传媒广告有限公司经营环境不断改善，规模不断扩大，服务不断提升，广告品质不断提高。

中铁世纪传媒广告有限公司现拥有北京铁路局全部广告媒介资源以及全国铁路动车组列车电视旅游栏目媒介资源，范围覆盖环渤海经济圈、长江三角洲、珠江三角洲、各经济特区等所有经济发达地区，辐射全国各主要城市。公司下辖6个二级企业：铁旭广告有限责任公司、北京中铁直达广告公司、北京京铁印务有限公司、北京首铁在线电子商务有限公司、中铁创世国际文化发展有限公司、北京国铁传媒投资有限公司。同时在北京市、天津市、河北省、山东省共设有14个广告分公司。

在他管理期间，中铁世纪传媒广告有限公司以其独特的媒介资源优势，雄厚的实力，积极与国内外企业开展广泛的交流与合作，开启了中国铁路广告新时代！

刘移·成都市广告创意产业运营管理有限公司董事长兼总经理

刘移，男，汉族，1974年3月生，四川乐山人，中共党员，四川联合大学建筑结构专业毕业，本科学历。

现任成都市兴锦教育投资发展有限责任公司、成都市锦城文化创意投资有限公司、成都市广告创意产业运营管理有限公司董事长兼总经理，成都市广告协会副会长，成都市工商学会副会长。

1994.7—2007.5，锦江区市政设施养护处技术员、副主任、主任；

2007.6至今，成都市兴锦教育投资发展有限责任公司董事长兼总经理；

2010.11至今，成都市锦城文化创意投资有限公司董事长兼总经理；

2012.6至今，成都市广告创意产业运营管理有限公司董事长兼总经理。

汪碧芬 · 湖北长江广电广告有限公司总经理

汪碧芬，武汉大学新闻学硕士，湖北广播电视台广告中心主任，湖北长江广电广告有限公司总经理。从业经历分为两个阶段：1989—2012年历任楚天交通台、音乐台、卫星台副台长，楚天交通广播副总监；2012年2月28日，任湖北台广告中心常务副主任、主任和长江广告公司总经理。

在她管理期间，湖北台结束了广告长期包盘经营的现状，以"六统一"为抓手，推动广告体制改革。在"两块牌子，一套班子"的组织架构下，全面整合经营，逐步实现"统一价格政策、统一协调管理、统一业务谈判、统一宣传推介、统一稽核监播"的"六统一"模式。同时，以创新机制为突破，多元布局、随市变阵，通过整合资源、借力营销、挖掘潜力、落实任务，不断做大广告产业。此外，湖北卫视广告与长江传媒北京运营总部合作，借助平台价值成长，全面升级营销服务；成立地面广告中心，通过经营系统重建，实现广告破困突围；通过完善代理制度，尝试产业新突破、多种方式并行、内外合力，彰显出多元格局增合力。

王征 · 河南电视台都市频道广告经营部主任

王征，河南电视台都市频道广告经营部主任，武汉理工大学MBA。其媒体从业经历可划分为两个阶段：2004年前负责节目生产，担任王牌栏目《都市报道》的记者和制片人；2004年后负责广告销售，换另一种思维看产品线。

多年来，王征坚信媒体广告投放是企业的"投资行为"，媒体需要围绕"市场"与企业并肩作战，在河南媒体中率先推出"节目全周期定制、倒推式服务"等先进服务理念。同时，她作为河南唯一一位女性广告部主任，操盘河南都市5亿广告大盘，与都市频道300兄弟同心共济，为数百位广告客户提供了优质投资回报。

业界人物 Advertising Figures

华会英 · 成都市广播电视台广告营销策划中心总经理

华会英，笔名华岳，中共党员，高级记者，现任成都市广播电视台（电视）广告营销策划中心总经理，中国广告协会电视委员会常委，成都市工商联执委，清华大学EMBA硕士。

1983年4月加入中国共产党，1984年毕业于成都科技大学化学系并留校任教，1993年至1995年在《成都商报》工作，1995年12月至1996年8月在四川省有线电视台经济频道任《今日点评》、《今日视点》制片人兼主持人。1996年8月调入成都经济电视台，先后担任《每日财经》、《每日报道》责任编辑、制片人、新闻中心常务副主任、广告部主任，2009年1月任成都市广播电视台（电视）广告营销策划中心总经理。

王瑄 · 辽宁卫视副总监、广告部主任

2012年7月，辽宁卫视推行频道制改革，王瑄同志全面负责辽宁卫视所有的经营创收工作，担任辽宁卫视副总监、广告部主任、辽宁卫视传媒有限公司总经理。就任以来，王瑄对辽宁卫视的经营结构进行了大刀阔斧的调整，一方面调整客户结构，将低价值客户请出去，高价值客户请进来；另一方面调整产品结构，深度挖掘节目价值，创新开发广告形式，变资源销售为价值销售；同时还进行了产业结构的调整，依托辽宁卫视的优质平台，开展婚庆会展、农资农业、影视制作事业部以及新媒体等方面的文化产业经营。2013年上半年过后，辽宁卫视的广告经营实现了时间过半、任务过半，文化产业项目全面开花的佳绩。

曾军·北京地下铁道通成广告有限公司董事长

2004年11月—2010年1月，任北京地铁广告事业部（原地铁广告公司）副总经理、总经理；2010年1月—2012年3月，任北京地铁资源经营与管理事业总部副总经理（主管广告业态）。

自2012年3月担任北京地下铁道通成广告有限公司董事长以来，坚持以“安全运营、创新发展、克勤克俭、永续经营”为理念，依靠科技进步与科学管理，领导企业改革创新，使企业先后荣获：全国广告行业文明单位，中国一级广告企业，北京市重质量守信用企业，北京市纳税信用A级企业，中国营销盛典-年度最佳户外媒体公司，中国广告与品牌大会-媒体运营创新奖，中国电商品牌大会-电商客户首选媒体奖，2012年北京市文化创新发展专项资金奖励，2012中国广告实效案例大奖等。

他始终怀抱强烈的责任感和使命感，大胆开拓、勇于创新，领导企业成为行业高速发展的领头羊。并着手组织管理体系的整合，以卓越绩效管理模式为企业管理大纲，不断推进，实施企业整体优化；以实现领先的高品质媒体服务为目标，力争使公司的市场发展在行业中处于领先地位。

罗大成·河北电视台广告经营管理中心主任

罗大成，1992年任河北工人日报社编辑，现已拥有20多年新闻媒体传播与管理经验。

2008年至2012年任河北电视台农民频道副总监、广告部主任。任职期间带领农民频道广告部的年轻团队，创立价值营销理念，创新多种营销手段，灵活运用整合营销、量身定制等营销策略。4年时间里使农民频道的广告创收从7000余万元跨越式增长至1.8亿元，同时极大提升农民频道的品牌知名度和影响力，成为引起全国业界关注的“农民”形象。多年来其经营理念赢得业界广泛赞誉，荣任2010年度中国广告领军人物、中国广告主长城奖评委，2011中国创新营销奖评委、中国创意传播大奖评委，2012中国艾菲奖终审评委以及中国广告协会专家讲师团成员等殊荣。

2012年至2013年，任河北电视台广告经营管理中心副主任，负责经济生活频道、都市频道、影视频道、少儿科教频道、公共频道和农民频道的广告经营工作。短短四个月时间，就使得单位广告时间的价值提升40%，使地面频道的广告经营工作扭亏为盈。

2013年5月至今任河北电视台广告经营管理中心主任，全面负责河北电视台广告中心工作，大力推动人员和机构改革，全面创新营销模式，积极探索新形势下传统电视媒体经营创新工作。

曾奇·重庆年度广告传媒有限公司总裁

曾奇从事传媒工作十五年，历任《重庆商报》广告中心主任、总裁助理、副总裁，重庆汇融文化传播（集团）常务副总裁，《渝州服务导报》执行董事，腾讯·大渝网执行董事。

在负责重庆商报广告经营工作期间，使该报广告经营额从最初的5000万跃升至近3亿，使《重庆商报》成为重庆报业市场影响力最大、经营业绩最好的都市报。由他主导的《重庆商报》与腾讯合资创立的大渝网，是腾讯与区域主流报媒深度合作搭建的首个地方综合门户网站，在模式探索和商业运营上取得了巨大的成功。同时，他在中国传媒广告业内享有较高的影响力，曾获传媒广告经营优秀领导人称号、中国媒体经营领军人物等多项大奖，是中国传媒业界勇于创新改革媒体运营模式的先锋人物。

刘伟越·警视媒体董事兼全国开发总监

刘伟越警视媒体掌门人之一，与好友联手创办警视媒体，对于媒体形式的创意、媒体渠道的开发及媒体公司的运营都了解得非常透彻。他做事雷厉风行，执行能力强，在2010年、2011年连续被评为新媒体年度新锐人物，并带领警视走过风风雨雨。

在他的带领下，截至目前，警视媒体已经实现北京、上海、广州、深圳、天津、杭州、武汉一线城市为中心的网络覆盖，深度影响80亿人次高端受众，开发渠道合作高速路资源上百条，在高速路领域已经具备明显行业优势。

吴纲·大唐传播机构总经理

吴纲，大唐传播机构领军人，是江苏广告业的一面旗帜，多年来他积极探索本土广告业的价值模式和发展战略，通过打造策略和创意的核心能力、打破传统广告服务的界线，实现了传播价值与企业成长的机融合，于2003年获得了“中国杰出广告人”荣誉称号。在其带领下，大唐传播机构多家分支机构相继成立，整合服务能力逐步提升，已发展成为连锁业行销传播的专家。

’2013中国广告年鉴

China Advertising Yearbook

国家广告产业园区展示

National Advertising Industry Park

中国广告经营单位精选品牌展示

The Advertising Units of China

The Selected Brand Show in China

北京国家广告产业园区于2012年5月31日正式开园，这标志着一座占地四十余平方公里、汇集上万家广告传媒企业的“广告航母”在北京CBD——定福庄国际传媒走廊起航。

中央政治局委员、北京市委书记（时任北京市委副书记、市长）郭金龙、政协第十二届全国委员会经济委员会主任（时任国家工商行政管理总局党组书记、局长）周伯华、北京市副市长程红领导同志出席开园仪式并致辞。

广告业在文化创意产业发展中具有重要的地位，对推动社会主义先进文化大发展、大繁荣具有重要的推动作用。希望国家广告产业园区发挥“对首都乃至中国广告业发展的示范带动作用”，为提高首都乃至中国广告业的国际竞争力，推动社会主义先进文化的繁荣发展做出新的更大的贡献。

中央政治局委员、北京市委书记
郭金龙
（时任北京市委副书记、市长）

北京国家广告产业园区的正式运营，将对以首都为中心的环渤海经济圈，和华北各省、区、市广告产业的发展，起到良好的示范带动作用。北京国家广告产业园区，将与其他8个产业园一起，携手引领全国广告产业的快速、健康发展，有效提升我国广告产业的发展水平和全球竞争力，推动我国逐步成为世界广告大国，广告强国。

政协第十二届全国委员会经济委员会主任
周伯华
（时任国家工商行政管理总局党组书记、局长）

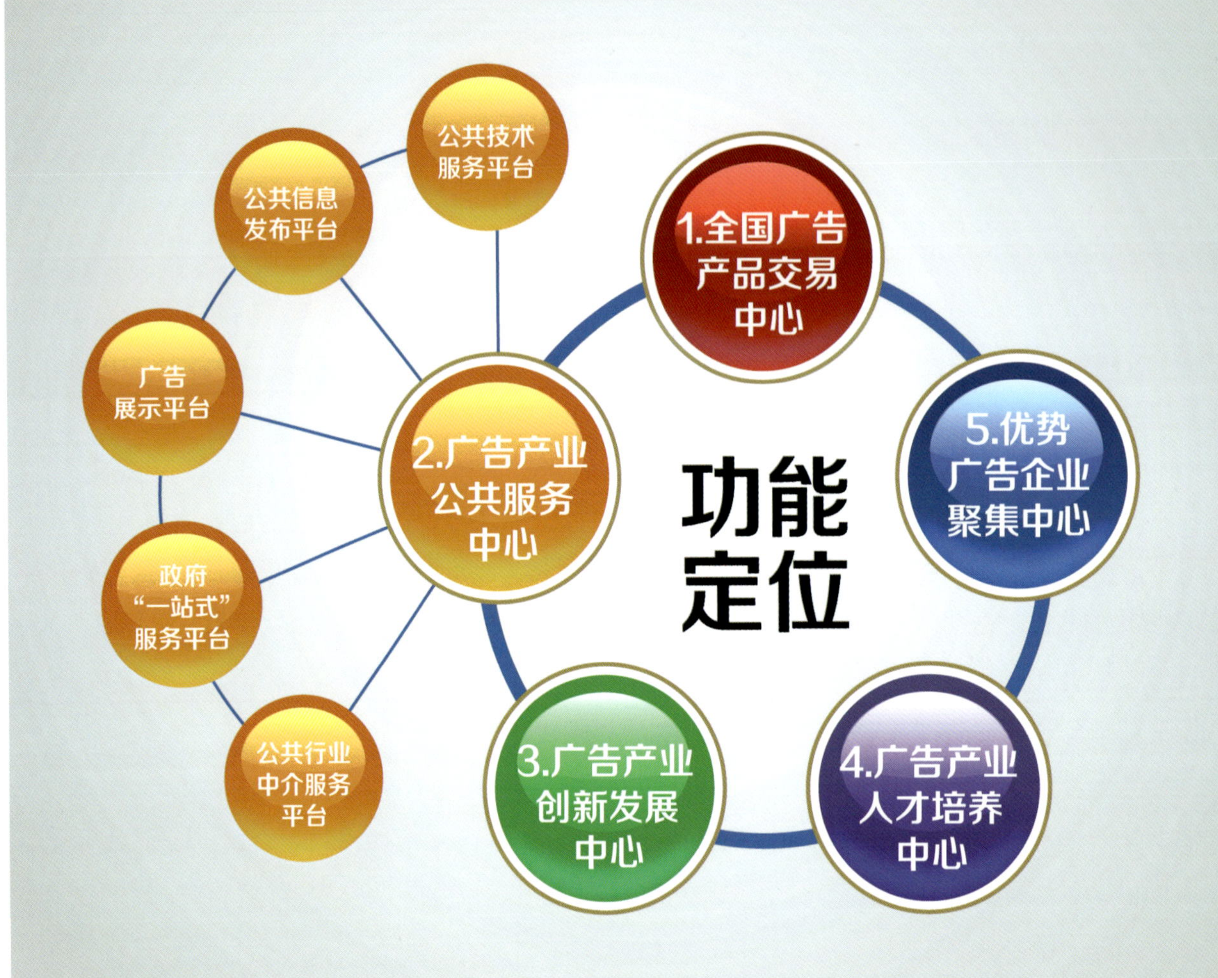

“五个中心、五个平台”

根据北京国家广告产业园区的功能定位和发展方向，园区将重点打造五个中心，搭建五个平台。

. 打造全国广告产品交易中心

构建集信息发布、活动策划、品牌推广、产品交
易、人才培训交流等服务于一体的线上、线下高端国
示化广告产品交易中心。

. 打造广告产业创新发展中心

依托园区技术优势，整合优势资源，积极推广园
区广告创新成果，提高新设备、新技术、新工艺、新
媒体的应用水平，推动传统广告形式的新发展。

. 打造广告产业人才培养中心

依托首都高校的优质教育资源，培养本土高级广
告人才，建立广告企业与高校的合作机制，促进教学、
科研、实践、就业一体化进程，使北京市成为全国广
告产业人才高地。

. 打造优势广告企业聚集中心

培育具有著名品牌、先进技术、主业突出、创新
能力强、具有较强市场竞争力的大型广告企业集团和
优势企业，引领全国广告产业发展。

资源共享
信息发布
广告要素聚集交易
行业交流

5. 打造广告产业公共服务中心

通过搭建公共技术服务平台、公共信息发布平台、公共行业中介服务平台、广告展示平台及政府“一站式”服务平台，形成技术支撑、信息发布、行业中介、作品展示、政务办理等方面的集成式服务体系，最终形成基础设施完善、功能全面的公共服务中心平台。

国家广告园区服务平台的建设，
实现了政府、园区对入驻企业的良性管理，公共资源的有效整合，
为企业内部的管理和应用提高了效率、节省了成本。

文化
示范
园区
科技
服务

为广告企业之间的交流和互通
提供了有效的平台
汇聚了大量专业资源和业内信息
可以迅速获取市场信息和行业发展最新动态
加强企业之间的交流和沟通
为业务合作、技术创新创造了机会

1 提升企业的客户体验
2 及时便捷获取园区服务
3 提升业务管理和运营效率
4 提升广告企业之间协同性
5 更快速的捕获商机
6 获取更多信息技术增值服务

聚·强大

创意G20

聚集优势·造强做大

青岛国家广告产业园

中国广告人的梦想家园

首批唯一由民营企业运营的国家级广告产业园区

【园区简介】

青岛国家广告产业园占地500亩，总规划建筑面积近70万平方米，总投资48亿元。园区本着“跨界、协同、融合、聚强”的运营理念，诚邀相关企业与个人加盟，共同做强做大。

【三大公共服务平台】

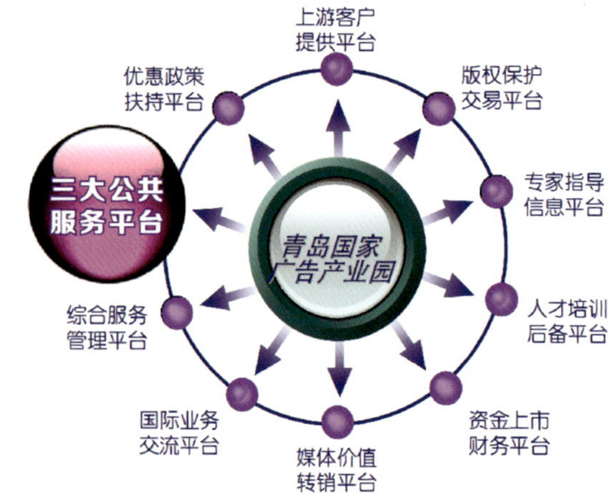

数字营销是数字化定位的核心目标，数字技术将广告主、媒体、广告公司的合作关系改变为服务关系。青岛园区搭建三大公共服务平台，通过平台将企业的业务衔接得更加紧密。

【数字技术服务平台】依靠国家扶持资金购置数字影视拍摄器材和后期制作设备，招商引驻数字影视制作技术类公司，公司与平台联动，为进驻的营销策划、广告媒体类公司提供技术服务，体现国家广告产业园区的数字化服务功能。

影视前期系列拍摄器材

录音棚

影视剪辑、调色设备

【市场供给服务平台】依靠国家品牌合作搭建了“中国房地产微电影拍摄基地”，为进驻园区的广告公司举办了21世纪广告(青岛)国际峰会、青岛首届国际名品展、好客山东人100部广告微电影、拟办2014年首届国际食品节活动 …… 这一系列的市场活动极大满足园区入驻公司的业务需求，为园区市场服务平台的搭建与完善起到至关重要的作用。

【行政金融服务平台】为入驻公司提供工商登记、税务、人事、物业、融资贷款、担保抵押等综合型服务，并为企业解读国家最新政策和预判市场走势，让企业进入市场更加通畅。

园区洽谈合作

与新西兰微电影动漫公司达成合作协议

与欧洲设计联盟达成合作协议

与台湾工业总会签署合作协议

与美国好莱坞华纳兄弟、梦想集团就数字电影达成合作意向

与印度数字技术、电影拍摄、文化旅游达成合作意向

与韩国T1 SYSTEM公司就开发数字广告新媒体技术达成合作

园区举办第六届21世纪广告(青岛)国际峰会

在第十九届中国国际广告节期间签订入园协议

贾永壮被评为2012中国广告行业杰出人物

青岛国家广告产业园——

成就中国广告人的梦想

贾永壮　青岛国家广告产业园区　总经理
　　　　青岛天诚广告实业公司　董事长

一个小小的青岛天诚广告实业公司，为什么能打造出一个国家级广告产业园？

作为中国第一代广告人，在中国广告界拼打了35年的贾永壮，面对国际化的中国市场和媒体数字化的爆炸性增长，他深刻感悟到传统的中国广告已经不适应时代发展的需求，中国广告行业要发展壮大，一定要"跨界整合·转型升级"形成一个产业。只有搭建一个可以集聚文化创意人才的基地，才能有效整合各类资源，贾永壮和他团队搭建中国广告文化创意产业园的梦想也由此诞生。

2007年，贾永壮率领他的俩个姊妹公司青岛天诚广告公司和柯迪亚置业顾问公司的核心成员开始了青岛广告文化产业园的开发选址。2008年成功选址并与土地方合作成立了青岛广告产业园运营管理公司。从选址、征地、拆迁、规划、建设，这一过程贾永壮和他的团队经历了无数的坎坷与艰难险阻……经过不懈的努力，凭借园区国际化和数字化的准确定位，在2011年终于被国家工商总局认定为国家广告产业园区。

正确的产业定位和成功的园区"产业规划"，决定了一个园区的发展空间。为了更好地跨界整合各类资源，贾永壮在担任青岛市广告协会副会长期间，先后担任了青岛市工业设计协会常务理事、青岛市动漫创意产业协会副会长、青岛国际商会副会长、青岛市文化创意产业协会副会长，这大幅度的跨行业合作，为广告行业更密切的跨行业联合共同发展，搭建了一个你中有我，我中有你的跨行业联盟【G20创意产业联盟】。

团队核心成员

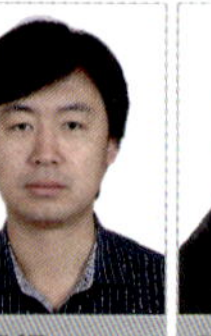

张航涌 市场总监　孙振铎 运营总监　张　杰 艺术总监　贾永德 工程总监

宗　青 财务人事　陈博文 国际业务　石　潇 国际业务　杨　斐 设计策划

曹静静 园区综合服务　王颍智 技术服务　姜　帅 网络运营　郭建太 行政后勤

【青岛国家广告产业园】开发运营公司

贾永壮自1978年进入青岛市文化局工作以来，一直负责广告艺术工作，1993年辞职，成立了青岛天诚广告实业公司。该公司作为青岛一级资的广告公司之一，以独特的市场营销理念、品牌运营策略、创意咨询的智慧服务，多年来一直为海尔集团、海信集团、青岛卷烟厂、青岛啤酒等企业服务，曾创意策划了第一届青岛国际啤酒节；策划参与了青岛建市100周年策划活动；为青岛市政府成功策划实施了“百名博士周”博览会。

1993年贾永壮就有了为中国广告事业发展而奉献的梦想

为了更好地为大型地产商提供专业深度的贴身服务，2002年贾永壮又从公司抽调了骨干力量成立了青岛柯迪亚置业顾问公司，通过独创的CRICA无缝整合全程房地产置业服务，从土地一级开发、房地产二级开发，为各类地产开发商提供项目前期定位及策划、地块评估、市场定位、产业研究、企划推广、营销代理、项目规划及营销运营等领域服务。

公司先后成功服务了金都地产、万科银都、金海湾、弄海园、崂山水岸绿洲、瑞泰购物广场、瑞泰海景华庭、隆海海之韵等多个房地产项目，策划开发项目总面积逾200万平米。

园区开发建设历程

在青岛市和山东省工商局的大力支持下，凭借青岛天诚广告实业公司多年的广告运营经验和对园区“国际化·数字化”差异性的运营定位，在青岛广告产业园运营管理公司的努力下，2011年经青岛市、山东省工商局认定推荐，“青岛广告文化产业园”被国家批准认定为国家级广告产业园，并获得一亿元的奖励扶持资金支持，【青岛国家广告产业园】也是全国首批九个国家级广告产业园区中唯一一家“官助民营”的国家级广告产业园。

项目原貌　土地平整　建设开工　整体规划　交付使用

园区规划效果图

2006–2007年　考察选址阶段：

根据青岛市政府发展文化创意产业的号召，结合青岛市的发展状况和房地产的运营特色，选择园区用地。

2008–2009年　产业规划阶段：

考察国内外多家产业园区，研究产业结构和市场定位，根据市场需求和产业需求开始园区产业规划。

2009–2010年　拆迁建设阶段：

项目一期拆迁结束，园区土地招拍挂、建筑规划、开发建设工作全面展开，并按照产业规划开始运营招商。

2011–2012年　园区申办阶段：

园区公共服务中心大楼建成，并成功申报国家广告产业园，获得国家奖励扶持资金10000万元。

2012年10月:

青岛市城阳区政府成立了“青岛国家广告产业园管理委员会”，并委派该管委会负责全面接收管理青岛国家广告产业园区。

领导关注

青岛园区的建设发展也受到各级政府领导的密切关注与大力支持。国家赋予青岛园区的不仅是荣誉，更是责任，我们要担负起带领传统广告业转型升级的重任，实现一个行业向一个产业的转型。

国家工商总局副局长甘霖视察园区

国家工商总局广告司司长张国华视察园区

国家工商总局广告司副司长黄新民视察园区

国家工商总局广告司广告业规划发展处处长赵践视察园区

山东省工商局局长牛启忠视察园区

山东省工商局副局长蔡福安、广告处处长盛红雁视察园区

青岛市人大常委会主任张若飞视察园区

青岛市副市长王修林视察园区

青岛市城阳区书记孙立杰、副区长刘青林视察园区

青岛市工商局局长于显祥视察园区

青岛市政协副秘书长华文峰视察园区

青岛市城阳区区长张希田视察园区

园区概况

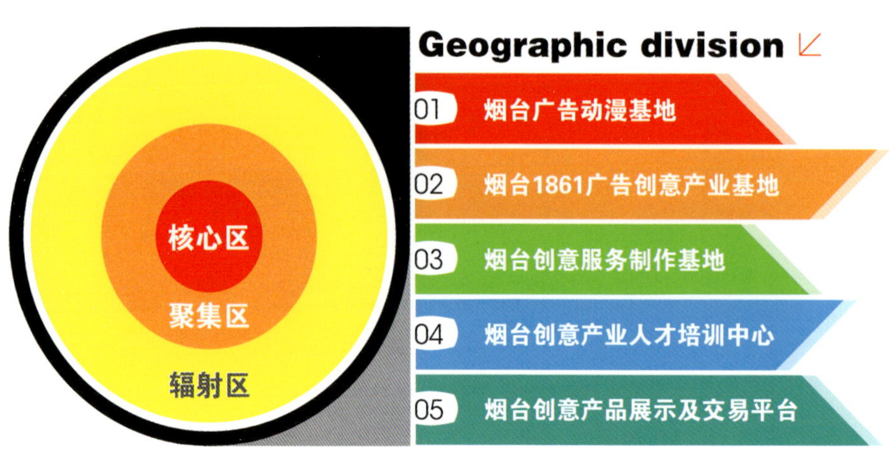

烟台广告创意产业园区位于烟台市芝罘区南部新城，自2007年开始规划建设，总规划面积3平方公里，建筑面积60万平方米，总投资47亿元。根据产业发展规划，园区分为核心区、聚集区、辐射区三大区域和烟台广告动漫基地、烟台1861广告创意产业基地、烟台创意服务制作基地、烟台创意产业人才培训中心及烟台创意产品展示及交易平台五大板块。截至目前，园区基本形成了包括动漫、广告创意、服务制作、创意作品交易、影视摄制等在内的多个业态，截止到2013年6月底，烟台广告创意产业园区共签约入驻广告创意类企业280多家，从业人员2000多人，园区企业注册资本3.5亿元，投资总额近5亿元。

Location

区位优势

烟台毗邻日、韩两个亚洲知名的广告创意、制作大国，烟台广告创意产业园区定位为连接亚洲地区广告创意企业的桥头堡，具有十分显著的区位优势。此外，烟台还具备“山东半岛蓝色经济区”和“黄河三角洲高效生态经济区”国家级战略叠加优势，烟台市大力发展以广告创意为代表的文化产业符合国家发展战略目标，是经济繁荣和生态文明双丰收发展的新途径。

Building

载体优势

目前园区已经建成载体面积超过7万平方米，包括1.7万平方米的烟台广告动漫基地、4.2万平方米的烟台1861广告创意产业基地和2.1万平方米的广告服务制作基地。正在进行7.8万平方米的创意大厦和2.3万平方米的广告创意产业人才培训中心的建设，同时还重点进行了园区周边服务性载体建设，包括白领公寓、超市、餐饮酒店等，为园区企业提供住宿、餐饮、购物、娱乐等配套服务。到2016年底，园区将新增载体面积超过50万平方米，可以容纳超过1000家创意企业入驻。

园区优势

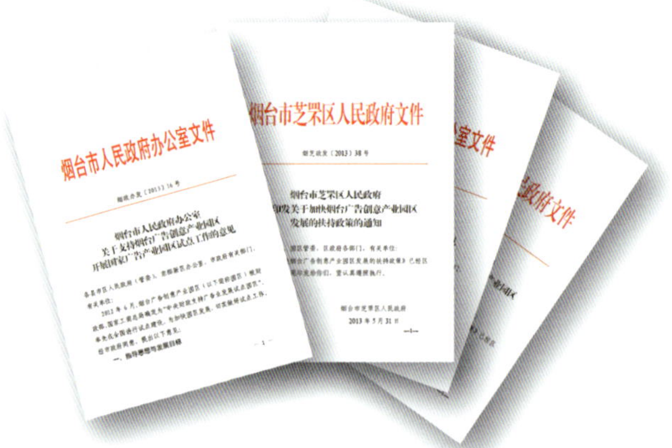

烟台市和芝罘区都针对园区发展出台了扶持政策，在企业的房租、水电、网络等费用方面予以减免，在资金奖励、人才引进、重点项目推介、对外宣传等方面予以扶持，此外入驻企业可享受贷款贴息、担保费补贴等优惠政策。通过搭建产业载体、打造技术和服务平台、完善配套设施，以保姆式服务、技术支撑和知识产权保护为导向，大力培育独具特色的动漫影视、设计广告等创意产业集群。

获得国际性重大奖项的创意原创作品，一次性给予15万元—20万元的奖励；对经认定获得国家级重大奖项的创意原创作品，一次性给予10万元—15万元的奖励。

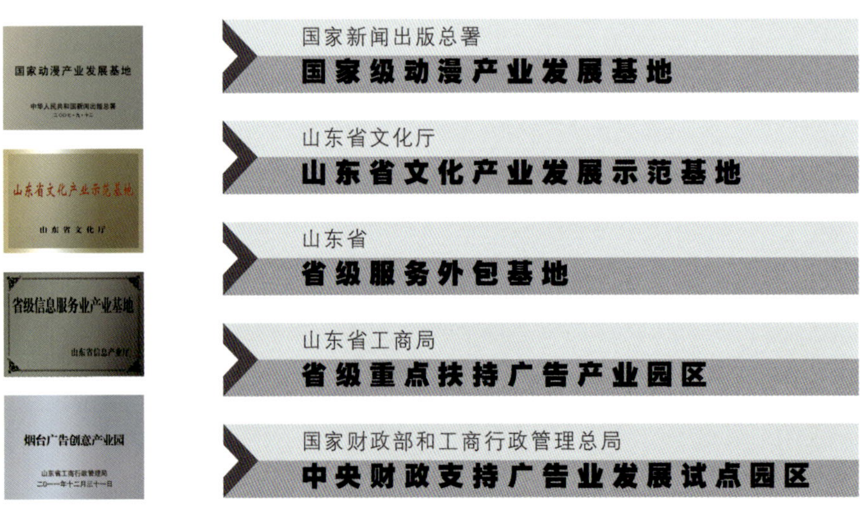

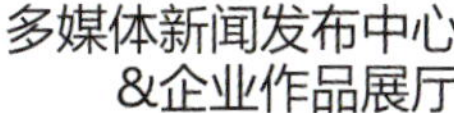

Engineering

技术支撑

多媒体新闻发布中心
&企业作品展厅

集群渲染系统

数码快印平台

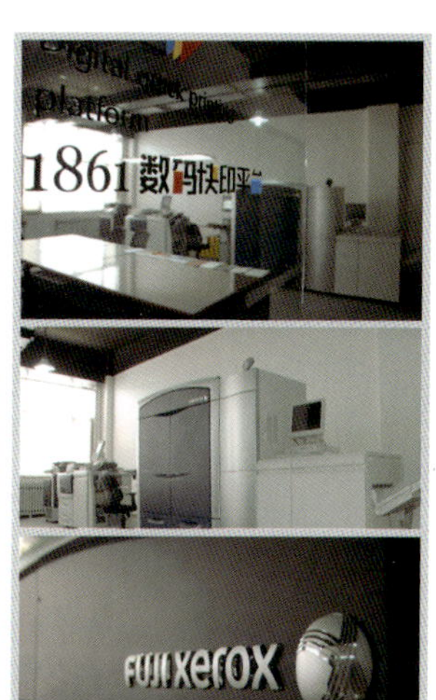

专业影棚

专业录音棚

针对广告、动漫等企业在作品创作过程中对专业技术设备的需求，我们已投资建设了集群渲染、高清音视频编辑、录音棚、虚拟演播室、摄影棚、数码快印等公共技术服务平台，并以成本价提供给企业使用，为创意企业提供有力的技术支撑。

平台	联系电话
集群渲染系统	联系电话：0535-6735035
专业录音棚	
专业影棚	联系电话：0535-6739504
数码快印平台	
多媒体新闻发布中心 &企业作品展厅	

Human resources

人力资源

政策引领

政府出台了优惠的人才引进政策，加强与国内外相关机构合作，加大对懂跨国经营、会跨文化操作的广告创意高端人才的引进力度，为企业发展提供高端人才支撑。在住房保障、资金补助、创业扶持等方面也出台了相应的优惠政策，吸引了大批国内外一流人才入驻。

联合高校

依托本地高校和社会培训机构，建立了多个广告创意烟台培训基地，在园区为高校设立了大学生实习基地，每年可以为社会输送近2000名广告创意人才。

强化培训

目前已建成2.1万平方米的烟台创意产业人才培训中心，引进了多家知名的创意人才培训企业，可以为烟台乃至山东培养大量创意人才，从而解决企业人才匮乏的难题。同时，设立“大学生实训”等企业培训课程，使毕业生通过再教育培训，在较短时间内能胜任企业的业务工作。

引进外国专家

加强与国家外专局的合作，积极引进一批掌握现代高新技术和理念、善于运用科技手段推动广告创意产业发展的创新型人才和一批善于开拓国内外广告创意产业市场的外向型人才。

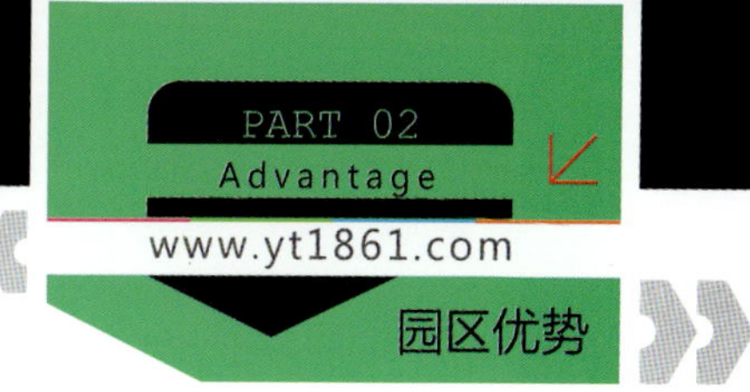

Service

全方位服务

园区在拥有优越的地理和交通等自然环境之上，加大了配套服务平台和机构的建设力度。根据企业需要建设了烟台文化创意产业网、版权保护中心、作品展示厅、多功能新闻发布厅等服务平台；配套建设了园区商务中心、咖啡吧、书吧、食堂、健身房等后勤服务设施；成立了园区技术部、财务部、物业部等配套服务机构，为入园企业提供全方位的服务。

烟台文化创意产业网　版权保护中心　作品展示厅1　多媒体新闻发布中心

作品展示厅2　商务中心　咖啡吧

创意书吧　食堂　健身房

电话：0535-6739505　传真：0535-6795951　网址：www.yt1861.com　地址：山东省烟台市芝罘区通世南路7号

红星路广告传媒
出版走廊
成都东村广告产业园
（锦江区范围内）
锦江创意商务区
广告产业园
1
2
3

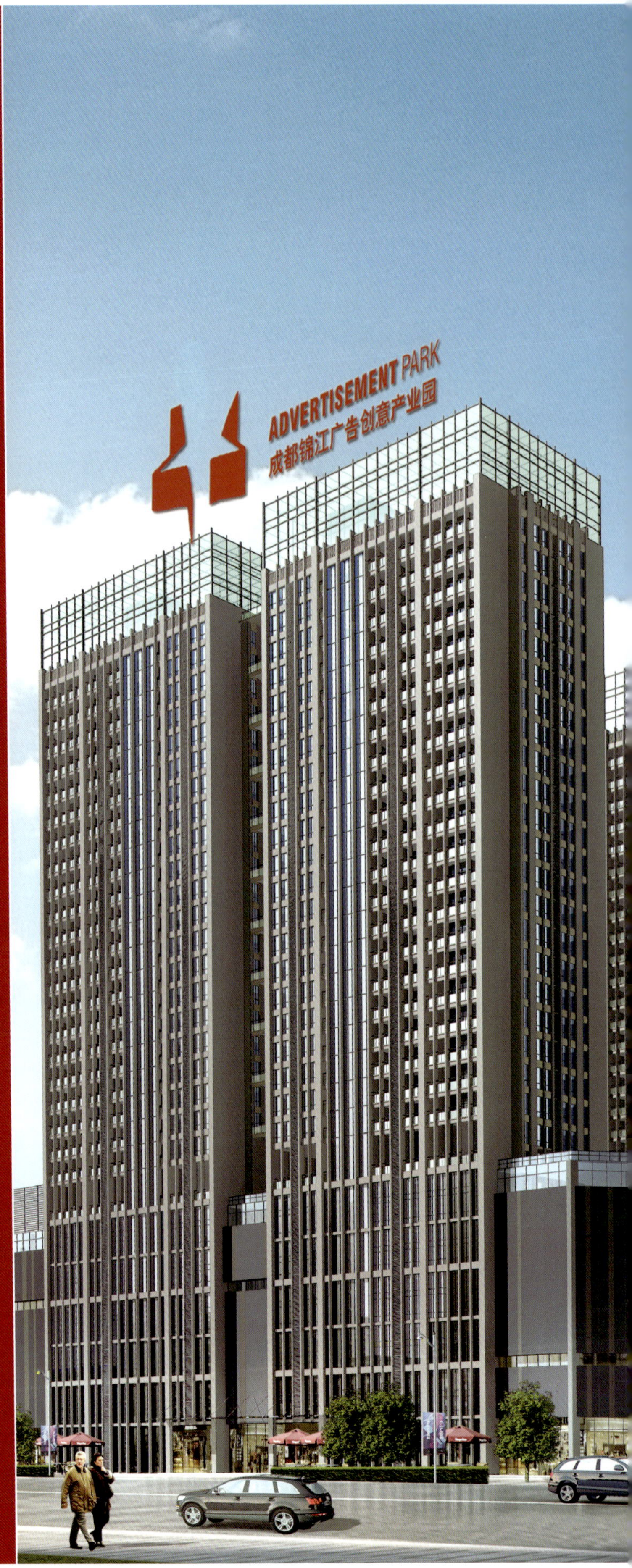

创意引导未来·广告改变生活

NO.35/广告·创意

ADVERTISEMENT · ORIGINALITY

园区简介/INTRODUCTION

成都市红星路35号广告创意产业园，位于成都市锦江区。园区是以“红星路35号广告创意产业园区”为核心的，涵盖锦江区范围内“红星路广告传媒出版走廊”、“成都锦江广告创意产业园”和“成都东村广告产业园”等点位而形成的“一廊两园”和“一园区多点”式空间布局。园区现有面积为125亩，拥有 7栋广告专业楼宇，使用面积29.8万m²。

红星路35号广告创意产业园的核心区域，位于红星路广告传媒出版走廊的红星路35号及其附近区域，占地约65亩，规划建筑面积14.3万平方米，由5幢楼宇及三个相连的区域和周边广告创意休闲街区组成。这个区域与成都锦江广告创意产业园相呼应，初步形成了以洛可可、嘉兰图等为代表的创意设计企业集群，以成都华希广告、博瑞广告等为代表的高端广告企业集群，以四川省广播电视台、四川日报报业集团和成都传媒集团等为代表的传媒企业集群。

在国家、省、市各级领导和有关部门的关心、支持、指导下，园区于2012年3月开始积极争创国家广告产业园区。2012年“红星路35号”园区已被财政部、国家工商总局认定为中央财政支持的广告产业试点园区，并获中央财政支持资金3000万元。

园区通过业态调整、建设改造等方式加快广告楼宇建设，在2012年增加载体面积15.8万平米的基础上，2013年将建成“四川传媒大厦”和“红星国际”两栋园区广告专业楼宇，载体面积11.5万平米。园区内已搭建广告信息服务平台（云计算服务中心）、广告交易中心、成都广告研究院、广告创新研发中心、成都3D打印创意体验中心等公共服务平台，已成功引进4A广告企业华道佳公司、大贺传媒股份有限公司等大中型广告企业。目前入驻园区楼宇广告类企业为201家，园区及服务区域共有广告类及关联企业共计1051家。2013年截至7月，园区内广告业产值为4.0625亿元，园区及服务区域广告业总产值达23.57亿元。

2013年以来，成都广告园区协办了“2013中国成都国际广告四新展览会”、参与协办“第5届全国大学生广告艺术大赛”（四川分赛区）的各项活动，举办了 2013第一届“‘Redstar Cup’创意主题设计大赛暨成都高校公益广告创意设计巡展”，本次设计大赛评选出获奖作品将在今年西博会期间的第三届“创意改变城市”论坛上展出。通过一系列的交流活动，使园区知名度和影响力在不断提升。

园区建设发展目标是：到2016年末，园区力争集聚3000家以上广告及关联企业，培育建设10个广告专业楼宇，培养5000名各类各层次广告专业人才，带动区域就业10万人，促进区域广告及关联产业经营额达到100亿元。建成“西部领先、国内一流、具有一定国际影响力的广告产业示范园区”。

建设理念/PHILOSOPHY

我们的“蜂巢”理念

如何构建一个稳定的基础，让其承载园区的发展梦想？

让成都市红星路35号广告创意产业园这个位于成都市市区中心、拥有丰富产业资源的园区，发展成为引人瞩目的西南广告产业高地呢？当我们想创建一个聚集众多广告企业的产业园区之时，我们想起了蜂巢，它那稳定的六边形结构启迪着我们以“规划引领、机制保障、载体建设、政策扶持、平台服务、产业融合” 六大集合理念，指导园区的建设。

● 规划引领

2012年，锦江区启动国家广告产业园区创建工作伊始，在充分调研的基础上，制定出台园区总体规划，在原有广告产业现状基础上，结合产业特点，对广告产业空间布局进行了进一步规范、拓展，初步形成了以红星路广告传媒出版走廊为核心，锦江创意商务区广告产业园、成都东村广告产业园为拓展的“一廊两园”产业发展格局。

● 机制保障

为确保园区建设顺利推进，构建起以成都市、锦江区推进园区发展联席会议为主导，园区建设领导小组、运营公司为主力，市、区文产、工商等相关部门积极支持的工作推进机制。条块结合、强力推进的合力有效形成。

● 载体建设

2012年，园区已建成了核心区的A区、B区、“汇融国际”和“博瑞·创意成都”4个广告专业楼宇，载体面积达18.5万㎡；2013年，承载产业面积将增加到30万㎡。园区产业承载能力加速提升。

● 政策扶持

出台并实施《锦江区加快推进红星路35号广告产业园建设，促进广告产业发展若干扶持政策》，主要从企业引进时的奖励、企业发展扶持、品牌推广扶持、中介交易奖励、广告专业楼宇奖励、对行业协会和平台建设奖励等七个方面入手加大了扶持力度。对新入驻园区龙头重点企业，在开办费、房屋租金补贴和人才奖励等方面的扶持，吸引了众多企业的关注，园区的企业聚集度不断增大。

● 产业融合

随着园区及服务区域企业和机构的聚集，园区初步形成了以洛可可、嘉兰图等为代表的高端创意设计企业集群，以阿佩克斯奥美、华希广告、博瑞广告等为代表的高端广告企业集群，以四川省广播电视台、四川日报报业集团和成都传媒集团等为代表的传媒企业集群，以及与这些集群相关的产业集群。

● 平台服务

得益于对蜂巢生态系统的思考，我们正着力构建园区及服务区域企业急需的公共服务体系。园区内已搭建广告信息服务平台（云计算服务中心）、广告交易中心、成都广告研究院、广告创新研发中心、成都3D打印创意体验中心等公共服务平台。

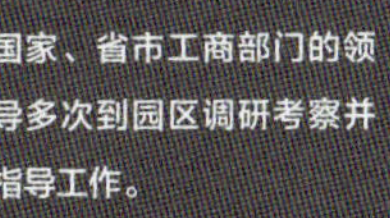

国家、省市工商部门的领导多次到园区调研考察并指导工作。

成都市委副书记、市长葛红林，副市长田蓉，市政府秘书长毛志雄和市工商行政管理局负责人视察了红星路35号广告园区。区委书记周思源，副书记、区长张余松，副区长刘晓博同志陪同。

领导及社会各界关怀

贵州贵阳市工商局及多彩城同志来园参观交流

阳狮FOURA 集团领导同志来园参观

2013年大事记 / ACTIVITY IN 2013

设计赛事交流

第一届“Redstar Cup”创意主题设计大赛暨成都高校公益广告创意设计联展

2013 成都公益广告创意设计大赛
公益成都·传播文明
第一届“REDSTAR CUP”
创意主题设计大赛暨成都高校公益广告创意设计联展
www.redstar35.com

由锦江区人民政府与成都市工商局、市文化局共同主办，红星路35号广告创意产业园区承办的2013年第一届“‘Redstar Cup’创意主题设计大赛暨成都高校公益广告创意设计联展”于今年4月举行。此次活动围绕“创意引导未来·广告改变生活”的总体思路，以活动为平台，以政府为引导，通过一系列内容丰富、形式新颖的活动，传播社会主义核心价值观，提高市民的思想道德水平，推动公益事业在成都的发展。截至目前已收到八所高校近500名学生提供的700余幅主题作品。经初评，160幅优秀作品获得此次大赛“入围奖”。

第五届全国大学生广告艺术大赛（四川分赛区）

自第五届全国大学生广告艺术大赛四川赛区（以下简称：大广赛）在2012年11月初启动以来，成都红星路35号广告创意产业园（以下简称成都广告园）积极协办大赛（四川分赛区）活动。

2013年7月5日，大广赛四川分赛区作品评审在成都广告园区举行。园区积极承办大广赛四川分赛区活动，使四川分赛区评选工作取得了圆满成功。大广赛共设定10项参赛选题，四川分赛区共收到的834件平面类作品和138件视频、广播类作品，参赛作品经各四川分赛区评委初评后，已遴选出227件优秀作品报送全国总决赛。

四川师范大学数字媒体学院毕业展

成都红星路35号广告园为入驻企业搭建专业人才引进平台，于2013年7月5日举办2013年夏季企业招聘会。

2013年6月25日，成都市广告创意产业运营管理有限公司与四川中启创科技有限公司在成都香格里拉大酒店就“云计算中心”项目举行了签约仪式。共同打造园区广告信息平台（云计算服务中心）。

2013年3月8日“香港·创意·品牌”研讨会在成都举办。成都市红星路35号广告创意产业园积极协办此次研讨会，接待了由香港贸易发展局及香港设计中心带队的港方28家参会企业对园区的参观考察，并组织园区9家企业参加了研讨会。园区浓厚的设计氛围和优质的服务给港方企业留下了良好印象。

2013年5月，成都市广告创意产业运营管理有限公司与西南联合产权交易所合作共建的西南联合产权交易所广告交易中心项目建成并投入使用。该中心位于成都红星路35号广告创意产业园A区2栋1、2层共1000平方米。

2013园区建设

2013年1月23日，园区与成都市广告协会共同主办2013“红星路35号”新年推介文化高峰论坛。

2013年3月13—16日，园区协办2013中国成都国际广告、印刷包装及造纸博览会暨成都国际照明及LED展览会。

2013年3月20—30日成都市红星路35号广告创意产业园派出招商小分队赴上海招商。

湖北广播电视台

新格局 新征程 新跨越

2013年，是湖北广播电视台向着“立足湖北、中部窗口、全国一流、国际影响”目标跨越发展的一年，湖北广播电视台广告中心（湖北长江广电广告有限公司）竭诚与新老客户携手同行，新格局 新征程 新跨越，与客户共享合作发展新辉煌。

全力整合

2011年底，湖北广电全面整合旗下媒体资源，并组建广告中心，成立湖北长江广电广告有限公司，两块牌子，一套班子，整合经营湖北广电旗下的广告资源。下设卫视广告部、地面广告中心、广播广告中心、媒体发展部、市场研究部、财务部、资源管理部、综合部等部门。

全面自营

2012年，广告中心（长江广电广告）彻底结束外包模式，在“统一价格政策、统一协调管理、统一业务谈判、统一宣传推介、统一编排播出、统一稽核监播”的“六统一”模式下全面自营台所属广播电视频道的广告业务。

全新思路

在新的媒体环境下，依托湖北广电的强大平台，广告中心积极吸纳报刊、户外、网络、手机等新兴媒体，以客户成功为终极目标，灵活运用品牌广告、活动影响、植入创新、多种互动等方式，为企业量身进行策划创意、设计制作、市场研究、数据分析的全媒体宣传和全案化服务，助推企业发展与成长。

下一站巨星!
彻底改变 实现梦想

SEXY
AND I
KNOW IT

美的蒸汽洗油烟机
我的中国星
SUPERSTAR CHINA

重庆电视台
CHONGQING TELEVISION
拍案说法
凡人有喜
凡人有乐
凡人有事
整合的力量
CTV影视
CTV新闻
CTV都市
TICO Kids Channel
天天630
渝乐派
网罗天下
重庆新闻联播
重庆发现
巴山剧场
雾都夜话
来来往往

品牌创造价值
激情成就梦想

合力·同行

2013

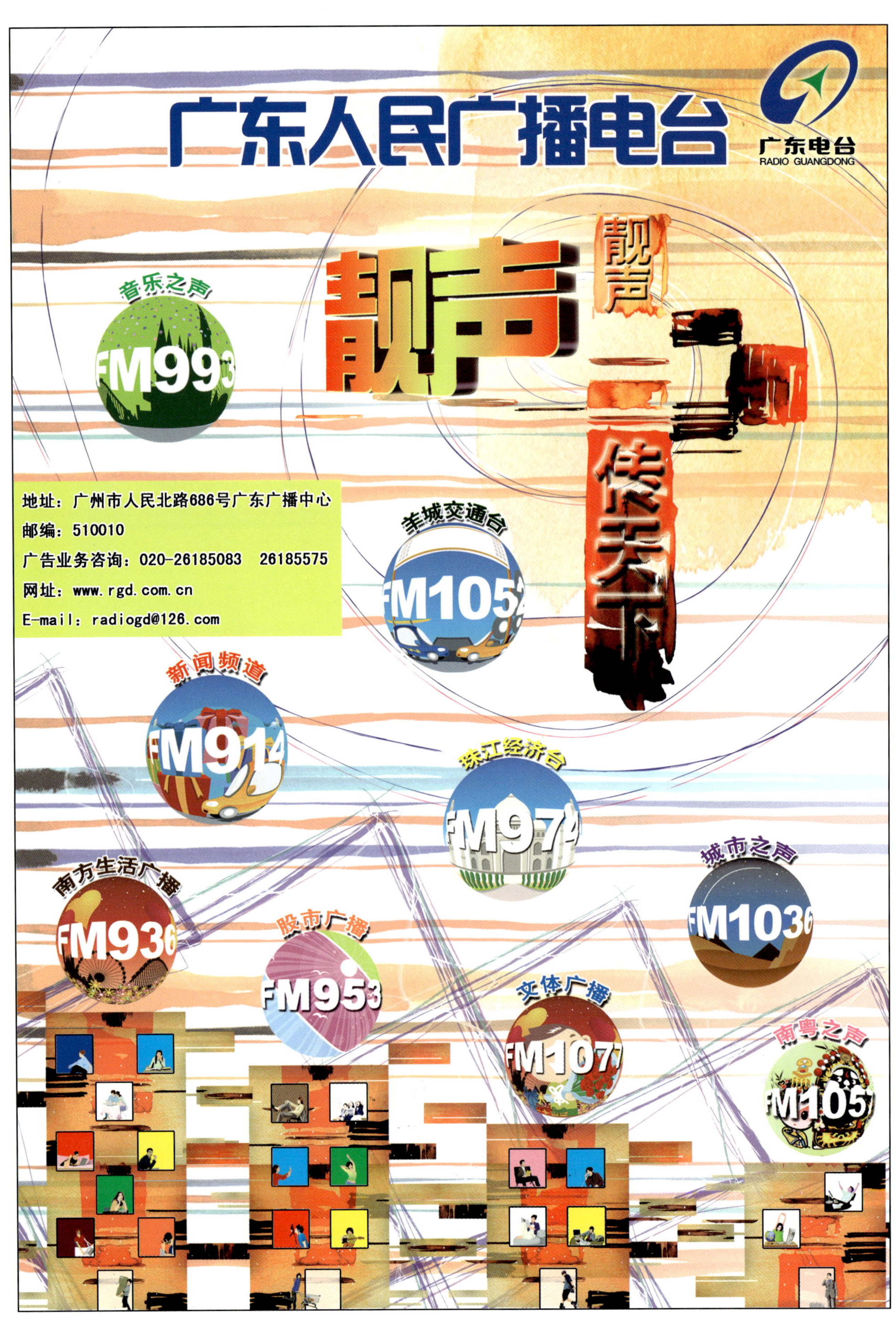
广东人民广播电台
广东电台
RADIO GUANGDONG
靓声
靓声
传天下
音乐之声
FM993
地址：广州市人民北路686号广东广播中心
邮编：510010
广告业务咨询：020-26185083　26185575
网址：www.rgd.com.cn
E-mail：radiogd@126.com
羊城交通台
FM1052
新闻频道
FM914
珠江经济台
FM974
城市之声
FM1036
南方生活广播
FM936
股市广播
FM953
文体广播
FM1077
南粤之声
FM1057

CDRTV
成都市广播电视台
同心共筑中国梦 携手电视新征途
成都市广播电视台广告营销策划中心
开拓创新，应时而变，致力于广告价值最大化，与广告主携手共赢，搭建新型高效的现代传媒经营平台。
CDTV-1 新闻综合频道
CDTV-2 经济资讯服务频道
CDTV-3 都市生活频道
CDTV-4 影视文艺频道
CDTV-5 公共频道
CDTV-6 少儿频道
广告热线：028-85516789
网址：http://ad.cdtv.cn

在下沉的
世界里上升

2009年12月23日，青岛市广播电视局改建为青岛市广播电视台，下设广播、电视、广电影视传媒集团等机构，并下辖城阳、崂山、黄岛广播电视中心。

青岛市广播电视台现开办6个广播频率、7个电视频道，基本形成以广播、电视为主，以报纸、网站、移动电视、网络电视、手机电视、可视广播等为重要组成部分的“多平台、广覆盖”的全媒体格局。

1971年，青岛电视台建台，是我国最早的城市电视台之一。青岛电视台现自办七个频道，QTV-1新闻综合频道、QTV-2生活服务频道、QTV-3影视频道、QTV-4财经资讯频道、QTV-5都市频道、QTV-6青少旅游频道（SV CHANNEL）、QTV-7青岛党建电视频道。每天播出节目100多小时，节目混合覆盖人口超过1千万。

青岛市广播电视台大力实施品牌战略。电视台荣获“中国最具网络影响力的十大城市电视台”、“2001－2010中国传媒（城市台）十大领军品牌”；《行风在线》、《生活在线》、《今日》、《新说法》等入选全国名牌栏目；共有9部作品荣获中宣部“五个一工程”奖，连续十年获得“中国新闻奖”，连续十八次获得 “中国广播奖”一等奖，连续六次获得“中国电视奖”一等奖，并多次获得“飞天奖”、“星光奖”、“金鹰奖”等全国性奖项。

青岛市广播电视台已经与韩国、日本、德国、英国、法国、俄罗斯、美国、澳大利亚、阿联酋、南非、意大利、希腊等国家以及香港、澳门特别行政区和台湾地区的20多家电视台建立了友好合作关系。

青岛市广播电视台技术事业不断进步。拥有国内一流的电视高清演播室、开放式全数字新闻演播室和全数字播控中心，拥有14讯道电视高清转播车、10讯道电视标清转播车、卫星传输车及广播数字音频转播车。广播电视采、编、播设备数字化率超过95%。

青岛有线网络建设发展迅速，建成覆盖全市的新一代宽带综合业务传输网。有线电视数字化建设走在全国前列，形成“青岛模式”，由中央文化体制改革领导小组向全国推广。积极研究推进“三网融合”工作，成为国内首批三网融合试点城市，承担了国家科技支撑计划“数字媒体服务示范工作”等重点课题研究；两次荣获国家广电总局特别贡献奖和科技创新一等奖。

南方日報
高度决定影响力

NFDAILY.CN
南方日報
高度决定影响力
NANFANG DAILY
23

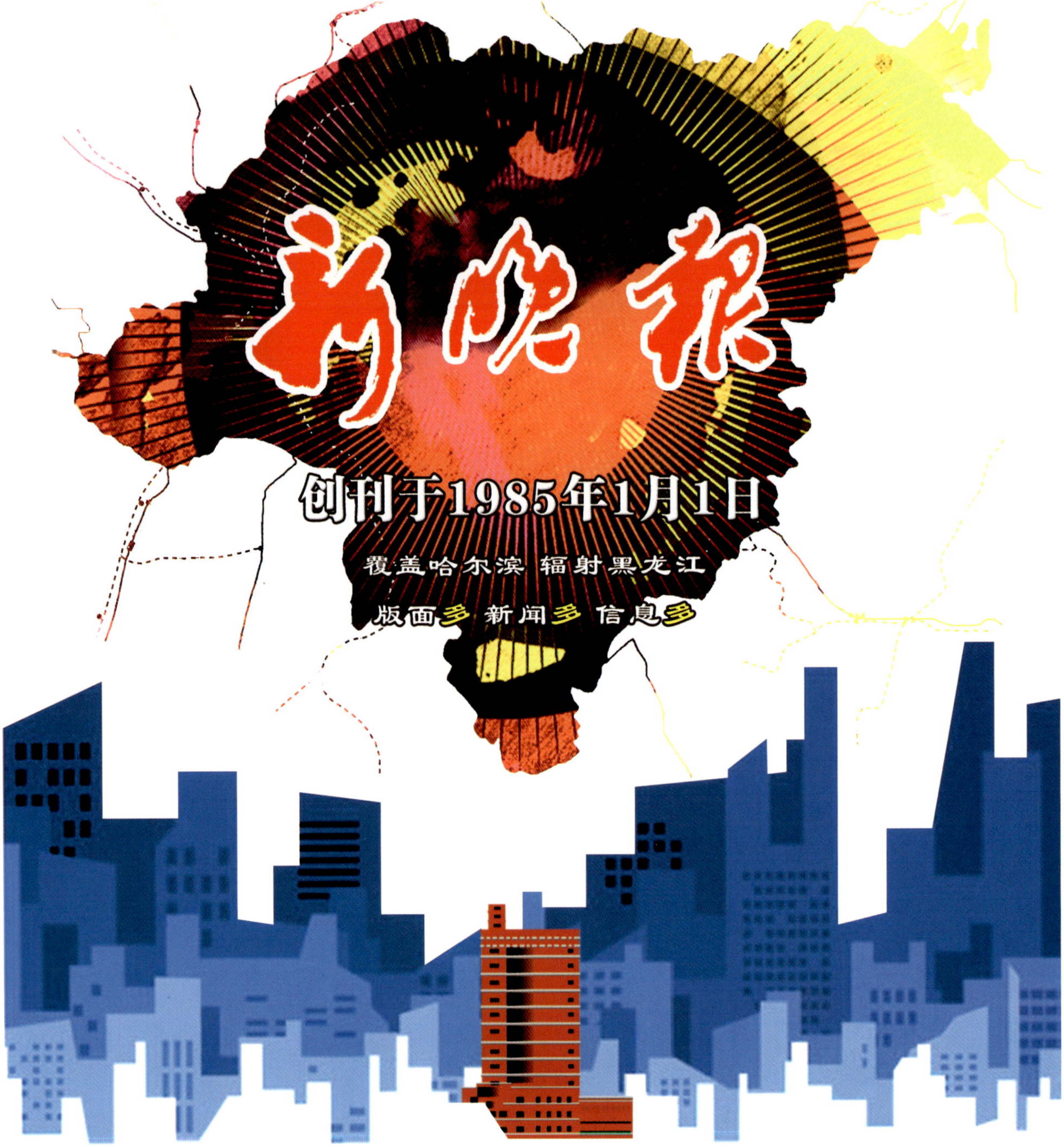

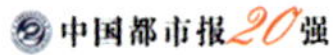

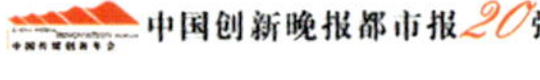

陕西日报
1940.3.25
坚守党报立场 反映人民心声
73载光辉岁月
彰显品牌文化
连续荣获"中国报刊广告投放价值排行榜省级日报十强"荣誉
全国最具权威的主流媒体之一
全国创刊最早的党报之一

河南电视台都市频道
HE NAN TV STATION CITY CHANNEL

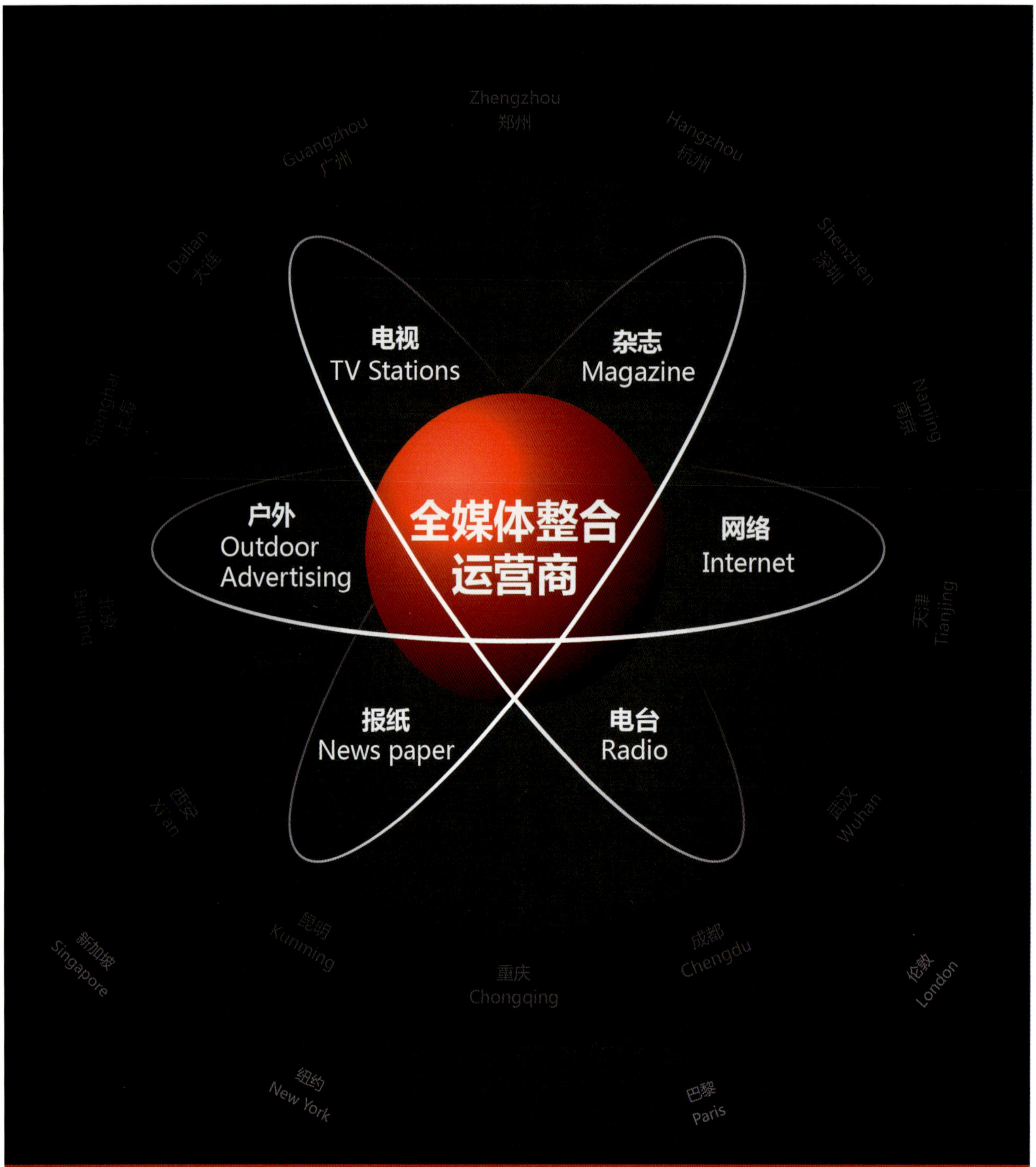
Zhengzhou
郑州
Guangzhou
广州
Hangzhou
杭州
Dalian
大连
Shenzhen
深圳
Nanjing
南京
Tianjin
天津
Wuhan
武汉
Chengdu
成都
重庆
Chongqing
昆明
Kunming
新加坡
Singapore
伦敦
London
纽约
New York
巴黎
Paris
电视
TV Stations
杂志
Magazine
户外
Outdoor
Advertising
全媒体整合
运营商
网络
Internet
报纸
News paper
电台
Radio

安仁古镇宣传片 180s

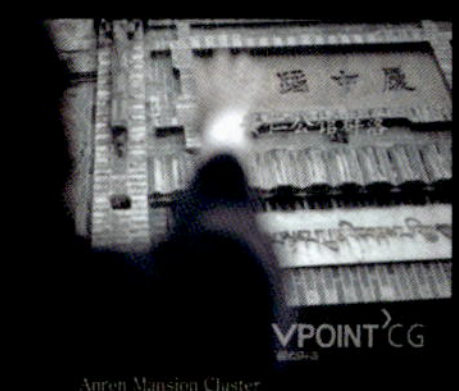

设备:5d make2
导演：王实兵
摄影：陈颉
后期制作：VpointCG

华美紫馨TVC形象片 30s

设备:Arri Alexa
导演：苗晋玮
摄影：庄国庭
后期制作：VpointCG

www.vpointcg.com

红河 HONGHE
雲南紅河捲煙廠

云窖精典·商务首选
澜沧江
雲南老窖

【让生活更有味道】
享
非常味道
【云南名特 非常味道】
美食每刻 品味云南
云南天方食品有限公司 出品

生态绿云南
玉丹真果汁
昆明玉丹果汁饮料有限责任公司

蜜菊
普洱茶
更好喝的普洱茶
户外普洱 茶道革命
全新上市，就是不一样

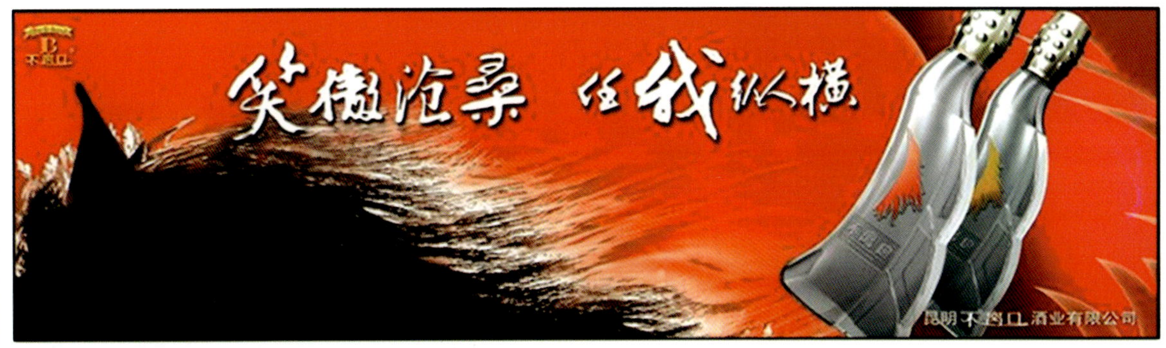

笑傲沧桑 任我纵横

中国4A广告
天马传媒20年专注品牌
· 以品牌运营、媒介代理、文化产业延伸为核心竞争力
· 为广告主提供影视创意、媒介投放、品牌全案、营销
策略支持等全套解决方案

中东城市广场吉林店

中东城市广场吉林店是由吉林省中东集团斥资８亿元投资兴建的吉林市首家一站式购物乐园。位于雾凇路与越山路交汇处，毗邻吉林市客运站，地处吉林市船营区越北商圈中心地带。于2007年建成并投入使用，占地面积13.56万平方米，建筑面积近20万平方米，拥有4万平方米停车场, 3万平方米生态化景观，基础设施良好，功能齐全，经营项目涉及餐饮、娱乐、影院、数码家电、服装、百货、鞋帽、家纺、儿童、食品、化妆品、钟表、医药、家居建材等14大品类，云集1000多户商家，经营十余万个品种，年客流量超千万，已经成为吉林市单体规模最大、影响力最强的商业企业之一。

中东城市广场吉林店开业五年多的运营，得到了吉林市政府各级部门的大力支持，同时也为450万江城人民带来了全新的购物体验，逐渐得到广大消费者的认可。2012年中东城市广场吉林店炫彩升级，引进了屈臣氏、苏宁电器、大有名表城、等主力店；打造吉林市最流行时尚炫酷的淘宝镇；引进樱花墅、和谷家、身土不二、明阳春等知名餐饮企业，进一步优化品类结构，完善服务功能，提升饮食文化内涵。同时中东城市广场吉林店、坚持文化营销服务于商品营销的经营理念。一年中房展、车展、婚博会、年货大集、新春庙会各类展会及大规模营销活动轮番登场，百余场文化活动，千万元营销投入让中东品牌深入民心，中东城市广场吉林店已经成为江城的商业名片。

中东城市广场吉林店坚持“创造财富，回报社会”的企业宗旨，秉承“诚实做人、认真做事，以企为家、关爱他人”的核心价值观。努力追求“客户满意、员工成功、社会认同”的管理理念，形成了以租赁关系为依托、以从业人员管理为基础、以业态功能完善为手段的良好商业运营管理格局，实现了企业、员工和商户的共同成长。在100余次政府组织的工商、食品、爱卫会、消防、税务部门现场检查评比过程中，受到省市各级领导的高度评价，在2011年获得了吉林省唯一一个国家级“诚信市场”的殊荣，成为本地商业企业的标杆。

让我们共同期待中东城市广场吉林店成为吉林商业的一颗璀璨明珠。

大唐灵狮

创意的**真相**。

和您一样，我们痛恨那些涂脂抹粉，矫揉造作的广告创意。
作为一家有着十多年服务经验的国家一级广告公司，
我们深知创意是解决问题的有效手段。
如果您同意我们的观点，并且在营销和传播的环节遇到了问题需要帮助，
那么让我们的创意成为您解决问题的终极武器吧。

·大唐灵狮广告有限公司 ·你的成长伙伴· 中国南京市北京东路22号和平大厦9楼 Tel: 025-86896060 Fax: 025-86896060-208 www.dtclad.com

中原广告产业园一期规划鸟瞰图

中原广告产业园位于郑州高新技术产业开发区，2013年4月被国家工商总局认定为国家广告产业园区。

中原广告产业园规划建筑总面积78万平方米，总投资33亿元。一期建筑面积24万平方米，于2013年4月投入使用。二期规划建筑面积54万平方米，将于2013年10月开工建设。

河南省各级党委政府高度重视，工商、财政等部门全力支持中原广告产业园的发展建设，分别成立了河南省广告业发展领导小组中原广告产业园领导小组。河南省人民政府出台了《关于促进全省广告产业发展的意见》，郑州市工商局出台了《关于降低登记门槛支持中原广告产业园发展的意见》，郑州高新区管委会出台了《关于支持中原广告产业园发展的暂行意见》。高新区从2012年起，设立每年3000万的广告产业发展专项资金。

中原广告产业园积极为广告企业营造良好的软硬环境。园区创建伊始，就按照高起点规划、高标准建设、精细化管理、高水平运作的思路，投资约2亿元建设中原地区最具特色的广告交易和展示中心，搭建广告创意、摄制、制作、发布、人才培训和信息服务等广告公共技术平台，为入园企业提供全方位的技术支持和个性化服务。

栽得梧桐树，自有凤凰来。目前已有90余家企业入驻中原广告产业园。包括腾讯大豫网、大河网等网络媒体；河南华扬维思、华闻传媒等发布类企业；郑州联合至胜、郑州曼陀罗等综合性广告运营商；郑州八零文化传媒、郑州千汇文化传媒等制作策划企业；郑州新世纪、郑州乐彩等广告设备及材料研发企业，形成了良好的产业聚集态势。

通过三到五年的努力，园区将全面建成全国一流的广告公共技术服务平台，成为中原经济区广告创新基地，成为中部地区最有影响力的广告产业基地。

地址：河南省郑州高新区科学大道中原广告产业园

联系电话：0371—67989161　67989228

2013年4月26日，国家工商总局向中原广告产业园授牌

2012年4月21日，国家工商行政管理总局与河南省人民政府签订《关于推进河南广告业发展战略合作协议》

2013年1月10日，甘霖、孙鸿志等国家工商总局领导到中原广告产业园调研指导工作

中原广告产业园二期规划鸟瞰图

高度
决定影响力
中国广告年鉴
China Advertising Yearbook
中国广告年鉴
Collection of China Advertising Yearbooks (1983-2003)
合订本
中国广告行业发展报告
发展中的中国广告业
——中国广告业廿五年
2006
第十四版
2007
第十五版

’2013 中国广告年鉴
China Advertising Yearbook

大事记

Chronicle of Events

2012 年中国广告业大事记

1 月 11 日，广电总局下发《关于进一步加强广播电视广告播出管理的通知》。《通知》要求，规范影视剧中间插播广告行为，禁止在片头之后、剧情开始之前，以及剧情结束之后、片尾之前插播任何广告。规范新闻节目中插播广告行为，新闻节目主持人不得为商业广告做形象代言。

1 月 14 日，由国家工商总局与中央电视台联合组织拍摄的专题片《广告的力量》与全国观众见面。《广告的力量》专题片集中阐述了我国广告业 30 多年来的发展历程，以及对经济、文化、消费、传媒等领域发展的积极促进作用和未来的发展前景。

1 月 16 日，国家工商行政管理总局下发《关于 2011 年第四季度广告监测情况的通报》。

1 月 17 日，沪、苏、浙、皖四地工商机关在上海市共同召开广告监管执法联动合作联席会议，审议并签署了《沪苏浙皖工商行政管理部门广告监管执法联动合作协议》，并就建立广告执法联动合作机制达成共识。标志着长三角三省一市广告监管执法联动合作取得了实质性进展。

1 月 20 日，国务院印发《国家药品安全“十二五”规划》。规划提出，要依法严厉打击制售假劣药品行为，规范网上药品信息服务与广告发布，重点打击利用互联网发布虚假广告和虚假宣传行为。

2 月 9 日，国家工商行政管理总局印发《大众传播媒介广告发布审查规定的通知》。

2 月 9 日 –11 日，由郑州天天广告会展服务有限公司主办，金水区文化产业发展领导小组办公室协办的“2012 春季中国郑州第二十届中原广告展”亮相郑州国际会展中心。

2 月 10 日，WPP 集团旗下的媒体公司群邑 (GroupM) 和移动广告公司 Joule 联合收购移动营销公司唯思智达 (Wisereach)。收购后，唯思智达将更名为 MJoule，接受群邑在华所有移动营销业务。

2 月 23 日，国家工商行政管理总局、中央宣传部、公安部、监察部、国务院纠风办、信息产业部、卫生部、国家广播电影电视总局、新闻出版总署、国家食品药品监督管理局、国家中医药管理局联合制定并印发了《2012 年整治虚假违法广告专项行动部际联席会议工作要点的通知》。

2 月 25 日 –27 日，由太原市贸促会、太原市会展办主办的“2012 山西国际广告节暨广告企业品牌形象展示会”在中国煤炭博物馆召开。

2 月 28 日，国家工商行政管理总局印发《关于印发 2012 年 1 月全国部分媒体广告抽查检测情况的通报》。

2 月 28 日，国家工商总局、卫生部、国家广电总局等 12 部门启动本年度虚假违法广告专项整治行动，发布违法医疗广告受到两次警告仍拒不改正的医疗机构将被停业整顿，而违法广告问题严重的播出机构还可能面临撤销频道处罚。

3 月 1 日，中国大连国域无疆传媒集团在美国纽约市时报广场举行了“中国红屏”开屏仪式，这意味着中国大连国域无疆集团将正式行使纽约时报广场一号楼全彩 LED 显示屏的运营权。这也是继去年新华社在时报广场北端租下大型电子广告牌之后，中国民营企业在此承租。

3 月 1 日，国内首个可互动的电视广告在央视播出，观众可以使用手机扫描广告片中的二维码，参与到网络活动。

3月3日，美国纽约时报广场最大的屏幕“美国之鹰”上开始滚动播出中国文化宣传片《文化中国》。该片以“传承·绽放·绘中国”为主题，大量的使用了手绘和三维动画来提炼中国民间丰富的视觉元素，借鉴中国传统的美术风格样式，将实拍和动画融合，将敦煌、汉字、京剧、太极、书法这些最具中国代表性的文化符号搬上荧幕，将中国最美的一面展现给全世界。

3月5日，盛大文学副总裁柳强透露，公司已经开始测试免费模式，网民在看到正版电子书的同时也会看到广告，但是不需要再为电子书付费了，类似于在网上看视频。

3月8日，百度移动应用广告平台正式上线，该平台依托百度移动应用联盟，也就是在业内传闻已久的百度内部研发产品“秋实”。即主要以广大第三方应用提供商提供的APP为媒介，为广大客户提供APP广告服务，并与应用提供商进行应用分成，帮助联盟成员实现“应用变现”的营销平台。

3月16日，北京、上海和广州等地的微博用户即日起需要提供真实身份信息，才能继续在微博上发布新消息。此举会增加广告主的投放兴趣。实名制能够清除微博垃圾账户，并使新浪获得宝贵的用户信息，推动这一社交平台的盈利。

3月17日，国家工商总局在官方网站上曝光了15则违法广告，并公布了处罚措施。

3月26日，国家工商行政管理总局印发《国家广告产业园区认定和管理暂行办法》的通知。

3月28日，工信部发布通知，启动为期三个月端口类短信群发业务清理整顿专项行动，以有效遏制垃圾短信泛滥态势。此次清理整顿的范围包括：利用基础电信企业自有端口和行业类应用端口、信息服务经营者自有端口和个人通信号码（含小灵通号码、手机号码和固定号码等）开展经营性群发垃圾短信的行为。

3月28日，广电总局要求规范影片映前广告长度，一般控制在10分钟以内，这对观众无疑是个好消息。但观众觉得映前广告可以多放些新片预告，减少些商业广告。而对影院来讲，前者无收益，后者有利可图。于是，有些影院恰恰相反，在总时长里减少预告片，延长商业广告，以应对规范要求。这就剥夺了不少影迷获得新片信息的需求，从长远看，其实也不利于影院的新片票房，是保“小利”舍“大利”的不聪明做法。

3月29日，国家工商行政管理总局下发《关于2012年2月全国部分媒体广告抽查监测情况的通报》。

4月1日，谷歌广告（上海）有限公司关键词搜索广告业务Google AdWords开始向终端客户加收6%增值税。谷歌此次向终端客户加收6%增值税的依据是国家税务总局出台的营业税改征增值税的政策。根据政策，自2012年1月1日起，上海市作为全国的试点，率先实行“营改增”政策，将不可抵扣的营业税改为可以进行抵扣的增值税，以消除重复征税，降低企业税负。

4月5日，人民网正式启动上市，其招股说明书披露主营业务互联网广告业务占总营收约60%比例，人民日报社直接及间接持有80%股份。

4月5日，继《变形金刚》之后，中国品牌再次植入好莱坞大片《复仇者联盟》，电影里出现的植入广告总额超过了1.5亿美元，占电影总成本（2.2亿美元）的一半还多。《复仇者联盟》中，伊利成功地植入了新产品谷粒多，而TCL也把自己的电视机“搬”到钢铁侠女友的私人飞机上。

4月8日，新版上海形象片——《上海，灵感之城》在上海、芝加哥、休斯敦等中美两国的多座城市同步首播。上海市政府新闻办公室8日正式发布这部形象片，“小巨人”姚明再度成为片中标志性人物。

4 月 11 日，国家工商行政管理总局发布《关于推进广告战略实施的意见》。《意见》提出，到 2020 年，把我国建设成为广告创意、策划、设计、制作、发布、管理水平达到或接近国际先进水平的国家。

4 月 13 日，国家工商行政管理总局发布《关于认定上海中广国际广告创意产业基地等 9 个广告产业园区为国家广告产业园区的通知》。

4 月 16 日，宏盟集团旗下的宏盟媒体集团 (Omnicom Media Group) 正式宣布已签署一份收购网迈广告 (NIM) 的最终协议，这也是 OMNICOM 在中国市场上的收购行为。

4 月 18 日，中国第一个互联网 IP 地理信息标准库（试行版），由中国广告协会互动网络分会 IP 地理信息标准委员会（简称 IPB）主持发布。规范互联网 IP 地理信息，可以为广告投放避免因 IP 混乱造成不必要的浪费。

4 月 18 日，网络视频联盟 (OVA) 在北京正式成立并召开了启动工作会。本次启动工作会包括安吉斯媒体、爱奇艺、CNTV 中国网络电视台、DCCI 互联网数据中心等 12 家网络视频联盟创始理事。本次启动工作会上除了确立网络视频联盟宗旨与方向外，还公布了未来联盟完整的工作框架，以及 2012 年“V 计划”跨屏营销推广行动方案。

4 月 19 日，国家工商行政管理总局在南京为首批 9 个“国家广告产业园区”授牌。9 个“国家广告产业园区”是：北京广告产业园区、上海广告产业园区、南京广告产业园区、常州广告产业园区、潍坊广告产业园区、青岛广告产业园区、长沙广告产业园区、广东广告产业园区和陕西广告产业园区。同时建立健全广告产业园区建设和运营管理制度，目前中央财政支持试点园区达到 20 家，分布在全国 17 个省、自治区、直辖市和计划单列市。

4 月 24 日，国家工商总局、国家旅游局联合发布《关于加强旅游服务广告市场管理的通知》，强化对于旅游服务广告市场的规范程度。工商部门与旅游部门还将相互配合，在旅游高峰期开展联合执法行动。

4 月 25 日，媒体购物专业委员会和中国广播电视协会演员委员会发表联合声明，呼吁所有广播、电视、网络等媒体，停止发布有名人、明星代言的药品、医疗器械、丰胸、减肥、增高和夸大功效的保健品电视购物短片广告。两家委员会表示，在这些电视购物短片广告中，通过违规、违法编纂，不良企业利用名人和明星在媒体购物领域达到了违规盈利。

5 月 7 日，国家工商行政管理总局下发《关于 2012 年 3 月全国部分媒体广告抽查监测情况的通报》。

5 月 7 日，第一届中国公益广告趋势论坛暨《中国公益广告年鉴 (1986 年 –2010 年)》首发仪式在中国传媒大学举行。本届论坛由国家广告研究院、中国传媒大学、全国公益广告创新研究基地以及中央电视台广告经营管理中心共同主办。

5 月 8 日，中国商业联合会媒体购物专业委员会针对 3 个涉嫌违法违规的电视购物广告，向业内进行了第十四次通报，涉及青海卫视、吉林卫视、甘肃卫视、西藏卫视等。目前，《中国媒体购物国家行业标准》已经商务部批准正式立项，各类虚假广告有望得到有效治理。

5 月 15 日，上海市工商局对外宣布，已于近日发布《2011 年度上海市广告市场状况》白皮书，这是该市工商部门首次以白皮书形式全面综合反映该市广告业经营和广告市场秩序状况。该白皮书显示，2011 年该市互联网广告营收增长迅猛，达到 10.1 亿元，而以报纸、杂志为代表的平面媒体广告增幅已放缓。

5 月 15 日，阳狮集团宣布收购北京龙拓互动公司。龙拓互动将成为阳狮集团所属睿域营销的一个分支，并命名为睿域龙拓中国。过去四个月中，阳狮集团收购了四家中国公司，麦田公关，帝麦创意和

Luminous，再加上龙拓互动，显示了阳狮集团抢占中国电子商务市场的野心。

5 月 23 日，国家工商行政管理总局印发《关于贯彻实施＜大众传播媒介广告发布审查规定＞的通知》。

5 月 28 日 –6 月 1 日，由国家商务部主办，北京市政府协办的“中国（北京）国际服务贸易交易会”在北京国家会议中心举办。北京市工商局承办京交会广告专题暨北京国际广告周，广告周期间，共举办了四大主题活动：中国广告业发展峰会，广告传媒企业展，中国广告三十年回顾及优秀广告作品展，北京市国家级广告产业示范园开园仪式。

此次论坛邀请各界专家学者和主管部门的负责人，回顾了中国公益广告的发展历史和现状，从不同角度畅谈了在文化产业振兴规划之下的广告战略和公益广告的使命等话题。论坛的另一重要环节为《中国公益广告年鉴（1986 年 –2010 年）》的首发仪式，年鉴由全国公益广告创新研究基地和中国传媒大学编撰，中国工商出版社出版，是教育部“211 工程”学科建设项目的科研成果。

5 月 29 日，国家工商行政管理总局印发《关于 2012 年 4 月全国部分媒体广告抽查监测情况的通报》。

5 月 29 日，主题为“规范广告宣传、促进健康发展”的首届中国广告规范论坛在北京举行。首届中国广告规范论坛广泛邀请了国内广告界、传媒界、营销界、法律界、广告学术教育界及政府相关部门的专家学者，共同探讨国际化背景下中国广告业的发展趋势，解析行业政策，特别是针对广告宣传规范与广告回报率的矛盾，分析了广告宣传中可能存在的法律风险，从而探讨了广告传播的科学规范问题。

5 月 29 日，国家工商行政管理总局印发《关于印发＜广告产业发展“十二五”规划＞的通知》。

5 月 31 日，第 25 届米兰广告大奖赛评选结果揭晓，两家中国企业榜上有名。这是中国企业首次在该项赛事中获奖。颁奖仪式在米兰国立剧院举行，中国上海广告有限公司获“马可 · 波罗奖”，北京聚焦传媒公司推荐的美的集团油烟机广告获“海外大奖”特别奖。

6 月 1 日，国家工商行政管理总局印发《关于进一步加强广告基础管理工作的通知》。

6 月 6 日，国家工商总局与山东省政府在济南举行《关于推进山东广告产业发展战略合作协议》签约仪式。国家工商总局局长周伯华，山东省委副书记、省长姜大明出席仪式并致辞，山东省委副书记、副省长王军民主持仪式，省政府特邀咨询郭兆信出席，省政府秘书长蒿峰参加活动。

6 月 8 日，首个电视公益广告国家级奖项——星光电视公益广告大奖在京设立。同时，“CCTV 电视公益广告全球征集活动发布仪式”也正式启动，面向全球各类机构与个人征集优秀公益广告创意及成片。

“星光电视公益广告大奖”作为国家广电总局 3 个政府大奖之一“星光奖”的组成部分，由国家广播电影电视总局主办，中国电视艺术委员会和中央电视台广告经营管理中心共同承办，目前暂设主题、创意、导演、摄影、制作、组织等 6 个奖项，各项均设有金、银、铜奖。该奖项将在今年举办首届评选活动，并于明年 1 月举办颁奖晚会。

6 月 15 日，中国广告协会学术委员会与韩国广告公关学会联合举行以“东北亚广告公关产业的现状与展望”为主题的中韩国际广告公关研讨会。就“中韩广告产业的现状与焦点、广告创意战略与广告效果、新媒体的发展带来的广告媒体价值的变化、社会贡献活动作为公关战略的意义”四个主题进行深入交流和讨论，共享双方广告、公关行业发展的最新理念及案例，把脉东北亚广告公关产业的发展态势。

6 月 20 日，“人民搜索”旗下的搜索引擎平台“即刻搜索”宣布，即刻商业系统正式上线。这是“即刻搜索”首次推出涉及广告业务的商业系统。未来三年内，“即刻搜索”将邀请1000家中小型企业免费试用。

6月27日，审计署公布报告指出，从2009年至2010年，铁道部在未按规定公开招标的情况下，投资1850万元制作了中国铁路宣传片，但未达到预期效果。该片全长5分钟，导演为张艺谋。

6月29日，由中国广告协会主办，中国艾菲奖推广委员会承办的艾菲“3+1”实效论坛在北京万达索菲特大酒店隆重举行。国家工商管理总局和中国广告协会的领导出席论坛并作重要讲话，并有来自广告界、创意界、营销界、财经界的专家学者，共同探讨创意经济与品牌实效价值。

6月29日，由中国广告协会主办、《广告人》杂志社承办的以“我创意 我行动”为主题的“2011-2012第十届中国大学生广告艺术节学院奖”颁奖盛典在北京梅地亚中心完美落幕。

7月3日，国家工商行政管理总局下发《关于2012年5月全国部分媒体广告抽查监测情况的通报》。

7月9日，广电总局发布《加强网络剧、微电影等网络视听节目管理》最新政策，明确鼓励视频节目服务机构生产、制作、播出优秀网络剧、微电影、专业类视听节目。此次视听新规最大变动是将播出前的审核权下放给播出机构“自审自播”，以顺应互联网时代内容的快速产生和推出。

7月13日，北京一中院就鸿道(集团)有限公司提出的撤销中国国际经济贸易仲裁委员会于2012年5月9日作出的仲裁裁决的申请作出裁定，驳回鸿道集团提出的撤销国际经济贸易仲裁委员会作出的(2012)中国贸仲京裁字第0240号仲裁裁决的申请。该裁定为终审裁定，为广药集团和加多宝的“王老吉”商标争夺案画上了句号。

8月16日，国家工商行政管理总局印发《关于2012年6月全国部分媒体广告抽查监测情况的通报》。

8月21日，由中国广告协会官方公布的《2011年中国广告经营单位排序报告》正式出炉。本次报告指出，媒体服务类广告排名前10位的企业营业额均超10亿元，占前100位企业经营额总和的55%，其中户外广告企业占6家。而非媒体服务类广告企业营业额前10位总和在广告公司经营额前100位中所占的比重从2010年的39%猛增到65%，经营额的高度集中化趋势越发明显。综合来看，广告行业整体营业额的迅速增长、优质资源内部的高度集中化与平均营业额和整体经营资源集约化相对缓慢的增速已经形成了鲜明的对比。

在2011年中国媒体单位广告营业额排名中，中央电视台广告经营管理中心以228亿元蝉联媒体单位广告营业额第一名，上海东方传媒集团（广播电视部分）、湖南电视台分列第二、三位。在2011年中国广告企业（媒体服务类）广告营业额排名中，群邑（上海）广告有限公司、上海新兴媒体信息传播有限公司以及上海分众德峰广告传播有限公司分列前三位。而在2011年中国广告企业（非媒体服务类）广告营业额排名中，盛世长城、李奥贝纳、北京电通位列前三位，昌荣传播紧随其后，位居第四，继续蝉联本土广告公司最高排名。

8月31日，为切实解决苏州广告业发展过程中存在的人才匮乏、行业结构不尽合理、原创性不够等问题，苏州工商局主动加强与高校合作，加快产学研步伐，建立“一院一站两基地”，即：苏州市广告研究院、苏州大学研究生工作站、苏州大学创就业实习基地、苏州市广告业管理人才教育培训基地，充分发挥高校人才、学科、智力和信息优势，推动苏州广告业创新跨越发展。

9月5日，北京市在人流密集点，试点设立“广告专帖牌”和“广告专帖柱”，专供人们集中粘贴各种广告和启事，希望以此杜绝小广告随处乱贴的问题。

9月5日，中国领先的移动营销解决方案提供商——力美广告宣布，正式与中兴汇天地建立移动广告独家战略合作伙伴关系。这是力美广告继宇龙酷派合作之后，在手机领域的又一次重大合作。

9月10日，国家工商行政管理总局印发《关于2012年7月全国部分媒体广告抽查监测情况的通报》。

9月10日，国家工商行政管理总局印发《关于印发＜广告监测工作规定＞的通知》。

9月13日，因日本政府宣布“购买”钓鱼岛事件而引发的中日争端不可避免地从政治领域延伸到经济领域，中国各大媒体纷纷停播日系产品广告。

9月19日，北京市媒体广告发布管理工作会议召开，市委宣传部、市工商局等11家监管部门将针对医疗、药品、保健品、食品等重点商品和服务类广告重点防控，对广告展开24小时监测，设置公开举报投诉电话，向社会曝光虚假违法广告屡禁不止的媒体，追究相关人员责任。此次整治不仅针对平面媒体、广播电视等，还包括各类新兴媒体，如各个网站，特别是商业网站、手机短信广告等。

9月20日，全球最大的中文网站联盟盘石宣布，将联合全球40万家中文网站，拿出显著的公益广告位，在未来一个月的时间内以13亿次PV的公益广告展现。代表着让13亿中国人每个人都能看到互联网的一次保钓爱国公益宣传。

9月27日，停牌多日的蓝色光标当日推出了定增购买资产并募集配套资金的方案，定增价格确定为19.45 元／股，比停牌前价格21元略低7.3%。根据该方案，蓝色光标将通过发行股份及支付现金的方式购买四川分时广告传媒有限公司100%股权，该股权作价6.6亿元。

9月28日，国家药监局、中国非处方药协会以及非处方药生产企业开会讨论《药品广告审查办法》修订办法。针对此前提出的“禁止非处方药(OTC)在大众媒体上发布广告，只能在指定的专业媒体上发布广告”的修订意见，在出席讨论会的所有30余家OTC企业中引起较大争议。

10月17日，国家工商行政管理总局印发《关于2012年8月全国部分媒体广告抽查监测情况的通报》。

10月26日，亚洲广告公司协会联合会(C4A)执行委员会会议在天津喜来登酒店召开。这是该会议首次在中国举办。中国广告协会于2011年7月正式加入C4A，后于9月在新加坡举行的2011年C4A执行委员会会议上被接收为执行委员会成员。为扩大C4A在中国广告业界的影响，利用此平台提升中国国际广告节的知名度，增强中国在亚洲广告业界的话语权，2012年4月，中国广告协会决定申办C4A2012年执行委员会会议并获成功。

10月27日，第十九届中国国际广告节在天津梅江会展中心开幕，国内外共5万余名广告业界人士出席此次广告盛会，广告节将持续到29日。开幕式上，国家工商行政管理总局党组书记、局长周伯华，天津市委副书记、市长黄兴国出席开幕式并致辞。本届广告节以“推动广告战略实施，服务文化产业发展”为主题，较以往广告节相比实现了很多新突破。由国家工商总局授牌的9大首批国家广告产业园区在广告节上首次集中亮相。

10月30日，覆盖广告全产业链的广告电子商务服务平台《中国广告园》(www.chinaadzone.com)宣布开始试运行。中国广告园将推出覆盖全产业链的网络服务，全国共有北京、上海、南京等9个经过国家工商总局批准的国家级广告园区，网站将集中展示各大园区的发展动态和服务特色以及招商、营销和推广活动，推动中国广告示范园区的健康发展。

11月1日，国家工商行政管理总局发布《关于进一步做好整治虚假广告工作的通知》。

11月1日，中国互联网协会在京举行《互联网搜索引擎服务自律公约》签约仪式，百度、即刻搜索、奇虎 360 等 12 家搜索引擎服务企业签署公约。其中，《互联网搜索引擎服务自律公约》特别提出，搜索引擎服务提供者有义务协助保护用户隐私和个人信息安全，尊重权利人的合法权益，抵制不正当竞争行为。

11 月 2 日，易观智库发布《2012 年第 3 季度中国互联网广告市场季度监测报告》。数据显示，2012 年第三季度中国互联网广告运营商市场份额中，百度占到 31.3%，阿里巴巴占到 14.2%，谷歌（微博）中国占 6.1%，三家厂商继续占据市场前三位置，领跑整个互联网广告市场。

11 月 9 日，武汉市轨道交通二号线一期 7 大站点 6 年的冠名权拍卖成功，其中“周黑鸭——江汉路站”引起很大争议。11 月 25 日，武汉地铁传来消息，取消周黑鸭等冠名权，再次引发争议。

11 月 10 日，国家税务总局纳税服务司在其官网上对近期纳税咨询热点做出解答。纳税服务司指出，纳税人从事广告代理业务时，无论该广告是通过何种媒体或载体（包括互联网）发布，纳税人都应该以其从事广告代理业务实际取得的收入为计税营业额计算缴纳营业税。

11 月 12 日，国家工商行政管理总局印发《关于 2012 年 9 月全国部分媒体广告抽查监测情况的通报》。

11 月 18 日，中央电视台 2013 年黄金资源广告招标圆满结束。2013 年中央电视台黄金资源广告招标预售总额 158.8134 亿元，比去年增长 16.2377 亿元，增长率为 11.39% 。共有来自全国的 251 家企业参加招标，排在前三位的行业分别是食品饮料、家用电器、金融，增长较快的行业有汽车、酒类、旅游等。

11 月 26 日，国家工商行政管理总局副局长甘霖，湖南省委常委、长沙市委书记陈润儿，副省长盛茂林等在九峰村挥动铁锹，共同为长沙（国家）广告产业园建设项目培土奠基。

长沙（国家）广告产业园选址天心区黑石铺街道九峰村，位于省府新区黑梨路（雀园路）两厢，总面积 450 亩，建设资金 35 亿元，分三期建设。

作为全国首批 9 家“国家广告产业园区”之一，长沙（国家）广告产业园力争到 2015 年入园广告经营单位达 800 家以上，其中规模以上广告企业达到 50 家，年产值过亿元的企业达到 15 家，吸纳广告产业就业人员达 5000 人。

12 月 1 日，香港市民维护公正和平联合会、中国民间保钓联合会、香港保钓大联盟等中国民间团体联合在美国《纽约时报》和英国《泰晤士报》刊登整版保钓广告。这是日本东京都政府今年 7 月在美国《华尔街日报》刊登呼吁支持其购岛行为的广告后，中国民间团体首次公开在外国媒体刊登广告，驳斥日本政府的购岛闹剧和无理行为。

12 月 5 日，国家工商行政管理总局印发《关于 2012 年 10 月全国部分媒体广告抽查监测情况的通报》。

12 月 12 日，铁路系统杂志摆放权招商推介会举办。

12 月 12 日，国家工商行政管理总局、广东省人民政府在广州签署了共同推进广东广告业发展战略合作协议。国家工商总局局长周伯华、省委书记汪洋、省长朱小丹等出席了签署仪式。根据协议，双方将携手合作，把广东省建设成为全国广告业科学发展的实验区、先行区和示范区，成为面向世界、服务全国的重要国际门户。

12 月 22 日，“汇聚力量，传播文明”中央电视台 2012 年公益广告项目启动仪式在北京梅地亚中心召开。启动仪式上央视宣布了 2012 年公益广告新举措：一、成立“公益广告专项工作组”，完善公益广告的制作播出机制；二、推出 100 支以上的电视公益广告；三、组织优秀的央视播音员主持人拍摄公益广告，并联手 50 位以上的各界名人参与；四、安排更多的时间播出公益广告，并力争在多个频道安排固定时段播出；

五、面向全社会，广泛征集公益广告主题、创意及成片；六、拨出专项资金，投入公益广告创作和研究；七、呼吁并推动成立中国国家级的公益广告奖项。

中央文明办、国家广播电影电视总局、国家工商行政管理总局、首都文明办、北京市工商行政管理局、中国广告协会等机构出席启动仪式。中央文明办相关负责同志表示，2012 年中宣部、中央文明办将继续组织、制作“讲文明 、树新风”公益广告，并在中央电视台播出。

12 月 31 日，国家工商行政管理总局印发《关于2012年11月全国部分媒体广告抽查监测情况的通报》。2012 年全国共查处各类违法广告案件 4396 件，其中查处的虚假违法广告案件 12410 件，媒体广告违法率与去年同期相比没有明显增长。此外，还清理整顿了利用互联网销售滥用“特供”、“专供”等标识的商品。据不完全统计，2012 年，全国工商机关共检查网站 68 万余家，监测网络广告 40 万条（次），查办网上非法涉性广告案件 1700 余件，责令撤除违规标识 7600 余件。

'2013 中国广告年鉴
China Advertising Yearbook

政策、法规

Policies, Laws and Regulations

关于按照《中华人民共和国行政强制法》修改有关规章的决定

工商广字〔2011〕58号

为贯彻实施《中华人民共和国行政强制法》，根据《国务院关于贯彻实施〈中华人民共和国行政强制法〉的通知》（国发〔2011〕25号）的要求，对国家工商行政管理总局制定和发布的《广告管理条例施行细则》等5部规章中不符合《中华人民共和国行政强制法》规定的有关内容进行如下修改，自2012年1月1日起施行。

一、 广告管理条例施行细则

删去第二十六条中的“逾期不拆除的，强制拆除，其费用由设置、张贴者承担。”

二、 企业法人登记管理条例施行细则

将第六十三条第二款修改为“登记主管机关对有上述违法行为的企业作出处罚决定后，企业逾期不提出申诉又不缴纳罚没款的，可以申请人民法院强制执行。”

三、工商行政管理机关行政赔偿实施办法

1. 删去第八条第（二）项和第二十条第（二）项（1）中的“冻结”。

2. 删去第二十七条第（二）项中的“暂停支付”和第（五）项。

四、工商行政管理暂行规定

1. 将第四十三条中的“工商行政管理机关查处各类违法行为时，可以行使下列职权”修改为“工商行政管理机关查处违法行为时，依照法律、法规规定可以行使下列职权”。

2. 将第四十三条第一款第（五）项修改为“查询违法行为人的银行账户或者申请司法机关予以冻结。”

3. 将第四十六条修改为“对拒不执行处罚决定的，工商行政管理机关依法申请人民法院强制执行。”

五、工商行政管理机关行政处罚程序规

1. 将第三十六条中的“查封、扣押财物通知书”修改为“查封、扣押财物决定书”，将“依法先行采取查封、扣押措施的，应当在法律、法规规定的期限内补办查封、扣押手续”修改为“依法先行采取查封、扣押措施的，应当在二十四小时内向工商行政管理机关负责人报告，并补办批准手续”。

2. 将第四十条中的“解除查封、扣押通知书”修改为“解除查封、扣押决定书”。

3. 删去第七十一条第（二）项中的“或者将冻结的存款划拨”。

国家工商行政管理总局

二〇一一年十二月十二日

关于持续做好含有“特供”、“专供”等内容广告日常监管工作的通知

工商广字〔2011〕271号

各省、自治区、直辖市工商行政管理局：

2011年9–10月，工商、工信、商务、质检等四部门联合开展了清理整顿部分商品滥用“特供”、“专供”标识专项行动，遏制了在商品上滥用“特供”、“专供”标识的势头，维护了公平竞争秩序，取得重要的阶段性成效。为巩固前一阶段清理整顿的成果，营造规范诚信的广告市场环境，现就持续做好含有“特供”、“专供”等内容广告日常监管的有关工作通知如下：

一、做好对有关生产经营者的行政指导工作

要依据《广告法》、《反不正当竞争法》等法律规定及《关于开展清理整顿部分商品滥用“特供”、“专供”标识专项行动的通知》（工商广字〔2011〕182号）（以下简称182号文）的有关要求，以酒类、食用油、乳制品、饮料、茶等日用消费品生产经营者为重点开展法律法规宣传教育，综合运用行政指导的各种方式，指导生产经营者规范商品包装标识中的广告宣传内容，提高其守法经营意识，自觉维护公平竞争的市场秩序。

二、做好市场巡查和广告监测工作

要依据相关法律及182号文的要求，加强对超市（商场）、集贸市场、批发市场等重点场所的巡查检查，强化对电视、报纸、期刊、广播、互联网等广告发布媒体的广告监测力度，要督促广告经营者、广告发布者加强自律，严格履行广告发布前的审查责任，杜绝发布含有违法违规内容广告。各地要严格执行182号文的规定，对与182号文要求不相符合的广告宣传用语，要做到及时发现，及时采取相应处理措施。

各级工商机关在182号文公布前作出的涉及广告宣传用语规范的答复、批复、解释等，凡与182号文有抵触的内容一律无效，《关于规范赞助中国航天事业广告用语的答复》（工商广函字〔2003〕第171号）及《关于规范赞助体育活动企业广告用语的答复》（广字〔1999〕第31号）也同时废止。

国家工商行政管理总局

二〇一一年十二月三十一日

关于印发《大众传播媒介广告发布审查规定》的通知

工商广字〔2012〕26号

各省、自治区、直辖市工商行政管理局、党委宣传部、政府新闻办公室、公安厅（局）、监察厅（局）、纠风办、通信管理局、卫生厅（局）、广播电影电视局、新闻出版局、食品药品监督管理局（药品监督管理局）、中医药管理局：

广告经营单位的广告发布前审查是保证广告内容真实、合法、符合社会主义精神文明建设要求的重要措施，也是广告法律法规规定的一项法定义务。为进一步完善广告审查制度，强化广告审查把关意识，切实落实大众传播媒介广告审查责任，预防和最大限度减少违法广告的发布，整治虚假违法广告专项行动部际联席会议成员单位联合制定了《大众传播媒介广告发布审查规定》。现予以印发，请认真贯彻落实。

国家工商行政管理总局
中央宣传部
国务院新闻办公室
公安部
监察部
国务院纠风办
工业和信息化部
卫生部
国家广播电影电视总局
新闻出版总署
国家食品药品监督管理局
国家中医药管理局
二〇一二年二月九日

附件：

大众传播媒介广告发布审查规定

根据《中华人民共和国广告法》等法律法规有关广告发布者应查验证明文件、核实广告内容、建立健全广告管理制度的要求，为进一步落实大众传播媒介的广告发布审查责任，制定本规定。

一、大众传播媒介应当履行法定的广告审查义务，在广告发布前查验相关广告证明文件、核实广告内容，确保广告真实、合法，符合社会主义精神文明建设要求。

二、大众传播媒介应当明确广告审查责任。广告审查员负责广告审查的具体工作，广告经营管理部门负责人负责广告复审，分管领导负责广告审核。

三、大众传播媒介应当配备广告审查员。广告审查员应当参加广告法律法规及广告业务培训，经培训合格后，履行以下职责：

（1）审查本单位发布的广告，提出书面意见；

（2）管理本单位的广告审查档案；

（3）提出改进本单位广告审查工作的意见和建议；

（4）协助处理本单位广告管理的其他有关事宜。

四、大众传播媒介的广告审查员应当按照下列程序进行审查：

（1）查验各类广告证明文件的真实性、合法性、有效性，对证明文件不全的，要求补充证明文件；

（2）审核广告内容是否真实、合法，是否符合社会主义精神文明建设的要求；

（3）检查广告表现形式和使用的语言文字是否符合有关规定；

（4）审查广告整体效果，确认其不致引起消费者的误解；

（5）提出对该广告同意、不同意或者要求修改的书面意见。

广告审查员应当主动登录相关政府网站，查询了解相关部门公布的广告批准文件、违法广告公告、广告监测监管等信息。

五、大众传播媒介的广告经营管理部门负责人、分管领导应当对广告审查员审查通过的广告进行复查、审核。经复查、审核符合广告法律法规规定的广告，方可发布。

六、大众传播媒介应当依法建立广告业务的承接登记、审核、档案管理制度。广告审查的书面意见应当与广告档案一同保存备查。

七、大众传播媒介对群众举报、投诉的广告，应当责成广告审查员重新审查核实，要求广告主就被举报、投诉的事项做出说明，补充提供有关证明材料。

对广告主不能提供证明材料或者提供的有关证明材料不足以证实广告内容的真实性、合法性，大众传播媒介应当立即停止发布该广告。

八、大众传播媒介每年度应当对广告审查员、广告经营管理部门负责人进行广告审查工作绩效考核。

对年度内未认真履行广告审查职责，致使违法广告多次发布的，大众传播媒介应当对广告审查员及相关负责人给予批评教育、调离工作岗位等处理。

九、广告监督管理机关应当加强广告发布审查工作的行政指导，在日常广告监测监管、处理广告举报投诉、查办广告违法案件等工作中，了解掌握大众传播媒介及广告审查员落实广告发布审查制度、履行审查职责的情况，并向有关部门通报情况，提出有关建议。

十、广告监督管理机关应当加强大众传播媒介广告审查员、广告经营管理部门负责人的广告法律法规培训工作，定期组织新任广告审查员培训和广告审查员广告法律法规知识更新培训。

十一、大众传播媒介的行政主管部门应当监督、督促大众传播媒介认真执行广告发布的有关规定，切实落实广告发布审查责任，依法审查广告。

十二、大众传播媒介的行政主管部门应当对不执行广告发布审查规定，导致严重虚假违法广告屡禁不止、广告违法率居高不下，造成恶劣社会影响及后果的大众传播媒介，予以警示告诫、通报批评等处理，依照有关规定追究主管领导和相关责任人的责任。

十三、本规定所称大众传播媒介是指广播电视播出机构、报纸期刊出版单位以及互联网信息服务单位。

大众传播媒介以外的其他广告发布者，参照本规定执行。

关于印发《2012 年整治虚假违法广告专项行动部际联席会议工作要点》的通知

工商广字〔2012〕29 号

各省、自治区、直辖市工商行政管理局、党委宣传部、政府新闻办公室、公安厅（局）、监察厅（局）、纠风办、通信管理局、卫生厅（局）、广播电影电视局、新闻出版局、食品药品监督管理局（药品监督管理局）、中医药管理局：

为认真贯彻落实党的十七届六中全会和中央经济工作会议精神，进一步推进虚假违法广告专项整治工作，深入整顿广告市场秩序，现将《2012 年整治虚假违法广告专项行动部际联席会议工作要点》印发给你们，请各地接此通知后，结合本地区实际情况，扎实做好部署安排工作，及时出台贯彻落实措施。

国家工商行政管理总局
中央宣传部
国务院新闻办公室
公安部
监察部
国务院纠风办
工业和信息化部
卫生部
国家广播电影电视总局
新闻出版总署
国家食品药品监督管理局
国家中医药管理局
二〇一二年二月二十三日

附件：

2012 年整治虚假违法广告专项行动部际联席会议工作要点

2012 年虚假违法广告专项整治工作总的要求是：深入贯彻落实党的十七届五中、六中全会和中央经济工作会议精神，坚持强化广告市场监管与促进广告业发展并重、整顿与规范并举，继续把关系人民群众健康安全和违法问题易发多发的医疗、药品、保健食品以及危害未成年人身心健康的非法涉性、低俗不良广告作为整治重点，进一步增强综合治理合力，全面提高广告市场监管效能，不断提升广告业诚信度，促进广告市场秩序持续好转。

一、围绕重点，加大整顿规范力度

（一）强化对广告发布环节的监管。加大对地市级以上都市类报纸、广播电台、电视台媒体广告的监测检查力度，严格监管电视购物广告，依法治理以新闻报道形式和健康资讯类节（栏）目名义变相发布广告的行为，严厉查处虚假违法的医疗、药品、保健食品、美容服务、化妆品广告以及收藏品、招商加盟等广告。

（二）加大网络广告监管力度。深入推进整治互联网低俗之风专项行动，规范医疗保健和药品信息服务网站的广告内容，清理网上非法“性药品”、性病治疗广告和低俗不良广告。

（三）保持对群众投诉举报集中、广告违法率居高不下地区治理的高压态势，对部分地区、部分媒体虚假违法广告屡禁不止、屡罚屡犯的现象，实施综合治理。

二、强化措施，提高监管效能

（四）指导、监督落实广告审查责任。围绕落实《大众传播媒介广告发布审查规定》，指导、监督大众传播媒介健全完善广告发布审查制度。

（五）组织开展广告审查员广告法律法规培训，强化大众传播媒介及有关人员依法审查广告的责任和把关意识，提高自律审查水平。

（六）强化广告日常监测监管。加快完善广告监测体系，加强广告监测能力建设，发挥广告监测预警作用，全面掌握广告发布趋势，增强监测的即时性、有效性，建立快速、实时、动态的处置机制。

（七）加大违法广告公告力度。采取典型广告案例曝光、违法广告案例点评、广告监管提示、涉嫌严重违法广告监测公告等形式，扩大违法广告公告的社会影响，震慑违法广告行为。

（八）加大广告案件查办力度。及时查办上级交办、有关部门移送、监测发现、群众举报的违法广告案件，采取责令公开更正、撤销广告批准文号、暂停产品销售、关闭网站和删除非法信息等措施，加大综合执法力度。

（九）探索建立广告信用分类监管体系。研究建立广告活动主体信用评价指标，建立广告企业信用数据库，形成失信惩戒、淘汰机制。发挥广告行业组织的作用，健全广告行业自律约束机制，提高广告业公信度。

三、明确分工，形成监管合力

（十）党委宣传部门要继续加强新闻媒体广告内容导向管理，及时通报媒体广告中存在的苗头性、倾向性问题，要求媒体单位严格执行《关于进一步规范新闻采编工作的意见》有关规定，杜绝虚假违法广告和新闻形式广告，会同工商、广播影视、新闻出版等行政部门指导和监督媒体单位落实广告发布审查责任，推动建立和落实发布虚假违法及不良广告行为领导责任追究制。

（十一）工商部门要充分发挥牵头作用，做好组织协调工作，推动广告专项整治各项措施的落实。进一步健全完善广告监测体系，推进广告监管关口前移、重心下移，逐步形成全覆盖的监测监管网络。深入运用广告监测结果，及时向当地党委政府和有关部门、媒体通报媒体广告发布情况。建立健全监测与监管、执法联动一体化的工作模式，不断完善案件查办机制，确保案件查办到位，加大虚假违法广告的惩处力度，对涉嫌犯罪的，依照相关规定及时移送司法机关，追究刑事责任。

（十二）互联网信息内容主管部门要指导、协调、督促有关部门加强互联网信息内容管理，依法查处违法违规网站，深入推进整治互联网和手机媒体淫秽色情及低俗信息专项行动，协调有关部门及时删除和关闭网上非法“性药品”广告、性病治疗广告和低俗不良广告以及非法网站。

（十三）公安机关要加强与工商、互联网信息、通信管理、药品监管等部门的工作联系，共同做好行政执法与刑事司法衔接工作，严厉打击发布虚假广告、制假售假、传播淫秽色情等犯罪行为。

（十四）监察机关和纠风办要继续将虚假违法广告列为治理行业不正之风的重要内容，加强对有关行政机关依法行政、履行监管职责情况的监督检查，对疏于监管、失职渎职等行为，追究相关责任人的责任。

（十五）通信管理部门要配合工商等部门规范互联网广告，对未取得互联网信息服务经营许可或者未履行非经营性互联网信息服务备案手续、擅自从事互联网信息服务的互联网站，责令当事人关闭网站，同时通知相关互联网接入服务提供商停止为其提供接入服务，并依法追究相关互联网接入服务提供商的责任。对经有关部门书面认定擅自从事药品、医疗器械、医疗保健等互联网信息服务，且备案信息不真实的互联网站，依法注销备案，通知相关互联网接入服务提供商停止为其提供接入服务。

（十六）卫生行政、中医药管理部门要加强医疗机构及其网站发布的医疗服务广告和信息的监测，以违法违规医疗广告和信息为线索，加大对医疗机构的综合执法检查力度，及时对发布虚假违法广告和信息的医疗机构进行警告、责令其限期整改。对医疗机构发布违法医疗广告受到两次警告仍拒不改正的，或因违法发布医疗广告使患者受到人身伤害或者遭受财产损失的，责令其停业整顿、吊销诊疗科目，直至吊销《医疗机构执业许可证》。

（十七）广播影视行政部门要加强广播、电视广告监听、监看，监督播出机构落实《大众传播媒介广告发布审查规定》，对违规违法广告的播出机构，及时进行诫勉谈话、通报批评。对群众多次举报、发布违法广告问题严重的播出机构，依据有关规定，视情节分别给予暂停违规频道（率）商业广告播放、暂停频道（率）播出，直至撤销频道（率）、吊销《广播电视频道许可证》等处理，并追究播出机构主管领导和相关责任人的责任。

（十八）新闻出版行政部门要加强报刊广告审读工作，监督报刊出版单位落实《大众传播媒介广告发布审查规定》，将报刊广告内容纳入报刊出版质量综合评估体系，加大对刊播违法广告问题严重的报刊通报和处理力度。对广告违法率居高不下、被监管部门多次公告曝光、刊登虚假违法广告问题严重的报刊，列入报刊违规记录，报刊和其主要负责人不得入选政府主办的各类评奖和评优范围。对拒不整改或整改没有效果、广告违法率居高不下的媒体，依法给予报刊年检缓验。

（十九）食品药品监管部门要加大对发布药品、医疗器械、保健食品信息服务和广告的企业及其网站的监督检查力度，加强药品、医疗器械、保健食品广告的跟踪监测，强化对严重违法广告涉及企业和产品的监管，对严重违法广告涉及的药品、医疗器械、保健食品，一律列入“黑名单”重点监管，一律采取暂停销售等措施；对发布严重违法广告且产品抽验不合格的药品、医疗器械、保健食品生产企业，一律责令停产整顿，一律依法从重查处违法经营行为。

四、强化落实，推进长效机制建设

（二十）充分发挥联席会议制度作用。深入推进以联席会议制度为核心，多部门齐抓共管、综合治理的长效监管机制建设，不断丰富联席会议内容，创新工作载体，搭建协作平台，推动联席会议制度在省、市、县的落实和作用发挥。

（二十一）健全完善监管执法联动体系。建立工商系统内部联动机制，统一监测、执法标准，推进区域执法协作。建立联席会议成员单位部门联动机制，加强信息沟通和工作衔接，通过“联合告诫”、“联合公告”、“联合检查”、“联合督查”等形式，提高监管效能。

（二十二）建立健全执法监督机制。进一步落实属地监管职责，加强执法监督检查，定期通报案件查办落实情况，加大重点广告案件的督办和指导力度，促进监管执法到位。

（二十三）加强广告法制建设。积极推进《广告法》修订进程，研究制定保健食品、互联网广告等法律规范，丰富完善广告监测、广告执法办案协调、案件查办落实报告等广告监管制度，不断提高广告监管法制化水平。

部际联席会议成员单位将适时对各地开展广告专项整治工作情况进行督导检查，开展考核评估活动，督促整治工作开展不力的地区和部门加强和改进工作，推动整治工作取得实效。

关于印发《国家广告产业园区认定和管理暂行办法》的通知

工商广字〔2012〕48号

各省，自治区、直辖市及计划单列市，副省级市工商行政管理局、市场监督管理局：

为全面贯彻落实中共中央十七届六中全会精神和《中华人民共和国国民经济和社会发展第十二个五年规划纲要》，推动广告业健康、协调、可持续发展，发挥广告产业园区对促进广告业科学发展的积极作用，规范对国家广告产业园区的认定和管理，国家工商行政管理总局制定了《国家广告产业园区认定和管理暂行办法》，现予印发，请遵照投标。

国家工商行政管理总局

二〇一一年三月二十六日

附件：

国家广告产业园区认定和管理暂行办法

第一条 为落实《中华人民共和国国民经济和社会发展第十二个五年规划纲要》和《中共中央关于深化文化体制改革推动社会主义文化大发展大繁荣若干重大问题的决定》，以及国家关于发展现代服务业和文化产业有关规定，发挥广告产业园区对促进广告业科学发展的积极作用，规范对国家广告产业园区的认定和管理，制定本办法。

第二条 国家工商行政管理总局和地方工商行政管理机关支持地方因地制宜建设广告产业园区，并依职能做好指导、服务、监管工作。

第三条 国家工商行政管理总局履行指导广告业发展职能，按照本办法规定认定和管理国家广告产业园区。

省级工商行政管理机关负责组织本地区国家广告产业园区的认定申报工作，对辖区内的国家广告产业园区进行指导和监督管理。

未经国家工商行政管理总局认定，不得以任何形式使用国家产业园区称号及类似表述。

第四条 国家广告产业园区的认定坚持合理布局，统筹兼顾，遵循自愿、公开、效能的原则，依照规范的程序进行。

第五条 国家广告产业园区应当具备广告产业规模，形成一定的产业集聚效应，具有持续负责潜力，对全国和本地区广告业发展起到引领作用，有利于提高广告业的集约化、专业化、国际化水平。

国家广告产业园区应符合下列条件：

（一）以广告产业以及直接关联产业为园区产业特色和发展定位，广告产业以及直接关联产业企业占园区入驻企业70%以上；

（二）符合国家及区域经济社会发展总体规划，并经地级市以上地方人民政府或者有批准权限的部门批准设立；

（三）地方人民政府对园区建设和发展有明确的支持政策；

（四）园区由完整的建设和发展规划，园区规模适应产业集聚需要，由明确的地理边界；

（五）园区建设和运营主体明确，具有独立法人资格，运营机制规范，管理制度完善，能够有效组织开展园区的管理和运营；

（六）园区入驻企业拥有一定数量的自主知识产权及广告专业技术职称的专业人员，原创产品占有一定的市场份额，产值、利税额、交易额等主要经济效益指标居同类园区领先地位，由较高的成长性，能带动相关产业的发展；

（七）园区拥有功能完善的公共服务平台和支撑体系，能够为园区入驻企业及社会公众提供专业服务和基本公共服务；

（八）园区基础设施完善，建筑物符合相关建设标准，与城市建筑形态、创意产业业态、周边环境相和谐。园区消防、安全、节能、环保、卫生等符合国家规定。

第六条 申请成为国家公共产业园区，由园区运营管理机构向所在地省（自治区、直辖市、计划单列市）工商行政管理机关提出申请，填写《国家广告产业园区认定申请表》，并提交相关材料。

第七条 省级工商行政管理机关收到园区申请后，按照本办法第五条规定的条件进行初步审查，提出审查意见。

对符合条件的，经报请省（自治区、直辖市、计划单列市）人民政府批准后，以文件形式向国家工商行政管理总局申报。

第八条 国家工商行政管理总局对申报材料进行审核，组织对园区进行实地考察、论证与评估，提出拟认定或者暂不予认定的意见。

第九条 对经审核符合条件的，由国家工商行政管理总局正式认定为“国家广告产业园区”，并颁发证书和牌匾。

第十条 对于被认定为国家广告产业园区的，优先享受国家有关支持政策。

第十一条 国家工商行政管理总局依据国家产业政策和有关规定，制定和监督执行国家广告产业园区管理制度。

第十二条 园区所在地工商行政管理机关应当加强对本辖区国家广告产业园区工作的指导、服务和监督管理，及时解决属于工商行政管理职能的问题，帮助、协调解决园区建设发展中的其他问题。

第十三条 园区所在地工商行政管理机关应具体指导园区管理机构，根据国家规定建立各项管理规定，监督管理园区及园区入驻企业的经营活动。

第十四条 国家广告产业园区管理机构应当协助工商行政管理机关做好本园区广告业发展和监管的相关工作。

园区入驻广告企业属于国家《产业结构调整指导目录》鼓励类的，园区应根据国家规定给予相关优惠。

第十五条 国家工商行政管理总局每年组织对国家广告产业园区建设情况进行考核评估。

第十六条 国家广告产业园区所在地省级工商行政管理局应当在每年三月之前对园区上年度的建设、管理和运营情况进行评估，并将评估情况报国家工商行政管理总局。

第十七条 本办法由国家工商行政管理总局负责解释。

第十八条 本办法自发布之日起施行。

关于推进广告战略实施的意见

工商广字〔2012〕60号

各省、自治区、直辖市及计划单列市、副省级市工商行政管理局、市场监督管理局：

广告业是现代服务业和文化产业的重要组成部分，在塑造品牌、展示形象，推动创新、促进发展，引导消费、拉动内需，传播先进文化、构建和谐社会等方面发挥着积极作用。在我国全面建设小康社会的关键时期和加快转变经济发展方式的攻坚阶段，广告的功能作用更加凸显。工商行政管理部门承担着指导广告业发展和监管广告市场的双重职责。实施广告战略，是发挥工商职能作用、促进广告业科学发展的重大举措，是大力发展现代服务业和文化产业的迫切需要，是扩大消费、推动创新、加快“三个转变”的基本要求，是传播先进文化、构建和谐社会和提升文化软实力的战略选择。为贯彻落实党的十七届五中、六中全会精神和国家“十二五”规划纲要的要求，现就实施广告战略提出如下意见。

一、实施广告战略的总体要求

1. 指导思想

坚持以邓小平理论和“三个代表”重要思想为指导，深入贯彻落实科学发展观，以服务国家重大经济、社会、文化发展战略为核心，以全面提升广告产业核心竞争力为目标，以改革、创新、创意为动力，以净化广告市场环境、规范广告市场秩序为保障，进一步完善广告法律法规，建立健全广告市场监管机制，促进广告业科学发展，为加快转变经济发展方式、构建社会主义和谐社会、推动社会主义文化大发展大繁荣提供强大动力。

2. 战略目标

到2020年，把我国建设成为广告创意、策划、设计、制作、发布、管理水平达到或接近国际先进水平的国家。具体目标是：

广告法律法规和管理体制更加完善，与我国经济社会发展需要相适应的广告行政管理体制和运行机制运转顺畅。

广告市场秩序更加规范，全社会广告法制意识明显增强，广告行业的诚信度明显提高。

广告市场规模与质量效益协调发展，广告产业结构进一步优化，广告行业竞争力和影响力进一步增强，形成一批专业化程度高、创新能力强、具有国际竞争力的广告（企业）集团，培养一批国际化、创新型高端广告专业人才。

广告业对经济社会的贡献度进一步提升。广告业拉动消费、提振内需、促进相关行业发展的作用明显提升，弘扬社会主义核心价值体系、传播社会主义先进文化、推动和谐社会建设的作用进一步彰显，提升国家文化软实力的作用得到进一步增强，广告的功能作用和产业价值得到社会普遍认同。

二、实施广告战略的重点任务

3. 加强广告法律法规体系建设

加强广告法制建设，推进《广告法》修订进程。贯彻落实《广告法》，不断完善市场准入与退出、广告活动规范、广告内容准则、广告市场管理等方面的规章制度。加强地方立法立规工作，制定并完善促进和规范广告业发展的地方性法规、规章，引导、促进和保障广告企业诚信经营、规范运作、公平竞争，大力推进广告监管制度化、规范化、程序化、法治化建设。

4. 推动广告管理体制机制完善

完善与我国国情相适应的"政府监管、行业自律、社会监督"的广告监管模式。

完善虚假违法广告整治联席会议制度，推动联席会议制度在省（自治区、直辖市）、市（地、州）、县（市、区）的落实和重要作用的发挥，做到各负其责，上下联动，齐抓共管。

完善和落实广告监管制度，坚持事前指导、事中监控、事后惩处相结合的全程监管，健全媒体发布虚假违法广告责任追究制度。

充分发挥行业组织作用。加强对广告协会工作的指导，支持广告协会依章程开展服务和管理活动，加强行业自律。

5. 强化广告市场监督管理

依法加强对各类广告活动的监督管理，突出重点，组织开展广告专项整治，严厉查处典型虚假违法广告和违法经营行为，维护广告业健康有序的市场秩序。加强执法监督，严格落实广告行政执法责任制。

完善广告监测体系。健全广告监测制度规范，统一广告监测标准，建立全国广告监测网络，强化监测结果的应用。建立虚假违法和低俗不良广告应急处理机制。

完善广告监管执法联动体系。建立工商系统内部联动机制和跨地区的区域执法联动机制，实施广告监测、监管、执法联动，提高快速处置能力。建立联席会议成员单位联动机制，对典型虚假违法广告，加强联合公告、联合告诫、联合查处等工作。

建立广告信用监管体系。建立广告企业信用数据库，记录和归集广告活动主体开展广告经营活动、广告监测、广告案件查处等信息，实施信用分类监管。完善广告活动主体失信惩戒机制和严重失信淘汰机制，规范广告经营秩序，提高行业信用度。

6. 促进广告业科学发展

做好文化体制改革中广告媒体单位的转企改制服务工作。支持有实力的国内大型媒体和广告企业通过参股、控股、兼并、收购、联盟等方式做大做强。鼓励具有较强实力的广告企业进行跨地区、跨媒体、跨行业和跨所有制的兼并重组，促进广告资源的优化组合、高效配置和产业升级。

培育一批拥有自主知识产权和先进技术、主业突出、创新能力强的大型骨干广告企业。支持资质好、潜力大、有特色、经营行为规范的中小型和微型广告企业发展。

加大广告产业园区建设力度，认定一批国家级广告产业园区。坚持政府主导与市场运作相结合，鼓励广告及其关联企业在园区内集聚发展，延伸广告产业链，培育广告产业集群，提高广告业的组织化与规模化程度。

7. 支持广告业创新发展

鼓励广告企业加强广告科技研发，加速科技成果转化，提高运用新设备、新技术、新材料、新媒体的水平。促进数字、网络等新技术在广告服务领域的应用。鼓励环保型、节能型广告材料的推广使用。支持广告业专用硬件和软件的研发，促进广告业优化升级。推动广告业经营方式创新。鼓励广告企业与新型物流业态相结合，推动网络、数字和新兴广告媒体发展，以及与通信网、互联网、广播电视网的融合。支持广告产业与高技术产业相互渗透，不断创新媒介方式、拓宽发布渠道，形成传统媒介与新兴媒介的优势互补与联动发展。

加强广告业理论创新。支持开展广告学科理论的研究，鼓励原创性、基础性研究和应用性研究，以及对广告市场热点和前沿问题的研究，推出一批高质量的广告理论研究成果。

8. 推进公益广告事业持续发展

引导社会各界通过公益广告树立良好的社会形象，体现社会责任。鼓励和支持在生产、生活领域增加公益广告设施和发布渠道，扩大公益广告宣传阵地和社会影响。

积极发挥政府引导作用，支持建立促进公益广告发展的专业机构和可持续发展的良性机制，推动公益广告发展。支持建立公益广告发展基金。组织开展公益广告学术研讨和优秀公益广告作品评选，支持公益广告创新研究实验基地建设。

9. 加快广告专业人才培养

加强广告监管执法人才队伍建设，建立广告监管执法人才库。大规模开展干部培训，培养广告监测、广告执法办案等专家型人才和复合型人才。

加强广告审查员培训。围绕广告监管的工作重点，加强对广告经营单位广告审查员的教育培训，建设高素质的广告审查员队伍，促进广告经营者依法经营和严格规范广告发布内容。

建立广告专业人才培训与职业教育互补机制，推动广告人才培养产学研一体化，形成高等院校、广告行业组织、广告经营者共育共用的人才培养模式。支持有条件的地方建设广告人才培养和实践基地。

完善广告专业技术人员职业水平评价制度。做好广告专业技术人员职业水平评价制度有关工作，加强广告专业人才核心能力评价指标体系建设，建立健全广告人才评价机制和广告人才创新激励机制。

10. 加速广告公共服务体系建设

建立广告行业服务体系，逐步形成包括广告创意展示、广告企业孵化、广告价值评估、广告功能推广等多种内容的广告业服务体系，建设全国性和区域性广告产品交易平台。

建立广告技术标准等标准体系。研究和制定包括媒体广告价值评价标准和评价体系、广告企业竞争力评价体系在内的广告业发展考核评价体系，定期公布广告业发展的主要指标和地区考核评价情况，促进广告业规范发展。

11. 提高信息化建设水平

深入推进广告业务与信息化技术的融合，充分应用现代信息技术，整合资源、创新方法、丰富手段、强化管理，提升广告监管服务效能。

建立全国广告监管信息数据库。完善广告数据规范，依托工商业务专网，实现全国工商系统广告行政审批、监测、执法办案等信息的互联互通。

建立广告业统计调查体系。科学设定广告业统计指标体系，开展全国广告行业普查，实行广告业统计报告制度。加强与相关部门统计资源的信息共享。

建立广告业信息数据库。建立包括广告专业人才、广告企业资质与信用、广告企业经营情况等信息在内的广告业数据库，为行业管理部门和企业提供公平、公正、公开的数据信息服务。

12. 扩大广告国际交流与合作

加快广告业对外开放步伐，不断提高广告业的国际化水平。坚持引进来和走出去相结合，打造一批具有全球服务能力的大型广告综合服务和传播集团，积极参与广告业的国际竞争。

加强国内外广告企业的交流合作，举办各类国际广告活动，办好中国国际广告节，支持广告企业和广告专业人员参加国际大型广告活动，建立广告业发展研究与国际交流平台，扩大我国广告业的国际影响力。

三、广告战略的组织实施

13. 领导机构

国家工商行政管理总局成立实施广告战略领导小组，全面负责实施广告战略的组织领导工作。总局局长任领导小组组长，主管副局长任副组长，总局有关司局、直属事业单位负责人为领导小组成员。

14. 办事机构

实施广告战略领导小组下设办公室，广告司承担办公室职能，广告司司长任办公室主任。领导小组办公室的主要职责为：统筹规划广告战略实施工作，制定实施广告战略的意见以及年度实施方案；指导、督促、检查广告战略实施工作情况；协调解决广告战略实施过程中的重大问题；协调与广告战略实施工作有关的其他重要事项。

15. 实施步骤

为保证到2020年全面实现广告战略各项目标，实施广告战略分为三个阶段：

第一阶段：2012—2013年。对广告战略实施工作进行总体设计、规划和部署，对各项重点任务进行分解，落实责任制，建立领导和组织协调机制。

第二阶段：2013—2015年。在取得阶段性成果、总结前期经验的基础上，进一步完善相关政策和制度，实现行业管理与服务的规范化、标准化和程序化，督促检查广告战略实施各项工作的进展情况以及目标任务的完成情况，并提出整改意见。

第三阶段：2016—2020年。根据各地实施广告战略情况，搞好分类指导和综合平衡，全面实现各项战略目标。

16. 工作要求

各省（自治区、直辖市）工商行政管理局，要认真落实总局的工作部署，积极主动向当地党委和政府报告实施广告战略的准备、启动和进展情况，切实把推动广告业发展纳入地方经济社会发展大局来谋划和推动，并结合本地特点和实际情况，制定或修订本地广告业发展规划，推动建立实施广告战略的工作机制。地方工商行政管理部门要主动加强与相关部门的沟通协调，建立相应的工作协调制度，共同解决工作中遇到的问题，规范广告市场秩序，推动广告业发展。

在实施广告战略的各个阶段，各地要制定年度工作方案，对实施广告战略情况进行跟踪评估，每年末由实施广告战略领导小组办公室总结评估年度实施情况，确保实施广告战略的各项工作扎实、有效，实现预期目标。

国家工商行政管理总局办公厅
二〇一二年四月十一日

关于认定上海中广国际广告创意产业基地等9个广告产业园区为国家广告产业园区的通知

工商广字〔2012〕65号

各省、自治区、直辖市及计划单列市、副省级市工商行政管理局、市场监督管理局：

为发挥广告产业园区对促进广告业科学发展的积极作用，推进广告业专业化、集约化、国际化进程，根据《国家广告产业园区认定和管理暂行办法》，经评审，认定上海中广国际广告创意产业基地、北京广告产业示范园、南京广告产业园、常州广告产业园、山东潍坊广告创意产业园、青岛广告文化产业园、湖南长沙广告创意产业园、广东现代广告创意中心、陕西广告产业园等9个广告产业园区为国家广告产业园区。特此通知。

国家工商行政管理总局
二〇一二年四月十三日

关于开展打击“新闻敲诈”治理有偿新闻专项行动的通知

新出联〔2012〕13号

各省、自治区、直辖市和新疆生产建设兵团新闻出版局、“扫黄打非”办公室、驻局纪检组监察室，中央和国家机关各部委、各民主党派、各人民团体报刊主管部门，中央各报刊出版单位：

近年来，新闻出版总署连续开展打击假报刊、假记者站、假记者、假新闻专项行动，新闻出版领域违法违规问题得到初步治理。但是，社会上利用或假借新闻采访活动牟利的问题在部分地区仍然比较突出。为进一步打击真假记者以“曝光”为名进行敲诈勒索等严重违法违规行为，规范新闻采编秩序，维护社会和谐稳定，为党的十八大胜利召开营造良好社会环境，新闻出版总署、全国“扫黄打非”工作小组办公室、中央纪委驻新闻出版总署纪检组决定自2012年5月15日至8月15日在全国开展为期3个月的打击“新闻敲诈”、治理有偿新闻的专项行动。本次专项行动打击和治理的范围包括：社会机构或人员假冒新闻单位或新闻记者搞所谓的新闻采访活动及利用“采访”活动敲诈勒索；新闻记者利用采访活动牟取利益，接受企业和公关公司“红包”；报刊出版单位及其工作人员以新闻报道形式发布广告，搞有偿新闻或“有偿不闻”等。现将有关事项通知如下：

一、各级执法部门要精心部署、认真组织开展查处“新闻敲诈”、有偿新闻专项执法行动

各省（区、市）新闻出版行政部门、“扫黄打非”办公室和驻局纪检组监察室要高度重视本次专项行动，要按照本通知要求成立行动领导小组，组织联合工作组，研究制订专项行动工作方案，以省为单位集中开展查处“新闻敲诈”、有偿新闻专项执法行动。本次专项行动要严厉打击假记者的非法采访活动，严肃查处报刊出版单位搞有偿新闻，严格处理新闻记者搞“新闻敲诈”、有偿新闻、“有偿不闻”等新闻违法活动，坚决维护正常的新闻采访秩序，切实保护新闻记者合法的新闻采访权益，重点做好以下几个方面工作。

1．加强新闻宣传，拓宽监督渠道，为开展专项行动营造良好舆论氛围。各级新闻出版行政部门要通过当地主要新闻媒体和政府网站发布开展专项行动的工作部署，广泛宣传境内新闻机构采编人员必须持新闻记者证采访的管理规定。针对煤炭、医疗、食品等事故多发行业和城市郊区、乡镇等案件高发地区，通过报刊、广播、电视、网络、宣传册等多种形式宣传新闻违法活动的主要特点、防范办法和核实记者身份的方式方法。设立并向社会公布举报电话，积极受理群众举报，认真核查举报问题，对举报人信息予以严格保密。组织媒体报道典型案件，广泛动员社会参与和群众支持，为专项行动顺利开展壮大声势、营造氛围。

2．严格执法，相互配合，坚决查处“新闻敲诈”、有偿新闻等严重违法违规问题。各级新闻出版行政部门要加大对新闻记者违法违规行为的查处力度，涉及假报刊、假记者、假记者站的案件，由“扫黄打非”部门立案查办。纪检监察机构要做好信访督办、案件协调工作。各级执法部门要加强案件线索收集，确立一批重点督办案件，集中力量加大打击和治理力度，严肃查处一批“新闻敲诈”、有偿新闻的典型案件。

各地各有关部门所掌握的案件线索和需要办理的其他事项，凡不属于本地区本部门管辖范围的或需其他地区和部门配合的，要及时向相关地区和部门通报。

各级执法部门核查新闻违法违规行为，要按程序收集录音、录像、收据等相关证据，做好调查询问笔录，确定具体行为的性质分类处理。对持假证件违规从事新闻采访活动的，应依法收缴证件，做出处理并记录在案；对查实的新闻采编人员违法案件且已造成严重后果的，要依法做出行政处罚，并根据《新闻采编人员不良从业行为记录登记办法》，及时报新闻出版总署依法做出限业或禁业处理；对涉嫌违法犯罪的，要移交司法机关追究其刑事责任。

3. 进一步完善工作机制，及时组织督导检查，确保专项行动取得实效。各省（区、市）新闻出版行政部门要把严查“新闻敲诈”和有偿新闻与开展新闻战线“三项学习教育”活动、规范新闻采编行为、纠正行业不正之风结合起来，主动争取宣传部门、纠风部门、公安机关的支持，必要时采取联合行动。各省（区、市）新闻出版行政部门、“扫黄打非”办公室、驻局纪检组监察室要对重点地区的工作部署、任务落实等情况进行检查。新闻出版总署、驻总署纪检组监察局将联合全国“扫黄打非”工作小组办公室等有关部门派出检查组，对专项行动开展情况进行检查，并将检查结果通报各地。

二、报刊主管、主办单位要认真落实监督管理责任，切实纠正报刊有偿新闻、“有偿不闻”等问题

报刊主管、主办单位要认真履行职责，监督报刊出版单位开展自查自纠，切实加强对所属报刊搞有偿新闻、“有偿不闻”情况的监督、检查和管理。

报刊主管、主办单位要认真履行对所属报刊及其从业人员的管理职责，组织部署所属报刊出版单位按照有关规定和本通知要求认真开展自查自纠，检查所属报刊记者站的工作情况，督促报刊出版单位认真自查、严肃整改，审核报刊出版单位的自查自纠工作报告。

报刊主管单位要建立健全责任追究制度，对于屡次出现记者搞有偿新闻、“有偿不闻”、“新闻敲诈”等严重违法违规问题的，主管单位要追究报刊出版单位主要领导、分管领导等相关责任人的责任；对于损害国家利益、公共利益的或者造成恶劣社会影响的，主管单位要依法追究报刊出版单位主要负责人责任，及时调整和充实领导班子。

三、报刊出版单位要认真贯彻有关规定，加强制度建设和队伍管理，自觉抵制有偿新闻，“有偿不闻”

报刊出版单位及其采编人员要认真对照中宣部等四部门印发的《关于禁止有偿新闻的若干规定》和《中宣部、国家广电总局、新闻出版总署关于新闻采编人员从业管理的规定（试行）》等要求，完善内部管理机制，自觉抵制有偿新闻、“有偿不闻”，坚决清退存在不良行为的采编人员，就以下 7 个方面认真开展自查自纠，并形成书面报告报主管、主办单位。

1. 本单位及采编人员是否存在向采访、报道对象索要钱物等问题；

2. 本单位采编人员是否存在接受采访、报道对象或公关公司的礼金、有价证券等问题；

3. 本单位新闻记者是否创办或参股文化传播类、广告类、公关类公司，是否在上述公司或社会中介组织兼职取酬；

4. 本单位是否存在以新闻报道形式刊载广告问题；

5. 本单位是否存在因刊载正面新闻报道或不予曝光负面新闻而向采访、报道对象收费问题；

6. 本单位是否存在新闻报道和经营活动未分离问题，是否完全做到采编和经营人员分离、业务分离和部门分离；

7. 本单位采编人员是否参与广告、发行等经营业务。

各报刊出版单位要在自查自纠基础上，建立健全

举报及投诉的受理、核实、处置和反馈等程序机制。要在网站上长期公示所有持新闻记者证人员的名单、职务，在报刊上公布举报电话，安排专门部门和人员处理群众举报、投诉，及时公布核查处理结果。

四、专项行动的材料报送

1. 报刊出版单位要对照本通知及相关规定，及时开展自查自纠，坚决杜绝有偿新闻、“有偿不闻”。本单位如有采编人员受到刑事处罚、新闻出版行政部门处罚，或者违反相关法律法规应予限制从事新闻采编工作的，要根据新闻出版总署印发的《新闻采编人员不良从业行为记录登记办法》及时填写当事人情况，报属地新闻出版行政部门依法做出处理。

2. 中央报刊主管单位要及时组织部署所属报刊加强内部管理，坚决制止所属的报刊出版单位及新闻记者搞有偿新闻、“有偿不闻”，并于2012年8月25日前将组织开展工作的情况报送新闻出版总署新闻报刊司，联系人：李伟，电话：010-83138673，传真：010-83138275。

3. 各省（区、市）新闻出版行政部门要及时对专项行动开展情况进行总结，并于2012年8月25日前将总结报送新闻出版总署新闻报刊司，联系人：李伟，电话：010-83138673，传真：010-83138275；各省（区、市）“扫黄打非”办公室要及时向全国“扫黄打非”工作小组办公室报送查办案件及开展相关重点工作情况，联系部门：举报中心，电话：010-65212870，010-65212787。

特此通知。

新闻出版总署
全国“扫黄打非”工作小组办公室
中央纪委驻新闻出版总署纪检组
二〇一二年四月十八日

关于加强旅游服务广告市场管理的通知

工商广字〔2012〕78号

近年来，各地依法加强旅行社和旅游服务广告的日常监管，旅游市场秩序总体规范有序。但是，仍有部分旅行社存在以低于成本的价格招徕业务、发布虚假违法广告、严重侵害消费者合法权益的现象。为维护旅游服务广告市场秩序，保障广大消费者的合法权益，依据《广告法》和《旅行社条例》等有关法律法规规定，现就加强旅游服务广告市场管理有关事项通知如下：

一、发布旅游服务广告的，应当是具有旅游服务经营资格的旅行社，其他任何单位和个人不得擅自经营旅游服务业务或者变相发布旅游服务广告。广告经营者、广告发布者应依据法律法规查验有关证明文件，核实广告内容。

二、旅行社应当严格按照旅游行政管理部门、工商行政管理部门许可服务项目和核定的经营范围发布广告。

旅行社服务网点不得以自己的名义制作、发布旅游服务广告。

三、旅游服务广告应当真实、合法，广告中涉及的旅行社名称、旅行社经营业务许可证编号、地址、联系电话、旅游线路、项目、时间、价格等服务内容，应当清楚、明白，不得误导、欺骗消费者。

四、旅游服务广告不得以低于接待和服务成本的报价招徕旅游者。

五、旅游服务广告中介绍的旅游活动不得含有违反有关法律、法规规定的内容。

六、各级旅游行政管理部门要加强旅行社的监管，对旅行社存在涉嫌无许可经营和误导欺诈消费者等违法行为的，要依法查处。

七、各级工商行政管理部门要加强本地旅游服务广告市场的监管，对虚假违法旅游服务广告，要及时责令停止发布并依法查处。

八、各级工商行政管理部门和旅游行政管理部门要加强协作配合，完善工作机制，及时通报有关情况，依法履行监管职责，规范旅游市场秩序，要在今年“五一”假日、“5·19”中国旅游日、“十一”黄金周等几个重点时段，部署开展联合检查，并于2012年11月30日前将检查情况分别上报国家工商行政管理总局和国家旅游局。

国家工商行政管理总局和国家旅游局将适时组成联合检查组对各地旅游服务广告市场监管情况进行考核评估。

国家工商行政管理总局
国　家　旅　游　局
二〇一二年四月二十四日

关于印发《广告产业发展“十二五”规划》的通知

工商广字〔2012〕99号

各省、自治区、直辖市及计划单列市、副省级市工商行政管理局、市场监督管理局：

为贯彻落实国家“十二五”规划纲要以及促进服务业和文化产业发展的有关规定，提高广告业的专业化、集约化、国际化水平，推动广告业健康和全面、协调、可持续发展，国家工商总局组织编制了《广告业发展“十二五”规划》，经总局党组会议审议通过，现印发给你们，请结合实际认真贯彻实施。

国家工商行政管理总局
二〇一二年五月二十九日

附件：

广告产业发展“十二五”规划

为贯彻落实《中华人民共和国国民经济和社会发展第十二个五年规划纲要》，以及国家促进服务业发展和文化产业发展有关规定，推动广告业健康和全面、协调、可持续发展，特制订本规划。

一、规划背景

（一）产业地位

广告业是我国现代服务业和文化产业的重要组成部分。

广告是引导消费、扩大内需、拉动经济增长的积极推动力量，是企业塑造品牌、开拓市场、增强自主创新能力的有力工具。大力发展广告业是提升品牌影响力、加速民族品牌国际化进程的重要手段，是带动相关产业发展、提高资源配置效率、促进产业结构升级、建设现代产业体系的有效途径。有关统计表明，我国广告经营额与国民经济发展呈明显的正相关关系。“十一五”期间，全国广告经营额对于第二产业增加值的平均弹性为1.62，对于第三产业增加值的平均弹性为1.94，即全国广告经营额每增长1个百分点，第二产业增加值增长1.62个百分点，第三产业增加值增长1.94个百分点。我国广告经营额的增长与社会消费品零售总额的增长也呈正相关关系，同期全国广告经营额每增长1个百分点，社会消费品零售总额增长1.6个百分点。广告业与国民经济诸多行业关联密切，特别是对于传媒业的发展起着重要的支撑和促进作用。

广告是传播先进文化，弘扬时代主旋律，促进社会主义核心价值体系建设，提升国民道德水平的重要载体，也是宣传各项方针政策、创新社会管理的重要途径。广告业作为我国文化产业的重要组成部分，在提升国家形象和国家软实力，构建社会主义和谐社会中发挥着重要作用。

由于广告兼具经济和文化的双重属性，广告业的发展水平已经成为衡量一个国家或地区市场经济发展程度、科技进步水平、综合经济实力和社会文化质量的重要标志。大力发展广告业，对于加强我国社会主义经济建设、政治建设、文化建设、社会建设以及生态文明建设，特别是对于加快经济发展方式转变，具有重要的现实意义。

（二）发展现状

改革开放以来，我国广告业逐步发展壮大，1979年至2010年，全国广告经营额年均递增30%左右，成为国内增长最快的行业之一。“十一五”期间，我国广告经营额年均递增10.6%，2010年达到2341亿元，广告经营单位达到24.3万户，广告从业人员达到148万人。广告市场主体涵盖各种所有制形式，广告服务专业化水平不断提高，广告新技术、新设备应用广泛。广告业对关联产业联系更加密切，与社会发展的融合度进一步增强，产业社会贡献度不断提高。广告人才培养初具规模，全国有300多所高校开设了广告学专业，全国统一的广告专业技术资格评价制度开始实施。公益广告作为宣传国家政策、社会主义核心价值体系和创新社会管理的重要形式进入社会生活。以《广告法》为核心的广告法制体系初步形成，广告理论创新取得一定成果。各地广告行业性组织基本建立，广告行业自律机制逐渐完善。广告业的国际交往日益紧密和广泛，国际性、全国性、区域性广告交流活动日趋活跃。按照我国加入世贸的承诺，我国广告业已经对外资全面开放。我国广告市场的总体规模已经进入世界前列，基本具备了可持续发展的基础和条件。

在广告业快速发展的同时，也应看到问题和差距。由于起步晚、起点低，受重视程度远低于市场经济发育成熟的国家和地区，我国广告业总体上还处于较低的发展水平。目前广告经营额仅相当于国内生产总值的0.6%，低于世界平均水平，广告经营额仅占社会消费品总额的1.75%，不及发达国家平均水平的一半，人均广告费更远低于发达国家，广告业的规模与我国世界第二大经济体和第一大出口国的地位极不相称。同时，我国广告业专业化、集约化、国际化程度不高，拥有自主知识产权少，总体服务质量有待提高。粗放经营方式普遍存在，创新能力不强、动力不足。广告市场国际竞争力较弱，区域发展不平衡。虚假违法广告、不正当竞争等问题依然存在，市场秩序需要进一步规范。国家政策支持力度亟需加大，广告市场环境需进一步改善。总之，我国广告业的发展现状与经济、社会和文化发展的要求，与推动经济发展方式转变的需要还有较大差距。

（三）发展机遇

“十二五”时期，我国广告业面临着重大发展机遇。国民经济继续保持平稳快速增长，人民收入水平和消费能力不断提高，为广告业加快发展提供了良好的经济基础和市场条件。国家一系列重大经济社会发展战略的实施，为广告业加快发展提供了强有力的政策支持与制度保障。党的十七届六中全会通过的《中共中央关于深化文化体制改革推动社会主义文化大发展大繁荣若干重大问题的决定》指出，壮大广告等传统文化产业；国家“十二五”规划纲要提出“促进广告业健康发展”；国家《产业结构调整指导目录（2011）》，已把“广告创意、广告策划、广告设计、广告制作”列为鼓励类。以数字传播为代表的新一代信息技术发展、以互联网为代表的新媒体的普及、“三网”融合步伐的加快，使得我国广告业发展与发达国家处在新一轮同一起跑线上。因此，我国广告业要以高度的历史责任感和现实紧迫感，把握机遇，锐意创新，加快发展。

二、指导思想、基本原则和规划目标

（一）指导思想

以邓小平理论和“三个代表”重要思想为指导，深入贯彻落实科学发展观，以全面提升产业整体素质与市场竞争力为目标，以协调、健康、可持续发展为主题，以做强、做大、做精、做专为方向，以改革、创新为动力，以完善管理与服务体系为保障，加快资源整合、结构调整和产业升级，加速集约化、专业化、国际化发展进程，培育具有较强实力的市场主体，推动产业集聚，使广告业发展成为服务业及文化产业发展新的增长点，为经济社会发展、传播社会主义精神文明和促进社会和谐作出新贡献。

（二）基本原则

经济效益与社会效益并重。广告业在提质增效、努力提高自身经济效益的同时，要积极承担社会责任、履行社会义务，在促进社会主义精神文明建设、构建社会主义和谐社会中发挥重要作用。

市场主导与政府引导并行。尊重市场资源配置的基础性作用和企业市场主体地位，将政府职能定位于编制发展规划、提供行政管理与服务、优化发展环境等方面，形成促进广告业发展的合力。

促进发展和加强监管并举。把依法监管作为推动发展的重要保障，净化广告传播环境，规范广告市场秩序，维护消费者权益，推动广告业又好又快发展。

技术创新与文化创新并进。赋予广告产品和服务更多的科技元素和文化内涵，使广告创意更具特色、广告产品更加精良、广告形式更加丰富。

区域协调与国际竞争并推。在缩小中西部与东部差距、推动区域广告业协调发展的基础上，整合国内广告资源和要素，提高整体实力与核心竞争力，积极参与国际竞争。

（三）规划目标

“十二五”期间，广告创意、策划、设计、制作水平全面提升，广告业集约化、专业化和国际化水平大幅提高，规模速度与结构质量协调发展，整体实力与核心竞争力显著增强，对经济社会和文化发展的贡献度不断加大，努力实现由传统广告业向现代广告业、由以国内市场为主向国际市场延伸、由粗放型向集约型、由布局相对分散向合理集聚、由低技术水平和低附加值向高技术和高附加值的转变。

规模与实力进一步壮大。广告经营额保持平稳较快增长。全国广告经营额年增幅在12%左右；企业规模与实力不断壮大，形成一批具有国际竞争力、年经营额在50亿元以上的广告集团，以及经营额在10亿元以上的大型广告骨干企业和一大批专业化程度高、创新能力强的优质中小型广告企业。

自主创新能力进一步提高。原始创新、集成创新、引进消化吸收再创新能力明显增强，高新技术和新一代信息技术得到广泛应用，广告创意、策划、设计和制作达到或接近国际先进水平，培养一大批国际化、创新型高端广告专业人才，建成若干个具有国际先进水平的广告研发创意基地，建立服务行业发展的公共服务平台。

产业结构进一步优化。技术结构和产业层次不断提升，自主创新能力不断增强。企业组织结构进一步优化，广告业规模化经营实现突破，具有国际影响力的广告企业集团和产业集群具备雏形，布局合理、结构优化的现代广告产业体系初步形成。区域结构更加协调，东部经济较发达地区继续保持发展优势，中西部地区广告业加快发展。

市场竞争力进一步增强。广告企业经营规模化、技术高新化、服务专业化、营销品牌化取得重大进展，形成一批拥有自主知识产权和知名品牌，以及具有较强的创新能力与核心竞争力的龙头企业，参与国内外市场竞争的能力不断提高，有更多的广告企业走向国际市场。

经济社会贡献度进一步提升。广告业服务于国家重大经济、社会、文化发展战略的能力大幅提高。拉动消费、提振内需、促进相关行业发展的作用明显增强；传播社会主义先进文化、推动社会主义和谐社会建设的作用进一步彰显，提升国家软实力的作用得到充分发挥。

三、重点任务

（一）提升广告企业竞争力

打造具有全球服务能力的我国大型广告集团。鼓励有实力的国内大型媒体和广告企业通过参股、控股、兼并、收购、联盟等方式做强做大，构建股权多元化、运作市场化的广告集团化运营机制，着力提高其为大企业、大品牌、大工程提供综合策划、推介服务和海外拓展等全方位服务能力，不断增强国际竞争力。

培育大型广告骨干企业。扶持一批拥有自有知名品牌和先进技术、主业突出、创新能力强的大型骨干广告企业，提高其在品牌传播、策划创意、设计制作、公共关系、调查资讯、互动营销、媒体广告策划与投放等广告服务及相关专业领域的国际竞争力与行业影响力。到2015年，形成年广告营业额超过50亿元的大型广告骨干企业10户以上，年广告营业额超过10亿元的广告企业50户以上，年广告营业额超过亿元的广告企业100户以上。

提升中小型广告企业的专业化水平。积极扶持资质好、潜力大、有特色、经营行为规范的中小型广告企业，发挥其市场反应快捷灵活等优势，促其向专、精、特、新方向发展，不断扩大国内外广告市场的占有份额。

打造广告服务企业知名品牌。实施品牌战略，着力培育一批广告企业品牌、广告创意设计品牌、广告制作技术品牌、广告设备制造品牌、媒体代理品牌，形成特色鲜明、优势突出的广告品牌群体，以优质服务引导企业加大广告投入，增强我国广告产业的综合竞争力。

（二）优化广告产业结构

推动广告资源优化配置和企业集约化经营。坚持政府引导与市场运作相结合，鼓励和支持具有较强实力的广告企业进行跨地区、跨媒体、跨行业和跨所有制的兼并重组，促进广告资源的优化组合、高效配置和产业结构升级，不断壮大广告企业的规模与实力。

培育广告产业链和广告产业集群。推动广告创意、策划、设计、制作、发布等纵向产业环节与广告人才培养、资金支持、中介服务、信息咨询等横向服务环节的衔接，密切广告业上下游专业化企业与机构的产业联系，连接和延伸广告产业链。鼓励和支持广告企业以及为其提供服务和支撑的相关机构在一定区域内集聚，并产生产业融合效应，形成有利于广告业发展的，由广告企业、支持产业、衍生产业、配套产业构成的产业生态，使相关企业和机构优势互补、资源共享，形成紧密衔接、分工协作的广告产业集群。

积极稳妥推进广告产业园区建设。在广告业发展基础比较好的地方加快建设广告产业园区，认定一批国家广告产业园区。支持地方政府出台相应扶持鼓励政策，搭建公共服务平台，引导广告企业和项目进驻，将园区打造成为广告创意设计研发、广告产品、广告要素交流中心，充分发挥广告产业园区的示范引领作用。到2015年，建成15个以上国家广告产业园区。

促进区域协调发展。加大对中西部地区广告业发展的资金投入和政策倾斜，鼓励其发挥自身特色和比较优势，加快发展步伐，努力缩小与东部地区的差距。鼓励东部地区广告企业到中西部地区拓展市场、加大投资，积极输出先进的理念、创意、技术、管理和人才，增强中西部广告市场活力与整体实力，构建国内广告业区域性合作与协调发展的格局。

同时，注重发挥广告支持“三农”的作用，服务现代农业发展和社会主义新农村建设。

（三）推动广告业自主创新

加快广告业技术创新。鼓励广告企业加强广告科技研发，加速科技成果转化，提高运用广告新设备、新技术、新材料、新媒体的水平，促进数字、网络等新技术在广告服务领域的应用。鼓励环保型、节能型广告材料的推广使用，支持开发低成本的替代广告材料。鼓励开发新的广告发布形式，运用新的广告载体。支持利用互联网、楼宇视频、手机网站、手机报刊、移动电视、网络广播、网络电视、电子杂志等新兴媒体的广告业态健康有序发展。支持广告业专用硬件和软件的研发，尽快形成一批具有自主知识产权的广告服务技术工具，促进广告业优化升级。

加快广告业经营方式创新。探索广告业经营的新模式，培育广告新业态，完善并积极推进广告代理制。鼓励和支持广告企业与连锁经营、特许经营、电子商务、物流配送、专卖店、专业店等新型物流组织形式相结合，推动网络、数字和新兴广告媒体发展，以及与通信网、互联网、广播电视网的融合。支持广告产业与高技术产业相互渗透，不断创新媒介方式、拓宽发布渠道，形成传统媒介与新兴媒介的优势互补与联动发展。支持具备条件的广告企业与广告客户深度战略合作，由传统广告服务向市场调查、营销诊断、资讯支持、管理咨询、整合传播等服务功能延伸拓展。

加快广告业理论创新。支持开展对广告业功能作用、发展规律、发展趋势、发展政策、广告监管制度和广告学科理论的研究。鼓励原创性、基础性研究和应用性研究，以及对广告市场热点和前沿问题的研究，构建与我国社会主义市场经济文化特征相适应的广告业理论体系，推出一批高质量的广告理论研究成果，推动我国广告理论的自主创新发展。支持成立全国性和区域性的广告研究机构，利用和整合研究资源，建设广告业发展研究与国际交流平台。

（四）扩大广告业对外开放

坚持“引进来”与“走出去”相结合，加快广告业对外开放步伐，不断提高广告业的国际化水平。引导外商投资中国广告业，提高利用外资质量和水平。加强国内外广告企业的交流合作，积极参与广告业的国际竞争。

积极融入国际广告产业链，鼓励国内广告企业走向国际市场，以设立企业、并购、参股等形式开展对外投资合作，积极开展国际化经营，为更多的“中国制造”和“中国创造”商品与“中国服务”品牌开拓国际市场提供国际化专业服务和传播网络，使中国商品和服务在国际市场上占有更大份额。

举办各类国际性活动，支持广告企业和广告专业人员参加国际性的广告交流活动，并通过中国服务贸易大会、中国国际广告节等平台，扩大我国广告企业与广告服务在国际上的影响力。加强内地广告业与港澳台广告业的交流与合作。

（五）发展公益广告事业

提高公益广告的社会影响力。重视公益广告事业发展，充分发挥公益广告在建设社会主义核心价值体系中的重要作用，动员政府机关、社会团体、企业和个人通过制作发布公益广告，大力倡导良好道德风尚。鼓励引导单位和个人通过公益广告树立社会形象，体现社会责任。支持、鼓励在生产、生活领域增加公益广告设施和发布渠道，扩大公益广告宣传阵地和社会影响。

健全公益广告发展机制。积极发挥政府引导作用，提高社会参与程度，支持建立促进公益广告发展的专业机构，提高广告活动主体对公益广告的贡献度，形成公益广告可持续发展的良性机制，在资金保障、法制建设、激励措施、监督管理等方面研究建立和完善相关措施，推动公益广告发展和规范公益广告运作。

完善公益广告扶持政策。多渠道筹集公益广告资金，积极探索建立公益广告基金，逐步推行公益广告政府采购制度，研究制定企业投入公益广告费用税前列支鼓励政策，调动政府、企业、媒体、广告公司、行业组织及社会各方力量的积极性。加大对公益广告创意、策划、设计、制作和传播等方面的投入，提高公益广告的思想主题、艺术表现、文化内涵和传播效果的质量水准。鼓励媒体提高公益广告的刊播比例。

鼓励开展公益广告学术研讨和公益广告作品评优工作，支持公益广告创新研究基地建设。

（六）加强广告人才培养

制定广告人才培养和发展规划，增加对广告人才培育的资金投入，完善广告人才培养体系，大力推进广告人才队伍建设。

建立广告专业人才学历教育与职业培训互补机制，推动广告人才培养产学研一体化，形成高等院校、广告行业组织、广告经营单位各展其长、互补共进的人才培养模式。鼓励普通高等院校和职业技术院校根据广告业发展的需求，建设广告学科和专业，开设广告课程，培养和输送更多符合市场需要的广告专业人才。支持有条件的高等院校、科研机构、中介服务机构和广告经营单位建立广告教育培训基地和实习实训实践基地，加强对广告从业人员的职业技能培训，不断优化广告人才结构，提高广告人才整体素质。根据广告业发展需要，有针对性地引进国际广告人才。

健全广告专业技术人员职业水平评价制度。通过考试评价，评定出具有一定理论和实践水平的助理广告师、广告师和高级广告师，并充分发挥广告专业技术职称的行业标准作用。加强广告专业人才核心能力评价指标体系建设，构建广告人才评价机制和广告人才创新激励机制。完善广告行业人才的管理制度和激励机制，促进人才合理流动，整体推进广告专业人才队伍建设。

（七）建设广告业公共服务体系

破除制约广告业发展的体制性障碍，形成有利于广告业发展的新体制和新机制。

建立广告行业服务体系与广告行业标准化体系。逐步形成包括广告创意展示、广告企业孵化、广告价值评估、广告功能推广等多种内容的广告业发展服务体系；建设广告产业链流程标准、广告技术标准、广告效果评价标准等标准体系，促进广告业规范发展。

建立广告业统计调查体系，加强与相关部门统计资源和网络资源的信息共享。科学设定统计主体，界定统计范围，设置反映广告业基本状态和发展情况的统计指标体系、调查方法和监督机制，进一步提高统计数据的准确性和及时性。开展全国广告业情况普查，形成广告业统计报告制度，加强对广告业统计数据的分析与预测，为广告业宏观调控和政策调整提供科学依据。

研究制定包括媒体广告价值评价标准和评价体系、广告企业竞争力评价体系等在内的广告业发展质量考核评价体系，定期公布广告业发展的主要指标与地区考核评价情况。

建立广告业信息数据库和信息发布制度。建立包括广告人才、广告企业资质与信用、广告企业经营情况等信息在内的广告业数据库及广告业信息发布制度，形成科学、全面、统一的信息共享平台，并实施动态管理、实时更新，为行业提供公平、公正、公开的数据信息服务。

逐步建立广告活动信用管理体系。加强对广告经营单位广告发布与合同履约行为的监督，并将其录入广告信用管理数据库，对广告活动主体发布虚假违法广告行为进行记录和公告。保护广告作品著作权，惩戒剽窃广告创意行为。完善广告活动主体失信惩戒机制和严重失信淘汰机制，规范广告经营秩序，提高行业信用度。

（八）完善广告法制和监管体系

加快《广告法》修订进程，做好《广告法》修订审议前的各项准备工作，以及修订后的宣传工作。完善市场准入与退出、广告活动规范、广告内容准则、广告市场管理等方面的规章制度，清理不利于广告业发展的行政许可和规定。重视对新媒体、新形式广告规范的立法研究，尽快出台相应规定。加强地方广告立法立规工作，制定并完善促进和规范广告业发展的地方性法规和规章。

落实建设法治政府要求，坚持依法行政，加大广告执法力度，保障广告活动主体及广告受众的合法权益。加强广告执法监督，严格落实广告行政执法责任制，切实规范广告执法行为，促进广告监管执法到位。

坚持监管与发展、监管与服务、监管与维权、监管与执法的统一，完善与国情相适应的“政府监管、行业自律、社会监督”的广告监管机制。大力推进广告监管制度化、规范化、程序化、法治化建设，依法加强对各类广告活动主体的监督管理，规范广告活动行为，严厉查处虚假违法广告和各类违法经营行为，继续整顿和规范广告市场，维护广告业健康有序的市场秩序。

完善虚假违法广告整治联席会议制度，推动联席会议制度在省、市、县的落实和作用发挥。完善和落实广告监测、违法广告公告、暂停广告发布、广告市场退出、广告执法办案、案件查办落实报告等广告监管制度。坚持事前指导、事中监控、事后惩处相结合的全过程监管，加强广告监管行政指导。建立媒体发布虚假违法广告责任追究制度，对发布虚假违法和低俗不良广告的媒体单位，追究发布单位相关当事人和有关领导的责任。实现全国广告监管系统业务联网，统一部署和协调典型违法案件查办工作。开展全国广告监测工作，统一广告监测标准，形成全国广告监测网络，及时分析违法广告动态，定期发布广告预警，并向社会公示虚假违法广告的典型案例，及时消除不良影响。建立虚假违法和低俗不良广告应急处理机制，有效控制严重违法广告行为的发生和蔓延。

四、政策措施

（一）市场准入政策

打破不利于广告业发展的准入限制。允许广告企业进入政策许可的相关领域，以及根据业务需要设立分支机构。支持投资人以知识产权等非货币资产出资设立广告企业，比例最高可达企业注册资本的70%。对广告创意、广告策划、广告设计、广告制作等国家鼓励类的广告企业，在企业名称、营业场所、集团登记等方面给予重点支持。

（二）财政投入政策

积极推动各级政府加大对广告业发展的投入力度，充分发挥财政资金的引导和促进作用。

综合运用“服务业发展专项资金”、“服务业发展引导资金”、“文化产业发展专项资金”等中央财政投入，积极争取地方政府的相关投入，采取贷款贴息、项目补贴、补充资本金和奖励等多种方式，对符合条件的广告创意、广告策划、广告设计、广告制作等广告企业给予支持。支持有条件的地方设立广告业发展专项资金。

（三）投融资政策

支持金融机构为具备较高资质和较高信用等级的广告企业提供融资服务。鼓励银行等金融机构创新金融产品和服务方式，拓展贷款抵押物的范围，探索广告品牌或广告创意设计、广告知名品牌和驰（著）名商标等知识产权质押融资，以及股权、债权、动产质押办法。

加强广告业投融资担保体系建设，积极推动融资性担保公司按照风险可控和商业可持续的原则，为符合国家产业政策的中小广告企业提供短期贷款担保。发展中小广告企业联保贷款业务，为广告企业提供融资便利。倡导并支持担保和再担保机构开发支持广告业发展、推动广告企业“走出去”的贷款担保业务品种。

积极推进广告企业上市培育和推介工作，支持符合条件的广告企业在资本市场上市融资，或发行企业债券融资。

吸引社会资本和国外资本投资于国内广告业，形成投资主体多元化的格局。引导国内外金融机构、风险投资机构、担保机构、产权交易机构及相关机构以参与投融资的方式，支持国内重大广告项目的实施。支持运用高新技术进行广告创业的风险投资。鼓励广告行业组织在具备相关资质的广告企业与金融机构之间搭建合作平台。

（四）税收优惠政策

结合有关行业广告费支出特点，研究建立适合行业特点的广告费税前列支政策。对企业的公益广告投入，经核实认定为公益性捐赠后，依法享受税前扣除。对按税法规定被认定为高新技术企业的广告服务企业，按15%的税率征收企业所得税。落实国家大力发展文化产业和现代服务业的规定，促进对广告业征收的文化事业建设费的合理征收和使用。支持地方政府对进入广告产业园区的广告企业给予相应税收优惠。

（五）相关支持政策

支持各地对广告业在用电、用水、用气、用热等方面给予优惠，对列入国家鼓励类的广告业在供地安排上给予优先支持。积极推动将广告服务纳入政府采购的产品目录，落实政府采购支持中小企业的有关政策，为中小广告企业创造更多的参与机会。结合城市功能发展，科学合理规划户外广告。全面清理对广告企业的各类收费，取消不合理的收费项目。支持符合条件的广告公司申报国家重点联系广告企业，支持具备条件的产业园区申报国家广告产业园区。

五、加强对规划实施的组织领导

各地要高度重视广告业在经济社会发展中的重要作用，切实加强对促进广告业发展工作的组织领导，结合实际制定本地广告业发展规划或者落实本规划的实施意见，提出本地广告业“十二五”期间发展目标、发展重点和政策措施，把规划落到实处。

工商行政管理部门作为指导广告业发展的主管部门，要积极主动向地方党委、政府报告规划实施进展情况，把广告业发展工作作为服务地方经济社会发展大局的内容来谋划和推动。在地方党委、政府的领导支持下，制定并组织实施落实规划的政策、措施和有关标准。要主动加强与财政、税务、文化、广电、新闻出版、工业与信息化等部门的协作，建立相应的工作协调制度，共同解决广告业发展和改革中遇到的问题，加强宏观调控和政策引导，落实产业政策，推动广告业加快发展。要重视规划实施中与现代服务业、文化产业等国家专项规划的衔接部署，重视与相关行业、领域“十二五”规划以及地方实施意见的协调。加强规划实施过程的动态监测，建立规划实施评估和调整校正机制，提高规划的科学性、有效性，并组织检查落实。建立规划实施专家支持团队。组织开展对从事指导广告业发展职能工作人员的培训。及时交流各地规划实施信息，研讨解决规划实施中的问题。采取多种形式组织对规划的宣传。

广告行业组织要切实发挥“提供服务、反映诉求、规范行为”的作用，加强和改进其在加强行业自律、形成服务规范、推广技术标准、交流行业信息等方面的工作。要加强广告行业组织自身建设，规范自身行为，完善内部管理和运行机制，当好政府与企业及企业间的桥梁和纽带，积极协助政府有关部门落实规划，并为广告行业发展提供信息、培训、法律、评价认证、国际交流等方面的服务，不断提升其行业形象与公信力。

广告业要发挥行业优势，大力宣传广告业在国民经济和社会发展中的地位和作用，提高广告的社会认同感，塑造广告业良好的社会形象，形成有利于规划实施和促进广告业发展的社会氛围。

关于进一步加强广告基础管理工作的通知

工商广字〔2012〕105号

各省、自治区、直辖市及计划单列市、副省级市工商行政管理局、市场监督管理局：

近年来，各地工商机关认真贯彻落实总局“五个四”、“五个更加”要求，坚持夯实基础，创新机制，强化措施，提升效能，广告管理工作制度化、规范化、程序化、法治化建设取得了新的进展，为促进经济社会更好更快发展作出了积极贡献。但是，一些地方广告基础管理工作仍然相对薄弱，投入力量不足、制度不健全等问题不同程度存在。做好广告基础管理工作，是全面提升广告监管服务效能的基本要求和深入实施广告战略的重要保障。现就进一步加强广告基础管理有关工作通知如下。

一、进一步加强干部队伍建设

一是高度重视广告机构建设和人员配备。根据广告监测、监管和指导广告业发展的职能特点，配齐配强人员，确保各项工作分工明确、责任到人、落实到位。二是加大干部教育培训力度。按照总局“十二五”人才队伍建设规划要求，坚持以提升监管服务能力为核心，以建设“三个过硬”干部队伍为目标，大力培养广告工作专家型人才和复合型人才，为实施广告战略提供强有力的人才保障。三是加强干部队伍职业道德建设。认真落实《工商行政管理人员职业道德规范》，牢固树立依法行政、执法为民理念，切实强化服务意识、责任意识、发展意识，

在其位、负其责、尽其力。四是继续深化创先争优活动，牢牢把握“广告监管当先锋、行业发展作贡献”这个主题，不断激发广大党员干部开拓创新、敬业奉献的精神，形成学习先进、争当先进、争创一流工作业绩的良好氛围。

二、进一步加强法规制度建设

一是切实加强广告立法调研，加快推进广告法律法规的修订完善工作。要积极推动地方广告立法，为整顿规范广告市场秩序，促进广告业加快发展提供法律保障。及时整理汇编现行有效的广告法律法规及规范性文件，严格依法行政。二是进一步健全工作制度，坚持用制度管人、管事、管权。完善广告行政审批、广告监测、违法广告公告、广告行政指导、广告案件查办等各项工作制度，强化对重点岗位和关键环节廉政风险防范管理。三是进一步加强规范化建设，严格内部工作流程、审批程序和有关标准。大力推行局务公开和政务公开，增强工作透明度，特别是广告监测要统一标准和规范，广告行政许可要注重程序和时限，广告案件查处要重证据、重依据、重程序。

三、进一步加强监测体系建设

一是加强广告监测机构建设。省、自治区、直辖市、计划单列市、省会城市工商局要建立广告监测中心，落实监测人员、监测设备、监测经费，健全监测制度；对辖区广告监测工作要统筹规划、合理配置，形成全覆盖、不间断的广告监测网络。二是大力规范广告监测工作。建立健全广告监测数据采集汇总、整理分析、甄别认定、信息发布、公示公告等规范和流程。三是注重监测结果运用。及时向有关部门和监测对象通报监测结果，充分发挥联席会议成员单位作用，按照职责分工对虚假违法广告实施综合治理，提升广告监管效能。四是强化广告监测与监管执法的衔接。依托广

告监测结果，建立证据提供、案件交办、立案查处、结果反馈一体化的广告监管指挥系统，不断完善广告违法案件查办机制。

四、进一步加强信息化建设

一是积极推进广告业务与信息技术的融合，重点建设“三个平台”，即广告监测数据平台、广告监管执法数据平台、广告统计分析数据平台，开发广告管理应用软件，为行业管理部门和社会提供广告数据信息服务。二是加快推进广告信用监管体系建设，依托“三个平台”数据信息，建立广告活动主体信用评价指标，实现广告信用分类监管，支持有条件的省市先行先试。三是积极开展网上审批服务，利用《红盾信息网》公共服务平台，为企业和群众提供信息查询、表格下载等服务。积极探索开展网上广告经营资格审批、烟草广告审批、固定形式印刷品广告审批、外商投资广告企业项目审批等，优化审批流程，提高服务效能。四是加强信息化应用培训，使广告条线干部熟练掌握信息化技术应用技能，提升广告市场监管和服务发展的能力水平。

五、进一步加强广告统计管理

按照《国务院办公厅转发统计局关于加强和完善服务业统计工作意见的通知》（国办发〔2011〕42号）要求，切实承担好广告业统计职责。一是落实广告统计责任。总局近期将制定下发《广告统计调查制度》，明确统计范围、内容和有关要求，并组织开展广告业统计培训。各省（区、市）工商局要落实专人负责广告统计，按照底数清、数字准、情况明的要求，认真做好广告业统计工作，摸清本地广告业发展基本情况和主要广告公司、媒体单位广告经营情况。二是强化广告统计分析，建立健全系统、规范、精练、全面的广告统计指标，强化统计结果的分析，为加强广告监管，指导广告行业发展服务。

六、进一步加强工作信息反馈

一是加强工作总结报告，每年6月15日、12月15日前，要分别报送半年、年度工作总结报告。二是加强重要事项报告，对系统内重要工作部署、重大活动安排、重要文件出台以及省委政府领导对广告工作的重要指示、批示等，要在5个工作日内报告总局。三是加强业务情况分析报告。每年7月20日、1月30日前报送外商投资广告企业项目审批及外商投资广告企业设立分支机构审批情况分析报告、固定形式印刷品广告登记管理情况分析报告、《广告经营许可证》登记管理情况分析报告、户外广告登记管理情况分析报告；每年7月20日、1月30日前报送广告经营额前20名广告企业（北京、上海、广东报送排名前50位企业）统计表（附表1）、广告经营额前10名媒体单位统计表（附表2）、广告人才和广告专业教育情况统计表；每季度结束后15日内报送上季度虚假违法广告专项整治工作情况报告、虚假违法广告专项整治行动统计表（附表3）、查办严重违法广告典型案例15件（附行政处罚决定书）；每月5日前报送上月整治互联网和手机媒体传播淫秽色情及低俗信息专项行动工作情况及统计表（附表4）。

附表：1. 广告经营额前20名广告公司统计表
（北京、上海、广东统计上报前50名的公司）
2. 广告经营额前10名媒体单位统计表
3. 虚假违法广告专项整治行动情况统计表
4. 整治互联网和手机媒体传播淫秽色情及低俗信息专项行动统计表

国家工商行政管理总局办公厅
二〇一二年六月一日

关于认真做好广告业统计工作的通知

工商广字〔2012〕157 号

各省、自治区、直辖市及计划单列市、副省级市工商行政管理局（市场监督管理局）、统计局：

根据《国务院办公厅转发统计局关于加强和完善服务业统计工作意见的通知》（国办发〔2011〕42 号）要求，国家工商行政管理总局研究制定了《广告业统计报表制度》，经国家统计局批准，印发执行。为进一步加强和完善部门服务业统计工作，积极推进广告业统计工作的开展，在统计制度的实施过程中，应重点抓好以下工作：

一、充分认识广告业统计工作的重要意义

广告业统计工作是服务业统计工作的重要组成部分，也是一项重要的广告行业管理工作，对于准确反映广告业发展规模、效益、地区分布情况，科学制定广告业发展规划，提高广告业科学管理水平，实现广告业又好又快发展，具有十分重要的意义。

国办发〔2011〕42 号文件规定由工商行政管理部门承担广告行业统计职责。国家工商总局《关于推进广告战略实施的意见》将建立广告业统计调查体系作为一项重要任务，明确提出“科学设定广告业统计指标体系，实行广告业统计报告制度”的具体工作要求。

各级工商行政管理部门和统计部门要充分认识广告业统计工作的重要意义，强化责任意识，加强部门合作，积极做好广告业统计工作。

二、建立健全广告业统计工作协调机制

各级工商行政管理部门要高度重视广告业统计工作，确保分工明确、责任到人、层层落实；要切实保障开展广告业统计工作的人员和相关设备到位，配备经过培训的广告业统计专门人员；要结合本地区本部门实际，制订广告业统计工作制度，将统计任务分解到基层单位和具体工作人员，做到任务到岗、责任到人；要将执行《广告业统计报表制度》，开展广告业统计工作任务的完成情况纳入年度工作考核范围，确保广告业统计工作按时、高效完成。

各级统计部门要通过业务指导、统计培训等工作，积极支持同级工商行政管理部门开展广告业统计工作。

三、做好统计制度的培训和宣传工作

各级工商行政管理部门要广泛开展宣传工作，通过多种形式组织本地区广告经营单位积极参与广告业统计工作，会同统计部门扎实开展《广告业统计报表制度》的培训工作，督促和指导广告经营单位准确填报，确保广告业统计数据真实可信。

附件：广告业统计报表制度（略）

国家工商行政管理总局
国 家 统 计 局
二〇一二年八月二十九日

关于印发《广告监测工作规定》的通知

工商广字〔2012〕160 号

各省、自治区、直辖市及计划单列市、副省级市工商行政管理局、市场监督管理局：

广告监测是实施广告监管的基础，对增强广告监管工作的主动性、预见性，提升监管效能具有重要意义。为进一步推进广告监测工作规范化、制度化，提高广告监测水平，现将《广告监测工作规定》印发给你们，请各地结合本地区实际认真贯彻实施。执行中如遇重大问题请及时向总局报告。

国家工商行政管理总局

二〇一二年九月十日

附件：

广告监测工作规定

为加强工商行政管理机关广告监测工作的规范化、制度化建设，建立广告监测体系，制定本规定。

一、广告监测通过常规监测和抽查监测实现，常规监测是对监测范围内的所有广告进行的全覆盖监测，抽查监测是对特定媒体特定时段发布的广告进行的抽样监测。

广告监测应当遵循标准法定、流程规范、指标统一方法科学的原则。

二、国家工商总局负责组织、指导、协调全国广告监测工作，汇总分析全国广告监测数据和情况，直接或委托地方工商行政管理机关开展抽查监测。省及地市级工商行政管理机关负责组织实施本辖区广告监测工作，制定监测工作制度，落实监测专项经费，根据需要设立广告监测机构，健全广告监测网络。县级工商行政管理机关应当根据工作需要，配备必要的广告监测人员和监测设备，开展广告监测工作。

三、工商行政管理机关应当将广告监测与监管、执法相衔接，完善广告监管执法联动体系，建立证据提供、案件交办、立案查处、结果反馈一体化的监管指挥系统。

四、工商行政管理机关应当根据本地区广告市场秩序状况及广告监管工作重点，制定广告监测工作计划，确定广告监测媒介范围、时间频次和广告类别。

五、广告监测工作应当包括广告信息采集录入、广告内容初审、广告内容复审、监测结果汇总分析以及监测信息归档等环节。

广告信息采集录入环节是指收集广告原始资料，筛选广告与非广告信息，依据《商品与服务广告分类标准》规范录入商品与服务广告类别，登记录入广告基本信息。

广告内容初审是指依据《广告监测标准》对监测发现的涉嫌违法广告，进行违法性质判定，提出初步审查意见。

广告内容复审是指对初步判定的涉嫌违法广告进行复审。广告内容复审包括录入广告信息是否完整，类别选择是否正确，违法判定和法律条款适用是否准确等。

监测结果汇总分析是指以周、月、季、年为周期，对监测结果进行统计和分析，形成广告监测报告。广告监测报告应当包括文字分析与统计报表两部分，其中文字分析部分应当包括广告监测基本情况、被监测媒体的广告发布情况、各主要行业广告发布情况、典型违法广告分析、广告监管工作建议等内容。监测信息归档是指定期对监测的原始资料和数据进行备份和归档，档案保存不少于两年。

六、工商行政管理机关应当将经复审确认的涉嫌违法广告及时告知相关广告活动主体，督促其立即采取相应处理措施，并将处理情况予以反馈。

七、工商行政管理机关应当依照有关程序，及时向上级机关、有关部门报告或通报广告监测结果，向社会发布《违法广告公告》。

八、工商行政管理机关应当对监测发现的涉嫌严重违法广告及时调查处理或立案查处，上级机关应当跟踪督办相关案件的办理情况。

九、工商行政管理机关应当将广告监测结果纳入广告信用监管体系，及时记录违法广告涉及的广告活动主体、违法广告的处理以及大众传播媒介的广告整改等情况，实施分类监管，建立信用警示和惩戒机制。

十、工商行政管理机关应当加强广告监测队伍建设，定期组织广告监测业务培训，提高监测工作效率。

附件：1. 广告监测标准（略）

2. 商品与服务广告分类标准（略）

关于对严重违法广告保健食品采取暂停销售限期整改措施的通知

国食药监稽〔2012〕369 号

各省、自治区、直辖市食药药品监督管理局（药品监督管理局）：

近日，国家食品药品监督管理局在监督检查中发现，标识为五日牌减肥茶（原名：五日减肥茶）等 4 个保健食品（详见附件）在媒体上长期大量刊播严重违法广告，经多次告诫、查处仍继续发布，严重扰乱了保健食品广告发布秩序，在社会上造成恶劣的负面影响。为严厉整治保健食品违法广告，规范保健食品广告发布秩序，国家食品药品监督管理局决定对上述 4 个严重违法广告保健食品采取暂停销售、限期整改的措施。现将有关事项通知如下：

一、广告发布地的食品药品监督管理部门要按照国家食品药品监督管理局“七个一律”整治要求，对上述保健食品在行政区域内采取暂停销售、限期整改的措施，责令企业停止发布违法广告，在原发布违法广告的媒体发布同样版面（电视频道）更正启事（发布违法广告的媒体见附件）。各省（区、市）要加大对上述产品广告的监测，发现其他媒体发布的违法广告，一并按上述要求处理。同时要加大对行政区域内经营企业的监督检查，必要时对相关产品进行监督抽验。

二、被暂停销售的产品如拟恢复销售，企业必须向广告发布地省级食品药品监督管理部门提出申请，提供发布更正启示的媒体原件（电视光盘）、工商行政管理部门对违法广告处罚的决定书原件。广告发布地省级食品药品监督管理部门经审核后，可根据企业整改情况，决定是否恢复其产品在行政区域的销售。广告发布地省级食品药品监督管理部门须将恢复销售的决定及企业提供的申请材料一并报国家食品药品监督管理局稽查局。

三、广告审批地的食品药品监督管理部门要依据《保健食品广告审查暂行规定》，收回上述保健食品广告批准文号，同时加大对其生产现场的监督检查。

如生产现场不在本行政区域，则请企业所在行政区域食品药品监督管理部门协助检查。发现有违法违规行为的，依法依规严厉查处；涉嫌犯罪的，及时移送公安机关查处。

相关报纸电视违法广告事实可登录国家食品药品监督管理局专网(网址http://10.64.0.35)进行查询。

附件：发布严重违法广告的保健食品品种名单（略）

国家食品药品监督管理局

二○一二年十二月二十一日

’2013 中国广告年鉴

China Advertising Yearbook

广告监管

Advertising Supervision

关于发布 2011 年第 4 期违法药品、医疗器械、保健食品广告公告汇总的通知

国食药监稽〔2012〕2 号

各省、自治区、直辖市食品药品监督管理局（药品监督管理局）：

为加强药品、医疗器械、保健食品广告监督管理，严厉整治违法发布广告行为，进一步规范广告发布秩序，根据《药品广告审查办法》、《医疗器械广告审查办法》和《保健食品广告审查暂行规定》的有关规定，各省、自治区、直辖市食品药品监督管理部门加强对本行政区域内广告发布情况的监测，并及时发布了违法广告公告。

本期公告汇总期间，各省、自治区、直辖市食品药品监督管理部门以发布违法广告公告等方式，通报并移送同级工商行政管理部门查处的违法药品广告 31537 次，违法医疗器械广告 2396 次，违法保健食品广告 6233 次。对未经审批擅自发布、严重篡改审批内容进行违法宣传的广告，共撤销和收回药品广告批准文号 7 个、保健食品广告批准文号 4 个。对违法广告涉及产品采取了 235 次暂停销售的措施。现将其中违法情节严重、违法发布广告频次高的药品、医疗器械、保健食品予以汇总发布。

一、贵阳永乐药业有限公司生产的药品“消痞和胃胶囊”，其功能主治为“理气和胃，消痞止痛。用于脾胃气滞所至的胃脘灼热胀痛。泛吐酸水，痞满嘈杂等症”。广告宣称“能治我多年的老胃病，现在基本痊愈了；这个药是唯一获得国家专利的药，在所有药品里面是第一位的等”。功能主治的宣传超出了食品药品监督管理部门批准的内容，含有利用医药科研单位、医疗机构或者专家、患者名义和形象作证明，不科学地表示功效的断言和保证，严重欺骗和误导消费者。

二、辽宁华鑫药业有限公司生产的药品“心舒丸”，其功能主治为“行气活血，通窍、解郁。用于冠心病引起的胸闷气短，心绞痛”。该药品为处方药，擅自在大众媒介发布广告。广告宣称“服用 3 天内，七成以上患者即可缓解胸闷、胸痛、气短等冠心病心绞痛症状；服用 20 天后，冠心病胸闷心慌症状明显减轻；服用 1 至 3 疗程，过半患者血脂下降，血压稳定，早搏、房颤现象消失，恢复正常窦性心律；服用 5 至 6 疗程，冠心病患者完成一个大的治疗周期，多数中重度病人供血好了……心舒丸主治冠心病、心绞痛、心肌梗塞、心肌缺血、心率过速、心力衰竭、心肌炎以及由此引发的胸痛、胸闷、高血脂等”。功能主治的宣传超出了食品药品监督管理部门批准的内容，含有利用患者名义作证明和不科学地表示功效的断言和保证等内容，严重欺骗和误导消费者。

三、辽宁华源天利药业有限公司生产的药品“舒筋活络丸”，其功能主治为：“驱风祛湿，舒筋活络。用于一般骨节风痛，腰膝酸痛”。广告宣称“腰间盘软骨骨折特效药天通宁；创造三项奇迹，一是很快就能消除腰腿疼痛和麻木，二是很快就能下地干活爬山跑步，三是很快就能结束腰突反复发作，避免手术开刀和瘫痪等”。功能主治的宣传超出了食品药品监督管理部门批准的内容，含有利用医药科研单位、医疗机构或者专家、患者名义和形象作证明，不科学地表示功效的断言和保证等内容，严重欺骗和误导消费者。

四、吉林特研药业有限公司生产的药品“脑塞通丸”，其功能主治为“活血化瘀、通经活络、益气养阴。

用于脑血栓，脑淤血后遗症，肢体偏瘫，手足麻木，语言障碍等”。该药品为处方药，擅自在大众媒介发布广告。广告宣称“十年前服用特研脑塞通的患者，现在大部分都已经好了；这药确实对我这个病有疗效有好处；吃特研脑塞通治脑血栓彻底等”。功能主治的宣传超出了食品药品监督管理部门批准的内容，含有利用患者名义作证明和不科学地表示功效的断言和保证，严重欺骗和误导消费者。

五、长春科新生化药械研究所生产的医疗器械“纳米银抗菌水凝胶系列（痔疮净）”其适用范围为“适用于内痔、外痔、混合痔、肛裂等”。广告宣称“一支止痛痒，二周期祛痔根；轻松！推进去瞬间不疼了；用完一盒，痔核不再脱出，肛门内异物感消失；两周期拔痔疮，不复发，确保两疗程治愈等”。产品适用范围的宣传超出了食品药品监督管理部门批准的内容，含有利用患者形象和名义作证明，不科学地表示功效的断言和保证等内容，严重欺骗和误导消费者。

六、青岛伍龙生物科技有限公司生产的医疗器械“超强辐射治疗器”，其适用范围为“适用于颈腰椎骨质增生性病症，慢性胃炎和前列腺炎等疾病的辅助治疗。也适用于肩周炎、痛经、附件炎、腰椎间盘突出症、坐骨神经痛、风湿和类风湿性关节炎、慢性腹泻以及肠胃痉挛和股骨头坏死的治疗”。广告宣称使用该产品“用了两个疗程，症状就渐渐消失了，使用当天，症状明显减轻；使用 15 天，腰腿电击撕裂般的疼痛完全消失；独特的三大治疗特色，是其他任何产品都无法比拟的等”。产品适用范围的宣传超出了食品药品监督管理部门批准的内容，含有利用医药科研单位、医疗机构或者专家、患者名义和形象作证明，不科学地表示功效的断言和保证等内容，严重欺骗和误导消费者。

七、甘肃青黛中草药美容研究有限责任公司的保健食品“青黛美容宝胶囊”，其批准的保健功能为“祛黄褐斑、祛痤疮”。广告宣称“吃完两盒，黄褐斑都不见了；吃了不到三盒，妇科病治好了，一年多都没有犯；经过四万多女性统计得出结论，让女性的皮肤、身材、健康三方面都受益等”。保健功能范围的宣传超出了食品药品监督管理部门批准的内容，含有利用患者名义作证明，不科学地表示功效的断言和保证等内容，严重欺骗和误导消费者。

国家食品药品监督管理局提醒广大消费者，要在医生或药师的指导下购买药品和医疗器械。保健食品没有治疗作用，不能代替药品，请谨慎购买。

国家食品药品监督管理局
二〇一二年一月五日

违法广告公告

工商广公字〔2012〕1号

近期，国家工商行政管理总局对 2011 年第四季度全国部分电视、报纸等媒体发布的药品、医疗、保健食品、化妆品及美容服务类广告进行了监测抽查。现将监测抽查发现的部分严重违法广告公告如下：

一、同联奇方耆鹿逐痹口服液药品广告。该广告利用专家、患者的名义和形象作证明，含有不科学的表示功效的断言和保证，误导消费者，严重违反广告法律、法规规定。发布媒体：兰州新闻综合频道、六盘水新闻综合频道（贵州）。

二、珍芪降糖胶囊药品广告。该广告属于禁止在大众传播媒介发布的处方药广告，利用专家、患者的名义和形象作证明，含有不科学的表示功效的断言和保证，误导消费者，严重违反广告法律、法规规定。发布媒体：锦州新闻频道（辽宁）、阳泉新闻综合频道（山西）。

三、参茸大补膏药品广告。该广告利用专家、患者的名义和形象作证明，含有不科学的表示功效的断言和保证，误导消费者，严重违反广告法律、法规规定。发布媒体：长春晚报、羊城晚报（广东）。

四、那曲雪域冬虫夏草保健食品广告。该广告中出现与药品相混淆的用语，宣传食品的治疗作用，利用专家、消费者的名义和形象作证明，误导消费者，严重违反广告法律、法规规定。发布媒体：山东卫视、云南卫视。

五、东方之子牌双歧胶囊（双奇胶囊）保健食品广告。该广告中出现与药品相混淆的用语，宣传食品的治疗作用，利用专家、消费者的名义和形象作证明，误导消费者，严重违反广告法律、法规规定。发布媒体：贵阳晚报、南宁晚报。

六、健都牌润通胶囊保健食品广告。该广告中出现与药品相混淆的用语，宣传食品的治疗作用，利用专家、消费者的名义和形象作证明，误导消费者，严重违反广告法律、法规规定。发布媒体：青岛晚报、西宁晚报。

七、觅颜清水水晶黑发化妆品广告。该广告使用消费者的名义和形象保证产品效用，使用绝对化语言，误导消费者，严重违反广告法律、法规规定。发布媒体：合肥晚报、辽沈晚报（辽宁）。

八、八宝人参润黑露化妆品广告。该广告使用消费者的名义和形象保证产品效用，使用绝对化语言，误导消费者，严重违反广告法律、法规规定。发布媒体：咸阳综合频道（陕西）、雅安新闻综合频道（四川）。

工商行政管理机关将依法查处上述严重违法广告。同时，加强跟踪监测和日常检查，及时发现并依法查处其他媒体发布的上述严重违法广告。

国家工商行政管理总局

二〇一二年一月十六日

违法广告公告

工商广公字〔2012〕2号

近期，国家工商行政管理总局对2012年1月全国部分电视、报纸、广播等媒体发布的医疗、药品、保健食品、化妆品及美容服务类广告进行了监测抽查。现将监测抽查发现的部分严重违法广告公告如下：

一、北京军都医院医疗广告。该广告以健康资讯节目形式变相发布，宣传诊疗技术，利用专家、患者的名义和形象作证明，误导消费者，严重违反广告法律、法规规定。发布媒体：甘肃卫视。

二、陕西同济医院肝病治疗中心医疗广告。该广告以健康资讯节目形式变相发布，宣传诊疗技术，利用专家、患者的名义和形象作证明，误导消费者，严重违反广告法律、法规规定。发布媒体：咸阳新闻综合频道（陕西）。

三、六盘水欧亚男健医院医疗广告。该广告以健康资讯节目形式变相发布，利用专家、患者的名义和形象作证明，误导消费者，严重违反广告法律、法规规定。发布媒体：六盘水新闻综合频道（贵州）。

四、南宁曙光（男科）医院医疗广告。该广告以健康资讯栏目形式变相发布，利用专家、患者的名义和形象作证明，含有不科学的表示功效的断言和保证，误导消费者，严重违反广告法律、法规规定。发布媒体：南宁晚报。

五、中华广恩堂癫痫症康复中心医疗广告。该广告以健康资讯栏目形式变相发布，利用专家、患者的名义和形象作证明，含有不科学的表示功效的断言和保证，误导消费者，严重违反广告法律、法规规定。

发布媒体：兰州晨报。

六、山东东方男科医院医疗广告。该广告以健康资讯栏目形式变相发布，宣传诊疗技术，利用专家、患者的名义和形象作证明，误导消费者，严重违反广告法律、法规规定。发布媒体：齐鲁晚报（山东）。

七、沈阳屈光眼病研究院爱瑞视眼科医疗广告。该广告以健康资讯栏目形式变相发布，宣传诊疗技术，利用专家、患者的名义和形象作证明，误导消费者，严重违反广告法律、法规规定。发布媒体：辽沈晚报（辽宁）。

八、济南九龙泌尿专科医院医疗广告。该广告以健康资讯栏目形式变相发布，宣传诊疗技术，利用专家、患者的名义和形象作证明，误导消费者，严重违反广告法律、法规规定。发布媒体：济南时报。

九、前列三宝食品广告（生产厂家为西安三佳药业有限责任公司）。该广告以健康资讯节目形式变相发布，出现与药品相混淆的用语，宣传食品的治疗作用，利用专家、消费者的名义和形象作证明，误导消费者，严重违反广告法律、法规规定。发布媒体：江苏交通广播网（FM101.1）。

十、水德胶囊（谷比利）保健食品广告（生产厂家为北京明月竹医药科技有限公司）。该广告出现与药品相混淆的用语，宣传食品的治疗作用，利用专家的名义和形象作证明，误导消费者，严重违反广告法律、法规规定。发布媒体：西安晚报。

十一、前列通瘀片药品广告（生产厂家为西安大唐制药集团有限公司）。该广告属于禁止在大众传播媒介发布的处方药广告，利用专家、患者的名义和形象作证明，含有不科学的表示功效的断言和保证，误导消费者，严重违反广告法律、法规规定。发布媒体：青岛晚报。

十二、参茸大补膏药品广告（生产厂家为湖南爱生制药有限公司）。该广告利用专家、患者的名义和形象作证明，含有不科学的表示功效的断言和保证，误导消费者，严重违反广告法律、法规规定。发布媒体：长春晚报、沈阳晚报。

十三、速必欣抗栓胶囊药品广告（生产厂家为秦皇岛皇威制药有限公司）。该广告属于禁止在大众传播媒介发布的处方药广告，利用专家的名义和形象作证明，含有不科学的表示功效的断言和保证，误导消费者，严重违反广告法律、法规规定。发布媒体：三秦都市报（陕西）、扬子晚报（江苏）、羊城晚报（广东）。

十四、七味螃蟹甲丸（青藏黑药）药品广告（生产厂家为青海琦鹰汉藏生物制药股份有限公司）。该广告属于禁止在大众传播媒介发布的处方药广告，以健康资讯节目形式变相发布，利用专家、患者的名义和形象作证明，含有不科学的表示功效的断言和保证，误导消费者，严重违反广告法律、法规规定。发布媒体：包头新闻综合频道（内蒙古）。

十五、杨教授益气聪明丸药品广告（生产厂家为陕西摩美得制药有限公司）。该广告以健康资讯栏目形式变相发布，利用专家、患者的名义和形象作证明，含有不科学的表示功效的断言和保证，误导消费者，严重违反广告法律、法规规定。发布媒体：北方新报（内蒙古）。

工商行政管理机关将依法查处上述严重违法广告。同时，加强跟踪监测和日常检查，及时发现并依法查处其他媒体发布的上述严重违法广告。

国家工商行政管理总局

二〇一二年二月二十八日

关于发布2012年第1期违法药品、医疗器械、保健食品广告公告汇总的通知

国食药监稽〔2012〕96号

各省、自治区、直辖市食品药品监督管理局（药品监督管理局）：

为加强药品、医疗器械、保健食品广告监督管理，整治违法发布广告行为，进一步规范广告发布秩序，按照《药品广告审查办法》、《医疗器械广告审查办法》和《保健食品广告审查暂行规定》的有关规定，各省（区、市）食品药品监督管理部门加强对行政区域内广告发布情况的监测，并及时发布了违法广告公告，国家食品药品监督管理局对其进行了汇总。

本期公告汇总期间，各省（区、市）食品药品监督管理部门以发布《违法广告公告》等方式，通报并移送同级工商行政管理部门查处的违法药品广告33648次、违法医疗器械广告3239次、违法保健食品广告6551次。对未经审批擅自发布、严重篡改审批内容进行违法宣传的广告，各省（区、市）食品药品监督管理部门共撤销和收回药品广告批准文号15个、保健食品广告批准文号14个。对违法广告涉及产品采取了11次暂停销售限期整改的措施。现将其中违法情节严重、违法发布广告频次高的药品、医疗器械、保健食品予以汇总发布。

一、广州市欢乐海洋生物技术创新发展有限公司（证件持有人）的保健食品“欢乐海洋牌舒通诺口服液”，其批准的保健功能为“调节血脂”。广告宣称“心脑血管疾病患者只需每天一支深海灵芝提取液就可以减药或逐渐摆脱药物依赖；心脑血管患者有望告别长期吃药；服用该口服液安全不亚于吃饭喝水”等。该保健食品的功能宣传超出了食品药品监督管理部门批准的内容，含有不科学地表示功效的断言和保证等内容，利用医药科研单位、医疗机构或者专家、医生、患者形象和名义作证明，严重欺骗和误导消费者。

二、北京知蜂堂蜂产品有限公司（证件持有人）的保健食品“普诺宁思胶囊（广告中标示名称：知蜂堂蜂胶）”，其批准的保健功能为“调节血脂、调节血糖、免疫调节”。广告宣称“增强免疫不感冒，30天后，反复发作的口腔溃疡、气管炎、妇科炎症、前列腺炎，不知不觉好转啦；保护血管寿命长，30至60天远离失明、肾衰竭、冠心病、心梗、脑梗等恶性疾病；营养神经痛苦少，40至60天以前挠出血的皮肤愈合了，再也感觉不到痒”等。该保健食品功能的宣传超出了食品药品监督管理部门批准的内容，含有利用患者名义作证明，不科学地表示功效的断言和保证等内容，严重欺骗和误导消费者。

三、济源市太极医疗用品有限公司生产的医疗器械“降糖清毒贴”其适用范围为“对于Ⅱ型糖尿病引起的血糖控制不良，气短懒言、夜尿频多、健忘、手足畏寒、肢体麻木、肢体疼痛症状有辅助治疗作用”。广告宣称“中医泰斗谈‘穴位化糖疗法’3至6月可实现无药生活，遏制并发症；并发症康复率达到97.7%；国家药监部门高度认可新糖人贴的卓越效果”等。该产品广告含有利用医药科研单位、医疗机构或者专家、医生、患者形象和名义作证明，不科学地表示功效的断言和保证等内容，严重欺骗和误导消费者。

四、乌兰浩特中蒙制药有限公司生产的药品“珍珠通络丸”，其功能主治为“清热，开窍，燥黄水。用于和如胡病，类风湿，肾病，脉病，偏瘫，半身不遂”。广告宣称“半身不遂、脑萎缩、老年痴呆、脑

瘫、帕金森、癫痫有望一药解决；5大脑病进口特效药；让5大脑病患者结束傻和瘫，变得聪明，活动自如，实现生活自理”等。该药品为处方药，擅自在大众媒介发布广告。功能主治的宣传超出了食品药品监督管理部门批准的内容，不科学地表示功效的断言和保证等内容，严重欺骗和误导消费者。

五、黑龙江乌苏里江制药有限公司哈尔滨分公司生产的药品“罗珍胶囊”，其功能主治为“清肝降火，镇静安神。用于肝火亢盛型高血压，改善眩晕，头痛，头胀，失眠等症状”。广告宣称“服用当天明显改善头晕、心慌等症；5至10天出现排毒现象。觉得头脑清亮、浑身有劲；60天血压平稳不易反弹；3至6个月改变高血压体质，消除心脏病、脑出血等并发症隐患，血压平稳不易发弹，远离西药，实现康复”等。该药品为处方药，擅自在大众媒介发布广告。功能主治的宣传超出了食品药品监督管理部门批准的内容，不科学地表示功效的断言和保证，严重欺骗和误导消费者。

六、内蒙古蒙奇药业有限公司生产的药品“清血八味片”，其功能主治为“清讧血。用于血热头痛，口渴目赤，中暑”。广告宣称“清血八味配方好专治人的心和脑，救心脏、除血栓、心脑疾病全赶跑；要想心脑好，快给血液血管洗洗澡；专业治疗中风偏瘫、脑血栓、冠心病、心绞痛、高血压、高血脂”等。该药品为非处方药，功能主治的宣传超出了食品药品监督管理部门批准的内容，含有利用医药科研单位、医疗机构或者专家、医生、患者形象和名义作证明，不科学地表示功效的断言和保证，严重欺骗和误导消费者。

七、湖南乐邦制药有限公司生产的药品“龟蛇酒”，其功能主治为“滋阴补肾，益气活血，舒筋通络，祛风除湿。用于老年体弱，头昏眼花，腰酸膝软，尿频，四肢麻木，关节酸痛”。广告宣称“全面清除血毒、肾毒、痹毒，从而实现心脑血管病、风湿骨病、肾精亏虚三病同治的重大突破；喝了这个酒腿也不疼了，颈椎也不疼了，睡觉也挺好的”等。该药品为处方药，擅自在大众媒介发布广告。功能主治的宣传超出了食品药品监督管理部门批准的内容，含有不科学地表示功效的断言和保证，严重欺骗和误导消费者。

国家食品药品监督管理局提醒广大消费者，要在医生或药师的指导下购买药品和医疗器械；保健食品没有治疗作用，不能代替药品，请谨慎购买。

国家食品药品监督管理局

二〇一二年四月十二日

违法广告公告

工商广公字〔2012〕3号

近期，国家工商行政管理总局对2012年2月全国部分电视、报纸媒体发布的医疗、药品、保健食品、化妆品及美容服务类广告进行了监测抽查。现将监测抽查发现的部分严重违法广告公告如下：

1. 扈氏鼻炎膏（复方鼻炎膏）药品广告（生产厂家为西安澜泰药业有限公司）。该广告利用专家、患者的名义和形象作证明，含有不科学的表示功效的断言和保证，误导消费者，严重违反广告法律、法规规定。发布媒体：长治电视台新闻综合频道（山西）。

2. 天奇双活（疏风定痛丸）药品广告（生产厂家为赤峰天奇制药有限责任公司）。该广告属于禁止在大众传播媒介发布的处方药广告，利用专家、患者的名义和形象作证明，含有不科学的表示功效的断言和保证，误导消费者，严重违反广告法律、法规规定。发布媒体：张掖电视台新闻综合频道（甘肃）。

3. 参黄养阴胶囊（五七胶囊）药品广告（生产厂家为吉林省中鼎药业公司）。该广告属于禁止在大众传播媒介发布的处方药广告，以健康资讯节目形式变相发布，利用专家、患者的名义和形象作证明，含有不科学的表示功效的断言和保证，误导消费者，严重违反广告法律、法规规定。发布媒体：遵义电视台新闻综合频道（贵州）。

4. 风湿克舒筋定痛片药品广告（生产厂家为郑州福瑞堂制药有限公司）。该广告利用患者的名义和形象作证明，夸大药品适应证及功能主治，含有不科学的表示功效的断言和保证，误导消费者，严重违反广告法律、法规规定。发布媒体：中卫电视台综合频道（宁夏）。

5. 可乐定控释贴药品广告（生产厂家为北京克莱斯瑞控释药业有限公司）。该广告属于禁止在大众传播媒介发布的处方药广告，利用医药科研机构、学术机构的名义和形象作证明，含有不科学的表示功效的断言和保证，误导消费者，严重违反广告法律、法规规定。发布媒体：成都晚报（四川）。

6. 天创黄豆苷（黄豆苷元片）药品广告（生产厂家为辽宁天铖制药有限公司）。该广告属于禁止在大众传播媒介发布的处方药广告，利用专家、患者的名义和形象作证明，含有不科学的表示功效的断言和保证，误导消费者，说明治愈率或者有效率，严重违反广告法律、法规规定。发布媒体：济南时报（山东）。

7. 强龙益肾片药品广告（生产厂家为郑州韩都药业集团有限公司）。该广告属于禁止在大众传播媒介发布的处方药广告，利用专家的名义作证明，含有不科学的表示功效的断言和保证，夸大宣传，误导消费者，严重违反广告法律、法规规定。发布媒体：新晚报（黑龙江）。

8. 基英肽（甘露聚糖肽口服溶液）药品广告（生产厂家为陕西省科学院制药厂）。该广告利用医疗机构、患者的名义和形象作证明，含有不科学的表示功效的断言和保证，误导消费者，严重违反广告法律、法规规定。发布媒体：半岛都市报（青岛）。

9. 合肥远大男科医院医疗广告。该广告以医疗资讯服务类专题栏目变相发布，利用专家的名义作证明，宣传医疗技术、诊疗方法以及治愈率、有效率等诊疗效果，严重违反广告法律、法规规定。发布媒体：新安晚报（安徽）。

10. 吉林省东丰县博爱中西医结合诊所医疗广告。该广告利用医生、患者的名义形象作证明，宣传医疗技术、诊疗方法，含有保证治愈或者隐含保证治愈的内容，严重违反广告法律、法规规定。发布媒体：北方法制报（吉林）。

11. 康金瑞五日定喘膏医疗器械广告（生产厂家为郑州康金瑞健康产业有限公司）。该广告含有不科学地表示产品功效的断言，使用专家、患者名义做证明，保证治疗效果，误导消费者，严重违反广告法律、法规规定。发布媒体：辽宁卫视（辽宁）。

12. 李鸿章五日瘦身汤保健食品广告（生产厂家为西宁康巴生物科技有限公司）。该广告利用专家、消费者的名义和形象作证明，夸大产品功效，误导消费者，严重违反广告法律、法规规定。发布媒体：厦门卫视（厦门）。

13. 福棠醇胶囊（深奥牌修利胶囊）保健食品广告（生产厂家为蓬莱深奥生物科技研究所）。该广告以健康资讯节目形式变相发布，夸大产品功效，宣传食品的治疗作用，利用专家、消费者的名义和形象作证明，误导消费者，严重违反广告法律、法规规定。发布媒体：云南卫视（云南）。

14. 为公牌天麻软胶囊保健食品广告（生产厂家为上海安塞纳生物科技有限公司）。该广告利用消费者的名义和形象作证明，宣传食品的治疗作用，误导消费者，严重违反广告法律、法规规定。发布媒体：华西都市报（四川）。

15. 盐藻（红阳牌海葆软胶囊）保健食品广告（生产厂家为北京玉匾国健医药科技有限公司）。该广告利用专家、消费者的名义和形象作证明，宣传食品的疾病预防、治疗作用，夸大产品功效，误导消费者，严重违反广告法律、法规规定。发布媒体：辽沈晚报（辽宁）。

16. 扶元堂灵芝孢子粉胶囊（原名α—南瓜玉米粉）保健食品广告（生产厂家为广东省东南公司）。该广告利用专家、消费者的名义和形象作证明，宣传食品的治疗作用，误导消费者，严重违反广告法律、法规规定。发布媒体：法制晚报（北京）。

17. 泰国黑桑果润黑露化妆品广告（生产厂家为浙江温彩化妆品有限公司）。该广告夸大化妆品的使用效果，使用他人形象、名义保证其功效，误导消费者，严重违反广告法律、法规规定。发布媒体：山西卫视（山西），吉林卫视（吉林），青海卫视（青海）。

18. 域高魔法梳化妆品广告（供应商为上海穹宇商贸有限公司）。该广告夸大化妆品的使用效果，使用他人形象、名义保证其功效，误导消费者，严重违反广告法律、法规规定。发布媒体：西藏卫视（西藏）。

19. 八宝人参润黑露（凡高染发膏）化妆品广告（生产厂家为广州市梵高精细化工有限公司）。该广告夸大化妆品的使用效果，使用他人名义保证或以暗示方法使人误解其效用，严重违反广告法律、法规规定。发布媒体：攀枝花电视台新闻综合频道（四川）。

20. 中国足道降糖方（足浴养生方）广告（生产厂家为同仁堂兴安盟中药材有限责任公司）。该广告通过宣传泡脚降血糖夸大产品功效，使用专家、患者名义证明产品的治疗作用，属于非药品广告涉及药品的宣传，误导消费者，严重违反广告法律、法规规定。发布媒体：辽宁卫视（辽宁）。

工商行政管理机关将依法查处上述严重违法广告。同时，加强跟踪监测和日常检查，及时发现并依法查处其他媒体发布的上述严重违法广告。

国家工商行政管理总局

二〇一二年五月二日

违法广告公告

工商广公字〔2012〕4号

近期，国家工商行政管理总局对2012年3月全国部分电视、报纸、广播等媒体发布的医疗、药品、保健食品、化妆品及美容服务类广告进行了监测抽查。现将监测抽查发现的部分严重违法广告公告如下：

一、古汉养生酒食品广告。该广告中出现与药品相混淆的用语，宣传食品的治疗作用，利用专家、消费者的名义和形象作证明，误导消费者，严重违反广告法律、法规规定。发布媒体：沈阳晚报。

二、富硒灵芝宝保健食品广告（生产厂家为中国农业科学院农业自然资源和农业区划研究所）。该广告出现与药品相混淆的用语，宣传食品的治疗作用，利用专家、消费者的名义和形象作证明，误导消费者，严重违反广告法律、法规规定。发布媒体：辽沈晚报（辽宁）。

三、雷震子牌护康胶囊（北大护康胶囊）保健食品广告（生产厂家为上海北医大生物科技有限公司）。该广告出现与药品相混淆的用语，宣传食品的治疗作用，利用专家、消费者的名义和形象作证明，误导消费者，严重违反广告法律、法规规定。发布媒体：深圳晚报。

四、武汉博爱医院医疗广告。该广告以健康资讯栏目形式变相发布，宣传诊疗技术，利用专家、患者的名义和形象作证明，严重违反广告法律、法规规定。发布媒体：武汉晚报。

五、新疆天山医院耳鼻喉治疗中心医疗广告。该广告以健康资讯栏目形式变相发布医疗广告，宣传诊疗技术，利用专家、患者的名义和形象作证明，严重违反广告法律、法规规定。发布媒体：新疆都市报。

六、吉林长春生修堂中医院医疗广告。该广告以健康资讯节目形式变相发布，宣传诊疗技术，利用专家、患者的名义和形象作证明，严重违反广告法律、法规规定。发布媒体：青海卫视。

七、衡阳市仁爱医院医疗广告。该广告以健康资讯节目形式变相发布，利用专家、患者的名义和形象作证明，含有不科学的表示功效的断言和保证，误导消费者，严重违反广告法律、法规规定。发布媒体：衡阳电视台。

八、黑龙江华慈医院医疗广告。该广告以健康资讯节目形式变相发布，利用专家、患者的名义和形象作证明，含有不科学的表示功效的断言和保证，误导消费者，严重违反广告法律、法规规定。发布媒体：哈尔滨交通广播。

九、贵州退休医师医院医疗广告。该广告以健康资讯栏目形式变相发布，利用专家、患者的名义和形象作证明，含有不科学的表示功效的断言和保证，误导消费者，严重违反广告法律、法规规定。发布媒体：贵州都市报。

十、溶栓脑通胶囊药品广告（生产厂家为云南通用善美制药有限责任公司）。该广告属于禁止在大众传播媒介发布的处方药广告，以健康资讯节目形式变相发布，利用专家、患者的名义和形象作证明，含有不科学的表示功效的断言和保证，误导消费者，严重违反广告法律、法规规定。发布媒体：崇左电视台。

十一、九虫抗栓胶囊药品广告（生产厂家为陕西康惠制药股份有限公司）。该广告属于禁止在大众传播媒介发布的处方药广告，以健康资讯节目形式变相发布，利用专家、患者的名义和形象作证明，含有不科学的表示功效的断言和保证，误导消费者，严重违反广告法律、法规规定。发布媒体：本溪综合频道。

十二、降压袋泡茶（南少林降压茶）药品广告（生产厂家为福建南少林药业有限公司）。该广告利用专家、患者的名义和形象作证明，含有不科学的表示功效的断言和保证，误导消费者，严重违反广告法律、法规规定。发布媒体：长春晚报。

十三、消癌平口服液（生命口服液）药品广告（生产厂家为河南中杰药物有限公司）。该广告属于禁止在大众传播媒介发布的处方药广告，以健康资讯节目形式变相发布，利用专家、患者的名义和形象作证明，含有不科学的表示功效的断言和保证，误导消费者，严重违反广告法律、法规规定。发布媒体：辽源新闻综合频道。

十四、巴戟口服液药品广告（生产厂家为重庆希尔安药业有限公司）。该广告利用专家、患者的名义和形象作证明，含有不科学的表示功效的断言和保证，误导消费者，严重违反广告法律、法规规定。发布媒体：燕赵都市报（河北）。

十五、参黄养阴胶囊（五七胶囊）药品广告（生产厂家为吉林省中鼎药业公司）。该广告属于禁止在大众传播媒介发布的处方药广告，以健康资讯节目形式变相发布，利用专家、患者的名义和形象作证明，含有不科学的表示功效的断言和保证，误导消费者，严重违反广告法律、法规规定。发布媒体：枣庄新闻综合频道。

工商行政管理机关将依法查处上述严重违法广告。同时，加强跟踪监测和日常检查，及时发现并依法查处其他媒体发布的上述严重违法广告。

国家工商行政管理总局

二〇一二年五月七日

违法广告公告

工商广公字〔2012〕5号

近期，国家工商行政管理总局对互联网广告进行了专项监测，发现个别网站发布非法涉性用品药品广告，部分专业导航网站不履行广告审查职责，为含有非法涉性用品药品广告提供链接服务，严重违反了《广告法》的有关规定。现将有关网站公告如下：

一、含有非法涉性用品药品广告的网站

1. 英国卫裤网站（http://www.gouwuxd.com，无备案号）

2. 华氏功夫汤网站（http://www.kungfusoup-hk.net/cn/，粤ICP备10030162号）

3. 美国万力可网站（http://www.jk9191.com，无备案号）

4. 美国蓝色动力增大增粗组合网站（http://www.ymscg.com，黔ICP备11002804号）

5. 拉摩力拉牌玛卡网站（http://www.blmka.com/，无备案号）

6. 美国基因育根胶囊网站（http://www.bc663.com，无备案号）

7. 美国伟根（益肾兴囊）网站（http://wg.22240882.com，无备案号）

8. 美国种玛网站（http://www.usazhongmw.net，无备案号）

9. 海椰子U-MAX网站（http://sina.29660.com，粤ICP备09010680号）

10. 金虫草三参网站（http://www.360jkr.com，粤ICP备11064017号）

二、为非法涉性用品药品广告提供链接服务的专业/导航网站

1. 555导航（http://www.555dh.com，晋ICP备10005661号-1）

2. 闪闪电影院（http://www.dou6.cc，浙ICP备10035907号）

3.5W 网址导航(http://www.5w.com/,浙ICP 备 10208357 号 -2)

4. 太平洋军事 (http://www.tpyjs.com/,苏ICP 备 11065017 号 -2)

5. 鼎盛军事 (http://www.top81.com.cn,苏ICP 备 05030048)

6. 世界军事网 (http://www.sjmil.com,浙ICP 备 10212460 号)

7. 酷优网 (http://www.100jiayuan.cn,鲁ICP 备 10034827 号 -1)

8. 华魂军事 (http://www.hhw1927.com,豫ICP 备 10211350 号)

9. 高盛军事网(http://www.igaosheng.com,赣ICP 备 11005466 号 -2)

10. 汉唐军事 (http://www.han-tang.cn,粤ICP 备 06128084 号 -1)

工商部门对以上网站发布的违法广告,将依法予以查处;对未备案或备案信息虚假的网站,提请有关部门关闭。

国家工商行政管理总局

二〇一二年五月二十一日

违法广告公告

工商广公字〔2012〕6 号

近期,国家工商行政管理总局对 2012 年 4 月全国部分电视、报纸等媒体发布的医疗药品、保健食品、化妆品及美容服务类广告进行了监测抽查,现将监测抽查发现的部分严重违法广告公告如下:

一、九圣灵芝草本润黑露化妆品广告。该广告使用他人名义保证产品功效,误导消费者,严重违反广告法律、法规规定。发布媒体:太原晚报。

二、都邦食品广告。该广告利用专家、消费者的名义和形象作证明,含有绝对化的语言,夸大产品功效,误导消费者,严重违反广告法律、法规规定。发布媒体:南国早报(广西)。

三、天地通三七茶食品广告。该广告出现与药品相混淆的用语,宣传食品的治疗作用,利用专家、患者名义和形象作证明. 误导消费者,严重违反广告法律、法规规定。发布媒体:深圳晚报。

四、五日瘦身汤(五日牌减肥茶)保健食品广告。该广告利用消费者名义和形象作证明,含有绝对化的语言,夸大产品功效,误导消费者,严重违反广告法律、法规规定。发布媒体:河南商报。

五、中研万通胶囊保健食品广告。该广告出现与药品相混淆的用语,宣传食品的治疗作用,利用专家、患者名义和形象作证明. 误导消费者,严重违反广告法律、法规规定。发布媒体:济南新闻频道二套。

六、臻好牌大肚子茶保健食品广告。该广告出现与药品相混淆的用语,宣传食品的治疗作用,利用专家、患者名义和形象作证明,误导消费者,严重违反广告法律、法规规定。发布媒体:旅游卫视(海南)。

七、调经至宝丸药品广告(生产单位为山东临清华威药业有限公司)。该广告属于禁止在大众传播媒介发布的处方药广告,利用专家、患者名义和形象作证明,含有不科学的表示功效的断言和保证,误导消费者,严重违反广告法律、法规规定。发布媒体:华商报(陕西)。

八、速比欣抗栓胶囊药品广告(生产单位为秦皇岛皇威制药有限公司)。该广告属于禁止在大众传播媒介发布的处方药广告,含有不科学的表示功效的断言和保证,误导消费者,严重违反广告法律、法规规定。发布媒体:成都商报。

九、乌龙养血胶囊药品广告（生产单位为内蒙古呼伦贝尔松鹿制药有限公司）。该广告以新闻报道形式发布，利用专家、患者名义和形象作证明，误导消费者，严重违反广告法律、法规规定。发布媒体：西安晚报。

十、金诃五味黄连丸药品广告（生产单位为青海金诃藏药药业股份有限公司）。该广告以健康资讯节目形式变相发布，利用专家、患者名义和形象作证明，含有不科学的表示功效的断言和保证，误导消费者，严重违反广告法律、法规规定。发布媒体：拉萨电视台。

十一、林碧莎前列安通胶囊药品广告（生产单位为陕西君碧莎制药有限公司）。该广告属于禁止在大众传播媒介发布的处方药广告，利用专家、患者名义和形象作证明，含有不科学的表示功效的断言和保证，误导消费者，严重违反广告法律、法规规定。发布媒体：安徽商报。

十二、益安宁丸药品广告（生产单位为同溢堂药业有限公司）。该广告利用专家、患者名义和形象作证明，含有不科学的表示功效的断言和保证，误导消费者，严重违反广告法律、法规规定。发布媒体：山东商报。

十三、北京中联科皮肤病医院医疗广告。该广告以健康资讯节目形式变相发布，宣传诊疗技术和方法，利用专家、患者名义和形象作证明，误导消费者，严重违反广告法律、法规规定。发布媒体：西藏卫视。

十四、太原华西医院医疗广告。该广告以新闻报道形式发布，宣传诊疗技术和方法，误导消费者，严重违反广告法律、法规规定。发布媒体：山西晚报。

十五、三〇三医院医疗广告。该广告以新闻报道形式发布，宣传诊疗技术和方法，利用专家、患者名义和形象作证明，误导消费者，严重违反广告法律、法规规定。发布媒体：南宁晚报（广西）。

工商行政管理机关将依法查处上述严重违法广告。同时，加强跟踪监测和日常检查，及时发现并依法查处其他媒体发布的上述严重违法广告。

国家工商行政管理总局
二〇一二年五月二十九日

违法广告公告

工商广公字〔2012〕7号

近期，国家工商行政管理总局对2012年5月全国部分电视、报纸等媒体发布的医疗、药品、保健食品、化妆品及美容服务类广告进行了监测抽查。现将监测抽查发现的部分严重违法广告公告如下：

一、藏秘雪域冬虫夏草胶囊食品广告（生产厂家为藏秘雪域冬虫夏草公司）。该广告出现与药品相混淆的用语，宣传食品的治疗作用，利用专家、消费者的名义和形象作证明，误导消费者，严重违反广告法律、法规规定。发布媒体：兰州晨报。

二、那曲雪域冬虫夏草胶丸（批准名称灵智牌冬虫夏草胶丸）保健食品广告（生产厂家为山东智灵生物工程有限公司）。该广告出现与药品相混淆的用语，宣传食品的治疗作用，利用专家、消费者的名义和形象作证明，误导消费者，严重违反广告法律、法规规定。发布媒体：市场星报（安徽）。

三、三清三排茶保健食品广告（生产厂家为西安佳诚药业有限公司）。该广告超出功能审批范围，出现与药品相混淆的用语，宣传食品的治疗作用，利用消费者的名义和形象作证明，误导消费者，严重违反广告法律、法规规定。发布媒体：青岛晚报。

四、妙巢胶囊保健食品广告（生产厂家为安徽高山药业有限公司）。该广告出现与药品相混淆的用语，宣传食品的治疗作用，利用专家、消费者的名义和形象作证明，误导消费者，严重违反广告法律、法规规定。发布媒体：吉林市新闻综合频道。

五、美国 AN 奥复康保健食品广告（生产厂家为济南基业海通生物技术有限公司）。该广告出现与药品相混淆的用语，宣传食品的治疗作用，利用专家、消费者的名义和形象作证明，误导消费者，严重违反广告法律、法规规定。发布媒体：六安新闻综合频道（安徽）。

六、雷震子牌护康胶囊（批准名称北大护康胶囊）保健食品广告（生产厂家为上海北医大生物科技有限公司）。该广告出现与药品相混淆的用语，宣传食品的治疗作用，利用专家、消费者的名义和形象作证明，误导消费者，严重违反广告法律、法规规定。发布媒体：都市消费晨报（新疆）。

七、西安北大医院医疗广告。该广告以医疗资讯节目形式变相发布，利用专家、患者的名义和形象作证明，含有不科学的表示功效的断言和保证，误导消费者，严重违反广告法律、法规规定。发布媒体：渭南新闻综合频道（陕西）。

八、北京振国中西医结合肿瘤医院医疗广告。该广告以医疗资讯节目形式变相发布，利用专家、患者的名义和形象作证明，含有不科学的表示功效的断言和保证，误导消费者，严重违反广告法律、法规规定。发布媒体：青海卫视。

九、包头中心医院医疗广告。该广告以医疗资讯节目形式变相发布，宣传诊疗技术，利用专家、患者的名义和形象作证明，严重违反广告法律、法规规定。发布媒体：包头新闻综合频道（内蒙古）。

十、桂圆琼玉冲剂药品广告（生产厂家为广西邦琪药业集团有限公司）。该广告利用专家、患者的名义和形象作证明，含有不科学的表示功效的断言和保证，误导消费者，严重违反广告法律、法规规定。发布媒体：北京晨报。

十一、常雪清降压袋泡茶药品广告（生产厂家为唐山景忠山药业有限公司）。该药品广告利用专家、患者的名义和形象作证明．含有不科学的表示功效的断言和保证，误导消费者，严重违反广告法律、法规规定。发布媒体：南宁晚报。

十二、芯宝软胶囊（批准名称精制冠心软胶囊）药品广告（生产厂家为吉林永利药业股份有限公司）。该广告属于禁止在大众传播媒介发布的处方药广告，利用专家、患者的名义和形象作证明，含有不科学的表示功效的断言和保证，误导消费者，严重违反广告法律、法规规定。发布媒体：石河子新闻综合频道（新疆）。

十三、山菊降压颗粒药品广告（生产厂家为赤峰天奇制药限责任公司）。该广告属于禁止在大众传播媒介发布的处方药广告，并在广告中利用专家、患者的名义和形象作证明，含有不科学的表示功效的断言和保证，误导消费者，严重违反广告法律、法规规定。发布媒体：郑州晚报。

十四、南少林降压茶药品广告（生产厂家为福建南少林药业有限公司）。该广告利用专家、患者的名义和形象作证明，含有不科学的表示功效的断言和保证，误导消费者，严重违反广告法律、法规规定。发布媒体：新疆都市报（新疆）。

十五、天通宁舒筋活络丸药品广告（生产厂家为辽宁华源天利药业有限公司）。该广告以健康资讯节目形式出现，利用专家、患者的名义和形象作证明，含有不科学的表示功效的断言和保证，误导消费者，严重违反广告法律、法规规定。发布媒体：本溪综合频道（辽宁）。

工商行政管理机关将依法查处上述严重违法广告。同时，加强跟踪监测和日常检查，及时发现并查处其他媒体发布的上述严重违法广告。

国家工商行政管理总局

二〇一二年七月九日

关于停止播出“祛毒复肝组合”等33条资讯服务和电视购物短片广告的通知

广办发媒字〔2012〕101号

各省、自治区、直辖市广播影视局，新疆生产建设兵团广播电视局，中央三台、电影频道节目中心、中国教育电视台：

近段时间以来，一些电视台播出的“祛毒复肝组合”等33条资讯服务和电视购物短片广告，内容违反了《广播电视广告播出管理办法》（广电总局令第61号）、《广电总局关于加强电视购物短片广告和居家购物节目管理的通知》（广发〔2009〕71号）规定，主要是：

一、“祛毒复肝组合”资讯服务短片广告属于总局61号令明令禁止播出的治疗肝病的医药广告。

二、“溶栓脑通胶囊”、“九虫抗栓胶囊”、“消癌平口服液”、“参黄养阴胶囊”、“调经至宝丸”、“速比欣抗栓胶囊”、“林碧莎前列安通胶囊”广告，属于61号令明令禁止播出的处方药品广告。

三、“波速挺”、“芭啦芭啦透脂爽”、“美国高菲特快速长高系统”购物短片广告，属于总局71号文件明令禁止播出的丰胸、减肥、增高产品电视购物短片广告。

四、“爱东心宝”、“激光透骨仪光痛停”、“臻好牌大肚子茶”、“真好牌大肚子茶”、“中研万通胶囊”资讯服务短片广告，属于总局71号文件禁止播出夸大、夸张宣传，以专家等名义作证明内容的短片广告。

五、“全国白癜风防治公益服务平台（北京马春林白癜风医学研究院）”、“白癜风患者公益援助活动”、“神经调控平癫镇痫系列组合”、“北京国联肝病医学科学研究院”、“北京华康中医院（哮喘中医院）”、“山东阳谷风湿类风湿医院”、“北京马金启类风湿诊疗中心”、“北京白癜风军颐中医医院”、“北京京科银康银屑病专科医院”、“北京国丹白癜风医院”、“北京京科白癜风医院”、“北京中联科白癜风医院”、“兰州天伦不孕症医院”、“北京美迪中医皮肤病医院”、“北京华盛医院”、“北京华山医院”、“北京燕竹医院”等医疗和健康资讯服务短片广告，存在违反总局规定，宣传治愈率、有效率，以医生、专家、患者形象做疗效证明等问题。

根据《广播电视管理条例》、《广播电视广告播出管理办法》及《广电总局关于加强电视购物短片广告和居家购物节目管理的通知》等规定，自即日起，各级广播电视播出机构立即停止播出上述违规的资讯服务和电视购物短片广告。同时，要严格遵照总局有关规定，对各类药品、医疗器械、医疗和健康资讯服务广告进行全面自查，凡不符合规定的，立即停播。

去年以来，根据《关于进一步加强广播电视广告审查和监管工作的通知》（广发〔2010〕21号）的规定，广电总局对不符合要求的电视购物企业，已经分两批下发了《广电总局办公厅关于通报资质不符合规定的电视购物短片广告投放企业情况的通知》（广办发媒字〔2011〕134、185号）。各级广播电视播出机构应当对照通知要求，进行自查自纠。对通知名单中所列企业投放的电视购物短片广告，立即予以停播，并不再接受其投放的其他电视购物短片广告。

请将本通知立即转发辖区内所有广播电视播出机构，并严格遵照执行。

广电总局办公厅

二○一二年七月十三日

关于发布2012年第2期违法药品、医疗器械、保健食品广告公告汇总的通知

国家食药监稽〔2012〕193号

各省、自治区、直辖市食品药品监督管理局（药品监督管理局）：

为加强药品、医疗器械、保健食品广告监督管理，整治违法发布广告行为，进一步规范广告发布秩序，按照《药品广告审查办法》、《医疗器械广告审查办法》和《保健食品广告审查暂行规定》的有关规定，各省（区、市）食品药品监督管理部门加强对行政区域内广告发布情况的监测，并及时发布了违法广告公告，国家食品药品监督管理局对此进行了汇总。

本期公告汇总期间，各省（区、市）食品药品监督管理部门以发布违法广告公告等方式，通报并移送同级工商行政管理部门查处的违法药品广告50301次、违法医疗器械广告1479次、违法保健食品广告3627次。对未经审批擅自发布、严重篡改审批内容进行违法宣传的广告，各省（区、市）食品药品监督管理部门共撤销药品广告批准文号11个、医疗器械广告批准文号5个，收回保健食品广告批准文号23个。对违法广告涉及产品采取了159次暂停销售限期整改的措施。现将其中违法情节严重、违法发布广告频次高的药品、医疗器械、保健食品予以汇总发布。

一、郑州市新视明科技工程有限公司生产的医疗器械“好视力眼贴”，其适用范围为“对近视和视疲劳引起的症状有一定的预防和辅助治疗作用”。广告宣称“使用3—5分钟，眼帖活性物质透皮进入眼部，扩张毛细血管，使用5—10分钟，开始清除毛细血管内堆积的垃圾，促进新陈代谢，使用15分钟后，放松眼部神经，消除炎症，修复受损组织，加速新陈代谢；您有白内障、青光眼、飞蚊症、玻璃体混浊、老花眼、视神经萎缩、黄斑变性吗？不妨来试试好视力眼贴吧”等。该产品广告宣传的适用范围超出了食品药品监督管理部门批准的内容，含有利用患者形象和名义作证明，不科学地表示功效的断言和保证等内容，严重欺骗和误导消费者。

二、郑州寸草心生物科技有限公司生产的医疗器械“远红外关节痛消贴”，其适用范围为“适用于关节退变引起疼痛的辅助治疗”。广告宣称“专攻骨科顽疾，凡膝关节疼痛等症的病人，贴敷几次，不管病情有多重，病史有多久，大都能立竿见影，几乎百发百中；2个礼拜恢复正常生活”等。该产品广告宣传的适用范围超出了食品药品监督管理部门批准的内容，含有利用患者形象和名义作证明，不科学地表示功效的断言和保证等内容，严重欺骗和误导消费者。

三、湖南爱生制药有限公司生产的药品“参茸大补膏”，其功能主治为“滋阴补肾，益气养血，强壮筋骨。用于成人体虚，腰膝酸软，食减肌瘦，气短心悸”。广告宣称“2个月，病人多年冠心病好了！身体有劲，上楼不喘，心脏、血液各项指标正常；喝了3个月参茸膏，头晕，心律不齐，肾虚尿频，肠胃病治好了，全身气血通畅，血压下来再也没有升高，纠缠他10多年的颈椎病好了”等。该药品为非处方药，未经审批擅自在媒介发布广告。功能主治的宣传超出了食品药品监督管理部门批准的内容，含有利用患者名义作证明和不科学地表示功效的断言和保证等内容，严重欺骗和误导消费者。

四、青海晶珠藏药高新技术产业股份有限公司生产的药品“双红活血胶囊（广告中标示名称：晶珠双

活）”，其功能主治为“益气活血，祛瘀通脉。用于气虚血瘀引起的胸痹及中风恢复期；冠心病，心绞痛及脑血栓恢复期属上述症候者”。广告宣称“各种心脏血栓和各种心垢能迅速清理干净，实现一次净血管，一生不堵塞的医学成就；一次服药，实现心脑健康；有晶珠双活我身边的脑血栓都好了”等。该药品为处方药，擅自在大众媒介发布广告。功能主治的宣传超出了食品药品监督管理部门批准的内容，含有利用专家、患者名义作证明和不科学地表示功效的断言和保证等内容，严重欺骗和误导消费者。

五、广西平南制药厂生产的药品“前列清茶”，其功能主治为“清热，利湿，通淋。用于慢性前列腺炎湿热下注证。症见：尿频，尿急，时有疼痛，尿有余沥”。广告宣称“快速渗透，全部药效充分吸收，治疗效果是普通胶囊的60倍；清洗前列腺男人专用茶”等。该药品为处方药，擅自在大众媒介发布广告。功能主治的宣传超出了食品药品监督管理部门批准的内容，含有利用患者名义作证明和不科学地表示功效的断言和保证等内容，严重欺骗和误导消费者。

六、广州陈李济制药厂生产的药品“舒筋健腰丸”，其功能主治为“补益肝肾，强健筋骨，驱风除湿，活络止痛。用于腰膝酸痛”。广告宣称“服用当天就可见效，疼痛明显减轻；服用一疗程，痛、麻、酸、胀、僵明显好转；服用三疗程，坐骨神经不再疼痛，椎管狭窄得到根本治疗，破裂的纤维环得到全面修复，腰椎间盘突出症不再复发；3天快速止痛，3阶段全面康复”等。该药品为非处方药，擅自篡改审批内容在大众媒介发布广告。功能主治的宣传超出了食品药品监督管理部门批准的内容，含有利用患者、专业机构及其工作人员名义和形象作证明，不科学地表示功效的断言和保证等内容，严重欺骗和误导消费者。

七、陕西香菊药业集团有限公司生产的药品“郁金银屑片（广告中标示名称：国药710）”，其功能主治为“疏通气血，软坚消积，清热解毒，燥湿杀虫。用于银屑病（牛皮癣）”。广告宣称“治疗癣病敢称绝，第一绝，一虫透屏障，从根治顽癣；第二绝，七药拔癣毒，拥有好肌肤；第三绝，十草种疫苗，十年不复发”等。该药品为处方药，擅自在大众媒介发布广告。功能主治的宣传超出了食品药品监督管理部门批准的内容，含有利用患者名义作证明和不科学地表示功效的断言和保证等内容，严重欺骗和误导消费者。

八、湖南省湘中制药有限公司生产的药品“金龙补肾合剂”，其功能主治为“补脾益肾。适用于脾肾两虚，症见食欲减退，身倦乏力，睡眠差，健忘，夜尿频多，尿有余沥，腰膝酸软”。广告宣称“自从我喝了金龙补肾合剂，觉得又回到了十年前；坚持服用半年，耳不聋，眼不花，一年四季连感冒都很少，脾肾功能大大加强；彻底治好老胃病、老肠炎；对糖尿病效果确实不错”等。该药品为非处方药，擅自篡改审批内容在媒介发布广告。功能主治的宣传超出了食品药品监督管理部门批准的内容，含有利用患者名义作证明和不科学地表示功效的断言和保证等内容，严重欺骗和误导消费者。

九、济南基业海通生物技术有限公司（证件持有人）的保健食品“海通牌奥复康片”（卫食健进字〔2012〕第0021号），其批准的保健功能为“免疫调节”。广告宣称“服用当天，柠檬黄的毒素排出来了，服用七天，尿频、尿急、尿痛等症状明显缓解，服用二十天，尿分叉、尿不尽等症状明显好转，服用三十天，症状基本消除，服用五十天，男人的生理障碍完全恢复”等。该保健食品的功能宣传超出了食品药品监督管理部门批准的内容，含有利用消费者、专业机构及其工作人员形象和名义为产品功效作证明，不科学地表示功效的断言和保证等内容，严重欺骗和误导消费者。

十、广东仙乐制药有限公司（证件持有人）的保健食品“维妥立牌天然维生素E辅酶Q10软胶囊（广告中标示名称：全新太Q10软胶囊）”，其批准的保健功能为“缓解体力疲劳、增强免疫力”。广告宣称“打破了心脑血管疾病不可治愈的神话；像冠心病、胸闷、心慌、气短，3-7天就会消失；冠心病、心绞痛、心衰、心梗、心肌肥大等8周内让心衰病人看到奇迹；心律失常、高血压、低血压、糖尿病、脑瘫、帕金森等，4周时间内让每一位脑病见证希望”等。该保健食品的功能宣传超出了食品药品监督管理部门批准的内容，含有利用消费者形象和名义为产品功效作证明，不科学地表示功效的断言和保证等内容，严重欺骗和误导消费者。

国家食品药品监督管理局提醒广大消费者，要在医生或药师的指导下购买药品和医疗器械；保健食品没有治疗作用，不能代替药品，请谨慎购买。

国家食品药品监督管理局

二〇一二年七月二十日

违法广告公告

工商广公字〔2012〕8号

近期，国家工商行政管理总局对2012年6月全国部分电视、报纸、互联网等媒体发布的医疗、药品、保健食品、化妆品及美容服务类广告进行了监测抽查。现将监测抽查发现的部分严重违法广告公告如下：

一、清心沉香八味丸药品广告（生产厂家为阜新蒙药有限公司）。该广告利用专家、患者的名义和形象作证明，含有不科学的表示功效的断言和保证，误导消费者，严重违反广告法律、法规规定。发布媒体：贵州都市报（贵州）。

二、蛾贞胶丸药品广告（生产厂家为内蒙古佳合药业有限公司）。该广告利用专家、患者的名义和形象作证明，含有不科学的表示功效的断言和保证，误导消费者，严重违反广告法律、法规规定。发布媒体：丹东新闻综合频道（辽宁）。

三、壮方天麻片药品广告（生产厂家为广西千方药业有限公司）。该广告利用专家、患者的名义和形象作证明，含有不科学的表示功效的断言和保证，误导消费者，严重违反广告法律、法规规定。发布媒体：新晚报（黑龙江）。

四、龙泰降糖通脉片药品广告（生产厂家为吉林龙泰制药股份有限公司）。该广告利用专家、患者的名义和形象作证明，含有不科学的表示功效的断言和保证，保证治愈，误导消费者，严重违反广告法律、法规规定。发布媒体：青岛晚报（青岛）。

五、大唐前列通瘀片药品广告（生产厂家为西安大唐制药集团有限公司）。该广告利用专家、患者的名义和形象作证明，含有不科学的表示功效的断言和保证，误导消费者，严重违反广告法律、法规规定。发布媒体：半岛都市报（青岛）。

六、鹿茸洋参片药品广告（生产厂家为吉林省辉南辉发制药股份有限公司）。该广告利用专家、患者的名义和形象作证明，含有不科学的表示功效的断言和保证，保证治愈，误导消费者，严重违反广告法律、法规规定。发布媒体：生活报（黑龙江）。

七、补肺丸药品广告（生产厂家为甘肃省西峰制药有限责任公司）。该广告以健康资讯栏目形式变相发布药品广告，利用专家、患者的名义和形象作证明，含有不科学的表示功效的断言和保证，误导消费者，严重违反广告法律、法规规定。发布媒体：东莞新闻综合频道（广东）。

八、痛风舒胶囊药品广告（生产厂家为青海绿色药业有限公司）。该广告利用专家、患者的名义和形象作证明，含有不科学的表示功效的断言和保证，误导消费者，严重违反广告法律、法规规定。发布网址：http://saixue.s16.wg8.com/；为其提供链接服务的网站：新浪网；文字链接内容：通风—尿酸高—科研揭秘。

九、藻黄金稳压肽胶囊食品广告。该广告出现与药品相混淆的用语，宣传食品的治疗作用，利用专家、消费者的名义和形象作证明，误导消费者，严重违反广告法律、法规规定。发布网址：http://www.cnzu95.com/；为其提供链接服务的网站：搜狐网；文字链接内容：高血压—降压科研进展。

十、活益康牌益生菌胶囊（黄金菌美）保健食品广告。该广告出现与药品相混淆的用语，宣传食品的治疗作用，利用专家、消费者的名义和形象作证明，误导消费者，严重违反广告法律、法规规定。发布媒体：新疆卫视。

十一、排毒一粒通保健食品广告（生产厂家为武汉名实生物医药科技有限责任公司）。该广告出现与药品相混淆的用语，宣传食品的治疗作用，利用专家、消费者的名义和形象作证明，误导消费者，严重违反广告法律、法规规定。发布媒体：通化新闻综合频道（吉林）。

十二、梅山牌减肥神茶保健食品广告（生产厂家为江西省修水神茶集团公司）。该广告利用消费者的名义和形象作证明，含有不科学的表示功效的断言和保证，误导消费者，严重违反广告法律、法规规定。发布媒体：华西都市报（四川）。

十三、美国360（广告名称：康尔健胶囊）保健食品广告（生产厂家为西安馨兰贸易有限责任公司）。该广告出现与药品相混淆的用语，宣传食品的治疗作用，利用专家、消费者的名义和形象作证明，误导消费者，严重违反广告法律、法规规定。发布媒体：崇左新闻综合频道（广西）。

十四、青海公安消防总队医院医疗广告。该广告以医疗资讯节目形式变相发布，利用专家、患者的名义和形象作证明，含有不科学的表示功效的断言和保证，误导消费者，严重违反广告法律、法规规定。发布媒体：西宁新闻频道（青海）。

十五、西安肛泰医院医疗广告。该广告以医疗资讯栏目形式变相发布，利用专家、患者的名义和形象作证明，宣传诊疗技术，含有不科学的表示功效的断言和保证，误导消费者，严重违反广告法律、法规规定。发布媒体：西安晚报。

工商行政管理机关将依法查处上述严重违法广告。同时，加强跟踪监测和日常检查，及时发现并依法查处其他媒体发布的上述严重违法广告。

国家工商行政管理总局

二〇一二年八月十六日

违法广告公告

工商广公字〔2012〕9号

近期，国家工商行政管理总局对2012年7月全国部分电视、报纸、广播等媒体发布的医疗、药品、保健食品、化妆品及美容服务类广告进行了监测抽查。现将监测抽查发现的部分严重违法广告公告如下：

一、北京白癜风军颐中医医院医疗广告。该广告以健康资讯节目形式变相发布，利用专家、患者的名义和形象作证明，含有不科学的表示功效的断言和保证，误导消费者，严重违反广告法律、法规规定。发布媒体：西藏卫视、新疆卫视。

二、淮北印染医院医疗广告。该广告以健康资讯栏目形式变相发布医疗广告，利用专家、患者的名义和形象作证明，宣传医疗技术、诊疗方法，含有治愈率、隐含保证治愈的内容，误导消费者，严重违反广告法律、法规规定。发布媒体：淮北新闻综合频道（安徽）。

三、湘潭泽民类风湿专科医院医疗广告。该广告利用专家、患者的名义和形象作证明，宣传医疗技术、诊疗方法等，严重违反广告法律、法规规定。发布媒体：吉安一套（江西）。

四、三〇三医院医疗广告。该广告以健康资讯栏目形式变相发布，利用专家、患者的名义和形象作证明，含有不科学的表示功效的断言和保证，严重违反广告法律、法规规定。发布媒体：南宁晚报、南国早报（广西）。

五、西宁市生殖保健院医疗广告。该广告以健康资讯栏目形式变相发布，宣传诊疗技术，利用专家、患者的名义和形象作证明，严重违反广告法律、法规规定。发布媒体：西宁晚报。

六、天津阳光男科医院医疗广告。该广告以健康资讯栏目形式变相发布，宣传诊疗技术，利用专家、患者的名义和形象作证明，严重违反广告法律、法规规定。发布媒体：天津交通广播。

七、CC 焕颜祛斑精油化妆品广告。该广告涉及化妆品性能、功能、销量等方面的数据，含有使用他人名义保证其效用的内容，严重违反广告法律、法规规定。发布媒体：深圳 DV 生活频道。

八、康诚参茸壮骨丸药品广告。该广告以健康资讯节目形式变相发布，利用专家、患者的名义和形象作证明，含有不科学的表示功效的断言和保证，误导消费者，严重违反广告法律、法规规定。发布媒体：白山新闻综合频道（吉林）。

九、陆陆通人参再造丸药品广告（生产厂家为吉林省辉南辉发制药股份有限公司）。该广告利用专家、患者的名义和形象作证明，含有不科学的表示功效的断言和保证，误导消费者，严重违反广告法律、法规规定。发布媒体：天门新闻频道（湖北）。

十、九九心脑康胶囊药品广告（生产厂家为吉林省天泰药业股份有限公司）。该广告属于在大众传播媒介发布的处方药广告，利用专家、患者的名义和形象作证明，含有不科学的表示功效的断言和保证，误导消费者，严重违反广告法律、法规规定。发布媒体：石河子新闻综合频道（新疆）。

十一、袁氏鹿茸洋参片药品广告（生产厂家为吉林省辉南辉发制药股份有限公司）。该广告利用专家、患者的名义和形象作证明，含有不科学的表示功效的断言和保证，误导消费者，严重违反广告法律、法规规定。发布媒体：生活报（黑龙江）。

十二、知恩冠通片药品广告（生产厂家为通化金恺威药业有限公司）。该广告属于在大众传播媒介发布的处方药广告，利用专家、患者的名义和形象作证明，含有不科学的表示功效的断言和保证，严重违反广告法律、法规规定。发布媒体：贵阳晚报。

十三、益肝明目口服液药品广告（生产厂家为广西慧宝源制药有限公司）。该广告利用专家、患者的名义和形象作证明，含有不科学的表示功效的断言和保证，严重违反广告法律、法规规定。发布媒体：郑州晚报。

十四、乌龙养血胶囊药品广告（生产厂家为呼伦贝尔松鹿制药有限公司）。该广告利用专家、患者的名义和形象作证明，含有不科学的表示功效的断言和保证，严重违反广告法律、法规规定。发布媒体：贵州都市报。

十五、雷震子牌护康胶囊（北大护康胶囊）保健食品广告（生产厂家为上海北医大生物科技有限公司）。该广告出现与药品相混淆的用语，宣传食品的治疗作用，利用专家、消费者的名义和形象作证明，误导消费者，严重违反广告法律、法规规定。发布媒体：兰州晨报。

工商行政管理机关将依法查处上述严重违法广告。同时，加强跟踪监测和日常检查，及时发现并依法查处其他媒体发布的上述严重违法广告。

国家工商行政管理总局
二〇一二年九月十日

违法广告公告

工商广公字〔2012〕10号

近期，国家工商行政管理总局对2012年8月全国部分电视、报纸、广播等媒体发布的医疗、药品、保健食品、化妆品及美容服务类广告进行了监测抽查。现将监测抽查发现的部分严重违法广告公告如下：

1. 河南省医药院附属医院医疗广告。该广告利用专家、患者的名义和形象作证明，含有涉及医疗技术、诊疗方法的内容，严重违反广告法律、法规规定。发布媒体：郑州晚报（河南）。

2. 禾力康整形医院医疗广告。该广告利用专家、患者的名义和形象作证明，含有涉及医疗技术，宣传诊疗效果的内容，严重违反广告法律、法规规定。发布媒体：新晚报（黑龙江）。

3. 大庆东城医院医疗广告。该广告以医疗资讯节目形式变相发布，利用专家、患者的名义和形象作证明，误导消费者，严重违反广告法律、法规规定。发布媒体：大庆电视台综合频道（黑龙江）。

4. 甘露消渴胶囊药品广告（生产厂家为通化久铭药业有限公司）。该广告属于在大众传播媒介发布的处方药广告，利用专家、患者的名义和形象作证明，含有不科学的表示功效的断言和保证的内容。严重违反广告法律、法规规定。发布媒体：贵州都市报（贵州）。

5. 消渴降糖片药品广告（生产厂家为长春新宇制药有限公司）。该广告属于在大众传播媒介发布的处方药广告，利用专家、患者的名义和形象作证明，含有不科学的表示功效的断言和保证的内容。严重违反广告法律、法规规定。发布媒体：齐鲁晚报（山东）。

6. 仙草堂8元曲古7补3（腰腿痛丸）药品广告（生产厂家为本溪仙草堂药业有限公司）。该广告属于在大众传播媒介发布的处方药广告，利用专家、患者的名义和形象作证明，含有不科学的表示功效的断言和保证的内容，误导消费者，严重违反广告法律、法规规定。发布媒体：渭南电视台新闻综合频道(1)（陕西）。

7. 特研脑塞通丸药品广告（生产厂家为吉林特研药业有限公司）。该广告属于在大众传播媒介发布的处方药广告，利用患者的名义和形象作证明，含有不科学的表示功效的断言和保证的内容，误导消费者，严重违反广告法律、法规规定。发布媒体：内江电视台综合频道（四川）。

8. 十一味甘露胶囊药品广告（生产厂家为西藏金珠雅砻藏药有限公司）。该广告属于在大众传播媒介发布的处方药广告，以健康资讯节目形式变相发布，利用专家、患者的名义作证明，含有不科学的表示功效的断言和保证，误导消费者，严重违反广告法律、法规规定。发布媒体：西安交通旅游广播（陕西）。

9. 海洋眼药迅康利明（清心明目上清丸）药品广告（生产厂家为吉林省辉南辉发制药股份有限公司）。该广告利用专家、患者的名义和形象作证明，含有不科学的表示功效的断言和保证，误导消费者，严重违反广告法律、法规规定。发布媒体：青岛晚报（青岛）。

10. 乌龙养血胶囊药品广告（生产厂家为呼伦贝尔松鹿制药有限公司）。该广告利用专家、患者的名义和形象作证明，含有不科学的表示功效的断言和保证，误导消费者，严重违反广告法律、法规规定。发布媒体：新文化报（吉林）。

11. 清心明目丸药品广告（生产厂家为贵阳德昌祥药业有限公司）。该广告利用专家、患者的名义和形象作证明，含有不科学的表示功效的断言和保证，保证治愈，误导消费者，严重违反广告法律、法规规定。

发布媒体：成都晚报（四川）。

12. 极融牌大肚茶保健食品广告（生产厂家为西安佳诚药业有限公司）。该广告出现与药品相混淆的用语，宣传食品的治疗作用，利用专家、消费者的名义和形象作证明，误导消费者，严重违反广告法律、法规规定。发布媒体：仙桃电视台一套（湖北）。

13. 巴西雄根（兴安健鹿牌参鹿胶囊）保健食品广告（生产厂家为大兴安岭兴安鹿业有限公司）。该广告使用与药品相混淆的用语，宣传治疗作用，严重违反广告法律、法规规定。发布媒体：南国早报（广西）。

14. 国老问肝茶保健食品广告（生产厂家为陕西蓝枫保健有限公司）。该广告宣传食品的治疗作用，利用消费者名义作证明，严重违反广告法律、法规规定。发布媒体：半岛都市报（青岛）。

15. 妙巢胶囊保健食品广告（生产厂家为安徽高山药业有限公司）。该广告出现与药品相混淆的用语，宣传食品的治疗作用，利用专家、消费者的名义和形象作证明，误导消费者，严重违反广告法律、法规规定。发布媒体：新疆卫视（新疆）。

工商行政管理机关将依法查处上述严重违法广告。同时，加强跟踪监测和日常检查，及时发现并依法查处其他媒体发布的上述严重违法广告。

国家工商行政管理总局

二〇一二年十月十八日

关于停止播出“中国航母宝玺”等电视购物短片广告的通知

广办发媒字〔2012〕163号

近日少数电视台卫视频道违反《广告法》第七条和《广播电视广告播出管理办法》（广电总局第61号令）第八条规定，播放上述电视购物短片广告时，使用中华人民共和国国旗、国徽或以国家机关的名义和形象进行宣传，产生不良影响。为进一步规范广播电视广告播出秩序，根据《广播电视广告播出管理办法》有关规定，广电总局决定，自即日起各级广播电视播出机构立即停止播出“中国航母宝玺”、“航母模型”、“港澳台纪念钞王”、“人民币大系珍藏版”、“第三套人民币珍钞大全”和“人民币大系”等6条电视购物短片广告。

《通知》要求各级广电行政部门要对辖区内播出上述违规电视购物短片广告的播出机构给予警告等处理，督促各播出机构开展自查自纠，举一反三，主动停播存在同类违规问题的广告，并加大广告播前的审查把关力度，遏制各类违法违规广告播出。

广 电 总 局 办 公 厅

二〇一二年十一月十四日

违法广告公告

工商广公字〔2012〕11号

近期，国家工商行政管理总局对2012年9月全国部分电视、报纸、广播等媒体发布的医疗、药品、保健食品、化妆品及美容服务类广告进行了监测抽查。现将监测抽查发现的部分严重违法广告公告如下：

1．商丘妇科医院医疗广告。该广告利用专家、患者的名义和形象作证明，含有涉及医疗技术、诊疗方法、疾病名称等内容．严重违反广告法律、法规规定。发布媒体：商丘新综合频道(1)(河南)。

2．陕西西京中医药研究院医疗广告。该广告以健康资讯栏目形式变相发布医疗广告，利用专家、患者的名义和形象作证明．含有涉及医疗技术、诊疗方法，疾病名称、药物等内容，严重违反广告法律、法规规定。发布媒体：咸阳综合频道(1)(陕西)。

3．六盘水凉都妇产医院医疗广告。该广告利用专家、患者的名义和形象作证明，含有涉及医疗技术、诊疗方法等内容，严重违反广告法律、法规规定。发布媒体：六盘水新闻综合频道(1)(贵州)。

4．南京曙光肛肠医院医疗广告。该广告利用专家、患者的名义作证明，含有涉及医疗技术、诊疗方法、疾病名称，宣传治愈率的内容，严重违反广告法律、法规规定。发布媒体：金陵晚报(江苏)。

5．三〇三医院泌尿男科医疗广告。该广告中含有涉及医疗技术、诊疗方法、疾病名称、保证治愈和隐含保证治愈的内容．严重违反广告法律、法规规定。发布媒体：南国早报(广西)。

6．北京海华癫痫病医院医疗广告。该广告利用专家、患者的名义和形象作证明，含有涉及医疗技术、诊疗方法、疾病名称、保证治愈和隐含保证治愈的内容，严重违反广告法律、法规规定。发布媒体：青海卫视。

7．圣丹定喘(清肺十八味丸和七味葡萄散)药品广告(生产厂家为阜新蒙药有限责任公司)。该广告以健康资讯节目形式变相发布，属于在大众传播媒介发布的处方药广告，利用专家、患者的名义和形象作证明，含有不科学的表示功效的断言和保证，误导消费者，严重违反广告法律、法规规定。发布媒体：阜新综合频道(辽宁)。

8．国药710(郁金银屑片)药品广告(生产厂家为陕西香菊药业集团有限公司)。该广告以健康咨询节目形式变相发布，利用专家、患者的名义和形象作证明，含有不科学的表示功效的断言和保证，误导消费者，严重违反广告法律、法规规定。发布媒体：承德电视台新闻综合频道(河北)。

9．参鹿扶正胶囊药品广告(生产厂家为青海大地药业有限公司)。该广告以健康咨询节目形式变相发布，利用专家、患者的名义和形象作证明，含有不科学的表示功效的断言和保证，误导消费者，严重违反广告法律、法规规定。发布媒体：呼和浩特交通广播(内蒙古)。

10．天通宁(舒筋活络丸)药品广告(生产厂家为辽宁华源天利药业股份有限公司)。该广告利用专家、患者的名义和形象作证明，含有不科学的表示功效的断言和保证，误导消费者，严重违反广告法律、法规规定。发布媒体：石河子新闻综合频道(1)(新疆)。

11．安阳固本膏药品广告(生产厂家为安阳中智药业有限责任公司)。该广告利用专家、患者的名义和形象作证明，含有不科学的表示功效的断言和保证，涉及药品适应证或者功能主治、药理作用等内容的宣传未以食品药品监督管理部门批准的说明书为准，夸大宣传，严重违反广告法律、法规规定。发布媒体：青岛晚报（青岛）。

12. 中华结石通茶药品广告（生产厂家为广西梧州制药（集团）股份有限公司）。该广告属于在大众传播媒介发布的处方药广告，利用专家、患者的名义和形象作证明，含有不科学的表示功效的断言和保证，误导消费者，严重违反广告法律、法规规定。发布媒体：贵阳晚报（贵州）。

13. 富康神茶保健食品广告（生产厂家为沧州五行保健品厂）。该广告利用专家、消费者的名义和形象作证明，宣传食品的治疗作用，误导消费者，严重违反广告法律、法规规定。发布媒体：西藏卫视。

14. 全清牌大肚子茶保健食品广告（生产厂家为成都天龙保健品公司）。该广告利用消费者名义作证明，出现与药品相混淆的用语，宣传食品的治疗作用，严重违反广告法律、法规规定。发布媒体：新晚报（黑龙江）。

15. CC 焕颜祛斑精油（茜茜焕颜祛斑精油）化妆品广告（生产厂家为广州市白云区茜妃化妆品厂）。该广告含有对化妆品效用和性能虚假夸大的内容，使用他人名义以暗示方法使人误解其效用．误导消费者，严重违反广告法律、法规规定。发布媒体：深圳 DV 生活频道（深圳）。

工商行政管理机关将依法查处上述严重违法广告。同时，加强跟踪监测和日常检查，及时发现并依法查处其他媒体发布的上述严重违法广告。

国家工商行政管理总局

二〇一二年十一月十四日

关于发布 2012 年第 3 期违法药品、医疗器械、保健食品广告公告汇总的通知

国家食药监稽〔2012〕296 号

各省、自治区、直辖市食品药品监督管理局（药品监督管理局）：

为加强药品、医疗器械、保健食品广告监督管理，整治违法发布广告行为，进一步规范广告发布秩序，按照《药品广告审查办法》、《医疗器械广告审查办法》和《保健食品广告审查暂行规定》等有关规定，各省（区、市）食品药品监督管理部门加强了对行政区域内广告发布情况的监测，并及时发布了违法广告公告，国家食品药品监督管理局对此进行了汇总。

本期公告汇总期间，各省（区、市）食品药品监督管理部门以发布《违法广告公告》等方式，通报并移送同级工商行政管理部门查处的违法药品广告 51786 次，违法医疗器械广告 6102 次，违法保健食品广告 23769 次。对严重篡改审批内容进行违法宣传的广告，各省（区、市）食品药品监督管理部门共撤销药品广告批准文号 5 个，收回保健食品广告批准文号 1 个。对违法广告涉及产品采取了 82 次暂停销售限期整改的措施。现将其中违法情节严重、违法发布广告频次高的药品、医疗器械、保健食品予以汇总发布。

一、辽宁华源天利药业有限公司生产的药品“舒筋活络丸”，其功能主治为“驱风祛湿，舒筋活络。用于一般骨节风痛，腰膝酸痛”。广告宣称“三副药全面康复，不用手术；三天快速止痛，三阶段全面康复；开创了我国专药专治腰间盘突出的先河”等。该产品

广告宣传超出了食品药品监督管理部门批准的内容，含有利用患者名义作证明和不科学地表示功效的断言和保证，严重欺骗和误导消费者。

二、哈药集团黑龙江同泰药业有限公司生产的药品“痛风舒片”，其功能主治为“清热、利湿、解毒。用于湿热淤阻所致的痛风病”。广告宣称“一般服用哈药基因半个月左右，关节红、肿、热、痛症状消失，血尿酸降低；服用一周期，痛风根源被彻底铲除”等。

该药品为处方药，擅自在大众媒介发布广告。且广告宣传超出了食品药品监督管理部门批准的内容，含有利用患者名义作证明和不科学地表示功效的断言和保证，严重欺骗和误导消费者。

三、西双版纳版纳药业有限责任公司生产的药品“肾茶袋泡茶”，其功能主治为“清热解毒，利水通淋。用于膀胱湿热所致的尿急、尿热”。广告宣称“3-5天，尿频尿急尿痛减轻；20-30天，腰痛、血尿、泡沫尿、水肿消失、血压血糖正常；每天三袋茶，多年的慢性肾炎、肾结石、前列腺炎、肾性高血压、糖尿病肾病、痛风痊愈”等。该产品广告宣传超出了食品药品监督管理部门批准的内容，含有利用专家、患者名义作证明，不科学地表示功效的断言和保证，严重欺骗和误导消费者。

四、吉林特研药业有限公司生产的药品“脑塞通丸”，其功能主治为“活血化瘀、通经活络、益气养阴。用于脑血栓，脑淤血后遗症，肢体偏瘫，手足麻木，语言障碍等”。广告宣称“服用5-7天麻木失灵的四肢就会恢复知觉；服用10-15天，瘫痪的肢体能够活动，走路不再划圈；服用1到2个疗程，口眼歪斜恢复正常”等。该药品为处方药，擅自在大众媒介发布广告。且广告宣传超出了食品药品监督管理部门批准的内容，含有利用患者名义作证明和不科学地表示功效的断言和保证，严重欺骗和误导消费者。

五、哈尔滨同一堂药业有限公司生产的药品“珍芪降糖胶囊”，其功能主治为“益气养阴，清热生津。用于气阴两虚，肺胃有热之消渴症”。广告宣称“服用一疗程，血糖稳定并发症消除；彻底治愈糖尿病引发的各种并发症”等。该药品为处方药，禁止在大众媒介发布广告。广告宣传超出了食品药品监督管理部门批准的内容，含有利用患者、专业机构及其工作人员名义和形象作证明，不科学地表示功效的断言和保证，严重欺骗和误导消费者。

六、辽宁华鑫药业有限公司生产的药品“心舒丸”，其功能主治为“行气活血，通窍，解郁。用于冠心病引起的胸闷气短，心绞痛”。广告宣称“4-7天，心慌心悸、胸闷气短等症状明显改善；7-15天，心绞痛不再发作；20-30天，气血充足；服用后见效快，疗效好，2-4个疗程即可达到治愈”等。该药品为处方药，擅自在大众媒介发布广告。功能主治的宣传超出了食品药品监督管理部门批准的内容，含有利用患者名义作证明和不科学地表示功效的断言和保证，严重欺骗和误导消费者。

七、哈尔滨华雨制药集团有限公司生产的药品“木竭胶囊”，其功能主治为“补肾活血，温经止痛。适用于肾虚血瘀、寒邪痹阻所致的疼痛，僵硬，麻木等症及骨质增生见有上述症状的辅助治疗”。广告宣称“40天治好关节病，50天治好颈椎病，90天治好腰椎病；彻底消除骨病，杜绝复发”等。功能主治的宣传超出了食品药品监督管理部门批准的内容，含有利用患者名义作证明和不科学地表示功效的断言和保证，严重欺骗和误导消费者。

八、青岛伍龙生物科技有限公司生产的医疗器械“超强辐射治疗器（广告中标示名称：铁腰板）”，其适用范围为“适用于颈腰椎骨质增生性病症，慢性胃炎和前列腺炎等疾病的辅助治疗。也适用于肩周炎、痛经、附件炎、腰椎间盘突出症、坐骨神经痛、风湿和类风湿性关节炎、慢性腹泻以及肠胃痉挛和股骨头坏死的辅助治疗”。广告宣称“多种骨病都能治；铁腰板治疗仪一次性就把我的腰椎病治好了”等。该产品适用范围的广告宣传超出了食品药品监督管理部门批准的内容，利用患者形象和名义作证明，不科学地表示功效的断言和保证等内容，严重欺骗和误导消费者。

九、成都牧风生物科技有限公司生产的医疗器械“风痛康膜走珠器”（广告中标示名称：谷德宝骨细胞修复液），其适用范围为“适用于腰椎间盘突出、颈椎病、肩周炎、风湿关节炎，强直性脊椎炎，坐骨神经痛，腰肌劳损、骨刺、扭伤及软组织损伤等人群的辅助治疗”。该广告未取得批准文号擅自发布，宣称“风湿骨病哪疼抹哪，如果当天不见效，全额退货退款；不用开刀不用吃药，换骨只需30天”等。该产品适用范围的广告宣传超出了食品药品监督管理部门批准的内容，含有利用患者形象和名义作证明，不科学地表示功效的断言和保证等内容，严重欺骗和误导消费者。

十、武汉一元堂生物科技有限公司（证件持有人）的保健食品“一元堂牌知本天韵胶囊”（国食健字G20100662），广告宣传名称为“巢之安”，其批准的保健功能为“抗氧化”。在广告宣传称：“服用6天，失眠，便秘明显改善；服用20天，脸色红润，皮肤变得细腻有弹性；服用30天，妇科炎症明显减轻；服用60天，月经正常，色斑消失”等。该产品保健功能范围的广告宣传超出了食品药品监督管理部门批准的内容，含有利用消费者形象和名义为产品功效作证明，不科学地表示功效的断言和保证等内容，严重欺骗和误导消费者。

国家食品药品监督管理局提醒广大消费者，要在医生或药师的指导下购买药品和医疗器械；保健食品没有治疗作用，不能代替药品，请谨慎购买。

国家食品药品监督管理局

二〇一二年十月十七日

违法广告公告

工商广公字〔2012〕12号

近期，国家工商行政管理总局对2012年10月全国部分电视、报纸等媒体发布的医疗、药品、保健食品、化妆品及美容服务类广告进行了监测抽查。现将监测抽查发现的部分严重违法广告公告如下：

1. 北京京科银康专科医院医疗广告。该广告利用患者、卫生技术人员名义作证明，含有涉及医疗技术、诊疗方法、疾病名称等内容，隐含保证治愈的内容，严重违反广告法律、法规规定。发布媒体：青海卫视。

2. 贵州省皮肤病治疗中心医疗广告。该广告含有涉及医疗技术、诊疗方法等内容，隐含保证治愈的内容，严重违反广告法律、法规规定。发布媒体：贵阳晚报（贵州）。

3. 贵州退休医师医院医疗广告。该广告利用专家、患者的名义和形象作证明，含有涉及医疗技术、诊疗方法、宣传治愈率等内容，严重违反广告法律、法规规定。发布媒体：贵州都市报（贵州）。

4. 三〇三医院不孕不育生殖中心医疗广告。该广告利用患者、卫生技术人员名义作证明，含有涉及医疗技术、诊疗方法、疾病名称等内容，隐含保证治愈的内容，严重违反广告法律、法规规定。发布媒体：南国早报（广西）。

5. 辅仁复方杜仲胶囊药品广告（生产厂家为河南辅仁堂制药有限公司）。该广告属于禁止在大众传播媒介发布的处方药广告，利用专家、患者的名义和形象作证明，含有不科学的表示功效的断言和保证，误导消费者，严重违反广告法律、法规规定。发布媒体：沧州新闻综合频道(1)（河北）。

6. 天通宁（舒筋活络丸）药品广告（生产厂家为辽宁华源天利药业有限公司）。该广告以健康资讯节目形式变相发布，利用专家、患者的名义和形象作证明，含有不科学的表示功效的断言和保证，误导消费者，严重违反广告法律、法规规定。发布媒体：赤峰新闻综合频道(1)（内蒙古）。

7. 陆陆通（陆陆通人参再造丸）药品广告（生产厂家为吉林省辉南辉发制药股份有限公司）。该广告属于禁止在大众传播媒介发布的处方药广告，利用专家、患者的名义和形象作证明，含有不科学的表示功效的断言和保证，误导消费者，严重违反广告法律、法规规定。发布媒体：伊春电视台（黑龙江）。

8. 益气消渴颗粒药品广告（生产厂家为山西杨文水制药有限公司）。该广告属于禁止在大众传播媒介发布的处方药广告，利用专家、患者的名义和形象作证明，含有不科学的表示功效的断言和保证，误导消费者，严重违反广告法律、法规规定。发布媒体：燕赵都市报（河北）。

9. 宫瘤清片药品广告（生产厂家为陕西白云制药有限公司）。该广告属于禁止在大众传播媒介发布的处方药广告，利用专家、患者的名义和形象作证明，含有不科学的表示功效的断言和保证，误导消费者，严重违反广告法律、法规规定。发布媒体：新安晚报（安徽）。

10. 洛唐萍（消糖灵片）药品广告（生产厂家为广东尚瑞和药业有限公司）。该广告属于禁止在大众传播媒介发布的处方药广告，利用专家、患者的名义和形象作证明，含有不科学的表示功效的断言和保证，严重违反广告法律、法规规定。发布媒体：山东商报（山东）。

11. 青雪夫康药品广告（生产厂家为山西省吕梁中药厂）。该广告利用专家患者的名义和形象作证明，含有说明治愈率和有效率的内容，严重违反广告法律、法规规定。发布媒体：忻州综合频道（山西）。

12. 陈李济活络止痛丸药品广告（生产厂家为广州陈李济药厂）。该广告利用患者的名义和形象作证明，含有不科学的表示功效的断言和保证的内容，严重违反广告法律、法规规定。发布媒体：萍乡新闻综合频道（江西）。

13. 藏雪玛冬虫夏草胶囊（补王虫草精）保健食品广告（生产厂家为兰州科林生物医药有限公司）。该广告利用专家、消费者的名义和形象作证明，食品广告出现与药品相混淆的用语，宣传食品的治疗作用，涉及疾病治疗的功能，误导消费者，严重违反广告法律、法规规定。发布媒体：乌鲁木齐都市时尚频道（新疆）。

14. 问美胶囊保健食品广告（生产厂家为甘肃青黛中草药美容研究有限公司）。该广告利用消费者的名义和形象作证明，出现与药品相混淆的用语，宣传食品的治疗作用，误导消费者，严重违反广告法律、法规规定。发布媒体：海口生活娱乐频道(2)（海南）。

15. 美国联邦波尔美化妆品广告（生产厂家为珠海玛格丽经贸有限公司）。该广告使用他人名义保证，使人误解其效用，对性能有虚假夸大表述，严重违反广告法律、法规规定。发布媒体：新疆卫视（新疆）。

工商行政管理机关将依法查处上述严重违法广告。同时，加强跟踪监测和日常检查，及时发现并依法查处其他媒体发布的上述严重违法广告。

国家工商行政管理总局
二〇一二年十二月五日

'2013 中国广告年鉴

China Advertising Yearbook

全国各地区广告业发展与广告监管情况综述

Provincial Advertising Supervision and Developing

2012 年北京市广告监管工作情况

北京市工商局广告监督管理处

北京市工商局召开整治虚假违法医药广告专项行动工作部署会

2012 年，全市广告监管系统积极贯彻落实国家工商总局和市局工作部署，按照加强广告监管和促进产业发展“一体两翼、双轮驱动”的总体思路，积极推进广告战略实施，努力促进首都广告行业健康发展。

一、监测监管紧密衔接，一体化工作模式取得新发展

广告监测是实施广告监管的基础，对增强广告监管工作的主动性、预见性以及提升监管效能具有重要的意义。2012 年全年共监测广告 570.7 万条次，涉嫌违法广告 1.98 万条次，违法率为 0.35%。比去年同期降低了 0.07 个百分点。其中，12 月份的违法广告发布率下降为 0.27%，广告市场环境进一步优化。其中，监测人用药品广告 25 万条次，涉嫌违法 3454 条次；医疗服务广告 8.3 万条次，涉嫌违法 4416 条次；医疗器械广告 3.9 万条次，涉嫌违法 1485 条次；保健食品广告 8.8 万条次，涉嫌违法 2233 条次。发布广告监测报告 13 期，充分利用监测数据进行数据汇总、监测数据分析，为本市各部门及时掌握广告发布和违法广告情况提供了准确的信息，强化了科学有效监管。

同时，受国家工商总局的委托，按照《关于依托北京市工商局广告监测中心开展全国广告抽查监测的通知》要求，认真完成对全国 31 个省（市、自治区）、5 个计划单列市的 159 家媒体重点类别广告的监测工作，每月定期向国家局提供监测数据和情况报告，开展广告发布动态分析，截至 12 月底，已向总局提供 11 期监测数据和情况报告，为全国广告发展和市场监管提供了有力支持。

二、强化监管职能，规范市场秩序取得新成果

（一）完善联席会议制度，虚假违法广告整治力度进一步加大

根据国家工商行政管理总局等 12 部委联合发布的

《2012年整治虚假违法广告专项行动部际联席会议工作要点》，联合市委宣传部等11个部门继续巩固和完善虚假违法广告专项整治工作联席会议制度，各成员单位充分利用各自监管的职能和手段，在去年工作的基础上，注重加强监管信息的通报和共享，完善广告案件的协查、通报、查办和移转移送工作程序，研究协商重大违法广告问题的解决方案，加强对医疗、药品、保健品和食品等重点商品和服务类广告进行重点防控和监管。同时，综合运用行政指导、行政处罚和责任追究等多种手段和措施，实现对广告发布者、经营者、广告主的全方位监管和处罚。

2012年，全市广告监管部门共查处广告案件1086件，罚没款 2337.02万元。其中药品广告62件，罚没款144.28万元；医疗广告88件，罚没款387.67万元；保健食品广告35件，罚没款151.6万元；医疗器械广告26件，罚没款46.03万元；户外广告案件163件，罚没款283.03万元；固定形式印刷品广告案件20件，罚没款28.91万元。同时，继续开展互联网有害信息整治工作，共查处涉网违法广告案件284件，罚没款562.34万元。其中查处网络医疗广告案件16件，罚没款128.5万元；网络药品广告案件3件，罚没款11.1万元；网络涉性广告案件2件，罚没款2万元，提请市通信管理局分两批关闭了28家发布非法涉性广告的网站。

（二）注重实施行政指导，与企业发展良性互动进一步巩固

营造良好的广告市场环境，需要政府、行业协会、企业和社会公众的共同参与，创新社会化管理工作机制。2012年，全市广告监管系统对各主要媒体共进行行政约见915人次，并采取行政告诫、责令改正、叫停违法广告等行政措施，共责改897件、行政告诫791件、叫停违法广告2689条次；联合市广告协会对广告审查员加大法规培训力度，共培训广告审查员2405人次，督促履行广告发布的审查义务，将虚假违法广告控制在广告发布前，有效实现从事后监管执法向事前行为规范的转变，形成了政府与企业的良性互动。并倡导成立“诚信联盟”、“优信广告发展联盟”等自律性组织，强化广告经营单位的社会责任意识，塑造了服务型工商的良好形象。

（三）召开媒体广告发布管理工作会议，广告发布行为进一步规范

针对北京广告市场发展的新形势和存在的问题，为推动全市大众传播媒体贯彻落实国家工商总局等12部委联合发布的《大众传播媒介广告发布审查规定》，联合市委宣传部、市卫生局、市广播电影电视局等11家单位会签了《关于加强对大众传播媒介广告发布管理的通知》，并召开了“北京市媒体广告发布管理工作会议”。

会议对加强全市广告发布管理工作进行了部署，北京市委常委、宣传部长、副市长鲁炜同志在会上提出了“突出整治重点，强化内容监测，加强服务指导，落实责任，形成合力”等工作要求，并明确了各联席会议成员单位应做到“六个一批”，即对虚假违法广告曝光一批、暂停一批、整改一批、封杀一批、严惩一批、退出一批，共同推动首都广告市场秩序根本好转。

为更好地贯彻市领导指示，进一步落实各大众传播媒体广告发布审查责任，与市委宣传部联合发布《关于开展大众传播媒体广告发布自查整改专项工作的通知》，要求各区县工商分局和宣传部门要组织和监督辖区内大众传播媒体积极开展自查整改工作。对我市各大众传播媒体进一步完善广告审查制度，预防和最大限度减少违法广告的发布，建立健康、文明、有序的大众传播媒介广告宣传新秩序将起到积极的推动作用。

（四）积极配合开展户外广告和牌匾标识设置整治工作，协同化执法体系进一步确立

为进一步加强本市户外广告的设置管理，营造和谐优美的城市环境，迎接党的十八大胜利召开。按照市政府《关于印发北京市2012年户外广告和牌匾标识设置整治工作方案的通知》要求，开展了户外广告设

置的整治规范工作。

针对我市户外广告涉及多部门监管，仅依靠工商部门一家难以实现有效管理的问题，我局加大了同市政市容、城管等部门的配合，不断健全完善协同化工作机制，抓住全市统一行动的契机，进一步加强了对户外广告发布单位的主体资格、经营行为以及发布内容的监督管理，继续完善我市户外广告的基础数据，并积极做好清理整治后的登记备案等后续工作。为进一步规范对我市户外广告的监督管理，营造和谐良好的发展环境，促进我市户外广告健康有序发展提供有力的支持。

三、加快职能转变，促进行业发展迈出新步伐

工商部门是广告行业发展的指导者和行业秩序的管理者，近年来，在国家工商总局和市委、市政府一系列支持广告业发展的政策和措施的激励下，我局抓住机遇，乘势而上，努力促进广告业发展。

（一）以主办"北京国际广告周"为契机，加强北京广告业与国内外广告界交流

2012 年首届中国国际服务贸易交易会（京交会）在北京举办，为首都广告行业带来新的发展机遇。我局作为京交会广告专题"北京国际广告周"的主办单位，积极做好各项活动的组织筹备工作，通过举办中国广告产业发展高峰论坛、广告传媒企业展、北京国家广告产业园开园仪式、中国广告三十年回顾及优秀广告作品展 4 项主题活动，依托"京交会"，搭建首都广告业展示和交流平台，吸引汇聚国内外广告界精英，使"北京国际广告周"成为孕育、迸发、聚集广告新创意和新元素的广阔空间，促进了首都广告行业同国内外广告业和其他服务贸易领域的互动交流，共同宣传和推动北京广告产业发展，进一步提高了北京广告业的知名度和国际影响力。

（二）以加快国家广告产业园建设为重点，推进首都广告产业聚集发展

按照国家工商总局与北京市人民政府《关于推进首都广告业发展的战略合作协议》要求，我局推动和指导在朝阳区通惠传媒广场建立北京国家广告产业园，于今年 4 月获得国家工商总局的正式授牌，并于 2012 年 5 月 31 日"京交会"举行期间正式开园。为确保中央和北京市各项支持产业园配套资金到位，会同市财政局制定了《北京国家广告产业园广告业试点扶持资金管理办法》，并采取"政府支持、市场运作"的模式，建立市、区联动，统筹推进的工作机制，协调和指导朝阳区政府开展园区的各项建设工作。

目前，在我局和各有关部门的积极推动下，北京国家广告产业园各项建设工作进展顺利，一期 12 万平方米已建成并正式投入运营，二期建设也于 2012 年启动，广告产业初步集群发展，引力传媒、阿里巴巴等一批国内知名广告和新媒体企业现已入驻园区经营。

根据北京国家广告产业园的功能定位和发展方向，今后产业园将重点打造全国广告产品交易中心、广告产业公共服务中心、广告产业创新发展中心、广告产业人才培养中心和优势广告企业聚集中心等"五个中心"，同时，搭建公共技术服务平台、公共信息发布平台、公共行业中介服务平台、广告展示平台、政府"一站式"服务平台等"五个平台"。以吸引更多的广告企业，形成产业集聚效应，力争"十二五"末园区年产值超过 500 亿元。

（三）以开展广告业数据调查为基础，完善实施广告战略基础建设

为全面掌握本市广告业的主体规模、产业结构和经济总量，了解行业发展动态，为制定广告业相关政策提供科学依据，我局自 2012 年 2 月至 8 月，开展了北京市广告业基础数据调查统计工作。

在数据统计工作中，注重从工作环节上把好统计关，务求"细"、确保"实"、突出"准"。结合今年进行的广告经营资格检查，发布"关于开展广告业基础数据调查统计工作的通知"。完成了对全市 28882 家广告经营单位的基础数据调查统计工作，建立了广告业基础信息库，并发布了"2011 年北京市广告市场发展调查报告"。得到了国家工商总局和国家

统计局有关司局领导的肯定。

（四）以服务指导企业争取专项扶持资金为依托，做好帮扶企业促发展工作

为进一步落实国家工商总局与北京市人民政府《关于推进首都广告业发展的战略合作协议》，北京市政府将从北京市文化创新发展专项资金中每年安排不少于1亿元资金，用于支持首都广告产业发展。根据《北京市文化创新发展专项资金管理办法（试行）》，我局和市资办联合发布了《关于公开征集2012年度北京市文化创新发展专项资金之扶持广告产业发展专项资金项目的公告》，向社会征集2012年度扶持广告产业发展专项资金项目，并组织做好广告支持项目的征集和预审工作。

为了使这一扶持广告行业发展的利好政策能够充分发挥效用，自9月28日发布项目征集公告开始，到11月5日按评审流程要求将全部材料上报市文资办，全市广告监管干部克服了时间紧、任务重的困难，经过项目征集、系统违法记录查询、现场勘验、专家评审以及局长办公会审议等环节，圆满完成了对2012年度扶持广告产业发展专项资金项目的征集和预审工作。

（五）以举办"首届京台广告业交流与合作论坛"为支撑，推动两岸广告行业交流与合作

"第十五届京台科技论坛"于2012年11月28日至29日在台北举行，为进一步加强我市与海内外广告界的交流合作，不断提高我市广告业的国际化水平，我局积极与市台办联系，在京台论坛期间，合作举办了"首届京台广告业交流与合作论坛"。作为本届京台论坛的一个重要组成内容，京台广告论坛围绕"机遇、创新、共赢"的主题，针对京台两地广告行业"未来如何深度合作，携手发展"展开深入探讨，探索建立长效的合作联系机制和交流平台。

2012年天津市广告监管工作情况

天津市工商局广告监督管理处

第十九届中国国际广告节开幕式

2012年，天津广告监管工作贯彻落实国家工商总局关于广告监管工作的要求以及市委、市政府关于推动文化产业大繁荣大发展的有关指示精神，深入推进广告战略实施，充分利用滨海新区先行先试优势，扩

大国内外广告业的交流与合作，进一步完善广告市场综合治理，维护良好、健康、稳定的广告市场秩序，我市广告业得到了健康快速地发展。主要做了以下几项工作：

一、圆满完成承办第十九届中国国际广告节任务

2012 年 10 月 27 日，第十九届中国国际广告节在天津梅江国际会展中心开幕，本届广告节坚持审时度势、与时俱进，确定了以“推动广告战略实施，服务文化产业发展”作为主题，力图为文化繁荣和广告业发展搭建起更广阔的舞台，展示广告人的风采、谋划广告业未来。广告节期间，中国公益广告黄河奖、中国广告长城奖的揭晓，优秀广告作品展、国家广告产业园区展，大型媒体联合推介会、媒介广告企业展示交易会、中国名城名品博览会等专业展会以及广告专业论坛的召开都对提升天津市广告业整体水平，推动天津市社会经济又好又快发展发挥了积极作用。

本届广告节除了保持并加强“国际化、品牌化、专业化”的特色外，还创造了多项“第一”，“是历届广告节中最隆重、最有影响、层次最高、国际化程度最高的一次。”广告节期间 7 万人观展，3000 名注册代表到会，全国工商系统 480 人来津观展，9 个国家广告产业园区和天津滨海广告产业园首次集中亮相，全国 31 家卫星电视台、五大中央级媒体、3 万余平方米的展馆面积，开历届广告节先河，创历届广告节之最。据测算，本届广告节直接增加天津市社会消费品零售总额 1.26 亿元。

二、滨海广告园向“国家级”迈进

为贯彻落实国家广告发展战略，积极支持广告业发展，推动广告业成为重要产业，按照国家工商总局办公厅下发的《关于印发〈国家工商行政管理总局关于进一步支持天津滨海新区开发开放的意见〉的通知》（工商办字〔2010〕122 号）精神，决定以市工商局的名义向国家工商局请示，同时以市政府的名义向国家工商总局具函申报天津滨海广告产业园作为天津市的试点园区。

在第十九届中国国际广告节上，天津滨海广告产业园与北京、上海、南京等 9 家国家广告产业园区一同亮相，成为了展示本市广告业发展的一大亮点。与其他广告园区不同的地方是，滨海广告产业园将利用滨海高新区的产业基础和高新技术，实现文化与科技的融合、艺术与技术的交织。目前，已实现产值超过 40 亿元。

三、国家工商总局与市政府签订战略合作协议

为了创新发展机制，落实产业政策，整合优势资源，服务经济社会发展，进一步支持滨海新区开发开放。10 月 27 日，国家工商行政管理总局与天津市人民政府签订了《关于进一步推进天津广告产业创新发展战略合作协议》（以下简称《合作协议》），共同推动天津广告业发展。

《合作协议》提出了支持天津滨海广告产业园争创国家广告产业园区、重点扶持一批广告企业发展，培育和组建大型广告企业集团、创新广告产业投融资模式，打造全国广告产业投融资服务平台、举办广告业的各类国际性和全国性重大活动、建立新媒体广告技术创新平台和创意展示平台、拨付专项扶持基金以及促进本市广告产业发展等七项内容。《合作协议》的签署，充分体现了国家工商总局积极支持地方经济社会发展的务实精神，将进一步促进天津广告产业在新的起点上持续发展，推动天津、并辐射带动区域广告业发展，进而提高广告业专业化、集约化、国际化水平，为天津社会经济又好又快发展做出更大的贡献。

四、推动公益广告宣传活动，组织开展天津精神公益广告设计大赛

为宣传弘扬天津精神，引导广大市民了解天津精神、认同天津精神、践行天津精神，进一步激发热爱天津、建设天津、发展天津的积极性、主动性和创造性。

在天津电视台、天津人民广播电台、天津日报、今晚报等本市主要新闻媒体以及户外媒体上广泛开展以天津精神为主题的公益广告宣传活动。

同时,作为践行天津精神十项系列宣传活动之一,市局会同市文明办、今晚报共同组织开展了天津精神公益广告设计大赛。本次公益广告设计大赛期间，市局积极组织动员全系统和广告经营单位投身大赛作品创作,围绕组委会制定的竞赛主题内涵、平面作品要求、作品评审办法等内容，对参赛广告公司进行了专题培训和创意指导。本次大赛共收到来自全国26个省市的1652件来稿，涉及本市20多所高校、50多家知名广告公司专业团队以及全国各地广告设计师和美术爱好者的创作。经过初评、复评、终评三轮选拔，最终，《总有一种力量根植其中》获一等奖，《天津精神之“核心动力”》等3件作品获二等奖，《津神新意》等6件作品获三等奖，另有20件作品获优秀奖。另有7所高校荣获本次大赛优秀组织奖。所有作品名称陆续刊发在《今晚报》，《中国工商报》也用一整版刊发了作品名称。

五、深入开展2012年虚假违法广告专项整治工作

一是认真贯彻国家工商总局等十二部委联合下发的《2012年整治虚假违法广告专项行动部际联席会议工作要点》，召开了全市整治虚假违法广告联席会议，会同联席会议各成员单位制定并印发了《天津市2012年虚假违法广告专项整治工作方案》，要求在全市范围内继续对医疗、药品、医疗器械、食品(含保健食品)、金融投资、房地产、教育培训、出国留学、境外就业中介服务等重点商品和服务开展专项整治行动。

二是为了加强我市新闻单位广告管理工作，进一步规范媒体广告发布行为，增强媒体的公信力，净化广告市场环境，市工商局、市委宣传部联合印发了《关于在我市主要新闻单位派驻广告协管员有关工作的通知》，并于专门召开会议部署有关工作。《通知》对广告协管员的工作职责作出了具体规定：1. 广告协管员的主要职责是对派驻单位进行有关法律法规的宣传、培训；2. 要监督工商机关发出的有关广告方面的行政指导书、行政告诫书、行政处罚文书的执行和落实；3. 要开展广告审查员培训工作，加强对媒体广告发布审查工作的指导，督导新闻单位健全广告业务承接、登记制度；4. 指导新闻单位处理、化解因广告引起的纠纷；5. 对新闻单位提交的疑难广告提出审查意见，对发现的涉嫌严重违法广告提出处理意见等。同时，还规定广告协管员派驻到新闻单位以后，要建立定期沟通协调机制，通过每周召开碰头会、每月召开违法广告案件分析总结会等形式，统一对各新闻单位广告发布行为进行规范，推进虚假违法广告专项整治工作取得实效。

三是针对虚假违法广告投诉举报日益增多的现状，为进一步规范行政执法行为,有效规避行政执法风险，根据《工商行政管理机关行政处罚程序规定》，市局制定并印发了《天津市工商行政管理系统广告案件督办制度》，对违法广告案件的督办范围、督办程序以及督办要求做出了具体规定。

四是按照国家工商总局《关于集中清理整顿利用互联网销售滥用“特供”、“专供”等标识商品的通知》精神，全系统自9月底至10月，在全市范围内开展了对利用互联网销售滥用“特供”、“专供”等标识的商品，大肆炒作“特供”、“专供”概念，扰乱市场公平竞争秩序,欺骗和误导消费者行为的集中清理整顿行动。专项行动期间，共出动执法人员1719人次，检查生产经营主体2127户，巡查各类网站590家，监测网络广告2214条。

五是为贯彻落实好总局广告监管工作会议的统一部署和市工商局提出的“在新四区、老五县各选一个分局做试点，进行二级广告监测，市内六区由市局统一监测”的工作要求，以津南区和宝坻区为试点，由分局广告科承担辖区内主要广告媒体的日常监测任务。广告监测工作覆盖到区县，进一步提高了各分局广告监管工作效率，减少了监管工作的盲点，对区县媒体在广告发布环节上的自查自律起到了督促作用，从而更好地维护消费者的合法权益。

六是为了加强广告监管信息化建设，市局开通了广告监督管理网，该网站涵盖了广告监管、广告监测以及广告协会的工作动态和信息，包括监管动态、违法广告曝光、行政指导、监测信息、政策文件、法律法规等内容，为消费者提供了一个更全面的广告监管信息窗口。

2012 年，市工商局共下发广告监管行政指导书 10 件，下发责令违法广告停止发布通知 29 件，全市工商系统共查处违法广告案件 243 件，罚没金额 224.8 万元。据市局广告监测中心监测，监测全市重点门类商品和服务广告 75.63 万条次，发现涉嫌严重违法广告 4.7 万次，全市重点门类商品和服务广告严重违法率为 6.3%，比 2011 年同期的 7.92% 下降了 1.62 个百分点，严重违法率继续保持下降趋势。

2012 年河北省广告监管工作情况

河北省工商局广告监督管理处

河北省工商系统商标、广告工作座谈会暨专项行动工作调度会

一、今年所做主要工作

（一）加强监管，规范广告市场经营秩序

先后下发了《关于进一步加强固定形式印刷品广告监督管理的通知》、《关于进一步加强广告监管的通知》、《关于加强市级电视台新闻频道广告监管工作的通知》，组织了全省的广告监测培训，严格把好“准入关”，规范主体经营资格；增强监测针对性，提高监管效能；突出检查重点，对存在问题较多的媒体实行重点检查、跟踪检查，有效减少和预防了违法广告的发生；加大案件查处力度，目前已查处各类广告违法案件 1108 件，其中医疗、药品、医疗器械和保健品广告 414 起，罚没款金额 421.47 万元，责令停止发布 1926 条。

（二）认真谋划，积极推进广告战略实施

落实总局要求，积极推进我省广告业健康快速发展，一是全省成立了以一把手为组长，各相关部门主要负责人为成员的各级工商局广告战略实施领导小组，全面加强对广告业发展的领导。二是提出了我省广告业发展的目标任务。认真贯彻总局《关于推进广告战略实施的意见》，结合我省实际，明确了我省广

告业发展的工作措施，力促我省广告业转型升级，向专业化、高层次发展，不断发挥广告在促进全省经济发展、促进产业结构升级等方面的重要作用。三是认真调研，谋划我省广告业发展“十二五”规划。深入了解我省广告业发展的现状，找出制约发展的因素，加大对广告行业的扶持力度，推动广告业自主创新，进一步完善广告市场监管体系。按照总局制定的《国家广告产业园区认定和管理暂行办法》，积极采取措施，支持广告园区建设，提高广告业的集约化和专业化水平。

（三）突出重点，大力开展专项整治

2012年以来，围绕社会关注热点开展了一系列专项整治，一是开展了对网络上部分商品滥用“特供”、“专供”等标识专项整治工作。共约谈互联网站43家，检查互联网站231家，监测网络广告2289条次，责令网站经营者停止违法违规广告宣传3条，严厉打击了各类违法广告行为。二是重点开展了整治违法医疗广告专项行动。专项行动期间，检查医疗机构295家，下发行政指导文书154份，查处违法医疗案件215件，罚款106.7万元。三是开展户外和烟草广告专项整治。对全省的户外和烟草广告进行了全面的清理整治，共查处违法广告案件822件，规范户外和烟草广告发布行为462处，有效地净化了广告市场环境。

（四）加大宣传力度，增强整治效果

充分发挥新闻媒体的舆论导向作用，利用广播、电视、报纸、简报、网络等多种形式，进一步提高消费者对虚假违法广告的鉴别和防范能力。一是全省工商系统于7月1日在全省范围内组织开展了防范虚假违法广告宣传日活动。全省各级工商行政管理机关在活动现场和社区共发放宣传材料12万份，并联合卫生、药监部门在活动现场设立专门的投诉、举报、咨询服务站，当场接受群众的投诉举报和咨询，活动当天共受理群众投诉举报85条；接受群众咨询1200余人次。二是对2012年以来查办的各类严重违法广告案件在省局网站上进行公告曝光，把违法的主要表现形式以及所犯法规条款和处罚决定一一进行了公告，共公告曝光3次，涉及广告77条，对违法广告经营者予以警示、告诫和威慑。

（五）积极推行联席会议制度的落实，强化监管合力

进一步加强与联席会议部门的联系与协调，一是及时召开联席会议，共同分析研究虚假违法广告专项整治存在的问题及进一步加强广告整治的措施、办法。省、市联席会议办公室印发了2012年整治虚假违法广告专项行动工作要点，对今年的工作进行了全面的安排部署。二是联合成员单位对媒体单位进行行政告诫。各级工商部门加强与卫生、药监、新闻出版等部门的协调联动，今年来全系统召开行政训诫会213次，对重点媒体和违法率较高的媒体广告负责人进行行政训诫和指导，促使其强化自律。三是及时将媒介发布的各类广告监测结果及典型违法广告通报给各联席会议成员单位，提出工作建议和执法建议，并要求反馈处理结果。

（六）落实媒体广告审查责任，实行源头防范

一方面，大力推行行政指导。各级广告监管部门根据监测结果，及时约见广告发布者，发挥行政指导作用，采取行政建议、行政告诫、行政约谈等措施对媒体发布广告情况进行行政指导，各地重点对晚报、电视台进行了行政告诫，督促其健全完善制度规定，严格按法律法规落实审查责任和程序。同时，开展对媒体的培训，督促其严格落实《大众传播媒介广告发布审查规定》，进一步健全各项规章制度，特别是广告发布的三级审查制，把好发布环节审查关，从源头上减少和防范虚假违法广告产生。

二、存在的主要问题

（一）广告监管难度大

一方面由于媒体的强势地位，违法广告查处难问题时有发生，同时，广告形势的多元化和广告内容变换快，使广告监管难度加大，监管存在较高风险。

（二）广告业规模和辐射面小

从目前我省广告单位的经营情况看，经营规模普遍较小。广告企业抵御市场风险能力相对较弱，其策划设计水平也不高。

2012年山西省广告监管工作情况

山西省工商局广告监督管理处

山西省广告工作暨广告产业园区建设推进工作会议

2012年，山西省工商系统按照国家工商总局和省委省政府的安排部署，深入贯彻落实科学发展观，认真履行指导广告业发展和加强广告监管的法定职责，坚持积极服务与加强管理并重，整顿规范与指导发展并举，创新机制，提高效能，全省广告市场秩序持续好转，广告业保持平稳较快发展，为促进经济社会又好又快发展做出了积极贡献。

一、创新监管方式，净化广告市场

一是注重发挥联席会议制度作用，定期召开联席会议通报情况、研究问题、协调行动、联合执法，有效发挥各成员单位的职能作用，形成了整治合力。

二是加强动态监测和年度检查相结合，把监测的重点放在传播范围广、社会影响大的大众传媒上，并根据监测结果，对一些重点行业违法主体的主体资格、广告内容和广告档案进行逐一检查，及时发现违法广告案件线索，并定性查处，推行监测与执法联动机制。

三是进一步完善虚假违法广告举报制度，鼓励群众监督、举报虚假违法广告，充分发挥社会舆论监督作用。

四是积极推行违法广告公告制度，采取典型案例曝光、违法案例点评等形式，增强对虚假违法广告发布行为的震慑力。2012年，全省检查广告48.96万条次，发现涉嫌违法广告2498条次，收缴违法印刷品广告39.68万份，行政告诫379条，查处违法广告案件2119件，罚没款732.91万元。

二、推进行政指导，规范经营行为

全省工商系统在整治虚假违法广告中，始终从规范广告市场主体经营行为入手，坚持教育为主、规范为本、预警在先、处罚在后的原则，认真落实广告经营审查等五项制度，积极开展法规宣传、广告审查员培训、召开座谈会、约见媒体负责人、发布公告提示、行政告诫等形式的行政指导工作，指导和规范广告经营者的经营行为。

一是在现场检查中注重讲解广告法律法规，对发布广告内容中存在的问题进行现场指导，帮助广告主、经营者和媒体建立健全各项管理制度，规范广告内容，营造了学法守法的良好氛围，从源头上设置虚假违法广告的“防护网”。

二是根据广告监测情况对易发生违法违规的广告经营行为，通过公告形式发布预警提示，对发生轻微违法行为的违法主体提出行政告诫。

三是指导和帮助大众媒介开设专题或栏目，广泛开展虚假违法广告鉴别和科学消费观宣传教育活动，以案说法讲解辨别虚假违法广告方法，引导消费者提高识别虚假违法广告能力和自我防范能力。

四是组织广告经营单位开展广告法律法规培训，增强广告法律责任意识，指导大众传播媒介认真履行社会责任；健全广告审查员制度，提升广告审查员的广告审查能力，从源头上治理虚假违法广告。

五是进一步健全行业自律制度，指导大众传播媒介向社会发出倡议拒绝虚假违法广告，不断增强守法经营意识、文明经营意识，全面提升广告业的整体水平。在监管中广泛运用行政指导方法，使广告监管工作从单一的事后监管转变为事前、事中、事后的全过程监管，着力培养广告行业讲责任、树诚信的经营理念，有效促进了广告业健康发展。

三、强化服务引导，促进行业发展

一是扶持广告小微企业，壮大新兴产业。针对有些地方广告企业规模小、专业化程度低、不能形成真正意义上综合性、专业化的品牌效应的现状，各地工商部门积极帮助广告小微企业制定广告发展规划，出台一些相应的扶持政策，鼓励广告企业向互联网广告、网络广告转型升级。大力支持具有竞争优势的广告企业通过参股、控股、承包、兼并等方式扩大市场份额，进一步做大做强。指导广告企业以动产抵押、商标权押、股权出资等方式获得资金支持，推动广告企业快速发展。

二是指导并组织广告经营单位与工商贸品牌企业加强沟通协作，通过开设企业品牌展示栏目等形式，着力提升企业形象，提高产品知名度 ，提升广告业的社会影响力。山西杏花村汾酒集团有限责任公司与山西好运达国际广告有限公司强强联合，进一步扩大了汾酒品牌的知名度和市场占有率，产品销量和效益均大幅提升，山西好运达国际广告有限公司获得了稳定的客户和可观的收益，实现了双赢。忻州市偏关工商局采取“借船出海，借风航行”的办法，鼓励当地农产品企业和旅游企业强强联手，在广告中宣传当地特色农产品以及当地旅游资源，进一步提升企业和产品的知名度，产品销量及销售范围持续扩大，推动了当地农产品和旅游产业品牌的发展壮大。

三是发挥公益广告对社会主义和谐社会的促进作用，进一步加大公益广告的宣传力度，使公益广告推动正风正气形成。太原高新区、吕梁交城分别开展了“公益广告花灯点亮元宵节”、“舌尖上的公益广告”活动，营造了浓厚的公益广告宣传氛围，有力弘扬了文明诚信、增强食品安全意识的文明生活理念，提升了广告业主的社会责任感，增强了主动创新设计、积极参加公益广告宣传活动的意识，取得了良好的社会效益和经济效益。

四是加强了与山西日报报业集团广告有限公司等大型广告企业的对接和行政指导，支持传统媒体的广告经营创新发展，指导和帮助媒体调整商品广告结构，扩大经营范围，提升广告业的社会影响力，推进了山西省广告业规模发展。截止 2012 年底，全省广告经营单位 4333 户，从业人员 2.4 万人，全省广告经营额 34.06 亿，比上年增长 11%，高于同期本省文化产业的增长速度，广告产业整体发展水平与全省转型跨越发展和文化强省的建设水平相适应，已占到全省文化产业实现增加值的 9% 左右，广告业成为我省文化产业新的增长点和亮点。

四、推进园区建设，助力转型发展

按照国家工商总局推动广告产业创意园区建设的工作要求和山西省委、省政府率先走出资源型地区转型跨越发展建设文化强省的安排部署，山西省工商局领导亲自带队到大型的广告经营单位进行了广泛调研，充分了解山西广告产业发展现状，多方听取建设广告产业园区的建议和意见，与省市主要媒体和国家级传媒集团就建设山西首个国家级广告（文化）广告产业创意园达成共识，成立了山西广告创意产业投资管理有限公司，负责园区的筹建工作。此项工作得到省政府领导的高度重视，现正与太原市政府、太原市高新区、晋中开发区等对接洽谈，项目正在积极推进中。

2012 年内蒙古自治区广告监管工作情况

内蒙古自治区工商局广告监督管理处

内蒙古自治区举办首届公益广告大赛

为深入贯彻落实国家工商总局、国家发改委《关于促进广告业发展的指导意见》和国家工商总局等 12 部门联合下发的《2012 年整治虚假违法广告专项行动部际联席会议工作要点》，我区工商系统结合本地区广告业发展实际情况，在全区范围内做出具体部署，积极引导和扶持地区广告业发展，指导和推动全区广告执法人员，采取有效措施，积极开展以虚假违法广告专项整治为主要内容的广告监督管理工作，努力营造良好的广告市场发展环境。

一、力推内蒙古自治区人民政府办公厅《关于促进广告产业发展的实施意见》的出台，促进我区广告业又好又快发展

为认真贯彻落实国家工商总局和国家发展改革委《关于促进广告业发展的指导意见》和党的十七届六中全会提出的全面推动社会主义文化大发展大繁荣的要求，加大对广告业发展工作的支持力度，促进我区广告产业发展，2012 年年初我局起草了《内蒙古自治区人民政府关于促进广告产业发展的实施意见》，并深入呼和浩特市、包头市、鄂尔多斯市等地进行调研、召开相关广告企业座谈会，对我局起草的《实施意见》进行修改和完善。5 月份书面征求局领导、局机关各处室和各盟市工商局的意见，完成了该《实施意见》的定稿工作。7 月份又书面征求了发改委、财政、税务等自治区 12 个相关部门的意见，并经修改后，报自治区政府和自治区法制办，经过多次与自治区政府沟

通和协调，今年2月1日内蒙古自治区人民政府办公厅正式出台了《关于促进广告产业发展的实施意见》（内政办发〔2013〕13号），该《实施意见》在政策扶持、市场准入、税收政策、人才培养和引进、保障机制等方面都明确了优惠政策，这将对我区广告业又好又快发展起到很好的推动作用。

二、积极探索促进广告业发展新模式，支持推动广告企业集聚发展

重点是争取和支持包头市滨河新区广告产业园区项目的落成。2012年年初我处分别向自治区人民政府、国家工商总局上报了《关于申报包头广告产业园区为国家广告产业园区试点的报告》；向国家工商总局、财政部上报了《包头广告产业园区开展中央财政支持广告发展试点工作实施方案》的报告。通过努力争取，并积极做好协调、沟通等工作，6月底该广告园区已被国家工商总局列为国家广告产业试点园区，2500万元首批支持园区建设资金也随之到位。园区的建设、运营等各项工作正在有序地进行，这将对发挥我区广告企业集聚发展起到试点和引领作用。

三、促进公益广告发展，充分发挥公益广告在弘扬社会主义道德风尚和引领先进文化、塑造城市品牌形象的作用

为支持、鼓励社会力量积极参与公益广告活动，努力提高公益广告策划、创意和制作水平，扩大公益广告的社会影响力，使公益广告成为构建和谐社会、传播社会主义精神文明、弘扬社会主义先进文化的重要抓手，去年7月份我局与自治区宣传部、精神文明办、广电局、新闻出版局联合下发了《关于举办内蒙古首届公益广告创作展播评比活动的通知》，在全区范围内征集作品，开展评比活动。通过各级相关部门的宣传动员，全区各级媒体、各广告经营单位、各高校分别以单位和个人的形式积极组织，踊跃参加。通过层层筛选，共征集参赛作品213件，其中平面类128件，影视类40件，广播类45件。由自治区工商局、宣传部、精神文明办公室、广电局、新闻出版局等有关部门负责人及内蒙古大学、师范大学、农业大学的专家组成了评审委员会，对所报送的作品分三大类进行了评审，每类作品分别评出一、二、三等奖和优秀奖，并与有关部门联合下发了表彰通报，广播电台、电视台和内蒙古报社也都进行了宣传报道，该活动收到了良好的社会效果。

四、深入开展自治区广告业普查工作，为推动广告业发展奠定数据基础

为更好地提供领导决策所需的较为客观、准确的依据，充分发挥参谋助手作用，我局于2012年上半年对全区广告业的发展情况进行了深入细致地普查。普查期间，分别对自治区广告市场主体、雇员工资、注册资金、年度经营额和户外广告等基本情况进行了具体分析，提出了自治区广告业发展的特点和方向，指出了自治区广告业存在的问题。普查结果显示，全区广告经营单位共计7091户，广告从业人员共计67284人，广告企业雇员月平均工资为1680元，注册资金共计536835.6万元，年实现广告经营额共计398767.81万元，户外广告载体共计29969块，户外广告载体总面积共计1577943.32平方米。

五、以打击遏制虚假违法广告为重点，加大监管力度，营造良好广告市场发展环境

（一）突出重点，强化监管力度，提高监管效能

认真组织开展对主要媒体的专项监测和整治工作，特别是把直接关系人民群众健康安全的药品、医疗、保健品食品，危害未成年人身心健康的非法涉性、低俗不良广告以及扰乱公共秩序、影响社会稳定的严重虚假违法广告作为整治重点，加大监管力度，狠抓工作落实，并下发了关于加强部分媒体广告监管的通知。一是进一步加大对广播、电视、报刊等媒体和印刷品广告的监管力度；二是全面落实媒体广告发布的

各项制度，通过告诫、责令整改、约谈、行政处罚等措施，规范广告发布行为，降低广告违法率；三是对群众举报的严重违法广告以及违法率居高不下，继续顶风违规发布违法广告的广告主、广告经营者和广告发布者加大查处力度，有力打击了各类主要媒体发布违法广告行为，取得了明显成效。2012 年，全区共查处违法广告案件 832 件，罚没款 591.92 万元，共下达责令整改通知书 416 件，责令停止发布违法广告 951 条。共监测广告 1437419 条，涉嫌违法广告 211708 条，严重违法率 8.7%；国家工商总局共抽查监测我区媒体广告 31434 条，涉嫌严重违法广告 3499 条，违法率为 11.1%，与上年同期相比，违法率下降了 10.7 个百分点，从国家工商总局和我局监测中心监测情况看，各类媒体发布广告的违法率大幅度下降。

（二）进一步强化广告审查把关意识，建立健全广告审查制度

为认真贯彻落实国家工商总局等十二部门关于《大众传播媒介广告发布审查规定》的有关规定，去年下半年自治区工商局和各盟市工商局分别组织举办了“广告审查员培训班”，共有 1600 多人参加了培训，进一步提高了媒体对广告审查把关的意识及广告审查员的业务素质，指导媒体建立健全广告审查等管理制度，充分发挥媒体审查把关作用，真正把广告发布前审核把关职责落实到位，从源头上预防和减少违法广告发布，实现广告市场秩序根本性好转，国家工商报头版对培训班的相关情况也进行了报道。

（三）积极推动和完善专项整治虚假违法广告联席会议机制，综合治理作用得到充分发挥

一是充分发挥牵头部门的作用，积极做好各成员单位的协调沟通工作，推动主管部门对本行业加强指导和监管力度。去年上半年组织各联席会议成员单位召开了广告专项整治工作电视电话会议，安排部署了 2012 年广告专项整治工作，较好地推动了各成员单位按职责分工，各尽其职、各负其责，进一步加强了工作衔接和协作配合，完善了广告监管的协调、通报、查办、移送等工作程序，增强了监管合力，提高了监管效能。

二是建立健全通报和约谈制度。针对个别媒体违法广告率高以及群众投诉等情况，及时采取通报、召开媒体相关负责人约谈会、责令整改等措施，加大监管力度。对依法监管配合不力或不积极配合的媒体，及时向整治虚假违法广告联席会议成员单位及党委、政府有关部门进行书面通报。

2012 年辽宁省广告监管工作情况

辽宁省工商局广告监督管理处

辽宁省工商系统广告监管执法工作暨业务建设年活动座谈会

按照省局的工作部署和要求，深入整顿和规范广告市场秩序，强化对广告业发展的规划和指导，努力夯实广告工作的基础，取得积极成效。

一、强化广告日常监管，营造良好的广告市场环境

（一）专项整治成果持续扩大

按照《2012 年虚假违法广告专项整治工作实施意见》的要求，各地坚持把专项整治作为市场监管的重要抓手，落实任务分工，突出整治重点，整合监管力量，实施综合治理，不断巩固和扩大成果。全年共查处各类广告违法案件 1305 件，罚没款 935 万元。

一是积极履行牵头职责，发挥联席会议成员单位的合力作用。各市局通过多种方式，会同联席成员单位共同加强广告市场整治工作。盘锦市局召开全市性的工作会议，主管副市长亲自动员部署。营口市局召开有 15 个部门参加的联席成员扩大会议，制定了监管执法联动的新方法新措施，增强处罚措施的联动效能。

二是细化工作部署，狠抓工作落实。为确保整治工作深入开展，省局积极发挥引导督促作用，鼓励支持各市局因地制宜抓好整治工作。沈阳市局制定下发了《2012 年整顿和规范沈阳广告市场工作方案》，确定整治重点违法行为，明确各基层单位的监管任务。丹东市局制定了《工作目标考评细则》，定期指导调度，确保全年广告监管工作落到实处。

三是组织执法力量，加强日常整治。营口市局共出动执法人员 1870 人次，重点检查了药品、医疗、化妆品、美容服务、保健食品广告发布者、经营者和广告主 530 余户，印发法律法规宣传册 700 多份，有效地遏止了虚假违法广告的传播和蔓延。

从国家工商总局的监测通报看，我省关系人民群众健康安全的医疗、药品、保健食品、化妆品、美容

服务广告的平均违法率比去年同期持续下降。

（二）强化对广告发布环节的监管

省局加大对广播电台、电视台，都市类报纸等媒体广告的监测检查力度，严厉查处虚假违法的医疗、药品、保健食品、美容服务、化妆品等广告。对责任媒体下达《责令整改通知书》共计 31 份，对违法广告较多的辽宁广播电视台、华商晨报社、辽沈晚报社和沈阳晚报社的广告负责人进行约谈共计 4 次。结合宣传落实《大众传播媒介广告发布审查规定》，各市局采取多种形式强化媒体监管。

一是认真做好广告经营资格年检。大连、丹东、营口、锦州等市局通过检查媒体经营资质、执行广告审查员和落实广告承接登记、审核、档案等制度情况，建立完善了对本地区媒体的管理档案，夯实了工作基础。

二是强化行政措施。积极运用预警教育、约见谈话、行政指导、行政告诫等广告监管手段，切实促进了媒体完善制度、加强自律。共向各级各类发出整改通知书 350 份，整改违法广告 1670 条，停播严重虚假违法广告 860 条。

三是加强对新媒体监管。一方面 LED 显示屏作为广告发布的新载体，数量发展迅猛，广告信息量成倍增长，另一方面我们缺乏相应的管理经验。在省局的指导下，本溪、营口市局将其纳入媒体管理范畴，进行广告经营与管理；丹东、盘锦市局利用“四城联创”和“创城活动”的契机，对全市 LED 显示屏进行了摸底调查，并积极引导经营单位开展公益广告宣传，为进一步监管奠定了基础。

（三）加强户外和印刷品广告监管

在着力监管媒体广告发布行为的同时，省局坚持把户外广告和印刷品广告作为日常整治工作重点，引导各市局注重发挥基层单位的力量，将监测检查违法广告纳入日常执法巡查之中，使监管责任落实到人，极大地推动了广告监管深入开展。全年共登记备案电子显示屏、展示牌、交通工具等户外广告 39000 个，责令整改户外广告 1500 个；同时收缴虚假违法印刷品广告 8 万张，净化了城市环境。

二、健全广告监管长效机制，着力提升广告监管效能

（一）完善广告监测体系

进一步健全广告监测制度规范，统一监测标准，加大省局广告监测抽查频率和范围，要求各市逐步实行每月监测。全系统共监测检查广告 200 万条，数量较上年翻了一番。省局共发布广告监测通报 2 期，发布违法警示公告 1 期，曝光虚假违法广告 10 个。全系统通过发布违法广告警示公告、监测通报等形式，共发布公告 103 期，曝光虚假违法广告 460 条，震慑了违法广告行为。

（二）落实违法广告案件查办制度

为切实提高各市局对严重违法广告、消费者投诉举报和相关部门转办案件查办力度，省局加大了广告案件督办力度，对沈阳、大连、鞍山、抚顺、丹东、锦州和辽阳等市工商局下达《违法广告查处通知书》共 17 份，并及时通报督办案件查办落实情况，有力促进案件查办责任意识和消费者合法权益保护意识增强。

一是更加注重与相关执法部门的沟通协调。各市局在认真查办虚假违法广告案件的基础上，注重部门间的密切联系，有效预防监管缺失。营口市局先后 8 次与药监等部门走访座谈，进一步明确了案件移送标准和信息共享制度，确保了监管职责有效履行。

二是更加注重消费者合法权益保护工作。沈阳、锦州、营口等市局认真、积极、迅速、妥善处理群众来访和消费者投诉、举报工作，保民生，保稳定，促和谐。共接到广告类消费者投诉、举报 300 余件，做到件件投诉均有答复，为消费者挽回经济损失 15 万元。

（三）探索建立广告信用监管体系

在认真研究设立广告主、广告经营者、广告发布者信用评价指标的基础上，初步形成了《广告信用分类监管工作意见》，将逐步建立广告企业信用数据库，重点记录、归集广告市场主体开展经营活动、广告监

测、广告案件查处等信息，努力完善广告信用监管体系建设。

三、积极履行指导行业发展职能，促进广告业科学发展

（一）开展广告业发展状况调查

省局下发了《关于对我省广告业发展情况进行调研的通知》，部署对我省广告业经营、发展和改革等情况进行全面调研。各市局按照省局要求，围绕六项调查内容，通过走访广告经营单位和媒体单位、问卷调查等多种方式，认真组织调研，各项工作进展顺利。

（二）深入推进广告产业园区建设

会同省财政厅联合发文，支持引导做好国家广告产业园区的培育和申报工作；并积极与总局广告司协调，推进我省广告产业园区争创工作。目前我省沈阳、大连两市，各有一个广告产业园区被列入第二批国家广告产业园区候选名单。

（三）积极服务会员单位

各市协会开展不同活动积极为会员服务。本溪、营口等市协会完成了换届工作。盘锦市协会以“讲文明树新风，做文明有礼的盘锦人”和“热爱伟大祖国，建设美好家园”为主题，在全市范围内开展创建“全国文明城市”公益广告大赛活动。共征集公益广告作品 160 件，其中影视广播类 23 件、平面类 137 件，较好地发挥了公益广告在传播先进文化、促进社会主义精神文明建设中的重要作用。

2012 年吉林省广告监管工作情况

吉林省工商局广告监督管理处

吉林省工商局、高新开发区管委会、招商局领导共商广告业集聚式发展大计

2012 年，吉林省工商局广告监管与指导广告业发展工作坚持以科学发展观为指导，以服务发展保障民生为主线，认真落实国家工商总局的工作部署和要求，全面加强广告发展与监管效能建设，努力实现全省系

统广告监管与发展全线推进“提质增效、服务民生”的总体目标，各项工作均取得新成绩和新突破。

一、切实履行服务职能，大力改善广告业发展的政策环境，促进广告业持续健康快速发展

（一）广告业发展组织机构建设取得重大突破

2012 年 1 月 5 日，省政府正式批转实施了我局会同吉林省发改委起草的《关于促进吉林省广告业又好又快发展的指导意见》。经局主要领导的多次协调争取，省政府成立了由常务副省长马俊清同志担任组长、主管副秘书长和省发改委主任、省财政厅厅长、省工商局局长担任副组长的“吉林省推进广告业发展领导小组”，专门下发了（吉政办函〔2012〕77 号）通知，集聚省直 10 余个部门合力推进我省广告业加快发展。我省广告业发展行业地位得到的又一次提升。

（二）全省广告业发展环境得到全面优化

吉林省局和长春市局率先成立了以局主要领导为组长的广告战略实施领导小组，统筹规划全系统广告战略的实施。省局和白山市局还分别召开了政府新闻发布会，系统解读并大力度宣传了《省政府办公厅批转实施省工商局＜关于促进吉林省广告业又好又快发展的指导意见＞的通知》和《市政府办公室转发白山市工商局＜关于促进白山市广告业又好又快发展实施意见＞的通知》，实现了我省广告业发展的鼓励政策在中国工商报、总局网站和省内各媒体及网站新闻宣传的全覆盖；吉林市局向市政府呈报了《吉林市广告业“十二五”发展规划》；延边州局制定出台了《州局促进广告业发展推进方案》。

特别突出的是通化市局先试先行，突破性地将“被认定为中国一、二、三级资质的广告企业，享受中国驰名商标、省著名商标、通化知名商标同等奖励政策，分别给予 30 万元、3 万元、1 万元奖励，奖励资金按现行的财政管理体制，由各级财政拨付”和户外广告拆除补偿以及各项具体减免广告企业税金的政策分别写进《通化市推进广告产业发展联席会议制度》中财政、城建和税务等部门的工作职责，并以市政府办公室文件形式印发各县（市）各部门贯彻执行，为全面推进全省广告业大发展大繁荣提供了很有价值的借鉴。

（三）广告产业示范园建设工作进展快速

局主要领导多次协调省政府和国家工商总局，并亲自带队全程陪同省委常委、主管副省长、副秘书长和长春市政府主要领导，前往国家工商总局与总局领导集体汇报、会谈商洽我省广告产业园区建设事宜，在省政府及国家工商总局的大力支持下，我省申报中央财政支持现代服务业、广告产业发展试点园区项目进展飞速。6 月份，国家财政部、工商总局联合下发通知，国家工商总局已将吉林长春广告产业示范园区确定为广告产业园单位。正式将我省长春净月国家广告创意（文化）产业园认定为第二批国家级广告产业发展试点园区，并专门拨付专项资金 3000 万元支持我省广告业发展。对我省广告产业发展方式的转变和产业结构的转型升级，具有重要意义。

（四）广告龙头企业培育工作得到进一步加强

广告协会切实发展行业组织作用，积极组织我省广告企业广泛开展争创国家级广告企业资质申报工作。选择具有一定规模和竞争力的广告企业，从人才、资源、资金、技术、品牌建设、商标认定等方面加大指导、培育和帮扶力度，通过精品服务努力打造主业突出、技术先进、创新能力强，具有品牌影响力的大型广告龙头企业，带动广告业全线发展。今年，全省共推荐国家一级资质广告企业 1 户、二级 7 户，各级广协会同人力资源和社会保障等部门共组织广告人才专场招聘会 4 个场次。走访企业，为 160 余户广告经营单位提供了人才推荐信息；深入校园，为 1700 名大学生和广告专业人才提供了第一手的用人信息，促成 960 人与用人单位达成意向性协议，提供了就业和施展才华的机会。

（五）“广告三助推促发展”工作持续取得效果

今年，我们与广协一道，继续坚持把广告助农、广告助企、广告助推品牌建设工作作为“十二五”期间实施广告战略、促进全省广告业又好又快发展工作的有力抓手常抓不懈，创新性地在广播、电视、报纸等都市主流媒体增设广告助农及农产品信息专栏，组织开展“广告三助推”对接活动，搭建广企、媒企、农超有型对接服务平台，提供全方位广告宣传服务，全面展示我省广告公司、品牌企业和农民专业合作社等涉农经济组织形象，大力宣传我省绿色农产品信息，在优先服务我省企业和特色农产品增加销售收入，提升广告业经营额的同时，全面提升广告业的社会认可度和市场影响力。全年在广播、电视、报纸等省内都市主流媒体增设广告助农及农产品信息专栏7个，组织开展“三助推促发展”对接活动33个场次，为126户广告经营单位、94户农民专业合作（及涉农经济组织）和53户争创驰、著名商标品牌企业搭建了有型服务平台，成功发布广告助农信息24期19万条次，共计减、免涉农广告费用56000余元。超额完成年初确定的工作目标，有效推进了广告助农、助企、助推品牌建设工作，实现了广告经营单位、农村经济组织和争创驰著名商标企业的互利互惠，共赢发展。

二、加大整治力度，严格落实广告发布审查规定，引导媒体助推广告业实现规范化发展

（一）加强了媒体监管

一是召开会议，大力宣传。为切实贯彻落实国家相关部委整治部署和要求，我们组织联席会议成员单位的主管领导、业务处室的负责同志，吉林日报等省属主要媒体的主管领导、广告部的负责同志认真学习了《大众传播媒介广告发布审查规定》，对广告审查的责任、程序、工作考核奖惩以及责任追究措施等详细研读，明确各部门的工作职责。同时通过讲座、印发传单、撰写稿件等形式，广泛开展了普法宣传活动。二是出台文件，强化落实。会同宣传、广电、新闻出版四部门联合印发了《贯彻落实＜大众传播媒介广告发布审查规定＞方案》的通知，从组织学习、自查自纠，联合检查、共同验收等四个方面明确了具体的工作任务。三是加强检查，督促执行。组织各地工商部门与宣传部、广电、新闻出版、卫生、食药监部门分别组成联合检查组，采取现场随机抽查的方式，对全省电视台、广播电台、都市类报纸落实情况进行了检查验收，督促大众传播媒介认真执行广告发布的有关规定，切实落实广告发布审查责任。并将专项检查验收情况，分别向有关部门领导和联席会议成员单位进行了通报。邀请国家工商总局广告案件监管专家对我省两家省属媒体主要领导和相关责任人实施了行政告诫约谈，配合国务院纠风办、国家监察部、国家工商总局、国家食药监局等国家督查组对省内5家以药品生产为主的广告主及相关媒体负责人和直接责任人实施了现场告诫谈话，有效提高了广告主、广告经营单位的守法自律意识。年初以来，共组织开展《食品安全法》、《食品广告发布暂行规定》等广告审查员培训4场（次），共培训广告审查员1200余人，初步实现全省《广告经营许可证》、《固定形式印刷品登记证》、LED广告经营单位100%配备广告审查员，95%以上广告审查员均持证上岗。

（二）强化了违法整治

针对我省广告市场的现状和存在的突出问题，按照国家总局《2012年虚假违法广告专项整治工作实施意见》的部署要求，我们坚持以保健食品、药品和医疗类关系人民群众健康安全的广告作为年度整治虚假违法广告工作重点，会同宣传、广电、新闻出版、食药监等部门联合印发了《吉林省保健食品、医疗、药品广告整治方案》，省市县三级联动，在全省范围内全面展开了违法广告专项整治工作。为强化整治效果，我们又在2月4日召开的全省系统广告监管工作会议中，进一步强调了要将保健食品广告作为一项重点整治工作来抓，对全省保健食品广告开展了不定期巡查检查，对发现的违法食品广告一律进行了警示和暂停发布的处

理，杜绝了因食品广告引发的食品安全事件。在此基础上，按照总局的部署，进一步加强了虚假违法广告监测工作，加大了对含有“特供”、“专供”内容广告、旅游服务广告、建筑工地围栏广告、江堤护栏广告、互联网广告的整治力度，促进广告业健康发展。

全年，共监测各类广告 1917364 条（次），监测出涉嫌违法广告 379587 条（次）。接到国家移送《违法广告查处通知书》14 件，省长公开电话转办 2 件；食药监局移送违法广告 16 批，916 个品种，8305 条（次）；卫生厅移送 7 批，440 个品种，550 条（次）；12315 平台投诉举报 635 件，群众投诉举报信 19 件。全省共查办各类广告违法案件 426 件，罚没 467.65 万元，下达警示通知书 225 次，警示违法广告 20 余万条（次）。

三、工作亮点

1．促进广告业发展工作得到总局认可，会上介绍经验的两篇论文作为典型被国家工商总局收录《全国工商系统广告处长、监测中心主任培训讲义和论文摘编》。

2．推进广告业发展组织机构建设取得突破。有效提升了广告业发展的社会重视程度，进一步将指导和服务广告业发展工作由部门行为上升为政府行为。

3．实施了广告战略成立了由局长臧忠生同志为组长，局 20 余个部门为成员的吉林省工商局广告战略实施领导小组。

4．国家级产业园区试点得到总局批准，首年获得中央财政 3000 万元专项资金支持。

5．以广告助农为主的“广告三助推促发展”工作取得新的成果。

6．精心打造出全省首家绿色广播频率。长春人民广播电台在全国率先开辟了无医疗、药品类违法广告的“绿色广告频道”；长春交通之声实现了广播广告违法率、严重违法条数、严重违法率均为零的目标；《长春晚报》通过整改，严重违法率由 2 月份总局监测通报的 81.48% 下降到 26.42%。

2012 年黑龙江省广告监管工作情况

黑龙江省工商局广告监督管理处

黑龙江省向国家督查组汇报整治虚假违法广告工作情况

按照国家工商总局、省局年初的工作部署和要求，加强了广告市场监管执法，加大广告监测、专项整治和执法办案力度，积极完善长效监管机制，切实履行职责，实现全省广告市场秩序明显好转，圆满地完成全年工作目标和任务。

2012年6月底，全省广告经营单位3063户，广告从业人员2.2万人，广告年经营额19.61亿元。截至今年11月末，全省查处各类广告违法案件1076件，其中：虚假广告案件136件，其他广告违法案件940件，收缴罚没款422.15万元。全省各级广告监管机关监测广告1123723条，责令停止发布违法广告587条，责令公开更正违法广告21条。

一、充分发挥工商职能作用，促进黑龙江广告业加快发展

一是加快出台支持广告业政策措施，积极推进哈尔滨广告产业园区建设。制定出台了支持服务广告业发展的24条政策措施，积极争取将促进广告业发展上升为政府行为。哈尔滨市工商局积极协调市政府相关部门研究制定了《哈尔滨市促进广告业发展的指导意见》，把促进广告业发展上升为政府行为。

3月9日，副省长孙尧同志亲自带队赴国家工商总局会见甘霖副局长，专题协调汇报了哈尔滨广告产业园区规划建设情况。4月10日，省工商局副局长刘玉华、市委常委、哈尔滨经开区党工委书记、平房区委书记刘忻又到国家工商总局进行了专题汇报和沟通协调，总局给予了高度重视和有力指导。4月26日，哈尔滨广告产业园在哈南工业新城江南中环路绿地集团32号地块开工奠基，并正式申报国家级广告产业试点园区。5月4日，省局专门向孙尧副省长呈报了关于成立哈尔滨广告产业园区建设组织领导机构的请示，目前已经省政府主要领导及主管领导批转至省编办待批。5月17日，国家工商总局国家级广告产业试点园区检查验收组对哈尔滨广告产业园区进行了检查验收，初步予以了认定。5月21日，按照财政部办公厅、工商总局办公厅《关于开展2012年现代服务业试点支持广告业发展有关问题的通知》（财办建〔2012〕83号）要求，省财政厅会同省工商局向财政部报送了《哈尔滨广告产业园开展中央财政支持广告业发展试点工作实施方案》的请示，6月29日财政部拨付2012年新增广告园区试点补助资金3000万元到位。

二是校企对接对黑龙江广告业发展的影响。今年4月份，省工商局下发文件确定在哈师大传媒学院、东北林大文法学院等5所高校的7个学院建立了广告人才教育培训基地，在哈尔滨海润集团、亚龙广告公司等7家公司建立了全省大学生广告实习实践基地，并在全省广告工作大会对上述院校和广告企业正式授牌。这项举措不仅得到广告企业和省内院校的积极参与，增进校企对接互利互惠合作共赢，更重要的是为广告行业专业人才培养探索出的新路子（有的签十年协议、有的签三年协议）。

二、继续加大广告市场专项整治力度，巩固和规范广告市场秩序

继续着眼整治关系人民群众健康安全的医疗、药品、保健食品广告，危害未成年人身心健康的非法涉性、低俗不良广告，加强监管、积极规范，努力营造广告业健康发展的优良环境。

一是针对问题加大专项整治力度。我们对国家工商行政管理总局2012年1月至6月份广告抽查监测情况通报进行了全面梳理排查，按着违法广告的性质、情节、辖区分类调查处理。通过召开违法广告行政告诫会进行了行政告诫，会上向相关媒体下达《违法广告停止发布通知书》6份，并要求其限期整改。对黑龙江电视台发布“北京骨科医院”违法医疗广告处以17.9万元的罚款。涉及国家工商总局监测发现《生活报》发布的违法广告处以10万元的罚款。涉及地市电视台交由辖区工商局进行调查处理，现正在调查处理过程中。

二是加大广告监测频率力度。年初以来，省工商局对市地主流媒体（综合频道、都市类报纸等广告量比较大的媒体）每季度监测一次，每月对省城媒体黑

龙江电视台、黑龙江广播电台、《生活报》、哈尔滨电视台、哈尔滨广播电台、《新晚报》集中时间进行广告监测，发现违法广告及时停播、及时要求其整改，严重违法广告立案查处。按照《关于进一步加强全省广告监测工作的指导意见》的工作指导方向，明确了广告监测的工作目标、工作要求、工作流程，坚持日常监测与集中监测相结合，完善广告监测、分析、监管、执法联动机制，强化监测成果的开发应用。省工商局专门下发文件要求各市、地工商局配备专职广告监测人员，加大对群众投诉举报集中、广告违法率居高不下、虚假违法广告屡禁不止的部分地区、部分媒体集中监测的频次。

三是集中力量，加大督查指导力度。3 月 1 日至 12 日，省局广告处组成四个组，采取统一时间，统一标准，统一程序，统一步骤的方式，兵分四路对全省省级及十二个地市级主流媒体发布的广告进行了一次明察暗访（黑河、大兴安岭责成当地工商部门自查除外）。同时深入各地市，通过在住地收看当地当天所有电视频道累计不低于 4 个小时的广告，收听当地当天所有广播频率累计不低于 2 个小时的广告，查阅 2 月 13 日至 19 日当地晚报类、都市类报纸原样的方式，做到明察与暗访相结合，随机与固定相结合，收集涉嫌虚假违法广告信息，并登记造册，反馈给地市工商局，提出处理意见，交其调查处理，并限期办结。对各媒体发布的 132 条涉嫌虚假违法广告，各工商机关全部下发了停播通知书，并依法开展了立案调查工作，共计收缴罚没款 48.84 万元。

四是发挥联席会议作用，不断完善广告长效监管机制。4 月 25 日召开全省工商系统广告工作会议，会上印发了《全省工商系统 2012 整治虚假违法广告专项行动工作方案》（工商发〔2012〕97 号）和国家工商行政管理局等十二部局《大众传播媒介广告发布审查规定》等广告专项整治文件，省整治虚假违法广告联席会议成员单位主管领导和相关处室负责同志，省、市电视台、广播电台、报业集团主管广告的负责人、广告部主任参加了会议。10 月 16 日召开省城新闻媒体行政告诫会议暨整治虚假违法广告成员单位联席会议。省工商局副局长刘玉华对省城新闻媒体单位和省整治虚假违法广告联席会议成员单位提出要求：一是进一步提高认识、加强领导、统一思想、统一行动；二是省城各新闻媒体单位要正视现实加强自律；三是各成员单位要尽职尽责加强监管。省委宣传部部务委员李红出席会议并做重要讲话，代表省整治虚假违法广告专项行动联席会议各成员单位对省城新闻媒体提出行政告诫。

三、发挥行业组织优势，积极引导和培养广告人才机制建设，大力推进广告业加快发展

（一）积极开展广告企业资质认定工作

广告企业资质认定是推动广告企业做大做强，促进企业向专业化、集约化、品牌化、规模化和国际化发展，提高经营管理水平和核心竞争力的重要举措。省广告协会按照中国广告协会关于企业资质认定新的规定和标准的要求，在全省积极开展了广告企业资质认定工作。目前，全省共有一家一级广告企业，七家二级企业。

（二）积极做好我省广告专业技术人员职业水平考试工作

国家对广告专业技术人员实行职业水平评价制度，并将其纳入全国专业技术人员职业资格证书制度统一规划。助理广告师，广告师职业水平考试是广告行业期待已久的大事，实施并完善广告专业技术人员职业水平评价制度，对于提高广告从业人员素质和行业服务水平，加强广告行业管理人规范广告行业秩序具有重要的意义。同时，省广协根据我省的实行情况，确定了哈尔滨师范大学传媒学院，东北林业大学文法学院，省工商干校为我省广告专业技术人员考试辅导培训基地，并选派 6 名教师参加了中广协组织的师资培训，要求各市地广协认真做好宣传，推进、咨询等项工作，并在《生活报》、《新晚报》等媒体接受采访，针对广告专业技术人员职业评价的组织管理，报名条

件等问题给予了详尽的解答。

（三）开展黑龙江省广告行业诚信经营单位创建活动

为进一步规范行为，推动广告经营单位诚信建设，树立广告行业良好形象，省广协将在2012年开展全省广告行业诚信经营单位创建活动，提高广告行业诚信意识和服务水平，提倡热爱公益事业，诚信经营，遵守行业道德，维护市场公平竞争，促进我省广告行业健康发展。同时广告行业诚信经营单位创建活动也是行业协会“抓自律、促发展”的具体体现。

（四）公益广告事业取得新进展

一是成功举办了庆祝建党90周年公益广告创作大赛，征集作品424件，评选出一等奖6件、二等奖13件。二是省广协还与省精神文明建设研究会联合举办了“志愿服务助邻里”主题公益广告大赛，征集作品314件，评选出金奖4件，银奖8件，为弘扬先进文化、建设和谐黑龙江作出了积极贡献。三是举办“黑龙江广告风云榜”公益广告大赛活动，产生黑龙江广告最影响力媒体7家，龙江优势广告公司7家，黑龙江有突出贡献广告人10人，黑龙江杰出广告学人8人。四是省广协获得第十九届中国国际广告节黄河奖组织奖。

（五）举办全省广告审查员培训班

为贯彻落实国家工商行政管理局等十二部局《大众传播媒介广告发布审查规定》精神，分别于5月30日和6月5日，组织举办两期全省广告审查员培训班，培训班专门印发了《广告审查员培训教材》。特邀请省卫生厅、省药监局相关部门领导，林业大学、省工商干校教授集中对省、市、县级主流媒体和广告公司350名广告审查员进行了培训。刘玉华副局长在开班仪式上作了重要讲话。参训学员用心听课，认真记笔记，增强了广告审查员审查工作的主动性，并就如何提高广告的品质、如何作好一名合格的广告审查员、如何创作出更多更好的广告作品进行了交流。培训结束后，省广告协会颁发《广告审查员证》。

2012年上海市广告监管工作情况

上海市工商局广告监督管理处

上海市工商局广告监管会议

2012 年，广告管理工作围绕“创新驱动、转型发展”的总体要求，以实施国家广告战略为主线，贯彻稳中求进的总基调，继续深化行业指导，服务科学发展，推进效能建设，加强市场监管，努力营造文明健康、诚实守信、规范有序的广告市场环境，各项工作取得明显成效。

——媒体广告违法率继续保持全国最低。全年共监测本市主要媒体各类广告 195.8 万条，发现涉嫌违法广告 4686 条，广告监测（条数）违法率 0.24%，比上年下降 0.05 个百分点。

——条块战略合作推进广告产业园区建设。中广国际广告创意产业基地建设取得关键性进展，首获国家工商总局认定“国家广告产业园区”；市工商局与嘉定区政府建立战略合作机制，副市长姜平出席签约仪式并视察中广基地；市工商局、市财政局制定《上海市发展广告业试点中央补助资金管理办法》，规范资金使用，中央财政专项补助资金（二期）3000 万元也已争取到位。

——广告市场状况白皮书首次发布。率先在全国以白皮书形式全面综合反映本市广告业经营和广告市场秩序状况，增强行业指导影响力，国家工商总局《推进广告战略实施工作简报》第一期加注编者按予以全文转载。

——推动公益广告发布履责有起色。通过将公益广告发布情况纳入本市媒体广告信用评价指标体系和执法推动的方式，督促大众传媒单位和户外广告发布者履行公益广告发布责任。本市广播媒体全年公益广告发布率达 16.56%，电视媒体公益广告发布率 6.25%，报纸媒体的公益广告发布率从上年的 0.22% 上升至 0.36 %，户外媒体的公益广告备案发布率 10.31%。

一、监管执法围绕关键点，有力有效遏制违法

2012 年广告监管工作继续保持执法力度，面上监管与专项检查有效结合，切实提升了监管效能。全市全年共查处各类违法广告案件 2885 件，罚没款 5576.41 万元，分别较上年增长 29.60% 和 44.78%。

（一）围绕主要媒体加强监管力度

一是重点加强一类媒体和郊区县电视媒体管理。分别召开一类媒体广告监管例会和郊区县电视广告监管例会，要求做好重点类别广告的审查把关。目前，本市一类媒体违法广告数占比已从 2011 年的 76.19 % 降至 53.78 %，郊区县电视广告违法率也从监测初期的 11.97% 降至 2.94%。二是开展联合督查和集中监测。在市工商局先后两次会同市新闻出版局联合开展的报纸、期刊媒体广告抽查监测中，发布违法广告的报纸、期刊数占比和监测（条数）违法率均较上年同比显著下降。三是表彰鼓励和批评惩戒相结合。年初表彰上年度广告审查管理先进媒体单位，同时对违规严重的媒体单位提出告诫，叫停部分严重违法违规广告在本市媒体继续发布。

（二）围绕违法热点开展专项检查

在保持面上广告市场常态监管的同时，先后开展户外、店堂牌匾、印刷品广告专项检查，互联网“特供”、“专供”商品宣传检查，医疗广告专项检查，电子商务网站以及非法涉性产品网站宣传集中治理，以及教育培训广告集中治理。全年累计监测互联网广告 90.4 万条，发现违法广告 1180 条，查处互联网广告案件 1478 件，罚没款 2197.56 万元，提请通信管理部门关闭违法网站 10 家，互联网广告案件数和罚没金额数已分别占全市广告案件数和广告案件罚没金额数的 51% 和 39%。

（三）围绕典型案例加强舆论警示

先后两次通过“上海工商”政务微博平台以及解放日报等主要媒体发布《虚假违法广告公告》，曝光 24 则典型案例，收到良好的舆论效果。

（四）围绕诚信建设推行分类监管

一是调整重热点行业（广告类）分类标准，着重对全市 3000 余家重点、大型广告企业进行关注，提高监管效能；二是以监测数据为基础，综合大众媒介执行广告法律法规情况以及发布公益广告情况，形成广告发布信用指数，并已起草《关于加强本市广告业信用评价和管理工作的意见（试行）》，着手进一步推

进广告业诚信体系建设。

（五）围绕实际需求强化业务指导

一是加强重点个案指导，协调法院、市政府法制办明确了加处滞纳金罚款的操作规程；二是明确类型问题的执法口径，规范案件查处的合法合理；三是组织条线业务培训，提升干部业务工作水平。

二、行业指导找准着力点，深化优化产业发展

（一）宣传贯彻《指导意见》，推进区县广告业发展

编发了《上海广告业发展指导意见解读》，详细解释具体政策。同时，积极指导区（县）工商分局牵头制定区域实施意见，推动区级层面配套落实文件的出台。长宁区、徐汇区已相继出台配套实施文件。

（二）促进广告业标准化体系建设，推进地方标准制定

《上海市城市公共交通车辆车身广告技术规范》和《上海市立杆挂旗广告技术规范》两项地方标准已正式获批公布，《上海市灯箱广告技术规范》也获市质量技监部门审批立项。

（三）调研“营改增”试点情况，推进广告业税费改革

向市有关部门如实反映广告业税负实际状况，并积极提出完善税改、减轻广告业税费负担的建议。

（四）组织公益广告活动，推进社会精神文明建设

先后配合开展限制过度包装、抵制传销、老年人预防保健品诈骗等主题公益广告的制作和宣传，会同市明办等组织开展公益广告大赛，参与指导推动上海大学生广告节公益广告创意征集评选活动，与市检察院签署《关于开展廉政公益广告“进楼宇”活动的合作协议》，拓展了公益广告宣传合作的新形式、新途径。

（五）做好源头关口防控，推进广告审查员培训工作

协助市广告协会累计培训广告审查员500余人，提升了广告企业广告审查员的配比，从源头关口着力防控广告违法行为的发生。

2012年江苏省广告监管工作情况

江苏省工商局广告监督管理处

全国工商系统广告工作会议暨国家广告产业园区建设现场会在江苏南京举行

2012 年，全省广告管理工作在省局党组的正确领导下，紧紧围绕党的十七届六中全会、省委十二届一次会议精神和省委、省政府实施“八项工程”的总体要求，按照国家工商总局《广告产业发展“十二五”规划》和《关于推进广告战略实施的意见》的战略部署，深入贯彻落实科学发展观，以全面提升我省广告业在国内外市场的竞争力、服务自主品牌建设的效能、传播社会主义精神文明的影响力为目标，加强广告监测、强化广告监管、规范广告行政行为、扎实推进指导广告业发展工作，较好地完成了年初的工作计划，现将广告管理的主要工作汇报如下：

一、基本情况

（一）广告监管

根据国家工商总局的总体部署和省局年初的工作安排，2012 年，我局组织开展了利用互联网销售滥用“特供”、“专供”等标识商品、贷款咨询、旅游服务、网络涉性广告等 4 次广告专项整治行动，有力打击了虚假违法广告。2012 年，全系统共查办广告案件 2877 件，罚没款 3054 万元；进行行政告诫、作出限期整改 7826 条，责令停止发布广告 1570 条次；广告违法率显著下降，违法广告的高发态势得到有效遏制。

（二）广告业发展

广告业发展成效显著，全省共有广告经营企业 24824 户，年广告经营额 436.2 亿元，从业人员 17.7963 万人；新获得中国广告一级、二级、三级资质企业认证分别达 10 户、27 户、19 户；通过广告师、助理广告师资格水平考试 235 人。

（三）广告行政许可

继续做好广告行政许可、广告经营资格检查等工作。2012 年，全省累计新审批广告经营企业 6253 户，烟草广告登记 3 件，固定形式印刷品广告续批及登记 132 件，新增广告经营资格登记 2 件，外商投资广告企业登记 1 件，外商投资广告企业设立分支机构登记 1 件，广告经营资格检查 17506 户。

二、主要工作

（一）强化广告监管，严厉打击虚假违法广告，营造促进广告业发展的良好社会法制环境

1. 加强对主要媒体的监管力度

一是通过行政约谈、行政告诫等行政指导方式，督促广告发布者履责自律。针对某一时期、某一类广告以及某些广告发布媒体违法率阶段性上升或反弹等现象，及时约见广告经营者和媒体广告部门负责人，通报其违法广告发布情况，向其宣传国家工商总局等十二部局 2012 年上半年联合下发的《大众传播媒介广告发布审查规定》，要求正视和纠正广告违法问题，进一步强调其广告审查责任。2012 年，省局广告处根据监管需要多次约谈广告经营者和媒体广告部门负责人，对发布轻微违法违规的广告，发出整改通知 240 条次，对发布严重违法违规的广告，发出停止发布通知 87 条次。二是对一些群众反映强烈、社会影响大、情节恶劣的虚假违法广告坚决予以立案查处，绝不姑息。4 月份，针对部分省属媒体违法发布医疗、药品、保健食品广告有所反弹的情况，我处抽调条线精干执法力量进行集中整治，对江苏广播电台、扬子晚报等媒体发布违法广告的行为实施了行政处罚，共立案查处 6 件，合计罚没款 20 余万元。

2. 开展多种形式的专项整治行动

把握广告发布的季节性特点，并根据国家工商总局的统一部署，联合相关部门开展多项专项整治行动。

一是开展利用互联网销售滥用“特供”、“专供”等标识商品专项整治行动。为进一步规范网络广告宣传行为，按照国家工商总局要求，我局于 2012 年 10 月份对省内互联网上存在的部分商品滥用“特供”、“专供”标识进行违法违规广告宣传问题进行了专项整治。共出动执法人员 7658 人次，巡查互联网站 44509 家，监测网络广告 102793 条次，责令商品生产经营者撤除违规标识 106 个，责令网站经营者停止违法违规广告宣传 54 条，检查生产经营主体 15973 户。二是开展涉性网络广告专项整治行动。根据国家工商总局等 9 部

门联合下发的《深入整治互联网和手机媒体传播淫秽色情及低俗信息专项行动工作方案》部署，在全系统组织开展专项检查工作，全省共监测网站3990家，网上广告11569条，发现存在问题的网站15家，非法涉性用品广告23条，非法“性药品”广告5条，非法性病治疗广告1条。责令停止发布非法涉性广告12条，转请通信管理部门删除非法涉性广告25条，关闭网站25家。三是开展含贷款内容广告的专项整治行动。针对群众反映强烈的部分企业和个人利用媒体违法发布含有贷款内容的广告，欺骗和诱导群众，扰乱经济秩序，影响社会稳定的情况，省局下发通知，全省统一部署，要求各直属局加强对本地区媒体发布含有贷款内容的广告的监测检查并依法查处。四是开展重点行业广告专项整治行动。积极会同联席会议成员单位和相关部门，针对一些重、热点广告开展专项治理活动。2012年，我局积极配合药监部门，在全省范围开展了打击利用互联网非法收售药品行为的专项行动，与省旅游局开展了加强旅游服务广告市场管理的专项整治行动等。

3. 完善广告监管制度

一是完善和落实虚假违法广告专项整治联席会议制度，发挥部门职能作用，形成广告监管执法合力。3月份召开了省整治虚假违法广告成员单位联席会议，对南京地区的广告发布和查处情况进行了通报，制定了《2012年江苏省整治虚假违法广告工作意见》，并对本年度的工作提出了具体要求。二是建立全省联动、统一监管的广告监管执法机制。针对江苏的广告发布环节竞争比较激烈的客观现状，为统一全省广告监管工作，规范广告市场秩序，促进广告业的健康、有序发展，我局制定了全省广告系统广告监管工作规范，确立了广告执法监管工作的“统一监测标准”、“统一监管方式”、“统一执法力度” 的“三统一”的基本原则，明确了各级工商广告监管部门的监管执法权限，理顺了监管执法分工，建立了层级执法、各有侧重、相互衔接、合力执法的制度，形成了全省联动、统一监管的广告监管执法机制，增强了监管合力，促进了监管执法到位。三是试点广告信用分类监管机制。在苏州开展广告信用分类监管试点，出台了《苏州市广告经营单位信用等级评价管理办法》，在“关口前移，实现广告监督管由事后管理向全程管理转变”、“引导自律，突出企业自律与行政监管的整合”、“遵循公平，维护广告市场的有序竞争”、“可操作性，坚持日常监管与信用评价相一致”等方面，对广告经营单位进行分类监管具有积极的作用。省局拟在苏州局试点的基础上，在全省推广。四是出台专项广告审查的指导意见。出台了《关于医疗广告审查的指导意见》和《关于含贷款内容的广告审查指导意见》，帮助广告经营者、广告发布者规范相关广告发布行为，对有效治理违法广告起到了重要作用。

4. 组织开展广告监测

2012年，我局继续加强对广告发布的监测力度，全年共监测广告550余万条次，针对网络等新媒体广告迅猛发展的趋势，积极探索，开发监测设备，对相关监测人员进行培训，为广告监管行政执法提供了技术支持和基础保障。

（二）扎实推进指导广告业发展工作，贯彻实施广告战略，促进广告业又好又快发展

1. 国家工商总局和江苏省政府签订了促进广告业发展的战略合作

为大力促进江苏现代服务业和文化创意产业的发展，进一步推动江苏经济发展方式转型，充分发挥广告在推动科学发展、建设美好江苏中的积极作用，2012年4月18日，国家工商总局与江苏省人民政府在南京签订了《关于推进江苏广告业发展的战略合作协议》。《协议》明确了“重点建设南京、常州两个国家广告产业园”、“加强对龙头广告企业的重点培育和引导”、“加快构建江苏公益广告发布体系和促进机制”等三项合作目标，提出了六项具体的合作内容，同时还建立了合作机制。

2. 开展促进广告业健康发展课题调研活动

为切实总结全省各地在促进广告业发展工作方面所取得成绩，加强促进广告业发展的理论研究，我局在全省开展了促进广告业发展的专项课题研究，列出

了“在服务品牌经济发展方面的经验和做法及所取得的成效”、“促进公益广告发展方面所做的工作及取得的成效”、“广告创意对经济的拉动作用”等方面的课题，并在全省广告条线工作会议上进行了部署。我局与南京大学合作，开展了江苏广告业统计指标体系的专项课题研究，并形成研究报告，拟报国家工商总局、省政府，以供决策参考。省各直属局也结合本地区广告业发展的特点及工作实践，展开了调研活动，并形成了调研报告。

3. 拟定《关于促进广告业又好又快发展的意见》

为加大对广告业发展政策引导和扶持力度，加快行业结构调整，进一步优化我省广告业发展环境，促进广告业健康有序、可持续发展，从2010年起，我局即开始着手拟定《促进江苏省广告业发展指导意见》，并与相关高校合作开展《江苏省广告业“十二五”发展规划》专项课题研究。经过近两年的努力，形成了《关于促进广告业又好又快发展的意见》，明确了“培育广告龙头企业，打造综合性广告传媒集团”、“促进广告业自主创新，支持新媒体广告有序发展”、“推动广告企业集约化发展，重点发展广告创意产业集群”、“鼓励广告企业实施品牌战略，发挥品牌带动作用”、“推动广告业服务江苏经济国际化战略，扩大广告国际交流与合作”五项重点任务，规定了“优化市场准入服务”、“拓宽广告企业投融资渠道”、“加大财政支持力度”、“落实税收优惠政策”、“实行有利于广告业发展的土地和租赁等管理政策”等“促进广告业发展的政策措施”。《意见》受到傅自应副省长的高度关注，亲自就《意见》召开会议，提出修改建议。此外，我局还下发了《江苏省2013—2015年广告业发展规划》。

4. 精心培育国家广告产业基地，发挥产业集聚效应

按照省委、省政府有关加强文化产业集聚区建设的战略部署，一大批富有活力、形态多样的文化产业园区正在全省建设并将投入使用，这对提高文化产业的规模化、集约化、专业化水平起到了积极的作用，产业集聚效应凸显。为充分发挥广告作为文化产业重要组成部分在经济发展和社会建设中的重要作用，积极打造指导广告业发展的产业平台，大力推进广告产业园区建设，鼓励南京、苏州、无锡、常州、盐城、连云港等经济集聚度高、辐射面广的城市，依托软件园、动漫基地、文化创意产业园区和省内科研院所的技术力量，精心打造广告创意产业基地。2011年底，重点选择南京广告产业园、常州广告产业园按照国家财政部、国家工商总局《关于开展现代服务业试点，支持广告业发展有关问题的通知》要求，申报国家现代服务业试点，并顺利成为全国9个试点园区中的2个，并于2012年4月19日获得了国家工商总局的授牌。

5. 积极开展设立广告业发展专项资金筹备工作

为加快产业结构调整，推动产业转型升级，促进全省广告产业快速、健康、可持续发展，根据国家和省委、省政府有关发展广告产业政策的要求，我局与省发改委、省财政厅等部门进行磋商，由省财政设立广告产业发展专项资金。目前，省财政厅已批准了2013年广告发展专项资金1600万元。

6. 积极做好全国广告工作会议的服务保障工作

按照国家总局的工作安排，2012年全国工商系统广告工作会议暨国家广告产业园区建设现场会在南京召开，会议由江苏省局和南京市局承办。接到通知后，我局高度重视，局领导统一指挥，认真做好此次会议的各项服务保障工作，会议于4月18日-4月20日顺利召开。总局领导对会议组织工作给予了充分肯定，也得到与会代表的一致好评。

（三）规范广告行政许可程序，提高行政许可水平，把好促进广告业发展的准入门槛

1. 把好广告行政许可关

认真做好广告经营许可证、固定形式印刷品广告登记证、户外广告登记证、外商投资广告企业审批等许可证照的审查、受理和发放工作，依法规范工作程

序，提升规范化管理水平。

2. 做好年度广告经营资格检查和日常指导管理工作

严格审查有关材料，科学管理年检台账，着力提升年检质量，通过年检发现广告企业经营中存在的问题，及时反馈信息，加强规范，指导服务，同时加强对户外广告和固定形式印刷品广告的发布管理，进一步规范发布行为，推动广告市场主体的健康发展。

3. 探索广告行政许可网上申报制度

选择苏州、无锡两市作为广告行政许可软件开发、应用的试点城市，依托经济户口管理软件，逐步实现各项广告行政许可、监督管理、广告年检等的网上申请、受理和巡查管理，不断降低广告企业的经营成本和监管的行政成本；加强对广告条线人员使用经济户口管理软件的培训，提高其实际运用能力和操作水平。

（四）加强对广告协会的指导，促进广协作用发挥，形成促进广告业发展的行业自律体系

1. 加强对广告行业协会的指导

大力加强对广告行业协会的指导和支持，充分发挥广告行业协会的作用，支持广告行业协会依章程开展服务和管理活动，加强行业自律。指导广告行业协会充分发挥综合服务功能，积极参与广告业公共服务体系建设、广告人才培养与引进、广告理论研究等促进广告业发展工作。2012 年，在省工商局的指导下，省广协组织开展了江苏省 18 届广告作品评选，并选报作品参加长城奖、黄河奖评选，获长城奖优秀奖 13 件，黄河奖优秀奖 25 件。省广告协工作得到中广协的高度肯定，中广协全国广告协会秘书长会议和全国户外广告论坛分别在我省常州市、南京市召开，并取得了圆满的成功。

2. 强化广告行业协会的自身建设

加强广告行业协会的制度化建设，将扩大广告协会工作的群众性、增加企业会员的参与度作为协会自身建设的重要原则，按照会员的需要和群众团体的活动规律组织开展工作。健全广告行业协会的组织机构，根据促进广告业发展的客观需要，加强广告行业协会各专业委员会建设，促进专业委员会会议的制度化、规范化。

2012 年浙江省广告监管工作情况

浙江省工商局广告监督管理处

国家工商总局与浙江省政府签订共同推进浙江省广告产业发展战略合作协议

2012 年的广告工作，围绕省局年初部署的重点工作，在广告监管方面，深入开展虚假违法广告重点治理和食品广告百日整治行动，努力构建诚信公平的广告市场秩序；在促进广告业发展方面，大力指导创建国家级广告产业园区，全力促成省部签订广告战略合作协议，努力营造积极健康的广告业发展环境。截止 12 月底，全省共立案查处广告案件 4397 件，其中虚假广告案件 2618 件，罚没款 2903 元。全省广告业继续保持平稳较快发展，2012 年，全省广告经营单位达到 23005 户，广告从业人员约 15.62 万人，广告经营额 236 亿元，广告经营额占 GDP 的 0.75%。全省新增一级资质广告企业 5 家（总数达到 15 家）、新增二级资质广告企业 25 家（总数达到 105 家）、新增三级资质广告企业 19 家（总数达到 71 家）。

一、突出重点，严格执法，深入整顿和规范广告市场秩序，净化广告市场环境

（一）开展虚假违法广告重点治理专项行动

3 月下旬，省局印发了《关于开展虚假违法广告重点治理专项行动的通知》，决定从 4 月开始至 9 月底，对情节严重、影响恶劣的虚假违法广告进行重点治理，严厉打击。《通知》下发后，各地认真贯彻落实省局文件，把此次行动摆到了重要工作日程。专项行动期间，各市局加大力度，对辖区电视、广播、报纸、期刊、互联网、户外、印刷品等发布的广告进行了全方位监测和检查，重点开展了医疗、药品、食品、房地产、收藏品、融资类广告，危害未成年人利益的违法广告，利用网络、手机媒体发布淫秽色情信息、售假制假、虚假宣传等扰乱市场秩序等四类违法广告的查处，坚决制止虚假违法广告发布。

专项治理期间，全省共查处各类广告违法案件 1927 件，其中虚假广告 775 件，罚没款 1648.08 万元，移送公安部门追究刑事责任 4 件（宁波、湖州、绍兴、金华各移送 1 件），有效遏止了虚假违法广告发布，维护了广告市场秩序。

（二）开展食品广告百日整治行动

为了贯彻省政府《关于开展全省食品安全大整治百日行动的通知》精神，加大对违法食品广告的打击力度，遏制和查处食品广告违法宣传行为，7 月中旬，省局专门在宁波召开工作会议，部署食品广告整治百日行动，明确了指导思想、整治目标、整治重点、主要任务和工作要求。在 7 月 15 日至 10 月 25 日百日整治期间，全省出动检查 28530 人次，检查监测食品广告 55478 条次，发现违法食品广告 1226 条次，立案查处违法食品广告 203 起，罚没款 153.77 万元，取得了明显成效。

（三）清理整顿利用网络销售滥用“特供”、“专供”标识商品

根据国家工商总局、国务院新闻办公室、国务院机关事务管理局联合下发的工商广字〔2012〕169 号文件精神，对本省涉网商家进行了摸底清查，对是否在网络广告宣传中滥用“特供”、“专供”等标识的基本情况进行全面梳理检查。检查过程中，突出重点，明确清理整顿范围，以网络商品交易类网站、网络交易平台类网站和搜索引擎类网站、门户网站、团购网站以及企业自设网站为重点，开展网上巡查和监测，做到网上发现，网下追溯。对网络上滥用“特供”、“专供”标识商品的，约谈相关网站负责人，督促指导其加强自律、自查自纠，依法整改。对网下的有关商品生产经营者，责令其采取有效措施撤除违法商品包装、标签，规范网络广告宣传内容，从源头环节有效遏制滥用“特供”、“专供”标识行为的发生。行动期间，全省共监测检查网络广告 9500 条次，检查互联网站 765 家，约谈互联网站 14 家，立案处罚 8 家，责令网站经营者停止违法违规广告 136 条，责令商品生产经营者撤除违规标识数量 1257 件。

二、深化监测，延伸范围，打造全覆盖广告监测网络

（一）延伸广告监测范围，完善监测

体系

自省局实行“下延一级”广告监测以来，省局广告监测中心的监测范围已经覆盖了全省 170 家媒体。今年在下延一级监测的基础上，省局又将县级 150 家媒体单位纳入监测范围，推进监测布局的进一步系统化，实现对全省县级电视、电台媒体广告的统一监测，并以此为基础构建覆盖全省传统媒体的广告监测网络和监管长效机制，建立全省传统媒体全覆盖的信用评价体系。目前，全覆盖监测工作已经完成立项、招投标工作，预计在今年年内完成全省 66 个市、县、区的设备安装工作以及十个地市的设备调整工作，12 月份将完成数据调试，明年开始将正式实施全覆盖监测。

（二）提高广告监测效能，强化监测结果运用

2012 年，省广告监测中心共监测 170 家媒体广告 1697.7 万条次，发现违法广告 79991 条次，同比下降 37160 条次，广告违法率为 0.47%，同比下降 0.13 个百分点。

2012 年全省媒体广告信用指数为 100 分的媒体有 10 家， 90 分以上的媒体占 62.3%；80—90 分的媒体占 21.2%；70—80 分的媒体占 11.2%；60—70 分的媒体占 4.7%。60 分以下的媒体占 0.6%。

为拓展广告信用评价结果社会化的运用，省局及各地工商部门努力加强与宣传、国资、监察、新闻出版、广电等部门的沟通和衔接，推动把广告信用评价结果纳入到对媒体单位及其领导班子的考核，宁波、湖州、嘉兴、绍兴、金华、丽水六个地区通过主动沟通协调，已取得了突破。

三、加强指导，监管前移，推动媒体提高自律意识

（一）加强行政指导，督促主流媒体加强自律

为加强源头治理和事前监管，建立长效治理的机制，今年省局要求全系统在广告监管中积极开展行政指导，通过约谈、提醒、规劝、宣传、教育以及行政建议、行政告诫、行政提示等方式，积极引导广告经营主体加强自律，规范广告经营行为，进一步实现监管前移，管理方式从“事后监管”向“事前指导”转变。

今年，全省各级工商部门在广告监管工作中，共作出行政指导 8066 次，服务对象 4284 个，通知整改涉嫌违法广告 21680 则，责令暂停广告 2033 则。省局先后约谈浙报集团和省广电集团广告部负责人，通报广告信用指数情况，指出广告违法情况及表现，提出整改意见和要求，督促两大集团要加强对薄弱环节的管理，加强自律。

（二）加强法律法规培训，提高媒体广告审查能力

各地工商部门注重加强对广告主和广告媒介的法律法规宣传和教育，对广告经营单位的负责人和广告审查员开展了形式多样的广告知识培训，提高企业自律意识和自我管理能力。主动加强与广告主和媒体的沟通，指导媒体严把广告审核关，不断完善广告管理各项制度，提高媒体的第一责任人意识。今年，全省各地开展广告方面的培训达 156 次，培训广告从业人员达 4858 名。

四、夯实基础，优化服务，促进广告业又好又快发展

（一）摸清行业家底，夯实工作基础，开展广告业抽样调查统计

为进一步了解全省广告业发展现状，重点掌握广告公司和各大媒体的经营状况和基础数据，准确反映广告业在全省服务业中的地位，省局与省统计局在今年联合下发了《关于开展浙江省广告产业统计抽样调查的通知》，以各市工商机关登记注册的广告经营单位为基数，抽取其中的 10% 进行详细调查。全省共收集到 2500 余家广告经营单位的抽样调查资料，获得了比较全面、准确的产业发展数据。目前，省局正在对相关统计数据进行汇总分析，计划在明年初，向社会发布《浙江省广告业发展蓝皮书》。

（二）融入政府工作，推动园区建设，

开展省部合作，提升浙江广告产业发展层次

1. 融入政府工作，使促进地方广告业发展工作上升为政府行为

通过近几年全省上下努力，促进广告业发展已被许多地方政府视为政府的重要工作，纳入到政府自身的工作范畴之中。温州市局根据市委、市政府工作部署，扎实开展店招牌橱窗亮化项目，塑造现代城市形象、提升城市品位，温州城区 32 个街道（镇）亮化率从年初的 43% 提升至 93%，先后两次获得省委常委、温州市委书记陈德荣同志批示肯定。湖州市建立了由工商等 17 个部门组成的广告业发展工作联席会议，对获驰（著）名商标认定、首次获得三级以上资质认定、获省级以上各类公益广告作品比赛三等奖以上的广告企业予以奖励。上虞市局积极促成政府出台了《上虞市商标品牌建设和服务业发展相关奖励政策》等相关扶持政策，规定对首获国家一级、二级、三级资质的广告企业，政府一次性分别给予 30 万元、15 万元、5 万元的奖励扶持。金华市出台了《金华市区服务业发展引导资金暂行管理办法》，对首次获得国家一级、国家二级、国家三级资质的广告服务企业，分别给予一次性 30 万元、20 万元、10 万元的奖励。对新引进省级（含）以上重点企业（包括广告、动漫、游戏、出版、演出等文化创意企业），前三年分别按其年实现的地方财政贡献的 50%、40%、30%给予奖励。

2. 加强重点扶持，积极创建国家级广告产业试点园区

为全面推动广告业的聚集发展与转型升级，按照梯度衔接、层次递进、示范引领的要求，省局确定了杭州运河广告产业园和杭州西湖广告产业园为浙江第一批争创国家级广告产业试点园区。在国家广告产业试点园区创建中，我们坚持广告产业园区建设必须要有产业作支撑，必须要有核心区块，必须要有地方特色。为取得申报成功，省局积极做好广告产业园区的指导、服务工作，指导园区撰写申报材料、制作规划书，帮助园区确定产业定位、划分功能板块，提出广告产业园区必须瞄准国际水平，高起点、高目标、高质量创建。为取得多方面支持，省局还加强了和省财政、杭州市政府等部门单位的协调。前段时间，中央财政支持我省广告产业园区建设的首批补助资金 4000 万元已经下发（计划 5 年两个亿），支持资金额度为今年全国各省广告产业试点园区首位。在国家工商总局、省政府及省有关部门的大力支持下，11 月 28 日，杭州国家广告产业发展试点园区（一区两园 ：运河园区和西湖园区）已经正式开园。当天，甘霖副局长和王建满副省长参加了开园仪式。

与此同时，为规范资金使用和管理，杭州市财政局和工商局已经出台关于国家广告园区中央补助资金使用管理办法，省局也已在研究制订有关广告产业试点园区的项目评估管理办法。除杭州以外，宁波市鄞州区也在全力创建国家广告产业园区工作，在市工商局细致而有成效的指导、协调等工作基础上，目前省局已经正式行文向总局申报。

3. 签订省部合作协议，获取国家资源，承建三大国家级广告中心

为了深入贯彻落实总局提出的广告战略实施意见，充分发掘省部资源，合力推动浙江广告业长期健康稳定发展，实现省部共赢，国家工商总局与浙江省政府经过前期充分协商沟通，于 11 月 28 日在杭州签订共同推进浙江省广告产业发展战略合作协议。周伯华局长和夏宝龙省长亲临签字仪式现场，并发表了重要讲话。该协议的主要内容除了共同推进浙江建设国家广告产业园区、推进浙江广告产业结构优化升级之外，就是支持浙江承建国家互联网广告监测中心、区域性广告产业教育研究中心、广告产业园信息交流中心，浙江每年安排省财政资金 3000 万元，用于三大国家级广告中心建设以及在浙江举办的全国性重大广告活动。在当前全国各地加快推进广告产业发展的竞争大格局下，就浙江而言，省部战略合作协议的签订、三大国家级广告中心的落户建设，对浙江有效获取国家政策与信息资源，扩大浙江广告产业园区在全国的知名度和影响力，提升浙江广告产业发展层次，意义十分重大，也为浙江广告业将先发优势转化为持续优

势，区域性优势转化为全国性优势提供了高位平台。三是搭建公共平台，创建人才培养基地，提升广告从业人员技能和素质。近年来，我们一直把培训工作作为推动广告业发展的服务举措。培训主要分为广告创意设计、广告审查员和广告法律法规三类形式，每次培训均邀请广告业内资深专家、学者进行授课、讲座、演讲或举办广告论坛。如今年的中国民营企业峰会上，我们特意邀请了国内最大的互联网广告商盘石科技董事长田宁一起举办广告数字论坛，受到了业界的一致好评。同时，我们每年积极组团参加中广协举办的中国国际广告节、中国广告论坛等活动（今年天津举办的第十九届中国国际广告节上，我省共有52件作品获奖），举办全省优秀广告作品大赛，开展了“广告创意营”、“文化创意周”等多项广告活动。通过这些活动，加强了浙江广告界与国内外广告同仁之间的学习和交流，进一步开阔了浙江广告人的眼界，拓宽了视野，增强了凝聚力和活力。同时，指导广告协会做好广告专业技术人员职业水平评价考试工作，健全和完善广告专业人才评价机制。依托浙江大学广告学专业教育与研究学科基础平台、学生广告竞赛基地、纽约广告节－浙江大学广告人才培养集训营等，实施多层次人才培养计划，培养广告策划、高端创意、新媒体专业等高素质人才，建立健全广告专业人才脱颖而出机制，努力提升广告行业的从业人员技能和素质。

2012年安徽省广告监管工作情况

安徽省工商局广告监督管理处

安徽省迎接部际联席会议检查组检查工作

今年以来，在国家工商总局的指导下，在省局党组和分管局长的领导下，各级广告监管部门深入贯彻落实科学发展观，按照全国、全省工商行政管理工作会议、全国广告工作会议精神，紧紧围绕深化“责任工商”建设、提高监管执法效能、提升服务发展水平的工作目标，深入整顿和规范广告市场秩序，积极做好指导广告业发展工作，努力夯实广告工作的基础，为推进广告战略和《广告业发展“十二五”规划》顺利实施打下坚实的基础。主要情况如下：

一、加大虚假违法广告整治力度，广告市场秩序进一步好转

2012 年，省工商局广告处根据全国、全省工商行政管理工作会议精神、全国广告工作会议精神，及时召开全省广告工作会议，部署广告监管工作，并制定下发了《2012 年广告监管工作要点》，把与人民群众身体健康密切相关的医疗、药品、食品广告作为整治重点。通过整治，全省媒体发布涉嫌违法广告逐步减少，广告违法率逐步下降，广告市场秩序进一步好转。截至 9 月末，全省广告监管机关共发出行政告诫 345 条次，查处虚假违法广告 1023 件，罚没款 405.1 万元。

（一）充分发挥整治虚假违法广告联席会议作用，形成整治合力

一是贯彻落实部际联席会议精神，制定我省联席会议工作要点。及时组织省整治虚假违法广告联席会议成员单位参加了 2012 年广告专项整治工作部际联席电视电话会议。会后，联席会议成员单位根据部际联席会议精神，结合我省实际共同制定了《2012 年安徽省整治虚假违法广告联席会议工作要点》，进一步明确部门职责分工。二是召开省整治虚假违法广告联席会议，部署下一步工作。2011 年 9 月 4 日，省工商局召开了 2012 年度整治虚假违法广告联席会议，总结了上半年全省虚假违法广告专项整治工作情况，各成员通报了专项整治情况及下一阶段工作的意见和建议，部署了下一阶段的工作任务。

（二）突出重点，深入开展广告市场专项整治

一是根据《全省工商系统 2012 年广告工作要点》的要求，全省各级广告监管部门继续加强医疗、药品、保健食品等与人民群众身体健康密切相关产品或服务广告的专项整治。截至 2012 年 9 月末，全省广告监管机关共监测医疗、药品、保健食品等产品或服务广告 178.2 万条次，责令停止发布 91 条次，立案查处 298 件，罚没款 161.9 万元。二是结合国家工商总局《关于持续做好含有“特供”、“专供”等内容广告日常监管工作的通知》以及《工商总局关于集中清理整顿利用互联网销售滥用“特供”、“专供”等标识商品的通知》要求，在全省范围开展了商品标识“特供”、“专供”专项整治工作。专项检查中，全省共约谈网站 120 家，检查互联网站 6066 家，监测网络广告 20095 条次，检查生产经营主体 8144 户，责令网站经营者停止违法违规广告宣传 132 条次，责令商品生产经营者撤除违规标识 76 件，立案查处 1 件。三是加强互联网广告监管工作力度。结合与省药监局等部门联合出台的《安徽省打击利用互联网非法收售药品行为专项行动实施方案》等文件精神，进一步加强对各类利用互联网发布虚假违法广告行为的监管力度。全年共监测互联网广告 59512 条次，查处虚假违法网络广告 34 件。四是开展不良信息广告专项整治，维护良好的社会环境。今年来，各级广告监管部门积极协调网宣、卫生、药监等部门，查处网上非法涉性用品药品广告和性病治疗广告。截至目前，全省共监测网站 10346 家，监测网上广告 59512 条，发现存在问题网站 46 家，发现非法“性药品”广告 18 条，转请有关部门删除非法涉性广告 15 条，立案查处 28 件。五是按照《国家工商总局国家旅游局关于加强旅游服务广告市场管理的通知》精神，省工商局联合省旅游局在全省范围共同开展旅游服务广告市场专项整治，维护消费者合法权益。专项检查中，全省共出动执法人员 3522 人次，出动执法车辆 846 台次，检查旅行社 1589 户，检查旅游景点 93 个，检查旅游服务广告 8319 条，责令 34 条违法旅游服务广告立即整改，查处 5 件严重违法旅游服务广告，罚没款 2.5 万元。

（三）加大媒体广告监管力度

一是会同省委宣传部等十一部门联合转发国家工商总局等十二部委制定的《大众传播媒介广告发布审查规定》，并组织我省主要新闻媒体以及网站的广告负责人参加国家工商总局组织召开的贯彻实施《大众传播媒介广告发布审查规定》电视电话会议，进一步完善大众媒体的广告审查制度，强化大众媒体的广告

审查把关意识，对预防和减少违法广告的发布起到了积极的作用。二是召开省属媒体通报会，向省属主要媒体通报了今年上半年各媒体的广告发布情况、国家有关政策文件等内容，对媒体广告发布提出了具体要求。三是约谈了少数省属新闻媒体广告部门负责人，要求其完善广告审查制度，强化广告审查把关意识，减少虚假违法广告的发布。四是面向社会发布了媒体违法广告公告2期，公告了典型违法广告19件。五是加强对媒体广告审查员的培训。9月中旬，与省广告在合肥举办了一期广告审查员培训班，150余名广告审查员参与培训，进一步提高了他们广告审查责任意识和违法广告鉴别能力。六是加大了对省属媒体虚假违法广告的处理力度。今年以来，按照“四步法”监管模式，省工商局共对省直媒体发出责令整改通知书29份，并对省属5家媒体单位进行了立案调查，共办理虚假违法广告案件6件，涉及严重违法广告18条，罚没款10.15万元。

（四）妥善处理各类虚假违法广告投诉，切实维护群众利益

今年来，省局共受理消费者咨询、投诉70件，做到了件件有处理，并及时反馈投诉人。

二、完善广告监测工作，加强对全省广告监测工作的督查、指导

2012年，全省广告监测工作进一步完善。针对各地广告监测系统运行中出现的问题，广告处及时搜集汇总存在的问题，并与信息中心沟通，要求软件公司及时进行处理。目前，省局及16个市局广告监测网络基本覆盖了省、市两级主流新闻媒体，按月编发《广告监测通报》，及时报送上级工商机关、地方党委政府及有关部门，并及时反馈相关媒体。11月，省工商局转发了工商总局《广告监测工作规定》，要求各级广告监管机关要完善广告监测制度，规范广告监测工作，进一步提高广告监测水平。截止10月末，全省共监测媒体广告572.8万条次，广告违法率为1.62%。其中，省局共监测媒体广告158万条次，广告违法率为1.2%。

三、积极举措，促进广告业健康快速发展

截止2012年底，广告经营单位8486户，广告从业人员5.1090万人，分别比上年底增长21.3%和23.4%；广告业经营额达到82.0853亿元，比上年同期增长17.9%。

一是积极争取省政府、国家工商总局的支持，及时向省政府报告我省广告产业园筹建情况，并赴国家工商总局专题汇报了广告产业园建设情况。二是积极推进广告产业园建设。召开了全省广告产业园建设研讨会，及时向各广告经营单位传达国家工商总局《国家广告产业园区认定和管理暂行办法》，调动广告经营单位参与广告产业园建设的积极性。省工商局和合肥、芜湖市工商局分别对合肥市高新区、芜湖市鸠江区开展广告产业园区建设工作情况调研，听取了合肥高新创业园管理有限公司、芜湖市鸠江区文产办关于建设国家级广告产业园区的总体思路、发展目标、主要任务与保障措施，并积极指导其做好国家级广告产业园区申报工作。三是大力推动《关于促进广告业发展的若干意见》出台。为了进一步促进我省广告业的发展，积极推进国家级广告产业园区的建设，我处在深入调研并认真学习借鉴其他省市经验做法的基础上，草拟了《关于促进广告业发展的若干意见》，并请求省政府以政府名义出台。四是加大公益广告工作力度。与省文明办等5部门联合开展“迎接十八大，讲文明树新风”公益广告评选活动，共收到各类作品94件，评选一等奖3件，二等奖7件，三等奖10件。积极组织全省反腐倡廉公益广告宣传。据不完全统计，2009年至今，全省共发布大众媒体反腐倡廉公益广告81199条次，户外反腐倡廉公益广告8288条次，通过其他途径发布反腐倡廉公益广告5493条次。五是继续加强广告专业技术人才评价工作，参与组织了2012年度广告专业技术人员职业水平考试工作。六是按照全省工商系统“进万企、优服务、促发展”活动实施

方案的统一部署，各级广告监管机关建立了重点广告企业联系制度，积极走访广告企业，为企业解决实际问题。我处赴亳州走访了5户广告企业，充分了解企业的经营情况，对企业反映的问题及时予以协调处理。

四、落实“十二五规划”，推进广告战略实施

根据国家工商总局出台的《关于推进广告战略的实施意见》、《广告产业发展“十二五”规划》等重要文件精神，推动广告战略与广告业“十二五”规划的顺利实施。一是及时向各级广告监管机关、各类广告经营单位传达文件精神，确立全面提升广告产业核心竞争力的目标。二是省、市工商局成立了以局长为组长、分管局长为副组长、各有关处（科）室负责人为成员的实施广告战略领导小组，进一步加强我省广告战略实施的组织领导。三是制定落实广告战略的实施方案。省工商局将广告战略及广告业“十二五”规划主要内容纳入省政府即将出台的《关于促进广告业发展的若干意见》中，各市都制定了具体的实施方案。四是狠抓落实，广告战略实施稳步推进。

五、加强广告监管工作队伍建设

一是开展业务大练兵和业务培训工作。为提高广大监管干部素质，省局于今年元月中旬开展全省工商系统业务大练兵抽考工作，我处积极参与业务大练兵广告监管抽考命题和阅卷工作。9月下旬，我处在合肥召开全省工商系统广告业务培训会，主要培训广告业统计报表制度、广告法律法规及广告案件查办等内容。二是及时研究解决各地在广告监管执法以及促进广告业发展工作中遇到的问题和难点，并赴马鞍山、芜湖、亳州、池州等地实地督察广告工作的开展情况。

2012 年福建省广告监管工作情况

福建省工商局广告监督管理处

海峡两岸“乐善杯”公益广告风采展·福建高校巡展启动仪式

2012年，我省的广告监管与促进广告业发展工作坚持以科学发展观为指导，以服务海西社会经济发展为主线，认真贯彻落实全国广告工作会议和全省工商工作会议精神，强化监管执法，引导规范并举，广告监管与促进广告业发展工作均取得新的成效。全省广告经营单位首次突破万户，达10455户，同比增长18.3%；广告从业人员7.29万人，同比增长7.68%；广告经营额达120.29亿，同比增长9.17%。全省共监测检查各类广告228.6万条次，同比增长25%。全省工商系统共立案查处各类违法广告案件3316起，同比增长6.52%通过强有力的专项整治行动，各地的广告违法率得到大幅下降，据国家工商总局今年一至九月份下发的广告监测情况通报显示，在全国36个被监测对象中，我省广告市场的药品、医疗、保健食品、医疗器械、化妆品等五类重点监测的广告严重违法率从1月份的24.3%下降至9月份的4.72%，综合排名从1月份的第15位上升至9月份的第5位。对此，省政府领导对我省广告监管工作取得的成绩给予了充分的肯定。

一、狠抓重点，广告市场整治取得新的成效

（一）突出重点开展广告专项整治

1. 根据总局统一部署，在全省范围内开展集中清理整顿互联网销售滥用“特供”、“专供”等标识的商品行动，整治期间，全省共出动执法检查人员4101人次，检查各类门户网站、自设网站1697家，监测网络广告10134条次，责令商品生产经营者撤除违规标识168件，检查生产经营主体2801户，立案查处5件，罚没款2万元。

2. 贯彻落实全国整治非法集资问题专项行动电视电话会议精神，积极开展非法集资广告专项整治行动，整治行动中，全省各级工商机关先后出动执法人员5503人次、车辆1578台次，共检查、排查担保公司、小额贷款公司、典当行、投资咨询公司等经营主体1896户，相关广告10068条（幅），立案查处涉嫌非法集资广告案件4起，有效遏制了发布非法集资广告行为，保障了人民群众的财产安全。

3. 从4月中旬开始与药监部门联合开展为期3个月的药品广告专项整治行动，在专项整治行动期间，全省各级工商局先后出动执法人员8097人次，车辆1587台次，共检查药品经营场所3321个（次），广告经营单位752家（次），立案查处涉嫌违法药品广告案件28起，涉案金额近20万元，全省违法药品广告得到有效遏制，取得了良好的社会效益。

4. 联合卫生部门按照《福建省卫生厅、福建省工商行政管理局关于开展违法医疗广告专项整治活动的通知》要求，加大违法医疗广告监测与查处力度，将违法医疗广告监测与查处工作纳入卫生监督范围，全省共监测各类医疗广告10373例，其中发现725例违规医疗广告，发布违规医疗广告媒介包括都市类报纸、杂志、户外专栏、印刷品（宣传单）等，均由卫生行政部门进行通报、警告或同级工商行政管理部门查处。

5. 按照省领导批示精神，开始开展为期两个月的“广播媒体违法广告专项整治”，重点整治以新闻形式和健康资讯节目（栏目）变相发布广告的行为。

6. 先后有计划有步骤组织“固定印刷品广告”、“旅游市场服务广告”等专项整治行动，始终保持对虚假违法广告的高压态势。

（二）加大广告监测力度

1. 加大对广告监测的投入，建成覆盖省市（除厦门）两级40套广电媒体的监测网络。对各地市工商局广告监测系统软硬件进行升级，增加设备监测录制容量，提高系统运行性能，改善系统安全性和可靠性，形成全省互联的监测网，实现对全省两级广电媒体实时监看监听，24小时不间断录制。

2. 认真贯彻执行国家工商总局下发的《广告监测工作规定》和《监测标准》，统一监测标准，完善监测制度，提高广告监测工作的规范化、制度化。地市监测报告从每季一报增加到每月一报，全省监测报告全面覆盖省市两级主要媒体，并增加各类数据指标排名。全省广告监测量突破200万条次，较去年有增长25%。

（三）多措并举、加强执法

一是以"反广告"等多种形式加大对严重违法广告监管。福州电视台新闻综合频道、三明电视台一套、《海峡都市报》、《福州晚报》等地方主要媒体共计8次被责令以媒体和广告主名义公开发布更正启事，向广大消费者作出道歉。

二是联合联席会议单位出台《关于对大众媒体发布严重违法广告加强监管的意见》。采取驻点督查、责令公开更正、暂停广告发布资格等措施加强广告监管，对查处违法广告过程中涉及相关部门职能的，提请采取撤销广告批准文号、暂停产品销售、吊销医疗机构有关诊疗科目等监管措施，形成打击违法广告的整体合力，增强对大众媒体发布违法广告的处罚力度。

（四）积极应对职业举报广告、有效破解难题

今年我局多次接到唐兴华等职业举报人的举报件，反映我省相关媒体发布违法广告情况。对此，我局分析利弊，扬长避短，积极处理。

一是思想重视。分析查找职业举报广告行为出现的原因和动机，严肃认真对待职业举报行为，既要维护公民正当的举报行为，及时处理，又不能让职业举报人牟取不正当利益的目的得逞。

二是利用有限监管力量，实现广告监管效能最大化，维护好广告市场秩序。针对职业举报行为举报量大、涉及面广、多有重复、且有不实的特点，我局采取：1.将举报件的办理与日常广告监管工作有机整合，在有效制止违法广告的前提下，突出监管重点、提升监管效能。2.加大监测力度。让监测结果基本覆盖举报涉及内容，使大部分违法广告线索在举报之前已被掌握和处理，做到违法广告早发现、早制止、早处理，极大的掌握了工作主动性。3.注重违法线索整合以及多种处理形式的结合运用。采取短信提醒、主动约谈、违法广告告知书、违法广告警示公告、责令媒体公开更正、移送查办、抄告媒体主管部门督促整改等多种形式相结合进行处理，大大提升了监管效率。4.教育媒体依法维权。教育各级媒体如若发现不良动机举报或遭遇敲诈勒索，应依法保护自身权益，及时向广告整治联席部门报告，不能花钱"私了"，向不法举报人妥协。

三是运用虚假违法广告整治联席会议单位平台共同研究解决。我们召开联席会议共同商讨解决途径，并将研究意见形成会议纪要向政府、纠风办等部门报送，得到相关部门的理解和支持。收集职业举报人向媒体敲诈勒索的相关证据材料，及时移送公安、纠风办等联席会议部门处理。

二、积极探索，努力营造监管发展良好氛围

（一）积极做好"国家级广告产业园区"试点单位申报工作

为贯彻落实省政府倪岳峰副省长在《"十二五"期间国家工商总局将支持建15个以上国家广告产业园区》上的重要批示精神，我们在向省政府办公厅递交《关于商请协调安排省政府领导听取国家广告产业园申报工作汇报的函》(闽工商函〔2012〕218号)的同时，积极指导、协助福州市工商局和泉州市工商局按照国家工商总局印发的《国家广告产业园区认定和管理暂行办法》要求，分别做好辖区内广告产业园区试点单位的申报工作。

（二）组织开展海峡两岸公益广告评选展示活动

活动以践行"福建精神"，建设"三个更加"的福建为主题，活动参与面涵盖海峡两岸，涵盖广告行业的"三驾马车"，即广告主、广告企业及新闻媒体，以及大专院校、行业协会等社会业界，通过组织发动工作，最大限度地扩大活动的参与面与影响力，通过公益广告的正面引导效应，增强广告从业人员的责任意识、自律意识、公益意识和自觉抵制虚假广告的意识，实现从更高层面对广告业的监管。活动自4月份启动以来，两岸共征集公益广告作品1300余件，通过新闻媒体发布作品150多幅。

（三）主动加强与省直有关部门的沟通协调

为贯彻落实国家工商总局《关于广告产业发展"十二五"规划》（工商广字〔2012〕99号）和省委

省政府《关于进一步推动福建省文化产业发展若干政策》（闽委办〔2012〕14号）文件精神，支持我省广告企业做大做强，我们主动加强与省文改办、省发改委、省财政厅等有关部门的沟通协调，积极推动将我省的广告业真正纳入全省文化产业发展的大局，争取获得政府支持企业发展的有关优惠政策和专项资金扶持。为此，我们在对全省广告业调查研究的基础上，及时向省文改办提交了《关于报送福建省广告业项目梳理情况的函》（闽工商函〔2012〕224号），将“国家广告（福州）产业园”等一批项目作为我省当前和今后一个时期重点扶持发展的广告产业项目进行了推荐。

（四）深入企业调查研究

为贯彻落实国家工商总局《关于推进广告战略实施的意见》（工商广字〔2012〕60号）文件精神和省委省政府关于“帮扶服务到企业”的工作要求，结合省局组织开展的“下基层、解民忧、办实事、促发展”主题活动，积极开展了对广告企业的大走访大调研活动。由处领导带队，分期分批深入福州、厦门、泉州、漳州、龙岩等60多家重点广告企业走访调研，了解广告企业当前的现实需求，分析我省广告产业发展现状及存在问题，寻找破解制约广告企业健康发展的措施和办法。

（五）支持平潭综合实验区先行先试

为大力支持平潭综合实验区的开放开发，按照省政府《关于授予平潭综合实验区行使部分省级行政职权的通知》（闽政〔2012〕33号）和省政府办公厅《转发国家工商总局关于支持平潭综合实验区开放开发促进两岸交流合作意见的通知》（闽政办〔2012〕111号）文件精神，我处先后将省级工商行政管理部门拥有的“印刷品广告登记审批”和“烟草广告登记审批”权限委托下放，并结合实地工作调研，积极指导、支持平潭综合实验区的广告发展。同时，对莆田市工商局提出将莆田市列为省工商局实施广告战略重点联系地区的要求给予了积极的答复和支持。

2012年江西省广告监管工作情况

江西省工商局广告监督管理处

江西省政协走访广告处

2012年，在局党组的正确领导下，在分管领导带领下，在有关部门的支持和帮助下，我处贯彻落实省委、省政府今年在全省开展影响发展环境的干部作风突出问题集中整治活动的总要求，充分认识国家工商总局提出开展效能建设的重要意义，按照全国工商系统广告工作会议的要求，以实施广告战略为主线，着力提高广告监管执法效能，提升广告服务发展水平，深入开展整顿和规范广告市场秩序，积极做好指导广告业发展工作，积极争取地方党委和政府的支持，调动社会各界参与热情，促进广告业跨越式发展，为建设富裕和谐秀美江西而不懈努力。

一、积极应对新时期、新战略，调整思路、坚定信心、全面实施广告战略，紧紧把握住广告业发展全新的历史机遇

4月11日，国家工商总局下发的《国家工商行政管理局关于推进广告战略实施的意见》（工商广字〔2012〕60号）将广告工作提升到前所未有的高度，广告业发展迎来了全新的历史机遇，我局站在服务经济社会发展全局的高度认真领会文件精神，充分认识到实施广告战略不仅是当前的重要工作，还将统领今后一个时期工作，立即将该《意见》转发至各设区市工商局。4月20日，全国工商系统广告工作会议结束后，我局认真学习周伯华局长、甘霖副局长讲话精神，起草《关于参加全国工商系统广告工作暨国家广告产业园区建设现场会的情况汇报》向局党组专题汇报，结合江西实际，提出八项贯彻落实意见。一是积极主动向省委、省政府报告此次会议内容及精神，汇报我省广告工作动态与趋势，尽可能争取省委、政府的重视与支持，把广告业发展融入到文化产业和服务业当中，作为转变经济发展方式的新途径与渠道，纳入地方经济发展大局来谋划和推动，努力使指导广告业发展上升为政府行为。二是在原有基础上进一步开展全省广告调查摸底工作，做到摸清底数，以找准我省广告业发展的突破口，真正做到有的放矢。三是在目前省局出台的促进广告业发展的“六条措施”政策的基础上，进一步加大扶持力度，制定《贯彻落实广告战略实施细则》，促进我省广告业的跨越式发展。四是进一步健全联席会议机制，强化各成员单位的作用，各司其职，综合治理，切实遏制虚假违法广告行为。五是在总局专项资金的扶持下，尽早建立起广告监测中心，配备必要的设备与人员，建立起省、市、县三级联动的监测网络。六是加大公益广告的投入，建立和完善公益广告发展促进机制。七是在目前我省还不具备建立广告产业园区的前提下，重点扶持一些有实力、有潜力的广告公司或媒体，借鉴外省的先进经验，给予一定政策支持，帮助其做大做强，在全省起到标杆示范作用。八是举办全省广告监管人员培训班、广告审查员班、广告专业人才等各类综合培训班，加快广告专业人才培养。5月22日，全省工商系统广告工作会议暨促进广告业发展座谈会召开，省局副局长魏晓奎参加了会议并作重要讲话，各设区市工商局分管副局长、广告科长参加了会议。会议全面部署广告战略实施，着重研究分析我省广告监管和广告业发展面临的新情况、新问题，统一了思想，明确了任务。目前，我省广告业的发展已引起了有关部门的重视，4月24日，以省政协常委徐良平为组长，有关专家、学者组成的广告业发展专题调研组来省局，就当前全省广告业发展存在的问题、下步发展的规划、措施、如何鼓劲和扶持广告业发展进行了深入调研。

二、把握发展基本要求，认真贯彻落实文化大发展、大繁荣意见，结合实际，全力扶持，制定“六条措施”

为认真贯彻落实总局《关于认真学习贯彻党的十七届六中全会精神积极促进社会主义文化大发展大繁荣的意见》（工商办字〔2011〕240号）文件精神，结合我省实际，就促进广告业繁荣发展等方面，制定并下发了“六条措施”（赣工商办字〔2012〕3号）：一是放宽了广告业市场准入条件，二是积极培育和扶持广告龙头企业，三是积极培育和发展具有本土特色和广告创意产业集群，四是积极扶持和推广农产品及

红色旅游品牌广告的宣传，五是积极推动公益广告事业的发展，六是支持新媒体广告健康有序发展。文件下发后，全省工商系统认真贯彻落实“六条措施”，逐步呈现出用一个广告带动一个产品，带强一个行业，带活一方经济。如，江西“红色”资源丰富，与此相关设区市工商局积极扶持和推动红色文化品牌建设以及农产品、红色旅游广告的宣传，为农产品和农民合作社与广告经营单位牵线搭桥，推出了《神奇赣鄱》、《井冈山》、《浴血坚持》、《共和国之魂》、《共和国摇篮》和《军旗从这里升起》等一大批红色文化影视剧，大力推介“赣南脐橙”、“信丰脐橙”等一批有地方特色的农产品广告以及“红都之春”、“瑞金—延安”、井冈山国际杜鹃花节、红歌会等红色文化旅游品牌广告，在全国叫响了“红色”文化品牌。

三、以净化广告市场环境为落脚点，突出重点，加大力度，继续深入整顿和规范广告市场秩序

在总局和省局党组的正确领导下，在全省工商系统广告监管队伍的共同努力下，我省广告监管工作保持着持续、快速、稳定良性发展的态势。从总局今年全年对我省部分媒体的广告监测情况来看，我省媒体在药品、保健食品、医疗、化妆品和美容服务等广告的违法率呈逐年逐月下降趋势。全年平均列全国 36 个被监测省、自治区、直辖市第 15 位。截至 10 月底，全省工商系统立案查处各类广告违法案件 300 余起，罚没款 150 余万元，累计监测广告 130 万余条。近年来，我省未发生一起由虚假违法广告而引发的群体性事件，没有发生一起由于虚假违法广告而引发的行政诉讼案件。

（一）坚持广告里面有政治、广告里面有导向、广告里面有稳定

全省各级工商行政管理机关党组对广告监管工作高度重视，做到“五个结合”：把广告监管工作与创建富裕和谐、秀美江西结合起来；把广告监管工作与绩效考评结合起来，把广告监管工作与干部评先创优结合起来，把广告监管工作与改进机关作风解决机关突出问题结合起来，把广告监管工作与综合治理保稳定促发展工作结合起来。同时把广告监管工作列入经济户口实行网格化管理，责任到科、到股、到分局、到人。为此，省级和地市级工商部门都专门设立了广告监督管理处（科），配齐了广告监管人员。

（二）坚持打防并举，以防为主

各级工商行政管理机关按照总局和省局的统一部署，结合本地实际，开展了以药品、医疗、保健品和化妆品等广告为重点的虚假违法广告整治活动、整治互联网和手机媒体传播淫秽色情及低俗信息专项行动、打击滥用“特供”、“专供”标识和清理校园周边环境等专项整治行动。对全省范围内的各大门户类网站、网络商品交易类网站以及相关企业自设网站等进行了集中清理，共出动执法人员 3137 人次，巡查互联网站 670 家，监测网络广告 5643 条次，检查各类生产经营主体 2768 户。通过各级工商行政管理机关的努力，专项整治行动得到了当地党委、政府的高度重视，专项整治行动声势大、层次高、影响广，成效显著。

同时，全省广告监管机关始终把受理、解决消费者的举报和投诉工作作为维护党和政府威信、化解社会矛盾、促进社会稳定的重要内容来抓。一是对外公布投诉举报电话的同时，安排专人负责处理，态度耐心细致，工作不厌其烦。二是建立相关的媒介联络员制度，快速及时地处理消费者的投诉，做到件件有回复，件件有落实，尽最大可能使消费者的问题得到妥善解决，维护消费者的合法权益。三是通过对消费者投诉的分析和梳理，寻找广告监管中存在的问题，有针对性加强和改进广告监管工作。截至 9 月底，全省收到的群众来信来电约 3000 余件，答复率 100%，为群众挽回经济损失约 80 余万元，有力地维护了社会稳定。

（三）坚持监管与服务并举，寓监管于服务之中

我们以《大众媒介广告发布审查规定》为抓手，积极主动宣传、引导、督促媒介单位切实担负起对广

告审查把关的社会责任。到今年十月，全省工商行政管理机关共对250余家大众媒介单位落实《大众媒介广告发布审查规定》的情况进行督促检查，举办媒介单位广告审查员培训班11期，培训广告审查员1500余人，召开行政告诫会21场次，发放宣传资料12800余份，行政约谈媒介单位负责人65人。根据总局每月的监测通报，对违法率居高不下的南昌、九江、景德镇、萍乡、吉安、鹰潭等地市的广电部门和报社负责人与同级工商部门负责人一道到省工商局进行行政约谈。当面指出其存在的突出问题，责成媒介单位写出书面整改意见并对其虚假违法广告的行为予以全省通报批评，同时抄送省、市宣传、广电、报社、省效能办、省纠风办、媒介主管等相关部门。通过以上工作，我们抓出了权威，抓出了成效，提升了工商地位。如南昌晚报原来违法率始终在80%到90%之间，甚至到了100%的违法率。通过省局直接行政约谈，该报今年的广告监测违法率大幅度下降，今年始终保持全国同类报纸第一或第二名。

（四）坚持部门协作，齐抓共管

虚假违法广告并不是根治不了的顽疾，关键是“决心”，关键是“态度”，关键是看是否有“牺牲”和“断腕”精神。一是相关执法部门能否下决心，真正做到有法必依、执法必严。是否敢动真格，包括下巨额罚单，停止审批药品、保健食品、医疗等广告，吊销频道许可证，吊销频率和刊号，追究党纪、政纪和刑事责任。二是看媒介主抓主管部门的态度。能否把广告监管工作作为精神文明的主要内容，并将此上升为讲政治、保稳定、促发展的高度，上升为建设美丽中国，和谐社会的高度，来真抓真管。三是当前我省虚假违法广告主要发生在药品、保健食品、医疗等广告领域，其广告的发布平台又主要是主流媒体，如报纸、电台、电视台。由于我省经济欠发达，市场购买力有限，一些大品牌、优质品牌，尤其是一些国际性的品牌，甚至省内一些具有一定知名度的品牌广告很少或几乎不在江西媒体投放，所以一些主流媒体“吃不饱”的现象普遍存在，而药品、保健食品及医疗等广告填补了这种空缺，占全省主流媒体广告整体收入的50%以上，有的甚至达到70%以上，而设区市和县所占比重会更高。此种现状如果没有“牺牲”局部利益及壮士“断腕”的精神，调整广告投放结构，虚假违法广告在短期内还很难得到根本性地改变。虚假违法广告整治是一项长期性的工作，因此，我们在整治过程中始终注重充分发挥整治虚假违法广告联席会议制度成员单位的作用，做到“四个坚持”、“四个突出”：坚持联席会议制度，坚持信息通报制度，坚持案件移送制度，坚持依法、依德，以批评、教育、引导、规范为主等制度；突出宣传部门的主抓主管作用，突出行业主管和前置审批部门的行业监管和审批后的事后监管作用，突出监察部门的查处违纪、纠正行业不正之风的威慑作用，突出大众主流媒体的觉悟、行业自律、自查自纠并引导和督促大众主流媒体单位讲政治、顾大局、增强媒介的责任感，强化“喉舌”、“主阵地”、“主旋律”意识。积极调整广告投放结构，提高服务质量，扩大招商引资力度，吸引高质量大品牌及鼓励省内知名品牌，在本土加大广告的投放力度，逐步减少药品、保健食品和医疗广告的投放，提高主流媒体的公信力、影响力。通过以上措施，促使大众媒介单位不愿、不想、不敢只为部门利益而放弃大众利益的念头，逐步形成广告业的发展靠的是品牌、靠的是公信力、靠的是创意的良性竞争环境。

四、明年工作打算

明年我们将全面深入学习贯彻落实党的十八大会议精神，自觉主动地把十八大精神融入到广告监管和促进广告业发展的工作中。

（1）力争明年上半年以省政府的名义或与省发改委联合下发《关于促进江西省广告产业提升发展的指导意见》。

（2）根据总局今年五月份下发的《广告业发展“十二五”规划》，力争明年上半年出台《江西省广告业“十二五”发展规划》。

（3）以全面贯彻落实《大众媒介广告发布审查

规定》为抓手，牢牢牵住大众媒介是最后把总关、总负责的这个牛鼻子，从目前的主抓主流媒体，覆盖到网络、通信、户外、DM 等媒介，力争做到全覆盖、全领域、全方位地落实《规定》。

(4) 建立健全全省广告企业经济户口，为全面、及时掌握全省广告业发展动态，为全省广告产业发展规划和决策提供真实、客观的依据。

(5) 进一步强化宣传部门、媒介主管和前置审批部门、纪检监察部门在整治虚假违法广告中所起的关键作用，紧紧依靠他们。继续坚持联席会议制度、信息通报制度、案件移送制度，切实形成齐抓共管，真抓真管的局面。

(6) 进一步强化工商行政管理机关在整治虚假违法广告工作中所起的牵头作用。不仅要牵住头，而且要牵好头、带好头、不松手，切实履行好作为牵头单位的领导、组织、协调作用。同时注重发挥联席会议成员单位各自的职能作用。在整治工作中坚持行政约谈、行政告诫、行政建议、行政通报和行政处罚相结合等制度，真正体现牵头作用，强化地位，树立权威，抓出成效，在党委、政府心目中，提升工商行政管理机关的整体形象，争取一席之地。

2012 年山东省广告监管工作情况

山东省工商局广告监督管理处

国家工商总局与山东省人民政府签署推进山东广告产业发展战略合作协议

2012 年，在省局党组的正确领导下，在兄弟处室的大力支持下，全处同志认真贯彻落实党的十七届五中、六中全会、十八大和省第十次党代会精神，立足本职，开拓创新，在促进广告产业发展、强化广告监管等方面取得了较好成绩。在财政部、国家工商总局开展的“发展现代服务业试点，支持广告业发展”工作中，山东青岛、潍坊、烟台三个园区列入全国 20 家国家级广告产业园区行列，入选数量居全国第一，中央财政补助资金 1.35 亿元已到位，预计三年内可获得扶持资金 3 亿元。广告处荣获全国广告行业精神文明建设先进单位、中国国际广告节最佳组织奖、省直机关“五一劳动奖状”先进集体、省局文明处室、省局先进党支部等荣誉。现将有关情况汇报如下：

一、2012 年全省广告管理工作开展情况

（一）科学规划，重点突破，指导广告产业发展工作取得新突破

1. 健全领导机制，指导广告产业发展工作由部门行为上升为政府行为

作为指导广告产业发展的职能部门，始终把实施“广告拉动战略”作为服务全省经济社会发展的重要措施，进一步增强责任感和使命感。积极争取省委、省政府把广告产业发展工作纳入了全省经济发展大局、“蓝黄”两区发展总体规划和《山东省文化产业振兴规划》，在争取省政府出台《关于促进全省广告产业发展的意见》的基础上，争取省发改委将“广告产业发展规划”纳入《山东省“十二五”商务服务业发展规划》并联合下发了《山东省“十二五”广告产业发展规划》，代省政府起草了《关于实施广告拉动战略的意见》，为全省广告产业发展指明了方向、优化了环境。今年6月，国家工商总局与省政府签订了《关于推动山东广告产业发展的战略合作协议》，初步建立了省政府领导牵头，工商、财政、发改委等各职能部门分工协作的联席会议制度，形成了党委、政府统一领导，各部门齐抓共管的工作格局。

2. 实施“九大工程”，全省广告产业健康快速发展

采取“重点突破、整体推进”战略，提出以“四大载体”为依托、实施“九大工程”建设的目标，目前重点实施了“六大工程”。一是实施广告产业园区创建工程，出台了《山东省广告产业园区认定和管理办法》，创建了青岛、潍坊、烟台 3 家国家级广告产业园区，认定了 4 家省级重点园区，并把园区建设融入了当地经济文化发展规划。二是实施大型广告企业培育工程，协助省政府确定了一批重点扶持广告企业，着力培育扶持了 4 家重点广告企业成立企业集团；积极争取省文化产业发展资金和服务业发展引导资金扶持，今年申报的两个项目共获得扶持资金 150 万元，增强了广告企业发展动力。三是实施广告会展项目建设工程，培育了以“山东省广告节”为龙头的 4 项重点广告会展项目，加速了知识、技术、人才、资本的高效流动，提升了广告会展整体水平。四是实施广告品牌创建工程，一方面通过实施品牌战略，健全了特色鲜明、优势突出、结构合理的广告产业品牌体系，打造了 6 个山东省著名商标广告单位；另一方面通过实施“广告拉动战略”，大力推介山东省驰著名商标，形成了一批市场占有率和国内外美誉度高的著名品牌。五是实施广告专业人才培育工程，在山东大学等 3 所高等院校建立了广告人才培养和职业水平考试培训基地，在新之航传媒集团等 7 家大型广告公司建立了广告人才实践基地。六是全力加快广告公共服务体系建设，依托潍坊广告创意产业园建立了具有广告展示、拍卖、融资、保护、公益宣传、广企对接和信息交流七项职能的广告交易中心，有效地提高了全省广告产业公共服务水平。今年 5 月，牛启忠局长代表省局就“推动广告产业发展，服务地方经济发展大局”在全国工商系统广告管理工作会议上作了典型发言；10 月，牛启忠局长以“深入推进广告战略实施，服务区域经济社会科学发展”为题在全国工商系统创新发展高层论坛上作了经验交流，得到了与会人员的高度评价。

3. 完善服务体系，广告产业发展环境更加优化

一是积极筹备成立“山东省广告摄影研究会”，以构筑广告摄影业界交流平台，培养专业人才，提升广告产业发展水平，助推山东品牌商品走向全国、走向世界。二是充分发挥广告协会职能、提高服务水平。认真组织广告企业资质认定活动和广告专业技术人员职业水平评价考试，截至目前，全省共有广告资质企业 83 家，占全国的 11%。以组织参加中国国际广告节和筹办山东省广告节等为载体，积极开展各类广告赛事和作品评选活动，截至目前我省在全国性广告赛事活动中共有 438 个作品获奖，加强了行业交流，提高了行业整体形象和水平。依托《山东广告》和“山东广告协会网”，为广告市场提供了科学准确、完整、及时

的数据服务，实现了信息共享。今年共获得“全国先进广告协会”、“第十九届中国国际广告节最佳组织奖”、“山东省第四届文博会优秀展示奖、优秀组织奖”等荣誉。三是积极做好广告行政审批工作，注重改进作风、提高效率，认真做好烟草广告、固定形式印刷品广告的审批和广告经营单位的登记、年检工作，积极为广告产业发展做好服务工作。放宽广告市场准入条件，积极支持中小广告企业发展。积极开展“大走访”、“大回访”活动，帮助企业排忧解难，优化发展环境。

（二）立足职能，积极作为，广告监管工作取得新进展

1. 健全监管制度，广告长效监管机制逐步完善

一是坚持联席会议制度，坚持每季度召开一次联席会议，年初联合下发了定《2012年山东省虚假违法广告专项整治工作要点》并召开了全省广告管理工作电视会议，相互配合、齐抓共管。二是坚持广告监测制度，根据《山东省工商行政管理系统广告监测管理办法》要求，实行集中监测和日常监测相结合，实现了省、市、县“三级监测制”和“四级通报制”（即党委、人大、政府、政协，联席会议成员单位，行业主管部门、媒体单位），有效掌控了广告发布动态。三是坚持违法广告公告制度，每季度向社会公开曝光典型涉嫌虚假违法广告，警示消费者。四是坚持广告市场信用监管制度，及时将广告经营单位的信用情况向社会公告。五是坚持广告违法主体市场退出制度，对发布违法广告情节严重的，依法建议有关部门采取撤销广告批准文号、暂停销售等措施。六是坚持广告违法主体责任追究制度，对发布虚假违法广告情节严重的，联合省政府纠风办等部门依法追究有关人员责任。

2. 突出工作重点，以“迎接党的十八大，规范广告发布行为”治理活动为总抓手，虚假违法广告整治工作成效显著

始终把直接关系人民群众健康安全的医疗、药品、保健食品广告等广告作为整治重点，围绕中心工作，在全省部署开展了“整治互联网和手机媒体淫秽色情及低俗信息”、“药品安全专项整治”、“广告语言文字专项检查”、“迎接党的十八大，规范广告发布行为”、“滥用特供、专供标识专项清理整顿”等治理行动。采取“下管一级”的监管方式，对一定区域内的严重虚假违法广告实现了统一掌控。采取查处一批、撤销一批、曝光一批、封杀一批、责令整改一批、停发一批，“六个一批”的措施，不断加大执法力度。截至目前，全省共查处违法广告案件3529件，罚没款1389.85万元；下发《责令整改通知书》1000余份；向社会公告了400余件典型涉嫌虚假违法广告；暂停了100余件产品、服务的广告发布资格。定期监测全省经营性网站254余家，查处非法网站20余家，删除非法信息3000余条次，广告违法率逐年下降，广告市场秩序日趋规范。

3. 完善监管措施，广告管理科学化水平不断提高

一是健全部门之间的齐抓共管网络，增强了广告监管的合力和实效，起草了《关于治理虚假违法广告的规定》等文件并与联席会议各成员单位联合下发，多次向有关部门发出《行政建议书》，起到了较好效果。二是健全工商系统内部上下联动的网络，实现了省局、市局、区县局、工商所“四级联动”和属地化管理，加大了交办、转办、举报案件的查处力度。三是强化对媒体单位的行政指导，以推进监管方式向精细化转变为目标，坚持刚柔并举、宽严相济的原则，综合运用告诫、警示、教育、建议等多种手段，采取下发《责令改正通知书》、《行政指导告诫书》、《行政指导提示书》等方式，做到了事前介入预警，有效预防了广告违法行为的发生。

（三）夯实基础，提升素质，广告管理工作基础建设取得新进展

1. 强化广告监测，有效掌控广告发布动态

一是健全了监测机构，根据“全省广告监测系统建设三年规划”要求，各市、县局建成了以信息化设备为支撑的广告监测系统，配备了专职监测人员，省工商局建立了全省广告监测数据中心，积极

协调省编办批准成立“山东省广告监测中心”（目前中心正在筹建中），基本实现了总局对广告监测工作“有机构、有设备、有人员”的要求。二是完善了监测制度，制定了《山东省工商行政管理系统广告监测管理办法》，实行集中监测和日常监测相结合，监测范围覆盖省、市、县三级，并及时将监测结果通报各级党委、人大、政府、政协，行业主管部门，联席会议成员单位及媒体单位，实现了“三级监测制”和“四级通报制”。

2. 强化广告统计，全面掌握广告产业发展情况

不断创新工作方法，研发了“山东工商广告业务数据采集及统计分析系统”，完善了广告统计工作模块，依托网上企业年检系统平台，推行广告市场主体统计资料网上填报。下发了《关于做好全省广告经营情况调查统计工作的通知》，在全省全面部署开展了广告经营情况调查工作，确保了统计数据完整、准确，为全面、科学地掌握全省广告产业发展情况打下坚实基础。在今年9月国家工商总局召开的全国工商系统广告统计工作会议上，我省以“创新思路，完善措施，山东省广告统计工作取得新突破”为题作了典型发言。

3. 强化队伍建设，不断提升广告管理工作效能

以开展“学习型工商建设年”、“创先争优”等活动为载体，围绕建设“三个过硬”干部队伍，以强化教育培训为重点，组织广告监管干部认真学习了中国特色社会主义理论、以“五个四”和“五个更加”为核心的工商行政管理理论、广告业务知识和法律法规，全面提升了广告管理干部综合素质和业务能力，打造了一支政治过硬、业务过硬、作风过硬的高素质广告监管队伍。各级工商机关广告监管部门多次受到当地党委、政府表彰，省局广告处获山东省省直机关五一劳动奖状先进集体。

二、2012年全省广告管理亮点工作

（一）深入推进广告战略实施，服务经济社会科学发展

1. 积极争取党委政府支持，指导广告产业发展工作由部门行为上升为政府行为

作为指导广告业发展的职能部门，坚持把促进广告产业发展作为服务全省经济社会发展的重要措施，积极争取党委、政府政策支持，使促进广告产业发展工作由部门行为上升为政府行为。在省政府2011年出台《关于促进全省广告产业发展的意见》的基础上，今年联合省发改委下发了《山东省“十二五”广告产业发展规划》，代省政府办公厅起草了《关于实施广告拉动战略的意见》，将于近期下发。6月国家工商总局又与省政府签署了《关于推进山东广告产业发展的战略合作协议》，提升了广告产业在经济文化强省建设中的地位和作用。以此为支撑，我省各级地方党委、政府积极将其纳入当地经济发展整体规划，研究出台促进广告产业发展实施意见，全省广告产业呈现出了蓬勃发展的良好势头。截至2012年底，全省共有广告经营单位达26136户，广告从业人员154247人，广告经营额176.3867亿元，比2011年分别增长22.6%、34.6%、49.5%，广告产业发展增速创历史新高。

2. 全面开展广告产业“九大工程”建设，重点推进广告产业园区建设

在财政部、国家工商总局开展的“发展现代服务业试点，支持广告业发展”工作中，青岛广告文化产业园和潍坊、烟台广告创意产业园3个园区列入全国20个试点单位之中，是全国唯一拥有3个园区的省份，预计三年内可获得扶持资金3亿元，实现了广告产业集聚快速发展。积极开展省级重点广告产业园园区认定和建设工作，出台了《山东省重点广告产业园区认定管理办法》，命名了济南大学创意园等4个省级重点扶持广告产业园区，目前正在积极争取省财政资金重点支持，为广告产业园区建设起到了很好的示范带动作用。

（二）以“迎接党的十八大，规范广告发布行为”治理活动为总抓手，加大虚假违法广告整治力度

1. 健全监管制度，完善广告长效监管机制

着眼标本兼治，进一步健全了联席会议制度、广告监测制度、违法广告公告制度、广告市场主体信用监管制度、广告违法主体市场退出制度、媒体单位责任追究制度等六项制度。在联席会议制度方面，每年制定全省整治虚假违法广告专项行动联席会议工作要点，坚持每季度召开一次联席会议，连续三年召开全省新闻媒体广告管理工作电视会议。

2. 加强基础设施建设，不断提升广告监管水平

在广告监测制度方面，下发了《山东省工商系统广告监测管理办法》，健全省、市、县三级监测网络，实现了 “三级监测制”和监测结果“四级通报制”；积极协调省编办批准成立“山东省广告监测中心”，目前中心正在筹建中，实现了广告监测工作“有机构、有设备、有人员”的要求。

3. 推行行政指导，不断提高广告监管水平

坚持刚柔并举、宽严相济的原则，积极推行培训制、告诫制、责令整改制、行政建议制等举措，坚持教育为主、规范为本、预警在先、处罚在后。一是建立健全行业自律机制，通过发挥广告协会职能，引导新闻媒体单位签订自律责任书，督促其将刊播合法广告作为一项政治任务来抓。二是坚持广告审查员培训制度，坚持每年组织对新上岗审查员和问题较多单位审查员进行法律法规培训和知识更新培训，提高广告审查员的审查把关能力。三是推行行政指导制，按照“事前提示、事中引导、事后告诫”的原则，针对不同的广告主体和广告违法情形，施以不同的行政指导方法，规范广告经营行为，提高广告市场监管的制度化、规范化和程序化水平。

2012 年河南省广告监管工作情况

河南省工商局广告监督管理处

河南省召开整治虚假违法广告部门联席会议

一、注重监管，确保广告市场规范有序健康

1. 认真开展日常广告监测

2012 年，省局广告监测中心共监测河南电视台 9 个频道，河南人民广播电台 10 个频率，以及《河南日报》、《大河报》、《河南商报》、《东方今报》、《郑

州晚报》、《大河健康报》等8家省会主要平面媒体的各类广告共计1470783条次，发现违法广告17015条次，违法率1.16%，下发整改通知书79件，停发通知书91件，约谈相关媒体15次，交办案件58件，接待受理群众投诉60起，广告发布秩序平稳趋好。

2. 组织开展省辖市电视和报纸媒体广告抽查监测

今年2月和10月，省局先后两次对18个省辖市电视台的新闻综合频道和当地日报进行了抽查监测，共监测各类广告14553条次，发现违法广告1119条次。监测结果经整理分析后，向各省辖市予以通报，效果良好。

3. 深入开展整治虚假违法广告专项行动

今年以来，全省广告监管工作重点突出，目标明确，成效显著。一是今年年初按照国家总局要求，在全省范围内开展持续做好含有“特供”、“专供”等内容广告的日常监管工作，继续巩固2011年9月开始的清理整顿部分商品滥用“特供”、“专供”标识专项行动成果，进一步维护了公平竞争秩序，营造了规范诚信的广告市场环境。二是7月17日至8月10日，全省工商系统开展了“清理整顿违法户外广告活动”。这次清理整顿活动全省出动执法人员15991人次，执法车辆3193台次，检查各类户外广告40884条（块）次，责令整改2402条（块）次，立案564起，罚款84.13万元。有效遏制了违法户外广告的发布行为。三是9月25日至10月31日为净化“双节”广告市场环境和迎接党的十八大胜利召开，在全省组织开展了虚假违法广告专项整治活动，对各级广告经营单位、印刷品广告、户外广告和互联网站及其他广告发布机构发布的虚假违法广告进行专项整治，以医疗、药品、保健食品、化妆品和美容服务广告以及以新闻报道形式发布的各类广告为重点，深入开展专项治理，取得了良好成效。四是根据国家工商总局安排，9月29日至10月31日组织全省工商系统开展了“集中清理整顿利用互联网销售滥用特供、专供等标识商品”的专项治理活动，取得了显著成效。五是为贯彻党的十八大精神，巩固前一阶段虚假违法广告专项整治成果，深化虚假违法广告专项整治行动，我局与省纠风办于12月4日起联合开展为期1个多月的“虚假违法广告专项整治行动”，进一步加大对全省广告市场的规范力度。

4. 积极履行联席会议制度牵头职责

今年2月28日和8月20日，广告处召集纠风、药监、卫生、广电等11个部门，在省局召开了今年前两季度的联席会议，通报了阶段性广告监管情况，收看了全国广告专项整治工作部际联席电视电话会议视频，安排部署了广告监管的各项工作，并会同联席会议成员单位印发了《2012年整治虚假违法广告专项行动部际联席会议工作要点》和《关于印发大众传播媒介广告发布审查规定的通知》，对规范广告发布行为，杜绝和减少严重违法广告，指导全年广告工作起到了积极作用。

5. 认真落实违法广告公示制度

今年，我处认真落实违法广告公示制度，按季度在《大河报》、《东方今报》、《河南商报》等省会主要媒体的显著版面发布典型违法广告公告3期，另在省局外网特别发布了1期有关虚假违法广告处理情况的公告，共涉及60余个产品种类，有效震慑了违法广告发布行为。

6. 召开省会主要媒体整治虚假违法广告约谈会

根据近期临近年底，加之“双节”将至广告发布的情况和往年规律，为防止虚假违法广告反弹，我们于12月7日召开了由省会16家媒体参加的整治虚假违法广告媒体约谈会，对省会主要媒体今年以来的广告发布情况进行了通报，对今后广告发布提出了明确的要求。

二、思路清晰，措施有力，实现了全省广告业发展新突破

1. 签署《推进河南广告业发展战略协议》

今年4月21日，在局党组、局领导的高度重视和全力协调下，国家工商总局局长周伯华与省长郭庚茂

顺利签订了《推进河南广告业发展的战略合作协议》。《协议》的签订标志着国家对我省广告业发展支持力度的加大和河南广告业发展将步入快车道。

2. 力促国家广告园试点园区落户郑州

今年初，财政部、工商行政管理总局开展了第二批广告产业试点工作。省局党组高度重视，先后向省政府、国家工商总局多次汇报和主动协调郑州市高新区等有关单位，终于将中原广告产业园成功创建为国家级广告产业试点园区。今年6月18日，财政部、工商行政管理总局正式公布了第二批试点园区名单，并向我省拨付3500万中央财政补助资金。这是目前为止我省指导广告业发展的最有力举措，是我省广告业和创意文化产业发展的里程碑。

3. 促成河南省人民政府办公厅《关于促进全省广告产业发展的意见》的出台

经广泛征求省直有关部门的意见和反复讨论修改，今年8月22日，省政府办公厅正式印发了由我局代拟的《关于促进全省广告产业发展的意见》。该《意见》是今后相当一段时期内指导我省广告业发展的重要的政策性文件。

4. 修改完善《中原广告产业园工作实施方案》

为利用好中央财政补助资金，加快推进中原广告产业园“一个核心、六个平台”建设，带动全省广告业健康发展，省局和郑州市高新技术开发区有关同志先后赴北京、上海、南京、常州等第一批国家广告产业园区参观调研，在学习吸取先进经验的基础上，结合河南的优势、特色和发展前景，修改完善了《中原广告产业园工作实施方案》。

5. 制订《河南省国家广告业试点园区财政补助资金使用管理办法》，落实地方配套资金

按照国家财政部、国家工商总局有关文件规定和要求，与郑州高新技术开发区管委会共同草拟了《河南省国家广告业试点园区财政补助资金使用管理办法》，并报国家总局和财政部备案。该《办法》对财政补助资金使用范围、审批和支付程序、监督管理等方面提出了明确的要求。同时，积极协调地方各级政府，加大地方财政资金对园区建设的支持力度。

6. 制定《河南省省级广告产业园认定和管理暂行办法》

为了促进我省广告业持续协调发展，我们参照国家总局和其他省份的做法，起草了《河南省省级广告产业园认定和管理暂行办法》，目前正在与省有关部门协调落实扶持资金，如果扶持资金落实，将在全省开展省级广告产业园认定工作。

7. 围绕落实《协议》内容，组织多项活动，营造中原广告产业园和河南广告业发展的浩大声势

一是与郑州市高新区联合主办了“中原广告产业园建设与运营高端论坛”，邀请了国内外著名的学界、业界、媒体等广告方面的13名专家学者对中原广告产业园建设和河南广告业发展把脉问诊、献计献策；二是组织中原广告大讲堂专家演讲会，邀请张金海、江绍雄和赵树明等内业权威人士作为首讲嘉宾，为全场300余名广告从业人员进行了精彩的演讲；三是召开中原广告产业园建设工作座谈会，广泛征求广告企业和媒体对中原广告产业园公共服务平台和建设的意见与建议，深入了解了广告企业对园区的期望和需求。

8. 组织全省工商系统和媒体参加第十九届中国国际广告节

10月26日至29日，第十九届中国国际广告节在天津举行。为充分利用这次学习交流、宣传展示的机会，省局高度重视，李明申副局长、王船起副巡视员等领导带队参会。广告节期间，我省参展媒体和企业共签约广告和产品销售协议2.3亿元，设立专业展台7个，获得各类奖5项，充分展示了自身扎实的基础实力和良好的发展前景，汲取了国内外最先进的发展经验，促成了新一轮互惠共赢的业务合作，为进一步推动中原广告产业园建设，促进全省广告业发展积累了重要素材。

三、强化基础工作，全面提升监管服务水平

1. 认真开展广告经营资格审查准入工作

省管广告经营单位年检全部按时完成，共受理行政审批105项，全部做到立等可取，受到企业一致好评。

2. 组织筹备广告师职业资格考试

今年2月，省局积极会同省人力资源与社会保障厅和省人事考试中心组织筹备考务工作。共有203人参加此次考试，其中100人报考助理广告师，103人报考中级广告师。

3. 召开全省工商系统广告工作会议，对全省广告监管和发展工作做进一步安排和部署

会上李天佑处长做了工作报告，总结了今年以来，我省广告监管和广告业发展的工作情况，对今后广告监管和发展工作进行了安排部署；李明申局长、王船起局长分别做了重要讲话，充分肯定了广告监管工作，又着重强调了广告业的发展，特别是强调要一手抓监管，一手抓发展的思想观念。在与会的各省辖市局、省直管试点县（市）局的主管局长、科长中产生了积极的共鸣。

4. 举办全省工商系统广告监管暨广告业发展培训班

为贯彻落实今年国家工商总局及国家有关部门出台的一系列广告监测、管理方面的新政策、新措施，同时为了解决我省广告业发展在实现突破后，如何更好更快发展的问题，省局于11月12日至14日，在南阳举办广告监管暨广告业发展培训班，邀请工商总局广告司规划发展处赵践处长和监督和案件指导处史新章副处长分别就指导广告业发展和加强广告监管工作进行授课。18个省辖市局、10个省直管试点县局的主管局长和商广科（股）长及广告监测员120余人参加了此次培训。王船起副巡视员结合此次培训对今后的工作提出了具体的要求，并带领参训人员实地考察学习了南阳市农运会期间广告清理整顿工作的先进做法和经验，收到了很好的效果。

2012年湖北省广告监管工作情况

湖北省工商局广告监督管理处

湖北省工商局召开武汉地区主要媒体广告监管整治情况通报会

今年来，全省各级工商机关深入贯彻落实党的十七届六中全会、省第十次党代会和全国广告工作会议精神，全面部署我省广告战略实施，积极履行指导广告业发展和加强广告市场监管职责，坚持服务发展和强化监管两手并重，创新工作机制，提高工作效能，广告工作取得了显著成绩，为促进全省经济社会又好又快发展做出了积极贡献。

一、积极作为，全省广告工作取得显著成绩

（一）广告业政策研究取得新成果

为进一步争取党委、政府加大对广告业发展的重视和支持力度，省工商局会同省发改委、省政府政研室等单位开展了湖北广告产业发展课题研究，调研报告得到省委、省政府多位领导的批示和肯定，并分别被省委《参阅件》和省政府《政府调研》刊发；省局主动与相关部门协调，把广告业作为我省推进文化产业和服务业发展的重点扶持产业，列入了全省“十二五”文化产业发展规划和“十二五”服务业发展规划。今年省第十次党代会，又将广告业的发展纳入了“文明湖北”建设的内容。广告业发展问题，正越来越受到省委、省政府的重视支持。

（二）广告市场主体提质增量行动取得新成效

全省工商系统将广告市场主体发展作为市场主体增量行动的重要内容，进一步放宽了准入门槛，对注册资本在50万元以内的广告行业内资有限责任公司（一人公司除外），允许实收资本“零首付”，广告行业公司以商标、品牌、技术等无形资产作为股东出资额最高可达注册资本总额的70%；省局将广告产业发展任务纳入了年度重点目标考核的范畴；会同省委组织部、省发改委公开评选了一批广告业领军人才，加强广告专业人才队伍建设，为推动全省广告产业发展提供强有力的人才支撑。随州市局确定2012年广告业增长30%的发展目标，实施广告主体一对一定点帮扶，取得成效。2011年，全省广告经营单位户数、注册资本、广告经营额分别比2010年底增长40%、52.2%和26.5%；2012年9月底，全省广告经营户数达11324户，注册资本达150.5亿元，分别较去年年底9%和168%，持续保持较快增长速度。湖北广播电视台等11家广告经营单位进入全国广告经营额“前百强”，湖北东方广告有限公司等18家广告企业获得中国广告企业一级资质认定。

（三）推进广告业发展取得新突破

为加快我省广告产业集约化、专业化、国际化发展的步伐，省局在调研摸底的基础上，积极组织指导武汉市“汉阳造”广告创意产业园申报国家广告产业园试点园区。省局和武汉市局多次到园区进行实地调查指导，研究制定申报方案，提请省政府召开了多次协调会议。今年3月21日，省政府张通副省长率省直有关部门负责同志亲自到广告创意产业园实地调研，时隔2天，张通副省长又亲自带队，组织省市工商局、武汉市政府、汉阳区政府等单位赴国家工商总局进行专题汇报。6月19日，国家工商总局周伯华局长、省委书记李鸿忠、省长王国生等领导在武汉亲自出席了国家工商总局和湖北省人民政府推进湖北广告产业发展战略合作协议签字仪式，明确将武汉市“汉阳造”广告创意产业园确定为国家广告产业试点园区，支持相关广告业发展的改革创新政策措施在园区先行先试。省工商局结合本省实际，出台了《湖北省广告园区认定和管理办法》，推动、指导和促进一批省级广告园区的建设。

（四）市场监管效能取得新提升

2012年，全省工商系统不断加大广告监测力度，会同联席会议成员单位持续开展了以医疗、药品和保健食品、非法涉性、低俗网络广告为重点的“三项行动”，开展靶向式虚假违法广告整治。共检查重点医疗机构、药品经营单位、广告发布单位294家，检查重点网站2140多个；监测各类广告200多万条，检查户外广告、商品包装物广告6.6万条，清理涉嫌违法、虚假宣传广告1.1万条；各地不断加大案件查处力度，结合整治滥用“特供”、“专供”标识专项行动，集

中查处了一批滥用标识的违法案件。仙桃、十堰等地探索加强互联网广告监管，查办了一批互联网违法广告案件。潜江、随州、咸宁等地加大户外广告检查力度，规范户外广告发布行为。截止10月底，全省工商系统查处各类广告违法、虚假宣传案件6559件，较去年增长91%，罚没收入4532万元。宜昌市局推行“阳光广告”监管模式、荆州市局以信息化平台建设为抓手，强化监管，广告违法案件的案件数、罚没数大幅增长；黄石、孝感等地加大对媒体广告的监管力度，广告市场秩序持续好转。

（五）综合治理机制建设取得新进展

省整治虚假违法广告联席会议根据工作实际，重新明确了各成员单位的工作职责，各成员单位协同行动，相互支持，采取“联合告诫”、“联合检查”、“联合督查”等形式，做了大量细致的工作，工作合力不断增强。2012年，为增强综合治理效能，省联席会议成员单位又决定在各级工商部门设立整治虚假违法广告联席会议办公室，作为联席会议日常办事机构，具体负责相关的工作协调、信息沟通和服务，并实行联席会议“一季一会”制度，及时通报整治情况，研究部署工作，开展检查督办；为贯彻落实国家12部委制发的《大众传播媒介广告发布审查规定》，全省工商系统会同宣传、新闻出版局、广电、卫生、药监等部门联合开展了媒体广告审查法律法规培训，共培训大众传播媒介200余家、广告审查员2000余人，鄂州、潜江等地制定和完善了规范大众传播媒介广告发布前审查的格式文书和考评机制，进一步加强广告发布前的依法审查意识和水平。

（六）广告监管机制建设迈上新台阶

今年，在荆州市局试点运行的基础上，全省推广运用了广告监管信息化管理系统，广告行政许可、广告违法案件处置、媒体广告动态监管、工商所户外广告巡查与其他业务系统互联互通，实现一张网信息化运作；省局研究出台了《关于进一步加强广告监管规范化建设的通知》，以强化广告监管工作基本职责、基本制度、基本保障、基本队伍“四个基本”机制建设为抓手，以有效降低广告违法率为目标，进一步加强广告监管、广告监测、广告执法、广告自律、综合治理、工作考核的“六个规范化”建设，不断提升广告监管的规范化、效能化水平。襄阳、咸宁等地结合本地实际，制定了广告监管工作规范，促进提升广告监管水平。

二、抢抓机遇，全力推进实施湖北广告战略

今年国家工商总局在江苏省南京市召开的全国工商系统广告工作会议，是总局在我国广告业处于跨越式发展、广告工作大有可为的关键时期召开的一次重要会议，对于夯实广告工作基础，强化监管职责，提高监管服务效能具有里程碑的意义。会议印发的《国家工商行政管理总局关于推进广告战略实施的意见》，是总局继商标战略之后又一个工作亮点，也是工商机关服务促进经济社会发展的有力抓手，更是我们今后广告工作的总目标和总任务，按照国家广告战略的部署和要求，立足湖北实际，推进实施我省广告战略的总体要求是：深入落实“两个第一”工作要求，以加强广告监管规范化建设和提升广告业发展效能为抓手，以坚持服务全省重大经济、社会、文化发展战略为核心，以全面提升广告产业竞争力为目标，以净化广告市场环境、规范广告市场秩序为保障，建立健全广告市场监管机制，促进广告业科学发展，为打造湖北原创、湖北品牌，建设“五个湖北”做出更大贡献。按照这个总体要求，当前和今后一个时期，重点抓好以下几个方面的工作。

（一）努力实现全省广告战略发展目标

未来十年是湖北发展的“黄金十年”。随着国家广告战略和我省加快构建中部重要战略支点、建设“五个湖北”等一系列战略的实施，为广告业的发展提供了难得的机遇。尤其最近国家工商总局与省人民政府签订的推进湖北广告战略发展合作协议，为我省广告业科学发展、跨越式发展提供了有力的支撑，也为工商系统打造服务地方经济发展新亮点营造了非常有利

的工作氛围。全省各级工商系统要抢抓机遇，按照“结构合理化，布局科学化，发展集聚化，服务高端化”的思路，加速推进全省广告产业集约化、专业化、国际化发展进程。到2020年，努力把我省建设成为广告创意、策划、设计、制作、发布、管理水平达到全国先进水平，广告业成为具有区域占位优势、较强辐射力和国际竞争力的现代产业。切实做到：广告监管机制更加健全，与我省经济社会发展需要相适应的广告监管和运行机制运转高效顺畅；广告市场秩序更加规范，全社会广告法制意识明显增强，广告行业诚信度明显提高；广告产业发展更加协调，广告业发展量质并进，广告行业竞争力和影响力进一步增强，全省形成一批专业化程度高、创新能力强、具有竞争实力的龙头企业，拥有一批广告高端专业人才，产业结构进一步优化，广告业对全省经济社会贡献度进一步提升。

（二）继续整顿和规范广告市场秩序

一是大力推进广告监管规范化建设。按照省局印发的《关于进一步加强广告监管规范化建设的通知》要求，突出广告监管重点环节，加强和完善广告监管工作的制度性建设，突出抓好“六个规范化”，即：以建立广告监管信息化工作平台为重点，进一步推进广告日常监管规范化；以完善广告监测手段为重点，进一步推进广告监测规范化；以强化案件查处为重点，进一步推进广告监管执法规范化；以落实《大众传播媒介广告发布审查规定》为重点，进一步推进广告自律规范化；以深化整治虚假违法广告联席会议制度为重点，进一步推进综合治理规范化；以有效降低广告违法率为重点，进一步推进广告监管考核工作规范化。深入开展虚假违法广告整治专项行动。一是要突出重点。针对人民群众反映强烈的医疗、药品、保健食品、美容、电视购物、招商加盟以及收藏品等广告，各级工商机关要主动作为，积极会同联席会议成员单位，以大众媒体为重点，开展联合集中整治。二是加大查处力度，严厉查处各类严重违法广告行为，不断巩固和扩大整治成果，遏制违法广告高发频发的态势。三是统一全省执法标准，强化对违法广告的全程监管，按照国家工商总局的监测标准，对涉嫌严重违法的广告案件，按照“三个一律”的原则从严从重进行查处，即：凡属广告监测发现或上级交办、部门移送、群众举报的违法广告案件线索，广告主属本级管辖范围内的，一律予以规范或查处；广告主属异地管辖的，一律移送广告主所在地工商机关查处；对药品、保健食品、医疗服务等广告涉及其他职能部门管辖的，在规范和查处广告发布单位的同时，一律移送有关部门，提请采取责令停止销售等行政措施。

建立健全广告监测网络。按照总局提出的力争在今年年底形成覆盖全国的广告监测网络的要求，省局办公会对广告监测网络建设问题进行了专题研究。一是按照“统一规划、分级负担、分步实施”的原则，在2013年底前建立起省、市、县三级监测网络，并配备相应的专兼职广告监测人员；二是统一监测标准，省局将制定广告监测的工作规范，各地要按照规范要求，加强广告监测制度化、规范化的建设；三是加强对监测结果的运用。要充分利用监测结果，建立起执法证据提供、部门通报、形势分析等一体化的监测信息综合运用系统。

强化对广告发布环节的监管。进一步围绕推动落实《大众传播媒介广告发布审查规定》，加强对大众媒介单位建规立制的行政指导，督促媒体提高自律水平，依法规范经营。一是继续开展广告审查员的广告法律法规知识更新培训，提高广告审查员素质，增强媒介单位的自律意识和把关能力。二是会同联席会议成员单位，加强对媒体落实《审查规定》情况的督促检查，对履行审查责任不落实、严重违法率居高不下的媒介单位，要落实责任追究。

深化广告监管的综合治理。进一步健全和完善省、市、县三级广告监管综合治理工作机制，建立起监管执法的联动体系；推进在各级工商部门成立的整治虚假违法广告联席会议办公室，实实在在、富有成效的做好成员单位间的沟通和服务工作，采取部门联合检查、联合告诫、联合查处等多种方式，确保各项综合治理任务的落实。要按照一手抓整治、一手抓发展的方针，积极推动形成党委、政府领导、部门密切协调的整治违法广告与促进广告业发展有机结合的工作机制。

（三）提升服务广告发展效能

推进落实部省战略合作协议。省局将根据总局与省政府战略合作协议的安排，拟定落实协议内容的工作计划，推进建立相应的工作机制，会同有关部门出台支持广告业发展的政策措施；研究制定全省广告产业发展中长期规划，明确规划目标、重点任务；协调政府相关职能部门出台促进广告业发展的指导意见和政策措施，为本地广告业创造良好的发展环境。省局将逐步探索建立工商机关与重点地区间的推进广告战略合作机制，调动各方面发展广告业的积极性、主动性。

有序推进全省广告产业园区建设。按照提升广告产业集约化、专业化发展的层次水平，带动和促进地区广告产业的发展思路，继续做好对“汉阳造”广告产业园区的跟踪指导和服务，确保国家的各项扶持政策落实到位，切实推动园区建设发展。指导全省各地在园区建设与地方经济社会发展大局、与地方的特色经济、文化产业的融合，科学规划园区规模、定位和发展路径，积极创造条件支持一批省级广告产业园区的建设。

目前，全省各级工商机关已成立由以一把手任组长，分管局长任副组长，有关单位负责同志为成员的推进广告战略实施领导小组。要求各地工商机关主动向当地党委政府报告广告战略工作情况，争取党委、政府的支持，切实把广告业发展纳入地方经济发展大局来谋划和推动，积极营造有利于广告业发展的社会氛围，确保广告战略顺利实施。

2012 年湖南省广告监管工作情况

湖南省工商局广告监督管理处

湖南省工商局召开部分媒体集体约谈会

一年来，我处在省局党组的正确领导和国家局广告司的悉心指导下，在分管局长于云彩同志的指挥带领下，认真贯彻落实全省工商工作会议精神，对照工作任务，突出抓好省局报告中的重点工作，以点带面、以重点促全局，创造性开展工作，圆满实现了年度工作目标。

一、主动争取党委政府重视，广告业发展工作已上升为政府行为

这方面的工作可以用“一二三四”四个数字来概括。一是签署一份《协议》。为最大限度地争取国家政策、资源，加大对湖南广告业的扶持力度。在省委、省政府和省局党组的大力支持下，我处积极向国家工商总局广告司请示汇报。2012 年 4 月国家工商总局和湖南省政府签署了《关于推进湖南广告业发展的战略合作协议》。为全面贯彻落实《协议》精神，我处多次研究讨论，制定了贯彻落实协议的责任分工方案，并经局长办公会研究后下发，全省各级工商行政管理机关广告监管部门正在认真落实。二是建立完善两个机构。着眼广告产业发展的要求，我处主动建言献策，力求在建立完善广告产业发展工作机构上有所突破。2012 年 3 月，经报请省领导同意，将省广告专项整治工作联席会议更名为省广告发展联席会议，增加了指导全省广告业发展的职能职责，由省委常委、宣传部长路建平同志和副省长盛茂林同志担任总召集人，并把财政、发改、税务、国土、建设、人民银行等部门充实为成员单位。同时，按照有关领导的指示，我处还多次向湖南省人民政府专题汇报成立省广告产业发展工作领导小组事宜。2012 年 6 月 27 日，省政府办公厅正式发文成立以盛茂林副省长为组长，谈敬纯副秘书长和李金冬局长为副组长，省委宣传部、省发改委等 17 个部门为成员单位的湖南省广告产业发展工作领导小组。7 月 4 日，召开了湖南省广告产业发展工作领导小组第一次会议。盛茂林副省长、谈敬纯副秘书长出席会议并作了重要讲话。会议通过了《湖南省广告产业发展工作领导小组成员单位职责》、《2012年全省广告产业发展工作领导小组工作要点》。三是制定出台三个文件。今年以来，我处起草了《湖南省关于实施广告战略的意见》。报省政府同意后，以省广告产业发展工作领导小组名义下发。我处在调研、听证、收集整理意见后，以省局名制定下发了《湖南省广告业“十二五”发展规划》。由我处起草《湖南省省级广告产业园区认定管理暂行办法》正在送审、会签，将于近日颁布。四是协助广告产业园完成四大项工作。自今年 4 月长沙广告产业园被国家工商总局授牌国家广告产业园以来，我处按照李金冬局长“全力支持长沙广告产业园建设，促进广告产业发展”的总体要求，积极协助项目落地的长沙市、天心区两级政府开展立项规划、土地征用、资金申请、招商引资为重点的四大项工作，园区建设进程明显加快。2012 年中央财政补助资金 2000 万元已经到位。我们正在协助园区申请 2013 年度广告产业聚集发展中央财政补助资金。11 月 26 日，长沙广告产业园重点项目建设奠基仪式举行。总局甘霖副局长、省领导陈润儿、盛茂林和李金冬局长、于云彩副局长等出席。目前，占地 74 亩、总建筑面积 20 万平方米、总投资 12 亿的湖南广告创意创业中心和湖南广告产品公共服务中心建筑群建设正在全面推进，园区整体规划已经出台、用地统征手续正在加紧办理，支持园区发展的《关于支持长沙广告产业园发展暂行办法》近日将由长沙市政府出台发布；在“第 19 届中国国际广告节”上，园区成功与湖南第一家在美国上市传媒公司北纬国际传媒、北京东方雍和国际版权交易中心、深圳创意动漫等现场签约。

二、以构建广告市场长效监管机制为重点，广告监管工作取得新成效

加强制度建设，规范化管理再上台阶。为进一步理顺省局、市州局、县区局和工商所内部广告监管与执法办案的分工，一年来，我处在充分调研和学习借鉴兄弟省局的经验基础上，先后制定出台了《关于进一步加强广告监管工作的通知》、《关于进一步贯彻落实〈大众传播媒介广告发布审查规定〉》、《关于

加强广告经营行政审批工作的通知》、《关于做好固定形式印刷品广告登记监管工作的通知》、《关于进一步加强省属媒体违法案件查处和广告投（申）诉举报处理工作的通知》、《关于广告监测结果运用工作分工的通知》一系列文件，对广告监测、广告行政审批、案件查处、投（申）诉举报等工作进行了规范。开展专项行动，整治成果持续扩大。年初，我处在《2012年全省广告监管工作要点》中对全省开展虚假违法广告专项整治行动进行了明确。2月28日，省局组织召开了全省广告管理联席电视电话会议，对虚假违法广告专项整治行动进行了安排部署和动员。省广告产业发展工作领导小组第一次会议审议通过《2012年全省虚假违法广告专项整治行动工作实施意见》，对全省虚假违法广告专项整治行动工作进行了部署。同时，我处也制定了《全省工商行政管理系统虚假违法广告专项整治行动方案》，对全省工商系统开展虚假违法广告专项整治行动提出了具体要求。一年来，我处开展了虚假违法广告专项整治、“两节”和“两会”广告市场整治、“十八大”期间广告市场整治、互联网和手机媒体传播淫秽色情及低俗信息专项整治、网络上部分商品滥用“特供”和“专供”标识检查清理、旅游服务广告市场治理6大专项整治行动。10月，省广告发展联席会议办公室组织成员单位对各市州、省属媒体广告专项整治情况进行了督查。加大案件查办力度，广告市场秩序更加规范。今年，我处直接针对湖南电视台都市、娱乐等5个频道、《三湘都市报》、《潇湘晨报》及相关广告主立案13起，已结案5起，其余案件均进入即将结案阶段，对广告市场秩序逐步规范，媒体广告违法率下降起到了很大的作用。创新监管形式，开展行政指导和行政约谈。利用培训、行政审批、调研、检查督查等时机，对广告主、广告经营单位、广告发布单位加强法规制度教育，强化其守法经营意识。对广告违法率高、违法广告性质严重的，进行集体约谈。8月9日下午，省工商局就上半年发布虚假违法广告情况组织全省部分媒体进行集体约谈。《湖南经视》、《潇湘之声广播电台》、《三湘都市报》、《株洲电视台新闻综合频道》、《湘西自治州电视台综合频道》等38个大众传播媒介单位的主管领导和广告部负责人参加集体约谈。

全年我处共受理审批固定形式印刷品广告登记许可43件、烟草广告登记许可9件和发放广告经营许可证6份；约谈媒体45家、互联网站67家，提请省通信管理局删除8条非法涉性广告，关闭2家非法涉性广告网站；办理“两代表”“一委员”议案提案6份。全年全省工商系统广告监管部门共出动执法人员15460余人（次），监测网络广告10070余条次，检查互联网站500余家，责令网站经营者停止违法违规广告宣传98条，责令商品生产经营者撤除违规标识300余个，处理各类广告投诉举报800余件（省局处理54件）；共下发责令整改通知书546份（省局下发59份），立案查处案件1094起，虚假广告474件数，罚没收入987.84万元，同比去年743.71万元增长了32.9%。

三、以加强效能建设为重点，基础管理工作有新突破

深入调研，搞好服务，积极开展“走访群众听民声，深入基层解难题”作风建设主题活动，我处采取上门调研的方式，全年走访省市媒体、广告公司、经营广告业务的个体户170余家，认真听取广告行业对广告发展、监管工作的意见建议。经过梳理和论证，将合理化建议归纳写入《湖南省关于实施广告战略的意见》和《湖南省广告业“十二五”发展规划》，在转变工作作风中提升了服务效能。加强广告业发展基础性工作。下发了《关于进一步做好广告统计工作的通知》，进一步完善了广告业调查统计方法和指标体系。为准确掌握全省广告行业发展情况，为有效指导广告业健康发展提供了可靠依据。制发了《关于做好广告经营单位备案工作的通知》，要求各单位扎实做好广告企业年检备案工作，全面准确掌握广告业基本情况和广告企业经营发展状况。在今年9月全国工商系统广告业统计工作座谈会后，经与省统计局协调、沟通，省

工商局、省统计局两家联合下发了由我处起草了《关于认真做好广告业统计工作的通知》，对市州工商行政管理局、统计局提出了具体要求。编制广告业发展年度报告。目前，报告初稿已由我处拟定，正在修改完善，预计年底前能审定并对外发布，这个报告将全景式展现我省广告行业发展的状况，对指导行业发展、制定政策起到重要的参考作用。

我处全年工作虽然取得了较好成绩，但作为一个既要监管广告市场又要指导广告产业发展的部门，仍存在一些不足：一是广告基础工作总体较弱，尤其是广告业统计工作有待加强。二是查办新媒体广告案件的能力不足，对互联网、手机等新媒体广告违法案件的查办力度不够。目前，全系统还未查办过此类广告案件。三是监管力量不足，人员少、任务重的矛盾特别突出。四是指导广告业发展手段不多、方法不够。对广告业发展规律的认识和研究有待深入。

2012年广东省广告监管工作情况

广东省工商局广告监督管理处

共同推进广东广告业发展战略合作协议签署仪式

2012年，在国家工商总局和省委、省政府的领导下，我省工商系统广告业务工作围绕“加快转型升级、建设幸福广东”的中心任务，大力整治虚假违法广告，积极推动现代广告产业体系的建设。

一、开展广告市场监管体系建设，努力维护公平竞争的广告市场秩序

以贯彻实施《大众传播媒介广告发布审查规定》为抓手，不断完善广告监管机制，提高虚假违法广告整治效能。

（一）强化监管措施，发挥职能部门整治合力

全省工商系统狠抓广告监管工作，强化广告监管联席会议成员单位信息通报与执法协作机制，进一步加大广告监测，认真办理群众举报和投诉，从严查处违法广告，使广告监管效能有了较大的提升。据统计，全省工商系统集中监测广告191.3万条次，发现违法广告3.9万条次，监测广播、电视、报纸、期刊媒介

118家，抽查网站2266家；查处广告违法案件1624宗，罚没款1834.12万元，公告违法广告161条次。违法广告公告数、广告监测量、罚没款均创历史新高，同比2011年分别增长115%、79%、20%。根据工商行政管理部门通报的情况，新闻出版、广播电影电视行政管理部门落实新闻媒体单位发布虚假违法广告的责任追究制，责成有关媒介主管单位作出更换广告部分管领导以及对相关人员作出下岗、扣发奖金、调岗、开除等处理。全省工商系统还组织开展了整治网上非法涉性广告、网上部分商品滥用“特供”和“专供”标识、与人民银行广州分行联合整治人民币收藏品广告等专项清理，清查2414家网站发布的网络广告4.8万条次，由公安、通信管理部门关闭违法网站25家，依法撤除“国务院机关事务管理局专用酒”等6种违法违规标识。

（二）强化行政指导，督促大众传播媒介规范广告发布行为

广泛宣传国家工商总局等12部门联合印发的《大众传播媒介广告发布审查规定》，通过行政指导增强媒介单位的守法意识。全省工商系统登载《审查规定》638次，开展宣讲198场（次），辅导1018人次。对117家发布违法广告的媒介单位予以行政告诫，责令停止发布违法广告1.23万条次。同时，健全广告审查员培训管理机制，在全省范围内统一使用省工商局印制的《广告审查员培训手册》，把各职能管理部门和行业协会组织开展的广告审查员培训纳入整体规划，全省工商系统2012年培训广告审查员1583名。

（三）强化行业自律，推进广告行业诚信建设

省工商局与省广电局共同在广东人民广播电台开展绿色广告频率综合试点工作，以完善内部广告审查制度为基础，以不播出医药合办节目、违法广告为目标，以点带面，探索推进行业诚信建设。这项工作取得初步成效，广东人民广播电台已经实现3个“绿色广告频率”，珠海广播电视台开展以拒绝虚假违法广告为主要内容的FM87.5绿色广告调频活动，广东电视台佳嘉卡通频道、惠东广播电视台加入2013年绿色广告试点活动。省工商局会同广告监管联席会议成员单位组织省内189家媒介单位签署《大众传播媒介依法发布广告承诺书》。

（四）组织开展广告代理机构防治腐败专项治理

根据广东省开展市场中介组织防治腐败和工作部署，组织开展对11800户广告代理机构的调查摸底、自查自纠、集中规范，进一步规范广告代理机构经营活动。

二、抓产业政策的实施，努力服务广告业转型升级

在国家工商总局的大力扶持和我省工商系统的全力推动下，广东省广告业进入了加快发展的时期。截止2012年底，全省共有广告经营单位33972户、从业人员207053人、广告经营额466.31亿元，同比2011年分别增长25%、12.6%和24.8%。

（一）建立部省共同促进广东广告业的合作机制

2012年12月12日，国家工商总局与广东省政府在广州签署了共同推进广东广告业发展战略合作协议，中央政治局委员、原广东省委书记汪洋，原国家工商总局局长周伯华、广东省政府省长朱小丹出席了签约仪式，甘霖副局长、许瑞生副省长分别代表国家工商总局、广东省政府签署合作协议，在政策支持、打造集聚发展载体、推动企业转型升级、提升公共服务水平、加快专业人才培育和引进、促进公益广告发展、促进粤港澳深度交流合作等方面确定了重要举措。

（二）公布了促进广东省广告业发展的指导意见

2012年1月，省政府办公厅印发《关于促进广告业发展的若干意见》（粤府办〔2012〕1号），成为首部经广东省政府同意印发的专门扶持广告业发展的

政府文件，引起省内广告业界的极大反响，对于提振广告行业信心和营造良好环境具有长远意义。

（三）广告产业园区建设有了新进展

省工商局出台关于加强国家广告产业园区建设的指导意见，在国家工商总局、财政部的支持下，“广东现代广告创意中心”在4月份被国家工商总局认定为国家广告产业园区；深圳新媒体广告产业平台及广告创意聚集园被国家工商总局、财政部列为第二批开展现代服务业的试点。广州国家广告产业园区在6月26日举行了揭牌和奠基仪式，创意中心主体大楼完成立项审批，培训平台、后期影视制作平台进入建设阶段，广州国际媒体港成为园区的扩展区。10月27–29日，在天津参加第十九届中国国际广告节，广州国家广告产业园区以广告人的专业视角和独特的互动宣传模式，首次向全国进行推广宣传。

三、开展效能建设，努力打造服务型工商

以建设服务型工商为目标，在行业准入、预防腐败、行业统计方面加大改革创新力度，转变管理职能和提升管理水平。

（一）积极进行广告行政审批制度改革

着力经国务院批准，在全国率先停止3项广告行政许可，即：停止在全省范围内的固定形式印刷品广告登记和外商投资广告企业设立分支机构审批，省人大地方立法在全省范围内禁止发布烟草广告后停止烟草广告审批。

（二）推动户外广告管理的地方立法

在省工商局的强力推动下，省法制办就《广东省户外广告管理规定（修订草案）》征求各地市人民政府和省直有关部门的意见，与户外广告管理部门、广告行业组织、广告企业进行立法调研。已于2月5日省府常务会议审议通过，侧重保护户外广告经营企业的合法权益，规范管理秩序，受到广告行业的热烈欢迎。

（三）加强广告业基础统计工作

完成《2012年广告监督管理基本情况统计分析》，为研究制定我省广告监管和指导广告业发展工作提供基本数据。推进网上填报广告经营数据工作，省工商局与省统计局在2013年3月下发《关于印发2012年度广东省广告行业统计调查方案的通知》，召开全省工商、统计系统和广告行业协会、广告企事业单位的负责人共计2200多人的视频动员会，联合开展全省广告行业经营情况普查。

广东省工商系统将以兄弟省市为榜样，努力落实国家工商总局的各项工作部署，继续加大监管执法和服务行业发展的工作力度，为建设幸福广东作出新的贡献。

2012 年广西壮族自治区广告监管工作情况

广西壮族自治区工商局广告监督管理处

广西壮族自治区工商执法人员在检查公交车站牌广告

2012 年以来，我区各级工商机关全面落实科学发展观，紧紧围绕维护人民群众的切身利益问题，整治严重损害消费者权益的虚假违法广告，坚持整顿与规范并举，进一步增强联合监管的合力与实效，努力营造健康有序的广告市场环境。重点抓好以下几项工作：

一、加强执法，严厉打击虚假违法广告

2012 年以来，我局在整治虚假违法广告专项工作中，重点从以下四个方面加强了执法工作：

（一）重点查处医疗、药品和保健食品虚假广告

2011 年 12 月至 2012 年 2 月，我局开展了全区工商系统医疗、药品、保健食品虚假违法广告专项整治行动。在专项行动中，各级工商机关共监测检查广告 29126 条，查处违法广告案件共 211 件，其中保健食品广告 31 件、医疗广告 127 件、药品广告 53 件，罚没金额 55 万元。

（二）严厉打击滥用“特供”、“专供”等标识行为

根据国家工商总局广告司的部署，我局继续开展对互联网和手机媒体传播淫秽色情及低俗信息行为的整治，对网络上部分商品滥用“特供”、“专供”等标识开展检查清理。经过对我区 507 家网站的监测巡查，共责令商品生产经营者撤除违法标识 40 件。

（三）约谈媒体加强违法广告监管

针对如《南国早报》和《南宁晚报》违法广告较多，在国家总局近几个月监测中违法率排名较前的情况，我局采取了下发停播通知，下处罚决定书，责令改正等措施，并约谈媒体负责人，指出其广告主要违法情况及表现，提出相关整改意见和要求。

（四）认真执行案件查办落实情况报告制度

全年自治区工商局共办理工商总局广告司交办的严重虚假违法广告案件 13 件，对广告联席会议相关部门及外省兄弟单位移送的严重虚假违法广告案件，均按时限要求反馈了查办落实的情况。

2012 年，我区各级工商机关共立案查处虚假违法广告案件 829 件，罚没款 291.33 万元，责令停止发布 498 件，责令公开更正 60 件，发布违法广告警示公告 2 次。经过治理整顿，虚假违法广告得到有效遏制。特别是广西电台，在我局的指导和帮扶下积极改革节目内容，实现广告转型，在广告经营收入不断增长的情况下，从节目中全部剔除了医疗、药品、保健食品以及危害未成年人健康的广告，成为全国首家无此类广告的媒体。

二、履行牵头职责，组织召开虚假违法广告专项整治部门联席会议，部署安排新形势下广告市场整治工作

2012 年以来，我局认真落实虚假违法广告联席会议制度，切实履行牵头单位的职责。2012 年 2 月 28 日，我局组织自治区整治虚假违法广告专项行动联席会议成员单位参加了全国 2012 年广告专项整治工作部际联席电视电话会议。会后，召开了自治区虚假违法广告联席会议，交流工作意见，明确了联席会议各成员单位的工作任务，并就整治中遇到的疑难、棘手问题，共同商议解决，进一步提高了综合治理违法广告的工作效率。

三、加强和改进新闻媒体广告监管，认真组织贯彻实施《大众传播媒介广告发布审查规定》

2012 年 6 月 28 日，组织自治区党委宣传部、广电局、新闻出版局等新闻宣传主管部门、本地主要新闻媒体、广西广告协会、广西首府南宁市工商局的负责同志参加了国家工商总局贯彻实施《大众传播媒介广告发布审查规定》电视电话会议，并于会后组织全区工商系统认真传达贯彻落实会议精神。要求各级工商机关加强对广告发布环节的监管，会同有关部门监督媒体单位履行广告发布第一责任人的责任，严格落实广告发布审查的各项管理制度。对广告违法率居高不下或者发布影响经济社会秩序、危害未成年人身心健康等严重违法及不良广告的媒体，广告监管机关在依法从重查处违法广告的同时，建议有关部门追究媒体单位主管领导和有关责任人的相应责任。

四、加强广告监测和预警，增强发现虚假违法广告的敏感度，做到早发现、早制止、早查处

对自治区及市级 31 家报纸、11 个电视频道以及 5 个广播电台进行了广告监测。监测的范围涉及 15 个类别的广告，重点监测医疗、药品和保健食品广告，重点监管电视购物广告，整治以健康资讯节（栏）目名义和新闻报道形式变相发布的广告。全年共监测广告 134238 条，违法 11876 条：其中，监测报纸广告 115100 条，违法 10961 条；监测电视广告 9805 条，违法 590 条；广播广告 9333 条，违法 100 条。

五、积极支持协助南宁市申报国家级广告产业园区

按照 2012 年 4 月 19 日总局在南京召开的全国工商行政管理系统广告工作会议暨国家广告产业园区建设现场会精神，我局积极支持协助南宁市申报国家级广告产业园区，至目前主要做了如下工作：一是向自治区人民政府建议成立由自治区人民政府分管副主席担任组长，相关部门共同成组成的自治区实施广告战略工作领导小组（待批）。主要职责是：贯彻落实国务院有关促进广告业发展的方针政策，研究制定促进广告业发展的长远规划、目标任务和实施办法，明确政府相关部门的管理职能，指导和协调广告业发展和改革中遇到的问题，推动广告业快速发展。二是结合广西的实际，研究出台《关于加快促进广西广告业发展的指导意见》（代政府拟稿），明确我区全面推进

广告战略实施的目标任务、工作重点及主要措施。自治区工商局把支持南宁市筹建和申报国家级广告产业园区工作作为当前一项重要的工作来抓，局党组多次研究，并到高新开发区调研论证，与南宁市政府相关部门一道起草申报材料，协调解决相关问题。9月10日，自治区工商局王其贵副局长陪同自治区政府高雄副主席，南宁市政府石文怀副市长一行到国家工商总局递交了申报材料，并就广西申报国家级广告产业园区的组织筹备情况以及广西工商部门全力支持园区申报工作情况分别作了汇报。国家工商总局对广西的工作给予了肯定，并对下一步工作给予指导、提出要求。

六、进一步加强对广告业统计工作的分析研究

完成了工商总局广告司《广告业统计报表制度》、《广告业统计调查指标体系研究报告》意见反馈。

2012 年海南省广告监管工作情况

海南省工商局商标广告监督管理处

海南省召开全省广告大会

为深入贯彻党的十八大、省第六次党代会及省委集中治理“庸懒散贪”的精神，我处按照局党组的工作部署，落实国家工商总局、省委省政府的广告工作要求，紧紧围绕服务海南国际旅游岛建设主题，立足本部门职能，规范广告监管行为，推进我省广告业又好又快发展，积极工作、务实创新，取得了较好的成绩，完成了各项工作任务。现将今年广告工作总结如下：

一、加大广告监测工作力度，落实广告审查责任

今年以来，我局共监测各类广告 1145231 条次，其中涉嫌违法广告 104388 条次，违法率为 9.12%。在媒体类别广告违法率方面，通过加大广告监测工作力度，与 2011 年相比，报纸、互联网、期刊违法率均有所下降。

为贯彻落实《大众传播媒介广告发布审查规定》精神，我处约谈各媒体要严格执行广告审查员制度，切实担负起广告发布的把关责任，实行“广告接待人员、广告审查人员、广告部主任”三级审查，发挥广告审查员初审、广告经营负责人复审、分管领导审核等环节的作用。在我处的正确指导下，海南日报报业集团广告中心制定了《关于进一步强化〈海南日报〉〈南国都市报〉医药广告发布工作规范管理的规定》，为我省其他媒体单位广告审查和发布的制度化、规范化做出了积极表率。

二、加强部门之间的协作配合，提高违法广告查处力度

今年，我处组织牵头召开了两次省虚假违法广告专项整治工作联席（扩大）会议，各成员单位分别通报了各单位专项工作整治情况，通力合作，增强了执法合力，有效落实媒体广告发布的各项管理制度，全力完成各项广告专项整治任务，确保了我省广告市场整治工作取得成效。

全省工商系统还坚持专项整治与日常监管相结合，全面掌握广告发布动态，对违法广告做到早发现、早制止、早查处；强化源头治理，加大案件查处力度，严厉打击虚假违法广告。今年以来，全省工商系统共查处各类违法广告案件 364 宗，罚没款共计 163.64 万元；从《工商总局关于 2012 年 9 月全国部分媒体广告抽查监测情况的通报》来看，我省广告严重违法率在全国 36 个地区药品、医疗、保健食品、化妆品、美容服务类广告监测情况统计中排名第 7 位，成为全国广告严重违法率在 20% 以下的 10 个省市之一，违法广告整治工作收效明显，各项工作取得了较好的成效。

三、加强规划部署，加快广告业发展步伐

为促进广告业健康有序发展，我处充分认识到工商部门整体规划部署的重要性，只有积极拓宽职能，坚持服务和规范并举，才能发挥工商部门桥梁和纽带作用，落实广告各项工作任务，对广告市场负责。

去年我处利用近三个月时间，举全省工商系统之力组织开展广告业大普查，对全省兼营广告新闻媒体、专业广告公司、兼营广告企业以及从事广告业的个体工商户等广告经营单位的数量、从业人数、经营规模等情况，全面调查，首次摸清了海南省广告业的家底。同时，在调查摸底的基础上，代省政府起草了《海南省人民政府关于促进广告业发展的若干意见》，并结合《意见》，起草了《海南省广告业发展“十二五”规划》。该《意见》和《规划》的起草，将广告业纳入我省相关领域重点扶持的行业，明确了广告行业发展重点及方向，从土地、财政税收、投资融资、市场准入、人才等多个方面给予许多优惠，为我省广告业的快速发展提供强有力的政策支持和制度保障。

四、大力推进国家广告产业园区建设，打造国际旅游岛特色广告创意集群

为争取国家支持在我省建设国家级广告产业园，我处组织海口市工商局，并邀请龙华区政府、海南灵狮创意产业投资有限公司对北京、青岛、南京、广州等地广告产业园进行了考察。今年 6 月 15 日，我处深入龙华区政府及海南国际创意港进行调研，积极开展海口广告产业园创建工作。目前，海南国际创意港已具备建设国家级广告产业园区的多项条件，其独具特色的“灵狮模式”契合广告产业园区的建设需求。海口广告产业园建设项目的启动，必将为海南广告产业的成长拓展更大的空间，形成具有国际旅游岛特色的优质广告创意集群。

五、持续开展广告业培训工作，加强广告专业人才队伍建设

广告从业人员的专业素质在很大程度上影响了广告行业的整体竞争实力，要加快广告专业人才培养，健全广告专业技术人员职业水平评价制度，加强广告从业人员知识更新教育工作，按照广告业“十二五”

规划的部署要求，要积极引进国际化的高端广告企业和人才，开展一系列广告业培训工作，提升广告业整体素质。目前，我处已成功举办广告审查员培训班，参加人员100人，近期将发放广告审查员从业资格证，按计划年底前还将举办四期广告审查员培训班。通过对广告审查员的日常培训，不断更新广告审查员的法律法规知识，提高广告审查员的法律素养和审查水平，为净化健康有序的广告市场做出贡献。

六、鼓励发展公益广告事业，推进公益广告事业持续发展

公益广告是宣传海南、发展海南，提高海南的国际形象重要渠道，是传播社会主义精神文明、社会主义核心价值观的重要阵地。为贯彻落实党的"十八大"精神和省"第六次"党代会精神，响应海南省委省政府开展"海南文明大行动"号召，由我处代表省局组织牵头，省广告协会协助举办了"中视杯"海南省首届公益广告大赛和"海南省十佳公益广告示范单位"活动。

"中视杯"海南省首届公益广告大赛由海南广播电视总台等15家媒体单位提供支持，面向全国征集作品，有本省和北京等21个省市的557名作者参加，接受社会公众投票评选，共收到作品1330件，其中平面作品1161件，影视作品119件，广播作品51件，省委宣传部已从中选择10件作品推荐中央宣传部展播。"海南省十佳公益广告示范单位"活动由我省几十家知名企业参与评选，经过群众大量投票，近期将从中选出10家公益广告示范单位。通过上述活动，检验和提高了我省广告作品创作水平，展示了文化软实力，促进了我省公益广告事业健康有序发展。

2012年重庆市广告监管工作情况

重庆市工商局广告监督管理处

重庆市市级媒体虚假违法广告整治会议

近年来，重庆市工商局以国家工商总局推动实施广告战略为契机，发扬敢为、能为、有为的"三为"精神，依法履职、科学监管，媒体广告监管工作成效明显。

一、运足五股气，树立正确的监管执法理念

一是正气。发展不是不要监管，不能不要监管。广告业的发展，绝不能建立在发布虚假违法广告之上。

二是勇气。守土有责，敢于较真碰硬。敢于碰硬严管强势媒体，敢于叫板广告利益集团。

三是底气。公正透明，依法行政。监管一视同仁，阳光透明，公正无私。

四是人气。刚柔相济，人性监管。落实责任，强调自律；整改规范，刚柔相济，赢得监管的“人气”。

五是地气。法德并重，倡守底线。严守法律底线，坚守职业道德底线，恪守个人良心底线，让监管工作接上“地气”。

二、念好六字经，六大举措严管虚假违法广告

一是禁。设立广告发布禁区。严禁各级各类报刊、广播电视、市内网站发布四种禁发广告：(1) 含有性生活、性暗示等低俗内容，宣传治疗性病或提高性功能等医疗、药品、医疗器械、保健食品广告，以及各类性用品广告；(2) 各类保健用品广告；(3) 处方药品广告（除医学专业媒体外）；(4) 治疗恶性肿瘤、乙型肝炎等疾病的广告。

二是限。限制广告发布时段和版面。从严限制发布医疗、药品、医疗器械、保健食品“四类”广告（以下简称“四类”广告）。要求新闻媒体按照“控制发布总量、调整广告占比、优化广告结构、逐步退出‘四类’广告市场”的原则，在黄金时段或版面不得刊播“四类”广告。

三是严。严格广告发布的审查审批。严格发布审批、严格日常监测，既把好准入关口，又强化事后监管。要求食药监、卫生等部门依法严格审查标准和审批条件，不得擅自放宽条件，不得对禁发广告放行。宣传部门把广告内容作为新闻管理的重要组成部分，督促媒体依法按要求发布广告，对广告发布前的样稿（片）进行备案，并配合监管部门加强对媒体广告发布后的事后监督和考核评价。工商部门对媒体发布的各类广告，实行全天候监测，依法按要求“严格打表”，及时处置监测出的问题广告，及时向有关部门移送违法线索，通报监测信息。

四是查。严厉查处违法行为。工商、卫生、食药监、广电、新闻出版、通信管理等部门，按照各自职能，依法严厉查处广告违法行为。2010 年以来已移送本局执法机构调查处理违法广告 1083 件，移送市卫生局处理 953 件，移送市食药局处理 608 件，移送市新闻出版局处理 479 件。

五是曝。曝光严重违法广告。对严重违法广告，在市级主要平面媒体、电视频道和重庆市官方主流新闻网站——华龙网设立曝光台，公开曝光违法广告的名称、违法表现、发布媒体和代理商，以此削弱媒体发布虚假违法广告的公信力，消减虚假违法广告的影响力，增强消费者的辨别力，传递发布合法广告的正能量。2010 年以来已曝光 19 次，涉及产品和服务广告 308 个。

六是引。引导自律，纠偏防范。坚持疏堵结合，对一些带普遍性、倾向性、苗头性的广告违法现象，适时向媒体集中发布监测提示，提醒媒体及时纠偏，规范行为。 2011 年和 2012 年间，先后出台了房地产、教育产品、美容服务、商业促销广告发布规范，与市卫生局联合出台了医疗机构自办网站信息发布规范，均收到了较好效果。

三、凝聚五方力，形成媒体广告监管工作合力

一是领导给力。在市级层面，成立了虚假违法广告整治领导小组，宣传部长和分管副市长任组长。市委常委、宣传部长多次听取广告工作专题汇报，与宣传部领导一起约谈媒体负责人。市委宣传部对新闻媒体刊播违法广告，制定了专门的处理办法，就是根据工商部门提供的监测数据和有关部门立案查处的数据，对有关媒体实行扣分的制度。扣分达到一定分值，分别给予媒体广告经营分管负责人、主要负责人停职处分，对媒体分管广告经营的副总编辑、总编辑（或集团分管副总）免职处分，情节严重的给予撤职处分。

该制度实行以来，已处理6位媒体广告经营分管负责人。

二是部门合力。在工作层面，工商牵头建立了主要职能部门虚假违法广告整治协调会议制度，并务实地开展工作、发挥作用，在监管部门之间形成了较为顺畅的协作配合机制和较为有力的监管合力。每年都联合下发工作要点，2012 年 3、4 月，针对违法广告反弹之势，联合有关部门一起发力，收效甚佳。

三是监管主力。市局广告处、监测中心和区县局广告科，构成了全市工商系统广告监管的主力军。主要统筹整个广告监管工作，制定出台有关政策，统一广告监管执法尺度，开展日常监管监测，采取行政处理措施。

四是查处有力。自 2009 年新“三定”以来，重庆市局实行集中统一办案体制。广告监管机构不承担查处职责，对监管中发现的违法线索，统一移交执法局查处。执法局内部设有相对专业的广告案件查办机构，相对独立开展案件调查。对案件的定性处罚实行执法机构与广告机构集体会商，处理结果由执法机构反馈广告机构。

五是社会协力。市局成立了专家咨询组，聘请学界、业界和有关部门专家为成员，对市局的广告监管提供专业咨询。还建立了市局、区县局两级社会监督机制，聘请人大代表、政协委员、消费者代表等开展社会监督。两支力量，较好地发挥了咨询智囊、释疑解惑、对媒体的社会监督、对广告监管工作的社会监督、对广告监管工作进行义务宣传的积极作用。

四、广告监管成效、产业发展成果实现双丰收

一是媒体广告秩序好。近三年来，重庆媒体广告违法率持续下降，违法率一直处于全国较低水平。2012 年重庆市级媒体广告违法率为 0.27%，较 2010 年下降 75.9%。二是社会公众反映好。人大、政协涉及虚假违法广告的议提案近年明显减少。2010 年有 18 件，今年只有 2 件。三是消费者满意度高。消费者关于虚假违法广告的申诉举报明显下降。最高时一年 200 余件，2012 年仅有 10 余件。四是广告发布结构优。通过对虚假违法广告的整治，“四类”广告投放量逐年下降，其他类别广告快速增长，媒体广告发布结构不断优化。2012年市级媒体发布“四类”广告 68.8 万条（次），较上年同比下降 22.1%。与此同时，重庆消费市场美容、酒类、服装服饰、服务、房地产等广告投放增速高达 58.8%—102%。五是重庆广告业发展健康有序。监管传导正能量。2012 年，全市有各类广告经营单位 2.1 万户，广告经营额 42.5 亿元，同比分别增加 27.9% 和 25.3%，广告从业人员 9.9 万人，同比增加 28.6%。同时，重庆广告产业园区已纳入全市文化产业重点建设项目，将成为重庆文化建设的标杆和广告产业集群发展的旗舰。

2012 年四川省广告监管工作情况

四川省工商局广告监督管理处

四川省工商系统广告工作会议

2012 年以来，在省委、省政府和国家工商总局的坚强领导下，在各级工商机关努力工作下，深入贯彻落实科学发展观，认真履行指导广告业发展和加强广告监管的法定职责，坚持积极服务与加强管理并重，整顿规范与指导发展并举，创新机制，提高效能，全省广告监管工作按照年初制定的《全省工商系统广告工作要点》，有计划地开展了广告产业发展调研工作，完成了省政府交办的四川广告产业发展研究课题及广告产业发展指导意见出台的工作、红星路 35 号国家级创意园区的筹划建设和运营工作、虚假违法广告专项整治工作（与卫生厅、旅游局联合开展的医疗广告和旅游广告专项整治工作，与省政府新闻办和省通信管理局开展了互联网上滥用“专供、特供”标识商品清理整顿和低俗涉性广告的整顿工作），还加大了广告发布媒体的监管力度，指导并检查媒体严格落实《大众传播媒体广告发布审查规定》，从源头上减少严重虚假违法广告的发布，广告工作成效明显。

一、虚假违法广告明显下降

经过持续不断地开展整治行动，广告市场秩序日趋规范。全系统共查处各类广告违法案件 1317 件，罚没金额 1064.6 万元；其中广告处查处案件 26 件，罚没金额超过 100 万元；一批虚假违法广告受到严厉查处。积极配合有关部门开展整治网络淫秽色情及低俗信息专项行动，查处了一批发布非法“性药品”广告网站。

二、广告监管制度创新取得新成果

推行“联合告诫”、“联合公告”、“联合检查”、“联合督查”等部门联动机制，充分发挥了广告监管联席会议机制。积极实行广告监测、违法广告公告、案件查办落实情况报告、广告审查员等广告管理制度，不断丰富了广告监管长效机制的内涵。至今年12月，全省共监测广告17.8万条次，发现涉嫌违法广告5.06万条次。

三、实施广告战略成为工商部门服务发展新的亮点

一是广告业发展势头良好。2012年全省广告经营单位达到 1.45万余户、广告从业人员9万多人；广告经营额102.6亿元，分别比上年同期增长超过30%。二是规划了“十二五”时期广告业发展目标。完成了广告发展研究课题。三是广告产业园区建设稳步推进。成都市确定试点单位—红星路35号广告创意产业园区，落实中央财政支持，成都市政府签署了推进地方广告业发展的战略合作协议，积极发挥了示范引领作用。四是开展了一系列富有成效的广告活动。五是培养了广告专业人才。顺利举行了助理广告师、广告师职业水平统一考试，产生了广告师和助理广告师，为广告发展提供了人才保障。

四、公益广告充分发挥了引领社会风尚的重要作用

组织开展了禁烟、义务献血、希望工程、保护动物、关爱他人、环境保护、交通安全、节约用水、诚信守约、社会公德、反腐倡廉、尊师重教、助人为乐、食品安全等内容公益广告宣传，全省优秀公益广告评选表彰活动，充分发挥了公益广告引领社会风尚、助推道德建设的积极作用。

五、广告工作基础建设得到加强

一是积极推进广告监测系建设。部分市州建立了广告监测机构；二是加强了广告统计工作，使统计数据更加规范。形成各市州上报省局汇总上报的工作机制。

六、工作亮点

在国家总局大力支持下，省局努力争取下，成都市确定试点单位—红星路35号广告创意产业园区，落实了中央财政支持，成都市政府签署了推进地方广告业发展的战略合作协议，积极发挥了示范引领作用。完成了省政府交办四川省广告产业发展研究课题的调研，撰写及论证工作。

在充分肯定成绩的同时，必须清醒地看到，当前广告工作还存在一些差距和不足。一是虚假违法广告屡禁不止，个别地方广告违法率仍居高不下，广告市场秩序与人民群众的美好期待还有一定差距。二是广告诚信度不够高，广告市场秩序有待进一步规范。三是广告业仍存在专业化和组织化程度不高、创新能力不强、高端专业技术人才匮乏、综合程度不高、创新能力不强、高端专业技术人才匮乏、综合竞争力不强等问题。四是广告业在我省国民经济中的比重有待提升。

2012年贵州省广告监管工作情况

贵州省工商局广告监督管理处

贵州省工商局召开商标广告促企业发展座谈会

今年以来，我们紧紧围绕国家工商总局广告司和省局党组的工作部署，以全面实施广告战略、促进广告业发展为重点，以深入打击虚假违法广告行为为保障，以推进行政指导和开展专项整治为抓手，继续加大对虚假违法广告案件的查处和打击力度，促进广告监管整体效果的不断提升，各项工作迈上了新台阶。

一、强化监管，切实加强行业整顿规范

突出重点，合力推进。今年以来，我们以落实《大众传播媒介广告发布审查规定》为契机，加大监测力度，严格监管电视购物广告，依法治理以新闻报道形式和健康咨询类栏目变相发布广告的行为，严厉查处虚假违法医疗、药品、保健食品、美容服务、化妆品广告以及招商加盟等广告。2月28日，组织省广告监管联席会议成员单位参加了由国家12部委联合召开的广告专项整治工作部际联席电视电话会议，听取了国家工商总局等部门对2012年广告监管工作的安排和部署，联合下发了《2012年整治虚假违法广告专项行动部际联席会议工作要点》和《大众传播媒介广告发布审查规定》。6月28日，又组织部分省广告监管联席会议成员单位和省、市主流媒体广告部负责人集体收看了《贯彻实施<大众传播媒介广告发布审查规定>电视电话会议》，对媒体单位落实《审查规定》提出了具体要求。9月初，省、市工商局联动，通过召开媒体广告发布行政提醒会、市场巡查、现场指导等方式，确保"酒博会"期间广告市场不出问题。9月24日至28日，组成3个联合检查组，对部分省属媒体和遵义、毕节、黔南、黔西南等4个市、州落实《工作要点》和《审查规定》情况进行了专项检查。同时积极开展整治互联网和手机媒体传播淫秽色情及低俗信

息专项行动，加大了对虚假违法广告的整治力度。截至目前，全省共查处各类违法广告案件263件、罚没款124.42万元，分别比去年同期增加14.8%、47.9%。

媒体监测，全面覆盖。今年全省八个广告监测分中心建成并投入运行，覆盖全省各市州的广告监测网络业已铺开，对媒体广告的监测更加全面准确。同时我们不断完善对媒体广告的监测制度，加强对监测数据的分析研究，对监测发现的问题，通过采取“联合约谈”、“联合检查”和下发违法广告整改通知书等方式予以纠正。做到对媒体广告发布活动事前、事中、事后全过程的动态监管，实现了对媒体广告监测制度化、规范化和网络化。截至目前，全省共检测各类媒体广告1942054条（次），其中，涉嫌违法广告38221条（次），违法率1.97%。

专项整治、逐步规范。在全省范围内开展了针对网络上部分商品滥用“特供”、“专供”等标识的清理检查专项行动。一是针对网络上频繁出现的众多的“特供”、“专供”违法经营行为，广告人员协同信息中心技术员共同执法，共监测和检查各类网站283户，监测网络广告2023条次。二是对实体店进行专项清查。全省共出动执法车辆463台（次），执法人员1361人（次），对商品的包装、标签以及广告宣传中含有“特供”、“专供”等类似内容进行集中清理。

督办提案，消费维权。今年按时办结了省政协第十届五次会议上委员提出的《关于抵制虚假医疗广告》、《关于扶持和促进我省DM广告业持续健康发展的建议》等提案2件，并征求了提案人的意见，提案人均表示满意。截至11月19日，共收到省局申诉举报指挥中心转来的消费者申诉举报130起，向刊播违法广告的媒体下发了69份《违法广告整改通知书》、6份《停播整改通知书》，做到了件件有结果、事事有回音。

集中年检、规范管理。对取得《广告经营许可证》的172家电视台、广播电台、报刊出版单位，事业单位进行了集中年检，年检率为100%。3月，我们在全省试行广告企业年检时广告经营资格先行审查工作，通过审查，及时指导、督促纠正广告企业存在的各类问题。9月，我们与省统计局联合下发了《关于做好广告业统计工作的通知》，并组织专项培训，将对下一步全面掌握广告业的发展规模、人员结构、经营效率等基本情况，提高科学监管水平，科学制定广告业发展规划，起到积极的推动作用。

卷宗评查，提高素质。今年8月召开了全省工商系统户外广告登记卷宗评查会，对9个市、州选送的90份户外广告卷宗进行了交叉评查。通过评查，对暴露出的程序上、广告内容上、审查人员责任心上存在的问题进行分析、点评，统一了审查标准，提高审查质量。拟定了《贵州省工商行政管理系统户外广告登记工作规范》，对推进广告监管工作“制度化、规范化、程序化、法制化”起到积极作用。

二、服务发展，全面实施广告战略，力促行业跨越发展

出台政策，引导扶持。9月份，省政府办公厅转发了由我局执笔，由省工商局与省发改委、省国税局、省地税局四家单位联合起草的《关于促进贵州省广告业又好又快发展的指导意见》。从14个方面提出了扶持我省广告业加快发展的具体措施，力争到2015年，扶持一批具有较强竞争力、年营业额在5000万元以上的广告类综合服务和传播集团，以及营业额在5亿元以上的大型广告骨干企业，培育一批有竞争力的广告企业进入工业园区，试点培育建设我省广告创意园区，打造一批广告著名品牌；力争发展“中国一级广告企业”5家、“中国二级广告企业”20家、“中国三级广告企业”30家；广告经营总额继续保持较快增长趋势，“十二五”期间全省广告经营额每年以两位数递增，到规划期末，全省广告营业额力争达到50亿元，使广告业成为推进我省经济社会全面发展的一个新的经济增长点。

编制规划、科学发展。出台了《贵州省广告业发展“十二五”规划》，从深入分析我省广告业发展现状和发展机遇入手，全面阐述了规划背景、指导思想、基本原则、规划目标、政策措施等内容，为十二五时

期全省广告业发展指明了方向，同时在全省范围内进行广泛宣传，落实十二五规划工作已在全省有序铺开。健全机构，有序推进。省局成立了以杨正国局长亲自挂帅的“广告战略实施领导小组”，制定下发了《贵州省工商行政管理局落实广告战略实施方案》，从实施广告战略的总体要求、重点任务、组织实施等方面进行了提纲挈领的统筹部署，使我省从现在起到2020年广告战略的实施更加制度化、规范化。

筹建园区，集群发展。根据总局建设国家广告产业园区有关精神，我处先后多次走访了多彩贵州文化产业发展基地、多彩贵州城、国际会展中心、亚太动漫中心等地，详细了解项目规划、建设和运作情况，远赴湖南、河南等省考察当地广告产业园区的申报、建设及运营情况，适时向省政府分管省长进行专题汇报，目前正与多彩贵州文化产业发展基地、多彩贵州城积极磋商，力争在我省建设广告产业园区，为我省广告业及关联产业的规模化、集群化发展搭建产业共生平台，促进广告产业跨越式发展。

2012年云南省广告监管工作情况

云南省工商管理局广告监督管理处

云南省举办广告跨越发展研讨会

一、提高认识，抓住机遇，积极谋划实施云南省广告战略

2012年4月19日的全国工商系统广告工作会议，是广告工作上具有里程碑意义的会议，不仅把广告工作上升到战略的高度，也把推进广告战略作为工商部门继商标战略服务地方经济发展的又一亮点和重要抓手。会后，我们认真学习领会会议精神，切实把思想和认识统一到周总局长的重要讲话精神上来，统一到总局对广告工作的安排部署上来。为切实有效推进我省广告战略实施，为服务桥头堡建设和民族文化强省建设发挥我省工商部门的职能作用，能够有实招、出实效，打好我省广告战略实施的开局之战，今年，我省把推进广告战略实施的重点放在“谋划实施广告战略”工作上，具体开展了以下几项工作：

（一）开展调研，形成《云南省广告业发展状况调研报告》

为全面掌握我省广告业发展状况，了解广告业及其相关行业对我省经济社会发展的贡献度，为制定实施广告战略相关政策措施提供依据，今年4月起，我省工商部门下大力气，在全省范围内开展了为期3个月的广告行业发展状况普查、摸底和调研工作。各级工商部门采取走访广告经营单位、召开座谈会、入户调查、借年检验照调查、电话调查、启用经济户口管理等多种形式，认真开展了云南省广告业调研活动。通过调研活动，摸清了底数、搞清了状况，查找了困难，分析了问题，形成《云南省广告业发展状况调研报告》，为今后大力推动我省广告业持续发展、跨越发展奠定了良好基础。

（二）寻诊问症，完善《促进云南省广告业发展指导意见》

为增强实施广告战略的针对性和有效性，开展了广泛地征求意见活动：一是面向本系统广告条线以及各相关处室，征求促进广告业发展的意见；二是广泛征求监管服务对象如广告公司、媒体等广告经营单位意见；三是组织召开"关于促进云南省广告业跨越发展的专家咨询研讨会"。此次研讨会是在云南省工商局的倡导下，由省政府研究室、省工商局主办，邀请国内知名广告业专家资深媒体策划人，战斗在广告经营第一线的实战家以及政府各相关职能部门负责人共同参与的，为云南省广告业发展寻诊问症、求计问策的一次头脑风暴、思想碰撞。通过研讨，为我省实施广告战略提供了切实可行的发展思路、发展规划、发展目标，为我省制定、完善《促进云南省广告业发展指导意见》中的"政策措施办法"部分提供了实实在在的意见和建议。

（三）精心设计，制定《云南省广告业"十二五"发展规划》

根据总局今年出台的《广告业"十二五"发展规划》，我们努力克服工商部门缺乏编制规划的经验、缺少专门人才等困难，结合我省实际，加紧制定了《云南省广告业发展"十二五"发展规划》（征求意见稿），明确"十二五"时期云南省广告业发展的指导思想、目标任务，并协调有关部门出台现代服务业、文化产业发展促进广告业发展的政策措施，共同来推动广告业的发展。

（四）积极争取，努力将推进广告战略实施上升为政府行为

在省局领导的直接关心下，经过与省政府研究室的汇报、磋商、协调，在省政府研究室当年课题研究计划已安排完毕的情况下，成功将"促进云南省广告业发展"这一研究课题补充列人，并达成共识，即由省政府研究室主导，省工商局积极配合，各有关厅局积极参与，共同来搞好一次课题研究、出台一个文件、开好一次会议、掀起发展高潮。通过纳入省政府课题研究，把推动广告业发展纳入地方经济社会发展大局来谋划和推动。

（五）多方运作，筹建云南省级广告产业园区

广告产业园区，是实施广告战略的重要载体和履行工商职能的重要抓手。今年，云南省工商局先后与昆明市政府文产办、昆明市经济技术开发区管委会多次磋商，多方运作，积极筹建云南省级广告产业园区，确定了"政府主导、企业运作、规范发展"的广告产业园区建设思路。同时，召开多次多层面的广告经营单位座谈会，指出广告产业园区建设带来的集聚效应、辐射效应和示范效应，鼓励有条件、有意愿、基础好的广告经营单位积极参与到广告产业园区的建设中去。

二、改进方式，提升效能，努力营造健康有序广告市场环境

（一）积极探索，试行"媒体监管分组责任制"

整治虚假违法广告是一项长期且艰巨的任务。为进一步提高监管效能，加强监管意识，今年改变了以往的监管模式，实行媒体监管分组责任制。即将所管辖的媒体按照三大类划分给三个责任小组，分工到人，监管责任到人。一月召开一次媒体广告分析会，通报监测情况，讨论立案查处名单，保证月月有情况通报，

月月有案子查办。媒体监管分组责任制改变了以往铁路警察各管一段的分段式监管的做法，改变了以往大家都管、大家也都不管的情况，解决了以往监测与监管脱节的矛盾，更有利于促进监管责任到位，切实履行职责。责任制实施以来，效果良好，广告监测结果得到有效运用，监管责任意识进一步加强，广告市场秩序进一步好转。

（二）刚柔相济，在广告监管各环节综合运用行政指导职能

一是大力推行行政建议，向政府有关职能部门、向监管服务对象提出行政建议，调动各方力量共同关心指导，构建综合治理机制，实现行政部门资源、优势、手段三互补，促进行政建议事项的有效落实。2012年对媒体发出行政告诫书3次，对昆明市工商局、大理州工商局发出加强监管的行政建议2次。二是广泛开展行政辅导和法律法规政策咨询，帮助、引导各类市场主体进入广告市场，结合贯彻《大众传播媒介广告发布审查规定》指导媒体建立并完善内部管理制度，开展广告审查员法律培训，知法守法，加强自律，自觉公平合理有序竞争，避免违法违规行为发生，在源头上加以防范。全年赴保山、大理、昆明四城区等地开展培训课程100多学时，培训人数达1200多人次。三是加强行政监管提醒，一经发现违法广告，立发现、立制止、立整改，要求其停止违法行为，限期纠正整改，及时消除危害，实现依法规范经营。2012年共发出告知通知书316份，涉及9045条次广告。四是突出行政规劝重点，对一段时间违法广告突出、重点和热点问题，及时约谈相应负责人，教育引导企业走出经营过程中的法律盲区、误区，劝诫其整改自身存在的问题，严格履行审查责任，避免违法违规行为再次发生。五是扩大行政公示影响，依托云南红盾信息网网络平台和信息通报，及时曝光违法广告，扩大违法广告公告的社会影响，形成社会监督和舆论压力，震慑违法广告行为，督促违法广告发布者和广告主整改。今年通报广告监测情况6期，涉及148条涉嫌违法广告。

（三）强化监管，加大查处虚假违法广告力度

一是继续坚持整治虚假违法广告联席会议制度，形成整治合力。按照《2012年云南省整治虚假违法广告专项行动联席会议工作要点》，各有关部门分工协作，充分发挥部门联席会议各成员单位的职能作用，齐抓共管，完善综合治理机制。二是加强监测力度和监测结果运用。2012年，在人员减少的情况下，坚持加强了广告监测人员力量。全年全省共监测各类广告1203216条次，查出并责令整改涉嫌违法广告29118条次，广告违法率为2.42%，较去年下降了0.18个百分点。同时，加大了广告监测结果的通报次数和公示影响。2012年在云南省红盾信息网上发布广告监测通报8期，向联席会议成员单位发出广告监测报告2期。加大了广告监测和案件查办的衔接力度，案件86%来源于广告监测结果，成为广告查办案件的首要来源。三是加大案件查办力度。不断完善案件查办工作机制，提高查办效率，要求人人都办案，多办案、办大案、办铁案，及时查办上级交办、有关部门移送、监测发现的广告案件。增强执法办案威慑力，切实维护广告市场秩序。全年办理违法广告案件852件，罚没收入401.31万元。四是加大广告市场秩序的协同配合力度。积极配合卫生、食品药品监督管理局共同开展对广告市场的整治力度，对于食品药品监督管理局移送的违法广告进行认真查核，分别采取了相应行政管理措施。对于卫生部门撤销《医疗广告审查证明》的4家医疗机构，积极采取行动进行了立案处罚，并在广告市场对其进行了封杀，有效震慑了广告市场的违法经营者。

（四）积极维权，认真办理广告投诉举报

2012年，广告投诉举报呈现出量大、诉求多样、要求升级的情况。截至11月仅省局就受理广告信访投诉66件，有普通消费者因广告宣传产生购买行为引发的消费纠纷，有同行不正当竞争的投诉，也有专业机构或人士的举报。处理人大代表提案3件，箴言2件，还处理了广告处史上第1个因为信访引起的行政复议。我们高度重视，认真做好处理工作，做到件件有着落，及时反馈处理结果。把直接关系人民群众健康安全的

医疗、药品、保健食品广告，危害未成年人身心健康的非法涉性、低俗不良广告，以及扰乱公共秩序、影响社会稳定的严重虚假违法广告作为广告市场整治重点。并积极与法制办、监察厅、纠风办、信访局、检察院、宣传部、新闻出版局、广电局和人大代表、政协委员等加强沟通和联系，坚持会商和面商制度，取得社会各界的理解和支持，进一步促进广告监管，切实维护群众利益。

（五）依法行政，严把广告市场准入关

一是做好广告经营资格年度检查工作。对领取《广告经营许可证》的303户广告经营单位进行了广告经营资格检查，检查率达100%，年检通过率100%。其中，对违法广告发布较多的《生活新报》，借年检之机，对其进行了约谈，其认真整改后并写下书面整改措施方予以通过年检；二是做好广告行政许可工作。严格依法行政，从源头上设置防止虚假违法广告流向社会的"防护网"。按照服务承诺，简化审批环节。无违法违规行为，无变相保留、违法审批、违规收费的情况。2012年，省局本级办理各类广告行政许可47件。

（六）精心组织，认真完成各项专项行动

一是认真开展旅游服务广告市场管理。与云南省旅游局一起联合制定了《云南省工商局云南省旅游局转发国家工商总局国家旅游局关于加强旅游服务广告市场管理的文件的通知》，要求全省各州市工商局结合《云南省工商局关于开展旅游业"打非治违"和打击强迫及变相强迫消费专项行动的通知》一并贯彻执行。

二是认真做好含有"特供"、"专供"等内容广告监管工作。年初制定了《云南省工商局转发国家工商总局关于持续做好含有"特供"、"专供"等内容广告日常监管工作的文件的通知》。3月27日至4月27日，按照总局要求，联合通信管理局开展了对网络上部分商品滥用"特供"、"专供"等标识检查清理的工作；10月8日至10月30日配合市场处再次对互联网部分商品滥用"特供"、"专供"等标识开展了检查清理工作。

三是配合食品药品监督管理局开展了打击利用互联网非法收售药品行为专项行动。全省各级工商机关共出动执法人员1580人次，出动执法车辆860台次，对17654家重点商户进行了实地检查。

四是组织完成了"迎接十八大、讲文明树新风"公益广告评比报送工作。共评选出平面、广播、影视公益广告一等奖6个、二等奖12个、三等奖22个。

三、夯实基础，强化措施，进一步加强广告基础管理工作

（一）任务分解，切实把加强广告基础管理工作落到实处

做好广告基础管理工作，是全面提升广告监管服务效能的基本要求和深入实施广告战略的重要保障。我们对照总局《关于进一步加强广告基础管理工作的通知》，对我省广告基础管理工作进行了梳理，将广告基础管理的11项工作进行了任务分解，层层分解任务，逐级落实责任。进一步明确了工作任务和时间节点，制定了《广告基础管理工作各类统计报表和报告以及上报时间一览表》，将需上报的19种报表、9种报告进行了明确，确保广告基础管理工作层层落实。

（二）加紧建设，强化我省广告监测系统基础

一是加紧开展全省广告监测系统建设。今年我省在去年的基础上，进一步多方面了解，全方位研究论证，适用于我省实际的广告监测系统建设方式，并拟定了《云南省广告监测系统建设方案》，8月经省局党组研究同意。只待财政资金落实到位，即开展广告监测系统建设的招投标工作。二是大力规范广告监测工作。以贯彻总局制定的《广告监测工作规定》为契机，建立健全广告监测数据采集汇总、整理分析、甄别认定、信息发布、公示公告等规范和流程，进一步加强了广告监测的规范化、程序化。

（三）认真部署，做好我省广告业统计工作

做好我省广告业统计工作是谋划实施好云南省广告战略的一项重要性基础工作。为做好此项工作，首

先与统计局联合制定并下发的《云南省工商行政管理局云南省统计局关于认真做好广告业统计工作的通知》（云工商广字〔2012〕17号文），随后在召开部分基层工商所座谈会、听取意见建议的基础上，制定了《云南省工商行政管理局关于做好广告业统计工作有关问题的通知》（云工商广字〔2012〕18号文），确定了以"经济户口属地统计负责制"的方式开展广告业统计，明确了工作步骤和工作要求。10月9日，省局广告监督管理处在云南省工商干部培训学校召开全省工商系统广告业统计工作会议，全省16个州市商标广告科长、处长和负责统计工作的同志共计43人参加了会议。

（四）加强指导，充分发挥广告行业协会职能作用

一是充分利用第五届二次理事会议之机，宣传广告战略实施等当前国家的方针政策，分析行业发展面临的机遇挑战，配合工商部门做好推进广告战略实施的宣传贯彻工作，营造有利于推进广告战略实施的工作氛围，形成有利于广告业发展的社会氛围。二是指导行业协会抓好人才培养、法规培训、行业交流、信息服务等重要工作，提高服务水准，拓宽服务领域，优化服务内容，创新服务载体，搭建服务平台，当好广告业发展的推动者。三是指导协会积极配合工商部门，按照《大众传播媒介广告发布审查规定》的要求，切实抓好广告审查员法律培训工作，指导、规范和监督会员单位的广告发布活动。建立健全广告经营资质评价体系，提升广告经营单位资质水平。

2012年西藏自治区广告监管工作情况

西藏自治区工商局广告监督管理处

西藏自治区整治虚假违法广告部门联席会议

过去的一年，西藏工商部门，紧密结合广告监管职能，始终坚持抓发展、抓落实、抓亮点；以指导广告产业发展为出发点，整治虚假违法广告为突破口，充分发挥部门联席会议制度，加大对医疗、药品、保健品、化妆品等违法广告的查处力度，有效地维护了广告市场秩序。

一、领导重视，精心部署

2012年分管工商工作的自治区党委常委、常务副主席两次作出关于"虚假违法广告危害极大，希望有关部门齐心协力，标本兼治，切实把这一社会公害解决好！”，“请工商局召集区、市有关媒体开个会，提出要求，要力争避免广告违法情况的发生”的重要批示精神。为确保全区广告行业健康发展，全区各级工商行政管理机关高度重视，结合当地实际，制订实施方案，提供组织保障，明确责任分工，细化整治措施，突出整治重点，对2012年整治虚假违法广告专项行动进行了全面安排和部署。

二、狠抓落实，确保实效

2012年全区广告经营户数为653户，经营额达2.25亿元，我区市场主体已突破12万户，但广告业仅占0.62%，且分布极不平衡，大部分广告经营单位分布在拉萨地区，约占90%，地县广告经营单位甚少。针对这一实际 ，我们把拉萨地区作为整治虚假违法广告工作重点区域，采取有效措施，以指导广告产业发展为出发点，整治虚假违法广告为突破口，加大对医疗、药品、保健品、化妆品等违法广告的查处力度，有效地维护了广告市场秩序。

一是组织召开了自治区整治虚假违法广告部门联席会议，认真传达学习了自治区党委常委、常务副主席秦宜智关于“虚假违法广告危害极大，希望有关部门齐心协力，标本兼治，切实把这一社会公害解决好”的重要批示精神。对2012年虚假违法广告整治工作作出了安排部署。

二是组织召开了拉萨地区主要媒体座谈会，通报了4-5月国家工商总局对我区部分媒体广告抽查监测情况，传达学习了国家工商总局甘霖副局长在贯彻实施《大众传播媒介广告发布审查规定》电视电话会议上讲话精神，就进一步贯彻《规定》进行再学习、再动员、再部署。深入监督大众媒介广告发布审查制度的落实和完善情况。

三是根据我区维稳工作的安排和部署，组织召开了大众媒介广告发布告诫会，对发布违法广告的媒体进行了严厉批评和告诫。约谈广告媒体负责人4次。

四是2012年11月29日，自治区工商行政管理局组织召开了自治区、拉萨市大众传播媒体整治虚假违法广告工作会议。传达通报2012年查处严重虚假违法广告及工作情况以及2012年8月全国部分媒体广告抽查监测情况，对整治虚假违法广告工作进行了再部署。

通过以上措施，从国家工商总局广告抽查监测情况看，我区主要媒体广告违法率总体呈下降趋势。据统计，2012年共查处药品、医疗器械、保健食品等虚假违法广告案件29件，罚没款60万元。

三、积极配合，齐抓共管

按照2012年自治区整治虚假违法广告部门联席会议的总体部署，集中整治虚假违法广告，取得了积极成效。但是，在医疗、药品、保健食品等与人民群众生活密切相关的领域，欺骗误导消费者的虚假违法广告仍然存在，对此我们有针对性地开展了整治工作。

一是充分发挥主流媒体积极健康向上的舆论导向作用。总体看，我区大众传播媒体坚持社会效益与经济效益并重，积极承担社会责任，通过发布制作精良、格调高雅、富有感染力的广告，树立了良好的社会形象。但是，仍有一些主流媒体忽视社会责任，片面追求经济利益，审查不细，把关不严，自律不强，致使虚假违法广告问题屡禁不止，医疗、药品、保健食品广告虚假夸大、误导消费者的现象时有发生，社会反映强烈。我们清醒地认识到，整顿规范广告市场秩序、促进广告业健康发展任重道远，全面加强广告发布自律审查意义重大。

二是进一步畅通了举报投诉的渠道，依法调查处理相关投诉举报，做到件件有回音，事事有着落。对属于其他部门职责范围的举报投诉，要按程序及时移交有关部门依法处理。对虚假广告违法行为要做到有案必查、违法必究。对虚假广告予以行政处罚时，要对广告主及负有责任的广告经营者、广告发布者依法予以处理，避免遗漏违法责任主体。在行政处罚措施上，要综合运用行政处罚、公开更正消除影响、停止广告经营业务等处理措施，做到执法到位。对涉嫌虚假广告犯罪案件须及时移送，防止以罚代刑等随意执法行为的发生，加大对虚假广告责任人的惩治和震慑力度。

三是督促大众传播媒体落实完善广告发布审查制度，加强广告发布审查的行政指导，加大广告审查员、广告经营管理部门负责人的广告法律法规培训力度。从广告发布环节遏制虚假广告的蔓延扩散。不规则及违法广告的出笼，必经之路是媒体。《西藏卫视》、《西藏商报》、《拉萨电视台》、《拉萨晚报》等媒体严格按照中央十二部委联合制定的《大众传播媒介广告发布审查规定》的要求，针对自身存在的问题，查找原因，切实制定整治措施。进一步加强与虚假违法广告专项整治行动联席成员单位的协作配合，对查办虚假广告案件过程中涉及其他相关部门职责的，提请相关部门采取撤销广告批准文号、暂停产品销售、吊销医疗机构有关诊疗科目、关闭网站和删除非法信息等措施，形成整体合力。

四、加强调研，指导发展

针对我区广告企业发展的现状，我们深入走访了20多家广告企业，积极动员其注册商标，大力宣传广告业是我国文化产业和现代服务业的重要组成部分的重大意义，引导已有和新增中小广告企业走专业化、规范化、品牌化发展之路，逐步做强小型广告企业、做大中型广告企业、培育大型广告企业。引导企业以提高竞争力为核心，向经营业务特色鲜明、技术先进、主业突出和拥有自主品牌方向发展。目前已有两家广告公司正策划注册商标。

五、存在的主要问题

我区广告工作虽然取得了一定成绩，但也存在一些问题。一是广告监测工作严重滞后，不仅缺乏广告监测设备，而且缺乏专业广告监测人员。二是广告经营单位广告审查员素质不高，专业广告审查员缺乏，严重影响了广告发布质量。三是主要媒体内部体制不顺，存在“你罚我愿”，导致同一违法行为“屡犯屡罚”的现象。四是我区广告业经营规模小，核心竞争力不强，全区没有一家具有较强实力的广告企业。

广告业是创意经济、创意产业，是我国文化产业和现代服务业的重要组成部分。推动广告业发展，提高广告业在文化产业和现代服务业中的比重和发展水平，是促进加快转变经济发展方式、调整优化产业结构、推进文化产业发展的有效途径。西藏有着深厚的文化底蕴和独特的民族传统。我们要以全局的、战略的高度，切实增强政治意识、大局意识、阵地意识、责任意识，充分认识推进我区广告战略实施的重要意义。

2012 年陕西省广告监管工作情况

陕西省工商局商标广告监督管理处

陕西省推进广告园区建设促进区域经济发展高层论坛

2012 年，全省广告监管工作按照国家工商总局的总体方针和全省工商行政管理工作会议的安排部署，紧紧围绕“科学发展、富民强省”目标，贯彻落实省局“五个不变”要求和“64 字”工作方针，更新观念，创新举措，以打击虚假违法广告、保护企业和消费者合法权益为重点，以推进法制建设和制度创新、着力提高监管执法效能为着眼点，依法履行广告监管职能，加大整顿和规范市场经济秩序工作的力度，较好地完成了年度各项工作任务。我们的主要做法是：

一、积极做好促进广告业发展工作，广告业发展呈现良好势头

（一）认真贯彻落实省政府办公厅《关于促进陕西广告业发展的实施意见》

2010 年 8 月，省政府办公厅印发了《关于促进广告业发展的意见》，要求把促进广告业又好又快发展，作为一项紧迫而长期的战略任务。特别提出培育和发展具有特色的优质广告创意产业集群，充分运用广告创意成果拉动相关制造业和服务业的发展，明确要求由省工商局会同有关部门在西安设立广告标识产业园。省局积极贯彻落实，去年 9 月，陕西广告标识产业园正式落户西安国际港务区。按照省政府的要求，在省工商局的指导下，去年开始西安国际港务区具体负责陕西广告产业园的建设和运营。去年 10 月，国家工商总局和财政部共同确定了 9 个国家级广告示范园区，陕西广告产业园位列其中。今年上半年，国家财政部第二次专项建设资金已拨付到位，目前，累计拨付资金已达 4000 万元。

（二）在第十六届“西洽会”期间成功承办了“推进广告园区建设促进区域经济发展高层论坛”

作为第十六届西洽会重要的贸易促进活动之一，由国家工商行政管理总局和陕西省人民政府联合主办、国家工商行政管理总局广告司和陕西省工商局承办的“推进广告

园区建设促进区域经济发展高层论坛”4月5日在西安成功举行。此次论坛的主题为“凝聚产业、辐射带动、促进发展”，总局广告司领导发表了重要讲话，国内著名广告学者分别就广告园区的建设、运营、管理等作了演讲。

二、加强广告经营资格检查，依法规范广告经营活动

首先严把广告主体准入资格，加强对广告经营活动的监督管理，依法规范广告经营审批登记，根据《广告经营许可证管理办法》的有关规定，全省各级工商行政管理机关按照省局年度工作安排，1-4月，对在工商行政管理机关登记注册的广播电台、电视台、报刊出版单位、事业单位及法律、法规规定应进行广告经营审批登记的广告经营单位进行了广告经营资格年度检查及换证工作。在年检换证工作中，各级工商局还结合广告日常监测情况，对一些广播电台、电视台、报社等广告经营单位进行了实地检查，对媒体内部的广告承接登记制度、广告审查员“一票否决”制度、广告档案管理制度等进行了重点检查。

其次是强化企业自我约束机制，加强广告审查员制度。6月11日至12日，省工商局举办了2012年度全省广告审查员培训班，全省有关媒体、期刊、杂志、出版社和广告经营单位的220多名广告从业人员参加了培训。在为期两天的培训中，学员们主要了解了我省广告业的发展状况、存在的主要问题及发展方向，学习了《广告法》、广告审查员管理规定和广告发布的一般标准，医疗、药品和固定形式印刷品广告的审查与监管等特殊领域广告管理规定，听取了省局商广处相关同志关于“广告人的责任与担当”、“广告法规与审查”、“违法广告案例分析”等专题讲授。授课后进行了考试，对考试中成绩合格的学员，颁发由省工商局统一印制的《广告审查员培训合格证书》。

三、加强广告监测，及时查处广告违法行为

为加强对广告发布环节的监管，建立和完善长效的虚假违法广告的监测、预警和查处机制，有效实施对广告发布活动的动态监管，不断推进虚假违法广告专项整治工作深入扎实地开展，我们在日常监测的基础上，根据我省实际，研究制定了《关于对全省报纸电视期刊杂志广告监测通报的暂行办法》，《办法》对广告监测机构每月监测抽查媒体的范围和时间、监测抽查的重点、统计汇总的数据、广告监测报告的报送及广告监管部门对监测结果的处理流程都作了明确规定。从5月份开始，我们先后6次有重点的组织对全省电视台的43个频道，对21种报纸，对45种期刊杂志进行了集中监测抽查。分别监测抽查电视广告第一次7018条，其中违法广告1774条，违法率25.82%；第二次7382条，其中违法广告1181条，违法率16%。抽查报纸广告第一次1008条，其中违法广告100条，违法率9.92%；第二次568条，其中违法广告39条，违法率6.87%。抽查期刊杂志第一次386条，其中违法广告12条，违法率3.1%；第二次450条，其中违法广告9条，违法率2%。通过监测抽查、及时通报、严厉查处、督导上报，广告市场秩序有了明显好转，广告违法率大幅度下降，整治工作取得了阶段性成效。

四、重拳出击，开展打击利用互联网非法收受药品行为专项行动

根据国家食品药品监督管理局、国家工商行政管理总局等6个部局《关于开展打击利用互联网非法收受药品行为专项行动的通知》精神和《打击利用互联网非法收受药品行为专项行动实施方案》的任务分工，我省各级工商行政管理部门从3月份开始，在全省范围内开展了以查处网络医疗药品违法广告为重点的集中整治网络商品违法广告专项行动。在专项行动中共进行网上巡查网站149家，实地检查经营者270户，监测广告31条次，发现涉嫌违法广告12条次，违法信息通报有关部门2条，责成网站整改删除违法信息29条，查处案件5件，其中医疗广告案件3件，商标侵权案件2件，罚没款合计2.4万元。通过开展专项行动，整治工作取得了显著成效。

2012年甘肃省广告监管工作情况

甘肃省工商局广告监督管理处

甘肃省贯彻实施《大众传播媒介广告发布审查规定》电视电话会

2012年，甘肃省局广告处深入贯彻落实省委、省政府和省局党组的决策部署，紧密结合今年工作指标任务及国家工商总局广告监管年度工作安排，紧紧围绕“规范市场，维护权益，突出重点，齐心协力，严抓严管”的工作思路，积极寻求监管机制和方式的创新和突破，努力提高工作的指导性、有效性、准确性和统一性，使工作的质量、效率和效能得到提升，较好地实现了规范市场行为与促进经济和谐较快发展的“双赢”局面。

一、认真履职，严格监管，全力抓好广告监督管理工作

（一）强化措施，严格准入，认真做好广告许可工作，规范广告发布行为

今年，我们除认真做好广告经营许可证年检工作，还认真做好固定形式印刷品广告登记、户外广告及烟草广告审批工作。在工作中，一是严格广告经营资质管理，把好“准入关”。在广告经营资格年检、变更登记工作中，我们严格按照法律、法规规定，认真审查、严格把关、热情服务。同时要求各市州全面做好广告经营资格年检工作。二是加强广告经营单位规范化建设，建起“防火墙”。我们采取上门服务、上门培训的方式，指导广告经营单位建立健全广告承接登记、业务人员审查、分管领导审批、广告资料归档等制度，强化内部审查责任，引导广告经营自律，在广告经营单位内部建起自我防范机制。三是规范广告登记行为，拉起“防护网”。我们认真做好固定形式印刷品广告登记、户外广告及烟草广告审批工作。同时要求各市州对固定印刷品广告、户外广告单位采取日常监管和集中检查相结合的办法，落实备案登记制度。敦促各广告经营单位将发布的广告按要求进行登记备案，工商部门在登记备案过程中将问题广告制止在萌芽状态。

（二）突出重点，抓住难点，加强行政执法力度，规范广告市场秩序

一是深入开展虚假违法广告专项整治行动。今年二月底，国家工商总局联合中央宣传部等12个部委联

合下发了《2012 年整治虚假违法广告专项行动部际联席会议工作要点》、召开了《2012 年广告专项整治工作部际联席会议》电视电话会议，省局广告处及时在全省工商系统进行转发并进行安排部署。今年前三季度全省共查处违法广告案件621件，罚没款124.76万元。

二是集中整治户外广告。今年以来，全省广告监督管理机关认真做好户外广告、固定形式印刷品广告整治工作，检查各类户外广告 9925 条（次），印刷品广告 7534 条（次），发现违法 589 条（次），责令停止发布 82 条（次），查处违法广告 422 条（次），共收缴罚没款 69.57 万元

三是认真做好含有“特供”、“专供”等内容广告日常监管工作。我省以白酒、葡萄酒、啤酒、茶、食用油、乳制品、饮料、香烟、水果、大米等商品及其生产企业为重点，开展专项行动，清理违规滥用“特供”、“专供”及类似内容的包装、标签的商品。各市州工商局也根据各自辖区的实际情况，重点检查了酒类、食用油、香烟、茶叶等商品，严厉打击存在的“乱贴”、“乱添”、“乱造”等“三乱”行为，净化广告市场环境。

四是狠抓网络、新媒体广告整治。今年我们继续深入开展了网上非法“性药品”广告和性病治疗广告的治理整顿。一是思想重视，认识明确。网上非法发布“性药品”广告和性病治疗广告，属于网络淫秽色情有害信息，严重影响互联网健康发展，在治理整顿的基础上，全省广告监管机关进一步统一思想，做出安排部署，制定具体工作方案，分解落实整治任务，确保工作的落实。二是继续落实分工，明确责任。我们根据治理整顿网上非法“性药品”和性病治疗广告的任务分配情况，对我省获通信管理局批准的 10979 家经营性网站，按照分工原则进行监管。各监管单位又进一步将监管任务明确到人，确保网上监管工作不出漏洞，不留死角，出现监管缺位，直接追究监管单位及监管责任人的失职渎职责任。三是加强网络广告监测，构建长效监管机制。我省网络广告监管工作基础薄弱，仍处在起步和摸索阶段，为此我们根据前一阶段监管中发现的问题，积极制定了相应的措施，大力推进网上广告长效监管机制建设。

（三）完善广告监测制度，增强广告监管的预见性和主动性

广告监测是广告监管的基础性工作。目前我们已实现对全省 34 个电视频道、兰州辖区 9 份报纸刊播的各类广告进行监测。广告监测系统通过工商行政管理网互联，实现省局、市局、县局、工商所四级互通和信息共享。监测到的违法广告可通过 12315 综合执法网下达到全省 14 个市州，实现了全方位、全过程动态监测，取得了监管的主动性，提升了广告监管能力。广告监测中心 2012 年全年对全省 14 个市、州（含省级）重点新闻媒体（兰州辖区省市 9 份重点报纸、全省 34 套重点电视频道）的广告发布情况进行了监测，1 – 11 月共监测报纸、电视广告 838131 条次，其中涉嫌严重违法广告 22401 条次，涉嫌违法率为 2.7%。广告监测中心的监测信息每月 6 日通过月报、季报、通报，以专项报告的形式向甘肃省 11 个联系单位、14 个市州同时发送，为各级政府和领导的决策提供了科学、权威的依据，也为制定监管对策提供了重要参考。

二、转变思路，增创亮点，提升广告监管水平

（一）快速预警，及时制止违法广告

按照“多规范、少处罚、多指导、少指责”的新的监管模式，我们积极找寻亮点，转变思路，对发现的涉嫌违法广告，先通知叫停、后分类处理，再快速预警制止。今年 3 月份，省局广告处组织我省主要媒体召开了“全省主要媒体座谈会”，会上就 2011 年我省虚假违法广告专项整治开展情况进行了通报，对虚假违法广告对媒体负责人进行诫勉谈话，同时对今年工商部门在整治工作中采取的主要措施同各单位进行了沟通。会上省局广告处组织各媒体负责人学习了《2012 年整治虚假违法广告专项行动部际联席会议工作要点》及《大众传播媒介广告发布审查规定》，要求其在今后的广告发布中严格遵守，杜绝违法广告的发布。同时切实落实广告审查员的“一票否决制”，对继续发布公告的严重违法广告的媒体，依法从重处

罚，直至停止其广告发布业务。

（二）拟定《关于促进广告业发展的实施意见》

为贯彻落实省委、省政府关于加快文化大省建设、推动文化大发展、大繁荣的部署要求，根据总局、国家发改委《关于促进广告业发展的指导意见》文件精神，按照局领导指示，为促进我省广告业又好又快发展，由我处草拟了《关于促进广告业发展的实施意见》，现已报省政府。此《实施意见》的出台将为我省广告产业的健康发展提供政策依据，也将为全省的广告产业健康发展起到积极的推动作用。

（三）创建甘肃省首个国家广告产业示范园区

今年底，按照省局领导指示，我们着手甘肃省首个国家广告产业示范园的各项工作，以此为工作切入点，瞄准国内国际广告业发展的方向，通过引导广告企业和项目进驻，打造国内一流的新型广告产业集群，高水平建设广告技术创新平台、广告交流展示平台、广告金融服务平台、广告企业孵化平台及广告企业人才培养平台，促进广告产业的专业化、规模化发展。充分发挥广告园区产业的集聚效应，探索适合我省广告产业发展之路，推动甘肃广告产业跨越式发展。将广告产业示范园区作为广告交流的重要窗口，立足西北、辐射全国，力争打造中国西北规模最大、最高端的广告产业园区。

2012 年青海省广告监管工作情况

青海省工商局广告监督管理处

青海省广告监测中心

在省委、省政府的正确领导下，随着全省经济的持续发展，我省广告业也得到了快速发展，并显示出强劲的发展活力。据不完全统计，截至 2012 年底，全省共有广告经营单位 677 户，从业人员 4345 人，经营总额达到 4.1 亿元，已成为具有一定规模、推动青海地域品牌、特色品牌创建和创意经济发展的重要产业，为促进我省经济社会全面发展发挥着重要作用。

一、基本情况

全省新增广告经营单位 141 户，广告经营单位总数已达 677 户，同比增长 2.6%。其中：专营广告经营单位新增 22 户，总数达 304 户，同比增长 7.7%；兼营广告经营单位新增 84 户，总数达 185 户，同比增长 83%；其他广告经营单位新增 37 户，总数达 125 户，同比增长 42%；媒体广告经营单位新增 2 户，总数达 63 户，同比增长3.2%。全省广告从业人员4345名，同比增长5.5%；全年实现广告经营额 4.1 亿元，同比增长7.9%。

（一）2012 年广告投放分类情况

全省实现广告经营额 4.1 亿元。其中药品1173.5万元，占比2.8%；食品2210万元，占比5.3%；保健食品1887万元，占比4.6%；化妆品1006.82万元，占比2.4%；美容服务750.05万元，占比1.8%；医疗器械773.4万元，占比1.9%；医疗服务1146.7万元，占比2.8%；酒类3782.67万元，占比9.2%；招生招聘801万元，占比2%；房地产6048万元，占比14.8%；农资913万元，占比2.2%；服务业5016.58万元，占比12.2%；信息产业3463.7万元，占比8.4%；金融保险2497万元，占比6%；汽车4136万元，占比10%；家用电器3020万元，占比7.3%；服装服饰849.52万元，占比2%；其他1730.88万元，占比4.2%。

（二）广告经营单位注册资本（金）情况

全省677户广告经营单位中，注册资本在1000万元以上的16户，占比2.4%； 500万元至1000万元的25户，占比3.7%； 100万元至500万元的92户，占比13.6%； 50万元至100万元的102户，占比15%； 50万元以下的442户，占比65.3%。

（三）广告经营单位分布情况

全省677户广告经营单位中，坐落西宁市的是448户，占比66.2%；海东地区的是65户，占比9.6%；海西州的是109户，占比16.1%；海南州的是14户，占比2%；海北州的是23户，占比3.4%；黄南州的是13户，占比1.9%；果洛州的是5户，占比0.7%。

（四）媒体发布广告情况

全省63家媒体共实现广告经营额3亿元，同比增长4.5%。其中，青海广播电视台17000万元，同比增长13%；青海日报社8000万元，西宁电视台1700万元，其他媒体（期刊、网站）210万元，同比持平。

二、监管情况

（一）加强广告监管工作

一是组织开展广告专项整治行动。以医疗、药品、保健食品、化妆品和媒体影视、平面、户外、印刷品广告为重点，开展为期60天的虚假违法广告专项整治工作。下发《虚假违法广告专项整治通知》，制定工作任务、整治内容、工作步骤，加大专项整治工作力度，成立专项整治督导组，对重点地区开展专项整治工作进行督导检查，促进虚假违法广告专项整治工作，有效净化我省广告市场环境。二是进一步加强对广告的检查监测。组织省委宣传部、省政府纠风办、省卫生厅等等10个部门对省级媒体发布的广告进行了4次集中监测，共监测广告1567条，对发布的25条违法广告当场进行了整改，依法立案查处广告案件4起，罚款8.1万元。全省工商系统共查处违法广告案件207起，罚款47.71万元。责令停止违法广告42条，下发《行政指导建议书》28份，办理消费者广告投诉53件，为消费者挽回经济损失9.7万元。三是开展了全省广告业调查工作。依照省政府工作部署印发了《关于开展第三产业调查工作的通知》，从调查范围、调查内容、调查方法、组织实施等方面全面安排部署了调查统计工作。对全省工商系统统计人员和省级广告经营单位人员就调查工作进行了2次培训，对全省广告经营单位进行了统计录入。四是认真完成了广告行业职称考试工作。积极与省人力资源和社会保障厅考试中心联系，首次组织开展了广告行业职称考试网上报名、和审核确认工作，并采取一对一电话通知的方式，广泛动员36名广告从业人员参加了广告职称考试。其中：有5名广告从业人员取得了广告师资格。五是按照《商标法》、《广告法》和国家民委《关于做好少数民族语言文字管理工作的意见》精神，我局和省民委联合下发了《关于在商标、广告中规范使用少数民族语言文字的通知》，指导基层局加强在商标、广告中规范使用少数民族语言文字工作。

（二）强化行政指导

一是召开了媒体广告行政约谈会。针对省内媒体发布虚假违法广告日益增多的问题，于10月份召集西宁地区主要媒体广告部主任召开了行政约谈会，会议就国家工商总局的监测通报及省局三季度广告监测情况进行了通报，对媒体广告审查不严问题提出了进一步要求。二是开展了上门约谈和现场办公。为了切实解决我省主流媒体发布虚假违法广告较多的实际，由主管局长带队，抽调了省、市两级广告监管负责人组成检查组，分赴青海广播电台、西海都市报、西宁电视台、西宁广播电台、西宁晚报社再次进行了上门行政约谈。媒体的主要负责人、相关频道（频率）负责人及广告审查员接受了谈话和告诫。

（三）圆满完成了青海省广告监测中心的设立工作

一是积极申请广告监测专项资金。在分析我省广告监管工作现状的基础上，向总局呈报了《关于对青海省工商局设立广告监测中心给予资金支持的请示》，并积极向总局汇报了我省广告监管情况，总局广告司给予我省40万元的资金支持。二是在广泛调研的基础上，会同省局信息室并报经局长办公会议研究同意了《青海省广告监测中心建设方案》、《广告监测中心软件和硬件等设备清单和资金预算》，严格按照政府采购和招投标的有关规定和程序确定了施工单位，圆满完成了青海省广告监测中心建设工作。

2012年宁夏回族自治区广告监管工作情况

宁夏回族自治区工商局商标广告监督管理处

宁夏贺兰县工商局查获一起非法印制医疗、药品广告案

2012年，宁夏工商系统和各相关部门在广告监管执法中以科学发展观为指导，紧紧围绕区局党组的工作部署，大胆探索、积极创新，在建立完善长效监管机制和工作体系上下功夫，在服务全局、服务发展、服务中心工作上下功夫，在依法、科学、有效监管上下功夫，在整治虚假违法广告、服务和促进宁夏广告业健康快速发展方面取得了明显成效，广告市场秩序进一步好转。

一、加强政策引导和行政指导，促进广告业发展

一是认真贯彻全国工商系统广告工作会议暨国家广告产业园区建设现场会精神，总结近几年来全区整顿规范广告市场秩序、促进广告业加快发展工作情况，部署全面实施广告战略的各项任务，5月份，区局召开了全区工商系统广告工作会议，部署我区广告战略工作。自治区整治虚假违法广告联席会议成员及全区各市、县工商局局长、分管局长、商广科长，全区部

分规模较大的广告发布者、广告经营单位代表参加了会议。这次会议是在我区广告业处于跨越式发展的关键时期召开的，对于夯实广告工作基础，强化监管职责，拓展发展功能，打造工商工作新亮点、树立新形象具有重要意义。二是开展广告审查员培训，进一步更新广告法律法规知识，全面提升全区广告经营管理人员的综合素质和广告审查能力，区局会同自治区广告协会分别在银川、石嘴山、吴忠、中卫举办了4场培训班，310名广告业务人员参加了培训。

二、创新监管机制，全面提高广告监管效能

（一）全面部署广告监管工作

起草并由自治区整治虚假违法广告联席会议10部门联合下发了《2012年宁夏回族自治区整治虚假违法广告专项行动联席会议工作要点》，进一步明确了今年虚假违法广告的整治重点。对广告发布审查把关、广告发布动态监管、广告发布后的依法查处和建立完善监管工作协调联动机制提出了新的要求。对各部门的职责分工和工作任务重新作了划分和明确。

（二）夯实广告监管基础工作

针对全区广告基础管理工作相对薄弱，投入力量不足、制度不健全等问题，下半年，下发了《关于进一步加强全区广告基础管理工作的通知》（宁工商商广字〔2012〕129号），就进一步加强干部队伍建设、制度建设、监测工作、信息化建设、广告统计管理、工作信息反馈等6个方面基础性工作做出了更为具体的要求，为今后扎实高效做好广告管理工作打下了基础。转发了《大众传播媒介广告发布审查规定》，指导、监督全区各大众传播媒介健全完善广告发布审查制度，加强行业自律。

（三）加强广告监测工作

对区属新闻媒体和全区五个地级市新闻媒体一季度广告发布情况进行了监测，发布了3个季度广告监测情况通报。对全区各级电视、报纸、广播等媒体发布的8200条次广告进行了抽检，对监测出的14条典型违法广告进行了严肃查处。

（四）加强部门协作，开展联合检查

在7月底，全区各市、县整治虚假违法广告联席会议办公室按照自治区整治虚假违法广告联席会议办公室要求，组织各相关职能部门对全区各市、县各类媒体2011年上半年广告发布情况进行了联合检查。11月份，自治区工商局又联合自治区宣传部、广电局、出版局、药监局、卫生厅等部门开展了2012年度全区广告市场联合检查。一年两次不同范围的联合检查工作都把药品、医疗、医疗器械、保健食品（涉及保健功能的商品）、化妆品、房地产等广告列为整治重点，对电视、广播、报纸等新闻媒体以及各类固定形式印刷品、户外等192家单位发布的6175余条（次）广告进行了严格检查，对涉嫌违法的115条（次）广告进行了处理，其中责令整改53条，停止发布32条，立案查处违法广告案件30件，罚没款13.38万元。通过检查，全区各广告经营单位的守法经营意识有所增强，广告管理力度进一步增大，组织机构不断健全，广告审查能力明显提高，全区各媒体发布广告质量有了较大的提升，如石嘴山市电视台加强行业自律，主动停播药品、医疗等“五类广告”1个月；《吴忠日报》主动拒绝刊登药品、医疗广告，媒体注重社会效益的做法社会反响良好。

（五）加大监管执法力度，开展专项整治工作

开展旅游服务广告市场整治，为了全面贯彻落实好国家工商行政管理总局、国家旅游局关于旅游服务广告监管工作要求，进一步规范我区旅游企业的广告宣传行为，引导旅游企业合法经营和正当竞争，维护正常的旅游市场秩序，保障旅游者和旅游经营者的合法权益，我局和自治区旅游局联合转发了总局《关于加强旅游服务广告市场管理的通知》，对我区旅游服务广告市场整治重点提出了明确要求。继续把直接关系人民群众身体健康、财产安全的医疗、药品、保健食品，危害未成年人身心健康的互联网非法涉性、低俗不良广告，以及扰乱公共秩序、影响社会稳定的严重虚假违法广告作为整治重点，大力开展专项整治工作。组织开展了新闻媒体、户外广告、互联网等媒体

发布的药品、医疗、医疗器械、保健食品、非法“性药品”广告和性病治疗广告、化妆品等广告专项整治行动，全年共监测5类广告12万余条，责令停止发布虚假违法广告336条（次），下发责令整改通知书85份，收缴非法印刷品广告5万余份，查处广告违法案件92起（其中区局督办案件19起），收缴罚没款58.6万元。对19条较为严重的违法广告以自治区工商局监测通报的形式向联席会议成员单位、广告经营单位、及全区工商系统进行了通报。今年，全区各级工商局广告监督和监测力度明显加大，广告违法率明显下降，广告发布整体情况趋好，在总局2012年度广告监测中表现突出，特别是在第6、7、8月份全国广告抽查监测报告中，我区排名在全国36个地区中列第5、6名。

2012年新疆维吾尔自治区广告监管工作情况

新疆维吾尔自治区工商局广告监督管理处

新疆第九届优秀广告作品展及首届大学生“雪莲杯”广告作品大赛

2012年广告处、广告协会在区局党组和分管领导的正确领导下，根据年初工作会议和全国广告工作会议精神，围绕目标责任状的要求，认真履行加强监管和指导发展的双重职责，贯穿“两条线”，坚持“强规范、促发展”。在全疆各级广告监管机关的共同努力下，完成以下主要工作：

一、规范广告市场秩序取得新成绩

（一）专项整治成果持续扩大

根据总局2012年的部署和要求，会同联席会议成员单位先后召开了二次区级联席会议，安排部署广告专项整治工作；召开全疆广告监管工作会议，传达全国广告工作会议精神，交流全疆广告监管工作经验。为保证第二届亚欧博览会的成功举办，与自治区旅游局联合部署在全疆开展为期3个月的旅游服务广告集中检查。截至10月底全疆共办结12315投诉举报290件，发出责令改正通知书628件，诫勉谈话292人次，查处虚假违法广告案件635件，罚没款306.59万元，违法广告总量基本控制在3%以内。

（二）日常监管能力稳步提升

1. 规范许可

结合局机关效能建设，向社会公开承诺了广告经营许可事项、程序和时效，严格按照法律法规的要求，及时办结各项广告经营许可。截至10月底，全疆共办理各类广告登记5001件，办理媒体单位广告经营资格年度检查1301件。

2. 做好统计

我们制订了全疆广告监管工作统计月报告制度，经过上半年统计汇总，基本摸清了全疆媒体单位广告发布总量在16亿左右，同时还配合自治区统计局完成了全疆文化产业（广告业）统计汇总工作。与自治区统计局联合转发国家工商总局和国家统计局《关于认真做好广告业统计工作的通知》，组织全疆广告统计工作培训班，邀请自治区统计局领导解读了广告业统计工作的指标体系、具体内容和操作规程，并安排部署即时开展全疆广告业统计工作，全疆50名监管干部参加培训。

3. 加强监测

转发工商总局的《广告监测工作规定》，进一步强化监测工作制度化、规范化建设，坚持做好对各级媒体广告发布情况的常规监测，同时抽调部分地州广告监管干部，开展两次全疆广告集中监测。集中监测首次扩大了抽查范围，增加了对电视、广播的集中抽查，同时我们还依托卫生厅、药监局、市工商局广告监测结果，及时查办严重违法行为，强化了广告监测与监管执法的衔接。截至10月底，全疆监测广告220.09万条次，监测发现违法广告2.79万条次，平均违法率0.46%，其中监测医疗、药品、保健食品、化妆品、美容服务广告65.04万条次，平均违法率1.22%。

4. 强化培训

为不断强化广告发布环节的监管，举办全疆媒体单位广告审查法律法规培训班。中国广告协会领导出席培训班开班仪式并作重要讲话。培训班邀请国家工商总局广告司刘晶处长、武汉大学媒体发展研究中心张金海教授、自治区新闻出版局姜季钊处长、自治区卫生厅卫生监督所郝小易所长，宣讲广告监督管理法律政策以及广告产业发展前景等专题报告。全疆各主要媒体负责人、广告代理公司负责人、广告监管干部220人参加了培训。

（三）监管方式不断丰富创新

充分运用行政指导，全年组织新闻媒体单位，召开4次广告监管情况通报会；先后约谈《新疆日报》、兵团电视台、《新疆都市报》等12家媒体单位负责人，通报广告监测情况；走访《新疆电视台》、《新疆人民广播电台》、《新疆消费晨报》等8家媒体单位，召开座谈会、查阅档案资料，指出问题，提出要求，媒体单位得到警示，积极整改。全疆受理广告发布前法律咨询服务4403件，办结3952件，退回218件，帮助媒体单位充分落实广告审查员制度，严把广告发布前的审查关。

二、指导广告业发展实现新突破

（一）探寻指导行业发展新路径

撰写《新疆维吾尔自治区促进广告行业发展指导意见》、《关于成立自治区工商局广告监测中心的请示》、《关于规划建设自治区广告产业园区的请示》，目前《指导意见》正在自治区政府办公厅审定之中，政治部正在积极协调广告监测中心的机构和编制。

（二）成功举办“新疆第九次优秀广告作品展”

新疆第九届优秀广告作品展及首届大学生“雪莲杯”广告作品大赛历时半年，共征集作品958件，创历届征集作品数量新纪录。9月中旬，举办全疆第九届广告作品展系列活动，自治区人民政府分管领导艾尔肯·吐尼亚孜副主席专程参观了作品展，并指示“广告业是重要的文化创意产业，工商局、广告协会要多组织活动，借力文化产业大发展的强劲势头，广告先行，把新疆的品牌宣传出去，把新疆人民的希望和期待宣传出去！”国家工商总局、中国广告协会和自治区党委宣传部、文明办、文化厅、工商局、广播电影电视局、新闻出版局、旅游局的领导出席开幕式和颁奖仪式。会议期间邀请全国资深广告专家举办了两场高峰论坛，全疆主要媒体及广告公司代表近200余人参会。

（三）为广告界搭建合作交流平台

广告协会召开四届七次理事会，许观斌秘书长到会，对自治区广告协会工作给予肯定并提出了要求。“走出去、请进来”，为新疆广告业搭建学习交流、合作发展的创业平台，协会组织全疆会员单位119人参加“第十九届中国国际广告节”系列活动，组织全疆46家会员单位赴台湾参加国际广告学术交流活动；与商标处联合召开二次区属新闻单位和大型广告公司座谈会；组织97人参加2012年全国广告职业水平考试。

（四）推进公益广告事业稳步发展

配合党委宣传部、文明办，完成“迎接十八大”专题公益广告作品征集报送工作；配合区消协，做好3 · 15消费者权益保护系列活动宣传工作；配合局办公室，做好“工商新形象”主题宣传工作；配合竞争执法局，做好“打击传销”主题公益广告评展和和宣传工作，充分发挥公益广告引领社会风尚、助推道德建设的积极作用。

当前我区的广告工作还存在一些差距和不足。一是个别地方和媒体广告违法率仍居高不下，特别是医疗、药品、医疗器械、保健食品、化妆品等五类商品虚假广告还没有得到根本性的遏制。二是广告监管工作制度建设滞后，基础工作薄弱。三是基层广告监管工作人员少、设备落后，干部轮岗交流频繁，业务水平和能力有待进一步增强。四是我区广告业起点低、总量少、综合竞争力弱，与全国平均水平还有很大的差距。

2012年沈阳市广告监管工作情况

沈阳市工商局广告监督管理处

2012年我们在国家工商总局、省局和市局党组的正确领导下，全面落实科学发展观，牢牢把握“稳中求进”的总基调，认真贯彻十七届六中全会精神。按照市委十二届二次全会的部署，紧紧围绕完成“五大任务”、实现“三大目标”，坚持创建红盾文化，打造规则工商，营造诚信环境，以更加自觉服务经济社会发展大局为着力点，大力加强整顿和规范广告市场秩序，巩固和扩大专项整治成果，创新监管、服务工作方式方法，促进广告行业科学发展。

截止2012年底，全市共有广告经营单位 2272户；广告经营额64亿余元；登记户外广告1573件；全市各级广告监管部门共办结广告违法案件167件，罚没款入库额395.46万元；责令改正轻微违法广告22条，责令停止发布严重违法广告49条，监测广告106.5万条次，主要涉及药品、医疗、医疗器械、保健食品、卫生洗涤用品、美容服务等21个品种。

2012年广告监管工作重点做了以下几个方面工作：

一、努力推进指导发展工作，促进广告产业健康发展

根据市委、市政府提出的完成“五大任务”、实现“三大目标”、建设“五个沈阳”的要求，结合当前的经济形势，社会的热点问题，突出做好“深化改革、推进创新、提升文明、改善民生”四项重点工作，广告处继续深入开展广告业规范发展行政指导工作，目的就是要充分发挥广告业在服务生产、引导消费、推动经济增长中的功能作用，为沈阳市经济又好又快发展，营造健康、有序的广告市场环境。一是2012年上半年沈阳市工商局广告处制订了《沈阳市2012年整顿和规范沈阳广告市场工作方案》、《沈阳市工商局2012年整治药品、保健食品、医疗服务等虚假违法广告专项行动工作方案》，召开了沈阳地区省级和市级主要媒体广告监管工作会议，明确了目标和责任，各司其职，密切协作，加强制度建设，构建广告长效监管机制。 二是要大力推动建立广告行业诚信体系，提

高广告发布质量和公信力，指导广告行业加强自律建设，完善自律机制。通过深入走访辽宁广播电视台、沈报集团等媒体单位，现场指导和督促媒体单位落实在广告经营过程中各项接收、查验、存档等管理制度，提高广告发布者、广告经营者、广告主的自律意识，并且倡导广告行业进一步完善广告信用监管评价和市场退出机制建设，提高整个行业的自律水平。 三是抓好总局和市委、市政府关于广告业发展政策措施的落实。主动搭建载体，积极走访整合后的辽宁广播电视台，沈阳广播电视台，组织开展并积极参与体现广告业服务经济社会发展的有关活动，支持广告企业做大做强。四是深入基层，为和平区、苏家屯区工商分局管辖的100余户广告企业讲解广告法律法规，进行现场答疑，解决生产经营过程中遇到的实际问题。五是关注民生，着力解决违法广告欺骗消费的行为，维护广大人民群众的合法权益。紧紧抓住防范、查处、曝光三个关键环节，通过违法广告公告、违法广告警示、消费提示、监测提示等方式提高消费者的防范意识和认识程度 。

二、以“抓环境促提升”打假专项行动为契机，大力开展专项整治，规范广告市场秩序

2012 年沈阳市工商局紧紧围绕市委、市政府环境建设工作会议的战略部署和国家工商总局等中央12 部门 2012 年 2 月联合下发《2012 年整治虚假违法广告专项行动部际联席会议工作要点》（以下简称《工作要点》）要求，开展严重虚假违法广告的专项整治。在卫生部门和食品药品监管部门的配合下严厉查处一批严重虚假违法药品、保健食品和医疗服务广告大案要案，曝光一批典型虚假违法广告，停发一批违法情节突出、严重误导和欺骗消费者的广告，使虚假违法药品、保健品和医疗服务广告违法行为明显减少，切实维护广大人民群众的合法权益。加大市场监管和行政执法力度，取得了显著的成效，截止 10 月末，全系统开展的虚假违法广告整治工作共出动执法人员 3260 人次，出动执法车辆 160 台次，检查民营医院、公立医院、专科诊疗门诊、药房、保健食品专营店、体验馆、养生堂等场所 306 家。收缴非法印刷品广告、店堂广告 58900 余份，整改户外广告 100 余处 ， 共办结广告违法案件 167 件，罚没款入库额 395.46 余万元。

三、全面提升广告监测水平，为广告监管工作奠定坚实基础

广告监测是广告监管的利器，2012 年广告处在市局广告监测系统升级扩容的基础上，完善市、区（县）两级广告监测平台建设，特别是县一级监测平台建设，提高监测预警能力和监管执法效能。制订统一的广告监测标准，加强监测的培训工作，推进全系统广告监测信息的共享应用。尤其是注重监测结果的运用，增强广告监管工作的主动性、预见性、准确性，对虚假违法广告做到早发现、早制止、早查处。截至 11 月初，沈阳市工商局广告监测中心共监测各类广告 102.5 万条／次，各分局、县（市）局共监测各类广告 4 万余条／次。

四、争创国家级广告产业园，服务地区经济发展

2012 年随着沈阳经济区综合配套改革上升为国家战略、建设国家中心城市以及“十二运”在我市举办，我市广告产业迎来了难得的发展机遇。以全力打造国家级广告创意产业示范园区、建设中国东北地区乃至东北亚区域广告创意产业中心城市为目标，整合提升并进一步做大做强现有产业园区，进一步打造从广告创意、广告设计、广告制作到广告传播的广告产业链条和广告产业集群，从而带动沈阳市相关产业的发展，推动老工业基地的产业结构调整和升级，进而实现沈阳老工业基地的全面振兴。争创国家级广告产业试点园区的工作成为我局广告工作的重中之重。根据省、市级政府和市工商局的指示精神，在市工商局副局长韩玉芹的亲自领导下，对东陵区（浑南新区）沈阳国

际软件园进行了多次实地调查，走访了园区内多家具有自主知识产权和领先技术的行业龙头企业，对园区的基础建设、产业规模、技术水平有了清楚地掌握，为市政府和市工商局的决策论断提供了翔实的论证依据，为国家局前期考核成功调研做了大量的前期准备工作。市工商局广告处积极配合东陵区（浑南新区）区政府制订《浑南新区扶持广告产业发展的若干政策》，通过政策引导，园区外从事广告创意相关企业先后入驻试点园区，初步形成广告创意产业链条，形成集群式发展态势，入驻广告创意相关企业达到100余家。通过努力，国家第一期投资资金3000万已经投入使用。

五、加强户外广告监管，规范户外广告发布行为

各区局、县（市）局和市局直属分局都按照市工商局《关于调整户外广告登记事权有关问题的通知》的工作部署和要求，加强户外广告登记和监管工作，分别印制了《户外广告登记申请表》、《户外广告登记情况表》及《户外广告登记证》等表格，刻制了户外广告登记所需的办公用章，配置了专用打印机、塑封机等设备，安排专人负责登记，对户外广告登记的事权管辖、内容的审核、许可证发放、登记档案管理、登记信息传递等事项进行了逐一的规范，市局广告处也适时地开展了业务指导，并对沈阳市户外LED电子显示屏设立、登记和监管的实际情况进行了摸底和排查，督导各基层部门加强监管、完善服务，户外广告监管工作迈上新台阶。各区局、县（市）局、市局直属分局也通过拓展监管领域加强了监管职能。

六、认真履行广告监管职能，强化广告市场的日常监管工作

（一）做好广告经营企业的年检验照和新办广告企业的复查工作

各级工商部门认真履行广告监管职责，年初就开始着手做好广告经营企业的年检验照的准备工作，建立广告经营企业台账，在年检期间对广告经营企业的主体资格、前置审批情况、广告发布情况、制度建设情况等都进行了认真的审查，实现了应检广告经营企业实际年检率百分之百的工作目标，同时积极开展新办广告企业的复查工作，深入新办广告企业核实注册信息，了解企业经营情况，宣传法律法规、开展行政指导，准确及时掌握新办企业的相关信息，为新办广告企业健康、规范发展创造良好的保障环境。

（二）开展公共场所广告语言文字规范和内容健康专项检查活动

为配合沈阳市创建全国文明城市，体现沈阳市的文明、规范、公平公正、健康向上的风范，沈阳市工商局重点开展了公共场所广告语言文字规范和内容健康检查活动，要求公共场所广告使用的语言文字，用语应当清晰、准确，用字应当规范、标准，符合社会主义精神文明建设的要求，不得含有不良文化内容等，很多分局将该项工作纳入日常监管序列，加强督办、考核。

（三）做好烟草广告的日常监督工作

沈阳市工商局始终保持对烟草广告的治理态势，坚决遏止非法烟草广告的反弹。各区局、县（市）局自觉地将烟草广告整治列入广告日常监管范围，如大东区局印刷一批“公开信”，发给经营者和发向社会，进一步加大宣传力度，号召市民积极参与，烟民自律，营造氛围，加大烟草广告治理力度，截至目前，全系统共清理媒体、户外、店堂烟草广告58则，继续扩大了烟草广告治理成效。

七、妥善处理消费者投诉和提案，维护消费者合法权益

维护消费者合法权益是我们工商部门的神圣职责，市工商局各级广告监管部门在加强广告市场监管的同时，深入落实科学发展观，认真、积极、迅速、妥善处理群众来访和消费者投诉、举报工作，保民生，保稳定，促和谐。截至目前，市局广告处共接到广告类消费者日常投诉36件、民心网投诉24件、12315投诉41件，件件有落实、件件有回音、件件都满意。

1．对违法广告继续保持高压态势，实施行政

处罚，净化广告市场环境。

2. 继续加强广告的日常监管，发现违法广告后，对轻微违法广告立即开展行政指导，对严重违法广告及时采取行政措施，有效制止违法广告的发布，真正起到了保护消费者合法权益的作用。

3. 完善广告监测手段，进一步增强广告监测的及时性、准确性、有效性，为广告监管工作奠定坚实基础。

4. 大力开展培训与基层教育指导工作，把培训的重点放在基层工商所，扩大直接指导的覆盖面，要在日常指导和工作督办中加强面对面的培训。

5. 进一步加强对广告业的指导与服务，加强和改进对广告协会工作的指导，增强服务能力，完善行业管理，充分发挥协会在促进广告业中的重要作用。

6. 重点加强广告产业园建设工作，设立专项小组积极、全面地对产业园工作进行协调和负责。保证圆满完成产业园建设工作第二期任务。

2012 年大连市广告监管工作情况

大连市工商局广告监督管理处

2012 年我市广告工作按照总局、省局及市局的部署和要求，全面贯彻落实科学发展观和党的十七届五中、六中全会精神，认真践行公平服务理念，紧紧围绕提高监管执法效能、提升服务发展水平的工作目标，以实施广告战略为主线，积极做好指导广告业发展工作，深入整顿和规范广告市场秩序，促进了广告业健康、协调、可持续发展。

一、立足职能，主动作为，积极促进广告业快速发展

广告业作为现代服务业和文化产业的重要组成部分，其发展状况与政府政策息息相关，也与职能部门的履职能力密不可分。一年来，我们立足指导广告业发展职能和区域经济发展对行业的需求，主动作为，积极促进全市广告业又好又快发展。

（一）大力优化广告业发展环境

为进一步促进我市广告业的发展，根据国家发改委和国家工商总局《关于促进广告业发展的指导意见》精神，代市政府起草《大连市人民政府关于促进广告业发展的实施意见》，对促进我市广告产业发展作出部署。同时依据国家《广告业发展“十二五”规划》，结合大连实际，起草了《大连市广告业发展“十二五”规划》。

（二）积极推进广告产业园区建设

广告产业园区是实施广告战略的重要载体和履行工商职能的重要抓手。我们积极争取市委市政府对广告产业发展的高度重视和大力支持，报请市政府批准在大连生态科技创新城设立大连广告创意产业园，并成功申报为国家广告创意产业试点园区，中央财政将连续 3 年给予专项扶持（每年 3000 万元人民币左右）。目前，园区核心起步区办公区域正在装修，10 余家广告企业与大连生态科技创新城管委会签署了意向入驻协议书，园区相关政策已向有关部门和企业公示并将陆续出台。

二、依法监管，严格规范，营造健康有序的广告市场秩序

广告业的健康持续发展离不开规范有序的市场环境。一年来，按照国家工商总局、省局关于整治虚假违法广告的要求，我们不断创新监管方式，加大查处力度，有力地促进了广告市场的健康有序发展。

（一）专项整治工作取得进展

一是根据国家十二部委的统一部署，召开了虚假违法广告专项整治工作联席会议，开展了虚假违法广告、户外广告、旅游服务广告、涉嫌非法集资广告、固定形式印刷品广告等专项整治行动，不断加大虚假违法广告的查处力度。今年全系统查处违法广告案件253件，罚没款265.56万元，其中市局机关立案查处32件。发布《虚假违法广告警示公告》2期，公开曝光虚假违法医疗、药品、保健食品广告26件，对虚假违法广告的发布起到了震慑作用。二是加强重大节庆期间广告市场检查，维护消费市场稳定。针对房交会、啤酒节、达沃斯论坛、大连国际服装节等大型活动及元旦春节等重大节日期间，广告市场异常活跃特点，组织相关区局加强检查，为维护消费市场稳定起到了积极作用。

（二）强化日常监测

广告监测设有专人和设备，监测系统采取了科学高效的数字化广告监测技术，对视听媒体全天候自动监测，实现了监测与监管的有机统一。主要表现在一是及时告知，督促整改。向媒体单位和相关广告公司发出广告监测情况告知单56份，通过约谈方式向违规突出媒体提供重点指导服务10余次。二是提供线索，固定证据。共向执法部门提供案件线索及证据材料50余份。三是分析数据，辅助决策。形成《广告监测报告》16期，《广告监测情况统计分析》3期，为各级领导和有关方面准确决策提供了数据支持。召开2次各媒体及相关广告公司广告监测通报会，通报监测情况，提出监管要求。广告处共监测全市各类媒体广告共监测全市各类媒体广告758698条，其中严重违法广告32244条，违法率为4.25%，较去年下降了0.05%，较好地完成了工作目标。各分局按照要求，加大对本地区广告监测，每季度上报地区广告监测报告和数据分析。

（三）创新监管方式

一是强化广告发布环节监管。今年上半年与市委宣传部、市文广新局联合下发了《大连市广播电视和报纸期刊广告刊播审查办法》和《大连市大众传播媒介发布医疗、药品、保健食品、化妆品、美容服务和医疗器械广告监督管理工作意见》，进一步规范大众媒介广告发布行为，提高其自律意识和把关能力。二是加强虚假违法广告整治工作联席会议成员的协作，监管合力进一步增强。完善了联席会议制度，加强与相关部门的信息沟通，及时对食药监局、卫生局等部门监测到的违法广告进行查处，并将查处结果反馈相关单位。三是加强对媒体发布广告审查的行政指导，这一举措也是广告监管方式由重事后监管向事前、事中、事后全过程监管的重要改革。今年以来，共向各媒体发出审查提示30余次，发出预警通知书90份，以上门指导和约谈方式向违规突出媒体提供重点指导服务10余次，大大增强各媒体守法经营的自觉性。今年国家局每月对全国36个省市媒体广告发布情况进行抽查监测显示，我市守法率排名均在前20名以内，最好名次是第7名。四是规范广告登记审批工作。严格把关，规范户外广告和印刷品广告的登记审批工作及广告经营资格检查工作。截至目前，全系统共审批户外广告1233件，其中市局审批户外广告366件。审批和延期固定形式印刷品广告51件，发放、审核广告经营许可证21件。我市借助企业年检通道，完成了全市范围内的广告经营资格检查工作，基本掌握了我市广告经营的现状，为今后广告业发展与监管摸清了底数。在今年国家局召开的统计工作会议上，这一做法得到了广告司领导的高度评价。五是及时答复议案、提案和各类信访件。共答复涉及广告管理方面的建议提案3件，取得了100%满意的答复效果。圆满答复民心网、省局、民意网、市纪委、市纠风办、市信访办和消费者等各类信访投诉45件。

三、发挥广协作用，加强宣传交流，为推动广告业发展营造良好氛围

广告业的发展需要良好的社会氛围。一年来，广告处加强指导，充分发挥广告协会的桥梁、纽带作用，积极开展促进广告业发展的舆论宣传和对外交流活动，加大公益广告的投放力度，让社会各界更多地认

识广告、了解广告、重视广告，推动广告业的良性发展。

（一）加强了对我市广告业发展的新闻宣传

分别在大连电视台新闻频道、《大连日报》、《大连晚报》等媒体，大力宣传报道我市广告业发展特别是大连广告创意产业园区建设情况。编发《大连广告信息》，及时宣传报道广告工作的动态和经验做法。截至目前，共发布《大连广告信息》12 期。

（二）促进了我市广告业的对外交流，提升我市广告业知名度

积极组织 50 余家会员单位参加第十九届中国国际广告节的各项活动；重点支持和鼓励具有国际竞争力的广告企业走出大连、走出中国，参与国内国际广告市场竞争。2012 年 3 月，大连国域无疆传媒集团在美国纽约时报广场成功开启中国红屏，为国争光。大连日报进入全国广告投放价值城市日报 10 强，大连晚报进入全国晚报 20 强，位居 11 位，大连报业集团总经理李景平荣获“2011-2012 中国报刊广告发展推动力卓越成就奖”，我市广告业在国内、国际知名度进一步提高。

（三）引导公益广告发展，彰显广告业对提升城市形象的重要作用

良好的公益广告，是一座城市文明程度的重要体现。今年以来，我们主动配合相关部门做好公益广告发布和管理工作，在市内四区主干道两侧及繁华地段增加了文明城市创建、喜迎党的十八大、廉政文化建设等公益广告的播放频次，确保播放质量，为我市再创全国文明城市和党的十八大胜利召开做出了贡献。

四、夯实基础，加强管理，为广告业发展提供有力保障

做好广告基础管理工作，是全面提升广告监管服务效能的基本要求和深入实施广告战略的重要保障。一年来，我们按照总局《关于进一步加强广告基础管理工作的通知》要求，不断加强干部队伍建设，认真做好广告业统计等工作，广告基础管理工作得到加强。

（一）高度重视干部队伍建设

一是着力提高广告干部队伍的业务能力。以教育培训为重点，采取举办培训班等集中培训形式，组织全市基层工商干部学习广告业务知识和法律法规，提升了一线执法人员的业务能力。二是着力强化干部队伍作风建设和责任意识。以软环境建设年活动为契机，紧紧围绕干部作风中存在的突出问题，认真查摆，深刻剖析，通过民主生活会和处务会等途径，加大宣传教育力度，切实增强全处人员主动参与意识，使全处人员的言行与软环境建设紧密联系起来，切实解决干部作风不扎实、服务意识不强等问题。三是强化干部的廉洁自律意识。坚持经常性的清正廉洁、秉公执法教育，筑牢拒腐防变的思想道德防线，全处干部廉洁从政、依法办事的自觉性进一步提高。广告处荣获 2012 年市局机关党委先进基层党组织称号。

（二）认真做好统计工作，切实承担好广告业统计职责

按照《国务院办公厅转发统计局关于加强和完善服务业统计工作意见的通知》和总局相关部署，认真做好各项统计工作，摸清本地广告业发展情况和主要广告公司、媒体单位广告经营情况，及时上报统计情况分析，为领导决策提供参考。同时，认真做好工作信息反馈工作。

2012 年长春市广告监管工作情况

长春市工商局广告监督管理处

今年以来，我市的广告监管工作按照市局总体工作安排，以实施广告战略为主线，以全面提升服务长春地方经济发展质量为工作中心，紧紧围绕提高监管执法效能、坚持依法行政，切实提高广告市场服务发展水平，进一步提升社会对我们广告监管工作的满意度为目的，不断增强监管工作力度，有效开展广告监管执法工作，较好地维护了我市广告秩序。截至 10 月末，广告分局共查处违法广告案件 22 件，罚没款 45.81 万元，有力地打击了广告违法行为，促进了我市广告业的健康发展。监测结果表明，今年 10 月份，我市市属新闻媒体广告总违法率为 7.2%，较去年同期的 12.63% 下降了 5.43 个百分点，实现了市局年初制定的将市属媒体的广告总违法率降下来，力争到年底降到 15% 以下的工作目标。广告市场秩序继续向好的方向转化，进一步促进了我市广告业的健康发展。具体工作汇报如下：

一、切实履行服务职能，促进我市广告行业健康发展

（一）大力改善广告业发展的政策环境

为贯彻落实国家广告发展战略，进一步促进我市广告业向专业化、规模化、集约化、品牌化方向发展，推动经济、社会与环境的全面、协调和可持续发展，根据市委、市政府《关于加快促进文化大发展大繁荣的意见》精神和市政府主要领导指示要求，按照国家有关广告示范园区建设考核指标，我们积极开展加快广告产业发展方面政策的研究制订工作。经过多次调研、收集借鉴相关文件，结合我市实际，草拟制订了《关于促进长春市广告产业发展的指导意见（代拟稿）》，并列入市局局长办公会议事日程。文件在财政、税收、土地、准入等方面给予广告业很多力度颇大的优惠政策。

（二）进一步加强对广告战略实施工作的组织领导

为进一步加强工商系统实施广告战略工作的力度，根据国家工商总局《关于推进广告战略实施的意见》要求，成立了以谢志敏局长为主要领导的广告战略实施领导小组，全面负责长春市广告战略实施的组织领导工作。为统筹规划广告战略实施，协调解决广告战略实施过程中的重大问题，奠定了坚实的基础。

（三）积极配合创建国家级广告产业园工作

为争取国家级广告产业园落户长春，在分管局长的领导下，广告分局负责人多次积极向国家工商总局及省局有关领导汇报相关工作，加强和省局、长春市政府及净月开发区等部门的协调。目前，国家工商总局已将吉林长春广告产业示范园区确定为第二批国家级广告产业园单位。

（四）精心制订《户外广告登记管理工作规范》

鉴于当前我局户外广告登记方面存在的问题，依据国家相关法律、法规及规章，我们通过调研，在广泛征求法规处及相关基层单位意见的基础上，草拟了《户外广告登记管理工作规范（征求意见稿）》，拟在近期提交市局局长办公会讨论。这个规范性文件，将为进一步规范我市户外广告登记工作提供政策支持。

（五）积极落实省局编制《推进广告业发展服务手册》工作

4 月 25 日，已完成省局交办的竞争力强的广告公司和品牌建设企业（或农民专业合作社）突出信息数

据资料的上报工作，我市广告单位和品牌建设企业及农民专业合作社共计16户。

二、突出重点，进一步规范广告市场秩序

按照2012年广告监管工作要点和谢志敏局长在全局工作会议上的讲话要求，我们积极开展广告监管工作。

（一）开展广告市场专项整治

一是充分加强和落实广告专项整治工作联席会议制度。通过组织参加2012年全国广告专项整治工作部际联席电视电话会议，及时传达了国家工商总局等12部门联合下发的虚假违法广告专项整治工作实施意见的文件，并根据我市实际情况，进一步明确了整治工作重点和广告专项整治工作联席会议成员单位的职能职责。召开2次市广告专项整治工作联席会议，研究解决广告监管的新情况、新问题，加强协作配合，得到了成员单位的支持和肯定。

二是利用互联网与市级媒体建立工作联系平台，及时传达上级指示和相关的法规政策，同时对发现的问题广告及时指导并责令纠正。到目前为止，已对相关媒体发出指导性指令2次，停发违法广告2则。

三是集中开展固定形式印刷品广告专项整治。近年来，我市固定形式印刷品广告发展较快，对丰富广告形式、繁荣广告市场发挥了积极作用；但是也出现了一些问题主要表现：发布固定形式印刷品广告有的标题标注的不规范，有的固定形式印刷品广告与期刊出版物的形式特征相混淆，有的利用固定形式印刷品广告发布非广告信息，市民反映较为强烈。这些现象扰乱了广告市场秩序和出版管理秩序，必须加以整顿和规范。针对以上情况，今年3月份，由分局领导带队，对这些进行了清理整顿，规范了我市人才市场的招聘用工秩序，达到规范有序、信息真实。

四是根据省局有关加强旅游服务广告市场管理通知要求，我们从5月1日起至10月15日，在全市范围内开展旅游服务广告市场专项整治行动。通过整治，我市辖区内的旅行社基本上能按照旅游、工商部门许可服务项目和核定的经营范围发布广告，旅游服务广告做到了真实、合法，广告中涉及的旅行社名称、旅行社经营业务许可证编号、地址、联系电话、旅游线路、项目、时间、价格等服务内容，比较清楚、明白，没有出现误导、欺骗消费者的现象。据统计，全系统共出动执法人员693人（次）；执法车辆212台（次）；检查广告经单位228户，其中整改6户；清查户外广告牌174块；规范旅行社（办事机构）31家。

（二）强化执法、大力打击虚假违法广告

截至10月底，广告分局共立案查处违法违规广告30件，结案22件，收缴罚没款45.81万元，考核指标完成率为91.6%，较去年同期的33.75%上升了32.83个百分点；发出《行政建议书》2份；对基层局下发督办令3份；发布《违法广告警示公告》3期；处理并答复人大代表建议2份。

1. 加强对“两会”和春节期间虚假违法广告的监管

年初，及时叫停和查处一批虚假违法广告，为“两会”的圆满召开和人民群众欢度春节营造了健康积极、安定祥和的社会环境。

2. 长春人民广播电台交通之声频率广告发布工作取得佳绩

长春人民广播电台交通之声频率，在国家工商总局今年4月份对全国广播广告的监测检查中，以广告量最大，违法率为零，位列全国广播媒体广告监测榜之首，为长春在全国获得了难得的荣誉。

3. 长春晚报广告发布违法率大幅下降，全国广告监测排名明显跃升

据国家工商总局广告监测通报显示，去年4季度和今年1、2、3月份，长春晚报在全国36家都市类报纸的严重违法率排名中列倒数第一。针对长春晚报存在的严重问题，我们在规范上采取了三个步骤，一是对严重违法广告坚决查处，并多次约见报社主要和主管领导，实行诫勉谈话，设定近期和长远改进目标；二是深入报社帮助建章建制堵塞漏洞；三是积极建议报社改变原有广告发布结构，杜绝医疗、药品等容易产生违法问题的品种广告，多上一些品牌商品广告，

压缩违法率，在增强社会责任感的同时，进一步加强自律。从今年总局的通报来看，长春晚报的严重违法率连续5个月呈大幅下降趋势，进入5月份，严重违法率从去年年底的90%下降到26.42%，环比上月下降了4.75个百分点，从最初位列全国36家都市类报纸严重违法率排名倒数第一，上升到第12位，提高了24位。

通过大力整治，我市广告市场秩序有了明显改进，据广告监测中心统计，1–10月，市属媒体广告总违法率呈下降趋势，1月份总违法率为8.37%，10月份总违法率为7.2%，下降了1.17个百分点。市级新闻媒体的广告发布总体上呈现出比较规范的局面，讲座类医疗药品广告在市级媒体已基本消失，政府网站、媒体网站及在我市本地登记的医疗机构和药品企业网站已基本没有发现违法性药品广告和性病治疗广告，广告行政执法工作成效明显。

（三）媒体行业自律意识提高，行政指导工作取得实效

一是大力推行行政指导，提升广告业正面形象。在工作中，我们倡议各市级媒体加大公益广告发布量，充分发挥公益广告在传播社会文明、弘扬社会主义道德风尚、塑造城市品牌形象方面的作用。

二是通过签署《长春市级新闻媒体及广告经营单位打造绿色视听环境自律公约》，组织媒体开展广告行业自律活动。今年，我们的市级电视、广播媒体认真贯彻落实市领导指示，在广告收入普遍明显下降的情况下，克服了很多难以想象的困难，坚决的取消了以各种专家、医生身份进行宣讲的医药讲座类广告。正是由于行业自律的原则得到落实，为我市净化广告市场起到了积极的主导作用。使我市广告市场秩序大为好转。

三是督促指导媒体单位建立健全广告业务承接登记、审核把关、档案管理等各项制度，依法订立广告代理、发布书面合同，坚持广告发布“三级审查制”，从流程上有效控制违法违规广告的发布。7月5日，我们会同宣传卫生、药监、广电等广告监管联席会议成员单位组成检查组，对我市市属媒体落实《大众传播媒介广告发布审查规定》情况进行了专项检查。此次检查表明，我市各媒体单位都认识到建立健全广告档案和审查制度的重要性和必要性，采取的措施较为得力，落实广告承接、审查、发布等各环节制度的总体情况非常好，广告发布审查水平有很大提升。

三、广告管理基础工作得到加强

一是全力推行基层所广告专管人员责任制，区域、路段广告实行目标管理制，加大广告市场巡查力度，尤其是要加大户外广告、网络广告等领域的巡查、监管力度，广告监管水平大大提高。

二是出台《关于进一步加强广告基础管理工作的实施意见》，充分理顺广告管理体制，建立制度化、规范化、程序化、法治化和信息化的广告监管长效机制，形成规范、高效、便捷的广告管理运行体系，为促进我市广告市场健康、有序发展，推动广告企业做大做强，提供了坚实的基础。

三是认真准备全国工商系统广告工作交流会材料，我们2011年的广告工作有诸多亮点，其中关于如何加强媒体广告监管的经验，被选编进《全国工商系统广告处长培训班培训讲义和论文摘编》；值得一提的是，我们2010年广告工作报告，被选编进《2011年中国广告年鉴》，这些都给了我们极大的鼓舞，是国家工商总局对我局广告工作的努力给予了充分地肯定。

2012 年哈尔滨市广告监管工作情况

哈尔滨市工商局广告监督管理处

2012 年，哈尔滨市广告监管工作认真贯彻落实国家工商总局、省、市工商局的工作部署和要求，完成全年工作目标和任务。

一、加大执法力度，突出打击重点，创造健康有序的广告市场环境

一是开展专项整治行动。按照年初专项整治方案和目标要求，在全市范围内先后组织开展了药品、保健品、保健食品等广告的集中整治和医疗广告专项整治行动。今年，我处监测各类广告 12 万余条，共接到国家工商总局、省局交办督办案件 1516 条，市卫生、市药监部门转办案件 883 条，专业打假机构举报案件 66 条，群众投诉申诉案件 198 条；全年下达责令整改通知书 18 件、停止发布 47 件、向分局、县（市）局转办案件 47 件。全市广告监管部门共办结广告案件 42 件，收缴罚没款 63.7 万元。解决并回复人大代表建议和政协委员提案及消费者投诉满意率 100%。

二是确保整治虚假违法广告联席会议制度落实。适时组织召开了哈尔滨市整治虚假违法广告联席会议。会议提出对典型虚假违法广告，实施联合公告、联合告诫、联合查处的联席制度，切实形成广告整治合力。

三是加强行政指导，严把广告发布环节。召开主流媒体和户外广告行政指导（告诫）会议 6 次，对轻微非法的集中进行告诫、劝诫、警示；违法严重的，要求撤销广告，退出广告市场等。

四是集中力量，重点对群众关注的“关于恒盛阳关滨海（哈尔滨）置业有限公司恒盛豪庭 12 栋商品房广告宣传”一案开展调查。根据市局的部署，广告处抽调专人开展调查。最终形成调查结果：即依据各级工商局关于行政指导的有关规定，提出了具体行政指导意见。该公司积极整改，收到良好效果。

二、大力实施广告战略，积极促进广告行业大发展

一是积极协调市政府相关部门研究制订了《哈尔滨市促进广告业发展的指导意见》。把促进广告业发展上升为政府行为，建立广告业登记“绿色通道”等措施，积极促进广告业发展。

二是充分发挥职能作用，全力帮扶哈尔滨广告园区建设。为争取“国家广告产业园区”专项补助资金的中央财政支持，我局全力以赴地开展帮建工作。目前经开区的“哈尔滨广告产业园”顺利获得国家工商总局认定，第一年政策扶持资金 3000 万元已由国家财政部划拨到省财政厅，为我市广告业发展注入新的动力。目前，广告展示交易服务平台已全部装修完毕，广告园区招商工作已取得良好成效，广告园区主体工程进展顺利。

三是依法做好《广告许可证》审批工作和广告单位的年检等日常工作。通过《广告经营许可证》的审批，严格把好准入关；今年户外广告登记审批 1360 件，发放户外广告登记证 966 件，122 户广告经营单位通过了经营资格检查。

三、发挥广告协会桥梁纽带作用，努力提升我市广告业服务于经济社会的综合水平

一是举办首届“哈尔滨魅力广告评选活动”。此

项活动分别评选出全市“魅力广告人”5人、“魅力广告学人”3人、“魅力广告主”2个、“魅力媒体”7个、“魅力广告企业”8个和“魅力商业、公益广告”10件。制作了精美的专题片和广告片，集聚媒体在全市进行广泛宣传，极大地提升了我市广告业在社会的影响力。

二是举办哈尔滨市第十九届广告作品大赛，并组团参加第十九届中国国际广告节。此次活动共收到各类广告作品749件，并于7月10日隆重召开了评审大会。经评审，共有114件广告作品分获金、银、铜奖。全部作品分期在市工商局三楼会议室和绿地集团展厅展出。10月26日至29日，焦远超副市长率领我局及相关部门的负责人专程到天津参加了第十九届中国国际广告节。我市向本届中国国际广告节报送优秀参赛作品105件。经评审委评审，我市报送的9件作品分获长城奖、黄河奖优秀奖。

三是积极申办第二十一届中国国际广告节。积极争取广告节的举办权：沟通了解中广协关于申办广告节的各项条件和要件；借鉴学习上届和本届广告节举办方沈阳市、天津市工商局的申办工作经验和做法；协调论证会展部门此项工作可行性；向市政府和主管副市长专门呈报关于哈尔滨市承办中国国际广告节有关情况的请示和报告。

四是在全市范围内组织开展了广告行业诚信评比活动。根据中广协、省广协关于开展广告诚信活动评比活动实施方案，结合我市实际，制定并向会员单位印发《哈尔滨市广告诚信评比活动的实施方案的通知》，我市海润、工大等5家企业被推荐到中广协参加全国广协诚信评比活动。在全国广协诚信评比互检评比活动中，市广协积极迎检，云贵滇三省广协人员组成的检查组一行分别走访我市海润、工大广告公司，两个公司的做法得到互检组的认可和好评。

四、加强队伍建设，全面提高干部整体素质

适应新形势要求，一是加强队伍的教育培训工作，组织广告监管人员认真学习贯彻落实《市政府行政问责规定》和《哈尔滨市规范涉企行为规定》；二是夯实广告基础工作。认真组织广告监管人员开展了《关于加强广告监测工作的规定》（国家工商总局文件）的培训工作；转发国家工商总局《关于进一步加强广告基础工作的通知》，并对全市广告监管统计工作提出明确的要求。三是开展调研工作。我处撰写的《构建三大平台提升五个能力全力支持服务我市广告业更好更快发展》的经验做法一文在省局工作会上予以印发交流；调查报告《关于我市广告业发展的思考》被评为2011年度全市工商系统优秀调研成果一等奖。

2012年南京市广告监管工作情况

南京市工商局广告监督管理处

2012年，南京市广告监督管理处认真贯彻落实国家工商总局及省局广告监管工作要求，积极开展虚假广告专项整治工作，以人民群众最关心、最直接、最现实的利益为工作重点，加大案件查处力度，切实维护健康稳定的广告市场秩序，全力推进落实支持广告业发展的政策措施，促进我市广告业又好又快地发展。主要做了以下几项工作：

一、自觉服务经济建设，推动广告业健康有序发展

（一）成立了《南京市广告产业发展领导小组》

由市政府26个部门组成的《南京市广告业发展领导小组》，领导小组下设办公室和建设推进办公室，领导小组办公室设在工商局，局长兼任办公室主任，建设推进办公室设在建邺区，区长兼任主任。

（二）认真履行指导广告业发展职能，研究制定《南京广告产业"十二五"发展规划》

进行《南京广告产业发展"十二五"规划》起草工作。联合市发改委、市国税局、市地税局等政府相关职能部门制订《关于促进南京市广告业又好又快发展的指导意见》，在征求26个部门的意见，修改后将以市政府文件出台。

（三）全面推动南京国家广告产业园建设

按照党中央、国务院提出的文化产业大发展大繁荣的有关要求，根据南京市第十次党代会报告中，关于加快广告产业发展的精神。全面推动南京广告产业园建设，今年4月18日全国广告工作会议上，南京广告产业园获批为全国9个国家产业园试点基地之一。

（四）成功举办了南京广告产业园举办投资说明会

会上邀请了300多家国内外知名广告企业参会，国家工商总局甘霖副局长及南京市委书记杨卫泽亲自参会并作重要讲话。会上园区与20余家知名广告企业进行了战略合作签约。

（五）全国工商系统广告工作会议暨国家广告产业园区建设现场会在宁成功召开

总局党组书记、局长周伯华就全面实施广告战略发表重要讲话。总局与江苏签署推进江苏广告业发展战略合作协议。周伯华局长在宁视察期间参观了南京国家广告产业园先导区、集聚区建设现场，在参观展厅时，周伯华局长指出，南京国家广告产业园不但要建"长三角"创新创意中心、华东地区广告资源交流中心和南京都市圈广告企业集聚中心，还要加上一个全国广告人才培训中心，并对园区目前的工作和成果给予充分肯定。

（六）举办了2012（南京）中国户外广告论坛

今年论坛主题是"户外广告的创新与发展"。论坛由中广协与市政府共同主办，市工商局、省广协、市广协承办，论坛邀请了国家工商总局、住房和城乡建设部等相关领导。参加论坛的有来自全国各地400多名嘉宾，其中北京、上海、重庆、广州等十余个城市政府相关主管部门领导、各地广协领导，国内外户外广告界权威、大中型广告公司和业界知名广告人士参加并演讲。目前正配合政府积极申办2013年第二十届中国国际广告节。

（七）分析行业数据，提供决策依据

今年，我们开展了南京市广告产业数据分析工作。通过对 2007–2011 年南京市广告业基础数据、经营数据和财务数据的分析，了解了广告业对南京经济社会发展的贡献度，分析了南京市广告产业发展中遇到的问题并提出对策，为我市广告产业发展方向提供了参考，也为工商行政部门履行广告业发展职能提供了依据。

二、积极履行监管职能，加大虚假违法广告整治力度

（一）开展一季度户外广告专项整治

为规范户外广告发布内容，加强对户外广告的监管，我局从 2012 年 2 月 10 日起至 3 月 31 日，在全市范围内开展户外广告专项治理工作，全市累计检查展示牌、电子显示装置、灯箱等各类户外广告 852 块，责令整改 217 块，立案查处 34 件。

（二）出台《南京市工商局广告发布审查指导意见》

为了严厉打击发布虚假违法广告行为，保护消费者合法权益，贯彻落实国家 12 部委《大众传播媒介广告发布审查规定》，南京市工商局出台了《南京市工商局广告发布审查指导意见》（宁工商广字〔2012〕5 号），不定期发布广告审查指导。对广告发布者、广告经营者的行政指导，通过南京市工商局外网(http://www.njgs.gov.cn）——《通知公告》栏目发布。截至目前已发布广告审查指导意见三期。

（三）开展专项整顿工作，依法查处违法贷款广告

南京市工商局根据市委主要领导关于整顿查处违法贷款广告的批示精神，从塑造健康积极的贷款广告市场和维护和谐稳定的社会环境大局出发，迅速组织力量对涉嫌发布违法贷款广告的媒体进行了调查处理。依据《南京市工商局关于贷款广告发布审查指导意见》，办案人员通过南京市工商局注册登记系统对已许可成立的小额贷款公司进行梳理。同时，分别行政约见了《金陵晚报》等相关媒体，下发《贷款广告发布审查指导意见》（宁广审指字〔2012〕003 号），要求各相关媒体对持金融许可证的银行和非银行金融机构的贷款和理财产品广告严格按照《金融许可证》核定的范围刊登广告；对经江苏省人民政府金融工作办公室批复同意成立的小额贷款有限公司，严格按照公司营业执照核定的经营范围刊登；对具有投资咨询不具有贷款经营资格的各类投资咨询贷款担保公司，严格按照营业执照核定的经营范围刊登广告。

（四）与市卫生局联合依法规范我市医疗广告市场秩序

为进一步整顿和规范我市医疗广告市场秩序，根据省工商局和省卫生厅的工作部署和要求，南京市工商局和南京市卫生局联合下发了《关于开展医疗广告专项治理工作的通知》（宁卫医〔2012〕51 号），下发了《南京市工商局关于医疗美容服务广告审查指导意见》（宁广审指字〔2012〕002 号）在全市范围内开展医疗广告专项治理工作。此次专项治理工作以发布医疗广告无《医疗机构执业许可证》、未取得《医疗广告审查证明》、篡改《医疗广告审查证明》、利用新闻形式或医疗咨询类专题节目等为重点。对人民群众反映强烈、问题严重的重点地区、重点医疗机构进行重点督查。同时，加强日常监测，加强各部门之间的信息互相交流和共享，做好长效监管，从源头堵住医疗违法广告。全系统共办理广告案件294件，责令整改17件，罚没款总数达273万元。

三、规范广告许可行为，做好广告业基础工作

（一）认真做好户外广告登记、固定形势印刷品广告初审工作

通过开展年度广告经营资格检查，督促企业不断完善广告业务各项管理制度，加强对广告审查员的培训工作，促进广告经营发布单位的规范运作。

（二）积极推行户外广告网上预审制

为了提高行政效能，为企业提供便捷服务。积极探索利用网络邮箱、QQ 群等便捷高效的现代联系平台，为企业实时提供户外广告画面预审、法规咨询、答疑解惑等服务，取得了良好的社会效果。

（三）以广告经营资格检查为契机，做好广告企业的管理工作

在广告经营资格检查中做到三个结合，一是与企业年检相结合。按属地管理原则，全面开展广告经营资格检查工作。二是与服务业调查工作相结合。按照国家局及江苏省工商系统服务业统计工作要求，布置广告业统计汇总，及时录入二版软件。三是与实地检查相结合。重点检查广告经营单位是否有广告审查员及专业的从业人员，是否建立和执行广告业务承接登记、审核和档案登记制度等等，切实加强对广告经营资格的审查把关。

今年以来我们审查登记了1800多件户外广告，固定印刷品初审18件，核准广告经营范围35家，广告经营资格检查企业4368家。及时纠正了一批夸大误导的户外广告内容，进一步规范广告市场秩序。在依法行政的同时，进一步做好服务，支持企业发布公益广告，弘扬正气，服务社会。并采取举办广告审查员培训到广告经营单位讲课等方式，广泛开展法规宣传，积极倡导媒体自律，受到企业的好评。

四、切实加强对广告协会的指导工作

1. 开展全市广告企业评级、评优。一是“十佳”广告经营单位和“十强”广告公司的评选活动。我局会同南京市委宣传部、市广协，在我市开展广告企业资质评定和南京市广告企业“十佳”“十强”认定工作，得到我市广告企业的广泛响应和大力支持。二是申报中国一级资质广告企业评选活动。参加省广告协会（第十批）资质认定的评审工作，为“南京世纪之声广告有限公司、南京金陵文化传媒有限公司、南京国广联媒体广告有限公司”申报工作进行指导和服务，受到企业好评。

2. 组织部分广告公司和院校积极参与市委宣传部举办的“南京城市形象纪念品创意设计大赛”。

3. 督促指导广告企业开展公益广告活动。结合2012年7月11日中国航海日的宣传活动，召集16家广告经营单位利用自有媒体，开展以“感知郑和，拥抱海洋”为主题的公益宣传活动。并号召广告企业为青奥会、亚青会长期进行公益广告宣传。

4. 举办南京市第十八届优秀广告作品评选活动及十九届广告节作品征集活动。

5. 动员广告经营单位参加广告师、助理广告师职业水平培训。

6. 结合企业年检，举办广告审查员培训班。

2012年杭州市广告监管工作情况

杭州市工商局广告监督管理处

2012年，杭州市工商局广告工作在市委、市政府的领导下，在国家工商总局和省工商局的具体指导帮助下，秉承监管执法是第一职责，服务发展是第一要务的工作理念。按照市场监管与发展、与服务、与维权、与执法相统一的要求，抓热点、重环节、强联动、导自律、促发展，妥善处理好强化监管与服务发展的关系，坚持监管与服务的“双轮驱动”。进一步加大广告执法力度，积极探索完善广告监管长效机制；进一步强化优化服务，努力促进广告业健康发展，取得了积极成效。主要工作情况如下：

一、纵横联动，建立高效监管网络

以“12315”举报投诉中心和广告监测中心为平台建立广告投诉举报受理和广告监测网络，依托监

管网络突出“三看”和“三抓”方针：看制度执行，看信用指数，看社会评价；抓事前行政指导，抓事中动态监管，抓事后处罚规范。进一步加强广告联席会议成员单位的合作互动，完善部门共管联席会议制度，加大广告案件的协查、通报、查办和移转移送工作力度，构建共管格局，有效提升对违法广告的动态监测和处理能力，形成横向部门互联、纵向局所三级互动的虚假违法广告监管工作机制。全年共召开部门共管联席会议 1 次、成员单位沟通会 2 次，广告监管情况通报 10 次，协查广告案件 3 起，办理广告移转案件 5 起，移转相关广告联席会议成员单位案件线索 2 起。

二、监管前移，加强事前防范预警

积极开展对全市广告经营单位负责人和广告审查员的广告法律法规知识培训，强化广告主法律意识，切实完善广告审查机制，推进行业自律，树立广告发布者第一责任人意识；建立违法广告警示制度和停播制度，对监测发现不规范和一般违法问题的广告，及时发布《责令改正通知书》和《责令暂停发布通知书》，强化主动防范，阻断虚假违法广告发布途径；推行行政约谈，加大督促力度，严格按照省局“攻大奸，戒小过”的工作要求，充分运用培训、约谈、提醒、规劝、宣传、教育以及行政建议、行政告诫、行政提示等方式，进行有准备、有针对性的行政指导，建立行之有效的纠错机制。对一些重点单位加强上门沟通和实地指导，今年针对广告市场发展变化，我处提前介入，春节一过就主动对文广、报业两大集团进行走访，指出了两大集团在广告发布方面存在的主要问题，剖析了发布虚假违法广告的危害和违法责任及后果，要求加强内部管理，强化播前审查，积极整改违规广告，不断完善广告管理各项制度。在我处的监督指导下，杭州文广集团、杭州日报报业集团主动停播和拒绝发布涉违广告 60 余则，涉及金额 2500 余万元。全年以各种形式培训广告经营单位的负责人和广告审查员 150 人次，行政约谈杭州媒体 18 次，上门检查指导 4 次，发布媒体指导意见 1 期、广告预警 3 次、广告监测情况暨信用指数排名情况通报 10 期，制发责令改正和暂停发布通知书 15 份，对 97 则涉嫌违法广告责令停止发布。

三、突出重点，规范广告市场秩序

严格贯彻落实国家工商总局等 12 部委《大众传播媒介广告发布审查规定》和《2012 年整治虚假违法广告专项行动部际联席会议工作要点》文件精神，加强广告监测与监管执法的衔接，强化对广告发布环节的监管，整合监管力量，集中力量开展了广告市场“百日整治”行动、虚假违法广告重点治理专项行动、食品广告整治百日行动，对社会关注的食品、药品、医疗、化妆品、美容服务等五类广告及涉性低俗、涉及民生的各类广告进行重点整治。全年共查处各类违法广告案件 214 件，罚没款 218 万元，其中查处虚假广告案件 46 件，罚没款 63 万元，处理消费者投诉 21 起，妥善处理群体性房地产广告投诉 6 起。同时，针对社会热点加强了对婚介广告、助学广告、融资广告、收藏品广告的整治规范力度。行政约谈此类违法现象突出的都市类媒体 4 家，对其中违法情节严重的 1 家都市类媒体进行了立案查处。婚介广告、助学广告的整治得到了省局的肯定。通过一年的努力，杭州文广集团所属电视台广告违法率降至 0.24%、电台广告违法率降至 0.06%，杭州日报报业集团所属杭州日报广告违法率降至 0.5%、都市快报广告违法率降至 0.55%，杭州文广集团的信用指数排名从原来的全省倒数跃升至 2012 年的全省第二名，取得了历史性的突破，我市媒体违规违法发布虚假违法广告现象得到有效遏制。

四、通力协作，开展户外广告工作

严格规范执行户外广告管理工作流程，做到不越位、不缺位、有作为。积极参与户外广告设施审批，做好配合工作。针对审批中出现的问题，及时与相关部门沟通，保证了户外广告审批工作的正常、规范运行。重点加强户外广告内容审批管理。根据户外广告运行体制的变化，及时召开系统户外广告审批工作座谈会，交流经验，解决审批中出现的问题，规范户外广告内容审批和管理。全年共审批各类户外广告600件，并及时将审批内容录入电脑，在省局数据录入抽查中，广告管理录入数据准确率位居全省前列。进一步加大对固定形式及烟草广告的管理力度，加强对各分局开展此项工作的业务指导，积极配合卫生、烟草等部门开展联合执法，加强日常监督检查，维护杭州卫生城市、文明城市形象。

五、赛事引领，提升行业发展水平

积极搭建综合服务平台，充分发挥广告协会作用，开展各类广告创意培训，组织广告大赛，提供综合服务，提升行业发展水平。联合中介办举办广告行业高级管理人员短期培训班，邀请国内业界著名专家教授就广告创意、整合、品牌、消费者洞察及企业品牌形象创建等内容，为近200名广告企业高管人员进行授课，提升广告人才专业水平。结合“走村访企”、“百千万”活动，走访杭州思美传媒股份有限公司，为其上市提供工商“贴身服务”。联手省工商局、杭州市文明办、文创办、中介办等单位，共同举办了浙江省第十五届广告大赛暨杭州市第四届“创意杭州”广告创意大赛，邀请有“亚洲广告教父”之称的莫康孙、林俊明、苏秋萍以及纽约广告节评委刘凯杰、项建中等担纲评委，并为入选广告创意营的学生进行授课、指导，搭建杭州广告人的才华展示平台，提升广告创意水平。正式启动杭州市广告创意人才发现培养计划，将从此次大赛获奖选手中选拔出3-5名选手，获得市政府专项资金，到国际一流广告创意设计院校或企业进行中、短期培训。还将择优产生30-40名选手，参加2012年杭州“广告创意营”活动，完善充实广告人才库。积极组织广告经营单位参加各项比赛展示活动，如中国国际广告节长城奖、黄河奖，浙江省优秀广告作品大赛等，共参赛作品97件，其中获奖21件。将广告发展平台由杭州向全国乃至国际延伸，扩大杭州广告业在国内外的知名度和影响力。

六、优化服务，推进广告园区建设

为使杭州广告业尽早走向全国，加快广告业发展，在了解国家财政部、国家工商总局关于开展2012年现代服务业试点支持广告业发展的相关情况后，积极主动向市政府、省局汇报争取试点落户杭州，在省局的精心指导和市政府的大力支持下，经过多次调研和论证，并充分听取各方面意见，依托杭州运河广告产业园和杭州西湖广告产业园积极打造国家级广告产业试点园。为取得申报成功，在省局的领导下，多次进京，积极向国家工商总局汇报相关工作，并调研考察了上海、南京、常州等地的3个产业园的基本情况，对撰写申报材料、制作规划书、园区的产业定位、功能板块等进行了大量卓有成效的行政指导，同时加强了和省财政、杭州市政府等部门单位的协调。今年6月底，杭州运河园区和杭州西湖园区被国家工商总局确定为中央财政支持现代服务业广告业试点园区。申报成功后，我局抓住有利契机，充分发挥职能优势，主动对接试点园区，出台了《杭州市广告人才发现计划》和《加快杭州市广告策划人才队伍建设的实施意见》，统一纳入市委、市政府财政支持项目。与杭州市财政局共同制订了《杭州市发展广告业试点中央补助资金使用管理办法（试行）》，规范中央补助资金的使用，使其在推进园区健康发展中发挥最大效益。加强对广告产业园区建设的指导，推动广告产业园区所在地政府出台支持园区建设和发展的政策措施。在园区规划、功能定位、特色和发展路径等方面作了大量的行政指导，并与两个园区建立了定期对接制度、半月推进例会制度和每周工作通报制度，组织和筹划了广告产业园区座谈会、广告产业园区专题推介会、广告产业园区工作对接会等一系列活动，走访广告龙头企业，联系邀请国际、国内广告大师参观园区，帮助园区进行推介、宣传，重点做好浙商龙头企业的回归和具有成长型、创新型、高新技术领域的广告企业引进，为广告企业入驻广告产业园牵线搭桥。项建中、雷少东等广告策划大师已在园区设立工作室，国内知名广告和新媒体企业谷歌在线（广桥网络）、顺网科技、高速广告、广策传媒等数十家龙头广告企业已签订入驻意向，麦肯光明广告有限公司董事长莫康孙和龙玺华文广告节执行董事长胡镜泉等海内外知名的广告大亨也已相继来园区考察并商谈合作事宜。目前，中央财政补助资金已到位，国家级广告业试点园区建设正紧锣密鼓进行，并已取得实质性进展。

2012年，杭州市工商局在广告监管和广告产业培育方面取得了一些成绩，但与上级领导的期望、与国家工商总局和省局的要求还有距离，与省内外兄弟市局相比还有不小的差距。2013年，杭州市工商局将在市委、市政府的领导下，在国家工商总局和省工商局的具体指导帮助下，以党的十八大精神为指引，紧紧围绕“五位一体”的总体布局，紧密结合市委、市政府的工作部署，以“五型工商”建设为抓手，不断提高履行“五大职能”的能力和水平。重点做好以下几项工作：一是进一步健全广告监管机制，密切部门协作，加大联动共管力度，不断提升广告监管水准。二是进一步科学监管广告，实行广告信用分类监管。运用信息化监管平台，不断提升广告监管效率。三是进一步强化重点监管，在重点监管涉及民生的五类广告的基础上，对房地产、助学广告、融资类广告进行重点监测、重点管理，监管工作的重心前移，防患于未然。四是进一步做好国家级广告产业园建设的行政指导工作。杭州市工商局将按照国家工商总局和省局的要求，准确把握形势，狠抓工作重点，认真向兄弟市局学习，为推进广告战略实施取得更大发展贡献力量。

2012年宁波市广告监管工作情况

宁波市工商局广告监督管理处

2012年宁波市的广告管理工作，紧紧围绕上级工作部署，以开展新一轮全国文明城市文明程度测评工作为契机，认真履行指导广告业发展和广告监管职责，为促进全市广告业发展、维护广告市场秩序做出了新的贡献。目前，全市共有广告经营单位3600家，广告从业人员26000人，广告经营额23.5亿元；查处广告违法案件851件，罚没款392万元。

一、强化服务，加强指导，促进全市广告业发展

2012年，宁波进一步落实工作措施，力促广告业发展。一是出台政策措施，为广告业发展营造良好环境。市工商局会同市发改委、市财政局联合制订了《关于加快广告业发展的指导意见》，并于11月13日由市政府办公厅转发全市。该指导意见明确了加快全市广告业发展的重要意义、指导思想和总体目标、发展方向与重点任务、政策与措施等，为促进全市广告业的发展提供了强有力的政策支持。二是积极推进宁波广告产业园区申报中央财政支持的国家广告产业试点园区。2012年，在市、鄞州区两级政府高度重视和大力支持下，市工商局根据国家财政部、工商总局《关于开展现代服务业试点支持广告业发展有关问题的通知》，发挥指导、协调作用，主动向上级汇报，积极推进申报工作，得到了工商总局、市委市政府领导的高度重视和相关部门的大力支持。目前，申报材料已上报国家工商总局。三是提供优质服务，支持广告企业做大做强。主要有：积极推荐广告经营单位申报广告资质认定，共有2家被认定为一级企业，6家二级企业，12家三级企业，在数量、质量上均实现了历史性突破；组织选送65件广告作品参与中国第19届广

告节作品大赛，获铜奖1件，优秀奖7件，市广告协会被评为组织奖，选送86件作品参加浙江省第15届优秀广告作品大赛；安排助理广告师、广告师培训及资格考试，共有15人获得广告师资格证书；推荐31家广告经营单位参加全省广告行业百家诚信经营单位创建活动。四是积极开展行政指导工作。全市各级工商部门主动上门、深入企业，积极开展行政指导，通过宣传、督查、引导等形式，进一步向“服务型”、“刚柔相济”、“事前指导”转变，促进全市广告业健康发展。

二、突出重点，严格监管，促进广告市场规范有序

2012年，全市各级工商部门继续把五类广告和新闻媒体作为整治重点，加强对危害未成年人身心健康的非法涉性、低俗不良广告以及房地产、理财等广告的监管，并严格落实各项广告监管制度，确保广告市场规范有序。截至12月底，全市共立案查处广告案件851件，罚没款392万元，其中五类广告案件259件，罚没款123万元，新闻媒体广告违法案件107件，罚没款92万元，责令公开更正104件，责令停止发布358件。据工商总局监测抽查显示，我市广告守法率继续位于全国36个大中城市前列。一是齐抓共管，形成整治的强大合力。2012年，市局牵头制订了《2012年虚假违法广告专项整治工作实施意见》，并召集了2次成员单位联络员会议，进一步加强了部门之间协作配合，形成了在党委政府统一领导，各部门齐抓共管、协调治理的工作格局和强大合力。二是强化广告监测，健全广告监管制度。全年共监测各类广告452853条次，发现涉嫌违法广告873条次，并定期将监测报告抄送媒体单位和他们的上级主管部门。同时，进一步加强广告监管制度建设，完善了虚假违法广告举报投诉制度、新闻媒体信用指数考核制度、广告监管绩效考核等一系列制度。三是开展专项行动，严惩广告违法行为。开展了虚假违法广告重点治理专项行动，按照省局统一部署，各地制定行动方案，结合辖区广告市场特点和存在的主要问题，有重点、有特色的开展广告整治。整治期间共查处广告违法案件55件，罚没款50万元。开展了食品广告整治百日专项行动，全市工商系统聚焦民生、聚焦热点、聚焦网络，共发现涉嫌违法食品广告136条次，立案查处食品广告52件，罚没款29.3 万元。开展了集中清理利用互联网销售滥用“特供”、“专供”等标识商品行动，并对实体市场进行了“回头看”，共巡查互联网站288家，监测网络广告1770余条次，责令撤除违规标识25件，责令停止违法违规广告宣传7条。

三、立足职能，积极配合，促进户外广告规范发展

2012年，全市各级工商部门以创建全国文明城市文明程度测评工作为契机，按照市政府专项行动实施方案，全力开展户外广告整治，重点清理未经登记擅自发布户外广告、广告内容违法或有不良文化倾向、广告用语用字不规范等违法违规行为。至12月底，中心城区共查处户外违法广告案件159件 ，罚没款53万元，清理违法违规广告牌145块。同时，积极配合城管部门开展的户外广告设施整治工作，成效明显。10月24日，为认真贯彻落实市政府中心城区户外广告整治动员大会精神和整治方案，市局组织召开专题部署会议，并成立了由市局一把手任组长的户外广告整治工作领导小组。下发《关于开展中心城区户外广告整治工作的通知》，目前，相关工作正在稳步推进中。在做好户外广告治理的同时，各级工商部门主动作为，推进户外公益广告发展。2012年，各级工商部门积极动员广告经营单位发布公益广告，认真做好有关公益广告管理和发布工作。从5月份开始，市局组织相关分局对公益广告点位进行了摸排，提出建议中心城区拟发布宣传测评活动和道德建设的公益广告位（分相对固定和临时）294处并得到了市文明办同意。7月份，工商部门在分配的相应点位上全部予以了落实，受到了市、区文明办的一致肯定。

2012年厦门市广告监管工作情况

厦门市工商局广告监督管理处

今年来，广告监管工作在市局领导的重视和有关单位的支持下，以迎接党的十八大、学习传达和贯彻十八大精神为主线，以构建“三型工商”为重点，坚持以服务主线，突出发展主题，按照审批提速、服务提质、企业和群众满意度提高的目标，积极探索管理机制，完善管理软件、创新服务手段，以广告发布规范化建设为重点，继续加大广告监管服务和执法力度，探索广告长效监管机制，较好地完成了年度工作任务。

一、努力做到监管和发展、服务的统一，促进广告业有序发展

（一）认真组织各类公益广告宣传，为文明城市增光彩

文明城市创建期间，我们根据市委文明办的要求，组织各广告经营单位和平面媒体，在8月10日至9月10日期间连续免费发布了1个月的文明城市创建和保护未成年人合法权益的公益广告，并在网站上刊登。另外，我们还按照市里的要求，在我市开展重大活动时，积极营造活动氛围。比如9.8贸洽会、文博会等期间，布置包括广告协会、华亿传媒在内的全市的户外LED显示屏，发布各类活动公益广告共约40多万条次，充分发挥了公益广告在对精神文明建设、先进文化建设和人的社会价值观的影响和塑造作用。

（二）抓规范与促发展并举，加强对媒体和企业的行政指导

结合每年的广告经营活动检查以及广告经营资格检查，我们组织人员上门走访，召开座谈会，宣传广告法律和国家新的政策法规，得到了广大媒体和广告经营事业单位的好评和肯定。制定下发广告制作、设置、发布规范，并通过广告审查员的业务培训、广告审查员驻点制度等多种形式对媒体和企业进行法制教育和行政指导，引导广告业有序、健康发展。

二、加强媒体广告监测工作，维护良好的广告市场秩序

我市是全国开展广告监测工作较早的地市，我处认真贯彻落实国家工商总局下发《关于加强媒体广告监测工作的指导意见》文件精神，加强广告监测工作，做到制度规范、覆盖全面、处理及时。今年前9个月在国家工商总局的广告监测情况通报中，我市新闻媒体广告违法率都处于全国较低违法率阵营，取得了7次位列前5名的较好成绩。

一是制度规范。实施广告监测定期报告制度和典型违法广告通报制度。监测中心下设的媒体广告监测科，负责媒体广告的日常监测工作，并对监测结果进行审核、分析和总结，按期做好广告监测周报、月报、季报和年度报告。通过每月发布广告监测报告，定期召开媒体广告部负责人会议，通报各媒体单位广告违法情况，对同类型易产生违法点的广告，提前发出《广告审查预警提示》，促使发布违法广告的媒体和广告主及时整改。对同类型易产生违法点的广告，要求各媒体针对检查，举一反三，避免违法广告的重复发布。

二是覆盖全面。厦门现有8家新闻媒体（包括6个电视频道、4个广播频道、6份报纸）、2个公交车载频道、6份DM期刊，市广告监测管理中心基本做到对全市所有媒体全覆盖、全天候的24小时实时监测。

三是处理及时。对监测发现的违法广告，按违法

程度的不同，采取“分级处理”原则。一经发现违法广告即由监测中心通知整改；同时，对违法性质严重的书面上报广告处，按“广告监管记分考核制度”规定进行记分和处罚，并跟踪监测相关媒体该广告的整改情况。今年11月上旬，我们商请市纪委纠风办和市委宣传部，一起对导报、晚报和海西晨报三家违规率较高的报社进行约谈，有效地制止了近来违法率不断攀升的势头。

三、精心组织实施城市建设战役，促进全市店招广告的全面提升

（一）广泛宣传，夯实整治工作的群众基础

注重舆论宣传引导工作，让社会公众认识到店招广告改造工作是政府为民办实事的一项民心工程，是提升我市市容市貌和城市品位的一个重大项目；施工前通过招集中标单位施工队伍、辖区工商局商广科和工商所分管所长进行项目对接，将施工方案由工商所片区巡查人员配合施工队伍逐家对店家进行征求意见，并加盖工商所公章后，上报广告处确认方可施工，使我们的店招改造工作家喻户晓，为工作的顺利开展奠定了良好基础。

（二）建章立制，推进整治工作的规范运行

一是全面推行公开招投标，坚持公平、公开、公正的基本原则，从前期的调查摸底、改造经费的申请、施工方案的设计评审、招标评标的过程和施工的监理，到最后的验收结算，在办公室、监察室和财务处有关人员的大力配合下，完善了一系列的操作规程和制度。如《店招广告提升改造工程实施安全管理规定》、《店招广告提升改造工程施工单位管理办法》等。

二是开标评标过程中，本着创意要有特色、形式要求多样、产品必须精良的原则去要求评标专家，从中挑选最佳的方案，确保把好事办好，确实达到市委市政府要求的提升厦门的市容街貌和城市文化品位的初衷。

（三）突出重点，推动整治工作的不断深化

一是以全国文明城市检查、9.8贸洽会、两岸海峡论坛、文博会等重大活动为契机，结合我局委托清华大学美术学院城市视觉研究所设计的《厦门市户外广告详细规划设计方案》，对已有规划的节点，要求按照规划进行提升改造，即一方面重点突出我市城市主干道店面招牌广告的提升；另一方面对重要节点的大型户外广告依规划改造提升，整治过程中注重疏堵结合，将拆除清理与改造提升、引导审批有机结合，减少拆除和审批工作中存在的矛盾与问题，以减少每次厦门市有重大活动时，就出现全系统忙乱的现象。

二是对内严格落实市、区、所三级联动机制，即市局、区局、工商所开展联合行动，由市局抽派具备资质的拆除队伍、区局调度排期、工商所和监测中心户外科具体执行。对外注重横向协调，加强与相关部门的协调沟通，特别是城管办、执法局、交警等部门协同作战，有效地减少了整治工作中遇到的阻力。

三是在广泛发动各公司自行上报的基础上，结合日常巡查，对未经登记擅自发布、擅自改变登记事项、逾期不办理延期手续，甚至是广告内容违法等情况分别建立台账，使整治工作达到目标明确具体、整治进度可控、结果有据可查。

四、改革创新广告登记模式，提升登记和监管效能，规范广告登记行为

一是改革审核工作机制，方便企业办事。进驻市政务服务中心后，将原先窗口受理时间由半天调整为全天，大大方便了企业和群众办事。原先大型广告联合会审时间仅有每周四上午，今年由于相关会审单位也一并入驻政务服务中心，我局即根据工作实际，在保证每周四全天进行会审的基础上，出现申请件数量较多时，周二也进行会审，通过政务中心的联合办公平台，可及时召集会审成员单位，现场解决一些实际问题，引导和规范户外广告的设置，大大提高了办事效率。

二是改革现场勘查机制，大大压缩审批期限。户外广告勘查将原来由监测中心户外科每周集中勘查，改为由我处工作人员配合户外科人员于每周一、三、

五到现场进行勘查，勘查完毕后当天带回政务中心，做到当天勘查当天录入，及时告知办事企业及群众，避免办理超期，同时将审批时限压缩至小型广告 3 天，大型广告 8 天，进一步提高了办事效率和群众满意度。

三是明确公布设置标准，减少人为障碍。今年 6 月份，我们制定并对全市广告公司发出了《关于进一步规范户外广告设置许可的通知》，对伸出式广告、屋顶广告的设置地点、规格以及现有看板续批的时限等根据相关要求进行细化，并引导企业按《厦门市户外广告设置导则》的要求进行申请设置，进一步对外明确了户外广告设置标准，得到了广大广告经营企业的认可和好评。

2012 年济南市广告监管工作情况

济南市工商局广告监督管理处

2012 年，我局按照总局和省局效能建设整体部署，立足服务科学发展、建设美丽泉城的大局，加大广告市场监管力度，强化“三项措施”，完善“四项机制”，提升广告执法办案效能，努力构建广告监管风险防范体系，基本杜绝了涉性、低俗等严重违法广告，查办广告违法案件 1630 件，医疗、药品等“五类广告”违法率比去年同期下降 15% 以上。同时，在广告业发展方面也做了一定工作，社会各界反响良好，工商形象进一步提升。

一、认清形势，以防范风险提升效能

近年来，各级工商部门不断强化监管执法，严厉打击虚假违法广告，取得了较好的效果。但是，由于社会深层次的原因，不少地方虚假违法广告仍然比较严重，备受社会关注，同时，一些职业打假人的出现和介入也使虚假违法广告监管问题更加复杂化、公开化，我们面临被问责、被追究失职或渎职的严峻考验。根据形势的发展和国家工商总局、省局的要求，从去年年初开始，我局着力研究加强广告监管履职风险防范工作。一是将加强广告监管，避免执法风险作为全年重点工作，写进与分局签订的目标责任书之中，在市局半年和全年总结会上重点部署，在年度考核中作为重点细化指标，量化考核，用加大工作量和严谨细致的考核指标来促进工作效能的提升、规范监管行为。

二是多次组织广告监管人员分析研讨并与市局公平交易局、法制处联合组织召开依法行政、避免履职风险专题会议，传达领导讲话和上级文件，分析面临的严峻形势，指出工作中存在的问题，讲责任，谈危害，使工作人员改变传统的思维方式和工作方法，提升思想境界，广泛调动全系统广告执法人员防范风险的积极性。《山东省行政程序规定》出台后，我们组织有关人员进行了认真学习，就有关贯彻问题进行了研究部署。

三是国家工商总局《关于工商行政管理机关防范市场秩序系统性风险和区域性风险的指导意见》将防范广告市场秩序的风险列入特殊时期的风险防范的关键环节之一，意见出台后我局专门组织各分局主要负责人进行专题学习，提高分局主要领导的广告监管风险防范意识。市局分管领导多次利用各种机会找他们谈话，市局处室负责人上门交流情况，取得这些领导的理解与支持，在工作重心上有所侧重。将广告监管防范履职风险作为“一把手”工程，形成“抓领导、领导抓”的良好局面。今年下半年，我局推广了市中分局强化领导，盯住重点，严控流程，提升广告执法办案效能的经验做法。该分局的做法还在国家工商总局政务信息上进行了刊登。

二、完善机制，以履职到位提升效能

1. 建立完善案件查办机制

改革监管模式，市局以调研、指挥、指导和督察为主，不再办理广告案件，分局以商标广告科为主建立经检中队，调整充实力量，保证了广告监管工作有条不紊地开展。在此基础上，市局建立完善限时督办、责任到人、轮岗交流、百分考核和联合办案“五项制度”。确定警告一批、整改一批、处罚一批、停发一批、封杀一批和移交一批的“六个一批”的广告监管基本思路。将涉及广告的2部法律、4部法规和13部规章处罚权细致划分了自由裁量权，明确了哪些情况可以不予处罚以行政指导为主、哪些情况可以减轻处罚、哪些情况必须进行重罚等，既做到了与法有据，又使分类层次清晰。通过完善查办机制，一批严重的医疗、药品等广告得到及时查处，2012年全市工商系统共查结医疗、药品等“五类广告”730件，是2011年的2.3倍。移交有关部门和其他工商机关涉嫌案件237件。先后对6家医院、21种产品进行了封杀广告的处理。下半年，我局在全市范围内对户外广告进行了清理整顿，尤其是对新型的如楼宇、电子显示屏广告等进行了逐件清查，扫除了死角，纳入了正常的巡查监管范围。

2. 建立完善广告监测机制

制订《广告发布监测监管工作规范》，就广告监测操作流程和执法程序进行了细化分解。通过监测，统计分析违法广告的类型、频次、动向、危害程度，对情节显著轻微的以批评教育和行政指导为主。及时采取约谈、告诫等形式，将严重虚假违法广告消灭在萌芽中。对违法事实较为严重的广告主交办分局立案查处，广告发布者由市局立案查处。对屡查屡犯的从重处罚。通过《监测通报》、《警示公告》等向社会公开，提高消费者识别违法广告的能力。加强市区之外各县（市）自有媒体的广告监测。2012年，对两家县级电视台分别做出停发广告1个月和2个月的严肃处理。

3. 建立完善监管档案机制

市局和分局逐件梳理案件，在“件件有落实”上建立履职到位的监管档案。市局和各分局都购置了专门的档案橱，有专人负责，细分责任，制定规章制度，形成常态化、动态化、制度化的档案管理机制。监管档案分为纸质和电子两种，细分“上级交办、广告监测、部门移交和群众投诉”四个类型，对分局设计了专门的月报表，并要求必须附相关证据材料，在监管痕迹上逐件“对号入座”，并实行动态的监管模式。完整、清晰而又较为严谨的监管档案，使案件查办情况一目了然，对缺项的及时采取措施，有效促进了职能到位。

4. 建立完善长效监管机制

认真组织举办广告审查员培训班，鼓励和组织广告从业人员参加职业资格证书的考试。落实国家工商总局等12个部委联合下发的《大众传播媒介广告审查规定》，建立和实施发布虚假违法和不良广告责任追究制。增强协调沟通意识，对被监管对象实施柔性执法，通过行政建议、约谈等形式，争取当事人的理解，寻求最佳配合，达到自行改正、不激化矛盾的目的。2012年，对济南日报报业集团等多家媒体100余名广告业务人员进行了广告法律法规的培训，开展集中约谈6次，个别约谈10余次，向媒体下发《行政建议书》20余份，收到了较好的效果。

在建立完善广告长效监管机制的同时，我局围绕广告业发展做了一些工作。强化广告业发展的规范引导，从根本上提升广告企业靠守法诚信经营做强做大广告产业的能力和水平。2012年4月27日，我局具体承办了济南地区“山东省广告产业重点扶持单位授牌仪式”。培育指导有条件的企业积极争创省级、国家级广告产业园区。今年下半年，我们经过反复研究论证，为市政府起草了《济南市关于加快广告产业发展的指导意见》，目前正在启动审批程序。2012年11月份，市局局长、党委书记贾杰到位于长清大学城的济南西投发展公司考察和指导了争创国家级广告产业园的事项。另外，山东通广传媒有限公司利用历城的一块闲置土地（位于历下大厦以西、二环东路以东）创建广告产业园。目前，这两个单位都在积极申报中。

三、规范行为，以练好内功提升效能

1. 强化学习培训

加强学习型工商建设，利用各分局年初组织开展思想纪律作风“三整顿”时机，逐个分局讲解广告法律法规和抵御广告市场执法风险的有关知识。加强对广告监测人员的教育培训，提高监测人员的业务能力和责任心、使命感。根据执法人员普遍年龄老化、知识相对陈旧的现实情况，一方面注意加强新法规规章的学习，另一方面利用组织研讨会、旁听案审会等形式，达到对实际案例的深入学习和领会贯通。

2. 强化指导督察

市局分管领导多次带队深入分局调查研究，提出指导性意见，现场解决实际问题。市局对各分局带有共性的问题，进行深入分析研究，及时以文件或其他形式提出具有前瞻性、指导性的意见。在此基础上，市局加强对分局的督察，督促建立和完善履职到位的监管体系。强化案件查办情况的通报和执法监督，认真落实属地监管职责，严格执行“行政问责制”，按照“属地管理、分级负责”的原则，落实监管责任。

3. 强化廉政建设

一方面加强教育引导，坚持预防为先。通过加强教育引导，要求每个执法人员学好用好工商行政管理法律法规，强化纪律意识、廉政意识。另一方面，加强监督制约，坚持依法行政。对广告案件坚持“案、审、定”三分离的原则，实施集体定案，防止权力的过分集中，不断完善从源头上预防和治理可能产生的不廉洁行为的有效机制。明确行政执法法定程序和权限，进一步严格行政处罚各项制度规范，做到不越位、不越权、警钟长鸣，时刻紧绷廉政弦，防止行政不作为、乱作为的发生。

我们深知，我们的工作离形势发展和上级要求还有不小的差距。下一步，我们将以省局此次督导检查为契机，抓住关键环节，深入破题，不断提升广告监管效能建设体系，保障和促进广告监管工作的开展，进一步树立执法权威和公信力。

2012 年青岛市广告监管工作情况

青岛市工商局广告监督管理处

一、深入推进虚假违法广告整治，广告市场秩序明显好转

（一）理顺执法体制机制

今年九月份，我局进一步优化健全行政执法体制，由原来的集中执法改为集中执法与专业执法相结合，赋予广告管理业务部门专业行政执法权，市局广告处依法进行广告的监管和违法案件的查处，并负责指导全系统广告监管和行政执法工作。对此，我们加大了对基层广告监管执法培训和指导，提高整体队伍执法办案能力和水平，同时加强了对各类广告案源线索的查办和督查力度，充分发挥各分（市）局及基层工商所的作用，将各类严重违法广告案源线索分批分期交各分（市）局组织查处，扩大了执法办案队伍，提高了执法办案效能，查办案件数量和处罚力度明显提高。全系统全年共查处各类虚假违法广告案件 413 起，罚没款 175 万元，双双超过去年全年水平。

（二）整治规范户外广告

今年是第四轮创建全国文明城市的第一年，在城市文明程度指数和未成年人思想道德建设测评中更加注重思想道德建设，户外广告监管任务更加繁重。为此，一是在登记管理上下大力气。严格广告内容审查把关，坚决防范虚假医药广告和低俗涉性广告的发布，积极配合当地政府城市环境整治行动，详细制定户外广告整治实施方案，采取分片监管、责任到人，与城

管、语委办等部门密切联手，与街道和居委会紧密挂钩，聘请义务监督员随时监督，结成严密监管网络，并将监管效果与年终考核挂钩，确保了户外广告监管工作不留死角，实现了为全国文明城市创建工作增光添彩的目标。二是在提速增效上下大力气。经过半年多的积极探索，自主研发了户外广告网上登记系统，在崂山分局先行试点获得成功，使广告企业足不出户便可备齐各类登记材料，办理户外广告登记的“一次性通过率”显著提高，不仅有效解决了广告企业过去因登记手续材料欠缺而来回多趟跑腿的问题，而且有效避免了工商广告管理人员的重复劳动，大大减轻了工作量，实现了行政服务效能和企业经营效能的双提升。期间省局广告处领导专程来青考察指导，提出改进意见和建议，确保了系统的成功推出和运转，成为全省较为成熟的户外广告网上登记系统。三是在规范管理上下大力气。在全省工商系统率先研究出台了《户外广告登记档案管理办法》，明确了户外广告登记档案的管理部门、建档原则、建档内容、归档顺序、整理流程、存借管理、保存期限、责任追究等相关要求，并为各分（市）局统一印制配备了档案封皮和档案盒，通过规范化管理弥补了过去户外广告登记工作的缺陷和不足，此项工作在全国工商系统应属领先。

（三）强化违法广告联动监管

一是充分发挥部门牵头组织协调作用。与整治虚假违法广告联席会议成员单位联合下发了《青岛市2012年虚假违法广告专项整治工作要点》，将虚假违法广告整治联席会议制度向区（市）推行，重点整治直接关系人民群众健康安全的医疗、药品、保健食品、美容服务、化妆品广告，危害未成年人身心健康的非法涉性、低俗不良广告，以及其他扰乱公共秩序、影响社会稳定的广告。牵头协调各部门在事前指导、事中跟踪、事后查处等方面多管齐下，分类别、分阶段强化监管和案件查办，并发动社会各界参与监督，有力推进了“政府监管、行业自律、社会监督”监管模式作用发挥。二是扩大广告监测覆盖面。对市级广播、电视、报刊广告进行全天24小时全面监测，为辖区内有电视广播媒体的分（市）局研究装备与市局广告监测系统相匹配的先进监测设备，在充分调研论证基础上签订了设备购置意向，为下一步实现对各区（市）级媒体广告监测的24小时全覆盖提供了有力保障。同时健全监测制度，统一监测标准，全年共监测重点类别媒体广告34万条次，发现涉嫌虚假违法广告案件线索及时组织查处。坚持每月发布广告监测通报，每季度发布典型违法广告案件公告，抄送新闻媒体单位和联席会议成员单位，并通过我局互联网站向社会发布。三是加强行政指导。深入贯彻落实国家12部委联合出台的《大众传播媒介广告发布审查规定》，专门组织举办了全市媒体及其包版代理广告公司广告审查员业务培训，指导媒体完善“广告审查员 — 广告部负责人 — 媒体分管领导”三级广告发布审查制度及广告业务承接登记、档案管理等制度。向媒体单位下发了《关于加强十八大期间广告发布管理的通知》，采取与媒体广告负责人进行约谈、及时向媒体下达《广告审查提示》、《行政告诫通知书》、《责令改正通知书》，督导第一时间停止发布虚假违法广告378条次。四是组织开展一系列专项整治活动。先后组织开展了“工商亮剑”食品虚假违法广告整治，商品滥用“特供”、“专供”标识违法违规广告检查清理，企业登记代理和贷款融资虚假违法广告清查等行动，与市各联席会议成员单位联合开展了“迎接党的十八大，规范广告发布行为”专项治理行动，强化新闻媒体和户外电子显示屏等重点广告媒介的管控，严查虚假违法低俗广告的发布以及法轮功等邪教组织的反动宣传。五是积极争取上级领导和代表委员的大力支持。以市局名义向市委、市府领导提交了《关于近期全市媒体发布虚假违法广告有关情况的汇报》，争取更多关注和支持。组织对涉及媒体广告监管的人大建议和政协提案进行了集体面复，满意率达100%。

（四）积极探索监管新举措

一是研究创新媒体广告信用管理办法。积极探索创新媒体广告监管措施，在分管领导带领下赴宁波、厦门等城市考察，结合我市实际，草拟了《青岛市大众传播媒介广告信用评价管理办法》，实行量化管理，通过月评分、季评价，定期公布大众传播媒介广告信用等级和排名，并相应加强监管。目前正在模拟试运行并逐步加以完善，使之更科学、更客观地反映媒体信用状况，促进媒体进一步加强自律，同时也为政府各部门强化监管提供客观依据。二是研究探索深入新媒介广告领域监管。主动介入互联网等新兴媒体广告的管理，近期查获多起利用网络进行虚假违法广告宣传案件。加强与相关部门的协调沟通，深化对楼宇、社区内各类广告的巡查监管，探索建立与楼宇物业管理、街道居委会（村委会）的联动工作机制。

二、国家广告产业园区建设顺利推进，促进广告业发展谱新篇

青岛广告文化产业园是国家首批九个广告产业园区之一，被列入今年市政府工作报告，纳入了青岛市2012年重点项目。我局多措并举，以广告园区建设发展为引擎，大力促进全市广告业发展。国家总局甘霖副局长2012年9月专程视察了广告园区并予以充分肯定，对今后园区发展提出了更高要求，市委、市政府主要领导也给予高度重视和大力支持。

（一）加强组织领导，理顺工作机制

为整合资源优势，举全市之力推进青岛广告文化产业园建设发展，我局积极争取市政府大力支持，成立了由分管副市长为组长，市工商局、市财政局、城阳区政府相关领导任成员的试点园区工作领导机构，建立了联席会议制度，专项指导广告产业示范园的建设，同时协调城阳区政府相应成立了园区建设指挥部和园区管委会，下设综合服务部、招商部、规划建设部等具体办事机构，承担公共行政服务、技术服务、市场服务等功能，具体负责园区具体项目的落实。

（二）科学完善规划，加快项目落实

我局多次组织联席会议成员单位联合对园区规划进行论证，并邀请国际知名专业公司完善园区规划内容，突出青岛特色和专业特色，最终确定了园区一期启动区、二期产业区、三期高端配套区的建设开发规划。在此基础上，加强对园区建设项目的督导落实，目前园区已累计投资12.5亿元，一期公共服务中心于2012年10月份投入使用，建筑面积1.5万平方米，园区二期主体产业区完成土地平整，并于年内全面开工建设，广告业引领作用初步显现。

（三）加大宣传力度，积极对外招商

按照宣传招商与园区规划建设并行的思路，我局通过电视、报纸等媒体加大园区宣传力度，同时积极协调发挥政府招商部门资源优势，采取定向招商等手段，吸引国内外符合园区特色要求的优秀企业和项目入驻。目前园区已与国内及青岛本土多家广告企业、网站、高校等单位达成项目合作意向。

（四）落实配套政策，扶持园区发展

我局与各相关部门密切联系沟通，积极争取对园区的大力扶持，园区除享受市政府《关于促进全市广告业发展的实施意见》所列优惠政策外，城阳区政府《关于促进服务业跨越发展扶持政策》，明确对广告文化产业给予重点扶持，目前区政府在办理土地相关手续及地上附着物拆迁等方面已投入配套资金3600万元。另外，自2012年起市蓝色经济发展基金每年拿出一定比例引导广告产业发展；市担保中心每年安排一定的担保基金用于扶持中小广告企业发展。市、区还出台了一系列人才激励和保障的相关文件，建立了市、区广告文化人才库重点予以培养、管理和使用。

（五）科学用好资金，发挥最大效益

一是完善中央补助资金管理制度。我局与市财政局共同调查研究，指导城阳区政府有关部门制定园区专项资金管理办法，明确专项资金使用范围、扶持条件、申领程序、审核拨付、监督检查、绩效评价、责任追究等事项，确保专项资金“用在刀刃上”。二是突出园区扶持重点。我局严格中央补助资金使用方向，重点投放于公益性、公共性项目，以及园区内龙头广告企业改善经营条件、开拓市场的扶持。前期资金主要用于园区公共服务平台升级改造，完善配套消防、网络、安保等设施。三是严格资金使用督查考核。要求园区做好财务管理基础工作，严格管理和使用专项

资金，并在指定时间内按要求报告情况，自觉接受工商、财政、审计、监察等部门的监督检查。同时要求园区所在地工商分局加强对专项资金使用单位的工作绩效跟踪，建立试点工作统计、考核及综合评价指标体系，防止资金截留、挪用，擅自改变核准的使用内容和标准。

（六）加大政策扶持，鼓励做大做强

在深入调研起草、征求市发改委等9个相关部门意见基础上，年初以市政府名义发布了《关于促进全市广告产业发展的实施意见》，出台了15项具体优惠政策措施。组织各分（市）局对全市广告企业进行深入走访，将年营业额在300万元以上的32家优秀广告企业作为重点帮扶对象，并积极向市委宣传部、发改委等部门推荐纳入我市“十强”、“百优”重点文化企业进行培育。青岛天马广告有限公司被列入“山东省重点扶持广告企业”，青岛大学文学院被省政府命名为“山东省广告人才培训基地”。深入开展广告业发展调研，撰写了题为《建立统筹协调机制促进青岛广告产业发展》的调研报告。通过组织召开新闻发布会、媒体专题报道等形式，广泛宣传我市广告政策法规和广告产业发展情况，组织广告企业积极参加第十九届中国国际广告节、第四届山东文化创意产业博览交易会等广告活动，获得多个奖项。有效发挥工商职能，培育广告品牌建设，今年全市新增大型广告集团和股份公司5家，比去年同期增长1倍，青岛天马广告有限公司获得省著名商标。全市获得广告一级、二级、三级资质广告企业分别有3家、5家、2家。有力提升了企业核心竞争力，促进了广告业的迅速发展。

2012年武汉市广告监管工作情况

武汉市工商局广告监督管理处

2012年，市工商局在广告监督管理工作中，按照总局、省局加强广告市场监管和促进广告业发展并重、整顿与规范并举的要求，以进一步增强虚假违法广告综合治理合力，提高广告市场监管效能，提升广告业诚信度，促进广告市场秩序持续好转为目标，坚持一手抓指导，一手抓监管的“两手抓”，切实加强对广告业发展的指导和服务，深入整顿和规范广告市场秩序，努力夯实广告工作的基础，取得一定成效。

一、指导广告行业发展

（一）促成“汉阳造”广告创意产业园区获批国家级试点

通过召开调研座谈会、现场办公会、招商引资洽谈会等举措，加强与园区的协调、互动，指导“汉阳造”广告创意产业园区创建国家级园区。今年6月，园区成功获批国家级试点，将连续三年获得中央财政近1亿元补助资金，有利于园区提高专业化、规模化、集群化程度，推动广告业集聚发展、科学发展，提升我市广告业的整体能级。

（二）指导“汉之南”广告产业园区创建省级园区

推动“汉之南”广告产业园区创建省级园区，主动做好指导、协调、服务发展工作，促进园区做好产业规划布局，搭建公共服务平台，开展招商引资工作。

（三）组织开展主题公益广告宣传活动

为充分发挥公益广告在传播文明、引领风尚中的重要作用，推动“文明创建”活动深入开展，为迎接党的十八大胜利召开营造文明和谐的社会氛围。市工商局与市广告协会联合开展以“唱响主旋律喜迎十八大”为主题以及纪念《商标法》实施30周年的公益广

告宣传活动。我市电视台、广播电台、报社等新闻媒体和广告公司等30多家单位积极响应，发布各类公益广告320条次。

（四）开展创建“户外广告示范一条街”工作

为进一步加强户外广告管理，切实提高监管水平，建立健全管理制度，引导规范有序发展，各分局结合辖区实际，选定一条街道开展创建“户外广告示范一条街”工作，通过发挥示范带头作用，促进广告行业自我约束、自我完善，自觉维护广告市场秩序，树立良好的行业风气。

（五）加强新闻媒体及广告公司行政指导工作

结合贯彻落实国家工商总局等12部委今年发布的《大众传播媒介广告发布审查规定》，加强新闻媒体及广告公司行政指导工作。一是开展法规培训。全市共举办市直媒体及广告公司主要负责人及广告审查员培训班5期，参训人员达 1200余人，通过培训，有效地增强了广告经营者、广告发布者的法律意识。江岸分局联合区卫生部门开展了对医疗广告主的法规培训，指导做好医疗广告发布。二是开展行政约谈。对市属新闻媒体及时展开约谈，提出行政告诫。5月3日，会同市委宣传部、市监察局对《武汉晚报》社有关负责人进行了行政约谈，责成履行好广告的审查责任和法定义务。其违法率由一季度末的76.19%，下降至现在的51.72%。江岸分局对辖区媒体单位、广告公司5家出现的问题及时进行约谈、告诫。三是开展上门检查。通过走访重点新闻媒体，检查制度落实，督促自查自纠。8月14日至15日，联合市委宣传部、市广播影视局、市新闻出版局对长江日报社等主流媒体单位进行了上门检查指导。黄陂分局借助党委和政府作用，加强辖区电视台广告监管，引导其规范经营。

（六）指导重点企业做好财务状况申报工作

根据全市支持加快发展文化产业的工作要求，指导湖北东方广告有限公司等31家重点企业，做好对市统计局《文化服务业企业财务状况表》季报、半年报填报工作。此项工作为工商部门加强监管、服务广告企业提供了依据。

（七）成立广告战略实施领导小组

为加强广告战略实施工作的组织领导，根据《国家工商行政管理总局关于推进广告战略实施的意见》（工商广字〔2012〕60号）的要求，市局成立广告发展战略实施领导小组，全面负责我市广告发展战略的组织领导工作。

（八）做好市广告协会指导工作

参与研究部署广告协会工作，加强对协会工作的指导，确保重点工作任务的完成。一是组织申报中国广告公司等级认定。走访武汉丽兰广告公司等20余家广告经营单位及市户外广告协会开展指导工作，推荐武汉希格尔传媒等5家广告公司申报。二是征集广告作品参加2012中国国际广告节。发动武汉晨报社、武汉海大广告有限公司等10余家单位选送优秀广告作品17件，其中商业广告4件，公益广告13件。三是开展行业自律宣教活动。组织媒体和广告公司参加违法广告案例点评、药品广告备案宣讲会、规范移动通讯广告行为宣传等活动，促进行业自律。

二、加强广告行业监管

（一）开展虚假违法广告专项整治行动

扎实有效开展了药品、医疗、旅游、网络、特供、专供的六大类广告专项整治工作。一是充分发挥市局、分局、工商所三级联动工作机制，形成完整的虚假违法广告监管网络；二是联合市委宣传部、市纠风办等相关职能部门开展执法检查、行政约谈、法规培训等，增强了监管合力；三是落实整治措施，强化四个环节。即强化对广告主广告发布行为的监管，强化对广告代理公司的监管，强化对媒体广告的监测，强化对广告市场的动态监管。2012年至今，全市共查处违法广告案件263件，罚没款412万元；向市属重点新闻媒体单位提出行政告诫6户（次），责令停发违法广告877条。

（二）加强主流新闻媒体广告监测工作

坚持“一月一监测”、“一季一公告”，并采取以下措施，强化监测效能：一是责令相关新闻媒体对违法广告立即整改；二是对违法行为严重的广告移送办案机构调查处理；三是上门要求各新闻媒体单位切实履行法定的审查义务；四是加强对广告活动主体的行政指导。今年以来，全市共抽测各类广告 95093 条。其中，监测医疗服务、美容服务、药品、保健食品、医疗器械等五类重点广告 3067 条，发现涉嫌违法广告 1026条，涉嫌违法率为33.45%。发布广告监测报告9期，通报涉嫌典型违法广告 72 个；发布违法广告公告 3 期，点评典型严重违法广告 29 条，并及时在武汉市工商局官方网站上予以公布，提示消费者注意辨识。

（三）发挥广告整治联席会议制度作用

注重推进以联席会议制度为核心，多部门齐抓共管、综合治理的监管方式。一是发挥工商牵头职能作用，实行“一季一会”，按照整治虚假违法广告部署，落实工作任务。二是发挥联席会议成员单位作用，共同推动整治虚假违法广告。8 月 8 日至 9 日，会同卫生局对医疗广告主开展上门检查，督促增强自律意识。8 月 14 日至 15 日，联合市委宣传部、市广播影视局、市新闻出版局对长江日报社等主流媒体单位进行了上门检查指导。三是抓好广告发布环节整治，结合贯彻《大众传播媒介广告发布审查规定》，联合市卫生局、市食药监局等部门开展了 2012 年度法规宣讲会，以案说法，促进广告经营单位行为自律。

（四）及时处置广告涉嫌违法案件线索

按工作职责要求，认真做好受理投诉，热心解答群众咨询。截至 10 月末，共受理转办广告投诉 51 批次，涉嫌违法广告 2104 条次，及时转办案机构调查处理。江岸、桥口、武昌、洪山分局对转办广告案件线索及时调查处理。

2012 年广州市广告监管工作情况

广州市工商局广告监督管理处

一、强化监管，规范广告市场秩序

（一）强化执法，加大力度，深入打击虚假违法广告

一是加大广告监测力度，加强对广告发布动态监管充分利用广告监测系统和网络监管中心（设在专业分局）的科技手段，加大对市属报纸、期刊、电视台、电台和网络发布药品、医疗服务、医疗器械、食品以及社会反响强烈广告的监测与监管力度，实行全天候 24 小时不间断式监测。截至 2012 年 11 月 15 日，共监测市属主要媒体广告 1263306 条次。同时，专业分局通过网络商品交易监管平台和网络监控中心，增加了网络广告监测次数，提高了网络广告的识别效率，全面提升网络广告监管能力水平，共监测网站 6028 个，监测广告 11291 条。

（二）精心组织，周密部署，开展广告市场专项整治

一是及时制定广告专项整治工作方案。按照国家工商总局和省工商局的统一工作部署，联合我市广告监管联席会议成员单位，结合各时期广告市场出现的新情况和我局的广告监测结果，及时制订各阶段的虚假违法广告专项整治工作方案。今年更是以“三打两建”为契机，致力净化我市广告市场环境，把直接关系人民群众健康安全的医疗、药品、保健食品广告，危害未成年人身心健康的非法涉性、低俗不良广告，以及扰乱公共秩序、影响社会稳定的严重虚假违法广告作为专项整治的重点，开展专项整治。组织专业市场分局开展“打击医疗机构网络虚假宣传专项整治行

动”、“打击网络经营‘专供’、‘特供’酒类专项行动”，共查处广州现代医院等8家医疗机构发布虚假广告和违法医疗广告，查处2家违法宣传其经营“专供”、“特供”酒的公司。

二是积极指导分局查处办案。通过突出重点，注重方式方法，提出了“四统一”的工作思路（统一指挥协调、统一组织行动、统一办案纪律、统一执法标准），抽调分局的精干力量，分点负责，各个击破，实现了精确打击，查办了一批较为典型的广告违法案件。今年以来（统计数据截至12月），我局共立案查处各类违法广告129宗，罚没金额574.7万元。其中，涉及网络广告案件查处27宗，罚没款85.98万元，提请广东省通信管理局关闭删除非法广告网站102个。

三是巩固“创卫”、“创文”等工作成果。根据市局迎接国家“创卫”、“创文”复检工作方案的要求，我处把广告监管工作向前移，落实网格化监管责任制，做到及时发现，及时整改，明确职责分工，责任到人。积极对广告经营者作出行政指导，对用字不规范（如使用错别字、简化字、纯外语、拼音，不规范使用繁体字、异体字等行为）、内容不健康（过分色情暴露、宣传赌博等）的广告宣传行为进行及时制止，落实整改措施，严厉查处发布违法烟草广告和虚假违法广告行为。特别是未经审批擅自发布的烟草广告以及涉及医疗、医疗机械、药品、保健食品、收藏品、招商加盟、房地产、旅游服务等虚假宣传行为。

今年以来，在各方努力下我市媒体的违法广告发布情况呈现大幅度下降的良好态势。据统计，今年1至9月份，我市媒体违法广告发布总违法率从第一季度的14.13%下降到第三季度的5.84%，下降了58.67%。同时，按照省工商局的工作布置，完成了本年度我市的广告监测前三季度季报工作。

（三）充分运用联席会议机制，进一步增强联合监管的合力与实效

我处按照虚假违法广告专项整治联席会议的职责分工，积极履职尽责，不断完善广告监管联席会议成员单位联合执法和信息通报机制。

加强联合行动。一是联合各成员单位实行三级（市、区、所）联动，到《老人报》报社现场检查，对违法广告作出告诫，提出整改措施。二是对我市媒介单位进行广告审查工作专项检查、联合告诫。实地检查网站26家，其中联合省通信管理局、市食品药品监管局等部门检查保健食品企业网站3家。对被责令改正、告诫和现场检查发现问题的媒介，要求其针对发现的问题从制度入手进行整改，限期反馈整改情况，并作进一步跟进了解。三是利用去年年底与通信管理部门、公安部门签订的《关于建立健全我市网络商品交易市场监管协调配合工作机制的合作协议》，今年全面实施网络监管的跨部门协作机制，健全了案件协查取证、案件快速转办等制度。

（四）行政指导，加强自律，引导广告规范经营行为

结合我市当前开展的“三打两建”、广告代理机构防治腐败等各项工作的实际，从加强宣传培训工作入手，进一步提高广告经营者、广告发布者的广告审查意识和守法自律意识。

1. 组织学习

组织主要媒介单位参加了国家工商总局召开的“贯彻《大众传播媒介广告发布审查规定》电视电话会议”和我局召开的3次宣讲会，针对相关媒体的广告发布情况，提出具体的完善审查制度的建议。

2. 开展广告审查员培训

广告审查员培训是贯彻落实《规定》的最基础工作，我处精心组织举办了一期大型的广告审查员培训班，参加单位有市属媒介单位、代理媒介广告较多的广告公司，重点监管广告类别的广告主等，参加培训人员达300多人，培训内容针对性强，培训工作受到了媒介单位和广告经营单位的好评，收到较好效果，进一步提高了媒体和企业的守法自律意识。

3. 开展座谈指导学习

先后走访《广州日报》报社、《信息时报》报社、广州电视台等多家市属媒体和广告经营单位，与单位负责人、广告审查人员进行座谈，听取其对广告监管

工作的意见和建议，帮助指导相关媒体、广告经营单位建立和完善广告管理制度，加强内部发布广告管理，对媒体发布广告存在的问题进行指导。今年以来，共召开广告监管通报会 5 次，对 37 个发布严重违法广告的主体进行了告诫；发出责令改正通知书 27 份，涉及违法广告 1297 条次；在红盾网提出警示 13 次，涉及违法广告 396 条。

4. 加强汇报，积极沟通，坚定强化广告监管信心

针对市属主流媒体发布虚假违法广告情况还是比较严重的问题，我处一方面除了认真履行职责，依法对涉及的违法行为坚决予以查处外，另一方面考虑到主流媒体涉及面广、影响面大的特殊性，也积极向上级反映有关情况。我局就近年来媒体发布虚假违法广告的情况，专题向市纪委、市委宣传部和市检察院作了汇报，引起了市委领导和有关部门的高度重视。市委常委、宣传部长甘新同志专门召集市委宣传部、市工商局和市属媒体单位负责人召开会议，对整治媒介虚假违法广告工作作出重要指示。上级和有关部门对媒体违法广告整治工作的重视，进一步坚定了我处对强化广告监管工作的信心。

二、以贯彻广告发展战略为契机，大力推动广告业科学发展

（一）着力促进改善我市广告业发展的政策环境

我局与暨南大学合作，签订关于广州市广告业现状调查专题研究的《委托研究合同》，现该调研已全面铺开，就我市现行政策对广告业的影响、业界实况进行深入了解、详细分析。我处将继续做好组织协调落实工作，致力为市委、市府的决策当好参谋助手，把研究成果转化为贯彻国家工商总局关于实施广告发展战略、促进我市广告行业发展的政策性文件。

（二）积极配合及开展广告园区的建设工作

目前，我市已建立综合性文化创意园区 38 个，分散入驻的策划、设计、制作等广告经营企业可享受文化创意园区的相关优惠待遇，但尚未建成专业广告创意产业园。我处认真贯彻落实国家总局《关于支持广东转型升级、建设幸福广东的意见》和全国工商系统广告工作会议精神，着力开展广告园区建设工作：一是积极配合省局推动全国 9 个现代服务业试点之一的“广东现代广告创意中心”建设工作，协调该中心所在的海珠区政府，并就园区建设的整体规划、功能定位、运营管理模式等提出了指导意见，目前该中心的建设得到了海珠区委、区政府的高度重视，各项工作稳步推进。二是积极培育其他具备条件的广告园区。随着省政府《关于促进广告业发展的若干意见》出台，广告园区的建设引起了我市各级政府的关注，目前，我处正在依据《国家广告产业园区认定和管理暂行办法》，初步筛选出越秀区“创意大道”重点加强培育和指导。

三、监管服务齐抓并进，改进工作作风，提高工作效能

（一）加强作风建设，制定风险点防范管理制度

今年以来我处围绕广告监管执法、行政审批等工作，加强处室制度建设，规范工作流程，根据有关法律法规，制定广告处受理登记流程、信访流程、案件查处流程及上级交办事项处理等流程。认真开展风险点排查，明晰风险点和风险环节，共梳理 9 个风险点岗位，梳理 8 个权力运行流程，绘制岗位流程图 9 幅，制定 16 条防控制度，查找建立健全内部权力运行防范机制，有效防范监管风险和廉政风险。

（二）完善办事流程，简化登记程序

进一步完善网上广告登记业务，建立了网上广告答疑 QQ 群，并提速办理广告登记，对部分广告登记事项实行“一审一核”两级审批，5 个工作日内均可领证，其中两级审批的业务可在 2 个工作日内领证。

（三）协调做好公益广告发布工作，配合市的各阶段中心工作营造宣传氛围

围绕我市各项任务，召集相关广告经营单位就进行“三打两建”、创卫创文复检、广东精神、禁毒、共青团建团90周年、随手拍幸福家庭、第二十二次全国助残日暨第二届广东残疾人文化节、首届广州国际城市创新奖等各类主题的公益广告做好动员发动，要求各广告经营单位利用自有媒体资源在全市范围内开展相关主题的社会公益宣传。由于时间紧，任务重，部分广告经营单位存在合同档期及内部流程报批的问题，我处耐心引导，积极协调，获得了各广告经营单位的理解和支持，确保了各主题社会公益宣传工作的顺利开展。

（四）配合做好2012年广州国际灯光节广告管理工作

根据《2012年广州国际灯光节工作方案》分工要求，结合我局广告管理职能，制定了《广州市工商局2012年广州国际灯光节广告管理工作实施方案》，设立由分管局领导任组长，广告处、天河分局、海珠分局为成员单位的灯光节广告管理工作领导小组，按照灯光节筹备工作会议精神，积极协调灯光节广告管理各项工作，配合做好户外广告登记，加强广告监管，及时处理各类广告突破性事件。

（五）加强广告指导，确保2012年爱我珠江亲水节广告管理工作落实到位

按照亲水节组委会的部署和市府办公厅《2012年爱我珠江亲水节工作方案》的要求，我处制定了广告管理应急预案，并为组委会策划机构为办理广告登记审批手续提供绿色通道，实行特事特办，加快广告审批程序。整个活动期间，我局对亲水节活动周边户外广告及各类媒体广告的巡查和实时监控，尚未发现或接到与亲水节活动有关的违法广告和广告投诉，确保了活动期间广告宣传工作的顺利完成。

（六）积极开展控烟执法工作

为进一步贯彻落实《广州市控制吸烟条例》的相关规定，我处牵头制定了《广州市工商局2012年控制吸烟工作方案》，加强对本系统控制吸烟工作的管理和宣传，确保控烟各项工作落实到位。今年以来，我局组织开展全市控烟执法活动，共出动人次执法人员10039人次，执法车3507次，检查户外广告、各类商场、烟草销售点16566宗，责令整改1167宗，劝导个人吸烟行为380宗。

四、切实开展广告基础工作，提升广告监管服务效能

（一）健全我市（我省）广告法制建设

今年以来，我处分别对我市户外广告管理制度、《广东省户外广告管理规定（修订草案）》、推进广州广告业发展的战略合作协议（草案）等相关制度规定，指出存在问题并积极提出修改意见。

（二）加强了广告基础统计工作

根据省工商局《关于开展广告业统计试点工作的通知》（粤工商广字〔2012〕173号）的有关要求，开展我市广告业统计工作，我处认识到此次广告业的基础数据统计，对我市科学制定广告业发展规划和政策措施、实施广告业宏观调控具有重要意义，要求各分局要把此次广告业务统计工作作为指导广告业发展的一项重要工作抓紧抓好，认真组织，指定专人负责。此次试点以我市广告业（行业代码：7440）法人单位为统计主体，统计主体多达4785个，采取邮寄挂号信、电话传真通知、工商所实地上门送达、红盾网公告、微博等多种方式确保送达到位，依时完成了任务。

2012年深圳市广告监管工作情况

深圳市工商局广告监督管理处

根据总局、省局有关精神，2012年，我局认真贯彻落实国家工商总局、省局的工作部署，结合“三打两建”工作，继续深入推进广告管理工作，以“优化广告市场环境，服务经济发展”为指导思想，把握行业发展规律，在完善管理体制、机制上下功夫，在加强管理和创新行政指导上出亮点，监管力度进一步加大，监管权威进一步巩固。主要工作情况如下：

一．完善广告监管机制，创新监管方法，监管执法效能成效卓著

（一）进一步健全媒体广告监测预警平台

加大对报纸、电视、广播等违法广告易发、多发类别的监测，实施24小时实时监控，及时掌握广告发布的第一手情况，并有针对性地采取预警、指导和监管措施，实现了广告监管事前防范、事中指导、事后监管的有机结合。有力地规范媒体发布广告行为，净化了我市广告市场秩序。

（二）创新广告监管机制

鉴于目前我局广告监管任务繁重，交办、转办及投诉案件激增，而监管人员缺少，监管力量严重不足等情况，为能较好完成任务，我处不断创新监管机制，树立广告大监管理念，构建全系统广告一盘棋监管格局，得到市局领导和人事部门的高度重视，同意我处建议，在全系统范围内灵活使用广告监管工作人员，支援局部重大、紧急、繁重广告监管工作任务的完成，保障全系统广告监管职能整体履职到位。7月份开始，我处在全处范围内轮流抽调人员参加广告案件的跟班学习，取得较好效果，既集中力量办理了一批广告投诉案件，又培训了广告监管业务骨干。

（三）探索构建科学监管模式

2012年，我处共接到各类广告投诉线索543宗，其中，国家工商总局、广东省工商局交办件及其他相关部门转办件134件、涉及职业投诉人投诉件171宗（较上一年增长194.8%），共涉及违法广告3600条次。在广告管理人员少，监管任务繁重的情况下，我处积极探索，不断创新监管手段，采取了积极有效妥善监管措施。

1．加强对媒体广告的行政指导效能

对违法情节轻微、危害不大的广告采取警示教育为主、行政处罚为辅的处理措施。全年共约谈、告诫新闻媒体、医疗等重点违法广告主190多次，发出各类广告监测提示、警示、责令整改9000多条次，提前遏止发布违法广告8500多条次，遏制违法广告发布营业额约1.6亿元，既有效地规范了广告发布行为，同时又提高了媒体广告的审查能力。

2．抓重点，出重拳，集中力量从严整治虚假违法广告

对与人民群众生命健康密切相关的医疗、药品、食品（含保健食品）、化妆品和美容服务等五大类虚假违法广告，坚决立案，从严查处。全年共立案查办各类广告违法案件113宗，目前已结案73宗，罚没款373.78万，比上一年度139.68万增长167.6%。其中，查办媒体虚假违法广告62宗，涉及违法广告374条次，目前已结案20宗，罚没款88.6万元，比上一年度（28.75）增长了208.2%，有效遏制违法广告发布，媒体广告监管工作取得成效卓著。2012年，媒体

全部类别广告发布量上升、违法量同比大幅下降。特别是五大报纸违法广告量大幅下降，其中晶报下降了70%，其余依次为深圳晚报、深圳特区报、深圳商报、南方都市报，分别下降了67%、59%、47%、34%。

二. 开展广告代理机构防治腐败工作，提升监管社会价值

按照省工商局和我局的有关要求，我处全力部署开展广告代理机构防治腐败工作。

1. 制定方案，明确分工

制定了《深圳市市场监督管理局开展广告代理机构防治腐败实施方案》。明确了市局、分局的工作任务和职责分工。

2. 开展宣传发动，营造氛围

与电子商务处联合深圳市广告协会召开了全市广告代理机构防治腐败工作会议，传达学习了省、市有关文件精神，对我市开展广告代理机构防治腐败工作提出了具体的要求。

3. 调查摸底，摸清情况

会同电子商务处，组织分局对广电、报业两大集团，广告代理机构、网络广告代理机构进行摸底调查，要求填报《广告代理机构情况表》。通过摸底调查，初步掌握了我市83家广告代理机构的基本情况。

4. 自查自纠，规范工作

向广告企业发出调查表和自查自纠表，要求广告代理机构自觉规范代理行为。目前，根据报业、广电两大集团和分局及电子商务处报送的情况，83家代理机构全部制定了行业服务规范和收费规范。

三. 扎实广告管理基础，部署开展广告业统计工作

根据国家工商总局有关广告业统计报表制度的新要求，我处立即贯彻落实。

一是加强业务研究，及时传达部署。鉴于新的统计制度在统计范围、时限、内容和指标等方面均有较大变化，总局和省局也没有具体的业务指导等情况，我处与省局、总局以及统计等部门保持日常沟通，加强业务研究，在全省范围内率先制定了相关的业务指导，并召开专门部署会，进行了传达部署。二是率先建立广告业统计主体库组织分局，对我市25000家广告企业及广告关联企业进行逐一摸底调查。经排查，对实际从事广告业务的8800家广告企业建立了广告业统计主体库，对下一步统计工作打下了基础。三是初步制定了我局《广告业统计工作制度》，分解任务。明确各级工商部门的具体职责，做到任务到岗、责任到人。四是对新制度执行过程中遇到的问题，以及我局的经验做法，及时上报省局、国家总局，为上级部门正确决策建言献策。

四. 深化广告的公共服务职能，为产业和社会经济又好又快发展提供有效助力

（一）深化民生服务职能，提升广告管理的社会认可和满意度

1. 认真做好人大代表建议回复工作

共收到有关广告创意园建设、纸媒广告规范等两件人大代表建议。我处高度认真研究，积极协调财委、区政府等部门，与代表及时沟通。办理过程中，对办到什么程度、工作进展如何、还有哪些工作需要做以及今年的工作方向和思路等，我处都及时向代表通报，充分尊重和听取代表意见，得到了代表的认可和支持。

2. 扎实有效地处理群众信访、投诉

共收到12315及信访投诉、咨询409件，内容主要涉及因广告引发的消费纠纷。本着“群众利益无小事”的理念，我处认真协调，组织调解，及时息争止纷，快速、便捷、有效地挽回消费损失，得到了消费者一致好评。

3. 提升户外广告监管效能，发挥广告的城市名片作用

积极开展户外广告示范街建设，并跟进对分局的指导，及时举办了广告业务培训，共8批次，200多人，指导分局开展成信息化二期广告监管系统的运用，提升

户外广告监管信息化水平。

（二）深化企业服务职能，为企业发展壮大助航

推进广告登记注册窗口提速和政务公开。加强窗口勤政廉政建设，不断提速，各登记事项对外承诺的办证时限普遍少于法律规定时限的2至5天，充分体现了务实高效的公仆意识。共办理户外广告登记18633份，审查户外及公交车广告画面146500幅，广告经营许可证5份，固定形式印刷品广告登记证15份。

（三）积极创建广告产业园区，引领广告业做强做大，健康规范发展

1. 中国（深圳）新媒体广告产业平台及广告创意园获财政部、国家工商总局批准试点

按照财政部、国家工商总局有关部署和要求，我处积极协调市财委、福田区政府等有关部门，根据我市广告产业发展和文化强市的部署，加强调研，向市政府报送申报国家广告产业园试点的请示，得到了市政府的支持。

5月，我局联合市财委向财政部、国家工商总局报送了广告产业园的申报材料，得到财政部、国家工商总局的批准，我市中国（深圳）新媒体广告产业平台及广告创意园成为国家广告产业园试点园区，并得到中央财政的扶持。国家工商总局甘霖副局长和广告司、省局姜副局长分别到我市广告产业园视察和指导工作。目前，广告产业园建设相关工作正在全面开展。

2. 研究制订《深圳市促进广告业发展指导意见》

结合实际，明确我市广告创意设计、大众媒体和新兴数字媒体广告、广告总部经济等6个重点发展的领域，提出了规划建设广告产业园区、培育龙头广告企业、加大税费支持力度、专设“广告业发展专项资金”、加强广告人才的培养与引进等17项政策和措施。目前，该《意见》已征求相关职能部门的意见，近期将报市政府审批。

3. 举办广告审查员培训

联合广告协会举办全市广告审查员培训，培训广告审查员200多名；指导各分局开展辖区广告审查员培训，培训多批广告审查人员。

2012 年成都市广告监管工作情况

成都市工商局广告监督管理处

2012 年，成都市工商局按照国家总局和省工商局广告监督管理工作部署，认真履行促进广告发展和广告市场监管职能，坚持“优化服务、强化监管”，积极探索创新工作机制，全力推动广告战略实施，不断加大广告监管和整治力度，成都广告市场秩序更加规范，广告业发展更具活力。

一、主动融入全市经济社会发展，推进广告战略实施取得良好开局

（一）积极促进工作职责划转

为确保广告战略在我市的有效有序推进，针对我市广告业发展现状和亟解决的问题，积极主动向市政府领导汇报，并就指导广告业发展职责划转问题向市政府专门请示，得到市委市政府的支持。3 月 22 日，市编委下发《关于市工商局增加指导广告业发展职责的通知》，增加市工商局“指导广告业发展职责，具体负责拟定全市广告业发展规划、政策措施并组织实施”。职责的划转，使工商部门指导广告业发展工作职责得到明确和强化，为我市深入推进广告战略实施，促进广告业科学发展奠定了基础。

（二）积极争取将广告战略上升为政府行为

坚持把推进广告战略实施融入地方经济社会发展大局整体谋划、统筹推进。根据国家工商总局《关于推进广告战略实施的意见》、《广告产业发展“十二五”规划》，在深入调研，科学分析，多次征求相关部门意见建议基础上，向市政府报送了《关于建立成都市推进广告战略实施联席会议制度的请示》，7 月 30 日，市政府办公厅下发《关于建立成都市推进广告战略实施联席会议制度的通知》，标志着我市在全国率先以政府名义建立推进广告战略实施工作机制。国家工商总局对我市将推进广告战略实施上升为政府行为，建立政府统领、工商牵头、部门配合工作机制的做法给予积极评价，并在《推进广告战略实施工作简报》刊载推广。目前，武侯、崇州、新津等区（市）县已按市政府要求，结合自身实际建立了本级推进广告战略实施联席会议制度。

二、多层次参与建设发展，广告产业试点园区建设取得阶段性成果

（一）广告产业试点园区争创工作取得圆满成功

去年底，在知悉国家工商总局开展广告产业试点园区认定工作后，主动跟进，积极争取，全力开展争创工作，并会同相关部门和锦江区政府，及时提出以红星路 35 号广告创意产业园区为基础，争创国家工商总局广告产业试点园区和争取中央财政支持的工作目标，制订了园区规划建设方案和配套政策措施。面对全国 30 余个城市同时争创的激烈竞争局面，积极向市政府领导请示汇报工作，提出工作建议。年初，争取葛红林市长、赵小维副市长率队赴京拜会国家工商总局领导，表达我市争创广告产业试点园区的意愿和决心，得到了工商总局领导的充分肯定和支持。在此期间，积极加强与国家工商总局、省工商局的沟通和协

调，适时跟踪并掌握相关信息和要求，邀请国家工商总局广告司和省工商局领导来我市指导争创工作，特别是在申报过程中，对广告园区规划方案、可行性研究、政府配套政策和措施、财政资金使用计划等做了大量编制和协调工作。7月30日，红星路35号广告创意产业园区被国家工商总局、财政部确定为2012年新增广告产业试点园区，并获中央财政补助资金3000万元，为西南地区首家。争创工作的成功，得到了市委、市政府的充分肯定和高度评价，葛红林市长批示"此园区获批，市工商局有功"、孙平常务副市长批示"做得好！"、市委宣传部长包惠也给予肯定性批示。

（二）稳步推进园区建设和发展

把广告产业园区建设发展作为促进我市广告业发展的重要载体和抓手，全方位参与园区规划、建设、公共平台打造、功能设置、招商引资等工作。邀请工商总局广告司规划发展处领导开展专题培训，有效提升了园区工作人员对推进广告战略实施重要性的认识。协助园区与中国艾菲奖推广委员会合作，成功举办"2012 中国艾菲奖西部巡讲"论坛。指导举行"成都市红星路35号广告创意产业园区建设新闻发布会暨招商推介会"，园区影响力和聚集效应进一步扩大。共同主办"2012 创意改变城市"论坛，6所高等院校和4家企业分别与园区签订了《广告业发展战略合作协议》和《入驻园区协议》。该论坛作为第十三届西博会的分论坛之一，邀请了国内外知名专家学者共商成都广告业发展大计，社会反响强烈。今年以来，园区已成功引进阿佩克思奥美营销传播有限公司等80余家广告企业，有入驻意向广告企业100余家，联系广告企业900余家。同时，与四川大学、广告产业园区运营管理有限公司共同开展我市广告业发展基础数据调研；经积极协调，博览局、传媒集团、公交、地铁等拥有广告资源的单位与园区的合作机制正在建立，广告资源将进一步向园区聚集。

三、广泛关注民生民利，广告监管工作取得新的成效

（一）强化日常监测

立足违法广告早发现、早制止、早查处，在现有技术装备和人力不足的情况下，充分发挥广告监测中心作用，形成覆全时段盖省市两级的监测体系。全年共监测省市32家主流媒体发布的各类商业广告1418280条次，其中涉嫌违法违规广告41276条次（涉及2821条广告），涉嫌违法违规率2.91%。对上述违法广告视情节轻重，采取发出《涉嫌违法广告警示通知书》，责令相关发布单位依法规范、行政约谈，全年立案查处62件违法广告，通过主流媒体发布4期《违法广告提示公告》，深化监测数据结果运用，编制《2011年度成都市媒体广告监测报告》、12期《广告监管动态》，为上级领导和有关部门加强对媒体的管理和媒体广告监督提供了有效参考依据。

（二）强化日常监管

1. 加大日常巡查力度

全系统共巡查户外广告约52000余幅（块），发现并处置违法违规广告300余幅（块），向违规发布户外广告的2家企业分别发出《行政告诫通知书》责令其整改，行政约谈5家广告企业负责人，移交违法广告案源6件，组织部分广告经营单位负责人召开广告监管座谈会2次。同时，结合重要时段和各类博览会，加强日常巡查和监管，有效规范了广告市场秩序。

2. 开展各项专项整治行动

开展民办教育培训机构广告专项整治，共检查民办教育培训机构307户，检查教育培训类户外广告564幅、店堂内广告307幅（处）、印刷品广告591份，责令3家发布涉嫌违法违规广告的教育培训机构进行整改。会同市卫生局、市广新局联合开展医疗机构医疗广告专项整治，共监测医疗服务类广告146240条次，

对涉及 207 条涉嫌违法违规医疗广告，通过警示、约谈予以规范，对其中严重违法的 5 条医疗广告移交执法办案部门依法查处，并对全市 40 家民营医院相关负责人开展联合约谈。

3. 有针对性开展专项检查

对互联网上部分商品滥用“特供”、“专供”等标识开展检查清理，对监测发现的 25 个违规网站，已报相关部门进行屏蔽或关闭处理。联合旅游主管部门加强旅游服务广告市场监管，对发布旅游服务广告单位经营资格、广告中涉及服务内容进行了检查和规范。组织对各区（市）县贯彻落实《大众传播媒介广告发布审查规定》情况开展联合检查，对受检的 83 家大众传播媒介单位存在的问题，及时提出整改要求，进一步强化了大众传播媒介单位广告发布审查责任。

4. 加强对广告经营单位广告经营资格年度检查

对 82 家单位开展了《2011 年度广告经营资格检查》，年检率达 100%。同时，积极参与城市管理，圆满完成城市文明程度指数测评、城乡环境综合整治、打击防治非法张贴书写小广告等工作。

四、着力工作机制完善和创新，广告基础工作更加扎实

（一）强化行政指导

通过召开媒体通报会、媒体恳谈会、工作走访、电话沟通、工商金信网互动平台等方式，加强工作互动；制定《广告审查指导意见》制度，及时编制涉及收藏品、纪念品等广告的审查指导意见 2 期，在工商门户网站上发布，为广告审查人员审查广告提供指导。率先在媒体单位建立“广告审查联系点”、“12315 消费维权服务站”，相关经验和做法被《中国工商报》刊登并收入国家工商总局广告司编发的《全国工商行政管理系统广告工作会议交流材料汇编》。全市媒体广告发布质量不断提升，消费投诉和纠纷得到及时有效化解，受理群众投诉（举报）数量明显下降。2012 年，共受理群众投诉（举报）161 件，较上年 288 件下降 127 件，下降幅度达 44.1 %。

（二）强化制度建设

为规范网络广告发布行为，促进网络广告监管工作的规范化、制度化，制定下发《关于加强网络广告监管的指导意见》。为明确市局、区（市）县局对户外广告的监管职责，户外广告登记的范围，跨区域户外广告登记、日常监管和行政处罚的管辖权，以及对未取得设置许可擅自发布户外广告行为的监管责任，制定下发《关于进一步加强户外广告监管工作的意见（试行）》。同时结合工作实际，编发《广告监管工作动态》，通报工作情况，交流工作经验，推动工作落实。

（三）强化基础工作

为实现广告监测工作“全域成都”全覆盖，经反复论证，及时提出对现有广告监测系统进行扩容改造的建议方案。目前，建议方案已提交市经信委立项审批，预计年内完成招投标并启动相应建设工作。主动协调信用中心、信息中心等部门，依托“成都信用网”构建广告信用信息披露平台，年内完成并实现广告经营主体身份信息、信用信息、业绩信息和预警信息查询，虚假违法广告公示，引导广告经营主体树立诚信、守法、自律意识。

2012年西安市广告监管工作情况

西安市工商局广告监督管理处

2012年，全市广告监管工作认真贯彻落实上级会议精神，以“服务发展效能建设年”为工作主线，按照国家工商行政管理总局、省工商局及市局的总体工作部署，把促进全市广告业发展作为第一要务，继续扎实开展虚假违法广告专项整治，实现职能到位，推进广告监管长效机制的建立，着力提升广告市场监管效能，促进我市广告业又好又快发展。

一、认真部署广告监管工作任务，制定工作要点，狠抓责任落实

年初，按照国家总局、省工商局的整体工作部署和市局的具体要求，我们制定下发了全市广告监管工作要点，把支持广告业发展放在第一要务，把继续深入开展虚假违法广告专项整治工作作为全年工作的重点。把全年工作任务分解细化为6大项17小项，落实到各分县局和工商所。并召开了各分县局分管局长和商广科长参加的广告工作会议，安排部署全年广告监管工作任务，为全年各项监管工作的顺利开展打下了良好的基础。

11月份，召开了全系统广告监管工作会议。各分县局局长、主管副局长和商广科长70余人参加了会议，会议由李有副局长主持，王斌处长回顾总结了近年来广告监管工作，安排部署了下一步工作任务。明确提出在全系统推广碑林分局经验，在户外广告监管方面，凡有前置审批手续的实行登记发证制，没有前置审批手续的全面实行行政备案制。赵长春局长到会并作了重要讲话。碑林分局、雁塔分局、双生分局、经开分局、长安分局和户县工商局的六个单位局长分别根据各自工作特点从不同角度就其广告监管工作做了会议交流发言。这次会议领导重视，规格高任务明确、效果明显，受到大家一致好评。

二、积极履行指导广告业发展职能，大力支持全市广告业的发展

在年初的制定工作要点时，我们把促进广告业发展作为今年工作的第一要务。一年来，在这方面主要做了以下工作：一是重点扶持100家广告企业。由各分县局推荐重点扶持的广告企业，市局统一组织考察确定。结合工商职能，帮助解决广告企业在发展中遇到的实际困难。从企业注册、变更、年检、申报著、驰名商标、文明单位评比、广告资源设置、广告审查员的培训、广告内容的审查登记等方面重点予以扶持，把企业做大做强。坚持以点带面，推动全市广告业快速发展。二是按照市局党委“转作风、解难题、惠民生”活动的要求，先后深入省、市电视台、西安晚报社、西安商报社、西部法制报社和灞桥分局开展“三解三问”调研活动，了解企业经营和基层局监管中存在的问题，提出了具体解决办法，受到企业的好评。三是在调查研究的基础上，根据西安市广告业发展现状，代市政府办公厅草拟了《关于促进广告业发展的意见》（征求意见稿），目前已报市政府征求完有关部门的意见，待上会。

在4月份全国广告监管工作座谈会上，我局“积极履行工商行政管理职能，大力促进全市广告业健康有序发展”的材料在大会上做了书面交流。

三、开展户外广告市场整治工作

3月初，我们制定下发了《开展户外广告专项检查整顿工作实施方案》，对全市包括显示屏广告、立面广告、单立柱广告（包括高速路两旁的单立柱）、车体广告、候车亭广告、地铁广告、地下通道广告、门头牌匾广告等各类形式的户外广告进行为期4个月的专项检查整顿。整顿分为自查和检查验收两个阶段。在各分县局对本辖区内的各类形式户外广告进行摸底检查的基础上，市局于6月上旬开始，先后组织对城六区、五个开发区、郊三区、四个县区进行检查。凡到每个区域检查，检查组人员由市局广告处牵头，相关分县局主管局长和商广科长参加，检查采取先实地检查户外广告后到分局检查登记和档案情况的方法。这次检查，既规范了全市户外广告监管工作，解决了存在问题，又给分县局同志提供了相互学习、交流的机会，受到基层的好评。

据统计，这次户外广告整顿，全系统共出动人员820 人次，车辆350 台次，检查各类户外广告450余块。今年以来，全系统共办理户外广告登记3600多件。

8月29日省工商局商标广告处到我局调研我市户外大型LED电子显示屏广告监管工作，对我局户外广告日常登记管理工作予以肯定。

四、开展虚假违法广告专项整治工作

一是召开虚假违法广告专项整治联席会议。2月28日，市局牵头召开西安市虚假违法广告专项整治工作联席会议。市委宣传部、市纠风办、市公安局、市卫生局、市药监局、市广电局、市新闻出版局成员单位负责广告工作的负责人参加了会议。会议通报了2011年全市虚假违法广告专项整治情况。提出了今后工作重点。会议之前，参加了国家工商总局牵头召开的整治虚假违法广告专项行动部际联席会议第四次全体电视电话会议。

二是根据市政府关于“整顿和规范民办医疗机构工作”专题会议精神和李婧副市长提出的要在全市范围内开展为期1个月的整顿和规范民办医疗机构的专项行动的指示精神，在全市范围内开展了为期1个月的医疗广告专项整治行动。4月6日召开了西安地区各主流媒体广告部主要负责人、部分民办医疗机构主要负责人会议，会议分析了全市广告监管的形势和问题，明确了整顿和规范民办医疗机构广告工作的重点和具体实施方案，对部分媒体违法广告进行了行政告诫，提出了停播和整改的具体要求。之后，在全市工商系统进行了具体的安排部署，明确了整顿和规范的重点。市局利用广告监测平台，加大了对西安地区医疗广告的监测力度，从4月5日至27日，对全市医疗广告集中监测两次，对监测出的轻微违法广告提出了限期整改意见，对涉嫌严重违法广告进行了调查处理。据统计，在为期1个月的专项整治期间，全市工商系统共出动人员961人次，检查民办医疗机构187家，收缴印刷品医疗广告1800余份，共监测医疗广告3206条，涉嫌违法321条，违法率为9.7%，对六家涉嫌发布严重违法广告的民办医疗机构进行了立案查处。

三是按照国家总局的要求，安排部署了关于加强旅游服务广告市场管理的有关工作。

今年，全系统共查办各类虚假违法广告案件496件，罚没款254.159 万元。市局共发布12 期监测报告，监测各类广告9万余条。

五、开展2011年度广告经营资格年度检查工作

组织对全市领取《广告经营许可证》的50多户电台、电视台、报刊出版单位及事业单位进行2011年度广告经营资格检查。市局结合“三解三问”活动，为西安日报社等单位进行了上门年检，受到广告经营单位的好评。

六、积极做好虚假违法广告投诉案件的办理工作

今年，针对有关部门转办广告案件和职业打假人

投诉广告案件数量有所增加的情况，我们专门指定专人负责投诉案件的督办工作，提高查办效率。今年，市局受理消费者投诉举报案件46件，全部办结。

七、组织开展公益广告宣传活动

今年，为了配合全市迎接国家卫生城市复审工作，专门下发《关于开展户外宣传创卫复审工作有关事项的通知》，要求各户外广告经营单位充分利用户外媒体宣传创卫复审工作，在全市范围内营造“巩固创卫成果，迎接国卫复审、建设美好家园”等内容的热烈氛围。据统计，全市共发布以宣传创卫复审为主题的公益广告130余条。党的十八大召开前期和十八大期间，我们组织全市户外广告经营者利用自有广告牌发布宣传十八大的宣传语260条。

’2013 中国广告年鉴
China Advertising Yearbook

行业组织

Organizations in Advertising Industry

中国广告协会

中国广告协会职能任务

一、学习、宣传、贯彻《中华人民共和国广告法》和有关广告管理法规、规章，协助政府做好行业管理，同时向政府有关部门反映行业的意见和建议，充分发挥政府与行业沟通的桥梁和纽带作用。

二、开展广告业发展状况的调查研究，积极参与广告行业的相关法律、法规和产业政策的研究、制定，接受委托参与制订、修订广告行业标准、发展规划、准入条件，完善广告行业管理，促进广告行业发展。

三、经政府有关部门批准，开展广告业企业资质认定工作，促进企业向专业化、集约化、品牌化、规模化发展，提高经营管理水平和核心竞争力，增强企业的社会责任感。

四、开展国内国外培训、学术论坛、经验交流等活动，加强广告理论研究，努力提高从业人员的业务能力、法律素质、道德品质。

五、拓展信息资源渠道，建立信息网络。经政府有关部门授权进行行业统计、分析、整理、发布，收集与广告业有关的国内外信息，为行业和会员单位提供信息服务。依照有关规定，出版行业图书、杂志、内部刊物等，办好行业网站。

六、受政府委托或根据市场和行业发展需要，举办行业展览，推广先进的广告制作技术、设备、材料、工艺，开展促进广告的创意、设计、制作、发布水平提高的活动。

七、开展国际交流与合作。积极与国际广告组织以及各国、各地区广告组织建立联系，探讨促进业务合作，代表和统一组织中国广告界参加国际广告活动。积极支持广告企业走向国际市场，在企业参与国际竞争等方面发挥作用。

八、加强行业自律。做好广告发布前的咨询工作，根据政府有关部门的授权，开展广告内容和形式的合法性审核。建立广告监测、劝诫机制和广告投诉处理机制。组织制定行规、行约，推动企业依法、诚信经营、公平竞争。经政府有关部门批准，开展行业文明单位、优秀工作者的评选、表彰活动，逐步完善行业信用体系，努力构建和维护良好的广告经营秩序。积极宣传并向社会推荐资质优秀的广告企业。

九、有效地开展行业维权工作。开展行业法律事务咨询服务，调解行业内、外部纠纷，针对事关行业发展的重大问题进行深入调研，积极反映行业的诉求，维护行业的权益。

十、承办政府部门授权或委托的有关事项。

中国广告协会组织结构图

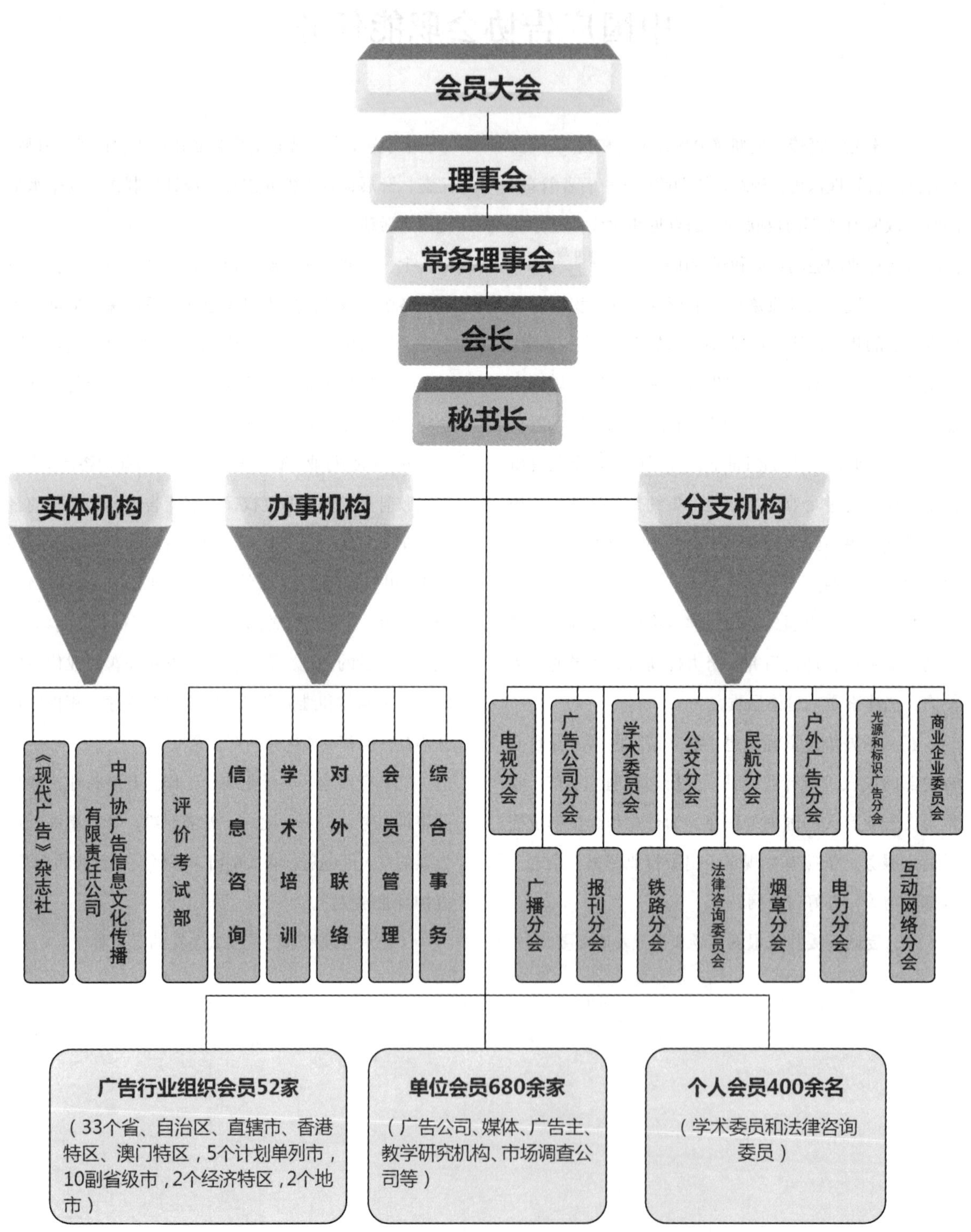

中国广告协会章程

（2009年8月25日经国家民间组织管理局核准）

第一章 总 则

第一条 本团体的名称是：中国广告协会，英文名称：CHINA ADVERTISING ASSOCIATION，缩写：CAA。

第二条 本团体是由广告公司、广告媒体、广告主、广告调查机构、广告设备器材供应机构等经营单位、地方性广告组织、广告教学研究机构及个人自愿结成的行业性的全国性的非营利性的社会组织。

第三条 本团体的宗旨：高举中国特色社会主义伟大旗帜，以马克思列宁主义、毛泽东思想、邓小平理论和“三个代表”重要思想为指导，坚持四项基本原则，坚持改革开放，全面贯彻落实科学发展观，遵守宪法、法律、法规和国家政策，遵守社会道德风尚，代表和维护行业的合法权益，为行业服务，加强行业自律，促进广告业健康、和谐发展。

第四条 本团体接受登记管理机关中华人民共和国民政部和业务主管单位国家工商行政管理总局的业务指导和监督管理。

第五条 本团体的住所：北京。

第二章 业务范围

第六条 本团体的业务范围：

“提供服务、反映诉求、规范行为”是本会的主要职能，本会紧密围绕职能开展业务工作。

（一）学习、宣传、贯彻《中华人民共和国广告法》和有关广告管理法规、规章，协助政府做好行业管理，同时向政府有关部门反映行业的意见和建议，充分发挥政府与行业沟通的桥梁和纽带作用。

（二）开展广告业发展状况的调查研究，积极参与广告行业的相关法律、法规和产业政策的研究、制定，接受委托参与制订、修订广告行业标准、发展规划、准入条件，完善广告行业管理，促进广告行业发展。

（三）经政府有关部门批准，开展广告业企业资质认定工作，促进企业向专业化、集约化、品牌化、规模化发展，提高经营管理水平和核心竞争力，增强企业的社会责任感。

（四）开展国内国外培训、学术论坛、经验交流等活动，加强广告理论研究，努力提高从业人员的业务能力、法律素质、道德品质。

（五）拓展信息资源渠道，建立信息网络。经政府有关部门授权进行行业统计、分析、整理、发布，收集与广告业有关的国内外信息，为行业和会员单位提供信息服务。依照有关规定，出版行业图书、杂志、内部刊物等，办好行业网站。

（六）受政府委托或根据市场和行业发展需要，举办行业展览，推广先进的广告制作技术、设备、材料、工艺，开展促进广告的创意、设计、制作、发布水平提高的活动。

（七）开展国际交流与合作。积极与国际广告组织以及各国、各地区广告组织建立联系，探讨促进业务合作，代表和统一组织中国广告界参加国际广告活动。积极支持广告企业走向国际市场，在企业参与国际竞争等方面发挥作用。

（八）加强行业自律。做好广告发布前的咨询工作，根据政府有关部门的授权，开展广告内容和形式的合法性审核。建立广告监测、劝诫机制和广告投诉处理机制。组织制定行规、行约，推动企业依法、诚信经营、公平竞争。经政府有关部门批准，开展行业文明单位、优秀工作者的评选、表彰活动,逐步完善行业信用体系,努力构建和维护良好的广告经营秩序。积极宣传并向社会推荐资质优秀的广告企业。

(九)有效地开展行业维权工作。开展行业法律事务咨询服务,调解行业内、外部纠纷,针对事关行业发展的重大问题进行深入调研,积极反映行业的诉求,维护行业的权益。

(十)承办政府部门授权或委托的有关事项。

第三章 会 员

第七条 本团体的会员种类:单位会员和个人会员。

第八条 申请加入本团体的会员,必须具备下列条件:

(一)拥护本团体的章程;

(二)有加入本团体的意愿;

(三)在本团体的业务(行业、学科)领域内具有一定的影响;

(四)单位会员:

1.具有企业法人资格或广告经营资格,依法经营两年以上,并符合下列条件之一者:

(1)年广告营业额在600万元以上的广告公司;

(2)年广告营业额在3000万元以上设有专门的广告经营机构的报社、电视台;

(3)年广告营业额在1000万元以上,设有专门的广告经营机构的网络公司;

(4)年广告营业额在300万元以上,设有专门的广告经营机构的广播电台;

(5)年广告营业额在100万元以上的杂志社、广告信息服务机构、广告调查研究机构、广告器材与设备企业等单位;

(6)年广告费投入在500万元以上,设有广告宣传机构的工商企业。

2.具有社团法人资格的广告行业组织和其他相关组织。

(五)个人会员:具有较高的广告学术水平和丰富实践经验的学者、专家,并基本符合下列条件之一者:

1.出版过广告学术专著或在全国性报刊杂志上发表过广告论文,从事广告理论研究3年以上的研究员或副研究员;

2.有广告及相关学科的专著发表,在高等院校从事广告教育3年以上的教授或副教授;

3.从事广告策划、创意、设计或经营管理工作5年以上,获得过国家级优秀广告论文或作品奖或在全国性杂志、出版物上发表过广告论文的广告经营单位的工作者;

4.取得国家有关单位认定的广告或与广告相关领域的高级专业技术资格证书者。

第九条 会员入会的程序是:

(一)提交入会申请书;

(二)经理事会讨论通过;

(三)由理事会或理事会授权的机构发给会员证。

第十条 会员享有下列权利:

(一)本团体的选举权、被选举权和表决权;

(二)参加本团体的活动;

(三)获得本团体服务的优先权;

(四)对本团体工作的批评建议权和监督权;

(五)入会自愿、退会自由;

(六)遇到经营困难、矛盾有获得本会支持、帮助和法律援助的权利;

(七)享有本会帮助提升会员单位品牌影响力的权利。

第十一条 会员履行下列义务:

(一)执行本团体的决议;

(二)维护本团体合法权益;

(三)完成本团体交办的工作;

(四)按规定交纳会费;

(五)向本团体反映情况,提供有关资料;

(六)维护本会合法权益和形象。

第十二条 会员退会应书面通知本团体,并交回会员证。会员如果2年不交纳会费或不参加本团体活动的,视为自动退会。

第十三条 会员如有严重违反本章程的行为,经常务理事会表决通过,予以除名。

第四章 组织机构和负责人产生、罢免

第十四条 本团体的最高权力机构是会员代表大

会，会员代表大会的职权是：

（一）制定和修改章程；

（二）选举和罢免理事；

（三）审议理事会的工作报告和财务报告；

（四）制定并修改会费标准；

（五）决定终止事宜；

（六）决定其他重大事宜

第十五条 会员代表大会须有2/3以上的会员代表出席方能召开，其决议须经到会会员代表半数以上表决通过方能生效。

第十六条 会员代表大会每届5年。因特殊情况需提前或延期换届的，须由理事会表决通过，报业务主管单位审查并经社团登记管理机关批准同意。但延期换届最长不超过1年。

第十七条 理事会是会员代表大会的执行机构，在闭会期间领导本团体开展日常工作，对会员代表大会负责。

第十八条 理事会的职权是：

（一）执行会员代表大会的决议；

（二）选举和罢免会长、副会长、秘书长；选举和罢免常务理事；

（三）筹备召开会员代表大会 ；

（四）向会员代表大会报告工作和财务状况；

（五）决定会员的吸收或除名；

（六）决定设立办事机构、分支机构、代表机构和实体机构；

（七）决定副秘书长、各机构主要负责人的聘任；

（八）领导本团体各机构开展工作；

（九）制定内部管理制度；

（十）决定其他重大事项。

第十九条 理事会须有2/3以上理事出席方能召开，其决议须经到会理事2/3以上表决通过方能生效。

第二十条 理事会每年至少召开一次会议，情况特殊的，也可采用通讯形式召开。

第二十一条 本团体设立常务理事会。常务理事会由理事会选举产生，在理事会闭会期间行使第十八条第一、三、五、六、七、八、九项的职权，对理事会负责（常务理事人数不超过理事人数的1/3）。

第二十二条 常务理事会须有2/3以上常务理事出席方能召开，其决议须经到会常务理事2/3以上表决通过方能生效。

第二十三条 常务理事会至少半年召开一次会议；情况特殊的也可采用通讯形式召开。

第二十四条 本团体的会长、副会长、秘书长必须具备下列条件：

（一）坚持党的路线、方针、政策、政治素质好；

（二）在本团体业务领域内有较大影响；

（三）会长、副会长最高任职年龄不超过70周岁；

（四）秘书长最高任职年龄不超过70周岁，秘书长为专职；

（五）身体健康，能坚持正常工作；

（六）未受过剥夺政治权利的刑事处罚；

（七）具有完全民事行为能力。

第二十五条 本团体会长、副会长、秘书长如超过最高任职年龄的，须经理事会表决通过，报业务主管单位审查并经社团登记管理机关批准同意后，方可任职。

第二十六条 本团体会长、副会长、秘书长任期5年，最长不得超过两届。因特殊情况需延长任期的，须经会员代表大会2／3以上会员代表表决通过，报业务主管单位审查并经社团登记管理机关批准同意后方可任职。

第二十七条 本团体秘书长为本团体法定代表人，法定代表人代表本团体签署有关重要文件。本团体法定代表人不兼任其他团体的法定代表人。

第二十八条 本团体会长行使下列职权：

（一）召集和主持理事会、常务理事会；

（二）检查会员代表大会、理事会、常务理事会决议的落实情况。

第二十九条 本团体秘书长行使下列职权：

（一）主持办事机构开展日常工作，组织实施年度工作计划；

（二）协调各分支机构、代表机构、实体机构开展工作；

（三）提名副秘书长以及各办事机构、分支机构、代表机构和实体机构主要负责人，交理事会或常务理事会决定；

（四）决定办事机构、代表机构、实体机构专职工作人员的聘用；

（五）处理其他日常事务。

第五章 资产管理、使用原则

第三十条 本团体经费来源：

（一）会费；

（二）捐赠；

（三）政府资助；

（四）在核准的业务范围内开展活动或服务的收入；

（五）利息；

（六）其他合法收入

第三十一条 本团体按照国家有关规定收取会员会费。本团体开展评比、评选、表彰等活动，不收取任何费用。

第三十二条 本团体经费必须用于本章程规定的业务范围和事业的发展，不得在会员中分配。

第三十三条 本团体建立严格的财务管理制度，保证资产来源合法、真实、准确、完整。

第三十四条 本团体配备具有专业资格的会计人员。会计不得兼任出纳。会计人员必须进行会计核算，实行会计监督。会计人员调动工作或离职时，必须与接管人员办清交接手续。

第三十五条 本团体的资产管理必须执行国家规定的财务管理制度，接受会员代表大会和财政部门的监督。资产来源属于国家拨款或者社会捐赠、资助的，必须接受审计机关的监督，并将有关情况以适当方式向社会公布。

第三十六条 本团体换届或更换法定代表人之前必须接受社团登记管理机关和业务主管单位组织的财务审计。

第三十七条 本团体的资产，任何单位、个人不得侵占、私分和挪用。

第三十八条 本团体专职工作人员的工资和保险、福利待遇，参照国家对事业单位的有关规定执行。

第六章 章程的修改程序

第三十九条 对本团体章程的修改，须经理事会表决通过后报会员代表大会审议。

第四十条 本团体修改的章程，须在会员代表大会通过后15日内，经业务主管单位审查同意，并报社团登记管理机关核准后生效。

第七章 终止程序及终止后的财产处理

第四十一条 本团体完成宗旨或自行解散或由于分立、合并等原因需要注销的，由理事会或常务理事会提出终止动议。

第四十二条 本团体终止动议须经会员代表大会表决通过，并报业务主管单位审查同意。

第四十三条 本团体终止前，须在业务主管单位及有关机关指导下成立清算组织，清理债权债务，处理善后事宜。清算期间，不开展清算以外的活动。

第四十四条 本团体经社团登记管理机关办理注销登记手续后即为终止。

第四十五条 本团体终止后的剩余财产，在业务主管单位和社团登记管理机关的监督下，按照国家有关规定，用于发展与本团体宗旨相关的事业。

附 则

第四十六条 本章程经2008年1月12日第五次会员代表大会表决通过。

第四十七条 本章程的解释权属本团体的理事会。

第四十八条 本章程自社团登记管理机关核准之日起生效。

中国广告协会企业资质认定公告（第10号）

中国广告协会企业资质认定委员会第十次认定会议于2012年12月27日在北京召开。会议认定中国一级广告企业48家，核准中国二级广告企业193家、中国三级广告企业67家。被认定的广告企业，其资质等级有效期限3年，自2013年1月1日起至2015年12月31日止。现予公告。

中国一级广告企业

综合服务类

北京互通联合国际广告有限公司
国网卓越传媒广告（北京）有限公司
河北春秋文化传播有限公司
浙江思珀整合传播有限公司
武汉利器传播集团有限公司
福建新思维企划有限公司
深圳市风火创意管理股份有限公司

媒体服务类

北京未来广告有限公司
北京巴士传媒股份有限公司
德高广告（北京）有限公司
上海铁路文化广告发展有限公司
德高广告（上海）有限公司
上海雅润文化传播有限公司
张家口通泰广告传媒有限公司
江苏泽苑实业有限公司
苏州工业园区苏城广告有限公司
无锡广播电视发展有限公司
南京金陵文化传播有限公司
南京世纪之声传媒股份有限公司
南京国广联媒体广告有限公司
江苏恒诺文化传媒有限公司
诸暨市一百广告传媒有限公司
杭州萧山国际机场高速广告有限公司
浙江银马广告有限公司
安徽新里程广告有限公司
安徽海洋风广告传媒有限公司
泉州市艺林广告有限公司
厦门特视传媒有限公司
福建太古广告有限公司
江西虹谊文化传播有限公司
山东通广传媒广告有限公司
晨鸿传媒集团有限公司
山东智慧广告传媒有限公司
武汉希格尔广告有限公司
武汉新宇广告装饰有限公司
大象广告有限公司
云南春晚传媒有限公司
云南天下艺佳广告传媒有限公司
四川分时广告传媒有限公司
西安市振兴公交广告有限责任公司
西部机场集团广告传媒（西安）有限公司

设计制作类

上海南方广告有限公司

上海大同文化传播有限公司

浙江义乌中国小商品城广告有限责任公司

智龙文化传媒股份有限公司

湖南木林森文化发展有限公司

湖南鼎翰文化传播有限公司

珠海华发文化传播有限公司

中国二级广告企业

综合服务类

上海尚美广告有限公司

上海中时广告有限公司

山西华通广告传媒有限公司

长春市城建广告有限责任公司

吉林恒辰文化传播有限公司

四平市鑫拓广告传媒有限公司

吉林省明基广告有限公司

吉林省今朝文化传媒有限公司

辽源市金帆广告有限公司

白山市众日广告装饰有限公司

白山市华夏王安装饰广告工程有限公司

淮安市长江广告有限公司

江苏苏立信文化创意产业有限公司

镇江润泰影视文化传播有限公司

镇江市五月天广告有限公司

无锡蓝天文化传媒有限公司

南京嘉佑品牌策划管理有限公司

湖州百世永盛广告有限公司

宁波坤晨广告有限公司

诸暨画龙广告装饰有限公司

诸暨市永辉霓虹广告有限公司

诸暨市宏远广告有限公司

上虞市创想广告传媒环艺工程有限公司

上虞市国艺广告制作有限公司

浙江博盛广告传媒有限公司

湖州智业文化传媒有限公司

长兴领秀广告有限公司

长兴卫示广告传媒有限公司

德清红太阳广告策划有限公司

金华金殿广告装潢有限公司

义乌市陈震广告有限公司

台州市长虹广告装潢有限公司

安徽省皖西敦煌广告公司

马鞍山市卓越广告有限公司

铜陵市创意广告装饰有限责任公司

安庆市成盛广告装璜有限责任公司

芜湖市万象广告有限责任公司

池州市公共交通集团有限公司

芜湖华视传媒广告有限公司

合肥赛天使广告有限责任公司

江西光辉文化传播有限公司

江西七彩文化传媒有限公司

江西天义广告艺术有限公司

江西省宏宇文化传媒有限公司

江西意创实业有限公司

江西巨鼎实业有限公司

九江市新东方广告有限公司

九江盛邦广告发展有限公司

泰安市泰山鸿翔文化传播有限公司

淄博龙吟传媒广告有限公司

淄博天雷文化传媒有限公司

山东凯拓广告传媒有限公司

淄博皓宇广告有限公司

济南卓越广告传媒有限公司

青岛架桥广告装潢有限公司

青岛博鳌广告有限公司

临沂福瑞德会议展览有限公司

临沂市聚众广告传媒有限公司

山东鸿儒文化集团有限公司

东营高成广告有限公司

烟台风云广告有限公司

山东互通广告传播有限公司
山东政和商务有限公司
山东桃源广告有限公司
湖北诚信广告装饰工程有限责任公司
荆州市金凤广告有限责任公司
湖北枫叶企业发展有限公司
湖北丹青广告传媒有限公司
湖北京伦传媒集团股份有限公司
湖北五四广告装璜有限公司
湖北兴裕广告有限责任公司
随州市盛世广告有限公司
宜昌市天天广告有限责任公司
宜昌市联文广告有限责任公司
宜昌朗清装饰艺术设计工程有限公司
宜昌优拓传媒有限公司
湖北盖恩传媒有限公司
湖北创新广告有限公司
十堰晋盛传媒广告营销策划有限公司
湖北精点广告装饰有限公司
湖北铭发广告传媒有限公司
湖北楚南广告装饰工程有限公司
湖北易大文化传媒有限公司
孝感市金美广告有限责任公司
利川市力拓广告文化传媒有限公司
利川市时代广告（传媒）有限公司
湖北东玉广告装饰有限公司
通山县楚南雅轩广告装饰有限公司
荆门市映月电力工程有限公司
长沙京奥文化传播有限公司
湘潭市科美广告装饰有限公司
张家界科艺广告有限公司
阳江市新华广告有限公司
深圳市森广源广告有限公司
都匀美星广告有限责任公司
黔南州黔视广告有限责任公司
遵义尚诚文化传播有限公司
玉溪市一诺广告有限公司
新疆金山峰广告装饰工程有限公司

媒体服务类

北京蓝香蕉广告有限公司
北京博大数文广告有限公司
北京雅仕维广告有限公司
北京泛太平洋国际广告公司
上海《理财周刊》传媒有限公司
天津市玄通广告有限公司
齐齐哈尔大齐高速广告有限责任公司
佳木斯力佳交通广告有限公司
牡丹江市邮政广告中心
佳木斯前卫广告有限公司
苏州联奥广告传媒有限公司
吴江市宏伟广告有限公司
淮安意百佳影视文化广告有限公司
江苏金海洋国际广告有限公司
南京多元文化传媒广告有限公司
盐城海纳传媒有限公司
阜宁县经纬广告装璜有限公司
盐城悦达广告装饰有限公司
江阴市联合广告传媒有限公司
无锡风尚文化传媒有限公司
南通市通州区广播电视广告有限公司
南通中一广告有限公司
南通广润传媒有限公司
启东市蓝天广告装饰有限责任公司
南通市得胜广告有限公司
连云港海通传媒有限公司
连云港凤凰传媒广告有限公司
连云港廊桥文化传媒有限公司
连云港市万帮广告有限公司
连云港东祥装饰工程有限公司
江苏东方航空传媒有限公司

浙江在线新闻网站有限公司
宁波沧海广告有限公司
温州市高速广告传媒有限公司
德清县游子吟文化传播有限公司
浙江朝辉广告有限公司
台州市通用广告装饰有限公司
蚌埠飞天广告装饰有限责任公司
安庆市众一广告有限责任公司
池州市金兰广告装饰有限责任公司
安徽亿众文化传媒有限公司
宣城市双星广告装饰有限公司
岳西县零点广告有限公司
安徽益昕广告有限责任公司
安徽巨策传媒集团有限公司
望江县天盛文化传媒有限公司
芜湖全景楼市广告有限责任公司
青岛八爪鱼广告文化传播有限公司
临沂金缘广告有限公司
临沂日月广告有限公司
山东路通文化传播有限公司
临沂春旭广告有限公司
莱阳市天丽广告中心
青岛琅琊传媒有限公司
青岛城联广告有限公司
黄石数字移动电视有限公司
随州市中晟传媒有限公司
湖南未来文化传播有限公司
湖南省艺林广告装饰有限公司
桃江县大唐广告传媒有限公司
衡阳市金钟文化传播有限公司
衡阳市王牌广告装饰有限公司
衡阳时代永盛广告传媒有限公司
长沙诺亚广告装饰有限公司
衡阳市旭龙广告有限公司
衡阳市天威广告装饰有限公司
怀化市明天电视艺术广告有限公司
长沙红高粱广告有限公司
广州市英信广告有限公司
珠海公交文化传媒有限公司
深圳市航空广告有限公司
昆明唐码风驰传媒有限公司
银川城市快讯广告有限公司
银川硕丰达文化传媒有限公司
银川思源盛世广告传媒有限公司
新疆盛世空间文化传媒有限公司

设计制作类

金能国信（北京）投资管理有限公司
北京绿地广告有限公司
上海禾龙实业有限公司
上海山河斋广告有限公司
太原真彩盛世商用标识系统工程有限公司
牡丹江新时代广告艺术有限公司
江苏宏大广告有限公司
宁波传立空间艺术工程有限公司
瑞安市飞豹广告装璜有限公司
诸暨市老莲广告有限公司
湖州吴兴新华艺广告有限公司
安徽明生电力广告有限公司
江西省金骏传媒有限公司
崇仁县大建广告传媒有限公司
山东创嘉广告有限公司
山东中动文化传媒有限公司
长沙楚风文化传播有限公司
怀化市新视觉城市广告有限公司

中国三级广告企业

综合服务类

扬州新能源广告有限公司

丹阳市新时代广告有限公司

上虞市远方广告有限公司

浙江嘉恒文化发展有限公司

德清县东方红文化传媒有限公司

金华市非凡文化传播有限公司

衢州电力广告有限公司

义乌市力达广告有限公司

马鞍山市新帝广告艺术有限公司

霍邱县永恒广告传媒装饰有限公司

德兴市新世纪广告装璜有限公司

赣州创一广告策划有限公司

临沂市东泽广告有限公司

威海博大文化传媒有限公司

烟台嘉隆广告装饰工程有限公司

威海三鑫传媒有限公司

宜昌市弘亨广告传媒有限公司

利川市合众广告文化传媒有限责任公司

天门市瑞德广告装饰工程有限公司

中山市三川小集广告有限公司

云南深红壹佰广告有限公司

媒体服务类

上海飞日广告有限公司

佳木斯手传手广告传媒有限公司

黑龙江省华讯广告策划有限公司

宿迁市楚源传媒广告有限公司

盐城市城市干线广告传媒有限公司

无锡壹线网络传媒有限公司

江苏金莱雅集团广告有限公司

连云港市凯特广告有限公司

连云港中原广告有限公司

连云港骏通广告有限公司

连云港市千彩霓虹广告装饰有限公司

连云港顺昌广告装饰有限公司

连云港市九阳广告装饰有限公司

连云港极策文化传媒有限公司

连云港缔凡文化传媒有限公司

徐州华荧视博传媒制作有限公司

浙江易邦旅业传媒有限公司

温岭日报有限公司

温州市尊荣广告传媒有限公司

乐清日报有限公司

义乌市正大广告有限公司

池州艺海潮广告有限公司

凤阳县科阳广告文印有限公司

安徽鲍宇传媒有限公司

九江市新长征广告发展有限公司

长沙恒尊广告有限公司

设计制作类

上海屹航广告有限公司

扬州金笛广告有限公司

南通无限广告装璜有限公司

南通通宇广告装潢传媒有限公司

南通金凯广告公司

奉化市弘奥文体有限公司

绍兴市星艺广告有限公司

上虞聚慧堂广告策划有限公司

湖州巨业广告装潢有限公司

长兴色彩文化传媒有限公司

长兴裕丰广告有限公司

安吉杜氏广告文化传播有限公司

舟山市天海传媒有限公司

和县信运星广告有限公司

潍坊弘宇广告有限公司

文登市金太阳广告有限公司

天门市华亚广告有限公司

黔南庄源广告装璜有限责任公司

黔西南州晶泰广告有限责任公司

兴义市创佳广告装饰有限公司

中国广告协会各分支机构负责人名单

1. 电视分会

主 任：

罗 明 中央电视台副台长

副主任：

金国强 （专职）

郭振玺 中央电视台财经频道总监

张晓建 江西电视台副台长／广告部主任

樊旭文 湖南卫视广告部主任

金仲波 上海东方传媒集团有限公司广告经营中心主任

秘书长：

金国强（兼）

副秘书长：

钱 毅 北京电视台广告部主任

何海明 中央电视台广告部副主任

常 委：

党海燕 国家广播电影电视总局电影卫星频道节目制作中心广告部主任

郭列亚 重庆广播电视集团（总台）电视广告经营中心主任

云 燕 天津电视台副台长

郑 刚 云南电视台副台长

杨克光 广东电视台广告部主任

王悦路 河北电视台广告管理中心主任

宋士忠 山东电视台广告部主任

王军保 河南电视台广告管理中心主任

崔 军 辽宁广播电视广告有限公司总经理

张建勇 四川广播电视集团广告经营中心主任

张应敬 江苏广播电视总台电视广告管理中心办公室主任：

查道存 安徽电视台广告中心主任

2. 广播分会

主 任：

刘宝顺 原中央人民广播电台副台长

副主任：

王 勇 天津人民广播电台副台长

王晓轩 辽宁人民广播电台副台长

杨 清 湖南人民广播电台副总编辑

史林杰 新疆人民广播电台党委书记

刘卫星 陕西人民广播电台副台长

杨 晶 黑龙江广电局副总编辑

孙 柏 山东人民广播电台副台长

杨文华 深广集团广告中心副总经理

李明月 浙江广电集团管委会委员

李忠诚 湖北广电总台编委会副主任

何 东 四川人民广播电台副台长

宋书深 河北人民广播电台副台长

张文雷 中央台央广传总经理

郑加强 国际台国广传媒副总经理

孟 立 北京台广告经营办主任

赵随意 广东人民广播电台副台长

蒋金戈 上广集团广告中心副主任

曾庆洪 江西人民广播电台副台长

覃信刚 云南人民广播电台台长

秘书长：

吴 江 中央台央广传媒副总经理

副秘书长：

曾 芳 中央人民广播电台广告部主任

刘博天 中广协学术培训部

汤永坚 南京台雷迪欧广告公司总经理

魏建文 西安人民广播电台广告中心主任

常 委：

戴玉山　国际台国广传媒广告市场部主任
刘延平　福建广电集团广播广告公司经理
范希军　沈阳人民广播电台广告部主任
王树勋　山西人民广播电台副台长
王　彬　大连台经营管理中心主任
蒋永泰　厦门广播电视集团广告公司助总
张颖福　甘肃人民广播电台广告部主任
曹　勇　江苏广电总台广播传媒中心副总裁
张一莉　浙广集团广告管理中心主任
古　城　青海人民广播电台广告部主任
王　瑾　贵州台广告营运中心主任
宋　扬　宁夏台广告经营中心主任
程　普　江西人民广播电台副台长
王德佩　南京人民广播电台副台长
刘长江　西藏人民广播电台台长
马文彬　成都台天成声音传媒有限公司总经理
范　健　广西人民广播电台副台长
梁彦琴　武汉总台广播广告业务总监
郭文秀　内蒙古人民广播电台副台长
方伟标　广州人民广播电台广告部主任
周英琼　宁波广电广告中心主任
陈经敏　吉林人民广播电台副台长
王云松　安徽人民广播电台副台长
詹　卡　重庆广电总台助总
袁　晖　佛山人民广播电台副台长

3. 广告公司分会

主　任：

鄢 钢　北京国安广告公司

副主任：

吴子华　中国国际广告公司
吴晓波　广东平成广告有限公司
张　丽　南京银都广告商务有限责任公司
郭丽娟　上海广告公司
沈赞臣　上海灵狮广告有限公司
贾世廷　盛世长城国际广告有限公司
孟兴中　四川巴蜀新形象广告传媒股份有限公司
胡纪平　北京广告公司
赵和平　北京电通广告公司
高　峻　上海梅高创意咨询有限公司
萧景勋　四川西南国际广告公司
童　年　北京太阳圣火广告有限公司
程小玲　中国广告联合总公司
潘　阳　哈尔滨国际广告传媒集团

秘书长：

刘文哲　中国广告协会考试评价部

常　委：

王　欣　扬罗必凯广告公司
王德荣　天津盛华国际广告发展有限公司
王濂洪　上海美术设计公司
邓超明　北京互通联合国际广告有限公司
吴　斌　贵州天马广告公司
陈树林　天津双木广告策划传播有限公司
徐　建　北京闪特捷先广告传媒有限公司
徐卫文　安徽金鹏国际广告公司
赵　烨　上广国际广告创意产业基地发展有限公司
贾丽军　江苏卓越形象媒体传播有限公司
蒋　明　南京市广告有限公司
蒋小燕　上海中宣国际传播（集团）有限公司
戴书华　广东省广告集团有限公司

4. 报刊分会

主　任：

梁勤俭　（专职）

副主任：

李　健　北京日报社
张勤耘　湖北日报社
朱长元　解放日报社
赵文华　广州日报社

秘书长：

梁勤俭　（兼）

委　员：

左　海　光明日报社（调离广告部门）
乔建宾　中国青年报社
王湘宏　参考消息报社
霍　静　天津日报社
王　克　今晚报社
陈云凌　河北日报社
王健生　新民晚报社
冯　彦　吉林日报社（退休）
关云平　深圳报业集团
刘春堂　深圳特区报社
邓晓林　安徽日报社
李　伟　山西日报社
姜　晖　南方日报报业集团
肖金生　重庆日报报业集团
高小琳　甘肃日报社
何玉明　黑龙江日报报业集团
方卫英　浙江日报社
周　杰　云南日报社
夏晓晖　羊城晚报社（离社）
唐惠明　宁波日报报业集团
白立辉　辽宁日报报业集团
梁洪文　齐鲁晚报社
董　奇　无锡日报报业集团（调离广告部门）
魏　剑　河南日报社
高卷堂　经济日报社
赵媛媛　大连日报社
谭邦君　厦门日报社
薛晓燕　陕西日报社

5. 学术委员会

主　任：

金定海　上海师范大学人文与传播学院

副主任：

黄升民　中国传媒大学广告学院
董立津　梅高（中国）创意咨询机构
丁邦清　广东省广告公司
陈　刚　北京大学新闻与传播学院
何海明　中央电视台广告部
关瑞鸿　中国广告协会学术培训部

秘书长：

关瑞鸿（兼）

常　委：

吴晓波　广东平成广告有限公司
贾丽军　卓越形象品牌创意产业机构
江绍雄　蓝道广告公司
乔　均　南京财经大学营销与物流管理学院
胡晓云　浙江大学传媒与国际文化学院
王亚非　鲁迅美术学院大连校区
罗子明　北京工商大学传播与艺术学院
徐永新　浙报集团社长助理、红旗出版社社长
潘　阳　哈尔滨海润国际广告传播（集团）有限公司
冯帼英　天进品牌管理机构
何　春　成都大西南广告公司
谷文通　新疆普拉纳广告公司
杨同庆　首都经济贸易大学、文化与传播学院广告系
许正林　上海大学影视学院
林升栋　厦门大学新闻传播学院广告系
姚　曦　武汉大学新闻传播学院广告系
星　亮　暨南大学新闻与传播学院广告学系
曾　芳　中央人民广播电台广告部
傅夏苇　人民日报广告部编辑出版处
崔　斌　文化中国传播集团
张继宏　中铁世纪传媒广告有限公司

6. 铁路分会

主　任：

张继宏　中铁世纪传媒广告有限公司总经理

副主任：

陈国忠　上海铁路文化广告发展有限公司总经理
宋德辉　沈阳铁道文化传媒集团有限公司总经理
方　劲　成都铁路文化传媒总公司总经理

孙长松　广州铁路集团文化广告总公司总经理

邢宁贵　副主任兼秘书长

常务副秘书长：

陆永革　上海铁路文化广告发展有限公司副总经理

副秘书长：

何　态　中铁世纪传媒广告有限公司副总经理

凌遵斌　北京时刻文化传媒中心总经理

常务理事：

哈尔滨铁路站车文化传媒有限公司

沈阳铁道文化传媒集团有限公司

中铁世纪传媒广告有限公司

河南中原铁道文化传媒有限公司

武汉武铁中力文化传媒有限公司

陕西铁路客运服务有限责任公司

山东中铁旅游广告集团有限公司

上海铁路文化广告发展有限公司

南昌铁路文化广告传媒有限公司

广州铁路集团文化广告总公司

成都铁路文化传媒总公司

理　事：

哈尔滨铁路站车文化传媒有限公司

沈阳铁道文化传媒集团有限公司

中铁世纪传媒广告有限公司

太原晋太实业（集团）有限公司

内蒙古呼铁文化传媒有限公司

河南中原铁道文化传媒有限公司

武汉武铁中力文化传媒有限公司

陕西铁路客运服务有限责任公司

山东中铁旅游广告集团有限公司

上海铁路文化广告发展有限公司

南昌铁路文化广告传媒有限公司

广州铁路集团文化广告总公司

广西宁铁广告有限责任公司

成都铁路文化传媒总公司

昆明铁路传媒有限公司

甘肃金轮文化传媒有限公司

新疆周全客车服务有限公司

青海铁路路兴物流集团有限公司广告分公司

北京中铁快运广告有限公司

北京铁科驿龙传媒广告有限公司

北京时刻文化传媒中心

人民铁道报社

铁道知识杂志社

7. 公交分会

主　任：

马京明　北京巴士传媒股份有限公司总经理

　　　　北京公交广告有限责任公司董事长

副主任：

王建钢　上海公共交通广告有限公司总经理

王维平　上海强生广告有限公司总经理

吴凤祥　长春市公交广告有限责任公司总经理

薄玉才　山西同航公交广告有限公司总经理

高　勇　西安市振兴公交广告有限责任公司总经理

李　熙　杭州公交广告公司总经理

刘航军　南京梅迪派勒广告公司总经理

康福林　南京国广联广告公司总经理

李长清　成都公交广告有限公司总经理

戴日炳　广州市电车广告公司总经理

曾　军　北京地下铁道广告公司总经理

秘书长：

刘建国　（专职）

8. 法律咨询委员会

主　任：

李国庆　中国广告协会副会长兼秘书长

秘书长：

李方午　中国广告协会秘书长助理（已退休）

委　员：

陶　萍　中国广告协会信息咨询部主任

陈一和　江西省工商局广告处

戴如林　江苏省工商局广告处

邓从锐 湖北省工商局广告处
姜天波 国家工商总局反垄断与反不正当竞争执法局
李亚莉 国家工商总局广告监督管理司
刘 钢 湖南省工商局广告处
刘 芸 安徽省工商局广告处
刘红亮 国家工商总局法规司
王 凯 辽宁省工商局广告处
王 珊 北京市工商局广告处
韦 犁 国家工商总局反垄断与反不正当竞争执法局
余玉敏 四川省工商局广告处
张红勤 浙江省工商局广告处
庄新仿 河北省工商局广告处
程 琥 北京市高级人民法院行政庭
郭启文 国务院法制办工交司
黄 敏 国家食品药品监督管理局食品安全监管司
罗东川 最高人民法院研究室
腾 飞 国务院发展研究中心
张 迅 国务院法制办工交司
张晋京 国家食品药品监督管理局食品许可司
程永顺 北京务实知识产权发展中心
甘功仁 中央财经大学法学院
高金波 汉龙律师事务所
黄升民 中国传媒大学广告学院
琚存旭 乾坤律师事务所
李德成 中华全国律师协会知识产权专业委员会
刘双舟 中央财经大学法学院
唐广良 中国社会科学院知识产权中心
王世强 中国法学会研究员
王锡锌 北京大学法学院
王晓晔 中国社会科学院经济法研究室
吴宏伟 中国人民大学法学院
谢鸿飞 中国社会科学院民法研究室
徐孟洲 中国人民大学法学院
薛刚凌 中国政法大学法学院
赵旭东 中国政法大学民商经济法学院
朱慈蕴 清华大学法学院
陈念端 上海腾迈广告有限公司
李 怡 中央电视台广告部
李西沙 北京电通广告有限公司
沈赞臣 上海灵狮广告有限公司
王 澎 北京电视台广告部
王重义 上海广播电视台广告部
徐 建 北京捷诚先境广告公司
安利（中国）日用品有限公司
百胜餐饮集团中国事业部
宝洁（中国）有限公司
北京大宝化妆品有限公司
达能乳品销售（上海）有限公司
多美滋婴幼儿食品有限公司
高露洁棕榄（中国）有限公司
广东拉芳日化有限公司
汉高（中国）投资有限公司
好来化工（中山）有限公司
可口可乐（中国）有限公司
联合利华（中国）有限公司
玛氏食品（中国）有限公司
欧莱雅（中国）有限公司
上海家化联合股份有限公司
上海雅培制药有限公司
索尼（中国）有限公司
椰树集团有限公司
资生堂（中国）投资有限公司
资生堂丽源化妆品有限公司

9．民航分会

主 任：

路 华 北京首都机场广告有限公司董事长

秘书长：

任 娟 北京首都机场广告有限公司

常 委：

许德仓 中国航空传媒广告公司总经理

刘 伟 上海机场广告有限公司总经理

丁新康 上海东方传媒有限公司副总经理

王真智 上海航空传播有限公司副总经理

王 卫 广州白云国际广告有限公司董事长

王建宁 中国南航集团文化传播有限公司总经理

李 建 深圳市机场广告有限公司总经理

陈华广 成都国际机场广告有限公司总经理

10. 烟草分会

主 任：

刘 杰 中国烟草杂志社社长

副主任：

赵百东 国家烟草专卖局办公室副主任

赵国臣 国家烟草专卖局法规司副司长

秦 剑 国家烟草专卖局烟草信息中心副巡视员

王 宏 中烟卷烟销售公司副总经理

董传国 中烟电子商务公司副总经理

赵 琦 中烟实业发展中心副总经理

韩旺生 中国烟草杂志社社务委员

刘伯新 《东方烟草报》社有限公司社长

董秀明 上海烟草集团公司副总经理

陈 章 四川省烟草公司副总经理

曾献兵 湖南中烟工业有限责任公司副总经理

谢昆或 红塔烟草集团有限责任公司党委书记

常 委：

杨 军 江苏中烟工业有限责任公司党群工作部部长

江 波 红云红河烟草集团有限责任公司宣传策划部部长

林师训 福建省烟草公司办公室主任

罗 霞 浙江中烟工业有限责任公司办公室副主任

李宝新 陕西中烟工业有限责任公司营销中心经理

戚新平 湖北中烟工业有限责任公司市场部部长

王照军 山东中烟工业有限责任公司办公室副主任

张靖江 安徽省烟草公司办公室主任

吴 刚 吉林烟草工业有限责任公司营销中心总监

苏章耀 广东中烟工业有限责任公司办公室副主任

贺连军 山东省烟草公司销售处处长

连豫民 河南省烟草公司办公室主任

秘书长：

高雨竹 中国烟草杂志社综合办公室副处级

副秘书长：

关 蕊 中国烟草杂志社综合办公室职员

11. 户外广告分会

名誉主任：

贺超兵 大贺传媒股份有限公司董事长

主 任：

应曙光 上海西南广告有限公司董事长

副主任：

于凯滨 吉林长春长江广告有限责任公司董事长

刘 方 湖北武汉市丽兰广告艺术有限公司董事长

陆有勇 浙江宁波友谊传媒投资有限公司董事长

杨英智 浙江高速广告有限责任公司总经理

张建国 安徽黑白广告有限责任公司董事长

陈晓彤 TOM 户外传媒集团董事长

周志强 江苏永达广告有限公司董事长

赵松青 北京炎黄健康时代传媒广告有限公司总经理

宣 勤 上海东湖广告装饰有限公司副总经理

谭衍斌 海南白马广告有限公司董事长

萧景勋 四川唐码西南户外传媒有限公司董事长

秘书长：

王焕章（专职）

副秘书长：

陈国荣 上海飞帆广告有限公司行政主管

王海鹰 四川唐码西南户外传媒有限公司总裁办主任

常委：

王国军 大连国域无疆传媒集团有限公司董事长

吕　瑞　深圳高速广告有限公司总经理
乐　晔　上海大众广告有限公司总经理
江南春　分众传媒（中国）控股有限公司董事长
朱桂廷　狮城霓虹广告有限公司总经理
李大卫　陕西西安沙龙广告装饰有限公司董事长
何吉伦　四川分时广告传媒有限公董事长
张镇福　福建精彩广告有限公司董事长
杨允红　福建厦门市路桥广告公司总经理
邱万新　广东速度广告有限公司董事长
杨　凯　山东迅华传媒广告有限公司董事长
赵抗卫　上海新大陆广告有限公司董事长
徐君义　台州景想科技发展有限公司董事长
葛立智　北京歌华阳光广告有限公司董事长
蒋　明　南京市广告有限公司总经理

12. 电力分会

主　任：
李维正　上海电力广告有限公司董事长
副主任：
杨国昌　浙江杭州电力广告有限公司总经理
聂　赛　武汉光明广告有限公司总经理
辛　伟　青岛电力广告有限公司总经理
秘书长：
司琳娜　河南电力广告有限公司总经理
常　委：
周荣杰　北京中朗传媒广告有限公司总经理
杜镜宣　嘉兴电通广告公司总经理
刘鹏龙　济南鲁源电力广告有限公司总经理
赵亚平　洛阳市电力广告公司总经理
尤　凯　沈阳路灯广告公司总经理
于生江　天津市三源电力广告有限公经理
王　强　兰州倚能电力广告策划有限公司经理

13. 光源和标识广告分会

名誉主任：
邵国平　上海新亚霓虹广告有限公司总经理
主　任：
陈　观　上海东湖霓虹灯厂有限公司总经理
副主任：
周芝杰　佛山南海星光霓虹灯有限公司总经理
林永洁　重庆亚光霓虹广告有限责任公司总经理
聂　赛　武汉光明广告公司总经理
赵　勇　南京中亚景观照明工程有限公司总经理
聂振勇　北京世纪金文广告有限公司总经理
常　委：
蓝文彦　广州新广美霓虹灯广告公司总经理
吴宝明　广州金时电子设备厂厂长
高　扬　北京新赛标牌制品有限公司总经理
张　晖　上海骏昌霓虹光管有限公司总经理
韩起文　大连（南昌）美霓光环境科技发展有限公司董事长
王金才　扬州东方霓虹广告有限公司总经理
徐松炎　杭州勇电广告材料有限公司总经理
唐开兴　云南金龙霓虹灯广告工程有限责任公司总经理
王海清：新疆乌鲁木齐夕阳红霓虹灯厂厂长
林少芝　珠海市南宇星电子有限公司总经理
张林生　邯郸市三木霓虹有限公司总经理
丁学忠　五色领先国际照明工程（北京）有限公司董事长
委　员：
牛海军　内蒙古恒隆城市景观照明工程有限公司总经理
朱俊伟　上海中亚霓虹科技有限公司总经理
朱桂廷　沧州市狮城霓虹广告有限公司总经理
吴国庆　江阴华西霓虹广告装饰公司总经理
李　骏　南昌诚德霓虹照明工程有限公司总经理
金　平　陕西金山照明设备工程有限公司总经理
姜振顺　烟台新亚霓虹广告有限公司总经理
谈德鸿　上海亿亚电器有限公司总经理
褚玉鸣　上海霓虹电器厂卢湾分厂董事长

秘书长：

温伯安 （专职）

副秘书长：

褚玉鸣 上海霓虹电器厂卢湾分厂董事长

14. 互动网络分会

主　任：

李国庆 中国广告协会副会长兼秘书长

副主任：

丁　磊 网易公司 CEO

马化腾 腾讯公司首席执行官

王雷雷 空中网董事长兼 CEO

冯　珏 TOM 在线副总裁

朱海龙 好耶网络传媒集团首席执行官

刘振宇 MSN（中国）总经理

陈　永 《现代广告》杂志社社长

谷永锵 优酷 CEO

苏　同 华扬联众 CEO

杨伟庆 艾瑞咨询集团总裁

李　昕 北京华瑞网标信息技术有限公司 CEO

李彦宏 百度公司董事长兼首席执行官

苏　涛 中国信息协会副秘书长

张朝阳 董事局主席兼首席执行官

曹国伟 新浪首席执行官兼总裁

秘书长：

陈　永 （兼）

2012 年度中国广告协会工作总结

2012 年，中国广告协会紧紧围绕总局党组的总体部署，深入学习贯彻党的十七届五中、六中全会和全国工商行政管理工作会议精神，以迎接党的十八大胜利召开为动力，坚持“提供服务、反映诉求、规范行为”的宗旨，把总局党组的要求、行业发展的需要和协会自身的工作紧密结合起来，立足协会职能，加强效能建设，以“四个着力”为工作重点，开拓创新，扎实工作，圆满完成了全年工作任务。

一、积极履行职能，扎实完成全年工作任务

（一）提高统筹协调效能，着力促进行业发展

1. 继续推进职业水平考试工作

一是配合总局进一步完善考试考务工作，推进建立登记服务、继续教育、考试成果再利用等职业水平评价制度。2012 年全国报名参加广告专业技术人员职业水平评价考试（以下简称考试）人数 5342 人，达到合格标准人数 1402 人，总体通过率为 37.4%。二是先后在武汉、重庆等地召开考试工作座谈会，针对 2011 年、2012 年考试存在的问题，研究如何推进 2013 年和今后的考试工作。三是大力宣传推广，扩大行业参与度和社会关注度。召开新闻发布会，制作宣传手册，借助业界专业活动和大众媒体广泛宣传；及时转发《关于做好 2012 年度广告专业技术人员职业水平考试考务工作的通知》（人考中心函〔2011〕80 号），扎实推进考试工作的组织实施。四是调整部分命题、阅卷专家队伍，加强对征题统题、评分标准、评分结果、工作进度把握。五是积极争取经费，协调人社部人事考试中心提前拨付经费；同时争取总局解决经费不足的问题。

2. 认真组织召开全国广告协会工作会议

甘霖副局长亲临会议作重要讲话。高度肯定了 2011 年度全国广告协会的各项工作，强调要认真履行提供服务、反映诉求、规范行为的职责。各地共同探讨在新形势下广告协会如何充分履行职责、加强效能

建设、促进行业发展。

3. 积极构建协会多层次全方位的培训体系

一是举办两期全国广告审查员法律法规培训班，进一步更新广告审查员法律法规知识，提升广告审查员业务素质。二是与复旦大学合作举办以数字营销为主题的高端培训，为本土广告业进行数字化转型培养骨干力量。三是指导协调全国广告师考前培训，做好培训机构、培训教师认定和教材提供等服务工作；指导做好“广告从业人员职业水平考试辅导视频教程”和“广告传媒企业内训课程”。

4. 科学办展办节，推进品牌发展战略

一是成功举办第十九届中国国际广告节，协助天津市政府通过广告节宣传推广天津经济品牌，促进天津经济文化发展。国家工商总局党组书记、局长周伯华首次出席广告节有关活动。以“推动广告战略实施，服务文化产业发展”为主题，创造性地拓展广告节的功能，开展5项专业展览、7个专业奖项评选、7场颁奖盛典、5个高峰论坛和4场专题商务交流活动，首次设立颁发中国公益广告突出贡献奖。美国、英国、日本等十多个国家和地区专业人士均组团参会。二是在北京举办第八届（2012）中国广告论坛、在南京举办第二届中国户外广告论坛、在广告节上举办互联网广告高峰论坛；接受北京市工商局邀请作为首届中国（北京）国际服务贸易交易会（京交会）广告专题板块——“北京国际广告周”的指导单位，为“北京国际广告周”的成功举办做了大量务实的工作。三是大力支持广告园区建设。在2012年广告节上增设“国家广告产业园区展”，全面展示全国广告园区建设成果；在上海嘉定建立广告培训基地，支持上海嘉定广告园区；为北京、南京等广告园区积极引荐会员企业。四是认真学习、宣传《广告产业发展“十二五”规划》，围绕总局中心工作和协会职能，当好政府与企业及企业间的桥梁和纽带，服务广告业发展。

（二）提高服务工作效能，着力提高服务水平

一是编印两会特刊《中国广告业发展专辑》，向两会代表和社会宣传广告业发展成果和广告业核心价值。二是调动学术力量积极配合总局实施“国家广告战略”专项课题研究工作，承担《广告行业自律与广告行业组织地位作用及广告人才培养管理机制研究》子课题研究。按照广告司的要求历时两年完成《互联网广告监管研究》课题研究任务。接受中央电视台广告部的委托，组织开展《中国广告的主导价值》研究项目。召开以“转型发展与品牌创新”为主题的2012年全国广告学术研讨会，编辑出版2011年学委会论文集。三是继续开展企业资质认定工作，并做好相关证明商标的注册工作，截至目前，第十批新申报一级资质的企业56家；再次申报一级资质的企业21家；申报二三级资质的企业239家。四是强化信息服务。进一步创新《国内广告动态》、《国际广告动态》、《品牌学院》和《每日经济》等电子刊物的内容和形式；继续办好《现代广告》杂志和学刊，将广告监管、广告发展方面的最新动态信息及时传递给行业和社会。五是积极搭建广告业国际交流合作平台。组织亚太广告节、戛纳广告节等国际赛事及交流活动，继续认真履行亚太广告节指导委员会主席职责，举办以“传播中国品牌、吸纳国际人才”为主题戛纳广告节“中国活动”；完成报送5对幼狮奖选手参赛的任务。以IAA中国分会的名义邀请国际广告协会主席阿兰·卢克福德先生先后参加北京举办的首届中国（北京）国际服务贸易交易会（京交会）和第十九届中国国际广告节。圆满承办C4A执委会会议。组织举办中韩国际广告公关学术研讨会。尝试开展IAA意大利分会来华实习人员接收联络工作。

（三）提高自律工作效能，着力强化行业自律

一是深化广告发布前的咨询服务工作。全年共接受广告咨询审查1900余条，实施自律劝诫2次，较好地配合了总局广告监管工作。二是启动“广告行业诚信经营单位创建活动”，推动广告行业诚信建设。三是下发《关于进一步规范广告国际交流合作活动的通知》，坚持中国广告业界国际交流的外事原则，规范

行业国际交流活动。四是指导“第一届中国公益广告趋势论坛”等公益广告活动，引导行业共同推动公益广告事业发展。五是积极组织“2011-2012 年度全国先进广告协会和全国广告协会先进工作者评选活动”，引导行业创先争优。六是代表行业进一步争取国家税务总局、财政部继续执行《关于部分行业广告费和业务宣传费税前扣除政策的通知》。七是积极参与户外广告政策调研，及时向政府有关部门反映行业诉求。

二、抓班子、带队伍，积极强化自身建设

（一）加强制度建设

一是推进协会工作制度化、规范化建设。重新修订了职工考勤管理办法、文件档案管理制度、学习报告制度等相关制度；建立并完善调研报告制度，提倡并鼓励做好会员和行业需求调研工作。二是健全学习机制，建立学习考勤制度，扎实推进学习型协会建设。三是理顺并完善分支机构管理办法，指导部分分支机构顺利完成领导班子调整。

（二）加强领导班子建设

一是建立健全领导班子集体学习制度、议事制度和决策制度，增强服务大局的能力、谋划工作的能力、团结群众的能力和廉洁从政的能力。二是努力打造和谐团结的领导班子，新班子、新气象，营造新环境，创造新成绩。三是坚持民主集中制的领导制度，制定议事规则，完善决策机制；广泛深入听取意见，重大事项集体讨论决定。四是坚持批评和自我批评的良好作风，做讲团结、守纪律的模范。

（三）加强党支部建设

一是认真学习领会党的“十八大”精神，召开动员会，制订学习计划，严格抓落实。11 月 22 日召开座谈会，与总局第 49 期党校班共同学习领会党的十八大精神。二是认真开展“创先争优”活动总结工作，针对群众评议意见及时总结经验查找不足，梳理形成长效机制。三是积极参加总局“我身边的共产党员”学习、宣讲活动，形成学习优秀争做模范的良好氛围，教育引导青年积极向党组织靠拢。四是踊跃参与总局“我为效能建设献一计”征文活动，党支部荣获“三等奖”。五是加快建设学习型党支部，坚持党课教育、支部书记讲党课，党员领导干部双重组织生活等制度，充分发挥党支部堡垒作用和党员领导干部“五带头”的作用。六是完成基层党组织分类定级测评工作，自评 100 分，党员群众测评 95.73 分，参与率 82%。七是以建设和谐基层党组织为目标，围绕“深入基层、服务基层”等主题开展形式多样的党团活动，进一步增强党支部凝聚力。积极开展思想谈心活动，及时解决干部职工的实际困难；充分发挥工、青、妇组织的作用，开展形式多样的服务和爱心活动。

（四）加强干部队伍建设

一是制订《中国广告协会深入开展学雷锋活动实施方案》，推动学雷锋活动常态化。二是参加中央国家机关工会联合会举办的“当好主力军，建功十二五，迎接十八大”首届中央国家机关公文写作技能大赛活动，报送 3 件作品，一件获“优秀奖”、两件获“参与奖”。三是认真参加“国家工商总局机关青年岗位学雷锋经验交流暨优秀青年和优秀团员、优秀团干部、先进基层团组织表彰大会”。我单位会展部贾春红同志荣获“第五届国家工商总局机关优秀青年”称号。四是针对年轻人多的特点，组织开展 “中国广告协会优秀青年”争创活动，推进协会青年人才队伍建设。五是积极组织团员青年报名参加中央国家机关青年“根在基层，走进一线”调研活动、总局青年骨干谈业务讲座等多种活动。六是加大年轻干部的培养力度，创造机会晋职晋级。

（五）全面推进创新改革

一是适应“十二五”时期协会改革发展的形式要求，探索指导各地协会工作的新机制、新方法，加强与计划单列市和副省级市广告协会的沟通，重点加强与脱钩协会的联系，确保工作整体开展和推进。二是按照中央关于深化非时政报刊出版单位体制改革的总体部署和总局的总体要求，完成杂志社转企改制工作，转企改制是杂志社 2012 年的重要工作。按照总局的要求，保质、按时完成了总局布置的转企改制各项工作。

三、坚持两手抓，切实推进党风廉政建设

（一）认真落实党风廉政建设工作要求

按照总局要求，深入开展多种形式的理想信念和廉洁从政教育，切实提高领导班子和工作人员廉洁自律意识，认真组织学习贯彻《中国共产党党员领导干部廉洁从政若干准则》，对照“八个严禁”、“52个不准”的要求，对存在的问题进行深刻剖析，接受总局的检查。认真组织全体人员参加总局学习《廉政准则》和《三个规定》测试，检验并严格规范个人行为。

（二）强化廉政风险防范意识

严格执行廉政风险点防范措施，在认真落实廉政风险点防范管理工作的基础上，完善用制度管人、管事、管物的机制和防控体系。

（三）切实落实党风廉政责任制

严格履行“一岗双责”职责，“一把手”负主要责任，分管领导负领导责任，一级抓一级，层层抓落实，有效预防腐败现象发生。

协会领导班子将以深入学习贯彻十八大精神为契机，继续更新观念、促进行业发展，创新方式、提高服务水平，规范行为、强化行业自律，加强建设、提高工作效能，有效推进、全面完成今年的各项工作任务。

2012 年电视分会工作总结

一、培训类

协助广协学术培训部，完成部分省市县级违规广告的电视台参加 2012 年 8 月 22–23 日在太原市大航大酒店举办的“全国广告审查员法律法规培训班”。

二、会议类

2012 年 2 月 23 日在京召开中国广告协会电视分会第七届五次常委工作会议。由浙江广播电视集团、中国广告协会电视分会联合主办，由浙江卫视“中国蓝”承办，由 CTR、CSM 特别支持的“2012 中国电视广告年会”，4 月 17—20 日在杭州 JW 万豪酒店隆重召开。

三、活动类

组织全国电视台参与 2012 年 10 月 26 日在天津举办的第十九届中国国际广告节（包括：组织优秀电视台联展、电视媒体联合推介会以及参加传媒论坛活动等），广告节期间，10 月 27 日由天津电视台、电视分会联合主办的“2012 天津之夜媒企盛宴暨电视广告人年度聚会”，为电视广告人承建了一个互动交流学习充电的平台。

2012 年 6 月 15 日由中国广告协会学术委员会与韩国广告公关学会联合，在北京举办以“东北亚广告公关产业的现状与展望”为主题的韩中国际广告公关研讨会。电视分会协调北京电视台，在 6 月 14 日上午 10:00—11:30 ，近 40 余名韩国广告公关学术、企业界代表参观了北京电视台新址并与北京电视台广告部主管领导做了互动交流论坛。

2012 年协助省级电视台广告协作体办两期全国电视台广告业务培训班。

中国广告协会电视分会与全国思想道德影视公益广告作品库协助中央电视台“CCTV 电视公益广告全球征集活动”，人围作品参加 2013 年国家广电总局“星光电视公益广告大奖”评选。

四、其他类

2012 年 2 月份，收集 2011 年各省级台广告创收。提供电视台专项咨询服务。

全国思想道德公益广告优秀作品库（精神文明办，国家工商总局、国家广电总局、新闻出版总署联合评选的优秀公益广告作品库，设在电视委员会）向全国电视台发放优秀公益广告作品集，并展播。协助部分电视台在京的推介会。

2012年广播分会工作总结

2012年广播分会坚持加强思想意识、创建完善机制建设的工作方针，以中国特色社会主义理论为指导，紧紧围绕“行业服务”和“行业情况调研”的宗旨，解放思想、改革创新，结合广信委的实际工作情况，把各项工作落到实处，现总结如下：

这一年来的七方面工作：

1. 召开“中广协会广告信息工作委员会会长会议”。

2. 组织召开“第二届全国优秀广播广告论文评析活动”。

3. 举办“第四届全国广播广告作品创优评析活动”。

4. 召开“第二届中国广播广告最具影响力人物评析活动”。

5. 主持召开“中国广播电视协会广告信息工作委员会一届五次会议”。

6. 积极发展会员单位。

7. 网络创建，内容维护及更新。

一、召开“中广协会广告信息工作委员会会长会议”

中国广播电视协会广告信息工作委员会会长会议，于2012年2月10日在海南省三亚市召开。会长、副会长及秘书长共23人出席，副会长赵随意主持会议。

会议内容：

（一）中国广播电视协会广告信息工作委员会一届五次会议暨广播分会七届五次会议，于2012年7月2日在呼伦贝尔召开，由内蒙古电台承办

（二）确定“最具影响力广告人物”报送原则和具体事宜。

1．必须是广播广告行业内有决策力、影响力和领导力的人（非业务人员）。

2．由各会员台报送。

报送截止时间：2012年4月30日。

（三）关于会员台在中广协以全新面貌展现的议题

借助国家工商总局领导和广告司领导履新，广播广告人要以此为契机展现实力，全新亮相。具体细节再行商议。

刘宝顺会长做总结发言：

1．传达中国广播电视协会2012年的工作重点和主要工作安排。2012年协会的工作主要放在以下几个方面上：协会的换届工作、走转改工作、加强评奖评析规范、协会制度建设等方面。

2．回顾2011年广信委组织的活动和会议，对厦门、陕西、新疆和广东各个承办台表示衷心感谢和肯定。

3．对东北三省、长江三角洲、北京地区等片儿会的形式给予充分肯定，鼓励多加创新和尝试。

4．通报主要成员台2011年广告收入统计。

5．对2012年广信委工作提出要求。

二、组织召开“第二届全国优秀广播广告论文评析活动”

第二届全国优秀广播广告论文评析活动，于4月底在北京举行，由北京台承办。朱月昌教授，赵建华、陈福清两位协会专家组成员也参加了此次会议。本届评析会共收到参评论文63篇，评委会按照协会的规定，评出一等论文6篇，二等论文12篇，三等论文22篇。其中，北京台、陕西台、黑龙江台、广东台、新疆台参评篇幅较多。赵鸿洋、刘卫星、周伟、汤永坚、蒋金戈等多位广信委领导都亲自执笔撰写论文，并且获得奖项。

三、举办“第四届全国广播广告作品创优评析活动”

第四届全国广播广告作品评析活动于5月底在天津召开，由天津台和广东台承办。本届评析活动共收到各类广告作品500件，其中商业类广告198件、公益类广告178件、形象类广告124件。根据中国广播电视协会获奖比例的相关规定（一等作品10%，二等作品15%，三等作品25%），从中评出一等作品49件（其中商品类广告20件、公益类广告17件、形象类广告12件），二等作品77件（其中商业类广告30件、公益类广告28件、形象类广告19件），三等作品131件（其中商业类广告52件、公益类广告47件、形象类广告33件）。商业类、公益类、形象类广告各评出单项奖（最佳创意、最佳合成、最佳广告词、最佳演播、最佳音乐、最佳音效）1件，共18件。

四、召开“第二届中国广播广告最具影响力人物评析活动”

第二届全国广播广告最具影响力人物评析也在2012年进行，北京台王秋、黑龙江台赵鸿洋、上海台蒋金戈、天津台王勇、新疆台王春、陕西台杨俐、山东台匡扬、无锡台方益当选。他们在深化广播广告改革，加强广播广告管理，带动经济效益，促进广播广告事业发展等方面做出了突出贡献，值得我们大家共同学习。

五、主持召开“中国广播电视协会广告信息工作委员会一届五次会议暨中国广告协会广播分会七届五次会议”

中国广播电视协会广告信息工作委员会一届五次会议暨中国广告协会广播分会七届五次会议于2012年6月27日在内蒙古自治区满洲里市召开。

6月27日上午9点，会议在满洲里边境经济合作区管理委员会会议厅拉开帷幕。出席大会的有各委员单位的代表及省、自治区、直辖市和地、市广播电影电视局、广播电视台、广播电台的领导同志、有关广告公司的领导和朋友们共280多人。

（一）第四届全国广播广告作品创优评析评选、第二届论文评析揭晓

中国广播电视协会广告信息委员会秘书长吴江宣布第四届全国广播广告作品创优评析获奖作品名单。

在此次评析活动中，共有500件作品参评，入围作品275件。其中商业类入围作品101件，公益类入围作品92件，形象类入围作品64件，单项类入围作品18件。在商业类入围作品中，一等作品20件，二等作品30件，三等作品51件，单项类最佳广告词、最佳演播、最佳创意、最佳音乐、最佳音效、最佳合成制作各一件；在公益类入围作品中，一等作品17件，二等作品27件，三等作品47件，单项类最佳广告词、最佳演播、最佳创意、最佳音乐、最佳音效、最佳合成制作各一件；在形象类入围作品中，一等作品12件，二等作品19件，三等作品33件，单项类最佳广告词、最佳演播、最佳创意、最佳音乐、最佳音效、最佳合成制作各一件。

第二届论文评析活动，共收到65篇参评作品，评出入围作品40篇，其中一等作品6篇，二等作品12篇，三等作品22篇。

大会为获得广播广告创优评析一等作品及单项奖的太原台、深圳台、天津台、辽宁台、北京台、湖北台、广州台、浙江台、陕西台、远誉广告（上海）有限公司、南京雷迪欧广告公司、甘肃台、广东台、江西台、张家口台、黑龙江台、央广广告分公司、四川台、中央台、新疆台、山东台、佛山台、山西台、上海东方广播有

限公司、呼伦贝尔台、江苏台、淄博台、北京寰宇行思广告服务有限公司、包头台、内蒙古台颁发奖牌和证书。

大会同时为获得论文评析一等奖作品的赵鸿洋、李珊萍、曾智文、方乐、刘卫星、马晨、张兴荣、汤永坚、周伟、赵东颁发证书。

厦门大学教授朱月昌代表评委会做评选报告，并对此次获得一等奖的作品逐一进行了赏析点评，就各台送评作品及参评论文进行了深入的分析。朱教授生动的点评，受到与会代表们的欢迎。

（二）第二届全国广播广告最具影响力人物揭晓

第二届全国广播广告最具影响力人物评析活动，各台共推荐15人参评，8人入围。大会为当选的北京人民广播电台副台长王秋，黑龙江人民广播电台副台长赵鸿洋、天津人民广播电台副台长王勇，新疆人民广播电台副台长王春，上海东方广播有限公司副总经理蒋金戈，陕西广播电视台广播广告中心主任杨俐，山东广播电视台广告管理中心总监匡扬，无锡广电集团广播中心党总支书记、无锡广播传媒分公司总经理方益颁发了证书。

会上，还为在广播广告岗位上辛勤工作多年，为广播广告事业做出突出贡献的原中国广播电视协会广告信息工作委员会副秘书长孟立同志，颁发了“广播广告人贡献成就奖”。

（三）举办专家专题讲座

中国传媒大学广告学院院长黄升民以《全媒体背景下的广告营销问题》为题，为会议代表作了精彩的主题演讲，从媒介的“全媒体营销”说起，分析了全媒体的基本特征、概念、要素，及全媒体时代受众接收信息的变化，针对业界的困惑和对新营销的有益探索，阐述了应对全媒体的基本营销方法和全媒体环境下的广告经营探索，启迪了与会广告人的智慧，为广播广告人应对全媒体挑战提供了理论指导。

（四）探讨在新环境下各台广告经营的新问题及新机遇

会议由中国广播电视协会广告信息工作委员会副会长、上海东方广播有限公司副总经理蒋金戈主持。辽宁广播电视台广告有限公司执行总经理王瑄、黑龙江人民广播电台副台长赵鸿洋、浙江广播电视集团广告管理中心主任张一莉、车语传媒集团RADIOBUY总监张萌、南京世纪之声传媒股份有限公司节目副总陈国均、CTR市场研究副总裁田涛相继在会上发言。

（五）召开广告信息委员会常务理事会和广播分会常务委员会

6月26日晚，召开了中国广播电视协会广告信息工作委员会常务理事会和中国广告协会广播分会常务委员会。

会议通报了大会的筹备情况和会议的主要内容、议程安排及委员会领导大会分工，并通过了以下人事变动事项：

河北台宋书深因工作调整，广信委副会长、广播分会主任工作，由河北电台分党组成员、机关党委书记许建方接任。

山西广播电视台王树勋因工作调整，广信委常务理事、广播分会常务委员，由副台长刘英魁接任。

山东广播电视台孙柏因工作调整，广信委副会长、广播分会副主任，现由广告管理中心总监匡扬接任。

青海人民广播电台牛海鸣因工作调整，广信委常务理事，由广告部主任古城接任。

宁夏广播电台宋扬因工作调整，广信委常务理事，由广告经营中心总监温茂生接任。

大连人民广播电台王彬因工作调整，广信委常务理事，由广告经营中心副主任王新波接任。

包头广播电台薛志荣因工作调整，广信委理事，由广告监管中心副主任乔阳接任。

河南电台牛剑光因工作调整，广信委理事，由广告管理部主任龚庆利接任。

增补徐州人民广播电台副台长刘鸿为广信委理事。

增补深圳合智天成软件技术有限公司总裁严晓明为广信委理事。

增补车语传媒集团董事长俞清木为广信委理事。

增补南京世纪之声传媒股份有限公司董事长郭年芳为广信委理事。

新入会三家企业单位、一家市级电台。

这次会议在内蒙古自治区满洲里市召开、第四届全国广播广告作品创优评析、第二届全国广播广告最具影响力人物评析在天津进行，第二届全国广播广告论文评析在北京进行，内蒙古人民广播电台、天津人民广播电台、北京人民广播电台精心策划、周密安排、热情服务，使大会和评选工作顺利进行并取得圆满成功，广信委对此表示衷心的感谢！

六、积极发展会员单位

2012 年在刘宝顺会长和吴江秘书长的号召和带领下，会员发展工作取得了显著的成绩。共发展企业会员三家，分别是：央视市场研究股份有限公司、北京龙杰网大文化传媒有限公司、深圳合智天成软件技术有限公司。市级电台三家，分别是：常州电台、徐州电台、太原电台。会员单位从原有的66家增长到72家。

七、网络创建，内容维护及更新

2009 年，在中国网上建立自己的网页。共七个板块，分别是：各台广告价格表、各台广告刊例、广告招商信息、新闻列表、活动公告、公益广告、经验交流。现在网页已初具规模，各会员单位可以通过我们的网页发布最新、最快的消息。

在公益广告部分，建立了广播广告备播库。将从1987 年至今的所有获得一等奖广播广告作品的音频和文案全部上传。

2012 年，不断补充信息，扩大网页信息量。将每次活动会议通知、会后内容及时上传。同时，为了给会员单位提供一个更丰富、快捷的网络交流平台，网页也全面更新改版。在页面设计及内容上都有所改动，其中“新闻列表”栏目的变动较为突出，我们在其栏目中加大对各地方台的宣传。每月都将收集各地方台相关的广告信息上传到“新闻列表”栏目中。

各会员单位对网站关注度和积极性很高，都主动投来最新的活动或者广告刊例信息。自网站建成以来受到了会员台的认可，给会员台提供了一个方便、快捷的平台。

关于明年的工作，将把工作重点放在：1. 召开广信委会长会议；2. 举办“第五届全国广播广告作品创优评析会”；3. 举办“第二届人物评选、论文评选”；4. 举办广播广告学习班；5. 继续发展广信委会员队伍；6. 推广网站；7. 做好广告经营数据统计工作，提高统计数据的准确性和及时性；8. 积极做好协会交办的工作。

广信委每次会议、每项活动，都是事前打报告请示通联部，待通联部批示以后才付诸实施。实施当中严格按要求不折不扣地去做，不打马虎眼。活动结束后，及时向通联部详细汇报活动情况，便于协会了解广信委的工作。尽管如此，我们的工作还是存在一些问题，在一些细节方面有待加强。我们相信，在协会的正确领导下，广信委会一步一个脚印的踏实工作，队伍将会越来越强大，广信委的工作将会越做越好。

中国广播电视协会
广告信息工作委员会
二〇一二年十一月二十八日

2012 年报刊分会工作总结

一年来，在协会的直接领导下，根据中广协的要求，围绕“服务”来开展各项工作，做了一些有益的工作。

一、做好协会交办的工作

1. 积极参与中广协“在全国开展广告行业诚信经营单位创建活动”(简称“创建”活动)的要求，做好推荐工作。除了向有关会员单位转发了活动要求外，还直接向中广协推荐了若干个报社参评。

2. 按要求向会员单位和有关报刊社转发了《关于举办广告专业技术人员职业水平评价考试考前培训师资培训班的通知》、《关于对广告经营单位 2011 年度广告经营情况进行统计的通知》、《中国广告业企业资质认定办法》修订稿的通知等文件。

3. 号召有关报刊社积极参加“广告论坛”和国际广告节等。

二、帮会员单位和有关报刊社了解广告市场，解决广告经营中的难题

在 2012 年 1 月 10 日召开的“2011 年度全国报刊广告工作总结、表彰会议”上，2012 年 10 月 25 日召开的“2011-2012 年中国报刊广告投放价值排行榜发布会”上组织论坛请专家、学者和广告负责人介绍经验，答疑解析广告经营中的问题和难题。

三、组织全国性活动，调动报社领导、广告负责人、广告经营人员都来关心广告经营

1.2012 年 1 月 10 日，在云南昆明举行的“2011 年度全国报刊广告工作总结、表彰会议暨中国报刊发展机遇高峰论坛”。

2.2012 年 10 月 25 日至 26 日在天津召开了“第五届中国报刊广告峰会暨 2011-2012 年中国报刊广告投放价值排行榜发布会”。

3. 报刊分会与广州日报报业集团共同承办了“2012 年(第 21 届)广州日报华文报纸广告奖”的评选。

四、做好《中国报刊广告》的编辑发行，为广告经营者通报各类信息存在的问题

1. 缺乏工作人员及相关技术和资料。

2. 缺乏经费。

2012 年学术委员会工作总结

一、为发挥中国广告协会学术委员会资源的优势作用，加强广告学术研究的针对性和实用性，承揽中央电视台广告经营管理中心委托的“中国广告的主导价值研究”项目。项目期限2011年12月至2012年6月。

二、应国家工商总局及协会的要求，参加国家工商总局“实施国家广告战略”课题研究，具体负责子课题“广告行业自律研究。广告行业组织地位作用及广告人才培养管理机制研究”的研究工作。该课题3月份启动，7月20日完稿。

三、2012年6月15日，在北京渔阳饭店，中国广告协会学术委员会、韩国广告公关学会共同主办了以“东北亚广告公关产业的现状与展望”为主题的中韩国际广告公关学术研讨会召开。中国广告协会副秘书长庹登夫参加会议并致辞。有近80位来自北京大学、中国人民大学、中国传媒大学、上海师范大学、北京工商大学、韩国汉拿大学、韩国汉阳大学、中央大学、仁川大学、启明大学等学府的学者，和国内广告行业精英与会，通过中韩广告产业的主要活动话题与焦点、新媒体发展带来广告媒体价值的变化、广告创意战略和广告效果、社会贡献活动作为公关战略的意义四大主题内容进行演讲和互动交流，解读中韩两国以及东北亚地区广告行业表现，探索其未来发展可能。

2012年中韩国际广告公关学术研讨会的成功举办，促进和加深了中韩广告业界、学界的沟通和交流，中韩双方都希望以此为契机，搭建起两国专家、学者交流与合作的一个长效的平台。

四、2012年9月22日，由中国广告协会学术委员会主办，广东省广告公司、暨南大学新闻与传播学院协办，主题为“转型发展与品牌创新”的“2012年全国广告学术研讨会”在暨南大学曾宪梓科学馆国际会议厅召开。中国广告协会副秘书长庹登夫，暨南大学副校长、教授、博士生导师林如鹏，暨南大学新闻与传播学党委书记、副院长、博士生导师杨先顺，中国广告协会学术委员会主任、上海师范大学人文与传播学院副院长、教授金定海，广东省广告协会秘书长刘洪海，广州市行业协会会长张小平，北京大学新闻传播学院副院长、教授陈刚，中国传媒大学广告学院院长、教授黄升民，广东省广告有限公司副董事丁邦清依次为研讨会的开幕致辞。来自全国各地的120多名广告界的专家学者、业内人士围绕广告行业的变革，转型发展与品牌创新等内容开展了专题演讲和充分讨论。

北京大学新闻与传播学院副院长、博导陈刚教授主持了研讨会第一阶段的主题演讲。广东省广告有限公司副董事长兼执行创意总监丁邦清、梅高广告总裁高峻、CMI校园营销研究院院长、中央民族大学教师沈虹、广东平成广告有限公司董事长吴晓波分别作了题为《广告业的转型与升级—省广股份的探索和思考》、《反思与误区—中国创意产业园区发展的思考》、《在大众传播与数字时代的拐弯处—品牌传播与沟通元，从广告走向品牌建构的协同创意》、《立足广东先试先行—广东广告业转型与升级初步实践》的演讲。

第二阶段的主题演讲由中国传媒大学广告学院院长、博导黄升民教授的主持下继续展开。CTR央视市场研究上海分公司执行总监赵洁、厦门大学新闻传播学院副院长、教授、博导黄合水、浙江大学品牌研究中心主任胡晓云、北京智捷天成公关咨询有限公司总经理、网赢天下首席架构设计师方立军分别作了题为《数说2012中国媒体广告市场》、《品牌的价值及其评估》、《品牌价值评估研究》、《Digital Marketing 颠覆你的营销想象》的演讲。

五、上海大学影视学院副院长许正林认为：“中国广告协会学术委员会每年组织的学术研讨会是目前广告界相关学术会议中最具含金量、最有特色的学术性会议，其最大的亮点就是业界和学界并重，内容有碰撞和交流，也有互动。本次研讨会提出的核心内容——广告产业的转型与升级，反映了目前我国广告产业面临的迫切问题、难点问题，对广告业发展提出新的要求。同时，经济环境变化给广告产业带来的压力，创新型社会给广告产业提出新的命题，数字化营销传播方式给广告产业转型带来的动力以及广告公司老一代创业者面临的传班和交班现象，都对广告产业转型升级提出了迫切要求。"

中广协庹登夫副秘书长在发言中表示："国家制定了《广告产业发展'十二五'规划》，确立了我国广告业发展的基本方向。要实现'十二五'时期广告业发展基本目标，就要进一步提升广告企业竞争力，优化广告产业结构，推动广告业自主创新，扩大广告业对外开放，发展公益广告事业，加强广告人才培养，建设广告业公关服务体系，完善广告法制和监管体系。……'十二五'时期的广告业发展，要坚持社会效益与经济效益全面协调、市场机制与宏观机制有机统一、发展速度与质量效益同步增长、学习引进与自主创新统筹兼顾，进一步提高广告业的集约化、专业化、国际化水平，更好地服务于国家重大经济文化发展战略，为加快转变经济发展方式，提高国家文化软实力，推动建设创新型国家和实施品牌战略发挥更重要的作用。"

六、与韩国广告弘报学会签署合作意见书。

为了建立中国广告协会学术界与韩国广告学术界之间的长期、稳定的友好合作交流关系，为了推进双方更加实质性的交流与合作，2012 年 12 月 17 日经中广协领导批准，由中广协学委会主任金定海教授和韩国广告弘报学会会长文哲秀教授签署了中国广告协会学委员会与韩国广告弘报学会合作交流意见书。此意见书有效期为两年。其内容包括了交换学术信息资料、共同举办学术活动、开展学术研究、组织参加对方国家的广告活动等等。

七、逐步做好学委会自身的各项规范，为今后发展打下基础。

根据业界和委员的意见，从名称上（规范为：中国广告协会学术委员会），收取会费标准（每位委员每年 500 元，取消等级会费标准），品牌宣传（LOGO 和关键字的规范和使用），证书（重新进行设计，使用了 LOGO 和规范了的关键字）。

八、发展新会员 21 名，收取会费 4 万多元。

九、编辑出版名为《数字化媒体环境下的广告业发展》年度论文集。

十、协助协会职能部门、各分支机构和地方广告协会工作。

根据需要协助考试部、会展部、会员部，铁路、公交、报刊、电视、户外分会工作，为其提供专家学者资料和信息。

协助地方广告协会，为四川、广东、云南建立学术分会提供指导。

2012 年铁路分会工作总结

一、2012 年工作总结

2012 年，中国广告协会铁路分会（以下简称“铁路分会”）在中国广告协会的正确领导下，在铁路主管部门的大力支持下，完成了换届，新一届铁路分会紧紧围绕铁路广告发展部署，健全相关机制，强化自律和服务，取得了一定成绩。

（一）整章建制，进行基础建设

分会换届完成后，我们立即着手完善分会的组织构架和建立健全相关工作机制，根据当前铁路广告业的发展形势，修订了《中国广告协会铁路分会章程》、《中国广告协会铁路分会工作规划》、《中国广告协会铁路分会会员管理办法》、《中国广告协会铁路分会会议制度》、《中国广告协会铁路分会印章、文件管理办法》、《关于创办中国广告协会铁路分会会刊的建议》、《中国广告协会铁路分会自律规则》等制度和计划草案。

2012 年 8 月，在哈尔滨举办了分会工作及项目合作研讨会，各会员单位就分会各项制度及计划草案进行研讨，同时邀请了部分铁路媒体运营商、广告商就项目开发、合作进行了交流。

在规范各项制度的同时，分会对分会办公地点进行了选址和装修，为分会工作的开展创造良好的空间。现装修已基本完成，正在进行室内装饰。铁路分会新装修的办公场所位于北京市东城区忠实里，距长安街仅 500 米，办公面积近 300 平方米，拥有一个独立的小院和一座两层的办公楼。设有综合办公室、客房并设宴会厅，配卡拉 OK 设施，可供会议和招待使用，辅助设施包括厨房、员工宿舍等。

（二）积极组织铁路会员交流合作，进行联合招商活动

2012 年 8 月以来，分会大力推动会员单位间的交流合作，广泛联合铁路会员单位搭建网络化平台，在铁道部多经中心的统一指导下，组织会员对动车组列车平面媒体、视频媒体、全路旅客列车杂志摆放媒体的招商进行了数次研讨，期间，进行了各项媒体的价值评估、完成招商组织方案、招商文件的拟定，并对全路旅客列车数据进行详细的整理、分析，确保了招商活动的有效实施。

在招商方案的制订以及招商活动的执行中分会及时向铁道部领导汇报并进行沟通，更快更好的消化、理解了铁道部、铁路局对广告产业的相关政策和精神，推动招商活动的顺利实施。多经中心陈京生主任多次过问广告招商情况，对列车杂志、视频、平面等媒体专项研讨会及推介会情况亲自过问并给予指导，针对杂志摆放等广告媒体还亲自主持，组织进行专题研讨，为我们招商活动的开展提供保障和依据。

2012 年 12 月 7 日在北京世纪金源大饭店举办了 2013 至 2015 年度全路动车组列车平面广告媒体联合招商竞价大会。铁道部多经中心、中国广告协会、学界专家等嘉宾、各局属广告公司代表和招商响应人代表参加了会议，此次大会 27 个包件全部成交，成交价达 61120 万元，较底价增加 16550 万元，增长 37%，获得圆满成功。

2012 年 12 月 12 日分会在武汉召开了全国铁路旅客列车杂志摆放权联合招商推介会，铁道部多经中心、武汉铁路局领导，中国广告协会、学界专家等嘉宾，及各局属广告公司代表和北京产权交易所代表参加了会议，数十家意向响应人及媒体代表参加了会议，取得了良好效果。

2013 年 1 月 19 日 14:00，全国铁路旅客列车杂志摆放权联合招商网络竞价通过北京产权交易所官方网

站顺利进行。铁道部多经中心领导、分会负责人及局属广告公司代表到北京产权交易所现场观摩了网络竞价过程。此次联合招商的网络竞价通过北京产权交易所的网络交易平台进行，最终，两家竞拍人分别以3.5万元／年的价格，各自竞得了包件一（动车组列车）1种杂志的摆放权。

（三）认真做好第十九届中国国际广告节的各项组织工作，成功召开三届一次会员大会

中国国际广告节是中国最权威、最专业和规模最大、影响最广的广告行业盛会，本次广告节分会组织各会员单位统一参会，并首次在广告节上租设铁路展位，进行布展及宣传活动，对中国铁路广告进行宣传展示。得到了铁道部及中广协领导的高度赞扬。

进行广告节各项准备工作的同时，分会积极进行会员发展工作，邀请同各局属广告公司有着良好合作关系的有实力的路外企业加入分会，以进一步壮大分会的队伍，更好的发挥分会的平台作用。

借广告节之机，分会于2012年10月26日在天津召开了（常务）理事会和三届一次会员大会，会上审议通过了中国广告协会铁路分会章程，并对2013年工作计划进行审议。同时表决通过发展新会员18家，目前分会会员已达41家。

二、2013年重点任务

2013年分会将继续发挥“提供服务、反映诉求、规范行为”职能，更好的发挥联合招商平台作用，组织开展丰富性、深入性活动。

（一）建立健全铁路分会相关组织和机制，提升内部管理水平，不断完善招商合作平台建设

1. 根据新修订完善的《中国广告协会铁路分会章程》，建立健全铁路分会相关组织机构，修订内部管理制度，提高服务水平，将铁路分会建设成为中广协所属分会组织中一个“积极向上、相互团结、开阔思路、勇于创新”且名列前茅的行业分会。

2. 进一步完善铁路分会招商合作平台，建立相应的信息发布机制、项目运作机制、招商合作机制和价格联动机制，更好地发挥招商合作平台的作用。2013年重点做好以下项目的招商工作：

（1）铁路列车视频项目招商工作。根据铁道部有关列车视频媒体管理的文件精神，继续组织好相关局自主联合的列车视频媒体项目招商工作。

（2）做好铁路分会内部会刊创办和编辑、发行工作。为充分发挥铁路分会的服务平台作用，展现会员单位风采，提供合作信息交流，宣传行业理念和技术，建立铁路广告品牌，2013年一季度拟创办中国广告协会铁路分会会刊。

刊物名称初定为《中国铁路广告》，主管单位为中国广告协会，顾问单位为铁道部多种经营中心；发行方式初期采用季刊发行；铁路分会组建会刊部，设主编、责任编辑、美编和采编等岗位，建立分会单位会员通讯员队伍和供稿制度。具体运作模式、发行范围由会刊部制定详尽的市场可研报告和项目策划书，按照规定程序审批后实施。目的就是通过该内部刊物为会员提供一个宣传广告业政策法规、了解国际国内业界动态和宣传、展示会员风采，促进合作交流的服务平台和铁路分会对外宣传、交流的窗口。

3. 建设铁路分会对内、对外的统一协调交流机制。充分发挥铁路分会的行业组织作用，对内强化管理，不断提升为会员的服务质量和服务水平，强化行业自律和诚信，建设铁路广告行业品牌，实现会员单位能力整体提升；对外加强协调和联络，提高铁路广告业的竞争力和话语权。

（二）建立健全培训交流机制，采取灵活多样的形式，不断提升铁路广告业人员综合素质和会员单位市场竞争能力

1. 逐步建立铁路分会常规培训、交流机制，将培训、交流工作常态化、制度化。

（1）组织好铁路广告从业人员“广告师、助理广告师”的职称资格评价工作。突出重点，加大宣传，让广大广告从业人员早知晓、早准备，提高参与考试

的积极性；积极组织报名，力争报名人数占铁路分会会员单位从业人员总数的10%；组织好考前培训，采取集中培训与异地培训相结合的方式，与大专院校或有资质的培训机构沟通、商谈，在保学时、保质量的前提下，根据报名情况，最大限度地为学员提供方便，力争参训人员合格率达到40%以上。

（2）强化对会员单位的日常培训组织工作：

一是拟组织广告创意设计、广告营销和广告管理方面各一期培训，培训范围铁路分会全部会员单位人员，时间初步定于一、二、三季度，邀请专家或精英，采取案例教学的方式，提高创意设计、营销和管理方面的素质。

二是拟与中国传媒大学合作组织一期广告方面的专业培训，培训的范围为会员单位的高管人员，时间初步定于上半年，提升高管人员专业知识水平和管理能力。

三是加强内部和外部广告企业合作，以会员单位中新入路、入职的大学生为服务对象，探索建立广告专业人才交流实践基地。

2. 举办首届铁路广告创意设计大赛，提升广告创意策划整体水平。拟定于2013年2至3季度举办以“创意铁路”为主题的首届铁路广告创意设计大赛，大赛由铁路分会组织各会员单位参加和征集作品，设组委会和评委会，组委会由常务理事单位派员组成，评委会邀请广告精英、国内业界权威人士、知名专家教授和有关部门组成，负责大赛的最终评审。本次大赛按平面、影视分类，设置公益广告奖、商业广告奖两大奖项；每类奖项各设金奖（1名）、银奖（3名）、铜奖（5名）及入围奖（若干），另设大赛组织奖（若干）；作品名称将分别在相关媒体展示，推荐参加2013年中国国际广告节，并集册出版。

3. 加强国际交流，拓展视野，强化合作。经铁道部主管部门同意，参考中国广告协会组织的国际广告节、“艾菲奖”等国际广告交流活动安排，2013年上下半年各组织一期由会员单位参加的境外广告交流、考察活动，目前已经完成报名工作。

4. 举办首届中国铁路广告论坛，加强广告界的交流合作，促进铁路广告业的品牌建设和整体发展。2013年四季度拟举办首届中国铁路广告论坛，届时邀请广告界知名学者、专家、教授，铁路广告精英和铁路主管单位领导，围绕铁路广告的品牌建设、营销与创新和管理与服务等主题展开讨论。由铁路分会制定详细的组织方案和负责具体落实。

（三）强化基础管理，增强主动意识，不断提高工作效率和服务水平

1. 依据分会章程和工作需要，不断完善分会自身制度和管理，要继续严格按照章程办事，认真落实各项规章制度。

2. 积极组织参加中国广告协会组织的各项活动：

一是做好中国广告协会和铁路分会广告企业资质认定和会员发展工作。按照分会章程的要求，精心组织好有需求的分会会员单位向中广协申报广告企业资质认定的咨询、组织工作；加强宣传，积极做好铁路分会新入会会员发展力度，力争使新申报企业数量达到10家。

二是积极组织和参加中广协举办“诚信企业”、“精神文明先进单位”等参评工作。

3. 加强行业自律、大力推动企业诚信建设。按照分会章程规定和行业自律规则，规范会员行为，加强监管，积极开展反映诉求和维权工作。

4. 加强与中国广告协会、铁路主管部门的沟通与协调，取得各方的理解和支持，为铁路广告业发展创造良好的政策环境。

5. 按期组织好会员大会、理事会、常务理事会的召开。

6. 转变工作作风，增强主动服务的意识，不断提升工作效率和服务水平，努力把铁路分会的各项工作做得更好。

2012 年公交分会工作总结

为了能更好地总结过去，做好新一年工作，我们将 2012 年公交分会工作认真做了总结，现汇报如下：

一、贯彻落实中广协年度各项工作要求，努力做好分会工作。

（一）认真学习贯彻中广协分支机构会议精神

中国广告协会作为中国广告业最高领导机关，十分重视对各分支机构的管理和指导。仅 2012 年就召开了 2 次分支机构工作会议，对各分会提出了更高的管理要求和标准。要求各分支机构都要以“提供服务、反映诉求、规范行为”为自己的工作宗旨。加强请示报告、加强上通下达，把国家对广告业的各项要求深入贯彻到各个广告行业之中，将中国的广告业带上一个更高的层次。在各次会议中，中广协领导多次强调，各分支机构要加强对会员的管理，加强各项工作的规范性。对公交分会这几年工作给予了正确评价：工作努力，会员热情高，分会活动开展的有序和活跃、凝聚力强，并希望我们继续保持，做得更好。对行业领导的肯定和认可，我们在分会的会议上已传达给全体会员，使大家受到极大鼓舞。分会有决心带领大家继续努力，在新的一年完成中广协各项任务，发挥出我们的能力。共同将中国公交广告事业做好，走向更高的目标，谋求更大的发展。

（二）按中广协要求推进一年一度的《广告专业技术人员职称考试》工作

广告人经过多年的努力终于在 2011 年经国家有关部门的批准首次开评广告人员技术职称的工作。这是中国广告人在自身职业中的一件大事，标志着中国广告人所从事的事业，已经纳入国家认可的专业学科。

2011 年首次开考，全国申报人员 11060 人，真正走入考场参考的人为 7566 人，最终通过 1788 人，首考通过率为 23%。而 2012 年第二次全国申报人为 5342 人，走入考场 3574 人，最终合格 1402 人，通过率为 39%。

从上述两年的情况可以看出，首次开考激发了广大广告人的热情，申报和参考的人数较多，但由于是首考，经验不足。在考前复习、培训以及考试内容及评价标准等方面，都还处在摸索、总结的阶段。有些考生出现摸不着边际的情况也很正常，有些人看到最终自己没能通过或是差几分没通过，还产生一些想法，甚至放弃了继续报考的信心，根据这种情况分会多次要求行业要高度重视广告人的职称工作。指出这项工作是在广告人多年的呼吁下，国家投入了大量的人力和物力，经过多年的评估才确立的。专门为扶植我国的文化创意产业，培养更多的广告专业人才，能在未来适应大力发展的广告事业而确立的。广告事业应该走上一个更高的知识层面。和这个需要相比的是，我们广告队伍中目前聚集的多数是不同专业类别的人，真正的广告师寥寥无几。因此，分会按中广协要求全年进一步加大宣传、鼓励和动员会员单位支持员工在符合条件的情况下，坚定信心，积极参加报考，为广告业的更大发展培养出更多广告专门人才。

（三）积极参加第二届“中国户外广告论坛”

首届中国户外广告论坛，在户外广告界收到了很好的效果。2012 年 7 月，中国广告协会在南京举办第二届中国户外广告论坛。这次的户外广告论坛较之第一届有新的创意和水准，代表了中国户外广告发展最前沿的专业水平。中国户外广告高端人才，和知名中国户外传媒企业的精英相聚，他们展示各家观点。共同探讨中国户外广告未来的发展趋势，因此我们说，这次的论坛开的非常成功和有意义。公交广告隶属于户外广告的范畴，因此，分会非常重视，动员大家积极参加。这次的论坛我们共有40多位代表参加，大家收获不少，得到行业的肯定。

（四）坚持动员参加全国广告审查员法律法规培训工作

坚持行业自律，加强法律法规培训，杜绝违法广告，是中广协对全国广告行业的一项常规工作，也是分会工作的一项重要内容。2012年8月，中国广告协会在山西太原市举办了“全国广告审查员法律法规培训班”。分会发文要求会员单位派员参加，并强调广告审查的重要性。要求各会员单位加强对广告发布前的广告审查工作。真正了解和掌握国家广告管理政策和法规；做好每个广告发布前的法规审核，把广告发布前的审察责任落到实处，一定要依法发布广告。不发生违法违规，特别是严重违法的广告事件。把我们公交广告人的法律法规意识再提高一步；从而加强和提高我们的自律水平。

（五）积极动员参加天津中国国际广告节

经国家工商总局批准，2012年中国第十九届国际广告节在天津举办。中国广告协会、国际广协中国分会及天津市人民政府为举办第十九届中国国际广告节做了充分准备。这次广告节是中国广告界一年一度最具规模和影响力的行业盛会。继2011年沈阳举办的第十八届广告节之后，这次广告节反映出中国广告节已在创新中不断走向专业化、市场化、国际化，成为汇集国际国内广告企业、媒体及广告主、广告学术界交流展示的舞台，成为中国广告业发展的一面镜子。同时也是中国与世界广告业界交流的窗口。公交分会在中国广告协会的指导下，积极参与，提供支持；并号召会员单位积极参加。许多会员单位都积极报名参加了广告节，得到了收获。公交分会的做法得到了中广协及各分支机构的认可和肯定。

（六）继续积极关注和参与广告法修订工作

中国广告法正式执行已经走过17年的历程。适时修订广告法，将是一件非常重要的工作。使广告法更加贴切实际，更有效的指导中国广告业健康发展，具有重大的历史意义。因此我们认为，广告法的修订已是势在必行。国家经济调整发展，带动广告业发展的大好形势也促成广告法应该进一步修订和出台，使我们有法可依；保护我们的发展。在这三年多的参与修订工作中，分会代表大家积极反映会员的呼声和意见。希望新的法规中能够确立广告人应有的地位。能够得到国家对广告促进经济发展的确认；能够使各地的广告企业，在正常合法的发展中尽可能少受到来自各地方和社会的干扰，合法权益能够得到保护。

（七）高度重视、认真办好“广告企业诚信单位评选”工作

按照中国广告协会的工作布置，2012年8月首评中国广告企业诚信单位，这是一件非常重要的工作。对一个人来讲，诚信是做人之本，对一个单位来讲，诚信是立足之本。一个缺少诚信的企业，特别是广告企业，是很少有谁敢和你合作的。中广协对评选诚信企业的条件作了严格的规定，对评选的程序和要求作了完善的规定。分会秘书处严格按照标准和要求办事。每个单位申报手续之后，都将进行严格的审查。诚信单位为四年一评，评审的结果将向社会公布，未来的商家客户和合作者，将会更加有意识的选择有诚信标牌的广告企业，进行投资和合作。我们主张每个会员单位都在当地广协申报，希望有更多的会员单位成为合格的广告经营诚信单位。

（八）进一步推动广告企业资质认证工作，把认证工作纳入常态管理

资质是企业的社会标牌，各行各业都把企业资质看作企业发展的重要标志。中广协经过几年的资质认证工作，已经把广告企业管理的更加规范和具备社会发展竞争力。2011年12月16日，中国广告协会企业资质认证委员会在北京召开会议，认定了中国一级广告企业108家，核准中国二级广告企业174家，被认定的广告企业其等级资质有效期为3年。认证的结果已在国内国际的主流媒体上公布、宣传，并向行业和

社会推荐。在这次的公告中，公交广告传媒企业进入一级传媒企业 11 家，二级传媒企业 5 家。这是我们公交广告人的荣誉，也反映出公交广告传媒企业的实力在不断增强和发展。我们希望广大会员单位高度重视，不断地审视和评价自我，分会希望有更多的具备规模和实力的会员单位，能够在下一次国家认定中，更加积极、主动的按照国家广告行业标准通过审查。进入到中国广告企业一级或二级的行列中来，更加有效地促进企业的发展。

二、制订计划，开展公交广告传媒行业特点工作，促进公交广告行业创新发展

2012 年，根据中国广告协会 2012 年工作要求，紧贴公交行业自身特点，制定工作计划，全年预设任务 16 项。按照不同情况，到目前为止已经基本完成 13 项，另有 3 项正在落实中。

（一）为全面提高公交广告的创意设计水平，开展全国公交广告创意设计大赛作品评选活动

全国公交广告创意设计大赛是分会坚持近十年并认真做下来的一项行业重要赛事评选工作。每两年评比一次，这项赛事也已成为中广协备案的一项广告行业赛事活动。在行业中具有重要影响力，在企业资质认证和企业评估上也是重要参考指标。此次第五届全国公交广告创意设计大赛，2011 年下半年，申报正式开始。2012 年 3 月 2 日在承办单位山西太原新通广告公司认真筹备做了大量准备工作的情况下，评审工作正式在太原开展。评委由山西大学及国内广告界知名专家组成，并设了多名监委。在公平、公正、公开和极其认真的情况下，按照车身、户外、公益三大类，依次评选出了金、银、铜、优秀各奖项。专家们认为车身和公益作品较好，能反映我们的水平。而户外类，专家们认为水平还属一般，故此次没有评出金奖。总结这次的评审工作，大家一致认为在经过多年的推动评选活动之后，整体水平有所提高。大赛也为大家的学习交流、人才培养提供了平台。

这次大赛宗旨：即广泛性、参与性，使公交广告的创意设计水平共同提高。有的中小城市，他们总有特定的区域观念，从心底就认为自己不行，肯定比不上大城市，发达城市。这种想法和认识会对本公司的发展和人才培养起到阻碍作用。在信息技术如此发达的今天，不论大小城市，无论沿海发达和西部欠发达地区，都有可能创意出好作品。这次的公益广告金奖获得者，连专家们都没想到的，由新疆石河子广告公司创作。作品简洁、明快、巧妙、意念深刻。是在所有专家评委一致投票的情况下，在众多作品中选出的。这足以说明这一道理，因此分会希望在下次的大赛中，大家都能广泛积极参与。

（二）发现典型推广交流，举办 2012 年公交广告创新发展交流会

2012 年 5 月 22 日，分会在南京举办了“2012 年公交广告创新发展经验交流大会”。这次大会开的非常成功，共有 6 家在广告经营管理、创新发展有特点的单位发言，他们从不同的角度和侧面向大家介绍经验。第五届创意设计大赛车身类金奖获得者：唐山市公交广告公司创意设计总监邓茂菊，公益类金奖获得者新疆石河子市巴士广告有限公司创意总监张治芳。两位从不同的角度向大家传授了在多年公交广告创意设计中的经验，他们结合公交传媒特点在社会责任、客户需求、创意手段、效果评估等方面，向大家无保留地介绍了她们的创意设计理念，使与会的各位代表受益匪浅。

德高广告（北京）有限公司金嘉丽总监则以“户外创意分享”的方式，向大家介绍了国际户外创意的最新理念。公交广告也可以打破传统这样做，公交广告也可以更深追求达到这样的效果。一幅幅新奇的画面，向大家展示了耳目一新的效果。百灵时代传媒集团马少芬董事总经理以“创新价值传播无限，百灵时代传媒发展之路”为题，南昌公交广告传媒公司总经理黄志刚以“立足南昌，面向全国，实现企业裂变发展”为题。宁夏动感飞扬广告有限公司总经理陈雷以“求变、勇气和坚守”为题，向大会全面介绍了他们

在公交广告行业的创新发展经验。这里应该特别提一下南昌公交广告传媒公司和宁夏动感飞扬广告公司，南昌是省会城市，又是红色之都，南昌的公交广告多年来经历了深刻的变革。他们在公交广告如何发展、如何创出更大效益上探索奋斗多年。近几年，南昌公交广告却是以崭新的面貌实现了企业裂变发展的规划。2011年在中广协专家组评审和资质认证中，以硬邦邦的数字和指标，迈进到中国一级广告企业的行列，成为全国公交广告行业的骨干企业。动感飞扬公交广告是后起之秀，地处西部宁夏回族自治区首府银川。动感飞扬以其打破常规、创新发展的企业朝气，在西部快速成熟和发展，他们的业绩也被中广协认可，进入中国一级广告企业行列。从他们的经验可以看到：只要有思想、有目标、有行动、有聚集人才的能力，不管在西部还是东部，都能通过不懈努力实现公交广告人的梦想。这次的创新发展经验交流推广大会得到了中广协领导的高度重视。中国广告协会刘忠学副秘书长亲自到会，并代表中广协向我们全国公交广告人传达了中广协对我们的肯定和希望，给大家极大地鼓励，会议情况已在中国广告协会网给予了报道。大会得到了南京梅迪派勒、南京国广联的大力支持。总之这次的大会真正起到了推广交流、创新发展的作用；今后我们要举办更多的有实际效果的交流活动，满足大家的需求。

（三）开通“中国公交传媒网”

申报筹办的“中国公交传媒网”，是会员十分关注的事项。在北巴传媒公司大力支持努力下，2011年底正式申办成功，并于2012年年初启用。该网站是以分会工作为基础，以公交广告传媒行业为平台，以服务公交广告人、服务广大会员的信息、需求为目的；网站人员在版面设计、内容门类设置上付出很大心血。为了能进一步提升网站的水平，并能及时反应各地区情况，使大家更好的使用这个平台；分会4月25日发文，要求每个会员单位确定一名网站信息员，并将联系方式报网站备案，各分员单位每季度至少提供一则信息。信息内容为：当地或本公司公交广告在发展经营、交流合作，以及对“中国公交传媒网”的建议和推荐信息。每年公交分会将就信息提供情况进行总结，并表彰那些关心公交传媒网能及时为公交传媒网提供信息的优秀单位和信息员。

（四）筹备编辑出版《中国城市公交传媒企业年鉴》

根据分会的年度工作计划，为了更好的向全国公交广告及公交传媒企业，提供向社会展示自身形象及传媒优势平台。用以不断扩大和满足国内外广大广告主代理商对公交传媒资源的了解和索取需求。进一步促进全国各地公交传媒企业的相互了解、交流和合作发展。分会在8月下发了关于编辑出版《中国城市公交传媒企业年鉴》的通知。要求各会员单位积极参加，并按规定时间确认并提供自身的宣传展示材料，通知中说明了编辑出版行业年鉴的重要作用和意义。

公交分会自2006年以来相继编辑出版了两部《中国城市公交广告年鉴》，向社会及国内外客商全面介绍了城市公交广告经营单位及媒体的状况，在社会上引起了很大的影响。许多客商及社会人士将年鉴留存至今，并把它作为了对城市公交广告行业了解查询的最权威、最全面、最真实的工具书。随着时间的推移和各地区的发展，公交广告及公交传媒行业又有了很大发展和变化。为了更加全面地反映全国各地公交传媒企业的现状，更好地向社会全面推出全国公交广告企业面貌，更充分展示各单位媒体优势，更好地满足社会商家对公交媒体的索求需要，才确定第三次编辑《中国城市公交传媒企业年鉴》，以向社会全面更新推广。

此次编辑《中国城市公交传媒企业年鉴》将突破原年鉴的理念，尽可能全面的介绍会员单位及城市公交广告、公交传媒企业在经营、管理、发展方面的新面貌；将自身媒体优势特点、销售方式、价格等级、联系方式、服务理念全面展示给社会及商家。编辑范围为：会员单位及各城市凡经营公交广告及公交传媒的企业均可申报参编，力求展示全面。

目前这一工作正在进行中。

（五）鼓励和支持开展各地区域性的广告互动交流活动

2011 年分会提出的鼓励和支持开展各地区广告互动交流活动，2012 年各地区表现出了很大的积极性。许多会员单位走出去相互学习，秘书处也接到许多来电，要求推荐做得好的单位．如：有的会员单位想学习设计制作经验的，有希望寻找管理经验的，有希望了解公交广告软件使用的，也有希望了解车身媒体式站牌设计方面的等等。秘书处均根据掌握的信息给予最佳推荐方案。在地区交流上有了新的发展。既增加了相互了解，又促进相互支持，真正体现出了公交广告人是一家的感觉。

实践证明，在公交广告的经营上闭门经营，自我发展是不能促进发展的。只有相互学习，取长补短，互动起来，才有利于企业的发展，才能创出更大的效益。

（六）筹办中广协公交分会 2012 年年会

按照中广协和主任的要求，年会使大家相聚一起，要很好总结一年的工作，让大家相互交流，要很好利用这个平台。年会充分考虑到这一点，议程与以往有所改变；安排了讨论，增加了让大家相互了解、畅谈经验的时间。这是一次难得的机会，秘书处提前拟定出讨论题发给大家，让大家充分利用这宝贵的时间，相互介绍经验、交流感受，大家群策群力、集思广益，以大家的智慧为公交广告业的发展寻找出一条能够促进合作提高公交广告媒体价值、提升公交广告社会影响力，给大家带来更高效益的好路子、好方案；达成共识以促进全国公交广告传媒企业更上一层楼的完美发展之路。

这次年会开的非常成功，各位代表将会议的精神带回去，促进自身发展，决心在 2012 年所剩不长时间内将工作做好，使 2012 年的全年工作有一个完美的结局。

（七）掌握基本信息努力为会员服务

根据会员单位信息变化的情况，及时调整和充实会员信息资料。相对其他行业，公交广告行业由于各地区城市的快速发展，也由于公交传媒越来越受到公交行业及国内外传媒界的重视和看好，不断影响到公交广告企业体制在不断变化。有些城市早已改变了国有为主的体制，涌现出国有、股份、外资、民营等多种所有制形式。与公交母公司的关系有直属、承包或合作等多种形式。在一个城市中存在多家不同体制、不同形式，都经营着相同媒体情况已不在少数。这些公司都可以成为公交分会的会员单位。为了能够更加准确的掌握信息，秘书处已发会员单位资料统计表。力求将会员资料做到与时俱进，及时全面准确掌握信息。这项工作也是中广协的要求，用以满足中广协及其广大会员单位的服务需求。在这个过程中我们也力求了解会员单位的困难和要求，及时全面给予帮助。我们曾在 2011 年对个别城市出现的公交广告受阻的情况，给予及时反映情况和力所能及的帮助。2012 年同样也有这种情况，如：哈尔滨市公交广告公司司总在这一年就十分头疼，政府的有关执法决策部门仍然对公交广告说三道四，不断提这样那样的要求。我们在和司总的探讨中也是想了很多的办法，但总的是对待有关部门既不能急躁，也不能任其发展。要找一切机会申述我们的意见，并要力争得到集团和社会舆论的支持共同呼吁解决。司总为哈尔滨公交广告的发展付出了辛苦，他的努力不单是为了哈尔滨公交广告公司也是为我们行业做出的努力和贡献。虽然 2012 年出现的这种情况少于 2011 年，公交广告会越来越稳定；但不能保证，今后还会有城市出现这种情况。因此我们再要居安思危；要不断地分析和评价自己的经营环境，知己知彼、提前预测，尽可能将与有关部门的关系融洽做在前面。要自觉利用我们的优势，为地方办些政府喜好、百姓支持的事儿。搞好与公交集团母公司和周边环境的关系，求得稳定和发展。

（八）积极参与行业活动，努力做好秘书处日常工作

分会在 2012 年积极参与中广协及政府和社会等一系列的广告传媒活动。特别是广告行业组织的活动。在这些活动中，特别注意收集和吸收国内外在户外广

告特别是公交广告方面的先进经验和成果。以利促进我们自身的建设和发展，积极参加这些活动，得到广告界同行的认可，也不断提升公交广告传媒的影响力。公交分会的建设和发展，一直得到中广协的领导和支持。努力做好分会工作，积极发展新会员，把分会工作开展的，有声有色，红红火火，带动和推进全国公交广告行业，团结、协作、共同发展，这是开展分会活动的根本目的。

做好日常工作，区分轻重缓急的完成分会各项年度计划；及时回应广大会员的来电、来信及来访提出的各项问题和建议。如：有的会员单位在申办企业资质上遇到的问题，在创建诚信单位中遇到的问题。在广告的培训、广告运作、职称申报上遇到的问题，我们都会热情接待，按上通下达、积极面对的态度，给予说明。有些问题及时请示中广协及主任保证了信息畅通和工作顺利开展。

关于2013年的工作，公交分会将按中广协要求及主任所确定的工作思路和目标，制定出工作计划。在报领导审定后本着计划在先，分步落实的原则去认真办理，相信各地会员会胜利完成2012年任务，创出辉煌业绩！我们的协会组织会有更大发展。

2012年法律咨询委员会工作总结

一、参与“国家广告战略”课题

承担《广告行业自律与广告行业组织地位作用及广告人才培养管理机制研究》子课题研究。

二、推动《化妆品广告管理办法》的修订

在总局广告司的委托下，对《化妆品广告管理办法》进行第四稿、第五稿的修改工作，并结合国内国外化妆品广告现状，和广告司进行多次讨论，推动该办法的修订进程。

三、广告法律法规汇编核对、校稿工作

协助广告司整理自1986年以来国家所颁布的所有广告管理法律、法规、规章及规范性文件，共收录189件广告工作文件，计24万余字、440页篇幅，并进行多次出版社校对核稿工作。

四、参与全国首次助理广告师、广告师职业水平考试的相关工作

对于考试中涉及的广告法律法规课题的内容，提供培训教材的修改意见和建议；参与考试的法律法规内容的命题工作。

五、进一步调研行业广告费税前扣除比例

接受宝洁、高露洁、卡夫（中国）等公司的咨询，并向国家税务总局、财政部反映企业建议继续执行《关于部分行业广告费和业务宣传费税前扣除政策的通知》的事宜，进一步了解修订动态。

六、接受记者采访，对社会热点事件发表法律见解

针对老郎酒广告出现儿童形象、名人代言医药广告、电视购物广告等社会热点事件，接受北京人民广播电台、中国工商报、中国经济周刊等媒体记者采访，及时发出协会声音。

七、参与卫生部《母乳代用品销售管理办法》的修订工作

接受国家卫生部妇社司的委托，结合奶粉广告中

反映出的问题，参加修订座谈会，对《母乳代用品销售管理办法》提出意见和建议。

八、审核协议

配合协会会展部、综合事务部等相关部门的工作，严格审核有关广告节、房屋使用权转让合同等协议的规范性、合法性；同时拟定协会的合同范本，为规范合同的签订工作打基础。

修改合作举办中国整合营销传播创新发展大会协议、首届亚太地区青年主题创意大赛合作协议、综合事务部劳务合同。

赴上海嘉定工业区管理委员会实地调研、协商，拟定《房屋使用合同》，并多次进行修改。

协会办公室装修、弱电、消防合同审核把关。

2012 年民航分会工作总结

2012 年，民航分会积极围绕中国广告协会（以下简称中广协）中心工作，结合本分会年初制定的工作计划，并在全体会员单位的大力支持下，通过调整工作思路，加大行业自律工作的力度，不断提高对会员单位服务的质量和水平，各项工作都有了新的进展。

一、2012 年工作总结

（一）及时掌握行业动态，完成广告经营情况统计工作

为掌握行业发展状况，向会员单位提供信息服务，同时按照中广协相关工作要求，民航分会积极组织会员单位完成广告经营情况统计工作。

（二）完善常委会运行机制，提高服务管理能力

分会于 5 月 12 日在北京召开 2012 年第一次常委会议。会上认真传达了中广协全国工作会议精神及相关工作要求；通过了 2012 年行业年会及论坛的时间、地点、主题及相关内容；会议对民航分会会费标准进行部分调整。依据中广协会员管理办法，企业不得参加多个分支机构的相关规定，兼顾民航广告媒体运营商的需求，有选择的发展部分企业信誉良好经营业绩良好、合作关系良好的企业为民航分会荣誉会员；通报了 2011 年民航分会会员单位广告经营情况统计数据；审议通过每年年初和行业年会前各召开一次常委会，完善运行机制，引领民航分会在行业中的发展方向。

（三）加强行业自律，组织会员单位开展资质认定工作，积极参加诚信单位评选

为进一步规范行为，推动广告经营单位诚信建设，增强诚信经营意识，树立广告行业良好形象，积极促进广告业健康发展，分会全力配合中广协在全国开展的广告行业诚信经营单位创建活动。

（四）配合做好培训工作，完成首届广告师职称评定考试

认真落实职业水平考试和广告人才培育工程计划，将培训信息及时准确下发会员单位，并协助会员单位完成考试工作的有效落实。

（五）积极组织召开“2012 年年会暨行业发展论坛”，增强分会各会员单位交流

民航分会于 2012 年 8 月 27 至 31 日在云南腾冲举办“2012 年年会暨行业发展论坛”。年会以“充分利用国家产业政策、大力推进民航广告发展”为主题，邀请专家学者、资源管理者、广告经营者展开一场思想与观点的激烈碰撞；互动环节气氛极为热烈，为各会员单位打造一个更加专业和活跃的交流平台。中国广告协会副秘书长刘忠学、会员部张鹰应邀请列席会议。会议依据常委单位要求，对无锡广告公司、新华昊宇文化传媒（北京）股份有限公司、北青航媒广告

公司等3家企业的入会申请进行审议通过。

（六）组织会员单位参加“第十九届中国国际广告节”

第十九届中国国际广告节于2012年10月在中国天津举行。中国国际广告节是中国最具权威、最专业、规模最广的广告界盛会。此次广告节集八大奖项及其颁奖典礼、八大论坛及其交流会、五大展览、三个大型活动以及媒体推介会为主要内容，民航分会积极组团参加了此次盛会。

2012年烟草分会工作总结

2012年，在中国广告协会的关心指导下，围绕中国广告协会 “履行协会职能、提高服务水平、加强自身建设、加强行业自律、促进行业发展”的总体工作思路，结合中国广告协会烟草分会“整合资源、积极引导、规范运作、提供服务”的宗旨，积极开展分会各项工作。

（一）中国广告协会烟草分会主管单位变更为中国烟草杂志社后，烟草分会的日常工作纳入杂志社的工作职责，烟草分会秘书处设在杂志社独资的中烟广告公司。2012年中国烟草杂志社正处在转企改制中，按照中央对杂志社转制方案的批复要求，全面落实转企改制任务，落实各项相关手续的办理工作，确保杂志社按照新体制运行，烟草分会也按照杂志社总体部署开展相关工作。

（二）对中国广告协会烟草分会第三次会员大会会员资料进行整理归档，完善会员单位的登记认证工作。中广协烟草分会现有会员单位46家，其中：国家烟草专卖局二级单位3家，行业自有媒体2家，广告公司1家，商业公司21家，工业公司19家。整理归档烟草分会第二届常务委员会名单，由国家烟草专卖局相关部门、中烟工业公司和省级烟草公司共24个单位（25个人）组成。为2013年烟草分会召开第二届常务委员第二会议，做好烟草分会的组织建设，增选改选补选理事，开展各项活动做前期准备。

（三）积极为会员服务，加强行业自律，规范广告行为；充分发挥分会桥梁和纽带作用，当好烟草行业代言人；建立烟草广告事前发布咨询体系，积极为会员单位提供法律服务。继续发挥中广协烟草分会的积极作用，发挥行业协会的管理和服务职能，帮助会员单位把握政策要点和舆论导向，研究分析和解读各项法律法规，开展自律检查及制定切实可行的应对措施，维护烟草行业宣传的合法权益。

（四）2012年10月25日至10月27日，杂志社领导及分会人员赴天津，参加第十九届中国国际广告节。在天津期间杂志社领导及分会人员深入广告节各个展区，与广协会员各单位深入交流，与参展企业广泛接触，观摩优秀广告作品，参加了广告创意等高峰论坛，学习借鉴先进经验和成功的组织管理模式，为开展好烟草分会下一步工作奠定基础。

2012 年户外广告分会工作总结

2012 年中广协户外广告分会在中广协的领导下，以“提供服务、反映诉求、规范行为”为指导，按照中广协及分会 2012 年度的工作计划，开展了一系列的工作和活动。现总结汇报如下：

一、召开分会常委会

3 月 28 日，中国广告协会户外广告分会在武汉召开了 2012 年户外广告分会常委工作会议。户外广告分会主任应曙光、副主任萧景勋、张建国、刘方、于凯滨、宣勤、秘书长王焕章及常委二十余人参加了会议。中国广告协会秘书长助理韩胜东、湖北省广告协会秘书长张锦妙等出席会议。

应曙光主任总结了 2011 年户外广告分会的工作，刘方副主任宣读了 2012 年户外广告分会工作计划。会议对户外广告分会去年的工作给予了肯定，对 2011 年户外广告分会工作计划提出了具体细致的修改意见。

户外分会秘书长王焕章介绍了“中国户外广告论坛”方案及户外、公交、广告公司、铁路、民航、电力、霓虹灯等七家广告分会筹备“中国户外广告论坛”筹备情况。

会议对“中国户外广告论坛”方案进行了认真地讨论，一致认为继续举办户外广告论坛意义重大，很有必要。建议将论坛的名称定为“中国户外广告论坛”，并坚持同各地政府共同举办。2012 年举办的时间定于 2012 年 7 月 5–6 日，举办地定在南京，由中国广告协会与南京市人民政府共同主办，南京市工商局、江苏省广告协会、南京市广告协会、南京雷迪欧广告公司承办。

二、举办“2012（南京）中国户外广告论坛”

2012 年初户外广告分会向中广协领导上报“中国户外广告论坛”方案草案，第一次筹备会议研究论坛举办的相关事宜，3 日 25 日户外广告分会召开常委会讨论修改论坛方案，3 月 31 日南京市人民政府向中广协发出共同主办“中国户外广告论坛”的邀请，4 月 28 日中广协正式答复南京市人民政府，同意与中国广告协会共同主办“中国户外广告论坛”。随后筹备工作全面展开，5 月 10 日中广协副秘书长、本届论坛执行副主席刘忠学等到南京，经同南京方面协商确定了“论坛”的名称为“2012（南京）中国户外广告论坛”，6 月 5 日起论坛准备工作进入倒计时，7 月 1 日中广协工作人员到南京参与各项工作的最后准备。7 月 5–6 日按照计划“2012（南京）中国户外广告论坛”顺利举办成功。

本次论坛签到参加人数 454 余家，各类专家 20 人，各城市主管户外广告部门代表近 20 人，中广协及各地广告协会、工商局主管广告领导等 30 余人，当地领导及各方面人员 50 多人，参会总人数 500 余人；参加论坛的主要领导有：中国广告协会会长李东生、国家工商总局广告司副司长黄新民、南京市人民政府副市长陈刚、江苏省工商局巡视员贺寿天、中国广告协会副秘书长刘忠学、南京市工商局副局长黄明春等。

（一）“论坛”基本收获

1．本次论坛围绕“户外广告的创新与发展”主题，提出了“科学规划户外广告，促进城市经济发展”的口号，从户外广告的创新与发展同城市形象建设的关系，户外广告创新与发展中存在的问题、积累的实践经验与理论成果进行了深入地探讨交流。

2．来自国家工商总局、住房和城乡建设部、上海、南京、广州、青岛、武汉、等十余个城市市容、市政、城管部门的领导，清华大学、上海环境科学研究院的专家，国内外户外广告界权威人士、大中型户外广告公司代表和业界知名广告人及各地广告协会和工商局的领导共聚一起,共同探讨户外广告创新与发展问题。

3. 继续搭建沟通平台。这次论坛的特点是由行业与政府共同主办的户外广告会议，是直接了解政府相关领导对城市形象建设、户外广告规划与管理思路，权威专家、学者的研究成果，各城市的成功案例的难得机会，也是广告人与广告主、广告采购商沟通交流的最佳平台。 广大参会代表对论坛的所有发言、演讲都表示出了很大的兴趣，对论坛所设的内容给予了很高的评价。本次论坛的举办确实达到了巩固行业协会、户外广告公司与城市政府相关部门进行沟通的平台的目的。同时向城市政府相关部门反映广大户外广告公司的诉求，让户外广告公司的经营更加规范，同时就城市形象与户外广告发展等问题进行探讨，从而推动城市形象建设与户外广告科学发展的目的。

4. 组织有效，细节周到。在中广协和南京广协的有效组织和会务组的反复争取下，有不少地区都是组团参会，如湖北省广协组织了 30 人，福建省广协组织了 20 人，山东省广协组织了 17 人，大连市广协组织了 13 人，浙江省广协组织 11 人等等，另外江苏省广协组织 116 人，南京市广协组织了 44 人等等。

本次论坛关注细节，特别是对接待细节做到悉心周到，如：针对各级领导特别重视的中广协领导和演讲嘉宾接待，制定了专门接待方案，安排专人专车；宁夏参会代表石宏强为伊斯兰教徒，会务组考虑到他的宗教信仰和饮食习惯，特别准备专车，送他到清真饭店用餐；商家的宣传资料摆放等等，大会周到的服务给代表们留下了较深刻且满意的印象。

（二）获得圆满成功的主要因素

1. 总局、中广协及各地工商局的重视

广告司对这次论坛给予了大力支持，从论坛策划到方案的具体执行都提出了很好的建议，黄新民副司长到会发表了演讲。中广协领导严格把关，从方案的制订到每一个细节都给予了认真的指导。江苏省工商局、南京市工商局为论坛的成功举办做了大量的工作。许多地方工商局均派人参加了论坛。尤其是江苏省工商局组织了 116 人参加了此次论坛。

2. 政府的理解与支持

南京市人民政府主动提出申办，陈刚副市长多次亲自听取论坛筹备工作汇报。许多城市主管户外广告的政府部门领导参加了论坛并在论坛上发言，他们对论坛的内容给予了肯定。我们感谢南京市人民政府给予“论坛”的大力支持，感谢各城市主管户外广告的政府部门给予“论坛”的大力支持。

3. 组织落实、人员落实到位

论坛首先成立了组委会，中国广告协会会长李东生担任主席，中国广告协会副会长兼秘书长燕军、南京市人民政府副市长陈刚担任执行主席，中国广告协会副秘书长刘忠学等担任执行副主席，同时成立了组委会办公室，由王焕章、陆道爰、汪言福、汤永坚同志负责论坛的各方面具体筹备工作。

4. 会议宣传好

（1）3 月份在中国广告协会网、中国广告协网、户外广告传媒发布新闻通稿；（2）会议期间南京市的主要媒体做了即时报道；（3）中国工商报社进行了多版面报道；（4）中国广告网对论坛进行了现场直播。

5. 论坛方案有创新

论坛方案初稿形成后，我们征求了各方面的意见，从主题到每一板块的设计都经过了反复的讨论研究，最后将主题确定为“户外广告的创新与发展”，论坛仍分为 4 个板块，但今年增加了“新媒体新产品、新材料”单元，收到了较好的效果。

6. 大局观念团队精神

本次“论坛”会务工作，是以南京市工商局、南京市广告协会及江苏省广告协会和南京雷迪欧广告公司为主，其他人员为辅。参与“论坛”会务工作的所有人员尽心尽力、吃苦耐劳、任劳任怨，充分体现了一盘棋的大局观念和团队精神。

“2012（南京）中国户外广告论坛”虽然取得了一定的成绩，但也还存在着一些问题，主要是：签到资料准备不充分、经验不足、预见性不够、配合欠到位等。“2012（南京）中国户外广告论坛”尽管还存在着许多不足，但我们毕竟又向前迈出了一步，受到了业内及社会的关注。我们要好好总结经验教训，争取把这个论坛越办越好。

三、到天津、济南、成都考察户外广告工作

2012 年 8 月 2 日至 9 日户外分会随福建省漳州市广告协会、市城管执法局等单位组成的户外广告工作考察团，到天津、济南、成都等地对户外广告进行了考察。

随着全国户外广告清理整顿工作的开展，福建省漳州市人民政府决定对户外广告准备进行整顿。漳州市广告协会及部分户外广告经营单位就如何开展此项工作同政府的主管部门—漳州市城管执法局进行了沟通。为了达到既对户外广告进行整顿又照顾到户外广告经营单位利益的目的，漳州市城管执法局请示市政府同意与漳州市广告协会共同组成一个户外广告及市容市貌考察团，到天津、济南、成都等地进行考察，考察后再制定漳州市清理整顿户外广告的具体方案。漳州市城管执法局局长吴志民、福建省广告协会会长黄应寿、漳州市广告协会会长陈肇基及漳州市法制办、住建局、 规划局 、规划设计院 、公路局 、交警支队 、工商局等部门的领导、户外广告公司的老总共 19 人参加了考察。

这次考察的意义在于：

1. 漳州市在全国树立了一个样板，解决户外广告问题可以通过政府、广告协会、户外广告经营单位三方协商的办法，统一认识、相互理解、减少矛盾。2. 考察的过程也是学习的过程，政府的同志看到了其他省市好的做法，户外广告经营单位的老总更加理解了政府清理整顿户外广告的意义。3. 把政府同企业牵到一起，广告协会更加巩固和发挥了桥梁作用。这种做法有利于和谐社会的要求，值得在全社会推广。

几点收获：

考察团全体人员开拓了眼界，拓宽了思路，跳出了户外广告的小圈子，看到了更加广阔的未来城市的发展前景，对清理整顿户外广告有了新的认识。漳州市考察团政府方面同广告协会、广告公司三方达成了共识—拆与建户外广告都是为了一个共同的目标，建设一个更加美丽的新漳州。结识了一批新的朋友，认识了天津、济南、成都等地的城管的同志，经过同他们交流，使他们更加理解了户外广告经营单位的实际困难，并在许多问题上取得了共识，为今后同他们的合作打下了很好的基础。

四、举办首届“联建杯”LED 户外显示屏媒体大赛

最近几年全国各地城市 LED 户外显示屏发展非常迅猛，并且出现了良莠不齐的现象，为了在业内倡导生产好屏使用好屏，创意出更具新意的 LED 户外显示屏，让 LED 户外广告与城市建设和美学艺术融为一体，减少不和谐或者违章 LED 户外广告对整个户外广告市场的冲击，同时为优秀的企业提高企业知名度、美誉度。中国广告协会户外广告分会、报刊分会会同中国广告网携手深圳联建光电股份有限公司共同举办了“首届‘联建杯’户外 LED 显示屏媒体大赛”，主题为“LED—为城市建设增光添彩！”大赛于 5 月份正式开赛，几十家拥有 LED 户外显示屏的公司报名参赛。

本次大赛设优秀大屏广告营销奖、内容创意奖，此外还特别设定了一个最佳概念显示屏创意奖项，参赛企业可以发挥无穷的想象力来完成一个概念显示屏，展示对未来显示屏的期待与想象。

2013 年 1 月 15 日，首届“联建杯”户外 LED 显示屏媒体大赛评审工作在北京国家广告创意产业园联动文化有限公司正式举行。本次大赛邀请到清华大学美术学院视觉传达设计系教授、博导、城市视觉规划设计研究所所长马泉担任评审主席。中国广告协会户外广告分会秘书长王焕章、中国传媒大学广告学院院长、博导黄升民、住建部标准所高级工程师董一新、中国光学光电子行业协会秘书长王琳、中国广告协会会员部张鹰、中国广告网董事长毕玉强担任评审，监审委员由中国广告协会秘书长助理、会员部主任韩胜东、

中国广告协会报刊分会主任梁勤俭担任。

本届“联建杯”户外LED显示屏媒体大赛分设三类奖项，分别是：优秀大屏广告营销奖、内容创意奖和最佳概念显示屏奖。每一类奖项都设有金奖1名、银奖2名、铜奖3名。

最终，清华大学美术学院城市视觉规划设计研究所选报的“重庆眼”创意LED屏作品、Dee Multimedia选报的泰国曼谷大屏作品、清华大学美术学院城市视觉规划设计研究所选报的概念屏—华鲁大厦作品，分别摘得了优秀大屏广告营销奖、内容创意奖、最佳概念显示屏奖的桂冠。

“联建杯”LED户外显示屏媒体大赛的举办促进了城市户外广告的建设与发展，我们将在总结不足的基础上继续把这项赛事搞好。

五、接受新华网访谈

9月18日户外分会主任应曙光和清华大学美术学院教授、城市视觉规划设计研究所所长马泉做客新华网，就“户外广告治理与城市视觉形象塑造”话题进行了讨论。

这次访谈主要围绕“治理城市的视觉紊乱需要采取集合模式”、“户外广告规划应彰显审美品质”、“城市户外广告规划应先研究城市定位”、“户外广告治理中管理者应集思广益”、“广告行业如何协助治理户外广告”及广告业关注的税收等问题展开。应曙光主任在访谈中强调了广告公司的自律问题和创新为题，他说：爱国创新、遵纪守法、公平诚信、互惠互利，其实这十六个字里面都有，广告公司一定要做到创意、创新，以后不会是资源型的世态，一定是拼创新和创意的。还有一个问题就是整治广告后肯定是僧多粥少，这就涉及转型的问题。其实很多广告公司都转型了，有做广告大厦的，有做教育的，有做典当的等等，五花八门的，所以创新和转型必须提到议事日程上来。

在谈到税收问题时应曙光主任认为：现在国家对广告支持很大，把广告作为现代服务业列入了文化产业的范畴，自1996年开始广告行业就有了3%的文化事业建设费，我想在现在这个状况下，我们国家对广告业这么支持，是不是可以考虑降低或者取消这个费用，使我们广告能健康地发展。

访谈现场直播后在业内产生了一定的影响，也引起了政府一定程度的关注，我们要继续利用这些平台宣传我们的观点，得到政府对户外广告的关心、关注与重视，最终达到用法的形式规范户外广告，管理户外广告的目的。

六、做好秘书处日常工作

户外分会秘书处承担着分会日常同中广协及各会员单位的联系、协调等工作，2012年主要做了以下工作：

1. 协调各地拆牌工作。2012年全国各地仍对户外广告进行了清理整顿，户外分会对广东东莞、浙江温州的拆牌情况进行了关注，分别致信当地政府，说明了我们的意见。

2. 对部分会员单位进行了走访，进行了调查研究。走访的单位主要有：大贺集团、南京永达、萧山机场高速、浙江高速、杭州城市传媒、北京分时传媒、上海飞帆、上海新大陆、上海大众等，同时还走访了其他一些非会员单位，了解了一些户外广告公司的实际情况。

3. 发展了一批新会员。在会员部的帮助下2012年新发展会员21家，壮大了会员队伍。主要有：陕西赛尔品牌管理有限责任公司、北京佳禾众信广告有限公司、如翼（北京）文化传媒有限公司、广东广盟网络发展有限公司（中国广告网）、深圳市艾比森光电股份有限公司、湖州中杰广告有限公司、大象广告有限公司、辽宁省高速公路实业发展总公司广告经营中心、广西高路传媒有限公司、深圳市洲明科技股份有限公司、浙江朝辉广告有限公司、新疆盛世空间文化传媒有限公司、上海香榭丽广告有限公司、泉州市金太阳电子科技有限公司、深圳市迈锐光电有限公司、武汉利旗户外传媒有限公司、长春赛博广告有限公司、陕西省交通广告传媒有限公司、深圳国宁新能源投资有限公司、广东新路广告有限公司、安徽省清泉广告有限责任公司。

2012 年大连国域无疆传媒集团有限公司被选为中国广告协会常务理事单位。

4. 交会费创新高。经过会员部清理（对 5 年以上不交会费的会员单位，予以除名）户外广告分会清除 15 家，现有会员 90 家，2012 年交会费会的达到 86 家。

一年来我们做了一些工作，但距中广协的要求还有很大差距，我们要继续努力，争取把户外广告分会的工作做得更好。最后感谢中广协的领导给予我分会的大力支持，感谢各会员单位的大力支持。

2012 年电力分会工作总结

一、召开电力分会第九次理事会

电力分会第九次理事会会议于 2012 年 3 月 1 日在上海召开。参加会议的单位是：上海电力广告有限公司、河南电力广告有限公司、嘉兴电通广告有限公司、济南鲁源电力广告有限公司、兰州倚能电力广告策划有限公司、杭州利有广告有限公司、天津三源电力广告有限公司、沈阳路灯广告有限公司、山东临沂桃源广告有限公司、湖北东方广告有限公司、北京福仕杰广告有限公司。会议有四项议题：

1. 电力分会 2011 年工作报告。

2. 电力广告企业改革情况交流。

3. 商议新增成员单位。

4. 商议举办 2012 年会员大会。

会议肯定了分会在 2011 年中参加中国户外广告论坛、召开理事会、举办会员大会、进行广告媒体技术规范交流、建立分会 QQ 群等方面所做的工作。

会议交流了国网公司关停并转多经企业的背景、国网公司层面上的传媒企业状况、今后的整合趋势和思路、上海电力广告有限公司的变化情况等话题，认为应当看清形势，早作准备，积极应对，上挂下联。

会议提出电力广告企业应更加着重对主业的服务，使主业感到服务上的便利、企业文化建设上的需要，从而给予积极支持。

河南电力广告有限公司介绍了开发“多点多媒体”的做法和思路，天津三源电力广告有限公司积极响应。

会议决定吸收湖北东方广告有限公司为电力分会理事单位，安徽明生电力广告有限公司为电力分会会员单位。

会议初定了 2012 年会员大会召开的时间、地点、交流单位和参观活动内容。

二、召开会员大会

电力分会第九次会员大会于 2012 年 6 月 25 日在厦门举行，河南电力广告有限公司筹办大会做了大量沟通和联络工作，特别是参观活动去台湾，办理通行证等相关手续比较麻烦，有些单位报名后又取消，时间上也有变化，导致组织工作很困难。

会员大会上河南电力广告有限公司结合工作实践与会员单位分享“顺应形势变幻，谋求生存发展”的经验体会，提出“变是外部形势，不变是执着追求”，“经营模式虚实相间，行业身份定位准确”，“共建媒体平台，合理开拓发展”三项主张。

山东临沂桃源广告有限公司在国家电力体制改革的大背景下，做大做强难能可贵，会员大会上作了重点发言，归纳其要点如下：

一是通过制定标准掌握竞争优势。将主营业务“国家电网”品牌标识推广做大做强，成立了专门的品牌推广团队，打造了“一站式”服务流程，实现了品牌标识的设计、制作、安装一条龙服务。先后为山东电力集团公司、鲁能集团公司制定了《品牌标识推广制作技术规范书》，并通过对技术标准的把握成为长期的标识供应服务商。

二是积极实施“走出去”战略。借助在山东省内市场积累的成功经验，成立了营销团队，本着合作共赢、借力发展的原则，将市场拓展其他省市。目前，标识产品销售辐射到北京、江苏、安徽、山西、辽宁、黑龙江、内蒙古、新疆、西藏等18个省市。

三是辐射其他行业。积极搜集其他行业的标识推广信息，提前做好业务联系。先后承接了临商银行70余家营业网点的标识制作和京沪高铁沿线灯箱广告的制作安装业务，成为了国内知名的国家电网品牌标识产品供应商，市场份额不断增强。

四是成立了专门的研发团队。为了保证新产品研发速度与质量，组建了专门的产品研发部，聘请了1名教授、1名博士、10余名工业设计等专业人才加盟，与临沂大学签订了战略合作协议，共同成立了产学研合作基地，保障了公司的科研力量。

五是设立了专门的研发资金，开展新产品研发工作。先做充分的市场调查，市场前景好的产品、科技含量高的产品，投入精力去研制，确保不落伍。相继研制生产了广告机、电费自助缴费机、银亭等产品。

六是加大新设备的投入。尽量使公司的产品实现流水线生产，努力降低人工制作的可能，力争产品质量稳定。先后购买了日本的写真机、韩国的平板打印机等先进的制作加工设备，投资600余万元建设了国际先进的钣金加工车间，购置了裁板机、折弯机、打磨机、智能全封闭烤漆房等设备，有力地提升了产品质量。

七是注重新产品专利保护。为保护知识产权，避免同行的恶意模仿和竞争，产品一旦研制成功，立即向国家知识产权局申报专利，维护合法权益。目前，已获得8项国家专利。

三、QQ群等其他业内交流

QQ群这一平台活跃，常有业内外各种信息共享。如许昌电力广告公司变革后，郭总与大家通报信息介绍情况。

会员单位参加中广协和各地广协的各项活动，如上海电力广告有限公司员工参加5月举行的全国广告专业职业水平考试两人取得广告师资格，一人担任上海市广告师俱乐部副主任。上海电力广告有限公司、湖北东方广告有限公司、山东临沂桃源广告有限公司、天津三源电力广告有限公司等单位参加了7月举行的户外广告创新与发展论坛、国际广告技术设备展览会，10月举行的第十九届中国国际广告节。

四、2013年工作打算

1.3月召开理事会，交流各地信息，商定通过人事变化、会员大会计划和筹备等事项。

2.11月召开会员大会。

3.加强分会会员交流，推动参加展会、论坛、作品评选、职称考试等活动。

2012 年光源和标识广告分会工作总结

2011 年 11 月 23 日经国家民政部核准正式成立的"中国广告协会光源和标识广告分会"，是我国光源和标识行业第一个全国性协会组织。2012 年我会按照"结构调整、转型发展的服务理念"做了以下几方面工作。

一、成立中国广告协会光源和标识广告分会第五届常务委员会

5 月 16 日在珠海石景山大酒店召开了常委扩大会议，调整、充实了领导班子。由于中标协是由中霓会改名而来，因此初期的领导班子只能是在原中霓会常委会基础上调整充实。原常委班子 25 人，这次调整 4 人，根据工作需要，增补了 12 人进新的常委会，其中大多是目前光源标识行业的骨干企业。

调整后的班子：名誉主任 1 人，顾问 1 人；主任 1 人，副主任 9 人，常委 23 人。分布在全国 19 个省、市、自治区。

二、加强协会组织建设

按照协会"提供服务、反映诉求、规范行为"职责，常委扩大会议讨论制定了"中国广告协会光源和标识广告分会组织规则"、"中国广告协会光源和标识广告分会自律手则"，明确了协会建设的指导思想，发展的方针政策，组织机构，会员入会条件，申请程序，会员的权利和义务，以及倡导诚信，遵纪守法，遵守职业道德等自律守则。

三、调整和发展协会会员

2012 年有 20 个单位加入中国广告协会光源和标识广告分会为会员单位。与此同时，由于会员单位经营业务变化，转业或歇业以及有的会员不遵守协会"组织规则"等被取消会员资格的有 17 名，现有会员单位 109 名。我们遵照协会"组织规则"要求，积极宣传、多做实事、服务行业、为会员服务，以扩大影响，在光源和标识行业积极发展会员，扩大协会的影响力。

四、制订和开展企业资质认定工作

常委扩大会议制订了"中国光源和标识企业资质证书认定试行办法"，办法规定："凡中国广告协会光源和标识广告分会会员，具有独立法人资格，在工商行政管理部门核发的营业执照经营范围内符合认定标准的企业均可申请"，办法规定资质认定分三类三级，即："中国一级／二级／三级标识制造企业资质"；"中国一级／二级／三级光源制造企业资质"；"中国一级／二级／三级景观照明工程企业资质"。还制订了不同名称、不同等级的认定条件。2012 年 10 月经本单位申请，专家评审委员会审核，认定一级、二级标识制造企业，一级、二级光源制造企业，一级、二级景观照明工程企业，共 23 家。

五、搭建光源和标识理论体系交流和企业新产品展示平台

2012 年 10 月 24–25 日，"中国广告协会光源和标识广告分会成立大会"及"2012 全国光源和标识行业发展论坛、新产品展示会"在西安市西京国际饭店召开。本次大会是"中霓会"发展史上有里程碑的一次大会，从此霓虹灯行业融入了光源和标识行业。随着科技发展，新光源的不断创新，国际市场接轨，中国广告协会光源和标识广告分会将大有作为。

大会精心设计、印制了"成立大会会刊"和"大会纪实"，收录了中广协领导贺词、行业有关标准光源和标识行业部分骨干企业简介等。

六、开展光源和标识优秀作品评选，提升会员企业的知名度

为展示全国光源、标识、景观照明工程等在设计创意、制作的新技术、新工艺，新成果，进一步加强同行业的交流与沟通，提高设计创意，制作与服务水平，促进光源、标识、景观照明工程的发展，在本次大会期间举办了“2012 年全国光源、标识、景观照明工程优秀作品、优秀工程”的评选。有四家单位分别获得了一、二、三等奖与优秀奖。本次评选，恢复冠名制，冠名《乐普杯》以弘扬冠名企业品牌效应，进一步提高评选质量，在相关媒体和网站发布，提高了知名度。

中国广告协会光源和标识广告分会是中国广告协会分支机构，要在中广协领导下，按照光源和标识行业特点开展工作，履行“提供服务、反映诉求、规范行为”的职能。协助政府对光源和标识行业的指导、协调、服务和管理，团结光源和标识工作者，为促进光源和标识的现代化、美化市容景观、精神文明建设、现代化城市建设和繁荣市场经济服务。

2012 年互动网络分会工作总结

2012 年对分会是非常忙碌的一年，为了让分会工作适应互动网络行业的特性，促进行业健康有序发展，一年到头我们始终处于紧张的状态中，始终不敢松懈。现将这一年所做工作总结如下：

1. 会员组团参加 IAB 国际年会

年初组织了“中国访美互动网络广告代表团”，参加了 IAB 全球领袖峰会，广告司也安排人员参加了。在会议期间与世界互动广告同行进行了广泛的交流。由陈永、苏同（华扬联众 CEO）、李亚（凤凰网 COO）代表中国做了大会主题演讲，全面介绍了中国互联网营销发展的现状和市场优势，赢得了与会者的一致好评，成功展示了中国互联网广告的优势和特点（另有详细总结）。

2. 发布了我国第一个“中国互联网 IP 地理信息标准库”

规范的 IP 地理信息是互联网广告进行地域定向投放的重要依据，可以为广告投放避免因 IP 混乱造成的浪费。由中国广告协会互动网络分会 IP 地理信息标准委员会（简称 IPB）主持的，我国首个互联网 IP 地理信息标准库（试行版）上线试行运行。成立中国广告协会互动网络分会数据专家组，专门负责我国互动网络数据、标准方面的研究和探索工作。数据专家组并与 I-COM 数据全球专家平台对接，形成全球数据专家资源统和共享，参与到全球互动数据分析和测量研究中，推动了我国数字媒体测量标准化的发展。

3. “互联网广告监管研究”圆满完成

按照广告司的要求圆满完成了“互联网广告监管”课题的全部研究任务。已于第三季度将课题尾款与合作单位全部结清。为总局制订我国第一部互联网广告监管法规奠定了理论基础。

4. 完成“网络视频研究报告”

历时近两年的中国网络视频研究项目已经封库，研究成果年内应该完成。这是我国一个基于全国范围的网络视频基础调查，对全面了解掌握我国网络视频生态环境具有重大意义。对促进行业发展，规范管理网络视频广告，研究网络视频广告模式具有特殊意义。

5. 完成中国互联网广告十年盘整和资料整理工作

2012 年是“中国网络广告大赛”和“中国互联网高峰论坛”十周年，十年来这个行业已经从 10 亿元的市场规模发展到 400 亿元的规模，已经成为市场营销的重要力量，它正在改变着未来市场营销的格局。总结、研究我国互联网广告十年，对引领、规范未来市场走势非常重要。所以我们在二季度启动了对 2003—2012 年互联网广告发展梳理和专项研究工作；对十年来有代表性营销案例进行了分类研究；评出“中国互

联网广告十年英雄人物”；联合“舌尖中国”摄制组和各大主流网站完成了反应中国互联网广告 10 年的专题片。

6. 正式启动“中美移动互联网消费调查研究”项目

移动互联网是网络发展的必然，研究移动网络消费行为是促进、规范网络广告行业发展的基础。因此，年初策划了首次“中美移动互联网消费调查研究”项目。中国部分现已完成，在第十九届中国国际广告节上做了初步首发，这对促进移动网络广告的发展具有非常重要的意义。

7. 完成“中国广告长城奖互动创意奖”和“中国广告长城奖媒介营销奖”的评审。成功举办“中国互动网络广告高峰论坛”和“颁奖晚会”

8. 发展分会会员

为配合中广协会员部总体工作，扩大网络分会的行业影响力，对 2012 年参与 IP 库研究的成员单位进行了一次性的重点发展工作，发展工作将在年底完成。

中国商务广告协会

中国商务广告协会章程

（中国商务广告协会第九届会员代表大会通过）

第一章 总 则

第一条 中国商务广告协会，英文名称为CHINA ADVERTISING ASSOCIATION OF COMMERCE，英译简称CAAC。

第二条 中国商务广告协会是在中华人民共和国商务部的领导下，经中华人民共和国民政部核准登记，以全国商务广告行业，包括相关的品牌和创意产业为主体的全国性行业组织，是具有法人地位的社会团体。

第三条 中国商务广告协会的基本宗旨是：坚持党的方针路线，紧密围绕商务工作，贯彻执行国家有关方针政策和法律法规，加强行业自律，引导会员洞察趋势、开拓进取，提高业务素质和整体服务水平。同时，认真听取会员的意见和要求，代表和维护会员的正当权益，发挥行业组织的桥梁和纽带作用，为建设社会主义物质文明和精神文明做出应有的贡献。

第四条 中国商务广告协会注册地址：北京市东城区台基厂头条10号。

第二章 任 务

第五条 中国商务广告协会的主要任务是：

（一）宣传贯彻国家有关法律、法规和方针政策，协助政府做好对商务广告活动的管理，制订行规行约和诚信规范，加强行业自律。为会员单位提供相关政策法规咨询和信息服务。

（二） 发挥协会在政府与广告行业、企业和社会之间的中介作用，听取会员单位的意见和建议，参与制订、修改有关行业发展和管理的政策、法规或提出相关建议。

（三）开展国内外广告理论与实践的研究，掌握广告、品牌、营销、媒体、公关及创意产业、文化体育产业营销等方面的动态，引进和推广有关的新理念、新思想、新媒体、新技术，积极倡导自主创新，提高业界整体实力和水平。

（四）组织开展对广告、品牌、创意产业、传统媒体、新媒体以及公关等相关产业从业人员的培训，开展法律或政府所授权的资质认证。

（五）举办国内或国际性的有关上述产业和相关行业的展览、展示和业务洽谈活动。

（六）经相关政府部门批准，组织对优秀会员和优秀作品的评选活动，向社会推荐优秀的会员单位。

（七）开发信息资源，运用网络等技术，为会员单位和企业提供信息咨询服务。

（八）组织编辑出版专业刊物、书籍和信息资料。

（九）积极开展国际交流与合作。

第三章 会 员

第六条 会员分为单位会员和个人会员。

（一） 单位会员

1．具有合法经营资格，综合实力和创新能力较强的广告企业、媒介单位或从事创意产业的经营单位；

2．港、澳、台地区及国外广告企业代表机构（需报业务主管单位核准备案）；

3. 品牌商品生产经销企业和进出口企业；

4. 广告、品牌和创意产业研究机构及信息服务机构。

（二）个人会员

1. 在广告、品牌、媒体公关和创意产业等方面有显著成绩的工作者及教学研究人员。

2. 热心并积极支持本会工作的广告界知名人士及有关方面人士。

第七条 申请加入本协会的会员，必须具备下列条件：

（一）拥护本会章程；

（二）在本协会的业务领域内具有一定的影响；

（三）行会员的权利和义务，按时缴纳会费。

第八条 会员入会的程序：

（一）提交入会申请书；

（二）经理事会讨论通过；

（三）由理事会或理事会授权的机构发给会员证。

第九条 会员享有下列权利：

（一）本协会的选举权、被选举权和表决权；

（二）参加本协会的活动；

（三）获得协会提供的信息、资料及参加协会组织的学术交流、出国考察及人才培训的优先权和优惠权；

（四） 对本协会工作的批评建议权和监督权。

（五）入会自愿、退会自由。

第十条 会员履行下列义务：

（一）执行本协会的各项决议；

（二）维护本协会合法利益；

（三）完成本协会交办的各项工作；

（四）按规定缴纳会费；

（五） 提供本会所需要的各项资料，主动反映情况，提出建议。

第十一条 会员退会应书面通知本协会，并交回会员证。会员如果逾期一年不缴纳会费或不参加本协会团体活动的，视为自动退会。

第十二条 会员如有严重违反本章程的行为，经常务理事会表决通过，予以除名。

第四章 组织机构和负责人产生、罢免

第十三条 本协会的最高权力机构是会员代表大会，会员代表大会的职权是：

（一）制定和修改协会章程；

（二）选举和罢免理事；

（三）审议理事会的工作报告和财务报告；

（四）决定终止事宜；

（五）研究决定协会工作方针和任务，通过大会提案并形成决议；

（六）决定其他重大事宜。

第十四条 会员代表大会必须有2/3以上的会员代表出席方能召开，其决议必须经到会会员代表半数以上表决通过方能生效。

第十五条 会员代表大会每届4年。因特殊情况需提前或延期换届的，须由理事会表决通过，报商务部审查并经民政部批准同意。但延期换届最长不超过1年。

第十六条 理事会是会员代表大会的执行机构，在闭会期间领导本协会开展日常工作，对会员代表大会负责。

第十七条 理事会的职权是：

（一）贯彻执行会员代表大会的决议；

（二）选举和罢免名誉会长、会长、副会长、秘书长，聘请顾问；

（三）筹备召开会员代表大会；

（四）向会员代表大会报告工作和财务状况；

（五）决定会员的吸收或除名；

（六）决定设立办事机构、分支机构、代表机构和实体机构；

（七）决定副秘书长、各机构主要负责人的聘用；

（八）领导本协会各机构开展工作；

（九）制定内部管理制度；

（十）决定其他重大事宜。

第十八条 理事会必须有2/3以上理事出席方能召

开，其决议须经到会理事2/3以上表决通过方能生效。

第十九条 理事会每年至少召开一次会议；特殊情况下，也可采用通讯形式召开。

第二十条 本协会设立常务理事会。常务理事会由理事会选举产生，在理事会闭会期间行使第十七条第一、三、五、六、七、八、九项的职权，对理事会负责。

第二十一条 常务理事会必须有2/3以上常务理事出席方能召开，其决议须经到会常务理事2/3以上表决通过方能生效。

第二十二条 常务理事会至少半年召开一次会议，特殊情况下也可采用通讯形式召开。

第二十三条 本协会的会长、副会长、秘书长必须具备下列条件：

（一）坚持党的路线、方针、政策，政治素质好；

（二）在本协会业务领域内有较大影响；

（三）会长、副会长、秘书长最高任职年龄不超过70周岁，秘书长为专职；

（四）身体健康，能坚持正常工作；

（五）未受过剥夺政治权利的刑事处罚的；

（六）具有完全民事行为能力。

第二十四条 本协会会长、副会长、秘书长任期4年。最长不超过2届。

第二十五条 本协会常务副会长为本协会法定代表人。本协会法定代表人不兼任其他团体的法定代表人。

第二十六条 本协会会长行使下列职权：

（一）召集和主持理事会和常务理事会；

（二）检查会员代表大会、理事会和常务理事会的落实情况；

（三）代表本协会签署有关重要文件。

第二十七条 本协会秘书长行使下列职权：

（一）主持办事机构开展日常工作，组织实施年度工作计划；

（二）协调各分支机构、代表机构、实体机构开展工作；

（三）提名副秘书长以及各办事处、分支机构、代表机构和实体机构主要负责人，交理事会或常务理事会决定；

（四）决定办事机构、代表机构、实体机构专职工作人员的聘用；

（五） 处理其他日常事务。

第五章 资产管理、使用原则

第二十八条 本协会经费来源主要有：

（一）会费；

（二）国内外捐赠；

（三）政府资助；

（四）在核准的业务范围内开展活动或服务的收入；

（五）利息；

（六）其他合法收入。

第二十九条 本协会按照国家有关规定收取会员会费。

第三十条 本协会经费必须用于本章程规定的业务范围和事业的发展，不得在会员中分配。

第三十一条 本协会建立严格的财务管理制度，保证会计资料合法、真实、准确、完整。

第三十二条 本协会配备具有专业资格的会计人员。会计人员不得兼职出纳。会计人员必须进行会计核算，实行会计监督。会计人员调动工作或离职时，必须与接管人员办清交接手续。

第三十三条 本协会的资产管理必须执行国家规定的财务管理制度，接受会员代表大会和财政部门的监督。资产来源属于国家拨款或者社会捐赠、资助的，必须接受审计机关的监督，并将有关情况以适当方式向社会公布。

第三十四条 本协会换届或更换法定代表人之前必须接受社团登记管理机关和业务主管单位组织的财务审计。

第三十五条 本协会的资产，任何单位、个人不得侵占、私分和挪用。

第三十六条 本协会专职工作人员的工资和保险、福利待遇，参照国家对事业单位的有关规定执行。

第六章 章程和修改程序

第三十七条 本协会章程的修改，须经理事会表决通过后报会员代表大会审议。

第三十八条 本协会修改的章程，须在会员代表大会通过后 15 日内，经业务主管单位审查同意，并报社团登记管理机关核准后生效。

第七章 终止程序及终止后的财产处理

第三十九条 本协会完成宗旨或自行解散或由于分立、合并等原因需要注销的，由理事会或常务理事会提出终止决议。

第四十条 本协会终止决议须经会员代表大会表决通过，并报商务部审查同意。

第四十一条 本协会终止前，须在商务部及民政部的领导下成立清算组织，清理债权债务，处理善后事宜。清算期间，不开展清算以外的活动。

第四十二条 本协会经民政部办理注销登记手续后即为终止。

第四十三条 本协会终止后的剩余财产，在商务部和民政部的监督下，按照国家有关规定，用于发展与本协会宗旨相关的事业。

第八章 附 则

第四十四条 本章程的解释权属于本协会理事会。

第四十五条 本章程经协会会员代表大会表决通过，并报商务部审查同意，民政部核准后生效。

中国广告主协会

中国广告主协会章程

（2005年11月27日第一次会员代表大会通过）

第一章 总 则

第一条 本会名称：中国广告主协会。英文译名：China Association of National Advertisers；英文缩写：CANA。

第二条 本会是中国广告主自愿结成的、行业性、非营利性的全国性社团法人。

第三条 本会宗旨：以邓小平理论和“三个代表”重要思想为指导，遵守中华人民共和国宪法、法律、法规和国家的方针政策，遵守社会道德风尚，按照建立社会主义市场经济体制的要求，发挥政府和企业之间的桥梁纽带作用；实行行业自律，促进广告主广告投资的科学化、规范化；提高我国的营销传播水平，推动我国广告产业的健康有序发展；维护广告主的合法权益，不断提升广告主的市场竞争能力。

第四条 本会接受国务院国有资产监督管理委员会（业务主管单位）和中华人民共和国民政部（社团登记管理机关）的业务指导和监督管理。

第五条 本会的住所设在北京市。

第二章 业务范围

第六条 本会的业务范围：

（一）积极发挥桥梁和纽带作用，推动建立有利于广告投资的社会环境。

（二）代表本会会员同媒体、广告商及其代表组织进行协作、沟通、磋商，维护会员合法权益。逐步建立起广告主、媒体、广告商三方既合作又制约的机制。

（三）反对各种不正当竞争行为和恶性竞争行为，反对侵害国家和他人利益的行为，倡导善意、诚实、信用的商业原则，并团结会员在营销传播活动中遵从有关的各种规范和行业公约，加强自律。

（四）积极组织、推动相关的学术研究、经验交流、专业论坛、培训等活动，努力培养广告主的广告意识、商标意识、形象意识、品牌意识、公共关系意识等市场传播意识，为广告主的各类营销传播活动提供切实可行的操作标准和操作方法。

（五）致力于会员服务体系的建设工作，实现服务功能的系统化、规范化和程序化。为会员的营销传播活动提供市场调研、信息咨询、机构评估等公共服务和对策研究、效果评价、法律协助等个案服务。

（六）协调会员在市场竞争中产生的相关问题，力求避免过度竞争，促进企业间的沟通与合作。

（七）促进营销传播服务行业的发展。提倡会员本着公平、公正和诚实信用的原则与各类营销传播服务机构合作，通过评价广告商和媒体等活动，选择服务机构及媒体，扶持优秀服务商，促进服务水平和服务质量的提高。

（八）充分利用与世界广告主联合会的交流平台，与世界广告主联合会各成员及跨国公司建立广泛联系，加强国际交往和经济合作，组织会员境外考察，开展国际市场研究、境外维权等活动，推进营销传播事业与国际对接，为会员走向国际市场提供服务。

（九）办理政府有关部门委托的其他事项。

第三章 会 员

第七条 本会的会员以单位会员为主，也吸收个人会员。

第八条 申请加入本会的会员，应当符合下列条件：

（一）拥护本会的章程；

（二）有加入本会的意愿；

（二）有广告投入，在行业领域内具有一定的影响。

第九条 会员入会的程序：

（一）提交入会申请书；

（二）经理事会讨论通过；

（三）由理事会或理事会授权的机构颁发会员证。

第十条 会员享有下列权利：

（一）本会的选举权、被选举权和表决权；

（二）参与本会组织的各项活动；

（三）享受本会提供各项服务的优先权；

（四）对本会各项工作进行监督，提出意见和建议；

（五）入会自愿、退会自由。

第十一条 会员履行下列义务：

（一）遵守本会的章程；

（二）执行本会的决议；

（三）维护本会的信誉与合法权益；

（四）支持本会工作，完成本会委托的事项；

（五）按规定缴纳会费；

（六）向本会反映情况，提供有关资料。

第十二条 会员退会应书面通知本会，并交回会员证。会员如果一年不缴纳会费或不参加本会活动的，视为自动退会。

第十三条 会员如果有严重违反本章程的行为，经常务理事会表决通过，予以除名，并收回会员证。

第四章 组织机构和负责人产生、罢免

第十四条 本会的最高权力机构是会员代表大会。会员代表大会的职权是：

（一）制定和修改章程；

（二）选举和罢免理事，组成理事会；

（三）审议理事会的工作报告和财务报告；

（四）决定终止事宜；

（五）决定其他重大事项。

第十五条 会员代表大会须有2/3以上的会员代表出席方能召开，其决议须经到会会员代表半数以上表决通过方能生效。

第十六条 会员代表大会每届五年。因特殊情况需提前或延期换届的，须由理事会表决通过，报业务主管单位审查并经社团登记管理机关批准同意。但延期换届最长不超过一年。

第十七条 理事会是会员代表大会的执行机构，在会员代表大会闭会期间领导本会开展日常工作，对会员代表大会负责。

第十八条 理事会的职权是：

（一）执行会员代表大会的决议；

（二）选举和罢免会长、副会长、秘书长和常务理事；

（三）聘请名誉会长和顾问；

（四）筹备召开会员代表大会；

（五）向会员代表大会报告工作和财务状况；

（六）决定会员的吸收或除名；

（七）决定设立办事机构、分支机构、代表机构和实体机构；

（八）决定副秘书长、各机构主要负责人的聘任；

（九）领导本会各机构开展工作；

（十）制定内部管理制度；

（十一）决定其他重大事项。

第十九条 理事会经2/3以上理事出席方能召开，其决议须经到会理事2/3以上表决通过方能生效。

第二十条 理事会每年召开一次会议，由会长或会长指定的副会长召集并主持。如有重大事项，由会长决定或由1/3以上理事共同提议，可以召开特别理事会。特殊情况下，可采取通讯形式召开。

第二十一条 本会设立常务理事会。常务理事由理事会选举产生，在理事会闭会期间行使第十八条第一、四、五、六、七、八、九、十、十一项的职权，对理事会负责。

第二十二条 常务理事会须有 2/3 以上常务理事出席方能召开，其决议须经到会常务理事 2/3 以上表决通过方能生效。

第二十三条 常务理事会由会长或会长指定的副会长召集并主持，至少每半年召开一次会议；特殊情况下，也可采用通讯形式召开。

第二十四条 本会会长、副会长、秘书长必须具备下列条件：

（一）坚持党的路线、方针、政策，政治素质好；

（二）在本会业务领域内有较大影响；

（三）具有较高的领导和组织协调能力；

（四）会长、副会长、秘书长最高年龄不超过 70 周岁，秘书长为专职；

（五）身体健康，能坚持正常工作；

（六）未受过剥夺政治权利的刑事处罚的；

（七）具有完全民事行为能力。

第二十五条 本会会长、副会长、秘书长如超过最高任职年龄的，须经理事会表决通过，报业务主管单位审查并经社团登记管理机关批准同意后，方可任职。

第二十六条 本会会长、副会长、秘书长任期五年。因特殊情况需延长任期的，须经会员代表大会 2/3 以上会员代表表决通过，报业务主管单位审查并经社团登记管理机关批准同意后方可任职。

第二十七条 本会会长为本会法定代表人。因特殊情况需由副会长担任法定代表人时，应报业务主管单位审查并经社团登记管理机关批准同意后，方可担任。

第二十八条 本会会长行使下列职权：

（一）召集和主持理事会；

（二）检查会员代表大会、理事会决议的落实情况；

（三）组织制订本会的工作方针和工作计划；

（四）全面领导本会工作，代表本会签署有关重要文件。

第二十九条 副会长协助会长工作，并受会长委托行使会长的部分职权。

第三十条 秘书长协助会长组织、处理本会的日常业务，行使下列职权：

（一）主持办事机构开展日常工作，组织实施年度工作计划；

（二）协调各分支机构、代表机构、实体机构开展工作；

（三）提名副秘书长以及各办事机构、分支机构、代表机构和实体机构主要负责人，交理事会或常务理事会决定；

（四）决定办事机构、分支机构、代表机构、实体机构专职工作人员的聘用；

（五）处理会长交办的其他事项。

第五章 资产管理、使用原则

第三十一条 本会经费来源：

（一）会费；

（二）捐赠或赞助；

（三）在核准的业务范围内开展活动或服务的收入；

（四）国家财政资助和拨款；

（五）利息；

（六）其他合法收入。

第三十二条 本会按照国家有关规定收取会员会费。

第三十三条 本会会费必须用于本章程规定的业务范围和事业的发展，不得在会员中分配。

第三十四条 本会建立严格的财务管理制度，保证会计资料合法、真实、准确、完整。

第三十五条 本会配备具有专业资格的会计人员。会计不得兼任出纳。会计人员必须进行会计核算，实行会计监督。会计人员调动工作或离职时，必须与接管人员办清交接手续。

第三十六条 本会的资产管理必须执行国家有关法律、法规的规定，接受会员代表大会和财政部门的监督。资产来源属于国家资助和拨款或者社会捐赠、资助的，必须接受审计机关的监督。

第三十七条 本会换届或更换法定代表人必须接受社团登记管理机关和业务主管单位组织的财务审计。

第三十八条 本会的资产，任何单位、个人不得侵占、私分和挪用。

第三十九条 本会专职工作人员的工资和保险、福利待遇，参照国家对事业单位的有关规定执行。

第六章 章程的修改程序

第四十条 对本会章程的修改，须经理事会表决通过后报会员代表大会审议。

第四十一条 本会修改的章程，须在会员代表大会通过后15日内，经业务主管单位审查同意，并报社团登记管理部门核准后生效。

第七章 终止程序及终止后的财产处理

第四十二条 本会完成宗旨或自行解散或由于分立、合并等原因需要注销的，由理事会或常务理事会提出终止动议。

第四十三条 本会终止动议须经会员代表大会表决通过，并报业务主管单位审查同意。

第四十四条 本会终止前，须在业务主管单位及有关机关指导下成立清算组织，清理债权债务，处理善后事宜。清算期间，不开展清算以外的活动。

第四十五条 本会经社团登记管理机关办理注销登记手续后即为终止。

第四十六条 本会终止后的剩余财产，在业务主管单位和社团登记管理机关的监督下，按照国家有关规定，用于发展与本会宗旨相关的事业。

第八章 附 则

第四十七条 本章程经2005年11月27日会员代表大会表决通过。

第四十八条 本章程由本会理事会解释。

第四十九条 本章程自社团登记管理机关核准之日起生效。

中国广告主协会企业单位会员名单

中国医药集团公司
中国国电集团公司
中国电信集团公司
中国电子信息产业集团公司
中国储备粮管理总公司
中国中化集团公司
中国石油天然气集团公司
北京有色金属研究院
中国移动通信集团公司
中国远洋运输（集团）总公司
玛氏食品（中国）有限公司
上海家化联合股份有限公司
百威英博投资（中国）有限公司
四川长虹电器股份有限公司
亚洲户外传媒有限公司
青岛港（集团）有限公司
安徽科大讯飞信息科技股份有限公司
海信集团有限公司
浪潮集团
中国储备粮管理总公司
中房集团公司
中国航空集团公司
鞍山钢铁集团
中国联合通信有限公司
中国保利集团
中国工艺美术（集团）公司
中国普天信息产业集团公司
中国中煤能源集团公司

中国航天科技集团公司
北汽福田汽车股份有限公司
中兴通讯股份有限公司
中国船舶重工集团公司
中国农业发展集团总公司
中国轻工业品进出口总公司
中国对外贸易运输（集团）公司
中国海运（集团）总公司
百事（中国）投资有限公司
中国冶金矿业总公司
北京赛波特如烟科技发展有限公司
浙江贝因美科工贸股份有限公司
联合利华（中国）有限公司
耐克体育（中国）有限公司
索尼（中国）有限公司
欧莱雅（中国）有限公司
中国汽车技术研究中心
广州宝洁有限公司
中国华录集团有限公司
厦门金龙汽车股份有限公司
招行银行总行
宁波港集团有限公司
杭州宏华数码科技股份有限公司
天津市凯立房地产公司
中国诚通集团
日辉（中国）有限公司
无锡小天鹅股份有限公司
中国水利电力对外公司
中国恒天集团公司
中国纺织科学研究院
北京兴源地产开发有限公司
中国光大对外贸易总公司
中国邮电器材集团公司
上海黄金搭档生物有限公司
北京百城置业有限公司
紫金国际矿业有限公司
中国卫星通讯集团公司
重庆太极集团
长安汽车（集团）有限责任公司
中国第一重型机械集团公司
东风朝阳柴油机有限公司
五粮液集团公司
厦门海沧投资总公司
厦门市招商中心
厦门出口加工区
红塔烟草（集团）有限责任公司
澳柯玛集团
青岛钢铁控股集团公司
青岛黄海橡胶集团有限公司
中国东方电气集团公司
宁波方太厨具有限公司
浙江东亚工程玻璃有限公司
青海中信国安科技发展有限公司
北京德道体育发展有限公司
江苏天马高科技有限责任公司
山东众智经营管理咨询有限公司
彩虹集团电子股份有限责任公司
深圳迈瑞生物医疗电子股份有限公司
北京南山石韩园林绿化工程有限公司
中国地图出版社
蓝海天扬国际传媒投资（北京）有限公司
青岛海能海洋生物科技有限公司
哈药集团制药六厂
江西万华科技有限公司
广州高露洁棕榄有限公司
青海西部矿业百合铝业有限公司
新疆生产建设兵团国有资产经营公司
北京和谐之美旅游开发有限公司
上海杰事杰新材料（集团）股份有限公司
上海瑞帮生物技术有限公司
广东合力集团
北京北方华宇科技发展有限公司
广告大观杂志社

’2013 中国广告年鉴
China Advertising Yearbook

广告专著与学术论文选登

Selected Advertising Monographs & Academic Papers

数说 2012 中国媒体广告市场

CTR 上海分公司执行总监 赵 洁

2012 年第三季度，我国 GDP 增速继续放缓。自去年一季度以来，我国经济增速已经连续七个季度下降。作为国民经济晴雨表的广告业，灵敏地反映了基本的经济趋势。根据 CTR 媒介智讯的广告监测数据，2012 年前三季度传统媒体的广告刊例花费同比增长 4.4%，不及去年同期增幅的 1/3，并创下最近五年来新低。

2007—2012 年传统媒体刊例总花费 GDP 增幅

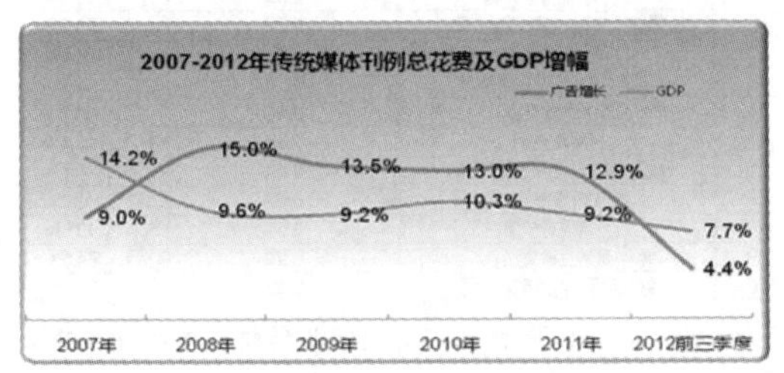

2012 年各季度表现均不相同，第一季度广告刊例花费同比增幅仅为 1.4%，增长近乎停滞；第二季度市场逐步回升，同比增幅提升至 6.2%，环比出现了 14.6% 的显著增长；第三季度变化幅度收窄，同比、环比增幅分别落在 5.3%、6.1%。

2012 年前三季度广告刊例花费增幅

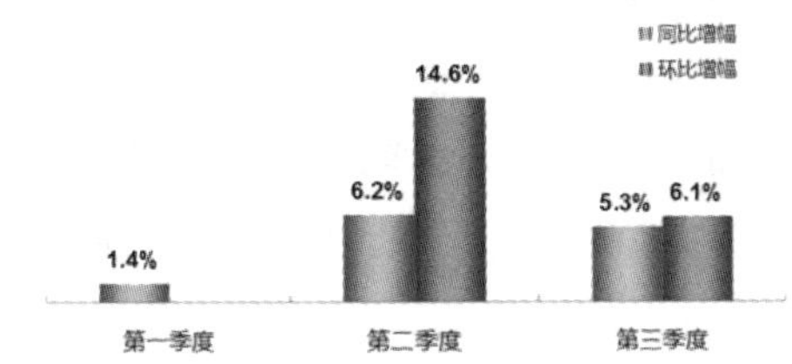

数据来源：CTR 媒介智讯，同比增长按前一年基准计算

由于宏观经济环境的低迷，广告市场的不佳表现，加上又要面对成本利润的压力，多种因素的影响下，广告主对下半年的营销预算更加谨慎。CTR 媒介智讯从 2009 年起就对广告主营销策略进行跟踪，不同年份间的对比数据显示，更多的广告主计划减少广告投放预算，仅 24% 的广告主计划在下半年增加预算。

2009—2012 年广告主营销费用变化

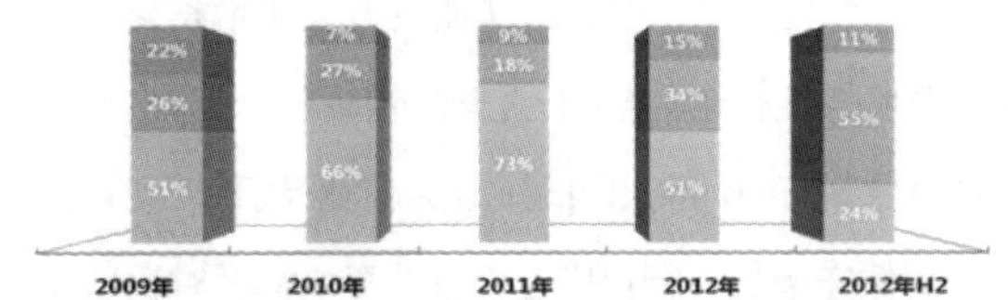

数据来源：CTR 媒介智讯（2009—2012 中期广告主营销趋势调查）

（一）各媒体增长不力，报纸同比下滑

2012 年前三季度，各媒体同比增幅均不及去年同期。其中，电视广告刊例花费同比增长 6.3%，高于市场整体涨幅。但与去年同期相比，增速也有明显放缓；而报纸是唯一出现刊例花费下降的传统媒体，降幅达 8.2%；杂志广告表现相对坚挺，刊例花费同比增长 9.0%；电台依旧是增长最快的传统媒体，同比增幅为 11.2%；传统户外广告（含地铁）广告刊例花费继续小幅增长，同比增幅为 2.9%。

2011vs2012 年前三季度同期传统广告刊例花费变化

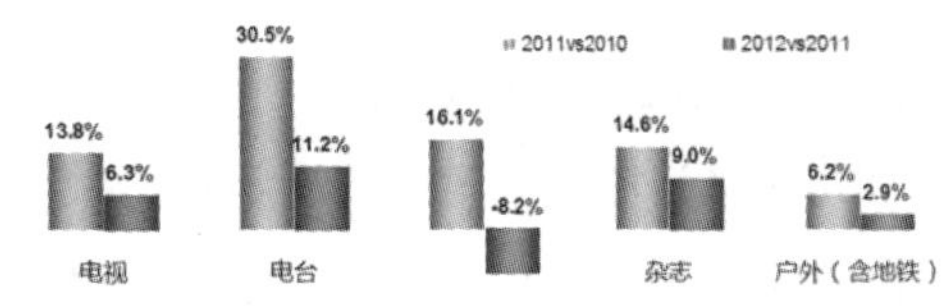

数据来源：CTR 媒介智讯，同比增长按前一年基准计算

纸媒的困境其实是读者对纸媒的抛弃。多种形式的数字终端改变了读者的阅读习惯，纸媒的销售逐渐低迷。广告主对纸媒广告的效果越来越不确定的同时，会更谨慎的投放。报纸甚至纸媒 2012 年在全球都不乐观。2012 年，《新闻周刊》停止纸质版发行，美国三大杂志仅剩《时代杂志》仍在发行。与此同时

德国五大报纸也有两家相继停刊。在中国，纸媒的政治属性等还将继续维持纸媒的生存，但是入冬已是不争事实。如何打破冰冻局面，纸媒在 2013 年还需更多努力。

（二）行业投放及时反映市场变化

从重点行业的投放看，饮料行业在 2012 年前三季度的传统媒体广告刊例花费同比增长 10%，是广告投放前五大行业中唯一一个增幅超过去年同期 (7%) 的行业。化妆品／浴室用品在 2012 年前三季度稳定增长，广告刊例花费同比增幅为 7%，略低于去年同期 9% 的增长水平。但是，其他主力行业增长乏力，商业及服务性行业、药品行业同比增幅仅有 2% 左右。无论是饮料行业的突出表现，还是商业及服务性行业、药品的保守增长，行业广告投放的变化都及时反映了其市场表现。

2012 年 1—9 月传统媒介 TOPS 行业的广告刊例花费

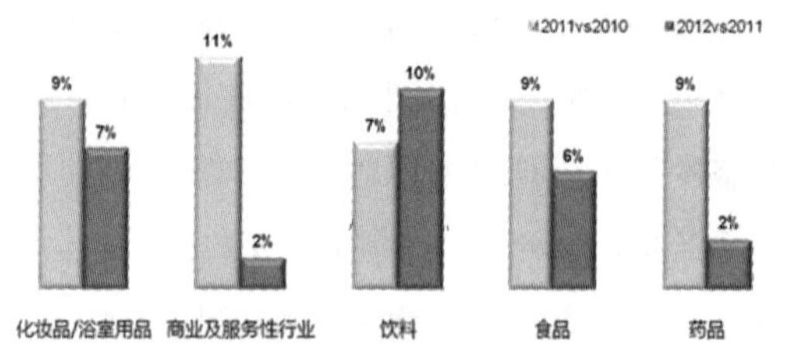

数据来源：CTR 媒介智讯，同比增长按前期一年基准计算

饮料行业的增长主要来源于重点品牌的带动，比如广东加多宝在 2012 年就采取了轰炸型的投放形式，在多频道均保持有较高的曝光率。可口可乐公司、达利食品等行业广告投放巨头在 2012 年前三季度广告刊例花费同比增幅也均在两成左右。

而化妆品／浴室用品广告投放策略的改变则投射出中国整个消费层级的升级。随着高利润的彩妆、香水等日益趋向大众化消费，欧莱雅加大电视投放以求占领市场，而宝洁则因为策略调整而缩减传统媒体投放花费，更多地开始尝试利用新媒体进行品牌宣传。

商业及服务性行业、药品两个行业广告的低位增长同样灵敏反映了这两个行业市场的变化与动荡。作为商业及服务性行业中的重点品类，零售服务广告投放的下滑直接影响了行业的整体表现。在电商的冲击下，传统零售百货行业整体利润大幅下滑，多种因素的影响下，传统零售业调整广告投放量以应对市场变化。

2012 年药品行业或许受到“毒胶囊”事件、重金属超标等药品安全事件的影响，投入更多力量进行品牌公关，进而广告市场投入可能相对薄弱。同时，2012 年国家及地方出台了系列的医药政策，药品零售总额增速的显著下滑。相关专家表示，为应对这些变化，药企营销重点逐渐从广告更多地转向渠道。

2012 年 1—9 月全媒体广告刊例花费 TOP20 厂商及刊例花费同比变化

排名	厂商	2012年广告花费份额	2012年vs 2011年
1	宝洁(中国)有限公司	4.2%	-8.0%
2	欧莱雅集团	3.1%	32.9%
3	联合利华(中国)有限公司	2.5%	8.4%
4	百胜集团	1.7%	13.6%
5	可口可乐公司	1.6%	18.4%
6	杭州娃哈哈集团有限公司	1.1%	1.8%
7	内蒙古伊利实业集团股份有限公司	0.9%	10.8%
8	广东加多宝饮料食品有限公司	0.8%	84.8%
9	中国移动通信集团公司	0.8%	-3.6%
10	达利食品有限公司	0.8%	20.3%
11	葛兰素史克(中国)有限公司	0.7%	58.0%
12	麦当劳集团	0.7%	18.9%
13	百事(中国)投资有限公司	0.7%	16.4%
14	顶新国际集团	0.6%	-31.5%
15	纳爱斯集团	0.6%	15.4%
16	哈药集团三精制药有限公司	0.6%	-4.5%
17	哈药集团制药六厂	0.6%	-19.1%
18	路威酩轩集团	0.5%	10.8%
19	雅诗兰黛集团	0.5%	34.5%
20	好来化工(中山)有限公司	0.5%	29.6%

数据来源：CTR 媒介智讯，同比增长按前一年基准计算

（三）限令引发电视媒体格局变化

2012 年开始，广电总局多项限令开始实行。从长远看，这些限令推动了电视媒体的健康发展，但是从短期看，却给电视媒体的广告收入带来巨大的打击。由于“限娱令”的影响，娱乐节目洗牌，各家电视台新旧节目交替、制作创新层出不穷，新闻时事、访谈等非娱乐节目数量增加。另外，各家电视台在 “限广令”后，取消电视剧的中插广告，拉低了电视剧广告的空间容量；同时，由于剧间广告时长相对增加，长时间的广告播出造成了 U 型收视，加大了剧间广告的收视风险。

其实，由于各家电视台之间的竞争加上互联网等新媒体带来的挑战，还要适应不断变化的收视人群，电视媒体已面临寻求突破的压力，广电总局的各项限令只是起到一个加速器的作用，加快了电视媒体的困局突破。

整体收视总量稳定，观众规模缩小。对比 2009

年至今的观众收视数据发现，电视收视的总量是稳定的，观众规模变小了。观众忠实度的提升主要来自于老年观众，特别是55岁以上的老年观众。老年观众的收视习惯具有较强的惯性，一旦对某个电视台的收看形成习惯，就不会轻易转向其他的频道。

但是同时可以发现，35岁以下年龄的观众人均收视分钟数呈明显的下滑趋势。这部分年轻受众互联网化程度高，他们厌倦了在电视机前枯燥地换台，被动地等候自己喜欢的节目。而网络视频所提供的“只看我爱看的，而且想啥时候看就啥时候看”的个性化体验，使得这些年轻受众逐渐离开电视，转向网络视频的大潮中。

2009—2012 年同期收视变化

近年同期收视变化			
时期	人均收视分钟数	平均到达率	人均收视分钟（观众）
2009年1-6月	176	75	236
2010年1-6月	175	73	241
2011年1-6月	168	70	240
2012年1-6月	169	68	246

数据来源：CSM、历年所有调查城市

省级卫视价值获认可。省级卫视价值的增长首先体现在收视份额的增长上。CSM历年所有调查城市收视数据显示，省级卫视近年来市场份额呈现出连续扩大的趋势，至2010年上半年，省级卫视市场份额首次超越中央级频道，在所有级别电视频道中市场份额最大。2012年上半年，省级卫视市场份额达31.8%，高出中央台近5个百分点。相对而言，中央台和地面频道及城市台的表现均不尽如人意。

另外，省级卫视广告刊例收入增长喜人。根据CTR媒介智讯广告监测数据，2012年1—9月所有级别电视媒体刊例花费同比增长6.3%，而广告时长同比缩减9.7%。与去年相比，中央级频道广告时长大幅缩减，并引起了刊例花费总量0.6%的下滑。而省级卫视今年表现亮眼，在广告资源量减少的同时，刊例花费同比增长13.5%，增幅是电视总体的2倍，快于其他级别频道。

2012vs2011 年 1—9 月
同期各级频道广告时长刊例花费增幅

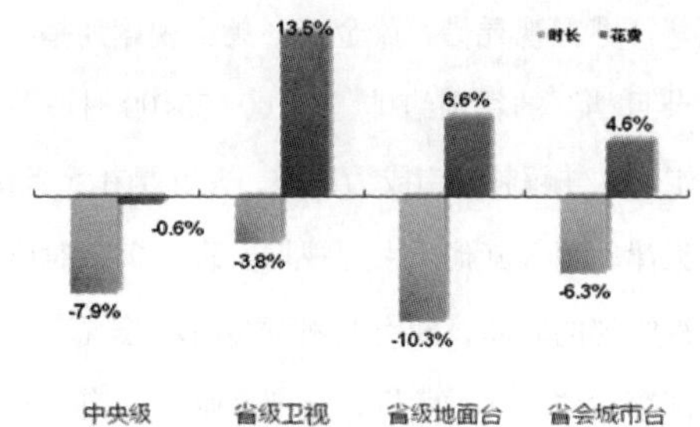

省级卫视价值提升的背后，是各家省级卫视付诸的多种努力与尝试。通过观察省级卫视近年来应对竞争的手段来看，或注重节目编排形成特色节目带，或打造全新频道形象重塑频道品牌，或将频道改版常态化以配合节目推广等等，总之从各个角度寻求创新与突破。从几家已经公开2013年播出计划的省级卫视来看，不仅在新节目的推出上独具创意，在节目编排上也是精心布局，相信省级卫视在2013年会有更大的发展和变革。

省级卫视洗牌，百家争鸣，差距缩小。于2012年1月1日广电总局多条限令正式生效之后，卫视荧屏之上，各种新节目轮番上阵、频道面目变化多端，与此同时，卫视排名忽上忽下，卫视竞争进入新一轮调整期。

从2012年上半年省级卫视收视TOP10榜单看，湖南卫视继续领跑，浙江卫视出现小幅滑落，山东卫视借机突围，安徽、东方争抢第五，收视绝对数值相差不大。榜单后几位此起彼落，充满变数。从前几位卫视所占市场份额来看，2012年上半年前三位、前五位所占市场份额分别为26%、39%，均比2011年上半年低出3个百分点。省级卫视之间收视差距呈现出明显的缩小趋势。

2012 年上半年省级卫视 TOP10 全天平均市场份额

2012年1-6月			2011年1-6月	
名次	频道名称	全天平均市场份额%	全天平均市场份额%	名次
1	湖南卫视	3.3	3.8	1
2	江苏卫视	2.8	2.4	2
3	山东卫视	2.2	1.0	11
4	浙江卫视	2.0	2.0	3
5	安徽卫视	1.9	2.0	4
6	上海东方卫视	1.7	1.3	7
7	天津卫视	1.4	1.3	6
7	北京卫视	1.4	1.8	5
9	黑龙江卫视	1.2	1.0	12
9	江西卫视	1.2	1.2	9

2012 上半年，已经连续多年蝉联卫视收视排名冠军的湖南卫视遭遇前所未有的挑战。2012 年 4 月至 6 月期间，江苏卫视凭借“黄金档三集电视剧连播 +22 点综艺节目档”的特别编排，17:00–23:00 时段收视率迅速走高，并超越湖南成为第一。尤其是在 5 月份，浙江、天津卫视等其他 4 家卫视均实现了黄金时段对湖南卫视收视的赶超，湖南卫视黄金时段收视率一度跌至全国第六位。面对危机，暑期来临，湖南卫视开始抓“核心观众”，紧抓“青春向上”＋“快乐中国”的频道定位，以求快速收复失地。通过一系列创新节目、730 金鹰独播剧场、周播剧场带动，频道整体的收视和关注度逐渐再度走高。尽管湖南卫视在上半年经历了收视波折，而且广告时长缩减，但其广告花费仍在持续增长，湖南卫视凭借其常年累积的平台效应，其整体价值仍优于其他频道。因此，对于二三线的卫视而言，收视突围只是卫视变动第一步，更重要的是形成平台价值。

视频媒体选择趋于无界。尽管电视广告的价格继续增长，但在目前以及未来较长一段时间内，电视仍然是广告主必然坚守的投放阵地。特别是一些国际品牌，电视广告是快速提升知名度的最佳渠道。央视因其无可替代的频道地位及其部分资源的资源独占性，成为部分广告主的必然选择。省级卫视在竞争中不断创新，以竞争提升“质”，再加上卫视接近中央台的覆盖力，对广告主一直有持续吸引力。

在电视媒体的广告类型选择上，硬广告的使用计划相对稳定。CTR 媒介智讯《2012 年广告主营销趋势调查》显示，2012 年上半年选择硬广告的广告主与下半年计划使用的广告主占比基本持平。而软广告的使用比例有少许增加。特别是植入广告，在 2012 下半年已确定使用的广告主之外，还有 15% 的广告主在考虑这一形式。经过多年的影视剧运作，以及对观众市场的培养，植入式广告越来越受到广告主的欢迎。

视频网站在节目制作与传播、广告精准等方面都在快速成长。相应的，广告主对视频网站的认同度逐渐加强，对视频网站的广告投放也进一步普及。在 2012 年初的调查中，广告主投放与否的比例为 4:3。而在 2012 年中调查的结果显示，明确表示不投放视频网站的广告主仅有 8%，但对视频网站广告观望的广告主比例有所增加，不过，他们也会可能转化为视频网站广告的使用者。

2012 年广告主对视频网站广告的投放意愿

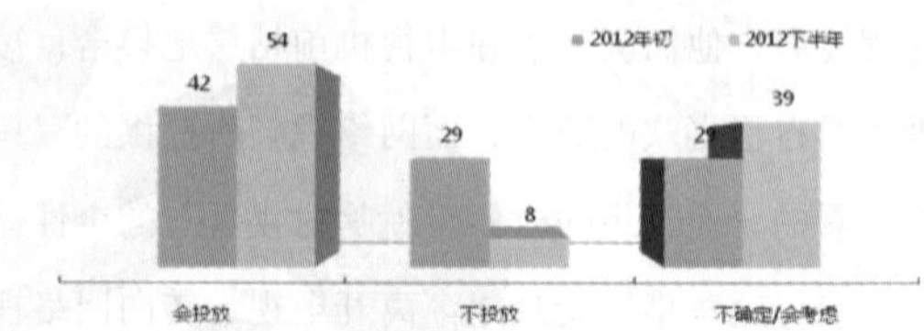

数据来源：CTR 媒介智讯（2012 年与 2012 年中期广告主营销趋势调查）

在电视广告的各种限令之下，人们纷纷预测视频网站将从中受益，会获得广告主更多的青睐。同时，在业内讨论中，台网联动似乎也成为双方发展的一个重要趋势。但是，台网联动过程中，谁是获利者？谁动了谁的奶酪？

显然，广告主在两种媒体的融合中能够受益。台网联动所形成的平台将为广告主提供更多的覆盖、更好的资源、更精准的投放。由于电视观众与视频受众的结构差异，单个媒体的受众覆盖能力有限，台网联动则为广告主提供对两类受众的覆盖。例如同一个广告或者栏目冠名，在电视上只能到达中老年受众，那么通过台网联动则可能网罗到一批年轻的受众。同时，由于受众结构的不同，广告主可以根据目标受众的覆盖需要分配台网之间的投放，从受众特征选择对营销活动最为有利的投放组合，以实现网络投放与电视投放的互相补充。

另外，网络媒体明显能够从中受益。凭借电视媒体的品牌和活动影响力获利显而易见，通过借助传统电视内容平台，快速提升网站的流量和品牌。不过，网络媒体如果要在广告投放上有更进一步的发展，必须要解决网络广告效果衡量的问题。人们可以通过网络看到各种不同形式的广告，但是，广告主很难确定哪种广告投放途径最为有效，以及最终广告受众是谁。虽然数字化广告能够提供精确的点击量数据，但是它提供的人口统计学信息仍然无法与电视相比。

相比而言，传统媒体的获益则显被动。电视媒体目前将重点集中体现在提高用户关注度和粘着度，但收益统计模糊。而媒体营销更多的停留在浅层，局限在造势、招募、跟踪等信息发布和传播上，没有把网络转化为渠道资源。其实，传统媒体应该学习怎样借力互联网营销自己，因为电视受众的收看行为会受到网络信息的影响。CTR 媒介智讯《2011 年受众媒介接触调查报告》显示，27% 的被访观众会受到视频网站宣传的影响，20% 的受访者表示网络的节目打分会影响他们对电视节目的选择。同时，对电视受众口碑传播方式的研究显示，23% 的电视观众会推荐给网友，超过两成的电视观众会参与评分。因此，传统媒体不仅是别人的营销平台，也需要更多的平台进行自我营销。

（四）新媒体快速发展 给传统媒体带来挑战

新的媒介环境下，消费者转向新媒体的趋势不可阻挡。根据 CNNIC 第 30 次报告，截至 2012 年 6 月底，中国网民数量达到 5.38 亿，互联网普及率为 39.9%。2012 年上半年网民增量为 2450 万，普及率提升 1.6 个百分点；截至 2012 年 6 月底，我国手机网民规模达到 3.88 亿，较 2011 年底增加了约 3270 万人。

互联网媒体作为一个很大的媒体圈，其中有微博等社会化媒体、网络视频等各类具体的媒体形式。从今年互联网媒体的发展看，网络视频、SNS 类媒体的发展速度将会进入爆发期。手机移动网络及智能手机技术的飞跃发展，又推动了移动互联网的异军突起。

根据 CTR 媒介智讯的新媒体监测数据，2012 年前三季度互联网广告花费同比增长达 52%，是传统媒体增幅的 10 倍以上；商务楼宇视频也保持着 22% 的增长，快于传统媒体中的其他媒体。iResearch 预测了中国移动应用广告的增长量，预计在 2012 年会达到 135.6%，超过 10 倍的增幅远非传统媒体可比。

可以说，互联网改变了所有的传播路径，让传统媒体和新媒体在纠结和竞争的状态下发展。然而，虽然媒介的类型和传播方式各不相同，传播的本质依然是信息的传递。在互联网时代，传播渠道的独占性显得更为重要。互联网通过技术手段占据了传播的优先性，使得传统媒体信息渠道丧失了部分优势。如何将传统媒体渠道的独占性和优先性保持下来，在不考虑内容的时候，渠道传播的规模效应就显得尤为重要。

（五）未来展望

由于实体经济增长的乏力，结合传统媒体广告市场在前三季度的表现， CTR 预计 2012 年传统媒体的广告增长约为 6%，2013 年也依旧处于一个低增长的修正中。而互联网广告将继续保持高速增长，预计在 2014 年会追平或赶超电视广告总量。

在新旧媒体交互的多媒体环境下，受众越来越呈现出碎片化、部落化和群族化的特征。从精准营销的角度来看，现在所谓的“精准”必须是在了解不断变化的媒介环境前提下、挖掘目标受众与消费者的基础上，实现的有效营销。基于 CTR 媒介智讯对广告主调研发现，未来营销呈现出三种新趋势：

从单一媒体到多终端整合。在融媒概念不断传播强化后，媒体融合已经将媒体生态带入到了下一个阶段：从“媒介”到“终端”。这意味着，内容传播打破媒介形态的限制，受众可以选择任何终端设备获取某一媒介上的内容。至此，媒介与终端不再是一一对应的关系。因此，广告营销也必须多终端整合。广告的形式、或是创意，最好能适合多终端传播，将分散的注意力聚焦在统一的营销核心上。目前来看，媒体通过多种方式转向终端化发展。

精准伴随化的触达。传统的接触模式下，人们被要求在固定的时间接触固定的内容。例如，准点在电视机前看《新闻联播》，早上读早报，下午看晚报等。但是在终端化的新模式下，受众的接触模式打破了时间和空间的束缚，人们可以在任意时间接触任意内容。可以手机看《新闻联播》、也可以晚上十点在网络上看。这就形成了多终端的无缝传播模式。从受众的群体角度看，这种新型的传播模式促成了跨终端、跨时间、跨空间的分享圈。内容会同时输送到传统媒体、新媒体，受众通过关注各种终端，获取了节目内容后，随时、随地的又通过各类终端进行了内容信息分享。

由于受众的信息接触和分享模式变化，广告主和媒体决定营销时间和地点的传统营销模式也随之改变。现在是受众决定营销点。广告投放不再固定时段，固定位置，与受众出现的时间位置匹配的精准定位投放将变成主流。

复合影响力成为营销核心。营销模式也从播放型转向二次传播模式。营销者把单一手段的大众传播与其他的营销手段整合在一起，让受众参与媒介传播的整个过程，甚至变成“游戏中的角色”。在这种模式下，创意就变得举足轻重。有效的创意，通过画面、文字、活动等方式，引发受众的病毒式传播。这其中，注意力、传播力、转化力等因素共同决定了传播范围和深度等效果。也正式基于传播模式的变化，营销方式更加注重情感到达。在分化的受众中，要想使其进行群体传播，首先要满足其情感需求。情感的满足则可以通过体验、微营销等互动方式得以实现。

营销模式的升级意味着广告主对媒体的要求越来越高。以收视率为代表的“注意力”资源不再是媒体的唯一筹码，媒体的质化效应，例如其传播力、影响力等也影响着广告的传播效果。

新媒体环境下的媒体相对论

广东省广告股份有限公司 范 泉

数字技术的创新让中国广告环境面临亘古之巨大变革。媒体数量暴增，媒体的种类越来越多，新媒体层出不穷，多元化的媒体传播导致的“去中心化”的信息传播，媒体内容产生的速度以海量级扩张，我们媒体环境由熟知的强势媒体主导演变成“去中心化”的浅滩的媒体汪洋大海。如何在这种新媒体环境下为客户做有效的媒体传播，首先我们看新媒体环境的四大趋势。

一、新的媒体环境的四大趋势

（一）媒体竞合

由于互联网技术使信息传播成本大大降低，现代化的数字压缩技术使网络传输系统兼容了文字、图片、声音、影像等传统媒体传播手段，超强的加载能力使新旧媒体之间的融合成为未来传媒发展的主要趋势。新媒介不断涌现，但并不会简单的取代旧媒介，新旧媒介将呈现交互融合，互相促进，甚至催生出更新的媒介的过程。

由于各种新媒介涌现及新闻传播手段的多样化，各类传统媒体的界限正在被纷纷突破，传统媒体与新媒体之间由冲突走向融合再走向竞合，已经形成当今媒体格局变动的大趋势。

媒体竞合的三个层次：第一层次是媒介互动，即媒体战术性融合；第二层次是媒介融合，即传统媒体和其延伸新媒体的组织结构性融合；第三层次是媒体竞合，即不同媒介形态集中到一个多媒体数字平台上，形成各自既拥有核心竞争力又有交叉的跨媒体集团。

手机的边界越来越模糊，是电话、电脑、随身听、电视、相机、游戏机、网络？电视不是视、报纸不是纸、路牌不是牌……电视在台网互动着，跨屏幕而且活动着。报纸在全媒体延伸，跨媒体而且活动着。最传统的户外在数字化技术的催生下成为营销的直接渠道，直接变广告媒体为营销渠道，地铁广告变地铁超市，媒介与渠道的相互跨界与联动……

我们越来越难以区分是广告、还是公关、还是促销、还是事件营销？什么是传播内容？什么是传播形式？一句话总结之：“界限越来越模糊，价值越来越清晰”。

（二）“自媒体”时代

在网络时代，每个人都可能成为信息发布的“自媒体”。自媒体成为新闻热点的传播轨迹的最有爆发力的一种形态：个人微博或者博客发出——新闻媒体竞相炒作——社会化媒体病毒式传播最后引爆成为非常有影响力的事件。

自媒体时代的到来，人人都是主持人、个个都是主编、发言人、评论员、播音员，自媒体，自我参与、自我主张、个人主权。人们的自我表现：自我族、自我意识、自我参与、自我主张。从《超级女声》到《非诚勿扰》到《中国好声音》等。在中国3·15晚会中，麦当劳第一个利用微博回应危机，短短三个小时就有1000万消费者贡献内容或转发。

“个人即媒介”的概念出现，打破了消费者与媒介的常规关系，消费者不再仅仅是受者，更是参与者与传播者。姚晨新浪微博粉丝2375万，Ladygaga在Twitter上的粉丝1800万，都相当于千万级受众的有巨大影响力的媒体。美国雅虎投稿者网络提出“将人民的声音带到雅虎”，授权自由内容制作者制作包括新闻、财经、体育等在内的内容；WGN TV 推出新的服务，消费者可以从10个不同角度的摄像机里选择自己最适合的角度观看球赛。

自媒体时代对品牌传播有两个主要意义：

一是消费者获取信息的主动性增强。面对铺天盖地而来的海量信息，消费者一边设置“信息屏障”，一边却又积极主动地搜集自己感兴趣的信息，自己动手，丰衣足食。从某种意义上说最容易被消费者找到的品牌就是最成功的品牌。

二是自媒体时代的到来让无数的草根博主成为新的意见领袖，聚合新的受众群体，成为品牌的价值传播链中非常重要的一环！在口碑电子化的时代，陌生人的推荐比专家和权威的推荐更可信。

（三）海量信息

这是一个云计算取代独立计算机的时代，无数的媒体开始选择使用具有再生能力的云资源，云中老去的信息很快被更新更快的信息取代，云就像具有生命力的生物！

全媒体时代的来临，丰富、多元的信息通过传统媒体、新兴网络媒体、移动媒体等等，不但极大地改变了我们接收信息的方式和获取信息的渠道，也彻底颠覆了我们浏览信息的习惯，作为受众无时无刻不面临着海量信息的轰炸，极大地丰富了我们受众的信息库，使得我们可以足不出户而尽览天下信息。

目前5年的发展，超过过去50年。（IBM广告市场洞察）新浪微博每天有近1亿条的微博内容产生——信息大爆炸，信息生成、发布成海量、几何级增长！

内容的生产速度令人咋舌，YouTube 每分钟上传视频72小时；社交化的发展让信息无限扩张，一年在Facebook上播放的视频长度超过10万年；持续几何式增长速度，全球每分钟增加视频用户300人。Facebook用户有8亿，2011年新增用户就达到2亿，相当于一个巨大的王国，全球互联网网民21亿，全球移动用户59亿，活跃移动用户12亿，SNS账户23亿。

日新月异的时代，越来越多的人，面对无所不在、铺天盖地的资讯围剿与轰炸：信息过剩，信息超载、信息过度……海量信息让品牌传播面临巨大的噪音场！

（四）碎片化

新的媒介环境源于全新的社会形态，人们通过快餐式媒体理解世事，通过消费抚慰心灵，通过无所不在的娱乐释放压力，通过虚拟的网络建立与世界的真实联系，来自于传统与现代、全球与本土、虚拟与现实的种种碰撞交融，使整个环境的一切都变得那么碎片化。消费者碎片化、受众碎片化、时间碎片化、信息碎片化、注意力的碎片化。

注意力频繁切换，波士顿的研究结果告诉我们：你知道半小时内自己的注意力来回切换了多少次吗？平均你的大脑在一分钟内要换挡4次，每换一次挡都意味着要重新去熟悉并理解一套新的视听觉刺激。

消费者以前以年龄、职业、教育程度等人口统计特征界定，现在可能不同年龄的人聚在一个社交平台，可能因为共同的兴趣和爱好聚合在一起，可能拥有同样的价值观，共同的心理需求，可能用同一个词搜索。消费者呈现碎片化的分群。

高科技让我们的时空延伸，我们可以开会，同时在手机上QQ聊天，看新浪微博，写电子邮件与同事沟通，同时与多个维度的人沟通、聊天，我们的注意力在时空的各个维度被碎片化，碎片化带来文化快餐化、微博、微信、微小说、微经济等微文化大行其道。

在这样一个变迁的媒介环境中，对新时代的传播也提出了新的要求。只有病毒式的内容在各种聚合平台的传播才能在碎片化的环境中吸引消费者的注意力！

二、新媒体环境下的媒体观

新媒体环境下如何品牌做有效的媒体传播呢？传统的媒介观是企业对消费者的一对多的传播，能应对新媒体挑战的媒介观是N对N即企业与消费者之间的多对多的传播才是适应发展趋势！如果不改变，就会被改变！

（一）传统的媒介观是1-N

广告来源于广而告之，发展到今天整合营销传播IMC理念，依然本质是企业对消费者的一对多的传播！

在传统的营销环境中，营销传播的手段相对固化，更多依靠付费媒体的媒体自身优势主动的推及给大众，壁垒相对较高。市场上的领导品牌投放大量广告形成强大的竞争壁垒！新近的品牌绝难跑赢资源充沛经验丰富的大品牌。

应该说，所有的品牌在今天都面临这样的困惑，消费者的变化让传统的IMC对于消费者的影响力在减弱，“广告”这个词已经很难让企业传播的信息精准的到达消费者，今天，世界变了，“亘古未有之巨变”我们需要的就是改变！不改变，就会被改变！

在新的营销环境下，过去的品牌巨头陨落已不罕见，我们认为传统的传播观已完全不适用，需要我们做出改变。

（二）新的媒介观：媒体相对论E=BC

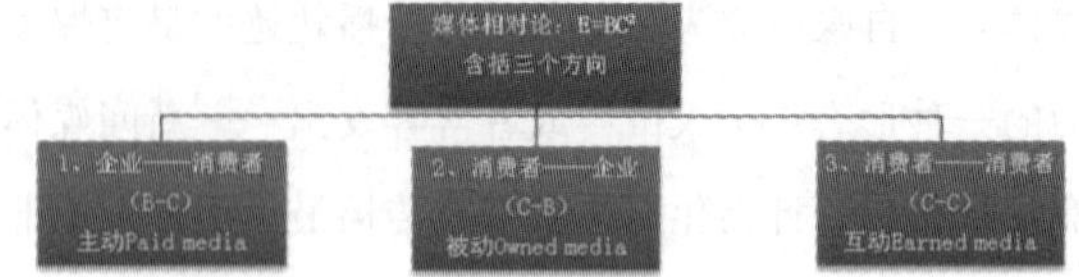

媒体传播效果的思考方向有三个方向：第一，企业－消费者（主动的付费媒体）；第二，消费者－企业（被动的自有媒体）；第三，消费者对消费者（互动的赢得媒体）。三个层面有着不同功能属性，有不同的优劣势，面临不同的挑战，在品牌传播中扮演不同的角色。

三个方向	定义	内容	作用	优点	挑战
企业——消费者	主动传播	传统电视广告	建构品牌基础，传统意义上的企业品牌的媒体投放	可控	成本高
		传统平面广告		直接	广告环境杂乱
		广播广告		规模性	有效度降低
		户外广告		强势	
		赞助		短期	
消费者——企业	被动传播	企业自己的网站	消费者主动寻找企业品牌信息的渠道，品牌在此守株待兔	长期	扩张慢
		企业微博		经济	效果间接
		搜索广告		多样化	
		时尚杂志		可信度高	
		垂直网站			
消费者——消费者	互动传播	社交网站	人人都是媒体，口碑——消费者之间主动传播品牌信息的渠道（往往成为衡量一个媒体策划能力的标尺），现在口碑电子化让传播更迅速	可信度高	不可控
		草根博主		透明且长久	难以评估
		亲朋好友		不可控	可能负面
				扩张快	

如何使用媒体相对论有三个要点：

要点一：同时使用三个思考方向会起到最好的效果，现在这样复杂的媒体环境下，组合这三种方向是必需的。

要点二：要根据你的目标，根据预算侧重点可以以不一样的力度分配，任何一个方向都可以作为主导，三个方向的预算和侧重点可以不一样。

要点三：不同阶段以不同方向为主导，不同阶段选择使用哪几种却是十分关键的。

下面具体简述对三层面传播的渐层认知：

1.B-C 企业－消费者（主动的付费媒体）

付费媒体并没有灭亡，而是演变成为品牌坚实的基石和必要的催化剂。许多人预测付费媒体，比如广告，正在走向灭亡。这种预测或许为时过早了。因为没有任何一种媒体可以像付费媒体那样确保及时性和规模性。然而，付费媒体正在从基础地位转向催化剂，即在关键时期推动更多消费者的参与。

企业－消费者的付费媒体，核心特点是广而告之的单向传播，例如电视、报纸、广播、户外、互联网的广告，都是付费媒体，目前市场上绝大部分企业每年仍花费大量的预算在这些媒体上，“广而告知”的广告理念深入人心。

2. C–B 消费者－企业（被动的自有媒体）

创建一个以自有媒体为中心的易被消费者寻找的被动信息系统。自有媒体是你能够控制的渠道，包括企业的网站，企业微博都是企业和消费者直接沟通的平台，对新产品发布、售后服务、危机公关都有很积极的意义。自有媒体创造了品牌的可移植性。现在你可以将自己的品牌扩展到许多地方，尤其是社交媒体网站和独特的社区网站。在营销预算被削减的经济衰退时期，这种可以直接与潜在消费者进行长期沟通交流的能力将是无价之宝。

消费者一方面信息屏蔽，另一方面却主动搜索有价值的信息，被消费者主动寻找的能力成为品牌的重要核心竞争力。企业“守株待兔”包括时尚杂志上的时尚资讯的植入、垂直网站的对比测试报告、有观点的新闻杂志的内容合作、报纸上恰到好处的内容植入等等，深深地赢得消费者的信任，不知不觉中渗透了品牌的理念。

“守株待兔”的媒体，意味着这部分媒体往往影响力有限，但C－B是长期沟通交流的窗口，特别是针对特别有主见的消费者和消费者中的意见领导，或者是理性诉求的产品。

3.C–C 消费者对消费者（互动的赢得媒体）

口碑电子化时代，消费者已经变为社会化消费者。对话和交流的能力让品牌赢得消费者的心。通过社会媒体创造的透明且永久的口碑，不但需要考虑何时通过口碑营销来尝试和促进赢得媒体的发展，还要学习如何倾听和回应好评和差评。

消费者变得社会化，消费者期待对话和交流，技术上让这种渴望成为可能：第一，消费信息和所知新闻来源主要通过社会化媒体；第二，越来越多的人通过社会化媒体知悉喜欢品牌的新产品；第三，消费者更渴望与品牌进行互动交流；第四，消费者相信社会化媒体上人们对于品牌的评价；第五，消费者期待品牌保持活跃度，并希望品牌能倾听他们的需求，能快速做出正确反应。

因此在这样的一个“社交化”的时代，无论是作为传播渠道的媒体还是作为广告主的企业，都需要应对社交媒体带来的影响。媒体不具备社交化的属性，消费者的黏性就很难建立，因此现在无论是像新浪这样的门户，还是像淘宝这样的电子商务平台，都在加入社交化元素来提升用户价值。而消费者的变化以及媒介行为的习惯变化，也在进一步改变企业原有的营销模式，今天的企业已经无法通过单纯的广告传播去控制和左右品牌的声誉，在SNS、微博等社交媒体上，常可能由于一个小事件引发品牌的大危机，因此，对于今天的企业而言，不了解社交媒体，不接触社会化媒体营销，已经很难跟得上消费者的步伐。

（三）从变迁中我们看到一些特点

被认为美国最有价值的四家高科技公司是Facebook、google、苹果、亚马逊。传统的广告告知被挑战，Facebook消费者互动的社会化角度、google消费者主动搜索角度，这两种广告价值成为广告传播中最重要的两种价值！从变迁中我们看到三个主要特点：

第一，信息传播模式的变化。从单向传播到有更多的圈层和融合关系的交叉扩散和聚合的多对多传播，进入一个所有人对所有人传播，以及没有中心的点对点的传播时代。

第二，信息形式和载体的变化。信息从文本、影像图片的主动信息变成图文＋视频，互动沟通体验的主动、被动、互动的交叉的立体信息。

第三，信息依赖主体的变化。过去消费者寻找信息，更多依赖媒体提供的文本图像的信息，但是现在消费者却更多依赖人，什么报纸什么网站不再是核心，而是什么人说的很重要，如果是关系圈中的人说的，或者是自己崇拜的人说的，对于消费者就是一言九鼎，消费者也更重视陌生人的消费体验和所发表的意见，觉得这个更真实更可信。权威和亲朋好友主导的信息依赖主体被意见领袖、草根博主、亲朋好友、陌生人等多种结构瓦解。口碑电子化让消费者信息依赖主体更多元化。

接下来让我们来看一些品牌案例，剖析下这些品牌是如何成功营销。

三、新媒体环境下的代表性品牌案例

（一）《失恋 33 天》——小兵立大功

一部票房黑马——《失恋 33 天》，他无疑是电影营销界的里程碑式的成功，PK 掉《猩球崛起》、《铁甲钢拳》和《惊天战神》，用不到1500万的投入换来3.5亿票房。这一战役中新媒体营销起到了至关重要的作用，由于预算较少，确定了社会化媒体主导的营销传播策略，小兵立大功！

《失恋 33 天》从 2011 年 3 月开始着手准备，到电影于 2011 年 11 月 8 日上映，足足有半年多时间，让话题有充分的发酵期，新媒体得到充分应用。

1. 案例回顾

前导期：制作话题，引起共鸣，渲染失恋氛围

网络小说《失恋 33 天》的炒作，吸引 150 万粉丝。文章被离婚，治愈性情感电影的炒作，世纪光棍节，一连串的引导，使得“失恋”话题深入群众，言必称“失恋”，这一风尚从光棍节前延续到了光棍节后，从真正失恋的人群扩展到了所有曾经失恋、正经历失恋、已经失恋的人群，将所有可能与之有关系的人群一网打尽。Solomo 营销模式得到应用运用。

SO：社会化媒体的互动传播

以微博、社交网站、视频网站为宣传阵地，《失恋 33 天》以“情感的怀念和发泄”为主要诉求，对准 85 后、90 后大学生和白领群体，把电影话题转变为社会话题，紧贴“光棍节”关键词。

《失恋物语》系列视频主要通过视频网站和社交平台传播，通过普通人讲述普通人的失恋故事，以感动更多的普通人。并且，借助微博平台不断加强失恋主题宣传，通过戏外宣传制造口碑效应，注重粉丝的反馈和意见，第一时间与粉丝互动。

在微博渠道组合上，横向采用官方微博、草根微博和明星微博，广泛撒网；纵向借助各类微博应用，比如微博投票、微博活动、微博小插件等，组成一个微博矩阵，然后分别以图片、文字、音乐、视频等形式进行传播。一时之间，微博上随处可见关于失恋的话题和关键字。

Lo：7 个票仓城市的“失恋物语”

电影的第一次落地活动——“关机仪式”主打产品是《失恋物语》。营销团队在 3 个月内，奔赴 7 个票仓城市，拍摄“失恋物语”。一方面通过新浪官方微博征集自愿参与拍摄的普通人，一方面借助影片的广告客户珍爱网，在其会员中寻找合适的人选，一边拍摄，一边推广，并且根据实时互动，确定拍摄内容和角度。

Mo：移动终端的 APP 设计

开发了影片应用于移动终端的 APP，整合了豆瓣影评、百度贴吧、微博等互动信息。并与 Kaila 视频合作推出“成人玩偶”猫小贱，通过淘宝平台售卖。

上映第一周：社会化媒体形成口碑

上映后新媒体继续发酵，在网络社会化媒体上进行信息发布和话题引领。新浪微博、人人网、视频网站互相配合，形成口碑效应。既有名人的大力推荐，也有观影草根和原著粉丝。

拍摄完 7 部视频后，他们又推出城市精华版“失

恋物语"，把采访资料剪辑成一条短片，再次发布，形成二次传播。由这个矩阵加上话题再加上各大排名靠前的草根微博转播和推荐，所形成的力量无疑是巨大的。

2. 新媒介观：媒体相对论 E=BC

《失恋 33 天》营销策略，由于预算较少，企业的硬广告传播就很少，主要是打造平台和促进消费者之间的互动，促进口碑电子化的传播和集体情绪的对话形成共鸣！体现了一种全新的媒介观。传播不再是传统的企业－消费者的单向传播，而是一种 N 对 N 的互动。

C–C 消费者之间的互动传播成为主导！ C–B 消费者向企业寻找信息的被动传播非常重要，B–C 企业－消费者的单向传播成为辅助，证明 E=BC 新媒介观的积极意义，这样的崭新媒体策略的组合大获全胜。

B-C 企业－消费者——辅助

《失恋 33 天》将营销的重点放在新媒体，同时以传统媒体相辅助。影片上映前，地铁、公交车站、报刊亭、电梯里、电影院前随处可见的小清新海报，以及主创人员参与快乐大本营，将影片上映信息主动传播给消费者。

C-B 消费者－企业——主导

得益于电影前期的话题引导，气氛渲染，"失恋"话题深入群众，言必称"失恋"，这一风尚从光棍节前延续到了光棍节后。消费者主动寻找失恋 33 天的各种信息，面对这种被动的传播，失恋 33 天营销组提供各种平台，方便消费者获取信息。

@ 电影失恋 33 天官方微博，作为所有媒介中最先开展宣传的一个。围绕着这部电影，官方微博呈现了电影的各种消息、明星花絮、剧照及参与的活动，同时以"失恋"为主题的微博征集从第一天开始便运作起来，微博变成了收集失恋故事的故事库。10 月 11 日，新浪官网开通，与此同时在人人网设立公共主页，发布信息。

C-C 消费者对消费者——最主导

以微博、社交网站、视频网站为平台，网友之间不断互动。在爱情、失恋等引起普通人心中的共鸣的话题上，《失恋 33 天》打造了官方微博粉丝量近 10 万，同时还打造了很多"失恋 33 天"的微博号码，像失恋 33 天经典语录、失恋 33 天心语等微博号粉丝数都在 10 万以上，这样就形成了一个庞大的微博矩阵。随后 10 月份，第二次落地活动"失恋博物馆"启动。针对本片在新浪视频建立的一个视频官网提出的概念，颇有噱头。除了本片大量的视频宣传素材，还把在微博上征集到的分手信物，失恋后的心情感受，疗伤歌曲等等放在上面，营造一种气氛。

而豆瓣共有 10816 人评价，评分 8.4，短影评 6366 条，长影评 395 条。时光网 1612 人评价，评分 8.2，影评 1161 条。百度贴吧 23206 篇，百度百科浏览量 140 多万。

（二）小米手机——颠覆式传播

小米手机 10 年创建品牌，如今市值 40 亿美元，它走了一条与传统 IMC 不同的营销之路：借助饥饿营销和网络社群的传播力，以国产品牌罕见的速度迅速蹿红。

为了迅速占领年轻人主流市场，小米采用了网络互动运作模式，不仅用传统的手机测评、试用、评论、推荐等手段，更用了事件策划、微博、网盟、异业推广、论坛管理、软文等，这一切都在改变小米的网络通路，这种爆炸式裂变传播，让小米手机在上市前 3 个月就得到了史无前例的业内关注。

1. 案例回顾

前期造势，制造话题

打造"发烧"手机概念。智能手机的竞争一向以激烈著称，小米手机还未上市，就已经通过论坛、社交媒体、软文，将硬件"发烧"的理念打得火热。2011 年，双核手机还是稀有品、奢侈品，而装配了双核处理器的小米手机，以 1999 元的价格出售，让小米手机的形象迅速提升，成为最具性价比的智能手机。小米未上市，舆论上已经炒得火热。

从与魅族的创意之争，到成本真相再到新货嫌疑，各种报道猜测都把小米手机推到聚光灯下。而小米官方却不急于澄清和辟谣，任由网络上发起一轮又一轮的口水战，媒体也乐意跟进，从2011年6月底小米公司内部和供应商爆料开始，到8月16号其关键信息正式公开，小米手机的神秘面纱被一点点掀开，引发了大量猜测，并迅速引爆成为网络的热门话题。

粉丝积累

2010年6月，在小米手机发布前，首先启动了具有高自由度和参与度的MIUI操作系统，同时建立相关论坛。截至2011年7月，MIUI拥有50万论坛粉丝，此举为小米积累了第一波人气，培养了大批潜在消费者。

并且通过手机话题的小应用和微博用户互动，挖掘出小米手机包装盒“踩不坏”的卖点。产品发布后，又掀起微博送小米手机活动，以及分享图文并茂的小米手机评测等。CEO雷军在小米手机发布前后，微博高密度宣传小米手机，还频繁参与新浪微访谈，出席腾讯微论坛、极客公园等活动。雷军的朋友们如凡客CEO陈年，多玩网CEO李学凌，优视科技CEO俞永福，拉卡拉CEO孙陶然、乐淘网CEO毕胜等，纷纷出面在微博里为小米手机造势，作为IT界的名人，他们中的每一个人都拥有着众多的粉丝。

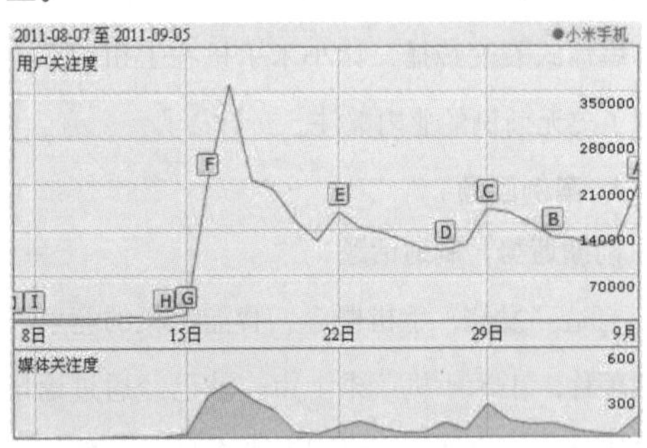

高调发布会

在 8月16日进行的小米手机发布会上，小米手机的神秘面纱被全部解开，超强的配置，极低的价格，极高的性价比，小米手机凭借这些特点赚足了媒体的眼球，而雷军也以乔布斯的风格召开的“向乔布斯致敬”的发布会而被媒体所八卦。根据下图可以发现，就在这次的新闻发布会之后，小米手机在网络上的关注从几千上升 到了20多万。

凭借网络媒体，小米团体主要靠病毒式营销成功地实现了品牌的推广，让很多人认识了小米手机以及小米公司这个大家庭。同时，也创造了国产手机的一个记录，仅仅两天的时间，准确地讲是34个小时，小米手机的预订量就超过了30万，人气爆棚来形容一点都不为过。

2. 新媒介观：媒体相对论 E=BC

通过论坛、手机话题的小应用、微博等各种社会化媒体，米粉之间不断进行互动，高性价比的口碑在消费者内不断扩散。小米手机首先以其优越的配置及低廉的价格不断制造话题，引起手机发烧友的追捧，再而从发烧友中逐渐发酵，扩大到其他消费者。

小米手机的推广，初期在媒体渠道上主攻网络社会化媒体，米粉们充分互动、专业测评口碑扩散，制造新闻热点和名人效应轮番炒作，小米手机上市前后形成引爆点，进而通过大量的媒体投放扩大规模，引爆全国！传统媒体观已经逐渐走向崭新的媒体观。品牌不再是一种单向的传播，而是一种N对N的互动。包括企业对消费者的主动传播，消费者对企业的被动传播，消费者与消费者之间的互动，即为传播相对论E=BC新媒介观！小米手机是充分整合三项传播取得颠覆式胜利的案例！通过后两项互动和被动传播聚集人气和口碑，通过第一项付费主动传播引爆形成全国的规模效应，小米手机的成功就是一个成功的媒体相对论案例！

（三）中国好声音——中国娱乐节目3.0

如果说2005年的《超级女声》创造了一个选秀节目的高潮季，那么2012年的《中国好声音》，则开启了“精品内容＋网台互动＋社交化传播”中国娱乐节目的3.0时代。从第一期1.5%的收视率，到此后的2.77%、3.09%、3.42%……微博平台上"中国好声音"的讨论量达到了上千万条，全国上下已经掀起一股"好声音"舆论热潮。

自7月13日在浙江卫视开播至今，《中国好声音》15秒的广告报价已经从最初预设的15万元暴增至36万元，至今收益已经过亿元。

在火爆的背后，《中国好声音》采取了怎样的营销手段？总而言之是"精品内容＋网台互动＋社交化传播"中国娱乐节目的3.0时代。

1. 口碑传播路径：电视社交化完胜

从节目开播前到录制中和播出后，《中国好声音》设计了周密的营销传播计划。

网络传播与平面传播并重，通过口碑相传的方式进行营销推广是《中国好声音》在营销方案中一开始就明确的定位。平面媒体的受众与电视受众相近且具有针对性，网络传播的热度高、覆盖受众广，两者并重，会达到最好的传播效果。口碑传播则与节目高品质定位相吻合。在网络传播中，微博是重点利用的传播媒介。

在节目播出前一个月，栏目组首先在户外媒体、平面媒体和网络上进行预热，重点介绍节目内容。在发布会现场上，专门播放了录制的两位好莱坞名人对节目品质的评价，强调节目的高品质特性。

在节目正式录制过程中，栏目组通过各大网络媒体在网络门户、微博上及时进行预告，邀请记者和娱乐明星好友现场观看，在第一场节目录制之后，及时通过其微博发布相关感受和评论，通过这些意见领袖的口碑传播影响其周边的朋友圈子。

"明星圈子"就是由此受到口碑影响的一个圈子。据悉，栏目组邀请到的明星好友，通过微博评论，从而吸引了姚晨、冯小刚、刘若英等明星大腕的关注和评论，从而激发了新一轮的关注和讨论，微博传播迅速火爆。

据新浪相关负责人透露，《中国好声音》与新浪很早就洽谈合作事宜，主要在微博层面展开合作，所有最新消息会在新浪微博第一时间发布，新浪网同时也是该项目的首席门户合作方。节目常规播出后，新浪先后邀请到那英、庾澄庆、刘欢、华少等关键人物来新浪做独家的微访谈，网友讨论的话题从庾澄庆的"摇滚手"、"杨32郎"、到华少的超快速度口播，无所不包；另外，新浪还请到节目的知名选手如徐海星、多亮、郑虹来做独家微访谈。在徐海星、郑虹被质疑的事件中，新浪微博进行了正面、强化式传播，更加引爆了传播效果。

从7月13日节目开播至今，《中国好声音》迅速蹿上新浪微博话题榜讨论数的首位，到9月初，新浪微博平台上"中国好声音"的讨论量达到了2575万条。短短一个月，中国好声音新浪官方微博及中国好声音微吧的粉丝量超过百万，每条微博的互动量，少则几千条，多则几万条。姚晨、冯小刚、李玟、吴佩慈等大牌明星，先后转发了"好声音"的微博，多条微博的传播达到了十万量级，成为时下最火的微博话题。

《中国好声音》已经播出多场，4名评委和众多选手的名字都成了网络上的热门关键词，他们的粉丝也在各大社交网站上集结讨论，为支持的选手加油助威。QQ空间、各大微博等社交平台上都有大量粉丝参与《中国好声音》话题。

《中国好声音》粉丝基础广泛，在主要社交平台都建立了自己的官方声音，吸引众多粉丝参与互动。据统计，《中国好声音》第8期过后，其腾讯认证空间和新浪微博粉丝都突破了100万大关，QQ空间粉丝更是在不到五天时间内达到了106万，成为汇集"好声音"粉丝最多的社交网站。在《中国好声音》认证空间中，有大量相关新闻以及评委和选手的介绍，是粉丝们了解"好声音"最新动态，和与官方互动，表达自己声音的首选去处。

除官方QQ认证空间外，腾讯微博、朋友网等平台都为《中国好声音》粉丝准备了便捷的参与方式，让用户可以轻松通过推送了解赛况、和其他粉丝"上墙"互动讨论，用手机在观看比赛的同时和其他粉丝即时互动。在QQ空间中，《中国好声音》的相关日志和说说已经超过 3 亿条，一直是话题榜中的热门话题。除此之外，QQ 空间中还有多种应用和比赛视频，供“好声音”粉丝娱乐。

第 8 期《中国好声音》当天，官方分别在 QQ 空间和新浪微博发起投票，供观众选出自己最喜欢的选手。新浪微博有超过 1.6 万人参与投票，QQ 空间的投票人数则接近 4 万。官方在 QQ 空间发起的最新 PK 投票中，更是吸引了 20 万粉丝参与。

社交平台上的官方声音更将粉丝的参与热情推向高潮。QQ 空间等社交网站不仅给了粉丝们了解、讨论“好声音”的渠道，更让粉丝的声音传达给选手和主办方，增强了选手和节目的平民化和互动性，真正让观众可以听到“好声音”，发出自己的声音。

2. 媒体相对论的应用

在《中国好声音》的营销传播中，在户外媒体、平面媒体和网络投放了大量的广告，达到“广而告知”的目的，节目录制前后充分的微博炒作、网络视频联动、明星效应、明星微访谈、手机观看粉丝互动。栏目品牌不再是一种单向的传播，而是一种 N 对 N 的互动。

总之，微博等自媒体的平台应用和社会化媒体与粉丝的互动是成功的关键，《中国好声音》超越了平面媒体 + 电视媒体炒作的 2.0 固定套路，进入“精品内容 + 网台互动 + 社交化传播”中国娱乐节目的 3.0 时代。

	荷兰之声	中国好声音
移动网站	957000 次访问	不到一个月，中国好声音网络信息覆盖量 6410000+260000000=超过两亿条（百度，谷歌搜索结果）
社交媒体	40 万粉丝	不到一个月有 60 万粉丝（683521）新浪微博
数据订阅	3%的电视观众因希望之声购买订阅（营业额约 4300 万）	无
视频观看	1250 万次 ThuisCoach: 650000 次下载	3704.7 万次
市场份额/收视率	+6.4%（2011 年）	首期节目收视率超过 1.5%。第二期节目的收视率达到 2.8%，位列同时段节目榜首。当晚重播收视率也达到 1.13%，这个收视率超过其他音乐类节目的首播收视。第三期节目以 3.093%，创下收视新高，当晚重播收视率 1.34%。
节目冠名费	无	6000 万

资料来源：传驰网络《中国达人秀网络营销分析报告》、央视索福瑞媒介研究有限公司。

电商时代广告公司的转型与模式创新

杜　俊　夏　帆

摘要：在中国经济转型的大背景下，广告业的发展现状决定了广告业必须转型和不断创新才能获得长足发展，为此，学界和业界的专家都提供了很多方案和设想。同时，互联网的崛起推动了电子商务的蓬勃发展，却没有形成真正具有竞争力的商业模式。置身全媒体传播时代，广告公司为谋求转型发展与电商结合，打造一个线上创意交易平台，这就是“鼎艺购”网站的产生背景，也是本土广告公司鼎艺国际积极实践转型和创新的初步成果。

关键词：广告传播　电子商务　全媒体　转型　创新模式

一、　广告业的发展现状

广告是顺应时代发展的产物，作为经济依附性产业，广告业受宏观经济的影响显著。新世纪以来，国民经济保持良好较快的发展态势，为广告业的发展提供了有力的经济保障。中国广告业取得了巨大的成就，无论从广告公司的数量、规模、年营业额，还是从人员素质来看，发展速度都很快，广告市场也保持稳定的增长。不过，相比广告市场成熟的发达国家而言，中国广告市场规模占GDP的比例偏低，尚有发展空间。

整体来看，中国广告业的发展迈向高起点低速度，增速和平均利润都趋于稳定。尽管如此，广告业的发展仍然存在增长方式及产业结构不合理等问题。尤其是中国正处于转型期，经济、制度、文化等社会生活的各个方面都面临重新定位问题，黄升民（2010）认为要在品牌和文化上进行重构，广告业当然是首当其冲，经济转型对中国广告业的影响体现在两个方面，“一方面激发了更多的广告需求，为广告业的发展提供了强大的动力；但另一方面，由于广告业本身存在着盈利能力逐渐丧失和业务基础严重动摇等问题，在应对经济转型的变革之时存在着诸多纠结”。[1]

从产业结构看，中国广告业绝大多数是中小广告公司，呈现出低集中度的特征，并且高度分散弱小，过分依赖资源。从增长方式看，中国广告业主要还是靠数量增长拉动的粗放型增长，广告营业额的增长幅度远远低于广告经营单位的增幅。从发展模式看，广告公司可以分为欧美、日韩和港台三种模式。根据张金海、廖秉宜（2006）的归纳：“欧美模式主要是发展独立的广告代理公司，广告市场发育成熟，广告代理公司运作规范，在有序的市场竞争环境下，欧美国家广告公司获得巨大发展空间；日韩采用的是一种政府保护下的广告公司依托媒体或企业的发展模式，日本的广告公司主要依托媒体，韩国的广告公司主要依托企业，这些资源型广告公司在韩国和日本成长迅速，加之政府采用强有力的干预方式，保护了本国广告公司的发展；港台采用的是一种完全自由竞争的模式，缺少政府的有效保护，本土广告公司发展趋向不乐观。”[2] 中国大陆的本土广告公司则是长期沿袭港台模式，生存前景堪忧。

本土广告公司提升竞争力需要依靠产业升级，中国广告产业要实现可持续发展必须转型，不仅要进行专业化转型，还要进行产业战略化转型。当前广告公司在业务上因循守旧，缺乏产业创新意识，导致其逐步丧失核心竞争力。特别是随着买方市场形成，中国企业大力推进结构调整，经营理念转向以营销为中心。而广告活动的实质是一种对未来预期的经营，广告经营的出发点是把握时代动向。所以广告公司要努力实现经营理念转型，提高服务能力和专业水平，拓展服务领域，进而走向整合营销传播，才能增强核心竞争力，最终推动产业创新。

二、成功转型面临挑战

目前，广告业转型正在面临三大任务和挑战，即规模转型、业务转型和文化转型。业务领域正在从单一的广告代理向整合营销传播转型，经营理念正在从借鉴模仿向自主创新转变，产业定位正在从商业传播服务向创意产业龙头转变。除广告商业传播之外，还承担着传播文化的社会功能。同时，媒体经营也在从大众媒体为核心向全媒体平台拓展。

中国经济的转型过程中，媒体一直是极具活力的行业。新媒体不断出现导致媒介格局发生了深刻变化，媒体的裂变与分化日趋严重，媒体环境更加复杂。以互联网为代表的新媒体发展迅猛；以楼宇电视、卖场电视、公交移动电视等为代表的分众媒体从2004年开始迅速发展；以手机为代表的无线媒体2006年开始也成为一个新的增长点。另一方面，随着备受关注的三网融合全面推进，新旧媒体共存形成了全媒体的传播环境。传统媒体和新媒体将在全媒体体系中并行，基于新媒体平台的各种尝试会开辟多种补充性传播途径，广告业处于这样的混合传播体系中，广告传播更加立体化。同时，三网融合将促进平台化传播，因为其本质是依靠互联网平台化运作模式，届时通信和广电都将呈现互联网化状态。数字化开启了新的传播时代，广告形式随着媒体形式的演变而改变，依托互联网、移动互联等数字化新媒体的广告形式具有一对一、互动性强的特点，适合与消费者进行一对一的沟通和直接销售，因此成为精准营销形态的一部分，承担着广告与营销的双重功能。

受数字革命和新媒体技术的推动，中国广告市场正经历激烈的变局。单一的广告已无法有效地到达消费者，广告公司的生存空间受到新的营销工具的挤压，面临前所未有的挑战。为了拓展生存空间，并且在复杂的传播环境中更加有效地与消费者沟通，中国广告公司要顺应全球范围内广告公司战略转型的大趋势，不仅要能够提供传统的广告服务，还需要整合互动行销、网络平台等多种传播工具，以实现传播效果的最大化。通过广告公司价值链的集聚与张大，向上游和下游产业链扩张，提供整合营销传播服务，提升核心竞争力。

从产业看，广告产业的竞合关系与产业价值链正在解构与重组，有鉴于此，广告产业必须在商业模式上寻求创新，才能够在巨变的未来竞争中生存与发展。从空间看，广告公司从主要在广告业内竞争转化成行业间竞争和社会化竞争。通信等其他行业的企业正在逐步进入传播领域，微博等载体的出现带来了新的传播理念，充分体现参与者在其中互动的作用。以前广告活动主要围绕传统媒体展开，随着传播环境的剧变，要有效应对全媒体时代的新变化必须进行传播系统的转型。在新的媒介格局中，新旧媒体为应对竞争纷纷加快脚步，广告公司也可以把握时机与新媒体融合，提前部署创意交易等领域的发展，多元化经营及创新经营成为广告公司未来发展的主基调。

中国广告业正处于空前复杂的传播环境和市场环境之中，转型之后创意仍是广告业的根本。传统广告公司把创意作为其核心竞争力，因为核心竞争力具有不可替代性。创意不是为满足生活需要而生产，而是为满足欲望而生产，可以刺激出新的消费欲望。优质的创意是为了满足人类更高物质与精神需求的奢侈品，可以产生自身的价值效应，形成稳定的客户群。消费者脑中已有的经验不能作为创意，相反要创造体验。创意给消费者带来的精神体验远大于物质体验，造成对消费者生活方式的诱导。另外，市场环境和传播环境的不断变化，意味着广告公司需要适时调整自己的业务领域满足新的营销传播需求。现在无论是互联网还是移动互联网，都是由海量数据构成，如果说传统广告公司是依靠内容策略和购买能力，那么为了满足全媒体传播时代的营销需要，现在必须转型为依靠数据驱动。

三、 电商时代的新契机

互联网技术的快速发展，已成为全球企业竞争的利器与企业经营不可缺的工具，也为中国的电子商务带来了很多机会。据媒体报道，全球投资界对中国电子商务公司的最新估值超过100亿美元，电子商务的力量已经今非昔比。电子商务公司的相继上市，巨大的融资规模和消费者需求，震撼着所有关注电子商务行业的人们，让人们充分感受到中国电子商务行业发展的强劲势头，可以说电商时代已经来临。

目前，中国的电子商务发展速度很快，不过一直没有形成真正具有竞争力的商业模式，价格战成了电商之间争夺市场份额和地位常用手段。可是价格战不仅没有重整行业使行业的发展走向理性，而是随着传统销售商的上线愈发惨烈。每逢节日，电商们在线上线下采取一些明显的违背公平价格竞争的手段，纷纷以低价打压竞争对手。去年“双11”由于让利过多导致一些电商的系统崩溃。今年8月15日，京东、国美、苏宁易购三大电商再打价格战，既吸引了大众的眼球，低价的商品又不断刺激着消费者的购物欲，交易额直线上升。然而，电商的业绩却不太乐观，京东连年亏损，苏宁和国美等传统电器销售商的线上平台也不是公司利润的主要来源。

如今淘宝网等大型电子商务公司都已经发展成大而全的百货形态，后进者再走全品类的同质化道路难以成功，更精更专的细分市场才有发展。“成熟的传统商业模式一样可以应用在B2C上，商业的初级阶段以低价格抢占市场份额，进化到高级阶段后进行市场细分，以品质和服务为竞争核心。规模化的第一代电商继续把持着分母消费者；而细分后的第二代则找到属于自己的生存缺口，忠实的小众消费者组成了这一市场主流人群。”[3]中国电子商务未来的发展趋势是两三家大而全的线上百货交易平台占领电子商务行业半数份额，而每个垂直细分领域都有领跑者，每个品类都有数家竞争者。因此，新进电商企业要找准市场缝隙，在细小的层面竞争，细分下的电子商务将更为精深和专业。

广告公司与电商的结合是一个新的尝试，广告行业一贯讲究创意，放在商业模式上也一样，公司策略、运营模式、核心价值等等都围绕着"创意"展开。在文化大发展大繁荣的时代背景下，建立一个注重保护知识产权的创意网站，抛开粗制滥造的网页和大行其道的山寨，创造自己独特的创意与价值。现阶段创意电商领域还没有相应的电商公司，尚未形成领跑者，"鼎艺购"正是在这样的环境中应运而生。

四、创新模式——"鼎艺购"的实践

时代在变，作为国内领先的本土广告公司，鼎艺国际也在求变，以适应不断更新的媒体环境。除了其拥有的核心优势，鼎艺国际正在布局一些新的领域，包括已经推出的江苏国际文化创意产业联盟网（www.iciajs.com）以及构建中的"鼎艺购"（www.doemall.com.cn），还包括正在建设的"第一购"（www.doemall.com.net）旅游商品电子购物网站。这是鼎艺国际在广告业转型发展时期做出的模式创新探索，这些新业务的推出将会使得鼎艺国际转型成为一个整合线上线下资源进行数字化营销的广告服务公司。

江苏国际文化创意产业联盟网（www.iciajs.com），由鼎艺国际投资创建于2009年，是国内首个创意经济多领域文化力量整合与管理平台。该联盟平台以网站的形式建立，将江苏的文化创意产业细分为广告会展、艺术设计、广播影视、动漫游戏、文艺演出、新闻出版等多板块。同时吸收法律、文化、艺术、通信、金融、咨询、评估等机构加入文化创意产业联盟，使之更加专业化、信息化、立体化。联盟平台按照文化实力、专业程度、信用程度等方面分级管理，并引入政府评价和认可，增强联盟平台的权威性、合理性。通过及时的产业信息传播、举办论谈、会展、各种项目工程招标以及品牌作品展示等形式，为产业集群服务。以此加强跨产业合作互动，充分利用各产业的人力资源优势，实现创意资源的优化配置，激活整个文化创意产业链。

对鼎艺国际而言，一个成功的商业模式，不一定是在技术上的突破，而是对某一个环节的改造，或是对原有模式的重组创新，甚至是对整个游戏规则的颠覆。经历三年成熟的运作，联盟网不断地适应市场需求进行"版本升级"。2011年11月全国首批国家级广告产业园落户南京，联盟网借机从1.0版本升级到2.0版本。2.0版本的联盟网拥有一个产业名与一个商用名。前者是为南京国家广告产业园公共服务交易平台，服务于全国广告产业园的入园企业以及全国的文创企业和个人。旨在推动中国广告创意产业与全球创意产业的交流与对接，推动创意产业与经济技术一体化进程，成为国家广告产业园创意产品的孵化平台，推动创意产业集群、产业园及创新空间的发展合作，推动国际创意产业项目合作、促进创意资源和人才交流，推动国际创意产业学科体系建设与人才培养等。后者则是数字化技术和新商业模式强烈碰撞和冲击的产物，即一个垂直细分的文化创意产品资源聚集的电子商务网站 -- 鼎艺购。鼎艺购，细分市场的领跑者。以广告创意产业为龙头，整合数以万计的创意企业、个人、机构和优势创意产品资源，形成一个完整的产品、服务和信息流体系，在满足消费者高品质的生活需求的同时，为广大致力于网上营销的产业链上下游创意企业和个人提供最佳的电子商务解决方案。

鼎艺购暨国家广告产业园公共服务交易平台框架

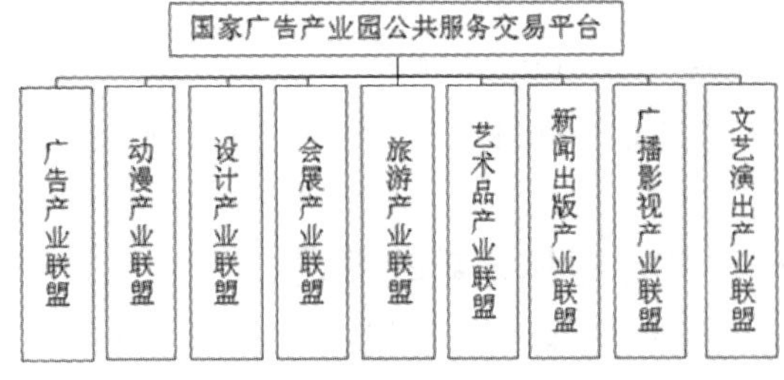

我们希望通过"鼎艺购"电子商城的建设，支持大学、媒体、创意产业经营者和专业的创意产业机构等各类创意产业的经营主体的发展，加强创意

项目与各产业之间的联系，并逐步发展成为一个具有广泛影响力创意交易舞台。以包罗万象、具有创造性的创意计划、创意产品与创意项目的沟通碰撞，构建文化领域与经济领域之间的桥梁。推动中国各城市之间文化创意产业资源的深度交流和交易合作，推动电商时代下包括广告产业在内的中国文化创意产业的一体化发展，为“中国创造”的梦想之路贡献一份力量。

注释：

1. 黄升民．大国转型中的广告产业转向[J]. 广告大观，2010(8).

2. 张金海，廖秉宜．中国专业广告公司的生存现状与模式创新[J]. 中国广告，2006(7)：68—69.

3. 美圻．新电商 Are you ready?[J]. 数字商业时代，2011.

参考文献：

[1] 陈瑛，肖剑波．新媒体环境下广告产业链的构建思考[J]. 科技资讯，2011(35).

[2] 黄升民．大国转型中的广告产业转向[J]. 广告大观，2010(8).

[3] 隗辉．新媒体环境下我国广告产业的转型研究[C]. 河南，2011.

[4] 廖秉宜．中国广告产业的战略转型与产业核心竞争力的提升[J]. 广告大观（理论版），2009(2)：38—44.

[5] 美圻．新电商 Are you ready?[J]. 数字商业时代，2011.

[6] 毋晓文．中国广告产业传播模式的多维选择与定位[J. 中国报业，2011(14).

[7] 张金海，廖秉宜．中国专业广告公司的生存现状与模式创新[J]. 中国广告，2006(7)：67—70.

[8] 张敏，经营理念转型和广告产业创新[J]. 中国广告，2007(2)：150—153.

科技驱动下广告载体创新对广告行业影响探析

上海理工大学出版学院广告专业教师 应 群

摘要：本文首先介绍了在当前广告行业中已经普遍应用的广告载体及广告形式，在技术创新下形成哪些新的广告表现形式和手段；其次列举了一些最新科技成果在广告行业中的成功应用；在此基础上，通过上述案例重点分析探讨，科技进步带来广告载体的变化对当下广告行业的影响。

关键词：科技驱动 广告载体 技术创新

一、广告载体创新的表现

在我们所走过了21世纪第一个十年里，广告的表现方式随着科技进步也在不断地变化。就广告表现的载体来说，功能强大的移动终端（包括传统手机、智能手机、平板电脑、PSP等）、视频网游、微电影以及博客、微博等都已经成为了广告表现的新载体。

（一）手机与智能手机广告

2000年前后，由于技术壁垒的消除，手机制作成本大幅度下降，各类手机开始在中国大范围普及。而手机短信作为一种新的信息载体和平台，为人们越来越多地利用和依赖。据统计，手机短信从2000年的发送总量10亿余条，到2005年的3046亿多条，我国短信发送量6年增长了300多倍。手机短信广告就是在这样的背景下出现的。商家通过发送短信息的形式将企业产品、服务等信息以点对点的形式传递给手机用户，从而达到广告的目的。目前，以手机短信为载体我们常见的广告主要有两种：一是网络商城促销，二是企业软广告或者公益广告。网络商城通常需要客户在注册时绑定手机，而当网络商城实施促销活动时，根据绑定的手机号给客户以消费信息，从而促进消费。企业软广告出现的较早，也是手机短信广告产生初期的主要形式，企业通过逢年过节的祝福短信，在不影响客户工作的前提下，给客户带来企业温馨的祝福，从而提升了企业在客户心中的亲切感。

得益于各大手机厂商以及运营商对中低端智能机型的推广和普及，我国智能手机数量近年来呈几何倍数增长。工信部电信研究院上发布的《移动终端白皮书》数据显示，2011 年我国移动智能手机出货量超过之前历年移动智能手机出货量的总和。2011 年我国手机出货量达 4.55 亿，其中智能手机出货量达到 1.18 亿，较 2010 年增长了 175%，超过以往历年的总和。目前，智能手机是手机、电脑、音乐播放机、照相机等等设备的综合体。最重要是它能连接 3G 和 4G 网络，消除了空间障碍。因此，无论在哪里，人与人之间都能进行多种实时互动。相对于传统媒介，它的传播方式更为多变，是点对点、点对多、多对点等多种传播方式的复合体。这些新功能带来更为高效的传播，较为低廉的广告成本以及智能手机的便携性，吸引越来越多的商家在这个平台上投放广告。广告从业人员也为此创造了更为专业的营销方式和层出不穷的广告表现手段，比如通过拍照智能手机就可以快速识别二维码。移动终端内定向开发的程序软件将二维码关联为产品图片、3D 虚拟楼盘、视频广告等等。广告主只需花费极低的价格，在纸质媒介或者一些特定场合打一个两厘米见方的二维码，智能手机就能把商家所有的想表达的广告信息清晰的传递给智能手机持有者。智能手机还支持全方位的移动人际互动。一些大流量的人际互动网站例如新浪微博、推特、开心网、人人网等都制作了手机版本的应用软件。这样人际交互就不仅局限于智能手机持有者之间，理论上每个人只要上网，就能和智能手机持有者实现人际互动。微博营销就是利用移动终端点对点、点对多、多对点这样复合型的传播方式来进行产品推广、品牌维护、广告宣传等。它重要的意义在于，通过发布用户感兴趣的内容，让客户主动传播；因为信息实时更新，可以通过微博解决危机公关；结合线上和线下，跟踪和整合品牌传播活动。

（二）游戏内置广告

1960 年斯蒂夫 · 拉塞尔和他的朋友在美国 DEC 公司生产的PDP-1型电子计算机上编制的《宇宙战争》（Space War）是最早的电脑游戏。

1990 年代，游戏产业开始采用类似 MUD 架构的技术发展网络游戏。此类架构不同于依赖高速局域网联机的射击或即时战略游戏，取而代之的是借由最佳化的通信协议及复杂的预测式算法，来达成网络游戏所需的信息同步。这类型的游戏与 MUD 一样，需要居中运算的游戏服务器，并且能够实现万人以上同时联机进行游戏的规模。这种类型的游戏后来被统称为“大型多人网络游戏”，以区别早期的局域网游戏有所区别。

而随着网络的普及，电脑游戏作为一种新的广告传播载体也逐渐被广告主和消费者接受。2006 年微软正式收购 Massive——一家在视频游戏中投放广告的未上市初创公司，彰显了广告商日益青睐新兴媒体的趋势。视频游戏中出现的大部分广告一直以相对传统的方式进行。例如，一家汽车厂商可以让企业的 Logo 出现在虚拟棒球游戏的体育场广告牌上。不足之处在于，广告信息一旦被游戏出版商整合在游戏光盘之中就不能再调整，时间一久就会变得枯燥乏味。但越来越多的视频游戏机具备了上网功能，这种局面在快速发生改变。Massive 在游戏中为客户留出了各种各样的广告位置，如广告牌、海报、饮料罐和其他各种能在屏幕上出现的广告载体。然后通过互联网把广告信息植入游戏中。这意味着广告客户可以刊载更加实时的信息，还可以使用在电视和网络广告中常用的那些吸引眼球的技巧。例如，在法国公司育碧出品的视频游戏《混沌理论》场景海报上，可以看到 Massive 为电影《孤岛》投放的首映式广告。因为看到游戏内置广告利润巨大，大型的游戏公司更倾向于自己组建游戏内置广告部门。Massive 最终面临被关闭的结局，但是游戏内置广告的发展脚步丝毫没有受到影响。

（三）微电影植入式广告

植入式广告(Product Placement)又称植入式营销(Product Placement Marketing)，是指将产品或品牌及其代表性的视觉符号甚至服务内容策略性融入电影、电视剧或电视节目内容中，通过场景的再现，让观众留下对产品及品牌印象，继而达到营销的目的。植入式广告与传媒载体相互融合，共同建构受众现实生活或理想情景部分，将商品或服务信息以非广告的表现方法，在受众无意识的情态下，悄无声息地灌输给受众。因其隐秘的特点，植入式广告还被称为嵌入式广告或软性广告。

由于在电视剧和电影内植入广告成本过高，微电影制作成本相对较低。并且微电影可以根据目标客户使用网络的习惯和偏好，选择投放的网络媒体，帮助企业达到精准化营销的目的。因此微电影出现后便成为一种新兴的广告载体。据中国电子商务研究中心助理分析师庞敏丽介绍，凯迪拉克的《一触即发》、《66号公路》，网易的《闺蜜》等都是微电影营销的成功案例，其中由吴彦祖领衔的《一触即发》被认为是第一部"微电影整合营销"案例。而之前七喜拍摄的一系列微电影，融合穿越、网络红人等年轻元素，更是在众多网友中火了一把。微电影营销采用了一种柔和的方式，融入故事本身叙事风格中，加上微电影本身的故事性和互动性，使观众在潜移默化中接受企业品牌并乐于转发或者推荐他人观看。

二、广告载体创新中科技元素

广告表现还与新物料和新材料有着千丝万缕的联系。所谓的广告物料就是在投放广告时所需要或所耗费的材料，如广告纸、传单、横幅、气球等等，只要是能作为广告载体来表现广告的材料就叫做广告物料。

（一）包裹建筑的 LED

在近几年来，随着科技的进步，不少新的物料和材料纷纷出现，为新的广告传播形式提供了技术手段。就新物料来说，随着科技的发展，传统的 LED 灯不仅在照明领域，在广告领域也有长足的发展。目前 LED 屏幕在城市中随处可见。在 2011 年 2 月法国当代艺术后文凭课程学校勒·富亥斯诺娃 (Le Fresnov)，由让杜巴 (JEAN DUBOIS) 主持的一个讲座中，向我们展示了几个体量巨大但是显示精细的异型 LED 屏项目。在格拉斯现代艺术馆 (Musee D' art Moderne De Graz)，这个 LED 屏包裹整个建筑物，整个建筑物变成了一个巨大的发光体。它不仅能用文字显示关于博物馆的介绍，还能显示各种具象图片。这个大 LED 屏幕，技术上涉及了自动畸形纠正、多模块拼接协调、海量的数据运算等等技术难题。在当地，这个"光的建筑"变成非常著名的旅游景点。游客在参观游览的同时，"光的建筑物"上的广告也深刻的印在了游客的脑海中。

（二）新兴广告材料——冷光片与平面光源

冷光片和平面光源是一种能自发光但比 LED 更省电，像纸一样轻薄，并可以随意弯曲的广告材料。它可以让户外的广告牌变得更轻薄，不仅可以使用在橱窗广告方面，还能复合应用于一些日常物品中。

（三）幻影成像技术

计算机技术的发展，带来一种名为富媒体物料(Rich Media)的物料组合逐渐为人们所用。富媒体物料是指由 2D 及 3D 的 Videa、Audio、Html、Flash、 Dhtml 、Java 等组成效果。幻影成像和环境投影是近期在国际上引起较大反响的两种视像技术，并在广告领域有着广泛的应用。

幻影成像技术是基于利用和控制光的折射、反射，通过精确计算后在空气中完美成像。制作中需要充分结合 3D 动漫制作、声音、场景灯光布置、产品实物和场景道具模型，可以最大限度发挥设计师进行设计创作的一种全新的广告媒介。运用幻影成像技术的广告载体具有强烈的纵深感，真假难辨。其优点在于成像方式新颖、视觉效果强烈、影像三维立体感强。运用幻影成像技术的广告载体可以有多变的造型。180 度、270 度、360 度幻影成像装置分别可以在 180 度内、270 度内和 360 度内观看影像，影像通过精确计算原始影像和折射影像之间的距离，在空中呈现出可多角度观看的幻影。幻影成像装置分别由主体模型场景、造型灯光系统、光学成像系统、影视播放系统、计算机多媒体系统、音响系统及控制系统等组成。造型灯光系统根据产品造型的要求和剧情的需要，在可编程控制器的伺服控制下，配合音乐、图像在场景上产生气氛光，以达到增强展示气氛，烘托展示效果的目的。光学成像系统与影视播放系统完成动态三维立体视频在场景造型和产品造型上的逼真再现，使立体影像与周围的人造景观有“真实”的契合，达到可从多角度观看的影像。音响系统完成旁白和背景声音播放，在听觉上同步配合视觉，进一步加深观者的感官刺激；控制系统完成多机同步控制、活动模型控制、灯光控制、电源控制、播放控制等工作，用计算机来加以处理，制作成数据文件，由控制仪来操作，现场工作人员只需按一下开关就可以完成全过程。通过电脑影视后期制作技术，编辑、剪接，可以利用较小空间取得大量的信息，跨越时空，范围更广。利于提升展品内涵、表现故事内容、提高观众的参观兴趣，达到更好的广告效应。

（四）Mapping Projection 技术在商业广告上的应用

环境投影分为建筑内环境投影和建筑外环境投影两种。它是利用 Mapping Projection 技术，投影光影测位对建筑物外立面，以及投影范围内建筑周边物体和室内空间等进行光艺术投影装饰的艺术作品。将建筑结构和建筑周边环境融入到动画故事中去演绎一段动人的 3D 电影。又或展示一段精彩的创意广告，把广告与建筑相结合，具有极强的广告时效性。Mapping Projection 技术不仅可以应用于建筑，只要光线允许它能在任何物体表现进行影像投射。

2011 年超级好工作室（Studio Super-Bien）在法国马赛的法罗宫（Palais Du Pharo a Marseille）为阿迪达斯公司制作了一段在建筑上投放的广告。因为其巧妙地构思把建筑外墙面与 3D 动画完美的结合，在同年得到法国国际广告节大奖。2012 年迎新，上海外滩 3D 灯光秀也使用了这一技术。

（五）网络媒体中的广告

最新的网络媒体技术，甚至允许用户在广告界面上直接留下数据，从而有效地促进了用户与广告的交互。一种叫做 ICAST（网络视频广告播放器）的网络广告播放工具的出现，使网络媒体广告形式在当今受到极大关注。2004 年，国内较大规模的富媒体广告服务提供商尚只有 ICAST 一家。不过，一些国际富媒体广告公司纷纷看好中国市场的发展，一些国际知名网络媒体公司陆续进入中国。随着上网人数的增多和网络媒体广告形式的日益增加，网络广告也像电视广告效果一样，成为了一种能够带来高曝光度的广告形式，网络广告主对于网络广告的传统印象由此可以得到彻底地扭转。网络媒体有以下传播优势：（1）不需要受众安装任何插件就可以播放的整合视频、音频、动画图像、双向信息通信和用户交互功能；（2）提供更丰富和多感官的接触机会以及精美细腻的创意展现；（3）针对性强，传播效果一矢中的。

（六）影响探析

在过去，以报刊杂志、电视广播为主的广告传播手段，约束着广告传播形式，使其只能以平面和单向的形式出现，而且广告与受众之间也缺乏互动和回馈。最近的五到十年，随着科技发展带来的新技术，创造出大量广告新材料，广告表现形式传播方式也随之产生变化。

通过上述案例和介绍可以得出新型广告有如下几个特点：

1. 新型广告需要有极强的表现力，让受众主动接受广告信息

表现力主要分为两方面，一方面是视觉上的表现力，需要更新更奇的表达手段及形式，抓住受众眼球。例如：使用广告新载体、新物料来丰富我们的表达方式和手段，给观众呈现“从未见过”的视觉形式。另一方面需要熟悉、探究新广告媒介的媒介特性提出最合适的创意，能把广告商的信息通过感人的影片、电视节目或者微电影等传达给观众。

2. 需要把广告信息精准的传达给范围人群

例如：广告商通过微博传播可以提前设计，发布

一条文字信息、一张图片或者一段短片，感兴趣的人群就会进行主动传播，通过监测可以得到较为精确的目标客户。由于微博信息实时更新，能在最快的速度得到目标人群的信息反馈，从而调整营销策略，结合线上和线下，选择广告的投放媒介、投放方式、投放地点以及设计适合目标人群观看的广告形式。

3. 更强调广告与个体受众之间的互动

科技进步，特别是计算机技术和光电技术的发展产生了交互技术。目前这一技术在广告行业上的应用还处在发展初期阶段。互动广告不仅能让受众参与到广告中，对广告本身产生兴趣，主动接收广告信息，更重要的是广告互动平台可以让企业和客户进行零距离接触。例如：奇客巧克力做过一个很有意思的互动。首先，企业把员工制作巧克力的过程录制成视频发布到网上。在网站上有每位员工的头像，顾客可以找到每一块购买到的巧克力是哪位员工制作研发的。如果某位顾客对吃到的某块巧克力满意或者不满意需要作出表达，可以上网很容易找到那位制作这块巧克力的员工，用鼠标点击员工头像，顾客在家就可以和那位在实验室里的员工进行视频实时互动，表达你的意见。如果不满意，你甚至可以对那位员工进行游戏式的“惩罚”。这样的互动广告是基于网络和视频技术的发展而产生的。还有一些利用红外感应技术制作的互动展示橱柜和商品桌面也具有一些截然不同的效果。

目前新型广告获得了消费者更多的关注也令许多广告主在营销上大获成功。相信随着科技的发展，特别是声、光、电、材料领域的新产品研发将会进一步丰富我们的广告表达方式和手段，带给大家更为赏心悦目的新广告。

参考文献：

[1] Gerard O’ Regan.A BRIEF HISTORY OF COMPUTING[M] 2012.

[2] 任摇廷．浅议植入式广告[J]. 今传媒 ,2006(04).

[3] Caroline Bouige.L’ ECRANS[J].ETAPES，2011.

[4] Laurent Catala.SUPER—BIEN[J].ETAPES，2011.

户外媒体LED时代或将来临？

警视媒体　翁静霞　穆　欣

调查显示，2011年中国LED显示屏（LED广告屏）产值达219亿元人民币，同比增长18%，2011年中国LED显示屏出货量同比增长47.5%，显示屏价格同比下降20%。同时，根据GSC统计数据显示，2011年中国LED显示屏出口645723.23万元。

伴随LED显示屏产品市场的快速发展，易观国际发布的《中国LED户外电子屏广告市场研究报告2012》透露，到2015年，中国户外LED显示屏广告市场规模将超过27亿元 。LED户外广告的高速扩张将进一步挤压平面户外广告生存空间。

伴随各类媒体的不断创新与互动新需求，LED显示屏快速应用到户外媒体的方方面面，改变着传统、古板、单一的户外媒体形式和城市夜景。不久的将来，户外媒体LED时代或将来临。

一、户外媒体现状

（一）国内户外媒体现状

截止2011年，我国共有户外广告经营单位86375家，相较2010年75922家增加13.77%。目前，尽管户外媒体行业的行业集中化趋势明显，但传统户外媒体资源依然十分松散。由于户外媒体在中国不被视为一种固定资产，其作为法人财产的法律地位模糊，需要各种不同政府部门的审批，且被批准使用的时间普遍较短，加上城市规划的缺位或经常调整，全行业一直处于无保障、粗放式的初级经营状态。2011 年户外媒体广告收入总额 2764091 万元，前十名广告公司收入总和占比不足总额的四分之一 ，行业收入和媒体资源的集中度都有待提升。

2011 年户外媒体广告收入前十名

序号	单位全称	户外广告营业收入（万元）
1	上海分众德峰广告有限公司	167200
2	海南白马广告媒体投资有限公司	108316
3	江苏大贺国际广告集团有限公司	83406
4	上海机场德高动量广告公司	79000
5	上海申通德高地铁广告有限公司	58114
6	德高广告（上海）有限公司	44690
7	北京巴士传媒股份有限公司	39647
8	上海郁金香广告传媒有限公司	35705
9	上海雅仕维广告有限公司	35040
10	上海华君广告有限公司	32379

国内户外媒体市场中，电子显示屏装置广告与展示牌广告、灯箱广告、交通工具广告是四大主要户外媒体形式。户外媒体数量截止 2011 年底共计 2571996 个，相较 2010 年 2206547 个增加 16.56%，其中增长最快最明显的要属电子显示屏装置广告，由 2010 年的 373041 个增加为 2011 年的 442623 个，提升 18.65%，明显快于整个户外媒体数量的增长。总体来看，户外媒体市场无论是媒体数量还是媒体广告收入都呈上升趋势，不过大部分户外媒体展现形式还是处于单幅静止画面的展示状态，创意与广告效果亟待提升。

（二）发达国家户外媒体状况

世界权威 Henley Centre 对欧洲六国的媒体状况调查后得出的结论是：“户外广告媒体将成为 21 世纪最具成长性和发展潜力的优异媒体”，美国财富杂志日前也发表文章指出随着人们旅游和休闲活动的增多以及高新科技的广泛运用，户外媒体已成为广告主的新宠，其增长速度大大高于传统电视、报纸和杂志媒体。显然，国外发达国家中形式、效果得到有效提升的户外媒体已经成为广告业内的主流媒体飞速发展开来。

而在众多户外媒体中，LED 显示屏区别于路牌、灯箱、霓虹灯等传统户外媒体，不受面积限制，且身材轻薄，可依附在各种公共场合，显示大规模的文字、图像、动画，加上高亮度、全彩化、便捷快速的错误侦察等独特功能，让广告变得更具渲染力和震撼力。得天独厚的先天优势，使得 LED 显示屏成为户外媒体中的主流。美国户外广告市场中，户外视频占据 80% 的份额，其中 LED 显示屏是新的利润增长高点。

另外，美国等发达国家的户外媒体资源和经营的集中度都非常高。除德国外，英、法两国的户外已基本形成“寡头垄断”局面。在全球通过资本运营达到庞大规模的三家主要户外运营商 clear channel、jcdecaux 和 viacom，占据了英、法户外媒体市场大约 80% 以上的资源。德国的变化较为缓慢，至今市场仍有 40 多家户外媒体主，近几年 clear channel 和 decaux 已开始介入其机场、市区大牌和市区灯箱媒体，相信不久德国也将走向寡头之路。这也是国外先进传媒市场给我们带来的一点启示：户外媒体需要资源整合与集中经营。

二、户外 LED 显示屏的进程

（一）国内 LED 显示屏技术发展

从 90 年代政府开始重视 LED 产业开始，截止

2011年，国内年产值过亿元的LED显示屏企业已经超过40个。由于LED显示屏企业平均企业规模大于其他应用领域，LED显示屏行业成为LED应用最早成熟的领域之一。预计未来几年LED显示屏市场规模增长将保持在10%-20%，利润增长将主要来自于传统喷绘、霓虹灯、广告牌替代市场，还有高清、3D、智能化等多功能高端LED显示屏市场。

保持良好发展态势的前提下，我国LED显示产业同户外LED显示屏媒体同样处于比较分散无绝对垄断或领导企业的状态，在近几年的整合阶段，应该会实现大企业强强联合或大企业吞并小企业，从而形成有效垄断地位的寡头企业掌控市场方向的产业布局。届时，户外LED显示屏将拥有更强大的市场技术支持和企业支持，这是户外LED显示屏实现全面扩张的必备基础条件。

（二）国内户外LED显示屏广告市场现状

伴随LED显示屏技术的不断升级，产业日益成熟，市场应用的速度也快速延伸。尤其是在户外媒体领域，LED显示屏的优势使得其入市即引起广泛关注，不仅为户外媒体的传播效果带来质的飞跃，同时也为城市的美化起到了一定的帮助。只是，我国户外媒体的创新目前仍处于发展阶段，无论是从媒体本身的运营情况来看还是从城市的相关部门的管理制度而言，似乎都还需要经历一个完善化的过程。

LED户外显示屏广告由于其媒体形态及所处物理位置的特殊性，点位的设置、广告内容的播放等行为，相对其他媒体平台受到更多约束，监管部门包括广电总局、工商行政管理部门，以及各省市的市政市容管理、交通、质监等部门。但各部门下发的相关管理规范和标准并不统一，对企业而言难以形成切实可行的约束力，尤其是在一些二、三线城市，由于监管相对较为宽松，运营商开屏缺少批文，广告内容未经审查即上屏的事件屡有发生。一、二线成熟市场也存在因为各部门标准不一而使得广告画面众口难调，上刊难上加难，广告公司无计可施。近年来，户外媒体的监管力度不断趋于严格，对市场整顿力度有所提升，可惜仍旧还未形成真正的统一的户外广告设立、经营、发布等工作的规范。这不仅是对于某个户外媒体本身存在是否合理的不确定，更是对于媒体经营者投资风险的不确定，非常不利于户外媒体经营公司的壮大与市场发展。

就是在这样风险难以估计的市场中，户外LED显示屏仍旧是众多实力户外媒体的重点发展方向之一。可见其发展前景的确可观。目前，国内LED户外显示屏广告市场主要由凤凰都市、郁金香、香榭丽、鹰目联盟四家公司瓜分，这四家公司占据了全国70%以上的市场份额。缘于户外LED屏的高成本特性，市场形成阶段及存在着较高的行业进入壁垒，使得集中度较高。而仅留26.9%的市场份额，仍旧不乏众多踊跃新进入的媒体公司，希望能从中分得一块蛋糕。

而在竞争与机遇同时降临的时候，往往会激发更多的创意与火花，市场中百家争鸣。目前国内户外媒体的展现地则遍及写字楼内外、商场内外、市中心墙体、高速路等等众多渠道，而LED的应用也日新月异。除常规繁华区域的大幅LED和写字楼、商圈附近的泛户外媒体外，高速路收费站LED的应用可以说是世界领先，他不同于高速路单立柱的LED应用，而是自成体系、个性独特。其中做得比较早、发展较成熟的是广东警视文化传播有限公司（以下简称警视媒体）。

警视媒体创意一，为位于收费站出口或入口的大LED灯箱，利用LED全彩动态显示的特点完美展现客户信息，同时，利用收费站减速停车的特殊性独享客户关注时间。不同于单立柱的远观和一闪即过，此形式大小居中，远观醒目，近观仰视角度小，整体可视距离长，良好全面地利用了LED的技术优势。另一创意，可以说是国内首家LED灯箱列队式展现的媒体形式，单个屏面积不大，但整体形成矩阵效应，远观全景震撼，近观内容清晰，色彩绚丽，这一创意形式在未来被无限复制的可能性很大。

可以预见，户外LED的应用势如破竹，未来会有更多的公司开创更多的新形式点缀我们的城市面貌，丰富我们的户外传媒市场。

三、户外媒体 LED 时代或将来临？

上海世博会期间，我国的LED技术得到广泛认可，这也给予了业界更充足的信心。现如今，这些技术在全国户外广告领域同样大放异彩，正急速更新着国内户外媒体的布局。从第一块真正的LED显示屏营运于户外媒体广告市场至今不过几年时光，截止2011年电子显示屏装置广告的数量已经占据户外广告总数近18个百分点，速度飞快。虽然目前国内LED显示屏广告还未成为户外媒体形式的绝对主流，但户外广告市场广告形象、广告互动以及更多需求的发展趋势，使得LED显示屏的继续扩大发展已成必然。未来，户外媒体LED时代或将来临。

参考文献：

[1] OFweek 光电显示网讯．中国 LED 显示屏市场发展分析 [R].

[2] 易观国际．中国 LED 户外电子屏广告市场研究报告 2012[OR].

[3] 中国广告年鉴编辑部．'2011 中国广告年鉴[M]. 北京：新华出版社，2012.

[4] 中商情报网 .2011 年中国广告企业户外广告营业收入前 100 名排名 [R].

[5] 崛起的 LED. http://www.cnledw.com/info/newsdetail-31707.htm

从“广告传播平台”升级为“受众体验通道”

河南电视台都市频道广告经营部主任 王 征

一、及时抓住本土市场机遇，坚守绿色健康发展思路

河南都市频道自2005年开始广告自营，今年是第九个年头，依然保持着稳健发展态势。根据CTR数据，2013上半年河南都市17：00—24：00黄金段刊例费用总和比去年同期上涨11%，在中部六省的强势地面频道中涨幅最高。

河南都市能够在5亿创收基数上实现良性增长，首先得益于河南区域经济正处于重大发展时期，“中原经济区”和“郑州航空港区”相继上升为国家级战略规划，为经济发展注入一剂强心剂。河南在全国市场中的重要性也更加凸显，成为快消品企业在二、三级市场下沉发展中更为核心的部分。都市频道的发展轨迹与河南大环境崛起的历史机遇是密不可分的。

其次，我们坚持绿色健康发展思路，自2008年起就停止医疗长专题广告的播出，并始终坚持“零专题”的广告播出理念。通过内部三级审查制度，确保在制度及理念各方面确保广告的绿色播出。长期的严格自律，不仅提升了河南都市全天时段的广告到达效果，而且有助于频道公信力沉淀。在今年国家相关职能部门陆续开展的整顿违法违规广告专项行动当中，我频道没有出现任何食品、药品、保健品以及医疗器械的违规广告，始终处于稳定运行状态。

这看似不太相关的两项因素，却是地面频道紧贴地气、赢得受众公信力的基础要素，也是受众形成高忠诚度的必备因素。这为我们升级到“受众体验通道”提供了实施基础。

二、依据消费者使用媒体需求，通过“媒体混搭”提升传播效果

媒体的首要职能还是信息的传播与有效到达。通过对消费者触媒习惯的分析，我们认为“消费者依据需求使用媒体”，因此我们与企业的合作，往往是从目标消费群体的分析开始倒推传播方案，通过“媒体混搭”提升传播效果。

混媒时代受众可接触、可运用的媒体资源非常丰

富，他们的媒体使用习惯是从需求出发，可能使用单一媒体，也可能混媒体操作，游走在数个屏幕之间。例如，出于放松、休闲目的，可能一台 Ipad 足矣，但是如果出于了解资讯方面，电视、电脑甚至手机都会联动使用。在混媒时代，媒体的自我定位也在不同层面有所调整。

无论从覆盖落地，还是节目内容，地面频道都是距离受众最近的频道群组。要在一个区域迅速引发关注，强势具有品牌影响力的省级地面频道一定是企业的首选。如果我们的方案更加贴合受众触媒习惯，那么传播精准度将再次提升。因此，每一次传播活动策划前期，首要解决的就是企业的主流消费者习惯使用哪些媒体渠道，什么样的传播活动能够接触到目标受众，然后再做“媒体混搭整合传播方案”。

为了便于传播活动的媒体执行，河南都市在过去两年中着重做的工作就是整合媒体资源。将节目通路铺设到电视屏幕之外的网络、广播、移动电视、大型活动现场、校园终端等等，充分满足企业传播需求。分享一个案例，就在 2013 年 4－8 月期间，“雅迪集团”冠名了河南都市原创，在河南最具影响力的娱乐选秀节目《你最有才》第六季，在不同阶段从“消费者触媒习惯”倒推“媒体混搭方案”、“焦点话题”，实现了良好的传播效果。

《雅迪你最有才》第六季，媒体混搭方案

目前电视媒体仍然是消费大众获知信息的主要渠道，但是宣传落地、带动销售最好的方式就是外场路演。结合消费者和企业的需要，在河南省内选择十个雅迪重点销售地市举办《你最有才》海选活动，将线上传播与线下活动紧密结合，吸引了近万名选手现场报名，30 万人次的观众现场观看，成为当地市民街谈巷议的娱乐话题，也为雅迪销售有效带动人气。

从吸引大众关注，到着重吸引中青年电动车主流消费群，我们首次开设 APP 手机终端，联姻掌上新媒体开发“你最有才”客户端，加入到 App Store 供观众下载，开启选手网友观众多层次亲密互动。观众可通过 App 关注有才最新动态、点播节目视频、参与投票或发表评论，选手通过手机终端参与海选报名……发展至此，《你最有才》真正实现在电视、电脑、手机之间的“三屏互动”，实现与中青年群体全面快捷多层次的亲密互动。

多渠道制造焦点话题，受众回流至电视媒体

随着《雅迪你最有才》第六季的推进，搜狐视频、新浪视频、腾讯视频、优酷网等视频门户网站关于“你最有才”的点击率不断攀升，节目回看率充分表明观众对节目的喜爱。同时，人民网、搜狐、新浪微博等纷纷转载“你最有才”相关话题，从“200 万邀请留几手”到“导师唇枪舌剑”，热门选手讨论一一囊括。而火爆的网络互动背后也充分说明，在多屏媒体时代，除了以收视率考量节目之外，网络点播回看、社交媒体话题传播等都成为重要的考量指标，越有影响力的节目越能够撬动多个传播终端，既放大了品牌传播力度，又引导受众从分散的媒体终端回流至电视媒体。

三、搭建受众体验通道，降低消费者互动刺激阈值

刺激阈值是指释放一个行为反应所需要的最小刺激强度。当一种行为更难于释放时，就是阈值提高了；当一种行为更容易释放时，就是阈值下降了。媒体资源日益丰富，消费者选择信息渠道宽泛，节目产互动的刺激阈值就会升高。普通的互动刺激难以引发受众的参与热情。因此都市频道在有效传播基础上，定制“受众互动”，将传统媒体平台升级为“受众体验通道”，结合消费者的不同需求进行精准化互动。

今年 6 月《打鱼晒网》携手加多宝凉茶共同举办的“郑州打鱼粉丝见面会”就是一次年轻受众深度互动的典型案例。

首先与大家分享一组数据：

73678 条：《打鱼晒网》通过新浪微博发布的“粉丝大爬梯”话题搜索量达到 73768 条。

30613 次：《打鱼晒网》官方微博“大奖转发帖”引发 3 万多次转发，每条转发微博都至少＠三位好友，通过社交媒体扩散至 10 万余有效消费群体。

10000+ 人：根据郑州国贸 360 广场提供的客流监测数据，粉丝见面会现场吸引上万人流动到达。

2 吨：加多宝凉茶独家支持本次活动，现场为每位粉丝提供一份红罐凉茶，共计 2 吨多“加多宝凉茶”陪粉丝度过了这次疯狂聚会。

8%：《打鱼晒网》栏目 6 月 24 日（周一）播出粉丝节活动集锦，收视比上周同期提升了 8% 仍位居同时段首位。

通过这一年多来在各大媒体的投放，加多宝是凉茶品牌投放的王者，并不缺乏线上的传播声音。加多宝需要在区域市场紧抓优势局面，培育忠诚消费行为，强力推动销售。加多宝的主要消费群体与河南都市网络脱口秀《打鱼晒网》节目匹配度极高，因此我们给了消费者一个不可错过的理由——“河南省首届潮流创意文化节”，以此为平台吸引河南最新锐、时尚、最具活力的人群共同参与进来。加多宝元素融入自然、融入活动所有的物料当中，纪念 T 恤、徽章、明信片。当热情的“渔民们”对着加多宝分贝仪，高声喊出生活宣言的一刻，加多宝品牌就以快乐的状态进入消费者心中。

“加多宝打鱼粉丝见面会”再次验证了都市频道提出的“电视遥控器一直掌握在媒体手中”概念。无论传统媒体与新媒体如何交锋，无论观众碎片化如何发展，电视媒体都拥有最广泛的群众基础。从节目播出到网络推广，从品牌植入到产品体验，《打鱼晒网》因定位准确，为“加多宝凉茶”实现核心消费群的强势聚焦。

宽泛的家庭群体:《都市剧场》+“看大剧，圆梦想”。

河南都市《都市剧场》占据黄金段最大体量播出，也是家庭收视的重要平台。为了呼应家庭群体的需要，我们携手白象集团共同开展“有奖收视”互动。2013 年更推出“看大剧，圆梦想”主题，将黄金剧的奖品互动战线拉伸至全天时段。

白象有奖收视：3 月 5 日全面升级——看大剧，圆梦想。

都市频道与白象集团共同举办《都市剧场》有奖收视活动已经举办一年有余，为双方带来良好收益。3 月 5 日，借《都市剧场》开播“温情女人季”之势，升级启动“看大剧，圆梦想”全新有奖收视活动。

改版亮点一：紧密结合剧情，全面整合都市频道新闻、黄金剧资源。

白象有奖收视 2012 年主要呈现平台为《都市剧场》有奖题版，今年将加大与观众互动的深度，紧密结合剧情征集观众“梦想”。每天抽取幸运观众，并通过次日《都市快报》发布。

在此基础上，每一部剧结束后抽取最具有“梦想”的观众送出白象集团提供的价值 6000–10000 元“都市梦想基金”。由《都市报道扩大版》记者深入拍摄观众圆梦故事，全程植入“白象”品牌元素，形成二次话题传播效应，打造双方重磅影响力。

改版亮点二：从“发奖品”升级到“圆梦想”，深层次震撼观众心理。

从基础的“奖品物质刺激”上升为“实现梦想”，白象有奖收视的改版将吸引观众主动积极参与，迅速拉近主办双方与河南消费者的心理距离，同时结合终端销售宣传，强力渗透市场，搭建从线上传播到线下销售的直达通道。

四、结语

在今年“第四届中国经典传播虎啸大奖”评选当中，河南都市荣获 “2012 年度最具传播价值媒体（省级及地面频道类）”称号，这是河南媒体首次获得“虎啸奖”的青睐，也是业界对都市频道传播价值的又一次肯定。

都市频道发挥地面频道“船小好调头”的通用优势，在大传播时代兼顾区域传播与精准定位的深度传播创意，在提升传播效果和加强受众体验互动两方面做了一些尝试，还请业界同行共同探讨指正。

在未来的征程中，都市频道仍将不断尝试整合多样化资源，吸引最具价值的主力消费群，尽力为企业实现广告传播的 N 次增值。我们坚信，影响铸就品牌，品牌创造价值。

关于国家级广告产业园区招商运营的思考

青岛国家广告产业园运营管理有限公司 贾永壮

一、对国家投资扶持“国家级广告产业园”的思考

国家工商总局在全国九省市规划设立了9家“国家级广告产业园”，大力扶持中国广告产业的发展。这一举措引起业内外人士的高度关注，也引发了一系列的疑问：国家级广告产业园意味着什么，价值何在，国家广告产业园如何招商运营，这些问题涉及国家级广告园区的定位是否准确，功能是否合理，运营机制是否科学，这是园区运营成功与否的关键。

（一）国家级广告产业园的定位

作为国家级广告产业园区的运营管理机构，首先要理解“国家级”意味着什么，“国家级”不是荣誉概念，也不是行政概念，更不是级别概念，应该理解为一份“国家责任”。

那么，国家需要什么？国家需要一个强大的、规范的、与市场经济发展相匹配的广告产业。由于传统的市场营销受数字营销冲击巨大，目前广告行业的服务能力和现状，与数字营销所需要的服务差距甚远。据统计，2012年中国广告投入占GDP约0.9%，处于高速发展状态。许多传统广告公司却无法满足广告主的需求，长期没有业务，处在关门停业或转行走人状态，而广告主也找不到有能力提供数字服务的广告公司，真是“朱门酒肉臭，路有冻死骨”。这种现象不仅影响了中国广告行业的健康发展，也制约了中国经济的快速发展。

所以，“国家级广告产业园”的定位：一是要承担起对传统广告行业转型升级的带头和示范作用；二是要跨出广告行业与相关行业进行整合，下大气力做好“产业规划”，形成广告产业链，通过搭建链式系列服务，形成综合服务能力；三是要有“国家地域”概念，摈弃“局部地域”概念，各城市不要以招商的名义相互挖墙脚，抛出最优惠政策招商其他城市的广告公司来自己园区。这种园区“私利”行为，对国家而言，园区既“没强大”也“没增值”。

“国家级广告产业园”的定位应有国家使命感和责任感，要对传统行业进行“跨界整合，转型升级”，其定位应肩负国家使命！

（二）国家级广告产业园的功能

搭建国家级广告产业园，不仅仅是招商，更不是绞尽脑汁把其他城市的大广告公司挖到自己园区来。地方性的产业园区，可能没有国家大局观，可能会这样做，但作为“国家级”的产业园这样做，就等于剜自己的肉，自己吃！不但没有价值，而且毁了自己。

国家广告产业园也不能仅专注于“广告行业”的招商，更应注重“广告产业”的招商，要大胆的迈出去与相关行业进行跨界合作，搭建广告行业及其上下游产业链关系，形成市场链，积极“跨界整合，转型升级”，这样才能发挥国家级广告产业园的价值。

当前大多园区重“建筑规划”，轻“产业规划”，导致“园区建起来，招商进不来”的怪圈现象频频出现。广告产业园区应根据市场需求，结合自身园区特色进行准确定位。国家广告产业园的功能价值就在于科学的“产业规划”，根据“产业规划”的要求再去招商。企业之间的相互需求可以形成“连接点”，招商入驻的企业之间要符合产业链的衔接，最终形成一条产业链，这样才会发挥产业园的综合优势和整体功能。

（三）国家级广告产业园的运营机制

只有搭建产业链，才会构成产业结构，形成产业

园。这要求广告产业园首先要重视运营，招商仅仅是开始，更多的是运营工作。招商工作靠“关系＋技术”，运营工作靠“智慧＋经验”。招商是仅仅把地瓜切晒成“地瓜干”，运营是从地瓜干中提取“葡萄糖”。农民可以把地瓜做成地瓜干，却提取不了葡萄糖，提取的工作需要专业技术、设备和经验。

广告产业园区的运营工作应该是由“专业人”干“专业事”。“专业的人”要具备经验丰富、了解市场、精通广告、行行精通、勇于创新、善于整合的综合能力，这些专业型人才大多都在市场上摸爬滚打了许多年，基本不在政府机构内任职。除了具备这种综合能力，更重要的是心态，要有打持久战的素质和决心。这就需要政府的理解和支持，考核机制要科学合理，不能急功近利。国有性质的园区可以采取“官管民营”的办法，充分整合社会力量参与运营。民营性质的园区要“官助民营”，政府不滥用行政权力干预，不做抓速度抢时间的面子工程，这样做欲速则不达。不管是国有还是民营的广告产业园，招商运营都要遵循科学发展的规律，否则最后的结果必是“一地鸡毛”。

二、青岛国家广告产业园区运营思路

青岛国家广告产业园运营管理公司是一家民营公司，由资深的广告人负责运营管理。该园区在搭建之前，园区管理者就对国内外文化创意类产业园进行了大量的考察调研，调研重点在园区开发建设和运营管理期间的决策失误和经验教训方面。结合调研结果，邀请专业公司共同开展园区产业规划，之后进行建筑规划和开发建设。青岛园区结合当前市场情况和自身特点，针对园区运营策略制定了六大核心理念“一个目标、两个定位、三个平台、四个理念、五个手段、六个基地”，整个产业园按照该思路进行运作。

（一）一个目标:“跨界整合、转型升级”，完成国家使命

一个目标就是“跨界整合、转型升级”。园区运营管理公司突破原有的广告行业的地域、专业、领域等的限制，将广告产业的范围以文化认知范围进行界定：认为广告、阳光、空气是人们生活的三大要素，都是看不见、摸不着、不用花钱就可以享受的，也是人们日常生活所必需的。人们从早晨一睁眼到睡觉，都要接触广告，时时刻刻，无处不在地引导着人们的消费和生活。这样定义就将广告上升为“广告文化”的范畴，这将行业跨界扩展的范围增大，而且包容性极强。广告和广告文化都可以进行跨界整合，这样就对青岛园区的招商运营提供了一个很大的空间。

青岛园区认为：如果只盯着国内其他城市的一些大的广告公司，用最优惠的政策把他们请进来，这不是国家级产业园的主要目的。如果说中国有 100 个广告公司分布在 10 个城市，一个城市有 10 个，青岛园区想办法招商进来 8 个，别的城市就少 8 个，对国家来讲还是 100 个，没有任何的增值。这与 2008 年经济危机，各大银行到处拉存款，谁的利息高就把谁拉进来的现象一样，假如国家银行有 100 万亿的存款，国内各大银行各自使劲拉存款，这种行为仅仅满足了自己银行的需求，国家银行的存款额并未发生变化，也就是说：国家银行并未因为各大银行相互拉存款而增值。

设想一个广告产业园同时招商 100 个提供相同服务的广告公司入驻，这些同类公司进来之后干什么呢？可以预见相互之间只有杀价竞争，同质化服务也违背了市场营销学原理。如果把广告公司的上下游、前后左右能够合作的创意类、文化类公司整合进来，相互之间有了更多的合作机会，发展空间才会更大。整合进来的创意类、文化类公司形成一个产业链，使青岛园区广告公司队伍不断壮大，相互之间在业务上密切合作，形成创意联盟机制，这样就大大体现了产业的价值。

设立国家级的产业园，目的不是东挖西挖各地的公司，北京的挖青岛的，青岛的挖上海的，上海的挖北京的。广告产业园的主要发展目标就是把一些文化创意类相关行业引入转型，即社会上认为不属于广告范畴的文化类、影视类、数字类、营销类的公司吸纳进来，通过国家级广告产业园的价值功能，使广告行

业实现“跨界联合，转型升级”，这就是广告园区的国家使命！

（二）两个定位：数字化、国际化

青岛园区有两个定位，一是功能定位数字化，二是区域定位国际化。

数字定位的理由：传统广告行业中，70-80% 的广告公司仍在用传统手段提供服务，这与媒体、广告主的需求差距太大。随着科技的发展，媒体终端也在不断变化，从手机到电脑，从公交到地铁、到飞机、到火车都安装大量的移动媒体终端。目前大约有 80% 的广告位置在闲置，许多移动媒体播放的视频节目都是从大电视节目接驳下来，这类节目收视率较低，不能满足数字媒体的传播需求。目前，几乎没有专门的公司做数字内容节目，因为传统广告公司没有专业技术和设备，没有能力做；大的影视公司忙着拍大片，不愿意做小片，这导致手机、电脑、公交、地铁、火车、飞机等许多数字媒体没有适合的数字内容播出。就如高速公路建起来了，没有汽车上路，因为大家没有能力买汽车，还在骑自行车，当前的广告公司普遍都在“骑自行车”。所以，青岛园区定位数字化，把国家给的扶持资金尽可能全部用来购置数字设备，提供给入驻园区的公司使用，既能帮助他们转型升级，同时满足移动数字媒体的需要。

国际化定位的理由：随着中国经济的发展和市场的开放，世界上许多国家急于了解中国，中国文化也急于走向世界。互联网和数字技术的应用，使媒体的传播方式发生了根本性变化，无论世界哪个地区的文化现象都可以通过数字技术迅速传播。当前微电影概念和技术也得到了普遍推广和使用，这一现象又给广告文化的制作与传播带来巨大的发展空间和机遇。青岛园区组织了韩国、日本、新西兰、加拿大、欧美等跨国界的文化活动，给入驻园区的公司提供了丰富的业务机会和国际市场。

（三）三个平台：技术、市场、行政

青岛园区搭建了三大公共服务平台：数字技术服务平台、市场服务平台、行政服务平台。

首先是搭建数字技术服务平台。主要依靠国家扶持资金购置数字设备，搭建数字技术服务平台，通过该平台招商引驻数字影视制作类公司。这些公司不仅承担了数字技术服务，而且还完善了数字技术平台的服务功能。在此基础上，再招商引驻营销、策划、广告、媒体等公司，通过公共数字技术服务平台的功能体现国家广告产业园区的数字服务功能。

其次是搭建市场服务平台。该平台与国内有关机构合作搭建了“中国房地产微电影拍摄基地”和“中国企业家影视剧创作拍摄制作基地”。同时还请进了两个企业家俱乐部，一个是青岛市房地产经理人俱乐部，成员约有上百名房地产公司负责人；另一个是青岛市企业家俱乐部。把这两家俱乐部请进来，也就是把广告主请了进来，共同搭建了市场服务平台。

青岛园区运管公司与进驻的公司联合搭建了“G20 创意产业联盟”。联盟根据进驻园区的各公司特点快速嫁接，很快形成了一根强大的功能链，联盟企业通过市场服务平台所产生的链式服务，马上可以承接大企业的订单。由联盟替代入驻小公司谈大客户，将广告主的营销策划、制作发布、数字营销等相关业务全部承接下来，联盟整体洽接，入驻公司分包合作。打一个形象比喻：打兔子的公司，不要去打老虎，别去戳弄大户，因为搞不好老虎没打着，把自己整死了；打老虎的公司，也别去打兔子，浪费资源，耽误时间。

在青岛园区创意联盟的协调支持下，入驻公司联合运营，改变他们以前只能提供单一服务的尴尬局面，不再是小公司碰到大户不敢接，大公司不愿意接小订单，而现在通过联盟提供的链式服务可以大小通吃。联盟还将策划系列活动，给入驻公司提供服务、挣钱的机会。

再次是搭建行政服务平台，给入驻公司提供工商登记、税务、人事、物业等服务，同时给园区企业提供最新政策解读，让企业与政府的交流更加通畅。

（四）四个理念：嫁接、升级、孵化、共享

青岛园区的四个理念是“嫁接、升级、孵化、共享”。

这是根据青岛园区“跨界整合、转型升级”的目标所确定的。嫁接，就是针对入驻公司的各自特点进行嫁接，在选择公司入驻的时候，不注重公司规模大小，主要是看能否进行嫁接，这是园区自身生命力的问题；升级，为进驻公司提供客户开发服务，数字技术培训，使其快速适应数字传媒的需要；孵化，是对共同开发的客户或项目共同关心孵化，使之成为园区入驻公司共同的大树；共享，园区与入驻公司形成超市服务机制，共同享受客户成果，同时园区为联盟企业提供全程化服务，实现共创效益，共担风险。

（五）五个手段：技术、设备、终端、内容、营销

青岛园区针对数字定位的要求，提供了五个服务手段：数字技术、数字设备、数字终端、数字内容、数字营销，这一系列成体系的数字服务手段，对传统广告行业具有很大的吸引力，也为传统公司转型升级提供了发展通道。青岛园区承办过“国际数字营销大会”，仅可容下350席位的场地，实际参会人员达到了500余人，可见数字媒体和数字广告对传统广告公司的影响之大。特别对报纸媒体的数字市场拓展有着相当大的影响力，纸媒可以通过数字技术快速转型，报社的记者们不但可以做纸媒，还可以做数字视频节目。如：新闻记者用一个苹果手机就地采访，就地拍，就地发回总部，立马上手机新闻，播出速度比电视台速度还快。数字技术的应用，对传统纸媒既是危机，更是“机遇”，这将带来一个更大的发展机会，数字内容需求同时也给广告产业园带来一个很好的发展机遇。

（六）六个国家级公共服务平台基地

通过搭建六大公共服务基地，完善园区市场服务平台。规划搭建的六大基地是：国家微电影创作拍摄制作基地、国家动漫游戏广告研发基地、国家数字营销研发培训基地、中国企业家影视创作拍摄制作基地、国家影视广告拍摄制作基地、国际文化交流与商品展销基地。

青岛园区运管公司连续策划了一系列大型广告创意活动，为进驻园区的广告公司提供了策划、创意、拍摄、制作等相关业务资源，同时又与园区外相关公司密切合作，联手运营，对于还未进入园区的大公司而言，不进驻园区依然可以进行合作、享受服务与成果。

三、青岛国家广告产业园运营思考

（一）数字营销与“3非”营销

青岛园区准确的数字定位，为当前园区运营提供了正确的发展方向。市场营销和数字营销是“断裂”关系，不是逐步过渡发展的渐进关系，数字营销属于“3非”营销，与市场营销截然不同。当年的海湾战争刚一开战，美国就把号称世界第三军事强国的伊拉克打败了，震惊了全世界。美国为什么仅用几天就能将前苏联扶持的“第三军事强国”彻底打垮？各国军事专家用了十年时间进行研究，最后总结出一个结论：这个战争叫“3非”战争，即“非接触、非直线、非对称”战争，开战双方没有面对面开战，即非接触；双方没有一条战线相隔，即非直线；双方没有同时动用大炮飞机开战，即非对称，这种打法属于“3非”战争。而“3非”战争源于美国的军事战略思想的变化，这是由于数字高科技的快速发展，传统的大规模陆地战转向电子战、网络战、信息战，其中数字技术起到了主导作用。

今天的“数字营销”与昨天的“市场营销”是截然不同的两种策略，之间关系是“断裂”的！数字营销就是“3非”营销：一是消费者与商家不用接触，通过网络可以把商品买回家；二是没有商场这条线与消费者对接；三是电商没有一寸商场，一样拥有相当数量的消费者，完成巨额销量。“3非”营销不仅对传统的市场营销产生冲击，更使厂家感受到巨大压力。数字营销给青岛园区广告行业带来巨大的“危”与“机”，给传统的广告行业带来了巨大的冲击和影响，同时也带来了发展机遇。

（二）数字营销和传播不分国界

广告产业，首先应该是一个创意产业。创意一个有价值的理念，一个有效的组织模式，从而将国家广告产业园区运营得更好，更有价值。通过国家级广告产业园区的“风洞效应”，其影响的价值就会不断产生、

发挥、扩展，其影响力就像飓风一样不断扩大。

青岛园区带领入园企业远赴新西兰洽谈合作，拜访了新西兰的广告公司、设计公司、影视学校等，由两国企业开展两国文化交流。双方谈妥了100部微电影的合作，即双方在各自国家找10支摄影队伍，在中国和新西兰各选100个景点，相互拍摄，相互播放，不仅为园区内外的广告、影视文化企业赢得开发国际市场的机会，还起到了民间企业通过文化活动传播国家文化的作用。

青岛园区还与日本广告界接触，洽谈日本高龄文化、养老产业所需的一些特有互动文化，这在电影、游戏、文化教育等方面都有相当的市场潜力。

在此基础上，青岛园区总结出一个体会：广告产业园区所开展的业务不一定都在园区范围之内，它应该是一个飓风中心，是一个台风中心，它的形成过程较慢，力量不强，一旦形成之后，威力巨大，可以波及全国乃至海外。

（三）数字传媒为广告产业带来巨大发展空间

可以预测，随着数字技术的逐步推广，互联网、物联网以及4G技术的普遍应用，物流供需关系和商品销售关系也会发生巨大变化，假冒伪劣产品将会越来越少，这将把广告和营销、广告和数字平台、广告和终端等联系在一起，为数字营销打下良好基础，也为广告行业转型升级提供巨大机遇。中国目前有网民8亿，手机用户达到11亿，微博用户5亿，微信用户3亿，这为广告产业的大发展带来巨大空间。要抓住数字技术、数字渠道的快速发展机遇，广告主、数字媒体、广告公司联手合作，共同应对消费市场的巨大需求。

相信，在国家广告产业园区的示范带动下，抓住数字传媒大发展的良好机遇，通过跨界整合转型升级，中国传统的广告行业将会发生脱胎换骨的变革。这种变革将不受任何区域、空间、时间的限制，广告界、创意界、演艺界、影视界、传媒界、营销界等行业，将会逐步展开跨行业、跨地域、跨技术的联合与合作，国家级广告产业园一定能够完成国家使命，中国的数字广告航母将会远航！

注释：

本文是2011年中国广告学术委员会年度会议论文上发表的《关于搭建国家广告产业示范园的思考》的续篇，文中诸多观点是作者2012年运营管理青岛国家广告产业园的实践体会，与前篇文章相同之观点，本文不再赘述。不妥之处，望请赐教。

企业微博、品牌关系与传播管理新舞台

中央民族大学文学与新闻传播学院　沈　虹

摘要：在以创意传播管理为核心的"营销3.0时代"，微博所组织的特色"圈子"、"同好围裙"给了广告主精准营销的新机会，是建立"品牌－消费者关系"的崭新平台。洞察到微博远大市场前景的广告主们，跑马圈地，纷纷搭建起品牌的官方微博，并开始尝试各式各样的微博运营模式。企业要想在微博营销传播大潮中拔得头筹，需要从微博账号搭建与维护、整合各种传播资源、提高营销活动技巧等方面不断探索和创新，方能利用微博来为企业的品牌营销传播和"品牌－消费者关系"建构更好的服务，为品牌在数字时代的创意传播管理提供崭新的舞台。

关键词：企业微博　微博营销　传播整合　资源传播　管理品牌

无微博不传播，微博已经成为企业品牌绕不过的营销传播平台。微时代的到来为身在红海的广告主们带来了新的契机，诸多广告主洞察到微博的远大市场前景，纷纷跑马圈地，开始搭建品牌的微博，并且根据不同的品牌推广需要，各自开设不同的微博账号，以开辟企业营销传播新平台。为力拔头筹，尽快获得大批量消费者的关注，他们使出浑身解数，通过整合自身微博平台、拓展第三方应用平台、借力其他微博账号和资源等手段取得消费者群中的高曝光率，吸引培养和教育忠诚用户。为了促进销售或者推广品牌等目的，各企业微博纷纷推出不同类型的微博活动，以带入更多的消费者，促进更多的购买行为和品牌消费。新浪微博推出 V2.0 版本，使得企业微博向“Twitter+Facebook”化发展，为企业主创造了更多的营销传播可能。在竞争白热化的今天，究竟怎样的微博传播才算是成功的，广告主的微博账号该怎么维护和运营，企业微博该如何整合资源进行创意传播，微博营销出版的发展前景如何，这些问题是本文讨论的重点。

一、企业微博营销传播现状

（一）全球和国内微博客发展趋势

2006 年 6 月，博客技术先驱 blogger.com 创始人埃文 · 威廉姆斯 (Evan Williams) 创建的新兴公司 Obvious 推出了 Twitter 服务，预示着微博时代到来了。根据 Twitter 账户独立跟踪机构 Twopcharts 2012 年 1 月 1 日发布的最新研究报告显示，Twitter 注册用户数将于 2012 年 2 月底突破 5 亿大关，年底前达到 9 亿，而活跃用户数更是达到 2.5 亿。 全球性的微博客—Twitter 以其使用便捷、信息量大等特点吸引了来自全球各地网民的追捧。

基于如此庞大的用户群，百思买、Bravo、红牛、星巴克等国际大企业开始纷纷在 Twitter 开拓新型商业合作模式。而 Twitter 本身，早在 2009 年开始，也先后推出 Promoted Tweets、Promoted Trends、Promoted Accounts 等广告模式，甚至还推出过专门用来发布一些独家的限时优惠以及活动信息的账号 @EarlyBird。更有第三方公司借 Twitter 发展的大势，推出各类应用，如 TipJoy 公司推出的基于 Twitter 平台的交易系统，用户在 TipJoy 中输入自己的信用卡信息和 PayPal 账户后，用户仅需在 Twitter 上发布一条带有简单代码的信息，即可将钱汇入到好友、企业或慈善机构的账户内（该服务会向用户收取 3% 的手续费）。到今天，不管是 Twitter 本身，还是各大品牌和第三方企业，都已经在 Twitter 的商业化领域做出过诸多尝试，这些尝试都或多或少的可以为国内企业的微博营销传播提供一些借鉴和参考。

2007 年 5 月，饭否上线，成为中国大陆地区第一个提供微型博客服务类 Twitter 网站，微博客开始进入中国，随后大批微博客产品开始进入人们的视野，如嘀咕、腾讯滔滔、贫嘴、大围脖、Follow5 等，2009 年 8 月份中国最大的门户网站新浪网推出“新浪微博”内测版，成为门户网站中第一家提供微博服务的网站，微博正式进入中文上网主流人群视野，从此中国进入“微时代”。到 2012 年 8 月新浪微博注册用户已突破 3.5 亿大关，日活跃用户比例为 9%。

据权威机构预测，2013 年国内微博市场将进入成熟期。微博营销传播渐渐成为应运而生的新型网络营销传播方式，微博也已迅速成长为中国社会化营销的重要平台。

（二）企业在微博时代所面临的机遇与挑战

1. 微博发展为品牌营销传播创造了更多的发展空间

从饭否开始试行商业模式到众多企业开始在新浪微博推出营销传播活动，中国各微博运营商和开始微博营销的企业都在探索行之有效的微博运营模式。例如诺基亚 N8 发布会、VANCL、伊利舒化“活力宝贝”世界杯微博营销、国航“微航班”活动、杜蕾斯微博运营的传奇等等都已成为微博营销传播案例的经典之作。不仅仅是这些大品牌通过微博营销传播获得了极大的成功，更有甚者，一家卖螺蛳粉的小吃店，也可以通过一个名为 @ 螺蛳粉先生的账号，以人性化的方式和消费者进行沟通来管理消费者关系，打造出一个基于微博平台螺蛳粉的品牌，一时名噪京城。社会化媒体的发展和消费者信息接收方式的变更，使得微博这一自媒体平台，为企业和品牌创造了更多的机遇和挑战。

2. 企业微博营销传播要走进网友的“兴趣圈”，与消费者进行更直接的沟通

从近几年的网络传播发展趋势可以看出，企业的“竞争领地之争”已经慢慢发展成“入口之争”。我们可以把网民通过互联网获取资讯的方式分为三个时期：门户网站时期，网民被动地接受资讯，门户网站上提供什么，网民就看什么；搜索引擎时期，网民开始通过搜索引擎主动寻找信息，搜索引擎推荐什么，网民就看什么；社会化媒体时期，网民开始在社交媒体中与现实或虚拟的朋友交流，形成“圈子”，圈子推荐或分享什么，网民就看什么。微博的出现，使得原本局限于亲朋好友圈的网民，开始更多地从“兴趣圈”获取信息，同时又通过各自的圈子影响着自己的粉丝。现在的消费者变得更加活跃、更加“精明”，企业和品牌必须走进这些“圈子”，才能更好地拉近与消费者的距离，增强与消费者的沟通。

3. “创新元素”成为微博营销传播的瓶颈问题

企业的微博营销传播正朝着专业化的方向发展，但是对于大多数的企业来说，“创新元素”是个瓶颈问题，几个经典的微博营销模式一而再再而三的被复制。以微博活动为例，“加关注＋转发＋@好友＋评论”的活动参与机制已经成为微博活动的大主流，企业微博做活动就会要套用这一模板，使得原本就具有商业化性质的活动更加没有差异性，在品牌云集的微博平台上能赢得的关注度大大降低。足够多的微博用户参与起到了举足轻重的作用，参与的用户数量越多、越大咖，营销传播成功的可能性就越高。但是，微博营销传播的危险之处也在于，普通的用户参与，如转发是一个很轻量级的动作，大多数用户是在没有体验过服务的前提下进行的，甚至其中包含大量毫无可信度的僵尸粉。在这种情况下微博机制的过滤效果就会被无限减弱，这是一个危险的信号，在粉丝交易、粉丝营销传播如此盛行的情况下，那些热门转发的活动背后可能存在着不为人知的秘密，最后受害的将会是微博客整个产业。所以在这丛丛荆棘中要想杀出一条血路，“不断创新”是第一要素。

4. 危机管理成为企业微博营销传播必须高度重视的内容

马歇尔·麦克卢汉在《理解媒介：论人的延伸》将媒介划分为冷媒介和热媒介，提出“冷媒介传递热信息；热媒介传播冷信息”结论。热媒介具有“高清晰度”，而冷媒介只有“低清晰度”，留下较多的空白让接受者补充。微博就是典型的“冷媒介”，给网民留下了足够的参与空间，这也是微博在中国社会迅速膨胀的重要原因，但“低清晰度”这一特性进一步强化了微博的碎片化、垃圾化和虚假化。微博正在成为目前网络传播中最为活跃的主体，其典型的碎片化传播充满了不确定性和不可预见性。微博让很多黑幕曝光在阳光下，同时也把许多污点无限倍扩大。一个郭美美使得红十字会的腐败内幕被无情揭开，罗永浩通过微博将西门子冰箱门事件炒的甚嚣尘上，王小山通过微博强烈呼吁粉丝掀起网友全面抵制蒙牛的浪潮等，这些事件都告诉我们，面对扑面而来的微博，企业主们不仅仅要热情拥抱，更要冷静观察、小心应对。

微博营销传播是一把“双刃剑”，利用的好将会带来无限机遇，应对不得当，将会带来不可挽回的后果。对于企业来说，已经不仅仅是考虑要不要开设微博账号的问题，整合资源做更创新的微博营销传播以及通过微博进行舆情监测都必须被企业列上重要议程。

二、利用微博架起“品牌－消费者交互桥梁”

从传统的AIDMA营销法则（Attention：注意—Interest：兴趣—Desire：消费欲望—Memory：记忆—Action：行动），到更具网络特质的AISAS法则（Attention：注意—Interest：兴趣—Search：搜索—

Action：行动—Share：分享），两个具备 web2.0 特质的“S”一 Search(搜索)，Share(分享)的出现，充分体现了互联网对于人们生活方式和消费行为的影响与改变。在互联网时代，社会化营销的核心精神就是“对话和建立关系”，品牌传播已经不是一味地进行单向的理念灌输，消费者具备了更多的主动性，这就要求企业要在与消费者沟通的过程中更多的要在“search”和“share”两个环节与消费者进行有效地沟通，微博的发展适时地为企业主提供了非常具有挑战性的“品牌－消费者交互沟通平台。”

微博只有打造成一个高效互动的平台，才能真正起到品牌传播的作用。微博不仅仅是大型企业品牌维护的重要阵地，更是小企业和创业企业天然的朋友，巨额的广告费不再成为壁垒，小企业也能快速建立品牌知名度和美誉度，但是要想利用微博为企业打造出一个对外高效沟通的窗口，却实属不易。

（一）企业开设微博的几点思考

1. 为什么要开设微博账号

在微博大势之下，为避免“西门子事件”的再现，从开设一个发言窗口更好地维护品牌的角度来说，企业还是很有必要开设微博账号的。明确企业微博运营的目的有助于确定运营计划、评估方法和建立运营团队，是企业进行微博运营的基础。很多企业和品牌只是随波逐流纷纷开设了微博账号，甚至是一次小型的活动都要另辟一个新的账号，但是活动结束之后就弃之不管，这样做不仅仅是对其前期投入资源的浪费，更不利于品牌资产的管理。有的企业则是完全没有明确开设的微博账号定位什么，一个账号有多重矛盾的调性，什么话都要讲，既要扮演官网的角色发布官方讯息，面对媒体还要扮演公关的角色，为大大小小的活动服务起来更是不顾粉丝的接受程度。一个形象定位鲜明的、独特的企业微博不仅能使粉丝印象深刻，还可以加深粉丝对企业微博的认同和偏好，容易形成微博忠诚度。至此，品牌要不要开微博账号已经是个不争的问题，现在的问题是如何做。

2. 企业和品牌是否做好了准备

杜蕾斯官方微博的成功不仅仅是精确抓住了消费者心理，以范围极广的内容抓紧眼球，更在于其及时的反馈速度，将时事热点一网打尽，体现了企业传播管理的强势力量。但是这样的内容广度和效率每个品牌都能做到。大多数品牌，尤其是知名度较高的品牌，往往会受到企业冗长的工作流程和领导人求稳保守的影响行事作风的，导致其在账号运营过程中畏首畏尾，不仅做不出什么好成绩，在危机出现时也很难及时为企业发声辩护。以危机处理为例，一个品牌账号在发现重大危机之后，根据危机层级的不同要层层上报，整个过程可能要花费五六个小时甚至更久的时间，在这样一个“全民织围脖”的时代，无孔不入的数字生活者时时刻刻都在刷新着微博上的最新讯息，哪怕是一分钟，都很可能酿成不可挽回的大祸。罗永浩与西门子冰箱门事件中，如果西门子在第一时间就站出来直面错误，如果西门子已经有一个可以对外发声的官方微博账号，如果西门子早就开始在利用微博和消费者进行有效的沟通……那么最后也不会出现舆论声音一边倒的结果。所以说企业和品牌在开设微博账号之前一定要做好充分的思考和准备，除了有一支专业且全天候运营的团队之外，一定要思考清楚支配给微博运营团队的权限是多大，以及是否有一个高效的危机管理机制，这些是品牌在数字环境下进行传播管理的关键。

（二）打造企业微博阵营

为了使企业微博账号更集中的发出一种声音，企业可以根据自身的品牌属性，通过不同类型的相关微博来多方面扩展品牌影响力，是以提出构建品牌“微博阵营”的传播管理体系。通过构建微博阵营，整合品牌不同账号资源，将品牌的不同侧面交给不同功能微博传达，企业可以更有指向性地发布收集到的用户需求信息，用账号名形成群体，增加品牌接触度。一般情况下，企业微博传播的基本账号有官方微博、领袖微博、客服微博、产品微博、活动微博等多种类型：

1. 官方微博是企业微博营销传播的主体，可以承担企业“微媒体”的重任

企业可利用官方微博来扩大品牌影响力、维护客户关系、树立品牌形象、获得新的宣传和渠道，同时还要以官方的、较为正式的内容，在第一时间发布企业最新动态，对外展示企业品牌形象。

2. 领袖微博是以企业高管个人名义注册，具有个性化的微博

其最终目标是成为所在行业的“意见领袖”，能够影响目标用户的观念，在整个行业中的发言具有一定号召力，打造企业“微传播”的有效平台。领袖微博一般适合企业领袖知名度较高的企业或品牌，例如SOHO中国的潘石屹、奥美中国的庄淑芬、4399的蔡文胜等，这些企业都依靠企业领袖的微博扩大了企业的行业影响力。

3. 客服微博是企业“微服务”的平台

企业可以通过客服微博与客户进行实时沟通和互动，深度的交流，让客户在互动中提供产品服务品质的反馈，缩短了企业对客户需求的响应时间，这一属性的微博更适合产品消费群较广的品牌。

4. 产品微博是企业“微公关”的端口

企业可以通过产品微博对危机实时监测和预警，出现负面信息能快速处理，可以对负面口碑进行及时的正面引导，同时还可以利用用户的正面评价进行口碑宣传，此外，企业还可以通过产品微博来进行用户需求监测。例如，凡客诚品就利用其产品微博的账号来和用户进行有效的沟通，金大福珠宝透过微博来调研用户对其产品的反馈情况等。

5. 活动微博是企业“微营销”的主战场

企业可以通过活动微博打破地域人数的限制，以“O2O”的模式来组织市场活动，实现线上活动和线下活动的有效对接。这里提到的活动既可以是单一的线上活动，也可以是线上和线下相配合的活动。

企业不同类型的微博帐号。要获得新浪认证、被“名人堂”收录，即“加V”。“加V”可以帮助企业塑造较权威的良好形象，而且发布的微博信息可被外部搜索引擎收录，更有利于传播。新浪作为国内微博的发起者，无疑是微博营销传播做得最为成熟的企业，在账号开设方面，新浪通过“新浪娱乐”、“新浪视频”、“新浪财经”等上百个加V的微博账号，全方位的进行精准的品牌微博营销传播，不仅扩展了其在各个领域业务范围，也大大增加了新浪的品牌曝光频次。

当然不是所有企业都适合于构建微博阵营，微博阵营更为适用于知名度较高的企业或品牌，而且产品宽度一定要够宽，这样才可以提高企业微博传播的质量，同时又避免资源的重复和浪费。

除了微博账号的开设，企业还可以通过企业版微博、微群等形式来整合企业的微博资源，集聚企业微博营销传播的有生力量，形成比较集中的品牌影响网络。其中，企业版微博可以帮助企业聚拢，甚至可以批量加关注，让员工聚合更加容易，将会引衔微博最高聚焦点。

对于企业来说，自家的网络营销传播资源是最可控的，一个公司最好注册多个微博，让主微博有更多粉丝和互动资源，公司员工的个人微博、家人亲朋好友微博等各种现成资源，都可以成为企业主要微博的捧场者，他们在上面交流信息，可以在短时间内增加大量粉丝，形成全民传播公司微博的势头。

（三）不同属性账号的运营维护管理原则

作为企业对外沟通的窗口，不同属性的微博账号要有不同的具象化形象，这个形象在讲话的时候一定要与品牌的调性相统一，不同性质的企业微博要遵循不同的维护原则。

1. 官方微博作为企业信息的主要出口，发布的必须是官方的、较为正式的内容，而且要与品牌调性相统一

原则上企业官方微博需要有专人维护，保证一定的内容更新频次。发布的具体内容要以企业和行业最新动态、产品或品牌信息为主，同时可对外传播品牌文化的相关信息，提供最有价值甚至是独家的信息。此外，官方微博还可以是企业微博营销传播活动的主要平台，为了使消费者更易于获取信息，可以通过[XXX]、“XXX”等较醒目的形式，使得发布的微博内容区分度更高。

2. 领袖微博发布的内容要有个性、语言风格鲜明，遵循“不枯燥、不无聊、不人云亦云”的“三不”原则

同时在发布时机上还要维持一定的微博曝光频次，确保可以做到每天都有更新的微博，但又不是唠叨的“话唠”；发布的微博的内容类型要比较多样，内容比例也要均衡，作为把握企业主流话语权的领袖，其微博可以发布跟企业或品牌相关的信息，但是频次不要太高，可以通过提供最有价值甚至是独家的信息，尤其是行业相关的观点的形式来提高企业领袖本人以及企业本身的行业地位。作为一个具体的人，企业领袖还要通过微博平台经常和粉丝或其他网友互动，这些人必须要怀着人文情怀，呈献给粉丝和网友一个有血有肉的形象。领袖微博账号维护比较好的有潘石屹、蔡文胜等人，他们通过微博与消费者进行有效地互动交流，一方面有利于品牌形象的塑造，另外一方面也可以作为企业重要的信息出口，对企业各方面的信息给出官方的说明。

3. 对于企业来说，产品的售卖及服务是非常重要的环节，这时企业就可以通过客服微博这样的平台来完成这些环节

在功能层面上，客户微博更注重与企业客户进行实时沟通和互动，为客户提供更多与企业深度交流的机会。作为以客户服务为导向的微博，客服微博需要有专业的客服人员进行维护，针对每一位客户提供服务，让客户在互动中提供产品的品质反馈等，在日常的微博更新环节，客服微博可以经常发布一些企业产品品类相关的专业信息、小贴士，增加与消费者之间的黏度。

4. 企业可以利用产品微博对危机能实时监测和预警

当出现对企业或品牌不利的负面信息时，可以及时迅速的做出反应，这一类的微博同样需要有专人维护（可以是专人负责账号更新和监测，其他员工经常关注），可以通过微博对负面口碑进行及时的正面引导。此外，产品微博日常可以配合官方微博，发布一些有利于品牌形象塑造的内容。微博传播一向做得比较好的凡客诚品也是这方面的高手，在凡客诚品遇到品牌危机时，从最基层的员工到企业高管都在第一时间作出正面回复，从而及时化解了危机，而且有利于塑造了凡客正面的企业形象。

5. 活动微博既可以是线上活动的主要阵地，也可以是线下活动的有效宣传平台

在企业市场活动环节，可以打破地域人数的限制，最大限制的扩大活动效果。市场微博日常要按照合理的频次，发布对粉丝有价值的、互动性较强的内容。除了利用好一般途径，企业还可充分利用投票、同城活动等微博应用工具来丰富活动形式，提高粉丝参与度。

三、做活动，利用沟通元传播，增强企业微博人气

除了日常的传播管理，品牌还需要一些具有冲击力的微博营销传播模式来刺激用户，实现更好的品牌传播效果。做活动是企业微博营销传播的重要模式，新产品发布、企业周年庆、品牌推广、节假日回馈粉丝等都离不开微博活动，微博活动可以将企业微博带来更多的粉丝，可以将企业微博营销传播活动推向高潮，关键需要找到合适的传播主题和沟通元，增加为企业微博的人气，为企业创造更多的品牌资产。

（一）如何进行有效的活动安排

活动是企业微博营销传播的主体，做活动不仅可以在短时间内吸引大批粉丝的关注，切实利用沟通元，粉丝的参与传播会大大增加品牌的曝光率，为品牌建构加分。企业微博营销传播可以根据活动属性采取不同的资源组合方式来大幅度提升活动影响力。

1. 有效的奖励机制是微博活动的重要环节

不论企业发起的活动是商业性的还是公益性的，采取有奖互动的方式都可以吸引到更多的粉丝参与来大大提升活动效果。常规的奖励方式为“随机抽取”，这种方式虽然会让粉丝感觉有失公允，但是企业可以自主选取有影响力的获奖粉丝，以扩大活动的影响力；

以“抢楼”来决定奖励名单可以在短时间内赢得众多粉丝的参与，迅速提升活动影响力；以评论数、转发数等来评定的方式可以让粉丝自发的发动身边朋友的参与，但是对于活动内容的要求较高，方式应该尽量简单，以免引起粉丝反感。奖品设置方面，具有纪念价值的奖品不仅可以吸引到更多粉丝的参与，还可以形成品牌文化的渗透效应。此外，在获奖结果公布以后，企业微博还要积极与获奖粉丝互动，利用积极评论来推广品牌。

2. 行之有效的活动安排可以把企业微博营销传播的活动效果发挥到最大化

首先，在时间安排上，活动时间一般选取工作日的9:00—16:00，期间为主要消费者较为 活跃的时间段，主要的活动信息宜选取峰值期9:00—10:00、16:00—18:00、21:00—24:00发布，以确保首轮传播的到达率，同时，微博维护人员也较容易监测消费者反响。其次，参与方式要尽可能的简单，方便消费者参与，常规方式为“加关注＋转发+@好友＋评论”，要求粉丝晒照片、写感言等方式可增加阅读价值，提高转发率和评论数，而图片和视频等高质量内容的纳入可以增加活动的趣味性。此外，还通过新浪微博活动平台来发起活动或者是投票等形式来丰富消费者的参与类型，避免微博活动过于单一。合适的意见领袖的引用更是可以让微博活动的效果加倍。

3. 企业所开展的活动可以以微博为平台，搭建活动Minisite或APP交互体验活动，以增加活动的功能性和观赏性

普通的基于微博帐号本身所进行的抽奖活动，都会面临三个问题：抽奖专业户的掠夺性参与、抽奖机制不透明、粉丝流失；而且基于微博账号的活动发展空间有限，不利于发展高质量粉丝，所以越来越多的企业和品牌会通过构建campaign site来支持微博活动。例如一汽马自达“减钱！捡iPad！捡睿翼！”的活动，用户在参与活动中需要填写真实姓名身份证地址才可获得抽奖资格，每位用户只能获得一个抽奖码，大大提升了活动的参与质量，而且企业可以通过填写用户真实信息获取目标用户资料进行分析、维护，这样就有效避免了上述问题。当然，二者的投入和产出也是不同的。

4. 发起投票和微博同城活动是基于微博平台的设定活动类型

企业可以通过投票功能来发起微博活动，这种方式一般适用于用户产品偏好调查、品牌文化推广等目的主导的活动。微博同城活动分为线上活动和线下活动，线下活动是指企业与网友有线下见面行为的活动，有具体活动时间和地点，如企业产品发布会、品牌宣讲会等；线上活动是指为无需线下见面的活动，全程可在线上进行，如：征集签名、线上测试、同话题讨论等，企业或品牌可以通过微博活动平台来举办抢票、抢奖品、征集等线上活动，还可以举办观影团、观剧团、读书会、沙龙等线下活动。通过发起和微博同城活动等巧妙方式，企业微博活动内容可以更加丰富。

（二）几种典型的活动模式

根据企业微博发布活动的内容属性和发布原则，可以将微博活动分为内容活动、抽奖活动、促销活动、注册活动、跨界活动等五种典型模式。

1. 内容活动，主要是指利用微博平台以宣传具体内容为主导的模式

内容活动既可以是线上活动也可以是线下活动，一般适用于知名度较大的名人或品牌，可以是直接发布微博，也可以通过微博活动、投票等形式发起。例如SOHO中国所举办的“扎哈·哈迪德报告会”的活动，其实就是以报告会的名义来宣传和推广其新近开发的银河SOHO。

2. 抽奖活动，是最为普遍的活动模式

一般是通过一个小话题，和消费者进行有奖互动，在达到特定传播目的的基础上，实现推广品牌的效果。在抽奖活动过程中，奖励机制尤为重要，企业要在把握好“互赢”的基础上，给用户良好的互动体验。在奖励机制的设置、获奖名单的拟定上要大下苦功。

3. 促销活动，是把微博推广与产品促销相结合，以微博为平台进行促销活动

促销活动最好有一个明确的活动主题，最好是能够搭建活动的minisite，这样不仅仅可以丰富活动内容，更可以促进品牌文化的渗透。例如，麦当劳的“舔着圆筒看世界”的活动，其活动策略是即日起只要在活动网站 maidanglao.sina.com.cn 上或新浪微博发表童心宣言并添加“舔着圆筒看世界”，留下手机号码，将会收到来自新浪的手机兑奖短信，凭短信即可在麦当劳全国门店免费兑换一支迷你圆筒，这样的活动方式使得消费者既可以获得购物实惠的体验，还能够借此主题抒发内心的情感，“舔着圆筒看世界”成为一个带有个人色彩的沟通元在广泛传播，活动的商业化特质也就没有那么明显了。

4. 注册活动，适用于新近上线的电子商务网站等

通过有奖注册的形式吸引消费者注册，既起到网站宣传、增加网站意向流量的作用，同时也可以初步积累网站数据库营销的资源。高朋在中国上市就是通过注册活动的形式来造势和宣传的，当时高朋是在网站上线第一天正式开团前半个月开放注册，通过“只要注册就有机会赢取！每天 10 部苹果，每天 10 个机会”的方式来刺激注册。这样的方式给高朋团购取得了开放注册一天就赢得了 10 万多的注册量，新浪微博开织半个月粉丝数就突破了 4 万的好战绩。

5. 跨界合作是微博活动模式多样化的开山之作

2011 年三八妇女节前夕，趣玩网联合 VOGUE 杂志、音悦台、街旁、百合、中票在线等六家企业微博发起了一项“女性特权日”的活动，取得了非常好的传播效果。这 6 家官方微博跨界联合，号召把三八节更名为“女性特权日”，在 3 月 5-8 日期间，发起征集网友对于三八节当天“女性特权日”的奇思妙想接力活动，并通过 6 家官方微博相互 @ 接力，维持活动的出现频次，只要网友有好的建议在微博发出，就有机会获得 6 家参与活动企业提供的特色化奖品。采取跨界合作的方式可以吸引到关注不同领域的粉丝，起到一次推广多个微博的作用，实现资源共享，互利共赢。从趣玩网的跨界合作案例，我们可以总结出一些具有启发意义的经验，例如跨界合作的企业整体品牌调性要相近，活动主题一定要够主流、话题性要强；而且活动期间参与的官方微博持续“接力”，可以保持活动的出现频次，确保到达率。

企业主要根据自身品牌属性和营销传播目的来选取相适应的活动类型，并作出恰当的活动安排。微博平台内容的日益多样化意味着企业主在进行微博营销传播活动时必然要不断与时俱进，迎合消费者的信息需求创造出更具创新性的活动形式和内容。

四、整合各方资源，化身“企业微博推手”

根据 IMC 整合营销传播原理，在微博功能性飞速进步的今天，要想实现高质量的微博营销传播效果，必须对分散的各类信息和资源进行无缝结合，以提供明确的、连续一致的和最大的传播影响力。

自有媒体 (Owned Media)、付费媒体 (Paid Media) 和可挣取媒体 (Earned Media)，已经成为数字营销传播需要关注的整合传播重点。企业官方网站和活动网站属于企业自有媒体，付费媒体就是指需要付费的网络媒体形式。企业微博属于可挣取媒体。这三种媒体类型各自有不同的作用，整合使用不同类型的媒体会起到最好的效果。但是如何选择使用哪几种却是十分关键的，尤其是当预算紧张的时候。企业在进行微博营销传播的过程中，除了微博平台，必须要联合其他媒体的作用，使得传播的效果达到最大化。

（一）创建自有媒体的微博营销传播系统

自有媒体对于企业来说是可控性最强的渠道，也是企业品牌传播的主要阵地。虽然企业微博不完全属于自有媒体，但在可挣取媒体平台上建立属于品牌自己的传播体系，将企业的微博账号建成企业把控性最强的资源。企业必须要有效整合各种属性的微博，优化整个微博阵营的作用，实现一加一大于二的效果。

1. 获取高质量的微博粉丝是品牌成功微博传播的第一步

企业的微博账号可以关注行业名人或知名机构，

还可以充分利用标签、话题功能来寻求黏合度较高的粉丝，关注他们，并且可以通过私信、@功能等方式来寻求互粉，名人微博的推介作用是非常明显的。日常运营过程中，企业微博发布的内容主题要专一并附带关键字，以便于被高质量用户搜索到，也可以@高质量粉丝，提高粉丝的转发率和评论率，而且在举办活动时，筛选高质量粉丝为获奖者，可以利用他们个人微博的影响力来扩大宣传。除此之外，企业还可以通过许多细节化的操作让微博充满企业日常运营的每个环节，营造“无处不微博”的微博传播氛围。例如新浪微博应用中微博挂件是企业或个人联动自己的社交网络人脉不可或缺的工具，微博挂件可以放置在博客、网站，或是其他支持html代码的位置，诸如企业博客、企业网站等，可以通过这种方式来加关注、看微博、晒粉丝，实现有效推广企业微博的目的。

2. 丰富的内容才能让企业的微博更吸引消费者眼球

企业微博并非只为等待危机处理，而是一种日常传播。千篇一律的微博内容会让消费者产生审美疲劳，丰富多彩的微博内容不仅可以使粉丝保持新鲜感，还可以吸引到更多类型的高质量粉丝。企业微博可以依据不同账号的属性来拓展一些特色的内容，例如快书包充分发挥新浪微博“微柜台”的作用，如私信下订单、售后服务，把微博打造成企业直接面对消费者的有效平台。此外，企业还可以通过微博平台进行“微招聘”，吸引更多对企业所在行业或企业品牌感兴趣的消费者的关注，还可以增加微博的曝光率，吸引到更多的粉丝。

3. 拓宽微博传播平台，将企业微博与企业博客、campaign site对接

在多元化的可挣取媒体中，创造自有媒体的品牌传播整合体系。消费者的再传播可以将微博影响力扩展到微博之外的许多地方，尤其是社交媒体网站。这种方式的实现渠道有很多种，例如Xweibo是以新浪API为基础的一套微博产品，具备目前微博流行的各种丰富的功能，同时也配备强大管理后台，为广大网站运营商提供了一套免费开源的微博方案。Xweibo的产品主要可分为插件版和标准版两类，插件版主要是针对各类型论坛、博客提供应用程序插件，标准版则是基于新浪api开发的一套微博标准版系统，拥有新浪微博的基础功能，开发者可以在此版本上进行二次开发，使用Xweibo可以扩大企业的宣传网络。Xweibo还为用户提供托管服务，Xweibo托管服务是新浪Xweibo提供的免费服务，用户只需填写Xweibo托管服务申请表，通过审核后，将会拥有一个以sinaapp.com为后缀的二级域名，这样用户就可以通过SAE平台管理Xweibo系统的源代码、MySQL数据库、系统日志等。可以说，只要利用的好，微博营销传播将遍布于企业可控的各个社会化媒体平台，而不仅仅是局限于微博的一亩三分地。

（二）付费媒体演变成为微博传播的催化剂

在社会化媒体日益兴盛的今天，很多人都预测付费媒体正在走向灭亡，笔者认为这种预测或许为时过早了，因为没有任何一种媒体可以像付费媒体那样确保及时性和规模性。然而，付费媒体正在从营销传播的基础地位转向催化剂，即在关键时期推动更多消费者的参与。只要利用得好，付费媒体依旧还会焕发生机，极大的推动企业微博营销传播效果。

1. “付费广告”依旧是企业微博推广非常值得考虑的推广方式

随着新浪微博V2.0版本的升级，新浪微博将为企业提供更多的付费广告空间，可以是推广账号、推广活动，也可以是推广某一个应用等。而新浪微博云数据平台的开发，也使得这些付费广告如同Twitter的Promoted Tweets、Promoted Trends和Promoted Accounts等广告模式更为精准。而新浪微博SEO优化的措施，也将为企业微博营销传播举措增加更多的曝光入口；所以付费的广告平台也会为微博营销传播加一把火，如果企业的广告预算足够充实，完全可以在一些门户类网站、Google Adwords、百度推广等平台发布企业微博的广告，增加普通网民的关注度，同时可以引导一部分意向流量的消费者，吸

引到高质量粉丝。

2. 微博的兴盛也成就了一批新的“付费营销传播模式”

借力高人气微博进行推广是其中比较流行的一种模式。新浪微博曾流行这样一个段子：当你的粉丝超过100，你就好像是一本内刊；超过1000，你就是个布告栏；超过1万，你就像一本杂志；超过10万，你就是一份都市报；超过100万，你就是一份全国性报纸；超过1000万，你就是电视台。粉丝数是评估微博账号质量的重要指标，而粉丝数量的多少又直接关系到微博传播的效果，尤其是在企业微博账号的推广阶段，借力高人气微博进行推广是非常行之有效的手段。高人气的草根微博有着非常丰富的消费者资源，利用这些微博发布的广告具有很高的达到率，当然前提是内容质量要高，要足够有趣、娱乐性要够强，定要避免过度商业化。除此之外，一些第三方软件开发商也一直努力从微博营销传播领域分一杯羹，例如，微博营销传播领域的威客网—“微传播”（站点：www.weichuanbo.com/ ），是国内最早一批微博营销传播平台，目前注册会员已超过十万人，每一个注册用户都可以通过该网站来参与企业微博的推广人物，依据不同的粉丝数量赚取推广费用，注册会员可以通过两种模式来做任务，第一种是悬赏任务，即推广用户发布任务，会员接受任务，通过转发微博或评论来参加任务；第二种是模板任务，即推广用户发布任务及要求，会员接受任务并报名，使用推广用户发布的微博模板，推广用户在使用期限内审核任务，任务成功后发布赏金。“微传播”的模式是利用分散的微博账户资源来进行微博广告推广，参与任务者皆有盈利，盈利与微博拥有粉丝数直接挂钩，粉丝越多，单任务获利越高，而推广用户所耗费的推广资金直接与推广效果挂钩。

（三）可挣取媒体是微博创意传播的大舞台

“可挣取媒体”是指通过社会化媒体创造的品牌传播形态和价值，无需付费，却代表的透明且永久的口碑。企业不但需要考虑何时通过口碑传播来尝试和促进赢得媒体的发展，还要学习如何倾听和回应好评和差评。企业应该在微博传播管理过程中通过了解粉丝状况、粉丝质量，深层次挖掘粉丝的行为属性，发掘重要粉丝，通过内容分析找到驱动粉丝增长与互动的关键因素。

作为微博传播管理乃至企业品牌发展的理想模式，可挣取媒体将是企业自有媒体和付费媒体协同传播的良好结果。

五、微博营销发展新趋势概述

（一）新浪企业微博2.0为微博营销传播带来更多可能

2012年3月，新浪企业微博V2.0开始在一些账户中测试（2012年4月26企业版账户将全部强制切换至2.0版本）。新浪微博企业版是新浪微博为企业和机构用户定制的服务平台，全新上线的企业微博2.0提供更有效的品牌形象展示、更全面的数据评估功能、丰富便捷的应用扩展服务。可以帮助企业更便捷地与目标用户进行互动沟通，提升营销传播效果转化，挖掘更多商业机会。新的企业微博分为5个主要模块，这5个模块为：消息中心、数据中心、我的应用、学习中心和官方客服。笔者认为2.0版本的实现将为企业微博营销传播创造更多的契机。

1. 强大的扩展性增强了企业版微博的功能性

企业独立网站作为传统意义上企业对外发声的主要窗口，以其无限大的信息包容量承载着树立品牌形象、企业或产品介绍、官方信息发布、用户关系管理等多重功能。但是随着社交媒体的发展，开始慢慢凸显出内容信息更新慢，内容或品牌曝光成本大、用户黏性低、与用户互动性差等缺点。在社交网站FACEBOOK上有一些企业主页访问量已经超过自己的官网，一些企业在社交主页中投入的资源超过官网。2.0版本不仅仅可以通过建立应用的方式为企业独立网站设立诸多入口，还可以将独立网站的主要信息以子页面的形式整合在企业版微博页面，使得用户可以简要浏览独立网站的精彩内容。例如针对电子商务网站的“微热卖”功能、针对汽车经销商的“网上4S店”应用等，这不仅仅大大增加了企业微博的内容含量，更为Social Commerce和Social CRM提供了无限契机。

2. 营销传播效果评估让企业更了解粉丝

新浪企业微博2.0版本建立在云存储的基础上，为企业用户提供了强大的数据分析功能。虽然这些数据分析功能很多第三方数据平台甚至做得更为全面，但是从中我们不难看出，微博营销传播效果尤其是对于粉丝行为模式的分析已经越来越被企业所重视。企业只有更好地了解粉丝，才能制定出到达率更高、更为精准的营销传播策略。新浪企业版微博的数据中心重点展示了企业用户在微博中的主要互动数据，其中主要有营销传播活动分析、粉丝分析、微博页面分析和应用分析等四个方面，为企业提供了考察微博运营的重要参考依据。除了对这些常规数据的收集和分析，企业还应该在微博营销传播活动过程中更加重视粉丝行为观察和粉丝信息收集，通过评估传播效果，优化营销传播策略，沉淀粉丝并完成互动。

（二）整合其他网络社交平台资源加深用户黏性

随着新浪微博企业版V2.0升级的全面完成，微博营销传播将进入一个全新的时代，企业微博的内容包容性得到了极大扩展，预示着企业在进行微博营销传播的过程中，必须全方位的整合所有网络平台的资源，并使之与微博形成无缝对接。

各种功能性社交网站的日益兴盛预示着高质量内容开始领唱社会化传播，但是对于数字生活者来说，微博140个字的要求限制了他们与品牌更深层次的接触，而国内时下流行的社交网站，如人人网、豆瓣、腾讯空间等SNS社交网站，优酷、土豆等视频类分享网站，街旁、微领地等LBS类社交网站，美丽说、蘑菇街等社会化电子商务网站，抑或是类Pinterest、Instagram的图片分享社交网站等，都可以为微博营销传播活动贡献更多的深度内容，企业要做的就是统筹好微博与各个社交平台的作用，让其他社交平台为微博平台贡献优质内容，同时微博也作为其他社交平台的入口导入更多意向流量，实现更大的营销传播价值。

（三）激发粉丝UGC，邀请消费者参与品牌协同创意

在品牌形象已经在消费者心目中树立起来的基础上，企业要开始考虑深入影响消费者的情感。微博发展的未来，更多的企业将会开始把消费者纳入品牌建设过程中。消费者的参与，尤其是高质量的UGC（全称为User Generated Content，即用户生成内容。），不仅仅会直接的促进品牌传播，从长远来看，将会丰富品牌文化资产、培养更高的品牌忠诚度。

凡客体可以算得上是个典型的粉丝UGC案例，一幅为粉丝提供了现成模板的平面广告作品，一个文案和视觉形象都留白很多的创意空间，一个文艺青年聚集的高质量内容产出社区—豆瓣，为粉丝自发参与创造凡客体，而凡客很警觉地嗅出了热议话题的味道，快速捕捉并反应，借力使力，利用豆瓣平台生成的高质量UGC内容，进一步强化“凡客体”的概念，并通过营销传播手段使凡客体在微博平台广泛传播，从而造就了一个名噪一时的经典案例。同时也让凡客所倡导的品牌理念得到了淋漓尽致的发挥和体现，数字生活者在自发参与中已经被潜移默化的影响成为“凡客”的一份子。当然，从沟通元的文化基因的扩散看去，凡客体最终未能完全为凡客品牌始终加分，“凡客体”依然不失为一个成功的协同创意案例。

微博营销传播发展的未来将不仅仅是品牌单方面的向数字生活者发出声音，更多的数字生活者会加入大品牌文化的创造过程中，而这个过程需要品牌自身来创造一个契机、培植一方沃土，并在恰当的时机推波助澜。我们期待有一天更多的消费者会通过参与品牌建设而对品牌产生归属感，成为品牌代言的中坚力量，哪怕是在品牌遇到负面危机的时候，也会有消费者站出来为品牌证言。

微博营销传播正在以一种裂变的速度急速发展成长着，越来越多的成功营销传播案例表明这是一个新

蓝海，越早进行就能够用更低的成本获得更好的效果。我们可以预见微博传播将会朝着及时性、交互性、渗透性都较强的方向发展，企业在这种趋势下必需迎难而上，适应形势时刻准备接招。相信，在不久的将来，只有精通于资源整合、协同关系，并具有创新精神的企业才能掌握好微博营销传播的制胜之道，才能利用好微博，为品牌建构带来新的跨越性发展。

参考文献：

[1] DAN GILLMOR.We the Media[M].O'Reilly Media，2004.

[2] Forrester Blogs.Defining Earned，Owned And Paid Media，http://blogs.forrester.com/interactive_marketing/2009/12/defining—earned—owned—and—paid—media.html

[3] 马歇尔·麦克卢汉．理解媒介：论人的延伸[M]．何道宽，译．译林出版社，2011.

[4] 李开复．微博改变一切[M]．上海财经大学出版社，2010.

[5] 紫澜．"微"媒体，大传播[J]．广告主市场观察，2011(2).

[6] 盖雄雄．企业微博营销怎么玩[J]．广告主市场观察，2011(2).

[7] 闻涛．微博营销四大误区[J]．广告主市场观察，2011(2).

[8] 胡渺．企业微博营销七项注意[J]．广告主市场观察，2010(9).

[9] 刘玮．中小型企业博客（微博）营销八要点[J]．广告主市场观察，2010(10).

[10] 广宣．微博营销的价值及无限可能[J]．广告主市场观察，2011(2).

[11] 悉星．微博营销效果评估的两个支点[J]．广告主市场观察，2011(2).

[12] 月光博客．企业微博的营销推广技巧[R].http://www.williamlong.info/archives/1985.html.

[13] 月光博客．企业微博的营销推广技巧[R].http://www.williamlong.info/archives/2456.html.

[14] 199IT 中文互联网数据研究资讯中心．Twopcharts：预计 2012 年 2 月份 Twitter 用户数破 5 亿年底将达 9 亿[R].http://www.199it.com/archives/22612.html.

[15] 梅花网．Web2.0 营销法则，从 AIDMA 到 AISAS[R].http://www.meihua.info/today/post/post_71ad8c19—350a—4c6a—898f—ec95a8ada4c0.aspx.

国家品牌安全与中华老字号战略

浙江传媒学院　刘　强

随着全球经济和文化一体化进程的不断加快，发达国家在向发展中国家输出产品的同时，却严格控制核心技术、资源和品牌的输出，试图把发展中国家当作永久性的产品输出市场。这种策略严重制约了被输出国的经济发展，侵害了发展中国家的核心利益，客观上造成了国际经济秩序的不平等，危及发展中国家的社会稳定和经济发展。因此，各国都把维护国家经济安全放在突出的位置给予高度重视，并从立法和政策方面采取有效措施，应对发达国家的经济霸权主义和国际经济一体化带来的挑战和负面影响。

国家品牌安全是中国经济安全的一个重要组成部分。1992 年，邓小平在珠海视察时就指出，"我们应该有自己的拳头产品，创造出自己的世界名牌，否则就要受人欺负。"实际上，邓小平从国家经济安全的高度阐述了国家品牌战略的意义，也说明了国家品牌安全是国家经济安全的重要组成部分。我国经济经过 30 多年的改革开放，获得了长足的发展，国民生产总值已经超过日本，成为世界上第二大经济体。然而，我们必须清醒地看到，我国经济发展的质量不高，经济结构单一，人均GDP大约只有日本的十分之一。产业结构表现为对国际市场依存度很强，产品附加值低的问题没有得到有效解决，以低价格参与国际竞争的态势没有得到根本改变。而低价格竞争必然跨向成本环节，大多数企业都是以压低工人工资、减少甚至取消工人福利、掠夺式开发和使用资源来实现的，这种现状给社会和谐带来了极大的隐患。因此，我国的有识之士提出必须推进国家品牌战略，打造新的经济增长极，提高产品的附加值，转变经济的增长方式。中央和各级地方政府对推进国家品牌战略出台了许多措施，制定了经济转型升级的宏观战略，为维护国家品牌安全走出了有决定意义的一步。

我国自1949年建国后，发展经济、巩固新生政权的首要任务，也急需通过打开国门、争取外援，来为一穷二白的国民经济输血。由于意识形态的原因，我国当时的对外合作主要还是限于与以苏联为首的东欧社会主义阵营国家的经济合作，这种合作总体上来说是友好互助型的，对顺利完成我国第一个五年计划发挥了重要的作用。苏联及东欧各国对我国的经济合作，主要是资金、技术和现代化设备，民用产品不是很多，也还没有通过品牌战略来影响中国经济的发展进程。虽然也有一些品牌在中国具有了一定的知名度，如伏尔加轿车、伏特加白酒，但由于销售量很少，在整个国民经济中的影响很有限，对我国的国家经济安全没有构成任何威胁。我们也没有意识到需要通过建构国家品牌战略来提升经济的核心竞争力，维护国家的经济安全。因此，我国的国家品牌战略建构始终是经济运营中的一个薄弱环节，加之在计划经济体制下，缺乏市场竞争机制，以及长期以来的闭关锁国。这一客观原因更进一步制约了我国国家品牌战略的实施与发展，给以后的国民经济发展和参与国际竞争埋下了严重的隐患。

1978年在经历了十年动乱以后，我国实行了改革开放的基本国策，国门重新打开。但这次我们面对的合作伙伴，在意识形态上是竞争甚至是敌对的，只是因为经济上的彼此相互需要展开了合作。这种合作本质上就是各取所需的一种竞合的博弈关系，是一种基于经济利益的合作。但是，西方发达国家从本意上来说是不愿意看到中国发展和强大的，更不愿意看到中国强大到能够与之抗衡，在国际舞台上有强势的话语权。而且，以美国和欧盟为代表的西方国家，还经常以人权和政治的理由对中国进行经济制裁。这表明了改革开放后，中国经济发展的国际环境并不是歌舞升平的，而是充满了暗礁和险滩。西方发达国家总是要以种种理由来给中国的经济发展设置障碍和迷局，通过各种策略来打压中国这个潜在的竞争对手，用资本、技术、知识产权和品牌等手段来对中国经济的发展进行渗透与控制。其中，西方国家针对中国实施的品牌竞争战略，就是对中国经济进行打压、控制与渗透的重要环节。这种客观的情势就决定了我国在进入全面改革开放以后，必须保持清醒的意识，从国家经济安全的战略高度来看待国家品牌战略的建构。对西方发达国家既要合作又要斗争，着力维护国家经济安全；否则，中国经济发展中的品牌话语权就有可能掌控在别国手中，中国就有可能变成西方发达国家倾销产品的最大的市场，而我们只能沦落为西方发达国家的加工厂。这种局面并非危言耸听。在改革开放初期，其实我们已经吃过很多苦头，这也是我们用血的代价换来的教训。因此，今天当我们的经济实力已经位居全球第二，如何通过建构国家品牌战略来提升我国在全球经济中的核心竞争力，提高我们产品的附加值，全面维护国家经济安全，这一问题显得更为迫切和重要。

我国进入全面对外开放时期后，与西方发达国家的合作是全方位的，涉及各个产业和领域。西方发达国家对我国国民经济领域采取了渗透、打压和控制的基本策略，对我国的经济安全的威胁是多方面的、复杂的、持久的。但是，西方发达国家始终把品牌战略作为压制我国经济发展的一个杀手锏，对我国的经济安全构成了严重的威胁。改革开放后的30年中，以品牌策略为突破口，西方发达国家对我国经济安全的威胁经历了几个不同的阶段：

第一个阶段从 1979 年至 1989 年，中国刚从十年动乱中恢复过来，国门刚刚打开，西方发达国家对中国采取了技术加品牌控制中国市场的策略。由于我国计划经济的惯性还没有被打破，长期的内乱和封闭，使得中国与西方发达国家之间存在着巨大的差距，中国企业的实力相当薄弱，还没有树立起品牌意识。在市场竞争中，无论技术还是产品，中国经济根本无法与之相抗衡。中国输出的产品基本是技术含量和品牌含量很低的初级产品，尤其是农副产品、矿产资源产品和轻工产品。而西方国家输入的产品则是技术含量和品牌含量都比较高的工业产品，如汽车、电视、冰箱等耐用消费品。产品的附加值也完全不同，这就决定了我国在全球经济竞争中处于相当不利的地位。在国际经济的竞争中，中国完全不是西方发达国家的竞争对手，他们尚不需要通过输出品牌竞争来赢得中国市场，基本上是一味地通过产品输出来控制中国市场。20 世纪 80 年代中期，日本大量向中国输出电视机、电冰箱和轿车等产品，却拒绝在中国设厂，更不用说向中国转让技术。为此，中国每年花费了大量外汇从日本进口轿车，给中国经济带来了沉重的负担。在这种情况下，中国试图引进西方发达国家的轿车生产线，实现轿车生产的本土化。但是，日本却拒绝向中国转让轿车生产技术。美国与日本狼狈为奸，试图用技术转让控制中国的轿车产业。于是，中国只有向德国求助， 中国一汽和上海汽车公司先后与德国大众合作成立了合资轿车生产企业。但是，当时我们并没有意识到，在引进国外先进技术和品牌的同时，没有打造自主轿车品牌，所以，至今为止，中国汽车市场上，国外轿车品牌占据了压倒性的优势，给我国的汽车产业留下了无穷隐患。我们拱手让出了市场，却没有培育出自己的轿车品牌。

第二个阶段从 1990 年至 2000 年，中国经过十年的改革开放，国家的整体经济实力有所提高，企业在国际市场上的竞争力有所上升，中国加入 WTO 后，加快融入国际经济一体化的进程。在西方发达国家基本完成了企业的规模化和资本集聚的扩张后，大的跨国企业集团基本主导着全球市场竞争的格局。而中国刚刚经过 10 年的发展，为扩大企业规模和提升竞争能力，中国企业对资本的渴求非常强烈，西方发达国家则趁机而人，改变了过去以技术加品牌压制中国竞争力的模式，而是以资本加品牌的策略来加强对中国市场的渗透与控制。一方面，以资本为手段，用合作合资的方式来掩人耳目，入主中国企业达到以资本控制中国本土品牌的目的。法国达能入主娃哈哈，并作为娃哈哈品牌的共同持有人，自然拥有了娃哈哈这一中国饮料行业的第一品牌。而本土的娃哈哈甚至不清楚法国达能的险恶用心。其实，达能还以注资的方式，控制了中国另一个饮料行业的强势品牌乐百氏。达能用两面下注的方式的目的只有一个，即在加快推进达能自有品牌占领中国市场的同时，掌控中国本土的强势品牌，进而达到控制中国市场的目的。另一方面，西方发达国家及其相关企业，利用我国企业对国际市场和国际品牌运作尚不熟悉的缺点，直接消灭我国本土的品牌，进而再收购我国的工厂，让我国的本土品牌无立足之地。荷兰的飞利浦对中国的节能灯产业的打压就是如此。节能灯本来最初是中国人的发明，并进入了欧洲市场。飞利浦从来没有涉足过节能灯的市场，当它看到了这一市场巨大的潜力的时候，便决定进入节能灯市场。首先，通过资本运作，收购兼并了一些中国的节能灯生产企业。然后，对拒绝兼并收购的中国企业，飞利浦发动欧盟国家对中国的节能灯进行反倾销调查，从而达到把中国节能灯企业挤出欧盟市场，迫使中国企业就范的目的。最后形成飞利浦在节能灯国际国内市场中一枝独秀的局面。事实上，飞利浦通过这一手段完全达到了预设的目的，以资本加品牌的方式掌控了中国乃至全球的节能灯市场。

第三个阶段从 2001 年至今，随着中国国力的不断增强和中国企业核心竞争力的全面提高，西方发达国家感觉到了中国崛起对他们的压力。于是，中国国民经济和中国企业遭到了西方发达国家的围追堵截，随着我国国力的全面提高，我国政府和企业的品牌意识开始觉醒，提出了构建国家品牌战略的思想，并以此作为提升中国国家和企业在国际经济中核心竞争力的契机。西方发达国家则通过品牌输出和品牌收购等手段，并通过制定国际经济分工中的不平等的游戏规则来挤压中国本土品牌的生存空间，限制中国产品在中高端市场中的竞争力，试图在国际经济的产业链分工中让中国产品永远处于价值链的最低端，因而，他们以压制、兼并、控股的方式实施对中国品牌的竞争策略。在这一时期，我们可以清楚地看到，西方发达国家除了继续扩大原有的强势品牌在市场中的占有率和竞争力外，又开始了新一轮对新的快速发展产业的品牌输出、品牌扩张、品牌竞争，以及中国有发展潜力的本土品牌的并购。他们不仅在新兴的高科技产业中抢占了品牌的制高点，而且在传统产业中也以品牌和资本的力量，挤压中国企业的生存空间。换言之，即以品牌作为整合资本、技术、市场的抓手，达到全面掌控中国经济竞争主导权的目的。美国的全球最大零售企业沃尔玛、法国的超市连锁企业欧尚、家乐福等品牌，纷纷在中国各大城市攻城略地，抢占零售消费市场。汽车制造企业如德国大众、美国通用、法国雪铁龙，日本丰田、日产、本田等，要么在中国扩大生产规模，要么全力进入中国汽车市场，在中国汽车制造业中，主导品牌几乎是清一色的国外品牌，可以说，中国汽车制造业基本被国外品牌所把持。虽然我国的汽车产业得到了迅速发展，但是中国汽车产业的本土品牌没有得到发展，而品牌的溢价效益几乎全部被国外企业所拿走，我国企业所从事的仅仅是产业链最低端的加工制造。因此，我国在国家品牌中的失误导致了中国经济安全受到了新的严峻的挑战，中国企业的核心竞争力受到了严重的削弱。

尽管如此，西方发达国家仍不满足于对中国市场的控制，一方面在继续强化其品牌输出、品牌扩张和品牌打压策略的同时；另一方面，对威胁到他们市场竞争力的中国品牌，在打压无效的情况下，则采取怀柔政策，用资本收购的方式，将其纳入国外品牌的旗下，成为其品牌链中的一颗棋子。可口可乐对汇源的收购就明显表现出了这一强烈意图，但遭到了国家商务部的拒绝，其图谋未能得逞。在这一背景下，构建中国的国家品牌应该说，是维护国家经济安全的一个重要使命。虽然我们由于长期的经济落后，缺少在国际竞争中的强势品牌。但是，依托于中华传统文化和科技的中华老字号是一个现成的重要的品牌资源，充分利用好这一品牌资源，能够以较小的成本与国际品牌进行竞争。因此，利用好中华老字号品牌资源，是构建中国国家品牌战略的重要基础。

在全球经济一体化时代，市场竞争既是企业之间的竞争，更是国家之间的竞争，而竞争的焦点则集中于品牌话语权的争夺。可以说，谁控制了品牌话语权，谁就控制了市场竞争的主动权。二战后，世界经济经过 30 多年的高速发展，技术创新与整合能力的日新月异，不断创造着新的经济奇迹。在经历了产品竞争时代和技术竞争时代后，20 世纪 80 年代全球进入了品牌竞争时代，“今天，品牌就是一切，是所有类型的产品和服务——从会计事务所到运动鞋市场到餐馆——就是指出如何超越它们各自分类的狭窄的边界，变成一个像斯沃琪（Swatch）这样滴答作响的品牌”。（诺尔·卡菲勒著，王建平等译《战略性品牌管理》商务印书馆 2000 年版，171 页。）

在品牌竞争中，欧美发达国家始终主导着世界品牌发展的路径，并掌控了全球品牌的话语权。在整个全球经济战略的布局上，发达国家以资本输出控制全球的金融市场，以品牌输出控制全球的消费市场，以科技垄断控制全球的技术市场。其中，品牌输出是最直接有效的市场控制手段，资本和科技通过品牌整合强化了对市场控制的力度。

品牌战略在当今的国际经济分工中，通过不同的企业和国家，在产业链中充当着不同的角色，发挥着不同的作用。在经济产业链的利润分配中，专有技术大约占有 30% 左右的份额；品牌占有 35% 左右的份额；渠道与管理占有 25% 的份额；生产加工占有 5%—10% 的份额。也就是说，品牌和专有技术等知识产权环节处于上游的高端环节，是产业链中的核心资源，掌控着中下游的其他环节，占据着绝对主导的地位，而生产加工环节居于产业链中附加值最低的末端下游环节，是整个产业链中从属的、被掌控的环节。因此，国际经济竞争格局中的产业分工，在很大程度上是通过品牌战略来实现的。而发达国家对中国经济的打压与争夺，首先是从挤压中国品牌的生存空间开始的。长期以来，中国产品以“中国制造”（Made in China）在世界经济舞台扮演了世界工厂的角色，在西方人的思维定势中已经形成了 Cheap and a lot(贱而多)的刻板印象。因此，我们必须以民族品牌战略为抓手，实现从“中国制造”到“中国创造”的历史跨越。近来，我国已开始从国家品牌战略的高度，在全球提升“中国制造”国家品牌的美誉度，这是打造国家品牌战略的一个良好的开端。

20 世纪 80 年代，欧美企业刚刚大规模进入中国市场的时候，以合作、合资的方式，对中国本土的强势品牌采取了“零容忍”的策略，一律予以“斩尽杀绝”。一方面，它们用强势品牌挤压中国品牌的生存空间；一方面，在我们还不熟悉品牌运作的游戏规则的情况下，采用种种貌似合法的手段剿灭中国品牌，予以“斩草除根”。国内知名企业上海家化拥有诸多著名老字号品牌，1990 年在国产品牌纷纷外嫁之际，以旗下最具竞争力品牌“美加净”与国际品牌“庄臣”合作，合作仅一年，“庄臣”品牌悄然崛起，而在中国曾拥有百分之十几市场占有率的本土第一洗化品牌，已经沦落到销售额仅有 600 万元的境地。1994 年，上海家化又与国际知名品牌“联合利华”合作，“联合利华”在引进国际品牌的同时，“美加净”又遭遇了一次更深重的品牌劫难。业界人士称，“联合利华”是中国民族品牌的“杀手”， 1994 年以 1800 万美金控股上海牙膏厂，同时掌控了本土老字号知名品牌“美加净”和“中华”的命运。然后，又入驻北京茶叶总公司，以“立顿”品牌取代了“京华茶叶”；接着再出重拳，在冰激凌行业，以“和路雪”品牌收购本土品牌“蔓登琳”，并取而代之。“联合利华”在绞杀中国品牌上，可谓是攻城略地，如入无人之境。随之而来的是中国民族品牌的整体沦落。当初，曾经辉煌一时的苏州“四大花旦”孔雀电视机、春花吸尘器、香雪海电冰箱、长城电扇，如今摇身一变成为了飞利浦电视机、三洋吸尘器、LG 冰箱，不正折射出中国品牌的无奈与挣扎吗？而近年来，闹得沸沸扬扬的“娃哈哈”与“达能”之争，本质上正是民族品牌与国际品牌的抗争。当我们的民族品牌强大到足以与国际品牌抗衡的时候，国外品牌无非是两种策略：要么剿灭，要么招降。“娃哈哈”敢于对“达能”说“不”，表明了中国的品牌意识正在觉醒，民族品牌正在崛起。

中国民族品牌将是推动未来 30 年中国经济转型升级，实现新的跨越的引擎。中国经过 30 年的改革开放，经济实力已经跃居世界第二，出口额占世界的 8.8%，稳居世界第二，以轻工、机电产品为主导诸多品类的市场份额已稳居世界第一。经过 30 年的发展，中国已经从以劳动密集型和资源消耗型加工业为主导的低附加值的产业结构形态，正在向以技术创新和品牌营销为主导的高附加值的产业形态转变。因此，必须从国家战略的高度来重新审视品牌策略。国家品牌战略将是今后中国产业转型升级的必然选择和趋势。但是，我们必须清醒地看到，在全球一百强品牌中，几乎没有中国品牌的身影。中国品牌的竞争力还很薄弱，在整体实力上与国际大品牌还存在着很大的差距，尤其是过去的 30 年中，在生产能力得到快速增长的同时，我们的民族品牌没有能得到很好的成长，尤其是以中华老字号为代表的民族品牌，弱、小、散、乱的状况没有得到明显改善，难以形成合力与国际强势品牌竞争。无论从企业层面还是国家层面，都缺乏对品牌战略的长远和整体规划。这在很大程度上限制和影响了民族品牌的发展和创新。

中华老字号是中国优秀的民族品牌资源，是属于全人类的非物质文化遗产，在历史上曾经创造过无数的辉煌，成为中华文化传播者和中华文明的象征，凝结着我们民族的工艺瑰宝和商业智慧。根据《“中华老字号”认定规范(试行)》的定义，中华老字号是指“历史悠久，拥有世代传承的产品、技艺或服务，具有鲜明的中华民族传统文化背景和深厚的文化底蕴，取得社会广泛认同，形成良好信誉的品牌。”商务部以“振兴老字号工程”为契机，实施民族品牌战略、促进企业发展、扩大内需求，许多地方政府也把振兴中华老字号作为推动地方经济和品牌战略的重要举措。各级政府的重视和推动，为中华老字号的振兴和崛起创造了良好的社会环境。

事实上，中华老字号经过千百年的积淀，浓缩了中华民族丰富的文化瑰宝，经过了历史的考验，对消费者具有很强的感召力、吸引力和亲和力，能够得到消费者的民族文化认同，能够作为负载传播中国文化的纽带，形成鲜明的中国特色，足以形成对国际品牌强大的竞争力与抗衡能力。当今，国际许多著名品牌，尤其是顶尖的奢侈品品牌，如LV、欧米茄、劳斯莱斯、劳力士等，无一不是国外的老字号品牌。这些品牌不仅传承了其本民族的优秀文化和商业智慧，而且通过现代商业运作，焕发了勃勃生机，成为市场竞争中的佼佼者。因此，老字号品牌是大有可为的。如何对中华老字号品牌进行创新和发展，使之跻身于世界著名优秀品牌之列，是一篇值得认真研究的大文章。

中华老字号品牌具有强大的感召力，作为中华民族的文化瑰宝，可以说越是民族的就越是世界的，它能够利用自身的民族文化的特色优势转化为差异化竞争优势。差异化是现代市场营销和品牌战略的制胜秘籍。品牌的重要功能之一就是去同质化而打造差异化。产品是可以复制的，但是品牌是无法复制的。正因为中华老字号品牌中沉淀了丰富的特殊工艺、密传技能、文化传统，因此，它具有不可复制性，能够充分形成产品的差异化和品牌的差异化，从而确立自身在市场中独特的竞争优势。现代工业生产的基本特征就是产品和工艺的高度同质化，品牌是克服产品同质化的一种重要策略。中华老字号往往因具有独特的工艺，不仅具有充分的产品差异化的基础，同时还具有品牌差异化的积淀。这种双重差异化无疑是打造现代民族品牌不可多得的资源。充分利用好这一资源，必将大大推动和提升中国民族品牌的成长。

中华老字号品牌资源在国际品牌的围追堵截之中，通过现代市场竞争的砥砺与洗礼，越来越具有旺盛的活力，不断形成新的竞争力。人们耳熟能详的中华老字号品牌全聚德、同仁堂、茅台酒、东来顺、胡庆余堂、五芳斋等老字号企业，通过引进现代企业制度和营销方式，进行品牌创新和技术创新，获得了巨大的发展空间。绍兴塔牌黄酒与日本清酒企业联合，通过与日本最大的清酒企业合作，利用其完善的营销渠道成功地快速进入了日本市场，迅速拓展了海外业务，并获得巨大成功。目前，塔牌黄酒占据了日本40%的黄酒市场份额，在黄酒出口量中保持年年第一。在国内市场，塔牌黄酒则与全聚德结成战略合作伙伴，采用品牌联盟的方式，塔牌黄酒迅速进入全聚德，实现了老字号品牌的强强联合、优势互补，实现了老字号品牌的双赢。

中华老字号品牌在发扬传统的同时，必须引进先进的企业管理制度和品牌理念，与时俱进，推陈出新，运用现代商业经营的方法和技巧，从产品到传播，尤其是产品的设计与包装，对老字号进行品牌创新和改造，而不能墨守成规、故步自封，否则中华老字号资源将被历史所遗忘、被市场所淘汰。目前，我国的老字号企业的状况不容乐观。原内贸部曾于1990年认定了1600多家中华老字号企业，十几年后，这1600多家企业勉强维持的占70%；长期亏损、面临倒闭的占20%；效益良好的仅占10%。虽然原因是多方面的，但其主要深层原因还是经营观念僵化、企业制度落后、缺乏创新意识，使“老字号”品牌变成了“老化”的品牌。形成鲜明对照的是，一些老字号企业通过引进现代企业制度，进行品牌创新与营销创新，使老字号品牌在传承中有发展，在发展中有创新，形成了品牌新的核心竞争力。同仁堂是中药行业著名的老字号，创建于清康熙八年(1669年)，历代同仁堂人恪守“炮制虽繁必不敢省人工，品味虽贵必不敢减物力”的传统古训，使这一老字号品牌历久弥新。同仁堂通过资本运作，成为上市公司，并把高新技术运用到中药制造中，逐步实现中药现代化、国际化。目前开发生产了20个剂型、200多个品种的中成药，成功实现了老字号由传统品牌向现代品牌的转型，而且带动了我国整个中药行业走向国际市场。另一个成功案例是浙江的五芳斋企业。五芳斋原本是粽子品牌，年销售额也达到了2亿元左右。但是，五芳斋不满足于原有的品牌定位，对五芳斋品牌资源进行了拓展，以老字号品牌为依托，延伸出快餐业等新业态，年营业额达到了三十多亿元。

因此，只要进行品牌创新，引入现代企业制度、先进技术和营销理念，中华老字号一定是大有可为的，而且必将成为建构国家品牌战略的重要支点，推动我国产业结构的转型与升级，实现由“中国制造”到“中国创造”的历史跨越。以中国老字号品牌作为国家品牌战略的基础，才能够更有效地维护国家经济的安全。

中国农产品区域公用品牌的价值评估研究

浙江大学 胡晓云

品牌时代的中国，中国农产品的品牌化正以飞速发展的趋势应对品牌消费的时代，而农产品本身所具有的区域性、资源独特性特征，也意味着具有广袤而丰饶土地的中国，正孕育着充满希望的品牌农业的未来。

作为农产品品牌的一种重要类型，农产品区域公用品牌指的是特定区域内相关机构、企业、农户等所共有的，在生产地域范围、品种品质管理、品牌使用许可、品牌行销与传播等方面具有共同诉求与行动，以联合提高区域内外消费者的评价，使区域产品与区域形象共同发展的农产品品牌。

一、中国农产品区域公用品牌价值评估的意义

在营销学意义上，创建品牌的目的是为了获得产品与消费者之间的沟通，达到产品销售的目标。但创建区域公用品牌的目的，除了营销产品的目的外，更可以扩张至营销区域、营销品牌本身所具有的品牌价值。因此，创建和管理区域公用品牌的目的，大致可体现为以下六个层次：营销区域内共同生产的相关产品，产生源自品牌的交易力；借助区域公用品牌的区域特色构成区域形象的代表性内容，延伸营销区域，产生源自品牌的区域整合力；形成并不断提升区域公用品牌的品牌价值；形成对区域内相关产业及其经济整体的带动和支持力；形成对区域内农户生活质量的提升和改善作用；借助区域农产品公用品牌的品牌价值进行价值延伸，达到价值投资、价值运营的作用。

而今，中国大多的农产品区域公用品牌的创建和维护、管理只停留在前五个层次，尚未进入最高层次的价值延伸阶段。究其原因有二：其一，虽然各种品牌价值评估机构正在如火如荼地对国际级、国家级品牌进行品牌价值评估，但尚未有机构能够提供专门针对农产品区域公用品牌的价值评估理论和方法；其二，大多数在第一线进行区域农产品公用品牌建设的人们，则尚未有利用品牌价值评估发现品牌现有价值、利用品牌价值评估发现品牌发展问题、利用价值评估实现品牌价值延伸的意识。

农产品区域公用品牌的价值评价问题，是农产品品牌建设的战略性问题，它是体现农产品区域公用品牌竞争优势、获得品牌长期持续收益的基础。对其进行深入探讨和体系化的评价研究，具有重要意义。

二、品牌价值评估的理论基础与方法

价值泛指人们认为是好的东西，某种因为其自身的缘故而值得估价的东西，而这种东西具有人所欲求的、有用的、有兴趣的质。价值也是主体主观欣赏的

或主体投射到客体上的东西，它包括所有人创造或体现的、能够闯入个人和社会的各种类型的规范判断的广阔范围（例如道德的、政治的、审美的、宗教的、科学的价值）。

马克思的“超额价值”理论认为，商品的社会价值与个别价值存在着差额即超额价值。一个商品生产者的个别价值如果低于社会价值，按照社会价值计价出售，就可获得超额价值，形成较大的收益。因此，劳动力、管理技术、信息和知识等要素和科学技术一样，可以形成超额价值。 超额价值理论虽然以劳动价值论而非知识价值论等为基础，但为品牌价值及其品牌价值评估提供了重要的理论支持。

在品牌学的意义上，当品牌主不仅通过产品，而进一步通过品牌的符号体系、文化意蕴、与消费者的关系等构建成一个品牌之后，产品便会因为具有品牌的无形资产而产生超额价值。因此，马克思所说的超额价值，在品牌学意义上，被称之为“品牌价值”。

为了满足或解析品牌竞争和品牌兼并中品牌的超额价值，使得各个品牌的价值能够有一个合理的量化、财务化机制，一些将品牌价值（Brand Value）量化、财务化的理论体系和数量模型纷纷出台。而品牌价值评估的基本前提是，品牌除了产品等功能价值之外，还有其品牌本身的特殊价值。该特殊价值可以产生溢价能力、产生消费者忠诚、产生高市场占有和高市场覆盖，产生高额利润。深入分析早期的各种品牌价值评估方法可见，由于品牌的特殊性，单纯地基于财务角度的成本法、收益法等依然面临科学性、适用性的挑战，而单纯基于消费者角度的忠诚度法，也面临着量化难度大、转化为现金流困难的局限性。

因此，21 世纪前后，更多的机构和个人纷纷介入对品牌价值的评估模型和方法的深入研究，并形成了各种不同的品牌价值评估理论模型和评估方法。相对而言，在国际上，较有影响力的是大卫 · 艾克的品牌资产评估指标模型、英特品牌的品牌价值评估模型、世界品牌实验室（WBL）的品牌价值评估模型、品牌价值评估电通模型、品牌资产引擎模型、日本经济产业省的评价模型、日本电通公司的评估模型、日本博报堂的评估模型、温克伦的品牌价值评价图表法、伊藤的 CB 品牌价值评估模型等等，而国内的北京名牌评估公司的评估方法、品牌忠诚因子法等也在国内有一定的影响力。

三、中国农产品区域公用品牌的价值评估模型研究

农产品区域公用品牌是一种相对特殊的品牌类型，其品牌价值及其内涵与其他的品牌类型具有差异性，那么，农产品区域公用品牌的品牌价值由哪些因素构成，如何将其价值量化，又如何通过品牌价值的量化体系化地反映其内在发展潜力和长期竞争力，这正是我们需要解决的重大问题。

（一）农产品区域公用品牌：独特的价值三驱动模式

消费者需求、从业者利益及政府公共管理绩效，这三者是创造农产品区域公用品牌价值的基本动因，这一三驾马车共同驱动品牌运动的形态，是农产品区域公用品牌的特色所在。

从品牌价值的表现来看，农产品区域公用品牌价值和其他类型的品牌价值类似，价值的表现基于品牌为消费者所提供的功能利益及情感、心理利益。需求的满足在交换中完成，品牌消费达成的关节点在于市场交换的实现及为此而进行的前期和后期工作的综合。正是在这种交换中，消费者支付了费用，并融入了自己的消费偏好、体验愿望、文化感知期待、心理愉悦等情感因素，在农产品消费体验中同步满足了物质感官享受、生活便捷等需求，在农产品消费体验后进一步增强对品牌的理解，继而对该品牌再次充满期待，直至下一次品牌消费。

基于上述消费行为的基本轨迹，从业者所做的是顺应品牌产品从生产到消费的流动，在品牌产品到消费者的运动中获取相应的经济收益，并通过品牌管理运作，尽可能使收益最大化，进而在下一个循环中做出相应的投入。

农产品区域公用品牌属于区域的共有资产。这一特质决定了它的品牌建设主体的多方性和多层次性。这种共有性质，也决定了在品牌管理上，品牌所属区域的政府必然发挥更大的管理与推动的作用，政府相应的职能管理部门需要有直接或间接的介入，以实现对该公共资产的有效管理。

（二）农产品区域公用品牌的价值量化特殊性

对品牌价值进行货币化考量，要从品牌收益上着手。

品牌收益指的是品牌在产品销售过程中，消费者所支付的高于同类一般产品的以货币形式表现的超额利润。

首先，需要充分考虑农业产业所具有的特殊性。在目前的生产与管理条件下，农业产业生产、管理的许多环节还存在着诸多不可控的因素。如气候异常、农业灾害、作物本身的大小年、品种老化等多种复杂因素，这些因素对农产品生产有着重大的影响，造成减产减收、品质不稳定等后果，直接限制了农产品品牌收益的大小。基于以上不可控因素，我们截取了一个合理的、相对较长的时间段，基于一定时期内的相关数据做具体的分析研究，这是我们完成本次品牌价值评估的基本前提。

其次，需要了解农产品区域公用品牌在一定时期内所达成的销售情况。一方面，需要深入掌握农产品区域公用品牌产品的年销售收入、年销售数量、产品平均零售价格等相关数据；另一方面，需要在全部收入中找出品牌增值部分所在。基于消费者支付费用构成的分析，在获得真正品牌收益时，我们需要剔除其他无关品牌价值的费用，即劳动者为产品所付出的基本的劳动的代价，在从产品到形成商品诸环节中的一系列管理、流通的代价，在品牌的管理、推广传播中产生的费用，某些环节中产生的税费等等。

同时，还需要了解农产品区域公用品牌价值品牌收益的持续性与稳定性，具体体现在以下几个方面：消费者对其的依赖程度，消费者对特定专业化生产的信任度高低，历史文化传承的惯性大小，品牌体验的黏性强弱，未来发展空间与趋势。

（三）农产品区域公用品牌的价值评估模型

1. 评估模型的公式表达

借鉴国内外十余种品牌价值评估的理论与方法，根据农产品品牌特别是农产品区域公用品牌的特殊性，我们开发出对应的价值评估模型：

农产品区域公用品牌价值 = 品牌收益 × 品牌强度乘数 × 品牌忠诚度因子

其中：

品牌收益 = 年销量 ×（品牌零售均价 − 原料收购价）×（1− 产品经营费率）

品牌强度乘数：由农产品区域公用品牌强度所决定的决定品牌未来收益能力的一个乘数

品牌忠诚度因子 =（过去 3 年平均售价 − 销售价格标准差）÷ 过去 3 年平均售价

2. 模型说明

（1）品牌收益的计算

品牌收益在已有的评估方法或模型中，多有相应的计算方式，但是针对农产品区域公用品牌，或计算过于复杂（如 Interbrand、日本经济产业省的价值评估方法等），可操作性不强，或适用性不佳，偏差较大。因此，我们引入“产品经营费率”这一概念，通过剔除生产环节的劳动收益，结合市场交换完成的最终零售价格，同时充分考虑农产品产业在生产等环节中诸多不可控制因素，所涉主要数据均以连续三年的统计为计，以确保结果的合理性。

最终，我们通过“品牌收益 = 年销量 ×（品牌零售均价 − 原料收购价）×（1 − 产品经营费率）”这一能体现品牌超额利润的方式计算品牌收益，不仅能克服计算过于复杂的弱点，也能更准确地反映农产品区域公用品牌收益的内涵。

（2）品牌强度及品牌强度乘数

品牌强度是指该品牌所带来的未来持续收益的能力，是一组因子的加权综合。品牌强度乘数与品牌收益的持续性和稳定性成正比，品牌强度乘数越大，表明品牌持续收益的能力越强，品牌抗风险的能力也越强，品牌的竞争力也更强，在行业中的地位也相对较高。为了能更好地表征农产品区域公用品牌的特点，我们通过文献、案例和德尔菲法研究，开发了农产品区域公用品牌强度的两级指标体系及权重，并参照Interbrand的品牌价值计算方法，得出品牌强度与品牌强度乘数之间的关系公式为（其中x为品牌强度得分，y为品牌强度乘数，y值在0-20之间）：

250y=x2，x ∈ [0，50]；

(y － 10)2=2x － 100，x ∈ (50，100]。

（3）品牌忠诚度因子

农产品区域公用品牌忠诚度因子主要测度消费者的品牌忠诚度，侧重于品牌能否在长时间内维持稳定的销售。在计算上，我们参照日本经济产业省的HIROSE模型中关于忠诚度的方法，以确保该因子也可准确地反映消费者对农产品区域公用品牌的忠诚程度，再结合品牌强度指标体系中对消费者的深入分析和研究，从而弥补Interbrand评估办法对消费环节因素关注过少的缺陷。

3．品牌强度指标体系构成及权重

表1　品牌强度指标体系构成及权重

品牌带动力	10%	品牌的区域联动程度
		品牌的区域经济地位
		品牌的区域文化地位
品牌资源力	30%	品牌历史资源
		品牌文化资源
		品牌环境资源
品牌经营力	30%	标准体系
		检测体系
		认证体系
		组织管理执行
品牌传播力	20%	知名度
		认知度
		好感度
品牌发展力	10%	品牌保护
		市场覆盖趋势
		生产趋势
		品牌营销趋势

4．品牌强度指标体系说明

品牌强度各级指标是本次研究开发的重点内容之一。在前文量化方向的基础上，着重强调和优化了指标体系与农产品区域公用品牌的匹配与合用性，通过这套指标，与品牌收益及品牌忠诚度因子的结合，能较准确、合理地反映出农产品区域公用品牌价值的真正内涵和在市场中的竞争力水平。

（1）一级指标说明

一级指标由品牌带动力、品牌资源力、品牌经营力、品牌传播力、品牌发展力的五个指标构成：

品牌带动力。品牌带动力是反映农产品区域公用品牌管理中各项资源的配置与组合情况的指标，也是在市场调节环境中消费者对品牌产品信赖程度及品牌效益的间接表现。该指标具体以品牌在区域的联动程度、经济地位（即经济贡献度）文化贡献度三个二级指标构成。

品牌资源力。品牌资源力是农产品区域公用品牌各项历史与现实资源的综合反映，也是历史传承与文化体验的考量指标。二级指标包括品牌的历史、文化、环境资源三个指标，由于农产品对区域的环境资源的要求更高，因此，通过德尔菲法产生的权重构成中，环境资源相对历史、文化资源较高。

品牌经营力。品牌经营力是全面反映农产品区域公用品牌在经营、管理方面从体系化配套规则到实际实施情况的指标。该指标具体由标准体系、检测体系、认证体系、组织管理执行四个二级指标构成。德尔菲法结果显示，上述二级指标中组织管理执行这一指标的权重特别高，显示出作为一个区域内各种力量品牌经营管理执行能力对农产品区域公用品牌的创建和管理的特殊价值。

品牌传播力。品牌传播力是衡量农产品区域公用品牌在消费者心中处于何种位置的指标。该指标具体由知名度、认知度、好感度三个基于消费者认知和态度层面的因子构成。不同的权重显示了品牌态度比品牌知名度、品牌认知度更显重要。

品牌发展力。品牌发展力是农产品区域公用品牌表达未来发展空间的指标。该指标经由品牌保护、市场覆盖趋势、生产趋势、品牌营销趋势等四个指标构成。从发展角度而言，品牌保护、品牌营销趋势比较生产趋势和市场覆盖趋势更具重要性。

（2）二级指标说明

品牌的区域联动程度。品牌的区域联动程度是体现农产品区域公用品牌所在区域内各类型从业人员的响应与配合程度，传达出区域内协作与作业水平的高度，直接影响产品的品质与数量。

品牌的区域经济地位。品牌的区域经济地位反映农产品区域公用品牌所在的产业在本区域内经济中的相对重要程度，它直接指向该区域对该产业的资源配置和政策支持的力度、该区域公用品牌对该区域经济的贡献度。

品牌的区域文化地位。品牌的区域文化地位反映农产品区域公用品牌所在的产业在本区域内文化中的相对重要程度，它体现该区域公用品牌对该区域文化影响力的贡献度。

品牌历史资源。品牌历史资源指的是关于农产品区域公用品牌在生产、管理、创建、经营过程中发生的相关事件、记载、阐释、说明等表达品牌历程的长期性、特殊性的资源综合。该指标体现一个品牌的年龄、品牌的独特历史价值。

品牌文化资源。品牌文化资源是指在农产品区域公用品牌长期发展过程中积累起来的与其相联结的凝聚、寄托品牌情怀的各类文化因子的综合。该指标体现了附着在一个品牌身上的独特的文化力量。

品牌环境资源。品牌环境资源是指农产品区域公用品牌生存和发展的特殊地理条件因素、现实政策环境因素等的综合。该指标立足农产品是自然风物的前提，对区域地理条件要求相对工业产品高的重要特征，并从更现实、更宽泛的环境意义上来体现环境资源价值。品牌的环境资源价值对一个农产品区域公用品牌的贡献和价值具有其特殊性。

标准体系。标准体系是反映农产品区域公用品牌在种养殖、生产或加工技术环节的标准化及其标准体系建立的情况，体现品牌在行业中的地位及规范化进程。农产品类别繁多，不同的产品有不同的标准化要求。因此，该指标的落实和评价将充分考虑不同类别农产品的不同标准化要求，其重要的参照标准是国际、国家、地方或行业的标准体系。

检测体系。检测体系是反映农产品区域公用品牌在种养殖、生产加工及成品商品化过程中对于品质管理掌控的规范化程度的指标。该指标对农产品品牌的安全性和高品质产生重要影响力，各农产品区域公用品牌在生产、营销过程中对环境因素、土壤因素、各种理化指标的检测是否构成科学的检测体系，并得到国际、国家等相关权威机构的认可，是评估该指标的重要参照。

认证体系。认证体系是标示第三方管理机构在农产品区域公用品牌生产环境、品质安全管理等方面介入及认可的指标。与检测体系的技术性因素不同的是，该指标着重参考一个品牌是否通过农产品相关的认证体系，如绿色食品、有机食品、HACCP、ISO9000体系等各种相关认证体系。

组织管理执行。组织管理执行是反映一个区域政府、行业协会等的品牌管理的主导意识和主导性、品牌主体的品牌创建与管理维护能力、一个区域在农产品区域公用品牌管理中整合区域力量、具体实施能力的指标。该指标重视品牌意识和品牌管理执行两方面的表现。

品牌知名度。品牌知名度是反映农产品区域公用品牌被包括目标消费人群在内的公众所了解的程度的指标。该指标是一个品牌进入市场的基础性指标，有了一定广度的知名度，才有可能达到一定程度的市场占有。

品牌认知度。品牌认知度是衡量消费者对农产品区域公用品牌的内涵及价值的认识和理解深度的指标，是消费者在长期接受品牌传播并使用该品牌的产品后，逐渐形成的对品牌的认识和体验。该指标充分体现了消费者和品牌之间的深层次认知关系。

品牌好感度。品牌好感度是衡量消费者对农产品区域公用品牌的偏好程度及特殊情感的指标。该指标是消费者对品牌产生忠诚度的前提。

品牌保护。品牌保护指的是反映农产品区域公用品牌管理单位为保护品牌共有人共同的品牌利益而采取排他性合法措施的行为的指标。在农产品品牌发展的各个阶段，品牌保护的意识和措施有效性都显得尤为重要。

市场覆盖趋势。市场覆盖趋势是反映农产品区域公用品牌在国内外市场开拓及发展方面增长或削弱趋势的指标。该指标体现品牌在市场推进层面的未来空间尺度。在品牌成长期，该指标决定了一个品牌对未来市场占有和扩大的可能性；在品牌成熟期，该指标相对价值减弱，而更侧重于单位销售额的品牌超值价值的体现。

生产趋势。生产趋势是反映农产品区域公用品牌在产品生产方面增长或削弱趋势的指标，体现品牌在生产层面的未来空间尺度。该尺度在品牌成长不同的时期意义不同，规模扩大和品牌超额价值的体现之间并不呈现必然关系。

品牌营销趋势。品牌营销趋势是反映农产品区域公用品牌在传播与行销投入和影响力方面的增长或削弱趋势的指标，是品牌体验黏性强弱的表征，也体现品牌在传播与行销层面的未来空间尺度。在前端生产流程、市场覆盖达到一定的水平之后，该指标在新的信息传播环境中显现出特殊价值。

注释：

[1] 该研究获得了众多同行好友的支持，在此，再次感谢。

[2] 利用该研究成果，课题组已在全国发布了近 10 次中国农产品品牌价值评估成果。

[3] 参考文献为国内外有关品牌价值评估的相关文献及网站资讯。

论增强现实广告技术的创新扩散

王琦旎　莫梅锋

摘要：增强现实广告技术是一种将虚拟广告信息叠加到真实情境从而实现更高营销价值和更真实用户体验的新型广告技术。本文通过调查发现，在互动传播技术条件下，受众日益主动，创新扩散已不再按罗杰斯提出的 S 模型进行，提出创新扩散的波浪模型；并从创新特征、创新扩散过程和创新采纳者转化三个方面，剖析增强现实广告技术不能广泛应用的阻碍因素，并提出相应对策。

关键词：增强现实广告　创新扩散　创新采纳者

一、增强现实广告技术

增强现实 (Augmented Reality，简称 AR) 技术是继云计算、物联网之后最重要的信息技术之一。AR 广告技术是一种整合传感技术与视觉化技术，将虚拟广告信息叠加到真实世界，使真实空间与虚拟空间交叉融合，进而产生奇幻感官体验的一种新型广告技术。其作用的内在机理包括三个方面：首先，AR 广告技术带来令人感兴趣与震撼的虚实交融的新型体验，满足了体验时代人们的新需求，其本身就具有吸引眼球的作用；其次，AR 广告技术通过互动让受众沉浸于广告之中，延长和增加了广告影响受众的时间和机会；第三，AR 广告技术魔幻般地实现了虚拟广告与现实生活的融合，极大限度地延展了广告的时间和空间，并能直接实现购买。

基于此，该广告技术已被世界众多著名品牌采纳。如可口可乐零度的“阿凡达”AR 广告，用户可通过可乐瓶罐激活并操作飞船，仿佛置身潘多拉星球；宝马 MINI 的 AR 广告，消费者可以通过印有特殊图标的杂志操控电脑中的汽车；麦当劳也开发了手机AR广告，用户拿出手机对着街景，即可显示多少米范围内有麦当劳店，如此等等，其应用空间十分广阔。然而，具备众多优势的AR广告技术在中国却甚少应用，是什么原因阻碍了它在中国的扩散呢？为了更加准确地了解受众对AR广告技术的认知程度，并进一步分析AR广告技术创新扩散的特征及阻碍因素，本文抽取了112名较能接受新事件且专业相近的大学生进行滚雪球问卷调查。年龄段集中在19—24周岁。其中有效问卷为112人。调查对象专业比例为：广告专业25人，新闻专业25人，英语专业16人，工商管理专业16人，电气自动化专业15人，计算机科学专业15人。作者主要根据AR广告技术创新的特征和扩散过程设计了12个问题。调查结果显示，AR广告技术的复杂性和难以体验性是阻碍受众采纳该创新的主要原因，而该技术的互动和体验特性又是受众采纳并将其扩散的主要原因。本文通过调查发现在当前传播技术条件与受众主动性变化背景下，一项创新已不按罗杰斯的创新扩散s模型进行，它可能被拒绝采纳；而在采纳者中，一些粉丝级用户对创新的扩散起到了推波助澜的作用。本文进而提出创新扩散的波浪模型，并从创新特征、创新扩散过程和创新采纳者转化三个方面剖析增强现实广告技术不能广泛应用的阻碍因素，提出相应解决方案。

二、创新特征：优势显著相容且可观察，但复杂又难以体验

AR广告技术具有传统广告技术不可比拟的创新特征，通过分析这些创新特征，我们可以预测其采纳情况。第一个特征是相对优势。以吸引注意力为目标的传统广告技术效果已不尽如人意，一方面，受众因处于被动接收状态，对广告的兴趣有限；另一方面，广告过多过滥，受众的厌烦心理日益增长。而AR广告技术不仅降低了广告制作的成本，其创造的虚实交融的受众体验乐趣延长了广告影响受众的时间和机会，极大限度地拓展了广告传播的时空边界，带给广告主的经济效益日见明显。日益普及的便携移动终端无限拓展了AR广告技术的用武之地。例如应用台湾信义房屋推出的“iPhone看屋APP”，消费者用手机拍摄街景，屏幕上即浮现周围待售楼盘的信息，包括价格、面积、布局、户型、促销等，还可以了解该楼盘所处的地理位置、交通路线、银行、公园、学校、超市、娱乐场所等信息。此类手机应用软件有助于人们的日常生活，颇受欢迎。

第二个特征是相容性。根据CNNIC发布的《第29次中国互联网络发展状况统计报告》，截至2011年12月底，中国网民规模达到5.13亿，其中手机网民占69.4%。AR广告技术顺应了这一移动互联网的发展趋势。AR广告技术的相容性还体现在：一方面，它增强了广告效果，满足广告主对经济利益的追求；另一方面，它增强了消费体验，让消费者更充分地了解到商品信息，又满足其娱乐需求。如雷朋眼镜采用AR技术开发虚拟试衣间广告页面，消费者不需去实体商店试戴眼镜，在电脑前就可以试戴各种眼镜（全红艳、王长波、林俊隽，2008）。

第三个特点是复杂性。AR关键技术包括虚实物体配准、显示、真实感绘制等多项技术（朱杰杰、潘志庚、孙超，2008），技术开发难度大，因而使广告商望而生畏。AR广告创作时还需要考虑是否与观众互动，AR广告的界面与意义诠释、环境氛围及互动体验能否被受众感知与接受，这些加剧了不确定性。而且，AR广告技术开发和运行离不开价值不菲的器材，并对采纳者的新媒体操作技能提出了较高要求（郝晓明、赵靳秋，2007），消费者还需要投入较多时间和精力参与。比如宝马的虚拟试驾AR广告，消费者必须有带摄像头的电脑，并且上指定网站打印二维码才能体验该广告。将二维码对准摄像头时，二维码的位置和摄像头的像素会影响图像的识别，进而影响到虚拟试驾的效果和消费者的感知体验（陈靖等，2010）。

第四个特点是可体验性。采纳者难以对AR广告技术进行体验，这阻碍着它的快速扩散。其实只要提供一些简单的辅助条件，AR广告带来的体验乐趣即

可让更多受众参与体验。英国Lynx在伦敦地铁推出“天使降落人间”AR广告，受众借助地铁大屏幕与屏幕中降落的虚拟天使互动，让受众低门槛地体验了一番AR广告。

第五个特点是可观察性，这主要体现在受众能否感知到AR广告带来的沉浸体验和互动娱乐。随着传播技术的发展，受众不但自己可以感知到AR广告带来的快乐，还可以通过手机或网络与他人分享。在阿迪达斯的三叶草游戏鞋子AR广告活动中，消费者在游戏过后还可方便地分享自己参与游戏的照片，这样更多的消费者通过这一分享环节感知到AR广告技术。从AR广告技术的创新特征来看，其相对优势显著，相容性明显，可观察性特别突出，但其复杂性和难以体验性在一定程度上阻碍了它的创新扩散。为突破这一阻碍，一方面AR技术提供方应该加强AR技术应用的简单化和可视化研发，并充分利用现有设备；另一方面，广告行业应更敏感地洞察传播新技术的发展，加强新媒体技术人才的引进与培养，同时加强传播新技术的商业化应用研究。

三、扩散过程：迥异于S曲线的波浪模型

创新的扩散是指创新经过一段时间，通过特定的渠道，在某一社会团体成员中进行传播的过程(Rogers, 2002, P. 30)。罗杰斯(Rogers)在创新扩散理论中绘制出了著名的s形创新采纳曲线。但正如罗杰斯所承认的，并不是每个人都会采纳创新，存在拒绝创新的个体。另外，在互联网和移动应用日益普及的时代，消费者的行为习惯已经发生了巨大改变：他们不再被动地接受信息，而是主动搜集信息以减少创新带来的不确定性，将信息分享给潜在采纳者。从被动到主动，经典创新扩散模型无法充分解释AR广告技术的扩散和采纳。依据调查结果，本文修正了罗杰斯的s模型，提出了创新扩散的波浪模型。新模型中创新扩散过程由原来的了解、兴趣、评估、体验、采纳阶段，修正为：知晓、兴趣、搜索、体验、分享五阶段：

第一阶段是：知晓阶段。在这一阶段，受众开始接触创新，但对创新知之甚少。通过调查，我们发现有74.11%的被调查者不知道AR广告，仅有22.32%的听说过AR广告。当前，很多人对AR广告技术还停留在不知晓的阶段。

第二阶段是：兴趣阶段。在这一阶段，受众因对创新的某些特征感兴趣，产生采纳的欲望。如何将创新的相对优势和相容性等特征显著地表现出来，这是创新者必须思考的问题。然而当前很多人因AR技术的复杂性和难以实验性，兴趣泯灭。调查显示，在引起消费者兴趣的因素中，互动性和趣味性的比例占71.76%，增加商品体验的因素占72.94%。

第三阶段是：搜索阶段。在这一阶段，采纳者为减少创新带来的不确定性，会主动通过各种渠道了解创新。调查发现主要有咨询他人、大众媒介以及网络搜索三种手段。而78.43%的被调查者通过电脑和手机对AR广告技术进行搜索，且往往依据已采纳者的经验作出是否采纳的决策。

第四阶段是：体验阶段。在这一阶段，采纳者会对创新进行体验。创新的可体验性和可观察性在体验阶段影响巨大。据调查，仅有6.17%的人在体验后最终没有接受，主要是因复杂性而却步。如果创新体验的方式越多和越简单，或越符合其预期，采纳者则更易采纳创新。而期望的满足有利于形成良好的口碑，进而影响采纳者的决策，加速AR广告技术的扩散。因此，广告商在策划AR广告时需充分考虑受众在互动中的体验感知，以超越其预期。

第五阶段是：分享阶段。通过上述阶段，一旦采纳者确认采纳创新是有价值、有意义、有趣的，如果个体发声的渠道通畅，一些有“意见领袖”气质的人会主动将创新进行分享，从而加速扩散过程。调查发现，大部分受众在确认创新之后都会将这一创新分享，且分享的方式多种多样。手机和网络在这个阶段中的推动作用明显。但也存在保守势力的阻击， 比如一些广告人深恐技术逻辑会异化人与人的沟通，因而标榜广告的艺术性和沟通性，拒绝技术对创意的控制。

从以上分析可以看出，每个阶段都有有利于创新扩散的诱因，也有阻碍的力量，甚至造成拒绝采纳，

从而使整个创新扩散过程呈现出波浪式的变化。创新扩散的波浪模型考虑到了拒绝采纳创新的可能性及每一个采纳阶段都可能存在中断采纳行为的阻碍力量，所以笔者以为，它 tts 曲线更具解释力。

四、采纳者转化：早期采纳者是 AR 广告技术的二次传播者

在 AR 广告技术扩散过程中，人们的角色因其采纳创新的速度不同，形成罗杰斯提出的五种类型的人群，其采纳的程度更易于发生由低采纳度向高采纳度方向的转化，在新的技术条件下，早期采纳者的作用发生了新的变化。

拒绝采纳者是抵制 AR 广告技术的保守势力，是与传播新技术隔离的遁世者。他们对 AR 广告技术及其采纳持根本性抵制态度。

早期采纳者比普通个体更具有创新意识和接收广告新技术的条件、能力和意向，最主要的特征是他们不仅仅主动采纳该创新，更是参与创新，成为创新的着迷者、忠诚者、狂热者。其他人只是对创新不同程度的采纳，没有参与创新。早期采纳者是最新广告技术传播的“意见领袖” ，在他们眼中技术就是时尚，技术带来光环，技术带来快感，并且他们愿意与人分享技术带来的满足。他们还是他人效仿采纳创新的榜样人物，潜在采纳者在采纳创新方案之前通常向早期采纳者咨询以获得创新的信息和建议(Rogers，2002，P．247)。

目前，AR 广告技术在我国还处于早期阶段，早期采纳者对 AR 广告技术扩散发挥着关键作用。根据主动程度不同，早期采纳者可分为参与者、着迷者、忠诚者与狂热者，他们与拒绝采纳者、早期大众、晚期大众、落后者形成互动关系，形成了一种网状人际影响脉络，促使拒绝采纳者成为采纳者，加快早期大众、晚期大众和落后者的采纳进程。其中，参与者具备早期采纳者最基本的特征，如参与者在看到“GE 三维奇境”广告后，主动参与其中，打印二维码，通过电脑摄像头体验该 AR 广告。体验过后，他们博客或者论坛上分享经验或向朋友推荐。而着迷者还会主动去寻求和 GE 三维奇境相同或类似的信息，展开对 AR 的讨论，分享其他 AR 广告甚至上传自己创作的个性化 AR 广告，沉浸在广告带来的虚拟体验中。忠诚者则不仅有高度的重复采纳行为，还伴有很高的情感，重复体验 GE 三维奇境，对该创新产生一种偏爱。狂热者则对创新过度采纳，并产生一种依赖成瘾的病态心理和行为。如苹果狂热“粉丝”一样，他们把通晓 AR 广告技术当做一种身份的象征，疯狂追逐最新 AR 广告信息与技术，情不自禁地向周围的人炫耀，并沉迷于 AR 广告的虚实情境不可自拔。

早期大众对创新有一定的兴趣，但缺乏强烈的主动性，在确认创新价值之前仍会考虑一段时间(Rogers，2002，PP．247—248)。一旦确认创新价值，早期大众将形成自己的评价，并将创新推荐给他人，从而影响到创新的扩散。当前，AR 广告技术的早期大众还没有形成，这是 AR 广告技术扩散的瓶颈。当务之急是发挥早期采纳者，尤其是参与者、着迷者、忠诚者和狂热者通过网络或手机口碑形成的感染力与影响力，带动更多的人加入早期大众的行列。

晚期大众对创新持小心和怀疑的态度，只有在系统内大多数成员采纳了创新之后才会跟随(Rogers，2002，P．248)。为动员晚期大众，应降低 AR 的技术难度与使用成本，并通过早期采纳者的口碑和大众媒体形成的舆论压力，让其产生不采纳就会成为落后者的压力。

落后者是系统内最后采纳创新的群体，也是 AR 广告技术扩散必须争取的力量，但需更大的努力与成本，在战略上他们属于“瘦狗”市场，可以有选择地放弃。

简言之，在 AR 广告技术的扩散过程中，早期采纳者的作用十分关键，他们通过人际、手机和网络等渠道，说服拒绝采纳者接受 AR 广告技术，并加速落后者、晚期大众、早期大众、早期采纳者的采纳进度，实现低采纳度向高采纳度的转化。当然，这种转化过程也可能发生中断。如果只是在知晓和态度上发生了变化，并没有将态度化为行动，采纳的行为就会中断。

五、结语

AR广告技术在中国的应用还在起步阶段，造成举步维艰现状的原因，有AR广告技术本身的复杂性、难以实验性等因素的影响，也与AR广告技术开发企业没有重视和发挥早期采纳者的主动性相关。本研究认为，AR广告技术有着良好的市场前景，并必将引领广告未来发展的潮流。为更好、更早地实现AR广告技术对广告的革命性变革，广告研究者、经营者都应具备超前意识，欢迎、拥抱并推动AR广告技术的发展。

参考文献：

[1] 埃弗雷特.M. 罗杰斯．创新的扩散[M]. 北京：中央编译出版社，2002.

[2] 全红艳，王长波，林俊隽．基于视觉的增强现实技术研究综述[C]. 机器人，2008(7).

[3] 朱杰杰，潘志庚，孙超．增强现实技术应用综述[c]. 第四届和谐人机环境联合学术会议论文集，2008(10).

[4] 郝晓鸣，赵新秋．从农村互联网的推广看创新扩散理论的适用性[J]. 现代传播，2007(6).

[5] 陈靖，王涌天，郭俊伟，刘伟．增强现实技术在智能手机上的应用[J]. 电子科技大学学报，2010(l).

附件：

调查问卷

尊敬的先生／女士：您好！很荣幸邀请您为我们填写这份问卷，此次调查旨在全面了解增强现实广告的创新扩散。您的意见和建议对我们非常重要！您的个人信息我们将严格保密，请您放心填写。谢谢您的合作！

增强现实（简称AR）是在虚拟现实技术基础上发展起来的一种新兴计算机应用和人机交互技术。它借助计算机和可视化技术将虚拟的信息应用到真实世界，真实的环境和虚拟的物体实时地叠加到了同一个画面或空间同时存在。而AR广告技术是一种将虚拟广告信息叠加到真实情境的新型广告技术。点击地址观看AR广告视频http：／／madbrief．eom／arehives／2500

湖南大学新闻传播与影视学院广告系 2011年9月

1．请问您的性别是 A．男 B．女

2．请问您的年龄是 A.16–18岁 B.19–21 C．22—24岁 D．24岁以上

3．请问您在该调查之前知道AR广告吗？ A．不知道 B．听说过 C．非常了解

4．请问您是通过什么途径知道AR广告的？(可多选） A．他人推荐 B．大众媒介（广播、电视、报纸、杂志等） C．网络 D．其他____

5．请问在知晓AR广告后您对AR广告有兴趣吗？ A．有（进入第6题） B．没有（进入第7题即可结束答题）

6．请问您感兴趣是因为（可多选） A．AR广告趣味性、互动性强 B．AR广告增加对商品的体验，使您更加充分地了解到商品信息，满足购买需求 C． AR广告不同于传统广告，其效果更强 D．其他____

7．请问您不感兴趣是因为（可多选） A．AR广告难以理解 B．AR广告操作麻烦 C．AR广告难以在生活中体验 D．其他____

8．请问您会主动搜集信息继续了解AR广告吗，为什么？ A．会，我想清楚地了解AR广告以便以后使用 B．不会，我对采用AR广告还不确定，需再考虑

9．请问您会通过什么途径进一步了解呢？（可多选） A．咨询他人 B．通过大众媒介（广播、电视、报纸、杂志等） C．通过电脑或手机在论坛、博客、微博、社区网站等网页上搜索 D．其他____

10．请问在采用AR广告之前，您会亲自体验

AR 广告吗？ A. 会 B. 不会

11. 您最终对 AR 广告的态度是 A. 乐意接受（进入第 12 题） B. 不接受（进入第 13 题即可结束答题）

12. 请问您乐意接受的原因是（可多选）

A. AR 广告趣味性、互动性强 B. AR 广告增加对商品的体验，使您更加充分地了解到商品信息，满足购买需求 C. AR 广告不同于传统广告，其效果更强 D. 采用 AR 广告能体现一种地位，代表一种身份 E. 受到他人推荐的影响 F. 其他 ____

13. 您不接受的原因是（可多选） A. AR 广告比较复杂，操作麻烦 B. AR 广告不大实际 C. 受到他人言论影响 D. 其他 ____

14. 您在采纳 AR 广告后会有以下哪些行为？（可多选） A. 口头推荐给他人 B. 在博客、微博、论坛、等网络媒介上分享 C. 建立一个社群对 AR 广告进行讨论 D. 上传自己原创的 AR 广告 E. 多次重复体验一个 AR 广告 F. 体验各种 AR 广告，并且不断地向他人展示自己在 AR 广告中的体验 G. 其他 ____

试析三网融合背景下的植入式广告发展趋势

黄健源

摘要：随着传播技术的进步与国家政策的支持，三网融合成为媒介发展的重要趋势，媒介形态与传播方式将发生变革。三网融合使媒介环境发生改变，并进一步影响广告的发展，为植入式广告的发展带来了机遇与挑战。三网融合背景下，植入式广告的未来发展趋势表现为：传播精准化、形式多元化、运作整合化以及植入式广告与电子商务的联姻。

关键词：三网融合　植入式广告　发展趋势

一、引言

早在 2000 年，《中共中央关于制定国民经济和社会发展第十个五年计划的建议》就明确提出“促进电信、电视、计算机三网融合”。2010 年 7 月，国务院正式公布了第一批三网融合试点城市名单，标志我国的三网融合试点工作正式启动，三网融合成为我国传媒与信息产业前所未有的发展机遇。

在这个背景下，植入式广告的发展面临一个新的环境。从广告发展的历程来看，技术作为广告发展的重要驱动力，对广告的发展有深远的影响。植入式广告作为广告形态的一种，近年来越来越多地被广告主运用，成为其产品或品牌营销传播活动的重要组成部分。在三网融合进程中，媒介技术的发展、新媒介的涌现，媒介变革也将影响植入式广告的发展。新的媒介环境变革促使广告形态变迁，植入式广告面临着新的发展机遇与挑战，同时也呈现出新的发展趋势。

二、三网融合对植入式广告发展的影响

三网融合通过整合电信网、广电网与互联网，以手机、电视和电脑为代表的媒介终端真正实现普及全民的网络化和数字化，深刻改变信息传播和受众接收信息的方式。三网融合将带来营销传播环境的改变，并进一步对广告发展产生影响。

1. 三网融合带来营销传播环境的变化

数字网络等信息技术的突飞猛进，突破了传统媒体行业与电信等相关行业的技术壁垒；互联网、手机媒体成为具有重要影响的新兴媒体，媒体之间趋向融合。三网融合作为一个长期性、连续性和系统性的工程，将对营销传播环境造成变革性的影响。

第一，三网融合中的数字化使多种媒介融合为一个传播平台，进而衍生出各种媒介形态，带来丰富的媒体资源，为营销传播活动带来极大便捷性。在三网融合推动下，各类型媒介通过新介质实现信息的汇聚

与融合。

第二，三网融合使传播渠道、传播内容与受众的价值都获得放大。一是传播渠道价值的放大。电视、电脑与手机三种信息终端的融合，带来了前所未有的互动模式，为广告主提供更好的服务。二是传播内容价值的放大。三网融合使广电、互联网与无线网络的媒介信息互通有无，受众在不同媒介接触到相同的传播内容，提高了传播信息的曝光率与受众对这些信息的记忆度。三是受众价值的放大。三网融合使受众的覆盖达到最大化的同时，实现了用户规模化与个性化的统一，使得这个平台具有很高的传播价值。

第三，三网融合后受众权利得以彰显，其个性和需求得到充分的尊重和满足，对受众的营销传播方式趋向互动化、个性化与多元化。三网融合改变了原有的受众与媒体，构成了一种全新的模式。三网融合带来分众传媒时代，伴随着受众细分而来的是受众权利的彰显。

第四，在三网融合的背景下，媒体逐步融合，传播渠道更趋多元。目前，受众的生活方式从单一化向多元化转变，信息传播的方式从完整化、深度化向碎片化、娱乐化转变，受众使用的终端也从单一的电视、电脑等转向了多屏幕。而三网融合背景下的电视、网络、手机等终端全面的受众数据库，为受众提供了精准细分的基础。

2. 三网融合对广告发展的影响

每一次传播技术的重大进步不仅要求原有的媒介形态和传播方式进行改进以适应新的媒介环境，还催生新的传播方式和媒介形态，广告的生存形态也随之发生改变（张金海、王润珏，2009)。广告作为一种信息传播形式，在历史演进过程中的不同时代由于不同的媒介载体而衍生了不同的形态。随着三网融合的不断推进，新广告形态将不断涌现而日趋丰富，广告发展将进入一个全新的阶段。三网融合对广告发展的影响主要有以下五个方面。

3. 广告传播渠道平台化

三网融合将为媒体布局带来的巨大变化。就广告业而言，主要是广告信息传播渠道的平台化。信息传播平台成为了人们数字化生存的重要场所。随着三网融合的推进，传统媒体也纷纷向数字化方向发展。信息传播平台使各种媒体功能融合，打通电视、互联网与手机终端，广告主和内容创作方有广泛的合作空间。高创新含量的内容产品在电视、互联网和手机三个不同的渠道中传播，通过共享、互动、口碑传播等方式使传播速度提升，病毒式传播更容易实现。

4. 广告形式趋向多元

三网融合后，新媒体不断涌现，媒介渠道大大拓展。新媒体的应用业务具有巨大的开发空间，广告可选择的载体日益丰富，大大扩展了现有的广告空间。三网融合的多媒体信息平台就是将信息服务将由单一业务转向文字、语音、数据、图像、视频等多媒体综合业务。广告传播不仅是局限于电视、报纸、广播、杂志等传统媒体，而是向着互联网、手机媒体、数字电视等新媒体转变，广告渠道的多样化发展使得广告投放也呈现多元化的形式。

5. 广告受众拥有更多选择权

三网融合后，受众拥有更多选择权，从而带来受众媒体接触行为的变化。以前的受众是“被广告”，现在将有更多交流互动和参与的机会。媒体将会更加关注受众的感受，更加尊重受众。

目前，无论是传统媒体还是数字媒体都因为网络技术的成熟而开始了新一轮的资源整合，并根据差异化的受众需求进行分化、聚合，形成新的媒介定位，以此作为差异化营销的基础(王菲,2007)。三网融合后，新的广告传播形式更多地体现窄众传播的理念，通过网络化信息传播平台满足用户对各类信息的需求，对目标受众进行全方位、多样化的广告传播。

6. 精准互动成为广告发展新方向

媒介的分化与受众的碎片化使传统调研方法无法准确掌握受众的需求，三网融合带来的终端革命将受众重聚在信息传播平台上。原来以电视、报纸为代表的传统单向的广告传播方式，将被精准、互动的新型广告所取代。通过数字传播技术，广告主根据不同受众的需求进行信息沟通，精确地控制信息流向，达到营销目的。互联网、手机、IPTV 等多元化的新型传播渠道将其精准互动、及时便捷的传播优势体现得淋漓尽致。在信息传播平台，受众的行为可以被记录下来，在此基础上，分析其人口特征、行为特征和心理特征等，形成受众的个人信息，储存在数据库中。

7. 资源整合使广告成本逐渐下降

在三网融合的信息传播平台下，广告主通过投资、兼并、合作等方式整合其他社会资源，完善娱乐、商务、游戏、生活资讯、增值服务等多种信息数字资源，在品牌信息与受众注意力之间，搭建起一个立体的交互空间。同时，广告主可根据传播渠道的特点制定相应的传播策略，降低广告的制作成本和广告的传播费用，只需要一次性付费即可使得广告信息在电信网、广电网与互联网中广泛传播。

8. 三网融合背景下的植入式广告发展机遇与挑战

三网融合带来了媒介环境的变化，并对广告发展产生多方面的影响。对植入式广告的发展来说，三网融合对植入式广告带来发展新机遇的同时，也带来了新的挑战。

9. 三网融合：植入式广告发展的新机遇

第一，植入式广告代理公司的兴起，专业化的植入式广告运作，能提高植入式广告的质量。目前我国植入式广告的兴起，广告主对植入式广告的偏爱，为植入式广告代理公司的发展带来新的机遇。而植入式广告代理公司的发展，及其对植入式广告的专业化运作，能大大提高我国当前的植入式广告的质量，为植入式广告持续发展提供保障。在三网融合带来的技术变革背景下，要实现植入式广告的发展与创新，植入式广告代理公司的技术化转型也是一个重要的发展趋势。

第二，三网融合时代“内容为王”使植入式广告具有很大发展空间。三网融合后，平台的互通性使媒介内容的价值得到彰显，尤其是优质的媒介内容将因受到广大受众的追捧而获得聚焦效应。这些媒介内容可以是影视节目、网络游戏等等。将广告信息植入到媒介内容中可解决受众碎片化、注意力分散的难题，同时植入式广告有可能因植入母体的高关注度而大获成功。如受众对某个网络视频有浓厚的兴趣，广告信息会由于受众观看节目而不经意间给受众留下印象。

第三，传播渠道平台化使植入式广告传播范围最大化与成本最小化。三网融合时代，由于电信网、广电网与互联网之间界限消失，传播渠道趋于融合，建立起一个信息传播的平台，传播内容可以自由流通，实现最大限度的共享。对植入式广告来说，随着影视节目等植入母体的广泛传播，其中的广告信息传播范围也获得了最大化。由于传播内容由统一的编码形式构成，因此在不同媒介传播时不需要再进行加工处理，传播效率大为提高的同时，成本达到了最小化。

第四，目标受众的主动性与互动性增强，受众通过植入式广告注意到广告信息后，会通过主动搜索接触到关于该广告信息的更多内容。三网融合带来了广告传播的新模式，使得用户有更大的自主权来自主选择、积极反馈信息。目标受众的需求将受到重视，从而获得了更大的自主权来选择信息和产品，并积极反馈信息。

第五，植入式广告的传播效率将大幅提高。从广告传播的精确性来看，三网融合后， 由于广告数据库、智能广告网等技术的支持，能够实现对受众的精确细分并掌握其媒介使用习惯。受众也可以提供丰富的反馈信息，进行进一步沟通，在这种背景下，植入式广告的投放可以更加精准。根据受众数据库，可以为不同的受众搭配不同的广告从而投其所好，广告植入可以针对目标受众，实现广告植入的精准化与定制化。

10. 三网融合对植入式广告发展提出的挑战

三网融合为植入式广告发展带来前所未有的新机遇，同时也带来了诸多新问题与挑战。一方面，内容资源价格上涨，限制植入式广告的传播范围。三网融合后的信息传播平台为植入式广告的传播创造了便捷的条件。与传播便捷化相对应的是传播内容的供应紧张，如果不加大内容更新力度，会使传播内容同质化严重。对三网融合后急需搭建内容平台的运营商来说，视频版权价格已经构成了不低的进入门槛。

另一方面，受众注意力的碎片化，将会影响植入式广告的传播效果。有学者指出，人类历史的发展离不开注意力的竞争，真正的竞争出现在网络时代（张雷，2009，60 页）。三网融合带来海量的信息，进一步加剧了注意力的竞争，导致受众注意力的碎片化，受众的消费方式同样呈现出碎片化、无意识与随机性的特点。目前，眼球经济日益显著，面对同质化的海量信息，受众的注意力会极大分散，从而影响植入式广告的传播效果。

三、三网融合背景下的植入式广告发展趋势

1. 植入式广告传播精准化

三网融合后，数据库技术的广泛应用为实现精准传播提供了技术支持。以影视植入式广告为例，广告主与广告公司可通过非线性编辑系统等技术将影视作品中的植入式广告剪辑收录，将它们汇集起来进行数字化处理，建立强大的内容数据库（赵子忠，2005，56 页）。在三网融合背景下，受众的媒介接触行为也可通过数字技术被记录下来，形成丰富的受众数据库。三网融合“建立了一个庞大的近似普查的消费者信息库，同时也提供了一个消费者主动反馈的信息平台”（黄升民，2011）。在这种情况下，传者可以依据受众数据库与受众反馈的信息进行传播，受众也可以根据自身需求接触相关的广告内容数据库。这种双向互动的信息传播模式实现了广告信息传播的精准化，广告信息与受众消费者的需求获得最佳的匹配。

2. 植入式广告形式多元化

传统的影视节目植入性广告通过道具、场景和对白来植入，以后更多的是通过形象和主题来植入，这是一种概念与生活形态的植入。在新的营销概念中，内容产业的产业链正在不断地延长，辐射到各个领域，包括广告销售、版权交易以及衍生产品开发等。植入式广告作为一种新的增值模式，也必将为越来越多的制片方所采用。

三网融合带来丰富的媒介资源，为植入式广告提供丰富的植入载体。随着新媒体、新技术的发展，植入式广告运用所涉及的媒体越来越广泛，只要是能传递信息的介质，就可以成为植入式广告的载体。植入式广告从传统的电影、电视、出版等领域，扩展至游戏、体育、事件、音乐乃至人们的生活形态和日常活动项目。三网融合背景下，植入式广告的运用在影视节目、互联网以及手机业务等多领域中蓬勃发展。

3. 植入式广告运作整合化

三网融合背景下，媒介资源日益丰富， 内容产业日益繁荣，与此同时的是受众注意力资源的日益稀缺。因此，在广告传播方面，“整合”成为聚焦受众注意力的一种重要途径，也成为广告运作的一种趋势，植入式广告运作也不例外。

一是广告传播策略整合化。目前，可口可乐、百事可乐、耐克等知名品牌纷纷开始大规模的互联网广告植入。从游戏植入式广告来看，其运作方式从最初的游戏内植入模式开始向品牌与游戏联合营销、终端合作促销等互动营销的方式转变。

二是广告植入资源整合化。从产业链的角度来看，广告信息的植入资源正朝着整合化方向发展。内容制作商、运营商可以通过投资等方式介入专门从事植入式广告的代理公司，如盛大网络公司早在 2007 年就向游戏内植入式广告代理商盛越广告公司投资。与此同时，盛大网络公司开始向 AC 尼尔森公司开放自己的网络游戏系统，使第三方监测公司开始介入。

4. 植入式广告与电子商务联姻

三网融合背景下，电视、电脑与手机三屏合一，信息传播实现平台化，为受众与传者搭建起一个互动沟通的空间。在这信息传播平台背后支撑其运营的是先进的数字化技术，这些技术促使各种应用业务的融合。其中电子商务的应用从传统的互联网领域向数字电视、移动互联网等多种终端扩散，实现了电子商务业务的广泛应用与蓬勃发展。

受众在进行看影视节目或玩电子游戏等媒介接触行为时，植入式广告随内容传播而被受众所关注，受众如果对其中的广告产品或品牌有一定兴趣时，可以通过网络搜索引擎进行搜索相关资讯对产品或品牌进行深入了解，并与卖家进行在线的充分沟通，在产生了购买意愿时，可即时通过电子商务进行在线购买。这样，在三网融合的互动平台上实现了植入式广告与

电子商务的联姻，由植入式广告引发了受众对产品信息全方位的主动搜索，乃至产生即时购买行为。

植入式广告发展新趋势的出现离不开三网融合带来的媒介环境变化。数据库技术的应用使传播精准化成为可能；媒介资源的剧增导致形式多元化；受众注意力碎片化促使运作整合化；数字化信息传播平台中各种应用业务的融合促成了植入式广告与电子商务的联姻。

四、结语

三网融合作为一种新的媒介发展趋势，目前业界实践刚刚起步。而植入式广告近年来呈现出井喷式的发展态势，发展前景广阔。可以预见的是，三网融合与植入式广告两者必将相遇。在新的媒介环境下，植入式广告的发展将受到的影响、遇到的机遇与挑战及其发展趋势成为了笔者的关注点。三网融合后，信息传播平台成为人们数字化生存的重要场所，植入式广告的发展被纳入到这个信息传播平台之上。可以说，信息传播平台成为了植入式广告的最大植入载体。此时，植入式广告将迎来其发展的黄金时代。

参考文献：

[1] 黄升民．三网融合下的“全媒体营销”[J]. 新闻记者，2011(1):43–45.

[2] 王菲．媒介融合中广告形态的变化[J]. 国际新闻界，2007(9):17—21.

[3] 张金海，王润珏．数字技术与网络传播背景下的广告生存形态[J]. 武汉大学学报(人文科学版)，2009(4):493–497.

[4] 张雷．媒介革命：西方注意力经济学派研究[M]. 北京：中国社会科学出版社，2009.

[5] 赵子忠．内容产业论[M]. 北京：中国传媒大学出版社，2005.

韩国网络广告治理的经验与启示

深圳大学传播学院　李明伟

摘要：韩国的网络广告治理十分注重对既有法律的修订和传统治理体系的完善。1999年开始实施的《公平标签与广告法》历经9次修订，迄今仍然是韩国广告包括网络广告管理的基本法。该法对广告主设定了关键信息的披露义务和广告事实的证实义务，以从立法上确保广告中实质性内容的充分、真实与明确，客观上免除了消费者和执法机关证明广告为假的法律负担。与我国不同，韩国不刻意追求对网络广告的全面实时监测，而是以重点监管和悬赏举报制度织罗了一张无时无处不在的弥天法网。此外，其以法治促自治的治理思路，拒收诱购广告的消费者注册系统，也颇具借鉴价值。

关键词：韩国　公平交易委员会　网络广告　广告治理

一、背景与问题

网络在韩国已基本普及(如图1)。截至2010年，韩国网络使用人数，包括移动电话无线网络使用者(网络使用者是指最近使用网络者)超过3700万。10–39岁人群的网络使用率接近100%。40–59岁的网络使用率与2009年相比增长了3%，有望成为韩国网络市场成长的一个强劲动力。2000–2010年10年间，网络使用者的周平均使用时间由11.7小时增至14.7小时，积极使用者(每天1次以上)从56.4%增加到82.5%，增长了26.1%。在家使用网络者从48.8%增至98.5%，增加了49.7%，E—mail账户保有率已从76.3%增至85.5%。变化最大的是网络购物使用率，从2000年12.3%增至2010年的64.3%，10年增幅达到52%。

随着网络已经广泛地深入韩国民众的社会生活，韩国电子商务和网络广告市场也突飞猛进，迅速壮大。

2010年，韩国电子商务交易总额约为824兆韩元，约合人民币4.6万亿元，同年中国的电子商务交易总额是4.8万亿元人民币。网络广告经营总额超过1.5兆韩元，约合人民币83.55亿元，与2009年相比增长了24.5%，占全部广告经营额的比重超过了18%。

韩国的网络普及和网络产业发展何以如此迅猛？韩国规范网络广告市场的可行经验有哪些？与美国和中国的网络广告治理相比有何特点？就这些问题，笔者利用2011年访学韩国之机作了一番考察和研究，并于11月18日与韩国公平交易委员会(Fair TradeCommission，FTC)相关负责人进行了深度访谈。通过一定数量的随机访问，笔者获得了韩国大学生的网络体验，特别是对网络广告的印象与评价。

同时，运用法律解释方法和比较法，笔者分析了韩国有关网络广告法规的重要条款和突出特点，并通过典型案例的分析对之作出了进一步的阐释。

文中涉及韩国网络使用与电子商务的数据全部由访谈对象提供，图表系笔者采用访谈对象提供的数据制作而成。

二、立法演进与制度规范

韩国规范网络广告的法律主要有《公平标签与广告法》、《电子商务中的消费者保护法》、《垄断管制和公平交易法》和《电子商务交易基本法》。《电子商务中的消费者保护法》规定了电子商务和远距销售中公平交易的基本规则，包括电子文档的使用，交易记录的保存，电子支付系统的可靠性，撤销认购的条件、程序与责任分担，网络商城、远距卖家、快递服务、第三方托管等相关主体的法律义务与责任等等。该法要求网络商城和远距卖家必须提供防止操作失误以及认购撤销确认、修改、取消等必要的方法和措施，禁止远距卖家通过虚假表示或夸大事实诱惑消费者，或者通过欺骗性的做法诱使消费者与其订立交易合同。为保护消费者使其避免远距卖家通过电话、传真或电子邮件向消费者发送诱购广告，该法授权韩国FTC可以建立一个消费者注册系统。消费者只要在此系统注册即表明其无意接受诱购广告，有权不受此类广告的骚扰。远距卖家应事先检查该注册系统以确保不向那些在该系统中注册的消费者发送广告。

1999年开始实施的《公平标签与广告法》是韩国广告包括网络广告管理的基本法，迄今已历经9次修订。该法第三条第一款规定，禁止虚假或夸大、欺骗性、不公平、诽谤性这四种类型的标签或广告。其余并无具体的禁止性条款。但该法重点明确了广告主的两种法律义务：关键信息的披露义务和广告事实的证实义务。依该法授权，在以下情形中，FTC可以要求广告主在广告中披露关键信息：没有这种信息或不采用这种方法常常导致对消费者的伤害；会误导消费者的购买决策；会妨碍消费者的理性选择；可能导致对消费者生命或身体的伤害；或者严重破坏市场公平。为随时发现和确认何为关键信息，该法授权在FTC内部设立了一个“关键信息披露咨询委员会”。FTC在向广告主发出要求披露的通知之前，应咨询这个委员会，必要时还须组织公开听证。

《公平标签与广告法》第五条第一款明确了广告主的证实义务，即广告主应该对其广告中的事实部分能够予以证实。与美国一样，韩国也是把广告内容分为客观事实和主观感受两种类型。主观感受因人而异，法律一般不禁止广告在这方面的吹嘘夸大，比如“味道好极了”、“体验非凡”。客观事实可以衡量和检验，有关这方面的宣传必须有充分的证据支持，比如广告宣传某款车的安全性能比同类型的其他车高出三倍，某减肥产品可以让人10天瘦5斤。如果怀疑某一广告属于该法所禁止的四类广告，FTC有权要求广告主提交相关的资料来证明该广告中的事实。广告主应在收到FTC要求提交证明资料的通知后的15天之内，向FTC提交这些资料。如果在这一规定时间内没有提交相应的资料，并且继续在该广告中使用，FTC可以命令广告主暂停发布该广告，直至其提交这些证实资料。只要不涉及商业秘密或者可能损害广告主的商业活动，FTC有权向公众公开这些材料。

2011年6月27日，韩国最大的方便面生产商农心公司因为一款新产品BLACK辛辣面广告违法，被韩国FTC罚款1.55亿韩元(约合人民币86万元)。农心公司在推出这款新产品之前就作了大量营销，不少人在自己的 twitter 上表示期待这款高营养的新产品上市。4 月初正式上市之际，产品广告不仅遍布报纸、广播、电视，而且在 twitter、facebook、博客等等各种新潮的网络空间里面也随处可见。很多人相信了广告内容选择购买，但也有一些消费者在自己的 twitter、博客里面发表自己的消费体验，认为这款方便面除了价格比其他方便面贵出很多，其余并无特别之处，但其广告却宣称“等于一碗牛杂碎汤的营养价值”，“具有理想的营养均衡结构”。FTC 也对这则广告的真实性产生了怀疑，要求农心公司提交有效的证据证明广告中的这些事实，农心公司承认自己没有证据。FTC 调查后指出，一碗 BLACK 辛拉面的营养价值根本不能与一碗牛杂碎汤相比，前者所含的碳水化合物为后者的 78%，蛋白质为 72%，铁成分为 4%；脂肪含量却比后者高 3.3 倍，钠含量是后者的 1.2 倍，而钠含量过高可能诱发高血压、中风等疾病。FTC 因此裁定其为虚假广告，依据《公平标签与广告法》责令其停止发布或者作出改正，并处以其 4–6 月总销售收入 2% 的罚款。

三、行政监管

韩国网络广告的行政监管体系与美国相似。公平交易委员会和食品药品监督管理局是最主要的两个行政监管部门。后者负责食品、药品和化妆品广告的管理。金融和保险类广告的管理由金融服务委员会负责。其他行业广告的管理大都是由 FTC 负责监管。纵向上，韩国实行的是中央政府对全国网络广告的统一管理。FTC 总部负责管辖首尔、京畿道和江原道，其他地方则由其在釜山、大邱、大田和光州下设的四个直属地方机构分片管理。

韩国 FTC 的法律地位与执法权力也与美国 FTC(FederalTradeCommission) 如出一辙。委员会不仅拥有行政执法权和准立法权，而且享有准司法权。这种准司法权体现在，案件一旦进入正式诉讼程序，先由 FTC 内部的诉讼官负责听取 FTC 律师的起诉与被告律师的抗辩，作出一个类似于法院审判式的裁决。任何一方对这一裁决不服，都可向 FTC 申请复议。对复议结果仍有疑义的，可再向法院提出上诉。同样重要的是，FTC 有调查权和发布暂时禁令的权力。只要有足够的证据怀疑一则广告违反了《公平标签与广告法》第三条第一款，或者需要采取紧急行动以防止该广告对消费者或竞争对手造成无法挽回的损失，FTC 就可以发布一个暂时禁令，命令暂停该广告的发布。相对人可以在接到暂时禁令的 7 天内向 FTC 提出反对意见。FTC 收到相对人的反对意见后应立即移交对此案具有管辖权的法院处理。

在我国，网络广告的跟踪监测与相关主体的责任认定及分配是普遍存在的两个棘手问题。但在韩国，这些问题无足轻重，也基本不影响其行政监管的实际成效。首先，不像我国很多地方汲汲于对网络广告的全面实时监测，韩国采取的是抓大放小、重点打击的监控与管制策略。他们认为，对于短期的、在小型网站发布或者危害很小的违法网络广告，一般情况下没必要耗费行政资源。重点还是对那些大型门户网站和重要领域比如房地产、补习班之类的网络广告进行有效监控与管制。即使对这些网络空间和网络广告，FTC 也不苛求实时跟踪监测，而是以行政抽查和消费者投诉为主。从实际效果看，这种策略是十分有效的。笔者先后对 23 名韩国大学生进行了访谈，他们都无一例外地表示在他们日常登录的那些韩国大型门户网站从未遇到或者觉得有什么违法广告。对于在韩国最大的搜索引擎 Naver 上是否遇到过疑似的虚假违法广告链接这样的问题，只有 4 个学生表示不清楚，其余都十分肯定地表示没有。20 个受访者知道搜索结果包括前面的广告和后面的自然排序两部分内容，这是他们根据 Naver 在其搜索页面提供的“商业广告”和“知识信息”标记以及这两部分之间的横线所获得的认识。这与中国最大的搜索引擎百度里面存在大量违法广告的事实形成了强烈的反差，而且也与笔者在国内课堂上的调查大相径庭——超过 85% 的学生不清楚搜索引擎所提供的搜索结果包含商业广告。

其次，韩国截至目前仅对违法网络广告的广告主进行行政处罚，发布广告的各类网络空间不承担法律责任。因此，他们不用为确定违法广告各级链接平台的法律责任去研究确认它们各自的角色和行为以及相互之间的法律关系。不过，FTC认为，网站作为广告发布者有义务协助管理，应通过立法明确其在网络广告活动中的法律义务，但有关的修正案没有获得韩国国会的通过。中国恰恰在网站这个环节一筹莫展。因为网络的超链接性和所有内容的全数字化处理，使网络广告呈现出多级链接传播、多层渐次展现以及批量代理和群发等新的特征。如果网络广告只是在其中某一级链接违法，其他链接平台是否要为此承担法律责任，如何确认和配置他们的法律责任，这是当前中国监管部门觉得不胜其烦、且阻力重重的难点所在。

四、行业自律与社会治理

广告治理相对成熟的国家通常都会倚重行业自律和社会监督，网络广告的治理更需如此。这不仅因为网络广告的海量与变化多端犹如泰山压顶，使行政管制孤立难支，而且网络空间的扁平结构与自组织生产的特征也天然地要求参与者自治。韩国的网络广告治理起初侧重于行政的强行管制，现在越来越多地转向支持行业自律和鼓励社会治理。比如，FTC面向全国招募了300个志愿消费者来监督网络广告，每发现一个奖励5万韩元。这种利益驱动式的广泛社会监督，为FTC提供了一个无处不在、无形却有力的监管网络。它一方面可以让政府以最为经济的方式实现更大范围更为及时的市场监测，获得更多可疑线索，另一方面又让试图以身试法者不得不增加防御成本，吓阻一些违法广告的出现。

2011年9月15日新修订的《公平标签与广告法》第十四条专门立法规定了行业自律规则，一方面明确要求行业自律组织和规则应适于阻止违法广告，不得无故限制消费者获取相关信息；另一方面更多地规定了政府为支持行业自律所应承担的法律义务：如果自律组织应FTC请求审查确认了一个不当广告并采取措施予以纠正，FTC就不应再对它作任何处罚；FTC应在其预算允许范围内为自律组织提供财政援助，以支付由委员会移交的案例审查的成本；FTC在收到自律组织请求对其自律规则进行审查的请求之后，应在60天之内完成审查并给予答复。目前在韩国比较有影响力的网络广告行业自律组织有四个，分别来自药品、房地产、床上用品和培训行业。

五、思考与思路

安全公平的交易环境是建立消费者信任的基本前提和保障，而消费者信任正是韩国网络及网络产业良好快速发展的一个强大动力。笔者与韩国人聊天，常会以各种各样的方式询问他们的网络体验，令人印象深刻的是他们对网络广告和网络购物几无担忧与戒心，极少数回忆起来的不快体验也是七八年甚至十年前发生的事情。这就难怪，2000—2010年10年间，韩国的网络购物使用率会从12.3%增至2010年的64.3%，总人口5000多万的韩国其电子商务交易总额竟然接近拥有13亿人口的中国。而这十年，恰恰是《公平标签与广告法》实施的头一个十年。法律不是为了压制自由而是解放自由。法治不会限制发展反而会促进发展。只有严格依法治网，建立了消费者信心和公平的市场秩序，市场才有可能保持长期良性发展。我们需要真正转变认识，切实付诸实践。

韩国在网络广告治理方面敢于拿来主义、且实事求是的态度和做法也值得借鉴。其广告立法、监管制度、治理体系等都大量参照乃至搬用了美国的经验；但他们又比较充分地考虑了自身实际情况，做了一些改进和创新。比如，美国的暂时禁令允许有60天的时间提出异议，但韩国《公平标签与广告法》仅设定了7天时间，这既不影响形式上的程序正义，又能够增进行政效率，尽早阻止违法行为以达致实体正义。该法还明确了FTC在决定行政罚款额度的时候必须考虑的因素，包括违法行为的性质和程度，违法的周期和频率，违法所得数额的大小，以及违法者阻止对消费者的伤害或者补偿消费者伤害的努力程度。该法用两条共十一款的篇幅来规范和鼓励行业自律，则是充分考虑了网络广告治理处于起步阶段这一现实，旨在以法治促进自治。

'2013 中国广告年鉴
China Advertising Yearbook

广告出版物

Advertising publications

2012 年广告类新书书目

广告创意大解码

书　　号：978-7-5322-7486-4

作　　者：W · 格兰 · 格瑞芬，黛博拉 · 莫里森

译　　者：丁婷

定　　价：￥58.00

出版时间：2012 年 1 月

出 版 社：上海人民美术出版社

广告设计与制作

书　　号：978-7-5605-4125-9

作　　者：杨伟

定　　价：￥28.00

出版时间：2012 年 1 月

出 版 社：西安交通大学出版社

从零开始做 AE：广告客户代表职业手册

书　　号：978-7-5086-3148-6

作　　者：魏海涛

定　　价：￥33.30

出版时间：2012 年 1 月

出 版 社：中信出版社

现代平面广告设计与材料应用

书　　号：978-7-5618-4215-7

编　　者：张路光，成红军

定　　价：￥45.00

出版时间：2012 年 1 月

出 版 社：天津大学出版社

广告管理学

书　　号：978-7-307-09356-0

编　　者：周茂君

定　　价：￥28.00

出版时间：2012 年 1 月

出 版 社：武汉大学出版社

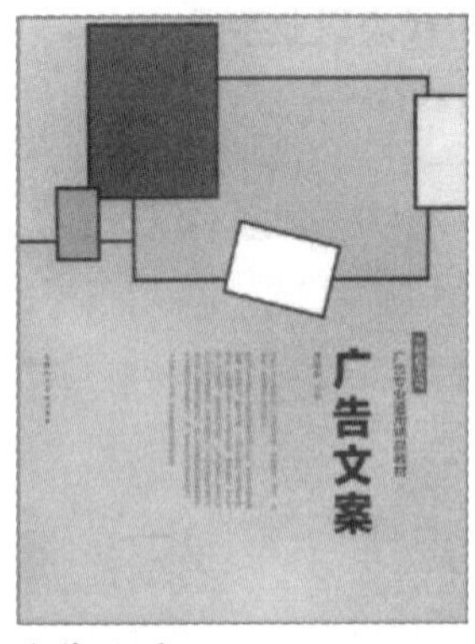

广告文案

书　　号：978-7-5322-7746-9

作　　者：许传宏

定　　价：￥30.00

出版时间：2012 年 1 月

出 版 社：上海人民美术出版社

户外广告设计与制作

书　　号：978-7-301-20008-7

作　　者：张小纲（主编），周文明，王萱，陈炎炎

定　　价：￥30.00

出版时间：2012 年 1 月

出 版 社：北京大学出版社

给大忙人看的 50 个经典广告策划案例

书　　号：978-7-111-36619-5

编　　者：许孙鑫

定　　价：￥29.80

出版时间：2012 年 1 月

出 版 社：机械工业出版社

广告理论与实务

书　　号：978-7-5647-1105-4

作　　者：蓝充，张茜

定　　价：￥49.00

出版时间：2012 年 1 月

出 版 社：电子科技大学出版社

电视广告

书　　号：978-7-5657-0374-4

作　　者：孙会

定　　价：￥45.00

出版时间：2012 年 2 月

出 版 社：中国传媒大学出版社

广告材料与工艺实训

书　　号：978-7-111-37013-0

作　　者：郑丹

定　　价：￥28.00

出版时间：2012 年 2 月

出 版 社：机械工业出版社

广告设计原理

书　　号：978-7-03-032929-5

作　　者：张岩，赵纬

定　　价：￥59.00

出版时间：2012 年 2 月

出 版 社：科学出版社

广告策划与创意（第二版）

书　　号：978-7-81113-102-4

作　　者：黎青，孙丰国

定　　价：￥28.90

出版时间：2012 年 2 月

出 版 社：湖南大学出版社

你其实不懂广告学

书　　号：978-7-5501-0705-2

作　　者：刘伟

定　　价：￥28.00

出版时间：2012 年 3 月

出 版 社：南方出版社

广告英语教程

书　　号：978-7-309-04841-4

编　　者：张祖忻，姜智彬，朱晔

定　　价：￥24.00

出版时间：2012 年 3 月

出 版 社：复旦大学出版社

广告专业实务

书　　号：978-7-5624-6614-7

编　　者：王树良，张玉花

定　　价：￥45.00

出版时间：2012 年 3 月

出 版 社：重庆大学出版社

广告产业经济学理论与实践研究

书　　号：978-7-5147-0163-0

作　　者：廖秉宜，付丹

定　　价：￥37.00

出版时间：2012 年 3 月

出 版 社：学习出版社

广告专业综合能力与法律法规

书　　号：978-7-5624-6615-4

编　　者：王树良，张玉花

定　　价：￥42.00

出版时间：2012 年 3 月

出 版 社：重庆大学出版社

不做总统就做广告人

书　　号：978-7-5086-3214-8

作　　者：杰弗里 · 库鲁圣，阿瑟 · 舒尔茨

译　　者：王晓鹏

定　　价：￥58.00

出版时间：2012 年 4 月

出 版 社：中信出版社

创意的秘密

书　　号：978-7-5100-4236-2

作　　者：史蒂夫·哈里森

译　　者：杨凯，赵雯婧

定　　价：￥32.00

出版时间：2012 年 5 月

出 版 社：世界图书出版公司

边做边学：平面广告设计与制作

书　　号：978-7-115-27691-9

作　　者：张立强，李和兵

定　　价：￥36.00

出版时间：2012 年 5 月

出 版 社：人民邮电出版社

影视广告概论

书　　号：978-7-106-03476-4

作　　者：刘笑微

定　　价：￥42.0

出版时间：2012 年 5 月

出 版 社：中国电影出版社

广告词的语言魅力

书　　号：978-7-121-16980-9

作　　者：朱莉·塞迪维，格雷格·卡尔森

译　　者：杨雷

定　　价：￥39.00

出版时间：2012 年 6 月

出 版 社：电子工业出版社

广告策划——360° 看广告策划

书　　号：978-7-5153-0794-7

编　　者：彭涌，腾堃玥，龚雯莉

定　　价：￥52.00

出版时间：2012 年 6 月

出 版 社：中国青年出版社

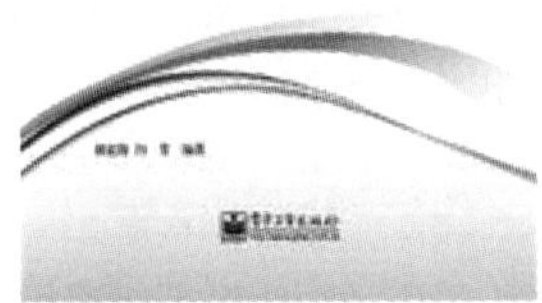

网络广告策划

书　　号：978-7-121-17034-8

作　　者：郭宏霞，闫芳

定　　价：¥26.00

出版时间：2012 年 6 月

出 版 社：电子工业出版社

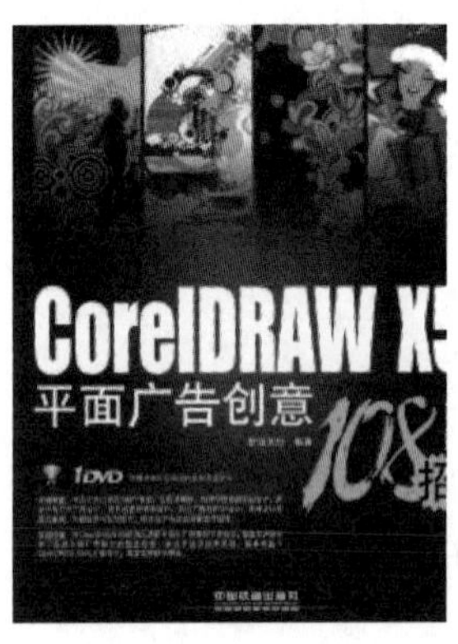

CorelDRAW X5 平面广告创意 108 招（第二版）

书　　号：978-7-113-14130-1

编　　者：新知互动

定　　价：¥89.00

出版时间：2012 年 6 月

出 版 社：中国铁道出版社

玩广告：广告娱乐传播革命

书　　号：978-7-308-09946-2

作　　者：戎彦

定　　价：¥36.00

出版时间：2012 年 7 月

出 版 社：浙江大学出版社

广告设计

书　　号：978-7-5153-0856-2

作　　者：李俊，李晓春，魏坤

定　　价：¥42.00

出版时间：2012 年 7 月

出 版 社：中国青年出版社

广告策划与创意

书　　号：978-7-5609-8141-3

编　　者：王艺

定　　价：¥36.00

出版时间：2012 年 7 月

出 版 社：华中科技大学出版社

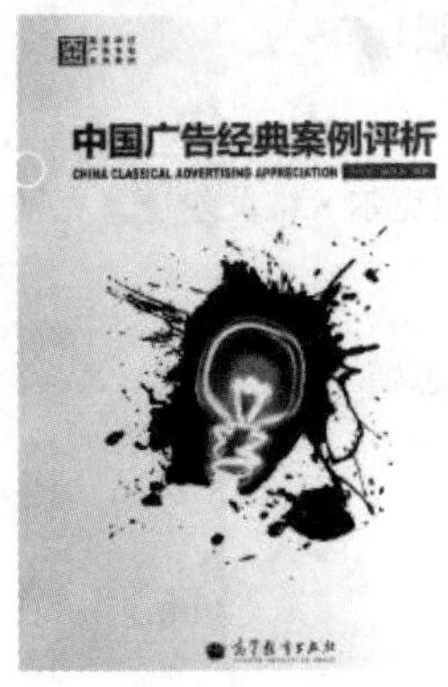

中国广告经典案例评析

书　　号：978-7-04-033083-0

编　　者：金定海，吴冰冰

定　　价：￥29.00

出版时间：2012 年 7 月

出 版 社：高等教育出版社

PHOTOSHOP 完美广告设计与技术精粹

书　　号：978-7-111-38139-6

编　　者：孙辉霞，宋超，韩丽

定　　价：￥79.90

出版时间：2012 年 7 月

出 版 社：机械工业出版社

平面广告设计

书　　号：978-7-111-38092-4

作　　者：赵国祥

定　　价：￥48.00

出版时间：2012 年 7 月

出 版 社：机械工业出版社

广告效果

书　　号：978-7-04-035617-5

作　　者：王晓华

定　　价：￥29.00

出版时间：2012 年 8 月

出 版 社：高等教育出版社

微博广告研究

书　　号：978-7-81141-756-2

作　　者：徐艟

定　　价：￥22.00

出版时间：2012 年 8 月

出 版 社：安徽师范大学出版社

网络广告策划、设计与制作

书　　号：978-7-122-14057-9

编　　者：李雪萍，刘丽彦

定　　价：￥36.00

出版时间：2012年8月

出 版 社：化学工业出版社

这就是广告

书　　号：978-7-80236-803-3

作　　者：（英）伊莱扎 · 威廉姆斯

译　　者：徐焰

定　　价：￥89.00

出版时间：2012年9月

出 版 社：中国摄影出版社

广告：创意与文案（第11版）

书　　号：978-7-115-29072-4

作　　者：威廉 • 阿伦斯，迈克尔 • 维戈尔德，克里斯蒂安 • 阿伦斯

译　　者：丁俊杰，程坪，陈志娟

定　　价：￥68.00

出版时间：2012年9月

出 版 社：人民邮电出版社

广告创意职业指南

书　　号：978-7-121-16996-0

作　　者：西蒙 • 维克斯纳

定　　价：￥39.00

出版时间：2012年9月

出 版 社：电子工业出版社

广告创意与文案策划

书　　号：978-7-211-06586-8

作　　者：丁培卫

定　　价：￥38.00

出版时间：2012年9月

出 版 社：福建人民出版社

创意思维

书　　号：978-7-5153-0999-6

作　　者：尼克·马洪

译　　者：孟刚，韩丽

定　　价：￥58.00

出版时间：2012 年 9 月

出 版 社：中国青年出版社

经略新媒体广告

书　　号：978-7-211-06531-8

作　　者：李波，丁翠红

定　　价：￥30.00

出版时间：2012 年 9 月

出 版 社：福建人民出版社

广告实务

书　　号：978-7-301-21207-3

作　　者：夏美英

定　　价：￥29.00

出版时间：2012 年 9 月

出 版 社：北京大学出版社

广告文化学教程

书　　号：978-7-5614-6036-8

编　　者：陈卓

定　　价：￥32.00

出版时间：2012 年 9 月

出 版 社：四川大学出版社

奥美广告创意 52 条法则

书　　号：978-7-5060-5316-7

作　　者：（美）史蒂夫·兰斯，杰夫·沃尔

译　　者：张旭，贾治华

定　　价：￥25.00

出版时间：2012 年 10 月

出 版 社：东方出版社

广告设计基础

书　　号：978-7-302-29638-6

作　　者：许雯

定　　价：￥56.00

出版时间：2012 年 10 月

出 版 社：清华大学出版社

广告设计原理与实践

书　　号：978-7-5142-0574-9

作　　者：刘琼

定　　价：￥49.00

出版时间：2012 年 10 月

出 版 社：印刷工业出版社

Photoshop CS6 技术精粹与平面广告设计

书　　号：978-7-5153-1028-2

作　　者：曹猛，何平，王平

定　　价：￥75.00

出版时间：2012 年 10 月

出 版 社：中国青年出版社

广告创意强化教程：广告的战略、文案与设计

书　　号：978-7-5322-8079-7

作　　者：汤姆·阿尔茨蒂尔，简·格鲁

译　　者：郭鸿杰等

定　　价：￥88.00

出版时间：2012 年 11 月

出 版 社：上海人民美术出版社

广告设计

书　　号：978-7-5322-8125-1

作　　者：崔生国

定　　价：￥38.00

出版时间：2012 年 11 月

出 版 社：上海人民美术出版社

中国广告大未来

书　　号：978-7-5086-3642-9

作　　者：李志恒

译　　者：胡正起

定　　价：￥35.00

出版时间：2012 年 12 月

出 版 社：中信出版社

广告、促销与整合营销传播（第 5 版）

书　　号：978-7-302-30551-4

作　　者：肯尼斯 · E. 克洛 ，唐纳德 · 巴克

定　　价：￥49.00

出版时间：2012 年 12 月

出 版 社：清华大学出版社

Photoshop CS6 平面广告设计经典 228 例

书　　号：978-7-5153-1174-6

作　　者：锐意视觉

定　　价：￥89.00

出版时间：2012 年 12 月

出 版 社：中国青年出版社

'2012 中国广告年鉴

书　　号：978-7-5166-0233-1

编　　者：《中国广告年鉴》编辑部

定　　价：￥380.00

出版时间：2012 年 12 月

出 版 社：新华出版社

全国主要广告类刊物名录

北 京 市

现代广告 /Modern Advertising

主管单位：国家工商行政管理总局
主办单位：中国广告协会
编辑出版：《现代广告》杂志社
地　　址：北京市宣武区广安门外大街 248 号
　　　　　机械大厦 909-910 室
邮　　编：100055
电　　话：(010)63317498
传　　真：(010)63317499
电子邮件：ad6898@vip.sina.com
网　　址：www.maad.com.cn
国内刊号：CN11-3168/F
国际刊号：ISSN 1007-2888
邮发代号：82-685
开　　本：16 开
出版周期：双周刊
定　　价：￥12.00/ 期　￥192.00/ 年
国内发行：北京市报刊发行局
订　　阅：全国各地邮局
广告经营许可证号：京宣工商广字第 0079 号

国际广告 /International Advertising

主管单位：中华人民共和国商务部
主办单位：中国商务广告协会
编辑出版：国际广告杂志社
地　　址：北京市建国门外大街 12 号 4 层
邮　　编：100022
电　　话：(010)65684490
传　　真：(010)65681942
电子邮件：hhh@v.com.cn
创刊年代：1985 年
国内刊号：CN11-2487/F
国际刊号：ISSN 1000-4122
邮发代号：82-705
开　　本：大 16 开
出版周期：月刊
定　　价：￥15.00/ 期　￥180.00/ 年
国内发行：北京市报刊发行局
订　　阅：全国各地邮局
广告经营许可证号：京朝工商广字第 0088 号

艺术与设计 /Art and Design

主管单位：中华人民共和国新闻出版总署
编辑出版：艺术与设计杂志社
地　　址：北京市西城区阜外大街 34 号干休所 3 号
　　　　　楼 5 层
邮　　编：100832
电　　话：(010)68583578
传　　真：(010)68570937
电子邮件：joanna_chen@vip.163.com
网　　址：www.artdesign.org.cn
国内刊号：CN11-3909/J
国际刊号：ISSN 1008-2832
邮发代号：82-273
开　　本：大 16 开
出版周期：月刊
定　　价：￥25.00/ 期　￥300.00/ 年
订　　阅：全国各地邮局

广告直通车 /AD Express

主管单位：中华全国供销合作总社
主办单位：中华全国供销合作总社信息中心

协办单位：北京北奥广告有限公司
出　　版：中国供销商情杂志社
地　　址：北京市复兴门内大街45号
邮　　编：100801
电　　话：(010)62006999-606/607
传　　真：(010)62009595
电子邮件：ztc@bestall.com.cn
国内刊号：CN11-3966/F
国际刊号：ISSN 1008-7443
邮发代号：80-380
开　　本：大16开
出版周期：月刊
定　　价：￥15.00/期
国内发行：北京市报刊发行局
订　　阅：全国各地邮局
广告经营许可证号：京西工商广字0016号

广告主　市场观察／Advertiser Market Observer

主管单位：国务院国有资产监督管理委员会
主办单位：中国企业家协会
编辑出版：市场观察编辑部
地　　址：北京市海淀区紫竹院南路17号
邮　　编：100044
电　　话：(010)68484583
电子邮件：guanggaozhu@vip.sohu.com
网　　址：www.advertiser.cn
国内刊号：CN11-3281/F
国际刊号：ISSN 1006-9089
邮发代号：2-790
开　　本：大16开
出版周期：月刊
定　　价：￥15.00/期
订　　阅：全国各地邮局
广告经营许可证号：京海工商广字0151号

21世纪广告／21ST Century Advertising

主办单位：中国广告协会广告公司分会／中国广告协会公交分会
协办单位：北京国安广告总公司／北京公交广告有限责任公司
编辑出版：21世纪新闻传媒出版集团有限公司
地　　址：北京市朝阳区农光南里1号龙辉大厦7层
电　　话：(010)87579571
传　　真：(010)67321146
电子邮件：ad51168@vip.163.com
网　　址：www.21ad.org.cn
国际刊号：ISSN 1999-5547
开　　本：8开
出版周期：周刊
定　　价：￥10.00/期

上 海 市

中国广告／China Advertising

主管单位：中国出版集团
主办单位：东方出版中心／上海百联集团有限公司／上海市广告协会
编辑出版：中国广告杂志社
地　　址：上海市宁海东路200号申鑫大厦1805室
邮　　编：200021
电　　话：(021)63552298
传　　真：(021)63551811
网　　址：www.ad-cn.net
电子邮件：china-ad@online.sh.cn
创刊年代：1981年
国内刊号：CN31-1174/F
国际刊号：ISSN 1005-9156
邮发代号：4-408
开　　本：大16开
出版周期：月刊
定　　价：￥15.00/期
国内发行：上海市报刊发行局
订　　阅：全国各地邮局
网络发行：当当网

广告经营许可证号：3101014000003

设计新潮 /Architecture & Design

主办单位：上海社会科学院

编辑出版：设计新潮杂志社

地　　址：上海市中山西路 1800 号兆丰环球大厦 28 楼

邮　　编：200233

电　　话：(021)64400372/0374/0379

传　　真：(021)64400850

电子邮件：public@a-d-cn.com

网　　址：www.a-d-cn.com

国内刊号：CN31-1538/J

开　　本：16 开

定　　价：￥40.00/ 期

广告经营许可证号：3101064000026

江 苏 省

广告大观 /AD pandrama

主办单位：江苏省广播电视集团

编辑出版：广告大观杂志社

地　　址：南京市长江路 99 号长江贸易大厦 23 楼 D 座

邮　　编：210005

电　　话：(025)84798501

传　　真：(025)84798505

电子邮件：adp@vip.163.com

国内刊号：CN32-1730/F

国际刊号：ISSN 1672-9005

邮发代号：28-292

开　　本：大 16 开

出版周期：月刊

定　　价：￥20.00/ 期　￥240.00/ 年

广告经营许可证号：3200004040733

广告研究 /Journal Of Advertising Study

主办单位：广告大观杂志社 / 北京大学新闻与传播学院广告系

编辑出版：《广告研究》编辑部

地　　址：南京市长江路 99 号长江贸易大厦 23 楼 D 座

邮　　编：210005

电　　话：(025)84798502

传　　真：(025)84798505

国内刊号：CN32-1730/F

国际刊号：ISSN 1672-9005

邮发代号：28-359

开　　本：大 16 开

出版周期：双月

定　　价：￥20.00/ 期

广告经营许可证号：3200004040733

中国标识 /China Sign

主管单位：江苏省广播电视集团

主办单位：《广告大观》杂志社

编辑出版：《中国标识》编辑部

地　　址：南京市成贤街 39 号成贤公寓 02 栋 1-202 室

邮　　编：210018

电　　话：(025)83693950/83693951

传　　真：(025)83693950-1010

电子邮件：chinasign@vip.163.com

国内刊号：CN32-1730/F

开　　本：大 16 开

出版周期：月刊

定　　价：￥15.00/ 期

江 西 省

广告人 /ADMEN

主办单位：江西省人民广播电台 / 江西电视台 / 江西省广播电视学会

出版单位：声屏世界杂志社

编辑单位：广告人编辑部
地　　址：天津市河西区永安道泰达园 1 号楼 2 门 101 室
邮　　编：300204
电　　话：(022)23241100/1101
传　　真：(022)23241087
电子邮件：mggg@public.tpt.tj.cn
国内刊号：CN36－1149/G2
国际刊号：ISSN 1006－3366
定　　价：￥15.00/ 期
广告经营许可证号：(赣)002－209 号

广 东 省

包装 & 设计 /Package & Design

主办单位：中国包装进出口广东公司
编辑出版：广告包装 & 设计杂志社
地　　址：广州市侨光路 2 号 5 楼
邮　　编：510116
电　　话：(020)83341674
传　　真：(020)83341694
电子邮件：pnd@package-design.net
国内刊号：CN44－1262/TB
国际刊号：ISSN 1007－4759
开　　本：特大 16 开
出版周期：双月刊
定　　价：￥25.00/ 期　￥150.00/ 年
国内发行：自办及邮局发行
广告经营许可证号：4400004000473

贵 州 省

广告导报 /Advertising Pointer

主办单位：贵州人民出版社
编辑出版：大市场杂志社
地　　址：贵阳市中华北路 289 号
邮　　编：550004
电　　话：(0851)6828370
电子邮件：ad@vip.sina.com
网　　址：www.newad.net
国内刊号：CN52－1129/F
国际刊号：ISSN 1671－7902
邮发代号：66－61
开　　本：大 16 开
出版周期：月刊
定　　价：￥15.00/ 期　￥180.00/ 年
订　　阅：全国各地邮局
广告经营许可证号：黔工商广字 0015 号

香港特别行政区

龙吟榜 /LONGYIN REVIEW

出 版 商：龙吟榜有限公司
地　　址：香港湾仔轩尼诗道 24－34 号大生商业大厦 23 楼
电　　话：(852)28249999
传　　真：(852)28249998
电子邮件：info@longyinreview.com
开　　本：16 开

亚洲户外 /ASIA OUTDOOR

出版机构：亚洲户外传媒有限公司
地　　址：香港中环皇后大道中 148 号鹿角大厦 305 室
电　　话：(852)25120198
传　　真：(852)25108908
国际刊号：ISSN 1814－4918
开　　本：16 开
定　　价：HK$30/ 期

Design360° 观念与设计

主办单位：三度文化传媒(香港　广州　上海)
协办单位：三度　国际设计师联盟
编辑出版：《Design360°》编辑部
地　　址：Room 803, Tsuen Fet Commercial Building, 362 Sha Tsui Road, Tsuen Wan, HongKong

电　　话：(020)84348377
电子邮件：sd_design360@yahoo.com.cn

21 世纪广告

主办单位：中国广告协会广告公司分会、
　　　　　中国广告协会公交分会
出版机构：21 世纪新闻传媒出版有限公司
地　　址：香港湾仔轩尼诗道 145 号安康商业大厦 18 楼
电　　话：(852)39711675
传　　真：(852)35430978
电子邮件：ad51168@vip.163.com
网　　址：www.21ad.org.cn
国内刊号：G000Y0065
国际刊号：ISSN 1999-5547
开　　本：16 开
出版周期：月刊
定　　价：￥10.00/ 期　HK$20/ 期
国内发行：自办及邮局发行

台 湾 省

创意情报 /CREATIVE INFORMATION

出版机构：百页出版有限公司
地　　址：台北市民权东路二段 92 巷 7 弄 13 号 1 楼 104
　　　　　台北邮局第 55-35 号信箱
电　　话：(8862)25212233
传　　真：(8862)25318833
国际刊号：ISSN 1808-1908
开　　本：16 开
定　　价：NT$380/ 期

广告 /Adm

出 版 商：滚石文化股份有限公司
地　　址：台北市光复南路 290 巷 1
电　　话：(8862)27216121
传　　真：(8862)27751132
开　　本：16 开
出版周期：月刊
定　　价：NT$200/ 期　NT$2000/ 年

意 /CAMPAIGN BRIEF

出版机构：百页出版有限公司
地　　址：台北市民权东路二段 92 巷 7 弄 13 号 1 楼 104
　　　　　台北邮局第 55-35 号信箱
电　　话：(8862)25212233
国际刊号：ISSN 1812-917X
开　　本：16 开

Lurzer 广告档案（中文版）

出 版 人：Walter Lurzer,David Choi
地　　址：台北市民权东路二段 92 巷 7 弄 13 号 1F
电　　话：(8862)25212233
电子邮件：dc@100p.com
国际刊号：ISSN 0893-0260
开　　本：16 开
出版周期：双月刊

XFUNS 放肆创意设计杂志

出版机构：长松文化兴业股份有限公司
地　　址：104 台北市中山北路二段 112
电　　话：(8862)25117257
传　　真：(8862)25417406
电子邮件：service@holdland.com.tw

动脑杂志

地　　址：10457 台北市中山区南京东路 2 段 100 号 12 楼
电　　话：(8862)27132644
传　　真：(8862)25621578
电子邮件：askme@brain.com.tw
定　　价：NT$150/ 期　NT$1500/ 年
开　　本：16 开
出版周期：月刊

全国主要广告专业书店名录

北京龙之媒广告文化书店

地　　址：北京市东城区东直门南大街 9 号华普花园 A 座 205 室
邮　　编：100007
电　　话：(010)84094096

全中广告人书店

地　　址：北京五芳园邮局 73 信箱
邮　　编：100040
电　　话：(010)51651520

北京俊杰视点广告文化书店

地　　址：北京市西城区南礼士路 3 号龙蕃写字楼 B 座 207 室
邮　　编：100037
电　　话：(010)68038931

北京麦迪逊广告人书店

地　　址：北京市东城区和平里北街 6 号楼
邮　　编：100013
电　　话：(010)64226982

北京广告人书店

地　　址：北京市宣武区宣武门外大街 73 号
邮　　编：100052
电　　话：(010)66111740

北京创意之道图书有限公司

地　　址：北京市朝阳区东三环南路北人泽洋大厦 0101
电　　话：400-080-6588
邮　　编：100083

天津新思路工具书店

地　　址：天津市长江道 37 号玉泉北里 1 号楼 2 门 202 室
邮　　编：300074
电　　话：(022)27461559

大连广告人书店

地　　址：大连市沙河口区民政街 419 号科技广场大厦 A 座 1206 室
邮　　编：116021
电　　话：(0411)84519927

上海龙之媒书店

地　　址：上海市淮海中路 381 号中环广场
邮　　编：200020
电　　话：(021)63916848
传　　真：(021)63916910

上海麦迪逊广告人书店

地　　址：上海市黄浦区湖北路 20 号底楼
邮　　编：200001
电　　话：(021)33040306

上海广告人书店

地　　址：上海市普陀区白玉路 669 号
邮　　编：200063
电　　话：(021)52363238

中国网尚广告人书店

地　　址：南京市中央路 6-8 号
邮　　编：210008
电　　话：(025)66848756

南京龙之媒书店

地　　址：南京市新街口汉中路 108 号金轮大厦（副楼）汇贤楼 216 室

邮　　编：210029

电　　话：(025)84728505

杭州广告人书店

地址：杭州市文三路 100 号 305 室（西溪数码港旁）

电话：(0571)88226411/56776030

传真：(0571)88226411

浙江艺博设计书店

地　　址：杭州市文三路 100 号 305 室

邮　　编：310012

电　　话：(0571)88226411

温州广告人书店

地　　址：温州市鹿城区蒲鞋市学院西路 52 号

邮　　编：325000

电　　话：(0577)8351956

宁波龙图艺术书店

地　　址：宁波百丈路 44 号

邮　　编：315040

电　　话：(0574)87844777

山东广告人书店济南店

地　　址：济南市历山路 72 号

邮　　编：250013

电　　话：(0531)86991358

郑州广告人书店

地　　址：郑州市经五路 12 号附 1 号

电　　话：(0371)65969289

传　　真：(0371)65923659

长沙龙之媒书店

地　　址：长沙市五一大道 635 号锦绣中环大厦 1602 室

邮　　编：410005

电　　话：(0731)82324695

中国麦迪逊广告人书店（总店）

地　　址：广州市天河路 16 号南油大厦首层 1105B

邮　　编：510075

电　　话：(020)38361012

重庆广告人书店

地　　址：重庆市渝中区校场口 85 号大元广场 12-2 号

邮　　编：400010

电　　话：(023)63725730

成都龙之媒书店

地　　址：成都市绵江区东大街蓝光大厦 1610 室

邮　　编：610016

电　　话：(028)66815866

昆明麦迪逊广告人书店

地　　址：昆明市翠湖北路 52 号

邮　　编：650011

电　　话：(0871)3120529

西安龙之媒书店

地　　址：西安市长安中路 100 号西北文化艺术大厦 B 座 109

邮　　编：710061

电　　话：(029)85360278

乌鲁木齐广告人书店

地　　址：乌鲁木齐市中山路 116 号国际合信大厦 14 楼 1405 室

邮　　编：830002

电　　话：(0991)2826296

’2013 中国广告年鉴
China Advertising Yearbook

广告优秀作品评选

Excellent Advertisements

第十九届中国国际广告节长城奖获奖名单

全场大奖

作品名称：方正金融电视广告
参赛单位：北京远山文化传播有限公司

金奖

作品名称：白兰氏馥莓饮 – 恶作剧篇
参赛单位：阳狮广告有限公司上海分公司

作品名称：埃及篇
参赛单位：智威汤逊 – 中乔广告有限公司上海分公司

作品名称：三星全键盘 – 手机快打系列
参赛单位：北京杰尔思行广告有限公司

作品名称：书法篇
参赛单位：坤派乾运广告传播有限责任公司

作品名称：点将篇
参赛单位：DDB China Group

作品名称：潮玩大恐龙 Lets play XXL
参赛单位：麦肯光明广告有限公司上海分公司

作品名称：海绵街
参赛单位：睿狮广告传播

银奖

作品名称：尾气篇
参赛单位：DDB China Group

作品名称：西厢记篇
参赛单位：DDB China Group

作品名称：冰露 60%
参赛单位：百比赫广告（上海）有限公司

作品名称：问鞋系列之长脚篇、穿裤篇、男人女人篇
参赛单位：长沙盛美广告有限公司

作品名称：玩味冰淇淋系列之体重篇、对比篇、能吃篇、抉择篇、贪吃篇
参赛单位：长沙盛美广告有限公司

作品名称：你想到谁系列之啰嗦篇、感谢篇、酒醉篇、晒晒篇、联系篇、回家篇
参赛单位：长沙盛美广告有限公司

作品名称：沉醉对答系列之夫妻篇、职场篇、求婚篇
参赛单位：长沙盛美广告有限公司

作品名称：冰山一角
参赛单位：葛瑞集团（中国）

作品名称：根基系列之西岭雪山篇、宽窄巷子篇、西来古镇篇
参赛单位：广东省广告股份有限公司

作品名称：华晨汽车 – 动物系列之豹篇、熊篇、羚羊篇
参赛单位：广东省广告股份有限公司

作品名称：普鲁狮智能锁双头狗系列之白狗篇、

黄狗篇、花狗篇
参赛单位：广东省广告股份有限公司

作品名称：舌尖上的中国
参赛单位：广西综路传媒有限公司

作品名称：大成小筑系列
参赛单位：广州熙悦广告有限公司

作品名称：思念食品 - 包子篇、云吞篇
参赛单位：广州喜马拉雅广告有限公司

作品名称：情侣篇、买房篇
参赛单位：睿狮广告传播

作品名称：光耀地产 - 赫本与她的河马，促进亲密关系系列
参赛单位：深圳市及时沟通广告有限公司

作品名称：转瞬即达系列之城市篇、海洋篇、雪原篇
参赛单位：威汉营销传播集团

作品名称：3M 无痕挂钩画面篇
参赛单位：阳狮广告有限公司上海分公司

作品名称：理光相机 - 相由心生系列
参赛单位：阳狮广告有限公司上海分公司

作品名称：罗马篇
参赛单位：智威汤逊 - 中乔广告有限公司上海分公司

作品名称：中式婚礼
参赛单位：智威汤逊 - 中乔广告有限公司上海分公司

作品名称：埃及篇
参赛单位：智威汤逊 - 中乔广告有限公司上海分公司

作品名称：罗马篇
参赛单位：智威汤逊 - 中乔广告有限公司上海分公司

铜奖

作品名称：三位一体
参赛单位：BBDO Shanghai 天联广告有限公司上海分公司

作品名称：搏斗篇
参赛单位：BBDO Shanghai 天联广告有限公司上海分公司

作品名称：异次元型动篇
参赛单位：DDB China Group

作品名称：老板篇
参赛单位：百比赫广告（上海）有限公司

作品名称：严父篇
参赛单位：百比赫广告（上海）有限公司

作品名称：一直说篇、就要说篇、怎么说篇
参赛单位：北京电通广告有限公司上海分公司

作品名称：福润珍珠米 - 手稻系列之米雕篇
参赛单位：北京黄橙广告有限公司

作品名称：《力量》篇一《力量》篇二
参赛单位：北京黄橙广告有限公司

作品名称：中国扶贫 - 钱币系列
参赛单位：北京杰尔思行广告有限公司

作品名称：三星变焦相机 - 近距离系列
参赛单位：北京杰尔思行广告有限公司

作品名称：三星防水手机 - 水下系列
参赛单位：北京杰尔思行广告有限公司

作品名称：三星 - 文明使用手机系列
参赛单位：北京杰尔思行广告有限公司

作品名称：三星广角相机 - 自拍系列
参赛单位：北京杰尔思行广告有限公司

作品名称：三星 -“泡泡吧”主题巴士
参赛单位：北京杰尔思行广告有限公司

作品名称：三星 SMARTTV-40 小时封闭体验
参赛单位：北京杰尔思行广告有限公司

作品名称：山水篇、花鸟篇
参赛单位：北京马腾国际广告有限公司

作品名称：甲壳虫环保系列
参赛单位：北京马腾国际广告有限公司

作品名称：“最重要的一秒”之报时篇、路况篇、球赛篇
参赛单位：北京人民广播电台

作品名称：MINI2012 大冒险（MINI2012 Adventure）
参赛单位：北京天一国际广告有限公司

作品名称：反正好玩才行篇
参赛单位：长沙反正广告有限公司

作品名称：《文具电话篇》
参赛单位：长沙盛美广告有限公司

作品名称：苹果在移动系列之标准字篇、LOGO 篇
参赛单位：长沙盛美广告有限公司

作品名称：答应他系列之伴娘篇、纪念日篇、男朋友篇
参赛单位：长沙盛美广告有限公司

作品名称：买一送一系列之女鞋 1 篇、男鞋 1 篇、男鞋 2 篇
参赛单位：长沙盛美广告有限公司

作品名称：三种人系列之垃圾箱外篇、大厅内篇、饭馆里篇、墙角篇、斑马线上篇
参赛单位：长沙盛美广告有限公司

作品名称：玩味冰淇淋系列之体重篇、对比篇、能吃篇、抉择篇、贪吃篇
参赛单位：长沙盛美广告有限公司

作品名称：史上最高折扣 - 自由女神篇、埃菲尔铁塔篇、帝国大厦篇
参赛单位：成都伍拾广告有限公司

作品名称：菩萨心之白菜篇、榴莲篇、西红柿篇、大米篇、猕猴桃篇
参赛单位：福建永辉文化传媒有限公司

作品名称：小魔头系列 Difficult people
参赛单位：葛瑞集团（中国）

作品名称：兄弟篇
参赛单位：葛瑞集团（中国）

作品名称：榄菊速杀王 - 嗡嗡嗡篇、嘤嘤嘤篇
参赛单位：广东峰尚品牌顾问机构

作品名称：中国移动动感地带 2012 秋季校园迎新 - 闯京城系列之北海篇、长城篇、鸟巢篇、天坛篇

参赛单位：广东省广告股份有限公司

作品名称：湖北移动－村里实惠系列之鸡蛋篇、南瓜篇
参赛单位：广东省广告股份有限公司

作品名称：广告门－客服心声篇、文案心声篇、美术心声篇
参赛单位：广东省广告股份有限公司

作品名称：比亚迪汽车－棕熊篇、鳄鱼篇、大猩猩篇
参赛单位：广东省广告股份有限公司

作品名称：95580 电话银行－束缚篇系列
参赛单位：广东省广告股份有限公司北京分公司

作品名称：自然热水篇
参赛单位：广东太平网联广告有限公司

作品名称：咸鱼篇
参赛单位：广州火之鸟广告有限公司

作品名称：百斯盾休闲男装－奔跑篇（60 秒）
参赛单位：广州市旭日因赛广告有限公司

作品名称：天堂系列
参赛单位：广州市旭日因赛广告有限公司

作品名称：手系列之镊子篇、针篇、钩篇
参赛单位：广东广旭广告有限公司

作品名称：爱炫系列
参赛单位：广州无形广告有限公司

作品名称：Ole 超市－苹果、梨系列
参赛单位：杭州柏立广告有限公司

作品名称：宏基电脑超级本，极速登场
参赛单位：合肥新方舟广告有限责任公司

作品名称：关注食品安全
参赛单位：河北春秋文化传播有限公司

作品名称：顺风速运－五官系列
参赛单位：河南大河全媒体广告公司

作品名称：儿童用品安全隐患系列
参赛单位：吉林省大禹广告有限责任公司

作品名称：优和原香酱油
参赛单位：吉林省中麒影视制作有限公司

作品名称：金梅花理财－大象蚂蚁篇、金鱼鲸鱼篇、壁虎鳄鱼篇
参赛单位：江苏雅智广告有限公司

作品名称：淹城春秋乐园－飞行员篇、宇航员篇
参赛单位：江苏雅智广告有限公司

作品名称：Jeep Compas 指南者－爱情不程式之 Schedule 上没有你
参赛单位：灵狮中国（北京）广告有限公司

作品名称：Jeep Compass 指南者 2012 款上市系列平面
参赛单位：灵狮中国（北京）广告有限公司

作品名称：2012Cadillac Brand Dramatic Campaign
参赛单位：麦肯光明广告有限公司上海分公司

作品名称：禧龙图
参赛单位：每日新报

作品名称：粘力十足“3M 胶带”系列之拔河篇、大象篇 PK 犀牛篇、拖车篇
参赛单位：南昌公交广告传媒公司

作品名称：立顿纤扬茶
参赛单位：南昌公交广告传媒公司

作品名称：碧生源系列之减肥篇、减排篇、减压篇
参赛单位：南京雷迪欧广告公司

作品名称：《新人妙会》节目影音版系列宣传
参赛单位：南通人民广播电台

作品名称：青岛老年公寓系列之下棋篇、轮椅篇、盖被篇
参赛单位：青岛和力传媒集团

作品名称：肩挑托付
参赛单位：睿狮广告传播

作品名称：不变的承诺
参赛单位：睿狮广告传播

作品名称：肩挑托付、不变的承诺
参赛单位：睿狮广告传播

作品名称：同仁堂祛痘凝胶
参赛单位：山东创嘉广告有限公司

作品名称：相宜本草吸黑头系列之猕猴桃篇、火龙果篇、西瓜篇
参赛单位：山东省国际广告有限公司

作品名称：统一－“饮养四季，冰糖雪梨”之滋润世界篇
参赛单位：上海博达大桥国际广告传媒有限公司

作品名称：艺术人文频道形象片彩色人系列
参赛单位：上海幻维数码创意科技有限公司

作品名称：建行世界旅行卡
参赛单位：上海唐神广告传播有限公司

作品名称：三星数码相机 创意媒体投放
参赛单位：上海铁路文化广告发展有限公司

作品名称：崇盛国际中心都会系列
参赛单位：尚美佳中国（集团）有限公司

作品名称：孩子系列
参赛单位：深圳市风火创意管理股份有限公司

作品名称：宜家小样板间
参赛单位：盛世长城国际广告有限公司北京分公司

作品名称：乐之薯你脆土豆脆片－拼爹篇（45 秒）
参赛单位：盛世长城国际广告有限公司上海分公司

作品名称：味千拉面－回忆篇 AJISEN-MEMORY
参赛单位：盛世长城国际广告有限公司上海分公司

作品名称：转瞬即达系列之城市篇、雪原篇、海洋篇
参赛单位：威汉营销传播集团

作品名称：漫画系列之暑期战士、星座奇缘
参赛单位：威汉营销传播集团

作品名称：“梦幻体验 ·厦航同行”之城市篇、大海篇、云海篇）
参赛单位：厦门航空文化传媒有限公司

作品名称：章光 101 防脱洗发水系列
参赛单位：新安传媒有限公司新安晚报社

作品名称：五月花企业形象假发篇
参赛单位：阳狮广告有限公司上海分公司

作品名称：五月花企业形象六张画篇
参赛单位：阳狮广告有限公司上海分公司

作品名称：创维电视之 3D 篇
参赛单位：宜昌市美辰广告营销有限公司

作品名称：金必达财务公司
参赛单位：张斌品牌传播工作室

作品名称：湖北广播广告中心招商篇
参赛单位：张斌品牌传播工作室

作品名称：美的蒸汽电熨斗
参赛单位：浙江联合动力传媒广告有限公司

作品名称：肠打结 – 鸭子篇
参赛单位：智威汤逊 – 中乔广告有限公司上海分公司

作品名称：华宇小泉微 Villa
参赛单位：重庆高戈广告有限责任公司

作品名称：雷克萨斯 CT200h– 一箱油系列
参赛单位：珠海华发文化传播有限公司

作品名称：六神花露水 – 六根不净篇
参赛单位：卓越形象品牌创意产业机构

作品名称：妙恋 – 喝妙恋，吵架也温柔
参赛单位：邹平县广播电影电视中心邹平人民广播电台

优秀奖（共 496 件，名单略）

媒介营销奖

金奖

品牌营销类：视频组

作品名称：三星 Galaxy Note 视频营销之让“大人物”用“大文化”解决“大问题”
获奖单位：三星鹏泰

品牌营销类：跨媒介整合组

作品名称：BMW1 系沙漠怪圈事件营销
获奖单位：华扬联众数字技术股份有限公司

媒介营销类：平面 / 户外组

作品名称：SK– Ⅱ产品互动推广 – 立拍有礼！
获奖单位：北京地下铁道通成广告有限公司

媒介营销类：互动组 – 消费电子组

作品名称：戴尔存钱罐
获奖单位：腾讯网

媒介营销类：互动 – 快消

作品名称：M&M’s，欢逗愚人节

获奖单位：人人公司

媒介营销类：无线组

作品名称：伊利谷粒多鼓励 – 会说话的 QR
获奖单位：三星鹏泰

媒介营销类：互动 – 交通组

作品名称：BMW 奥运战略合作 – 亿人助力 悦享奥运
获奖单位：腾讯网

品牌营销类：互动 – 快消

作品名称：阿尔卑斯双享棒 – 有爱就要粘一起
获奖单位：北京华扬创想广告有限公司

品牌营销类：互动 – 其他

作品名称：美特斯邦威 MTEE 潮牌 – 整合服务
获奖单位：上海氩氪广告有限公司

品牌营销类：互动 – 交通

作品名称：雪佛兰迈锐宝 – 时光巡礼
获奖单位：华扬联众数字技术股份有限公司

媒介营销类：互动 – 其他

作品名称：Nike –“活出你的伟大”奥运项目
获奖单位：新浪

品牌营销类：互动 – 消费电子

作品名称：三星 Galaxy Note–“书写爱，铭刻心”B2B 新模式下的互动营销
获奖单位：三星鹏泰

公益活动类

作品名称：Keep the meter running
获奖单位：迈阿密广告学校旧金山分校

银奖

媒介营销类：视频组

作品名称：不做 out 慢，我要酷睿酷体验
获奖单位：腾讯网

作品名称：百事 – 把乐带回家
获奖单位：优酷土豆集团

作品名称：青春感恩季之父亲
获奖单位：优酷土豆集团

品牌营销类：视频组

作品名称：大众悬浮车
获奖单位：天联广告有限公司天时北京 /Goodstein & Partners

媒介营销类：电视组

作品名称：中国电信天翼飞 Young 欧洲杯短信互动软性植入方案
获奖单位：昌荣传播

作品名称：“全城热恋 全民互动”之“全城热恋 1024”河北音乐广播听众节推广小记
获奖单位：石家庄市中仁广告艺术有限公司

媒介营销类：跨媒介整合组

作品名称：吗丁啉 – 好友真情 保胃健康

获奖单位：人人公司

作品名称：宝洁奥运－为中国加油，为母亲喝彩腾讯网整合营销案例
获奖单位：腾讯网

品牌营销类：跨媒介整合组

作品名称：Journey in motion 天马行空
获奖单位：电通东派广告有限公司

作品名称：大众悬浮车
获奖单位：天联广告有限公司天时北京/Goodstein & Partners

媒介营销类：平面／户外组

作品名称：闻香识品牌－卡玫尔香氛之旅
获奖单位：北京地下铁道通成广告有限公司

媒介营销类：互动组－消费电子组

作品名称：三星—爱谁谁 我就是Galaxy
获奖单位：腾讯网

作品名称：小狗吸尘器聚划算万人团购活动
获奖单位：淘宝网

媒介营销类：互动组－快消

作品名称：奥利奥－童真时刻齐分享
获奖单位：腾讯网

作品名称：百事渴望“抱团上头条”
获奖单位：腾讯网

媒介营销类：互动－交通组

作品名称：路虎D4品牌推广活动－发现无止境
获奖单位：新浪

作品名称：汽奔腾让爱回家春节借势营销－用心沟通，让爱传播
获奖单位：新浪

媒介营销类：互动－其他

作品名称：杜蕾斯裸奔了！
获奖单位：人人公司

作品名称：亮出你的微博身份
获奖单位：新浪

品牌营销类：互动－快消

作品名称：光明畅优植物乳酸菌饮品VS植物大战僵尸社区版营销案
获奖单位：升腾互动

作品名称：2011“可口可乐”－旧瓶新生 环保地球
获奖单位：安索帕（上海）广告传播有限公司

品牌营销类：互动－其他

作品名称：微博运动会
获奖单位：新浪

作品名称：匹克借势传播品牌－“NBA停摆，斗志永不停摆－NBA2011-12”
获奖单位：华扬联众数字技术股份有限公司

品牌营销类：互动－交通

作品名称：大众斯柯达 Fabia（晶锐）创意改装达人秀
获奖单位：MEDIACOM（竞立媒体）

作品名称：大众汽车“蓝色驱动”手机应用
获奖单位：MEDIACOM（竞立媒体）

品牌营销类：互动－消费电子

作品名称：诺基亚 N9 －“不跟随”微电影
获奖单位：智威汤逊－中乔广告有限公司

媒介营销类：无线组

作品名称：泰康 E 顺出行险－无处不在的小意外
获奖单位：三星鹏泰

作品名称：三星—爱 Tab 的十万个理由
获奖单位：腾讯网

公益活动类

作品名称：百度助力免费午餐“公益一小时”活动
获奖单位：百度在线网络技术（北京）有限公司

作品名称：“WOW 男 WOW 女”健康活动
获奖单位：触动传媒

微电影类

作品名称：三星黑白配微电影“你好吗？我很好。”
获奖单位：优酷土豆集团

内容营销类

作品名称：百事淘宝《天天向上》专场
获奖单位：广东百合蓝色火焰文化传媒股份有限公司

作品名称：雪佛兰迈锐宝－梁朝伟病毒视频＋人生体
获奖单位：华扬联众数字技术股份有限公司

铜奖

媒介营销类：视频组

作品名称：三星 Galaxy SIII 手机《城市映像》微电影营销案例
参赛单位：爱奇艺

作品名称：MOTO 西游伦敦记 全程合作
参赛单位：搜狐公司

作品名称：中华牙膏－我的微笑闪亮未来
参赛单位：腾讯网

品牌营销类：视频组

作品名称：诺基亚 N9 “不跟随”微电影
参赛单位：智威汤逊－中乔广告有限公司

媒介营销类：电视组

作品名称：小洋人妙恋冲起来之男生女生向前冲
参赛单位：安徽广播电视台广告中心

媒介营销类：跨媒介整合组

作品名称：百度＆宝洁“感谢妈妈 用爱跨越距离”

参赛单位：百度在线网络技术（北京）有限公司

品牌营销类：跨媒介整合组

作品名称：2012“可口可乐”加入中国节拍，助威2012伦敦奥运
参赛单位：安索帕（上海）广告传播有限公司

作品名称：三星 Galaxy SII 白色版手机推广— 2011年的第一场雪
参赛单位：三星鹏泰

作品名称：诺基亚 Lumia- 凡事 · 不平凡
参赛单位：广东凯络广告有限公司北京分公司

媒介营销类：平面 / 户外组

作品名称：“一纸微电影 硐楼有戏看”《让菜花飞》营销个案
参赛单位：广州日报社

媒介营销类：互动组 – 消费电子组

作品名称：京东商城携手新浪网（中国）技术有限公司微博 – 强强联手开启微购物时代
参赛单位：新浪

作品名称：HTC 微客微生活品牌营销推广活动 – 发现微生活、感受微客族
参赛单位：新浪

作品名称：Acer- 职场利器 轻松解决困境
参赛单位：网易

媒介营销类：互动组 – 快消

作品名称：绿箭见面吧
参赛单位：腾讯网

作品名称：力士品牌推广活动 – 爱至毫厘 恋上发梢
参赛单位：新浪

作品名称：雀巢微博品牌推广活动 – 百日感性挑战，活出你的敢性
参赛单位：新浪

媒介营销类：互动 – 交通组

作品名称：宝马借力《对弈》，诠释“与梦想者同行”
参赛单位：凤凰网

作品名称：体验 AR，体验新科技 – 福特新福克斯上市推广活动
参赛单位：新浪

作品名称：别克越视界 @ 别克梦幻之旅腾讯网推广传播
参赛单位：腾讯网

媒介营销类：互动 – 其他

作品名称：百度 2012 拯救地球创意环保行动
参赛单位：百度在线网络技术（北京）有限公司

作品名称：“精彩生活 Card 住”中行长城环球通信用卡网络推广活动
参赛单位：搜狐公司

作品名称：微博之夜缔造亲民品牌
参赛单位：新浪

品牌营销类：互动 – 快消

作品名称：2011 力士“闪亮直至发梢最后一厘米”

搜索创新
参赛单位：PHD

作品名称：雪碧“选阵营 战对决”活动精准推广
参赛单位：随视传媒

作品名称：茵宝大声 HIGH- 整合服务
参赛单位：上海氩氪广告有限公司

品牌营销类：互动 – 其他

作品名称：纽崔莱科学探险家网络推广营销案例
参赛单位：电众数码（北京）广告有限公司

作品名称：妈富隆世界避孕日互动营销
参赛单位：华扬联众数字技术股份有限公司

作品名称：中国银行经典艺术讲堂互联网营销
参赛单位：华扬联众数字技术股份有限公司

品牌营销类：互动 – 交通

作品名称：BMW2012 网易奥运魔图推广
参赛单位：北京派择网络科技有限公司

作品名称：BMW JOY 3.0 campaign
参赛单位：华扬联众数字技术股份有限公司

作品名称：36 计玩转英朗 XT
参赛单位：华扬联众数字技术股份有限公司

品牌营销类：互动 – 消费电子

作品名称：三星 GALAXY beam 投影手机上市营销 – 中国人的情感沟通宝典
参赛单位：三星鹏泰

媒介营销类：无线组

作品名称：三星数码相机 MV800 — 换个角度看世界 O2O 营销
参赛单位：三星鹏泰

作品名称：麦满分挺你“迈向满分”
参赛单位：腾讯网

作品名称：百威啤酒手机 APP 推广活动 – 尽显皇者之力，摇动你激情
参赛单位：新浪

公益活动类

作品名称：Pay by Piece
参赛单位：迈阿密广告学校，旧金山和柏林分校

作品名称：海尔地球一小时，和你在一起
参赛单位：腾讯网

作品名称：联想 2011 年度青年公益创业计划网易公关舆论升华项目 – 微公益 · 做不凡
参赛单位：网易

微电影类

作品名称：大众悬浮车
参赛单位：天联广告有限公司天时北京 /Goodstein & Partners

内容营销类

作品名称：三星 Galaxy SIII – 首创关联式广告
参赛单位：三星鹏泰

作品名称：鼓力中国－广发证券20周年“鼓力体”温情出击
参赛单位：广东英扬传奇广告有限公司

作品名称：征战伦敦 美在巅峰－自然堂＆网易时尚奥运战略合作
参赛单位：网易

优秀奖

媒介营销类：视频组

作品名称：可爱多青春恋爱观微电影《这一刻，爱吧！》
参赛单位：优酷土豆集团

作品名称：飞利浦《幸福59厘米》
参赛单位：优酷土豆集团

作品名称：《嘻哈四重奏》第四季
参赛单位：优酷土豆集团

作品名称：博朗剃须刀《北京惊现极品堵车帝》病毒视频制作＋传播
参赛单位：爱奇艺

品牌营销类：视频组

作品名称：别克轿跑系十二星座微电影
参赛单位：华扬联众数字技术股份有限公司

作品名称：别克－“向前的理由@别克”印象电影传播
参赛单位：华扬联众数字技术股份有限公司

作品名称：2012“可口可乐”迷你装 随身随你行
参赛单位：安索帕（上海）广告传播有限公司

媒介营销类：电视组

作品名称：借力《绝对有戏》“艾兰得”力推新品
参赛单位：河北电视台农民频道

作品名称：传递品牌幸福，成就雅迪崛起 －“非常帮助－向幸福出发”助力雅迪崛起河
参赛单位：河北电视台农民频道

作品名称：“迎驾贡酒”后宫甄嬛传再掀大剧营销新浪潮
参赛单位：河北电视台农民频道

媒介营销类：跨媒介整合组

作品名称：2012届臣氏“优大奖”
参赛单位：搜狐公司

作品名称：联想乐Phone S880大有意思登船记
参赛单位：搜狐公司

作品名称：联想IdeaPad UX10超极本新品推广
参赛单位：电众数码（北京）广告有限公司

品牌营销类：跨媒介整合组

作品名称：安利蛋白质粉“加一勺跟活力说早安”
参赛单位：阳狮广告有限公司上海分公司

作品名称：凌仕－中国品牌计划
参赛单位：PHD

作品名称：中华微笑，闪亮职场未来
参赛单位：PHD

作品名称：三星SIII 奥运营销－指尖上的奥运
参赛单位：三星鹏泰

媒介营销类：平面／户外组

作品名称：《海豚 TV 周刊》“全城热卖”巨奖销售活动
参赛单位：安徽广播电视台广告中心

作品名称：中国当代水墨大师－何加林
参赛单位：陕西沙龙传媒有限公司

作品名称：高尔夫运动型敞篷轿车开启感官新体验 － 平面特殊合作
参赛单位：MEDIACOM（竞立媒体）

媒介营销类：互动组－消费电子组

作品名称：这个欧洲杯有你更精彩－三星 smart 赞助欧洲杯
参赛单位：新浪

作品名称：“闪，出色”东芝 satellite M800 传播
参赛单位：网易

作品名称：英特尔“酷睿宝贝”
参赛单位：腾讯网

作品名称：vivo 我是我主宰
参赛单位：腾讯网

媒介营销类：互动组－快消

作品名称：把握时政脉搏，凤凰网助力习酒塑造品牌性格
参赛单位：凤凰网

作品名称：解救城市鸭梨山大族－汰渍熏香泡泡屋品牌推广活动
参赛单位：新浪

作品名称：宝洁－飘柔奥运超级粉丝
参赛单位：腾讯网

作品名称：不一样的表白－飘柔情人节品牌推广活动
参赛单位：新浪

媒介营销类：互动－交通组

作品名称：一汽丰田 RAV4- 新生活方式体验之旅
参赛单位：凤凰网

作品名称：北京现代千人观车展活动
参赛单位：腾讯网

作品名称：奇瑞 E5 腾讯网微卖场营销
参赛单位：腾讯网

作品名称：“播种悦期待” BMW 奥运农场合作
参赛单位：腾讯网

媒介营销类：互动－其他

作品名称：中国加油－百度奥运互动营销
参赛单位：百度在线网络技术（北京）有限公司

作品名称：银河玖乐园－银河证　品牌推广案
参赛单位：新浪

作品名称：祝福为伴，星愿成真－周大福福星宝宝十周年呈现
参赛单位：网易

作品名称：大事件创新营销－凤凰网 2012 两会
参赛单位：凤凰网

品牌营销类：互动－快消

作品名称：和路雪“玩转奇彩旋”
参赛单位：PHD

作品名称：人头马“寻找真男人”系列活动
参赛单位：随视传媒

作品名称：KFC Summer Drink 酷感夏日有乐同享 第二杯半价
参赛单位：华扬联众数字技术股份有限公司

作品名称：2012 去屑之巅·终结之战
参赛单位：PHD

品牌营销类：互动－其他

作品名称：招商银行 25 周年行庆网络整合营销
参赛单位：新好耶信息技术（上海）有限公司

作品名称：中国银行：理财风向标
参赛单位：华扬联众数字技术股份有限公司

作品名称：贵人鸟－Run 中国更快乐
参赛单位：华扬联众数字技术股份有限公司

作品名称：搜索营销助力广之旅开拓在线旅游市场
参赛单位：昌荣传播

品牌营销类：互动－交通

作品名称：BMW2012 尊选二手车齐鲁春季车展精准推广
参赛单位：北京派择网络科技有限公司

作品名称：东风雪铁龙纪念东方之旅 80 周年数字营销案
参赛单位：映盛中国

作品名称：全新 BMW 1 系上市搜索营销整合推广
参赛单位：华扬联众数字技术股份有限公司

作品名称：南航 A380 飞翔从此大不同
参赛单位：电众数码（北京）广告有限公司

品牌营销类：互动－消费电子

作品名称：戴尔 Alienware 百度品牌专区 － 开启搜索互动第一步
参赛单位：MEDIACOM（竞立媒体）

作品名称：情“投”意合 Samsung GALAXY beam 投影手机 10 种方式说爱你
参赛单位：人人公司

作品名称：三星 Galaxy 系列产品营销案例 － 打造“Code”营销方式
参赛单位：三星鹏泰

作品名称：GE 明日传奇
参赛单位：上海腾迈广告有限公司

媒介营销类：无线组

作品名称：沃尔沃“85 以人为本”
参赛单位：上海新易传媒广告有限公司

作品名称：别克英朗 GT 48 小时深度试驾
参赛单位：华扬联众数字技术股份有限公司

作品名称：大身材，小胃口，吃货的家乡顶尖美味－福特锐界上市推广活动
参赛单位：新浪

作品名称：最有范儿的移动情人节－广汽锋范移动互联网合作推广
参赛单位：新浪

公益活动类

作品名称：环保亦酷（中国）
参赛单位：触动传媒

作品名称：赛马
参赛单位：迈阿密广告学校，旧金山分校

作品名称：Kitty ＆ Lala 80 印象馆
参赛单位：阿姆斯特丹环球传播

作品名称：Jogja 嘻哈基金会
参赛单位：阿姆斯特丹环球传播

微电影类

作品名称：Holiday Inn“假日故事 始终畅想”
参赛单位：网易

作品名称：三星 Galaxy Tab 2 品牌定制微电影推广—《Ta 的 Beijing 爱情故事》
参赛单位：三星鹏泰

作品名称：三星 SIII Social Movie 营销 — 产品碎片化功能的记忆与自主传播
参赛单位：三星鹏泰

内容营销类

作品名称：舟山禅修游，静心得自在
参赛单位：网易

作品名称：极酷冰爽·无屑可击－清扬 2012 欧洲杯易网打尽
参赛单位：网易

作品名称：腾讯网企业形象品牌推广“兄弟篇”
参赛单位：腾讯网

作品名称：金立智能手机《一站到底》
参赛单位：广东百合蓝色火焰文化传媒股份有限公司

媒介营销奖单项奖

全场大奖

作品名称：BMW 1 系沙漠怪圈事件营销
参赛单位：华扬联众数字技术股份有限公司

微电影类

作品名称：中国移动微电影《老人愿》
参赛单位：旗帜（上海）数字传媒有限公司

内容营销类

作品名称：英特尔世界没有陌生人
参赛单位：腾讯网

梦之队

品牌梦之队

作品名称：三星电子品牌梦之队：创新就是打破传统，

而非离经背道

参赛单位：三星鹏泰

媒介梦之队

作品名称：FUSE 娱乐内容整合营销团队

参赛单位：浩腾媒体

广告公司梦之队

作品名称：电众数码－联想中国服务团队

参赛单位：电众数码（北京）广告有限公司

最佳广告公司

华扬联众数字技术股份有限公司

最佳广告主

三星

互动创意奖

金奖

微型网站类：广告公司组－交通／消费电子组

作品名称：搭乘都巴士畅游东京

获奖单位：Hakuhodo i-studio Inc.

互动创意奖在线广告类：网络通讯服务组

作品名称：三星投影手机－夜晚篇

获奖单位：三星鹏泰

互动创意奖微型网站类：广告公司组－快消组

作品名称：可口可乐－加入中国节拍，助威 2012 伦敦奥运

获奖单位：安索帕（上海）广告传播有限公司

互动创意奖无线类

作品名称：伊利－谷粒多鼓励 会说话的 QR

获奖单位：三星鹏泰

互动创意奖微型网站类：媒介组－交通组

作品名称：MINI 中国任务

获奖单位：人人公司

互动创意奖微型网站类：媒介组－快消组

作品名称：可口可乐－加入中国节拍、助威 2012 伦敦奥运

获奖单位：腾讯网

互动创意奖微型网站类：广告公司组－其他组

作品名称：美特斯邦威 MTEE 潮牌－网站设计

获奖单位：上海氩氪广告有限公司

互动创意奖微型网站类：媒介组 – 消费电子组

作品名称：Intel– 世界没有陌生人

获奖单位：腾讯网

互动创意奖在线广告类：其他组

作品名称：NX 系列镜头 – 自己篇

获奖单位：三星鹏泰

互动创意奖微型网站类：媒介组 – 其他组

作品名称：吗丁啉让胃动起来

获奖单位：人人公司

互动创意奖在线广告类：消费电子组

作品名称：三星家庭影院 – 小红帽的秘密篇

获奖单位：三星鹏泰

互动创意奖视频类

作品名称：人保电话车险 – 史上最强车险攻略

获奖单位：华扬联众数字技术股份有限公司

互动创意奖公益类

作品名称：小动作，大改变 – 地球一小时公益互动广告

获奖单位：网易

银奖

微型网站类：广告公司组 – 交通 / 消费电子组

作品名称：雪佛兰迈锐宝 – 时光巡礼

获奖单位：华扬联众数字技术股份有限公司

作品名称：卡萨帝五感互动网站

获奖单位：im2.0 互动营销

互动创意奖微型网站类：广告公司组 – 其他组

作品名称：adidas 二度轻袭

获奖单位：im2.0 互动营销

互动创意奖微型网站类：广告公司组 – 快消组

作品名称：昆仑山矿泉水 – 巅峰声量助威李娜

获奖单位：电众数码（北京）广告有限公司

互动创意奖微型网站类：媒介组 – 交通组

作品名称：克莱斯勒指南者 欧洲杯竞猜

获奖单位：腾讯网

作品名称：弦外之音 – 别克

获奖单位：人人公司

互动创意奖微型网站类：媒介组 – 快消组

作品名称：M&M’s 欢逗愚人节

获奖单位：人人公司

作品名称：阿尔卑斯 – 双享棒

获奖单位：人人公司

互动创意奖微型网站类：媒介组 – 其他组

作品名称：赛龙舟，用龙卡—建行 2012 龙舟竞赛

获奖单位：网易

作品名称：adidas training 动新思
获奖单位：腾讯网

互动创意奖微型网站类：媒介组－消费电子组

作品名称：三星 Galaxy-SIII "social-movie"
获奖单位：腾讯网

作品名称：ACER S3 蜂鸟活动炫动邮票
获奖单位：网易

互动创意奖在线广告类：快消组

作品名称：麦当劳网上订餐 30 分钟挑战
获奖单位：DDB China Group/Tribal DDB Shanghai
作品名称：娇韵诗寻找 V 女郎－摄像头广告
获奖单位：上海氩氪广告有限公司

作品名称：加多宝－奥运跑酷广告
获奖单位：网易

互动创意奖在线广告类：其他组

作品名称：Smart，你是舞者篇
获奖单位：搜狐公司

作品名称：MINI- 奥运期间试驾广告
获奖单位：搜狐公司

互动创意奖在线广告类：网络通讯服务组

作品名称：百度 2012 拯救地球创意环保行动
获奖单位：百度在线网络技术（北京）有限公司

互动创意奖在线广告类：消费电子组

作品名称：宏基 s3 蜂鸟 轻启磅礴
获奖单位：搜狐公司

作品名称：三星智能电视－调皮的手
获奖单位：三星鹏泰

互动创意奖－无线类

作品名称：泰康 E 顺出行险－无处不在的小意外
获奖单位：三星鹏泰

作品名称：adidas- 夺宝奇冰
获奖单位：im2.0 互动营销

互动创意奖－视频类

作品名称：Mini × Mini
获奖单位：安索帕（上海）广告传播有限公司

作品名称：大众悬浮车
获奖单位：天联广告有限公司天时北京 /Goodstein & Partners

作品名称：地球 1 小时公益广告
获奖单位：网易

铜奖

微型网站类：广告公司组－交通 / 消费电子组

作品名称：卡萨帝密语互动网站
参赛单位：im2.0 互动营销

作品名称：广汽丰田新汉兰达品牌网站
参赛单位：电众数码（北京）广告有限公司

作品名称：统帅电视－设计我的精彩视界
参赛单位：im2.0 互动营销

互动创意奖微型网站类：广告公司组－其他组

作品名称：匹克扣篮创意大征集
参赛单位：华扬联众数字技术股份有限公司

互动创意奖微型网站类：广告公司组－快消组

作品名称：阿尔卑斯双享棒－有爱就要粘一起
参赛单位：北京华扬创想广告有限公司

互动创意奖微型网站类：媒介组－交通组

作品名称：东风日产新一代轩逸
参赛单位：人人公司

作品名称：丰田锐志－跟“棕时尚”有型有色
参赛单位：网易

作品名称：非比“寻”长，玩转欧洲杯
参赛单位：网易

互动创意奖微型网站类：媒介组－快消组

作品名称：碰杯传祝福－可口可乐
参赛单位：人人公司

作品名称：雅诗兰黛－竹林探觅
参赛单位：腾讯网

作品名称：中华牙膏－我的微笑、闪亮未来
参赛单位：腾讯网

互动创意奖微型网站类：媒介组－其他组

作品名称：PUMA 闪电基地 -PUMA
参赛单位：人人公司

作品名称：万圣惊魂更衣室
参赛单位：腾讯网

作品名称：阿桑娜 a02SHOW 猫范儿
参赛单位：腾讯网

互动创意奖微型网站类：媒介组－消费电子组

作品名称：海尔未来在这里 我是 hai TV
参赛单位：搜狐公司

作品名称：MOTO XT615“锋尚摩丽 炫秀 T 台”活动
参赛单位：腾讯网

作品名称：三星时空胶囊
参赛单位：腾讯网

互动创意奖在线广告类：快消组

作品名称：UNO，酷玩欧洲杯
参赛单位：上海新易传媒广告有限公司

互动创意奖在线广告类：其他组

作品名称：迈锐宝汽车巨幕广告
参赛单位：网易

作品名称：奔驰SMART品牌TVC逆向漫画营销推广－寻找城市英雄，SMART城市大行动
参赛单位：新浪

作品名称：安踏supper弹力勇士震撼出击！
参赛单位：搜狐公司

互动创意奖在线广告类：网络通讯服务组

作品名称：百度好好学习视网直播互动项目
参赛单位：百度在线网络技术（北京）有限公司

互动创意奖在线广告类：消费电子组

作品名称：Galaxy Note 指路篇
参赛单位：网易

作品名称：LG无框电视
参赛单位：搜狐公司

作品名称：HTC，极限鬼脸大PK
参赛单位：上海新易传媒广告有限公司

互动创意奖无线类

作品名称：奥迪，演绎生活美学
参赛单位：上海新易传媒广告有限公司

作品名称：果合携手星巴克 全星点亮圣诞树
参赛单位：果合移动广告

作品名称：手机淘宝中秋捉鸟
参赛单位：淘宝网

互动创意奖视频类

作品名称：百事淘宝网剧《为渴望而创》视链技术
参赛单位：优酷土豆集团

作品名称：科鲁兹OnStar
参赛单位：麦肯光明广告有限公司上海分公司

作品名称：卡萨帝独家－视频
参赛单位：im2.0互动营销

互动创意奖公益类

作品名称：中国三星线上趣味问答接龙活动
参赛单位：三星鹏泰

优秀奖

微型网站类：广告公司组－交通／消费电子组

作品名称：现代汽车“创新思 启新境”微电影系列
参赛单位：北京伊诺盛广告有限公司

作品名称：U互动 随我控
参赛单位：新好耶信息技术（上海）有限公司

作品名称：中国三星人才迷你网站
参赛单位：三星鹏泰

作品名称：36计劲玩英朗XT
参赛单位：华扬联众数字技术股份有限公司

互动创意奖微型网站类：广告公司组－其他组

作品名称：移动科技幸福蓝图
参赛单位：华扬联众数字技术股份有限公司

作品名称：锦江电子商务情人节微视频营销

参赛单位：上海广告有限公司

作品名称：贵人鸟 – 快乐开跑完美路线

参赛单位：华扬联众数字技术股份有限公司

互动创意奖微型网站类：广告公司组 – 快消组

作品名称：趣多多！美味逗动你

参赛单位：im2.0 互动营销

作品名称：Tiger Translate 乐队龙虎榜 2012

参赛单位：华扬联众数字技术股份有限公司

作品名称：伊利 – “谷粒多鼓励 – 会说话的 QR”

参赛单位：三星鹏泰

互动创意奖微型网站类：媒介组 – 交通组

作品名称：2011 宝骏汽车 V 型弯挑战赛

参赛单位：网易

作品名称：普锐斯 touch the world

参赛单位：网易

作品名称：长城哈弗扬威达噶尔

参赛单位：腾讯网

作品名称：宝马 BMW1 系挑战赛—双子攻略

参赛单位：腾讯网

互动创意奖微型网站类：媒介组 – 快消组

作品名称：伊利大果粒 – 情人节“爱就大声说”

参赛单位：人人公司

作品名称：雪花啤酒勇闯天涯 – 冲破雪线

参赛单位：腾讯网

作品名称：立顿红茶 – 乐饮新世界

参赛单位：腾讯网

作品名称：可爱多 – 这一刻，爱吧！

参赛单位：人人公司

互动创意奖微型网站类：媒介组 – 其他组

作品名称：NEO–adidas

参赛单位：人人公司

作品名称：广东旅游局“勇闯绿界”网页游戏网站

参赛单位：网易

作品名称：三金 – 清嗓亮音说出爱

参赛单位：腾讯网

作品名称：建设银行 – 中秋点灯笼，国庆普祝福

参赛单位：网易

互动创意奖微型网站类：媒介组 – 消费电子组

作品名称：三星粉红桃花季 – 你的星座奇缘

参赛单位：腾讯网

作品名称：三星 Galaxy Tap – 平板话时代 祝福画出来

参赛单位：腾讯网

作品名称：海尔 U 鲜生活

参赛单位：网易

作品名称：金立 · 天鉴 – 为神八加油

参赛单位：腾讯网

互动创意奖在线广告类：快消组

作品名称：雀巢微博品牌推广活动－百日感性挑战，活出你的敢性
参赛单位：新浪

作品名称：伊利舒化奶产品推广方案
参赛单位：互动通控股集团

作品名称：Tempo 得宝—时尚新选择
参赛单位：上海传漾网络科技有限公司

作品名称：百事可乐－把乐带回家
参赛单位：上海传漾网络科技有限公司

互动创意奖在线广告类：其他组

作品名称：宝马之悦 innovation 之旅－北京车展宝马应用创新营销推广
参赛单位：新浪

作品名称：银河证品牌推广案－银河玖乐园 网友们的金融游戏宝典
参赛单位：新浪

作品名称：欧普照明，切胡罗卜篇
参赛单位：上海新易传媒广告有限公司

作品名称：体验 AR，体验新科技－福特新福克斯上市推广活动
参赛单位：新浪

作品名称：中银消费金融，梦想不等待
参赛单位：上海新易传媒广告有限公司

互动创意奖在线广告类：网络通讯服务组

作品名称：搜狐新闻客户端－英超篇
参赛单位：搜狐公司

作品名称：搜狐名称抢注活动－冲刺篇
参赛单位：搜狐公司

作品名称：搜狗手机地图语音导航
参赛单位：搜狐公司

互动创意奖在线广告类：消费电子组

作品名称：英特尔超级本－世界没有陌生人
参赛单位：浩腾媒体

作品名称：HTC 灵感（sensation）
参赛单位：上海传漾网络科技有限公司

作品名称：宏碁蜂鸟微漫画传播品牌推广活动－超极本给我超能力
参赛单位：新浪

作品名称：飞利浦 2012 型传奇
参赛单位：DDB China Group/Tribal DDB Shanghai

互动创意奖无线类

作品名称：东风雪铁龙 C5 潜客试驾数字营销 APP
参赛单位：蓝门数字营销（上海）

作品名称：伊利新年推广活动－爱的发声体
参赛单位：3G 门户

作品名称：三星电子 Mobile web 网站
参赛单位：三星鹏泰

作品名称：星际奇冰
参赛单位：智威汤逊－中乔广告有限公司上海分公司

互动创意奖视频类

作品名称：国奥－爱的选择
参赛单位：重庆高戈广告有限责任公司

作品名称：Make Up For Ever 不修片革命－网络病毒营销
参赛单位：上海氩氪广告有限公司

作品名称：美特斯邦威 MTEE 魔兽－网络病毒营销
参赛单位：上海氩氪广告有限公司

作品名称：泰康生命资本论
参赛单位：三星鹏泰

互动创意奖公益类

作品名称：地球一小时公益广告 PM2.5 篇
参赛单位：网易

作品名称：世界环境日公益广告 一线生机篇
参赛单位：网易

作品名称：地球一小时公益广告—关灯篇
参赛单位：网易

文案奖

金奖

作品名称：益达－酸甜苦辣
参赛单位：天联广告有限公司广州分公司

银奖

作品名称：彩虹糖单身节活动宣传 TVC
参赛单位：广州市华邑众为品牌策划有限公司

作品名称：红星二锅头时代经典系列文案之一、之二、之三、之四、之五
参赛单位：广东省广告股份有限公司

铜奖

作品名称：糖果社区 3 期“别 2 了，奔 3 了”系列
参赛公司：深圳市及时沟通广告有限公司

作品名称：点将篇
参赛公司：DDB China Group

作品名称：五月花企业形象六张画篇
参赛公司：阳狮广告有限公司上海分公司

优秀奖

作品名称：痰不完篇
参赛公司：广州市千里马广告有限公司

作品名称：百斯盾休闲男装－慢活系列
参赛公司：广州市旭日因赛广告有限公司

作品名称：玩味冰淇淋系列：体重篇、对比篇、能吃篇、

　　　　抉择篇、贪吃篇
参赛公司：长沙盛美广告有限公司

作品名称：花露水的前世今生
参赛公司：上海维拉沃姆文化传播有限公司

作品名称：五月花企业形象假发篇
参赛公司：阳狮广告有限公司上海分公司

作品名称：Jeep Compass 指南者 - 回家篇
参赛公司：灵狮中国（北京）广告有限公司

作品名称：方正金融电视广告
参赛公司：北京远山文化传播有限公司

作品名称：我招之满清十大酷刑
参赛公司：上海和声机构

作品名称：尾气篇
参赛公司：DDB China Group

作品名称：糖果花漾
参赛公司：广州星火广告有限公司

2012 年中国艾菲奖获奖名单

全场大奖

案例编号：E12290
参赛单位：上海新网迈广告传媒有限公司
作品名称：小小空间 大大的爱 - 为背奶妈妈创造空间
广 告 主：强生婴儿

港澳台地区获奖名单

汽车、交通运输、物流产品及服务类

金奖

案例编号：E12624
参赛单位：奥美广告股份有限公司（台湾）
作品名称：以动之以情的传播诉求形成社会议题，引发消费者反思进而造成行为改变。
广 告 主：台湾高速铁路股份有限公司

铜奖

案例编号：E12521
参赛单位：雪芃设计顾问有限公司（台湾）
作品名称：LIVINA 甲蟲系列
广 告 主：裕隆日产汽车股份有限公司

美容产品及服务类（空缺）

饮料、酒水及非酒水类

银奖

案例编号：E12658
参赛单位：McCann Worldgroup HK（香港）
作品名称：Chok！Chok！Chok！
广 告 主：Coca-Cola China Limited

食品类

金奖

案例编号：E12603
参赛单位：奥美广告（香港）有限公司（香港）
作品名称：鸡的启示 - 由摇滚到歌剧
广 告 主：香港肯德基

银奖

案例编号：E12523
参赛单位：瑞纬整合传播股份有限公司（台湾）
作品名称：2012 年 Zespri Kids Program (2011/07 ~ 2012/06)
广 告 主：ZESPRI International (Asia) Ltd.

铜奖

案例编号：E12654
参赛单位：DDB Group Hong Kong(香港)
作品名称：Summer Campaign:Bringing Families Back To The Table
广 告 主：McDonald's Restaurant (HK) Ltd

形象类

金奖

案例编号：E12626
参赛单位：奥美广告股份有限公司（台湾）
作品名称：以音乐及禁忌元素得到年轻人关注，吸引执政党跟风并自动赞助传播资源
广 告 主：奇摩 Yahoo

银奖

案例编号：E12667
参赛单位：Ogilvy & Mather Advertising HK(香港)
作品名称：Through Their Eyes
广 告 主：ORBIS

铜奖

案例编号：E12660
参赛单位：McCann Worldgroup HK(香港)
作品名称：Chok!Chok!Chok!
广 告 主：Coca-Cola China Limited

电子产品类（空缺）

文化、娱乐及体育赛事类

铜奖

案例编号：E12508
参赛单位：新濠博亚娱乐有限公司（澳门）
作品名称：澳门新濠天地《水舞间》水上汇演整合营销案例
广 告 主：新濠博亚娱乐有限公司

休闲、文化、体育用品及服务类（空缺）

时尚风格类（空缺）

医疗保健产品及服务类（空缺）

家居用品、家用电器及服务类

金奖

案例编号：E12620
参赛单位：奥美广告股份有限公司（台湾）
作品名称：不用换新家，也能住新家
广 告 主：宜家 IKEA

互联网及电信类

铜奖

案例编号：E12657
参赛单位：TBWA\TEQUILA\HONG KONG(香港)

作品名称：Life Interrupted-Accpeting Nothing Less than 4G

广 告 主：CSL Limited

案例编号：E12616

参赛单位：奥美广告股份有限公司（台湾）

作品名称：爱情灵药

广 告 主：7 Mobile

媒体机构／公司及媒体服务类

案例编号：E12663

参赛单位：OMD(香港)

作品名称：18 Nuggets

广 告 主：McDonald's Restaurant (HK) Ltd

办公用品及服务类（空缺）

房地产类

银奖

案例编号：E12605

参赛单位：联广股份有限公司（台湾）

作品名称：好房网全新上市推广案

广 告 主：永庆房仲集

案例编号：E12172

参赛单位：海港城置业有限公司（香港）

作品名称：Chocolate Trail @ Harbour City 2012（海港城"情・寻朱古力 2012"）

广 告 主：Harbour City Estates Limited（海港城置业有限公司）

金融产品及服务类（空缺）

旅游景点类（空缺）

公益类

银奖

案例编号：E12668

参赛单位：Ogilvy & Mather Advertising HK(香港)

作品名称：Through Their Eyes

广 告 主：ORBIS

政府机构类（空缺）

小预算类

银奖

案例编号：E12662

参赛单位：Leo Burnett Limited(香港)

作品名称：Cats on Facebook

广 告 主：Cat Society(Hong Kong) LTD.

大陆地区获奖名单

汽车、交通运输、物流产品及服务类（整合营销类）

金奖

案例编号：E12534

参赛单位：天联广告有限公司天时北京

作品名称："大众自造"整合营销项目

广 告 主：大众汽车（中国）投资有限公司

案例编号：E12543

参赛单位：上海奥美

作品名称：从秦国，到美国！－秦兵马俑的神奇穿越之旅

广 告 主：UPS 优比速包裹运送（广东）有限公司

银奖

案例编号：E12532

参赛单位：奥美北京

作品名称：西门子“答长远行更远”品牌传播战役

广 告 主：西门子（中国）有限公司

铜奖

案例编号：E12229

参赛单位：灵狮中国（北京）广告有限公司

作品名称：Jeep70 周年“没有故事，不成人生”campaign

广 告 主：克莱斯勒（中国）汽车销售有限公司

汽车、交通运输、物流产品及服务类（数字营销类）

银奖

案例编号：E12322

参赛单位：新浪

作品名称：路虎 D4 品牌推广活动－发现无止境，路虎 D4

广 告 主：捷豹路虎汽车贸易（上海）有限公司

案例编号：E12068

参赛单位：北京新意互动广告有限公司

作品名称：新福克斯跨屏互动全媒体战役

广 告 主：长安福特马自达有限公司

铜奖

案例编号：E12273

参赛单位：北京搜狐新媒体信息技术有限公司

作品名称：smart 搜狗输入法皮肤

广 告 主：奔驰中国

案例编号：E12306

参赛单位：新浪

作品名称：奔驰 SMART 品牌 TVC 逆向漫画营销推广－寻找城市英雄，SMART 城市大行动

广 告 主：梅赛德斯－奔驰（中国）汽车销售有限公司

美容产品及服务类

金奖

案例编号：E12290

参赛单位：上海新网迈广告传媒有限公司

作品名称：小小空间 大大的爱－为背奶妈妈创造空间

广 告 主：强生婴儿

铜奖

案例编号：E12413

参赛单位：飞拓无限信息技术（北京）有限公司

作品名称：巴黎欧莱雅“时妆时刻”APP 移动营销

广 告 主：欧莱雅中国

案例编号：E12130

参赛单位：阳狮广告有限公司上海分公司

作品名称：白兰氏馥莓饮（升级版）上市传播活动

广 告 主：食益补（广州）有限公司上海分公司

饮料、酒水及非酒水类

金奖

案例编号：E12549

参赛单位：上海奥美（第一代理公司）新浪（其他代理公司）

作品名称：尊尼获加语路问行动

广 告 主：帝亚吉欧（上海）洋酒有限公司

银奖

案例编号：E12020
参赛单位：知世．安索帕
作品名称：Mini × Mini
广 告 主：可口可乐饮料（上海）有限公司

案例编号：E12141
参赛单位：扬罗必凯（北京）广告有限公司上海分公司
作品名称：脉动广告延续案－倾斜人 2.0
广 告 主：中国达能饮料

铜奖

案例编号：E12510
参赛单位：BBDO China(shanghai)
作品名称：渴望就是力量
广 告 主：PepsiCo China

食品类

金奖

案例编号：E12052
参赛单位：天联广告有限公司广州分公司
作品名称：ExtraThe Flavors Of Life / 益达－酸甜苦辣
广 告 主：箭牌糖果（中国）有限公司

银奖

案例编号：E12581
参赛单位：上海腾迈广告有限公司
作品名称：100% 纯牛肉 100% 纯爷们
广 告 主：麦当劳

铜奖

案例编号：E12461
参赛单位：奥美北京
作品名称：笨 NaNa 揭开神奇乐趣
广 告 主：雀巢（中国）有限公司

形象类

银奖

案例编号：E12072
参赛单位：北京加信奥美广告有限公司
作品名称：小 V 日记
广 告 主：西安杨森制药有限公司

铜奖

案例编号：E12459
参赛单位：奥美北京
作品名称：2012，伊利和你一起奥林匹克
广 告 主：内蒙古伊利实业集团股份有限公司

电子产品类

金奖

案例编号：E12440
参赛单位：腾讯科技
作品名称：世界没有陌生人
广 告 主：英特尔中国有限公司

银奖

案例编号：E12087
参赛单位：广东凯络广告有限公司北京分公司
作品名称：诺基亚 N9 不跟随

广 告 主：诺基亚（中国）投资有限公司

案例编号：E12562
参赛单位：奥美北京
作品名称：ThinkPad Edge 豆瓣理想青年小站
广 告 主：联想

铜奖

案例编号：E12572
参赛单位：奥美北京
作品名称：《平行相交》–IBM 社交商务
广 告 主：国际商业机器（中国）有限公司

文化、娱乐及体育赛事类

银奖

案例编号：E12569
参赛单位：奥美北京
作品名称：361° 伦敦行动 - 全民记者团
广 告 主：三六一度（福建）体育用品有限公司

铜奖

案例编号：E12036
参赛单位：im2.0(上海)
作品名称：夺宝奇冰 APP
广 告 主：adidas

休闲、文化、体育用品及服务类

金奖

案例编号：E12358
参赛单位：上海奥美
作品名称：一路向北
广 告 主：威富服装（深圳）有限公司

银奖

案例编号：E12584
参赛单位：上海腾迈广告有限公司
作品名称：2012 年阿迪达斯清风系列整合营销传播运动
广 告 主：阿迪达斯（中国）有限公司

时尚风格类

金奖

案例编号：E12185
参赛单位：上海宝迪广告有限公司
作品名称：海绵街
广 告 主：克履仕国际贸易（上海）有限公司

铜奖

案例编号：E12089
参赛单位：明锐互动
作品名称：“李维体”微博营销
广 告 主：利惠商业（上海）有限公司

案例编号：E12582
参赛单位：上海腾迈广告有限公司
作品名称：与蔻驰一起活在当下
广 告 主：寇驰贸易（上海）有限公司

医疗保健产品及服务类

金奖

案例编号：E12001

参赛单位：北京加信奥美广告有限公司

作品名称：小 V 日记

广 告 主：西安杨森制药有限公司

银奖

案例编号：E12132

参赛单位：阳狮广告有限公司上海分公司

作品名称：纽崔莱蛋白质粉“每天加一勺”推广活动

广 告 主：安利（中国）日用品有限公司

铜奖

案例编号：E12531

参赛单位：奥美北京

作品名称：英雄背后的英雄

广 告 主：中美天津史克制药有限公司

案例编号：E12081

参赛单位：人人

作品名称：吗丁啉 - 好友真情保胃健康

广 告 主：吗丁啉

家居用品、家用电器及服务类

金奖

案例编号：E12142

参赛单位：盛世长城国际广告有限公司北京分公司

作品名称：宜家小空间大梦想

广 告 主：宜家家居有限公司

银奖

案例编号：E12540

参赛单位：上海奥美

作品名称：好奇金装成长裤 学爬学走没问题

广 告 主：金佰利（中国）有限公司

铜奖

案例编号：E12638

参赛单位：三星鹏泰

作品名称：现在，由你改变电视！

广 告 主：三星电子

互联网类

金奖

案例编号：E12231

参赛单位：灵狮中国（北京）广告有限公司

作品名称：淘宝网女装频道春夏大促“衣服语言”Campaign

广 告 主：阿里巴巴（中国）有限公司

银奖

案例编号：E12528

参赛单位：代理公司 - 奥美北京，媒体公司 - 传立媒体

作品名称：笨 NaNa 揭开神奇乐趣

广 告 主：雀巢（中国）有限公司

铜奖

案例编号：E12145

参赛单位：百度在线网络技术（北京）有限公司

作品名称：百度 & 宝洁“感谢妈妈，用爱跨越距离”

广 告 主：宝洁（中国）营销有限公司

电信类

金奖

案例编号：E12496

参赛单位：三星鹏泰

作品名称：三星 Galaxy SIII “关联式广告” – 性价比超高的使用方法

广 告 主：Samsung

铜奖

案例编号：E12527

参赛单位：奥美北京

作品名称：ThinkPad Edge 年轻（不）靠谱

广 告 主：联想（北京）有限公司

案例编号：E12497

参赛单位：三星鹏泰

作品名称：三星平板 Tab Hunter – 做个城市猎人

广 告 主：Samsung

入围奖

案例编号：E12566

参赛单位：奥美北京

作品名称：天翼飞 Young 品牌上市

广 告 主：中国电信

媒体机构／公司及媒体服务类（媒体运用类）

金奖

案例编号：E12594

参赛单位：上海奥美

作品名称：从秦国，到美国！——秦兵马俑的神奇穿越之旅

广 告 主：UPS 优比速包裹运送（广东）有限公司

银奖

案例编号：E12573

参赛单位：奥美北京

作品名称：平行相交 –IBM 社交商务

广 告 主：国际商业机器（中国）有限公司

案例编号：E12423

参赛单位：爱奇艺

作品名称：高级定制：斯柯达改装达人秀案例

广 告 主：上海大众斯柯达

媒体机构／公司及媒体服务类（户外媒体类）

铜奖

案例编号：E12633

参赛单位：巴士在线有限公司

作品名称：MY BUS MY LIFE 巴士在线人文关怀微电影及推广系列

广 告 主：MY BUS MY LIFE

案例编号：E12074

参赛单位：上海铁路文化广告发展有限公司

作品名称：2012 春节跨媒体营销全案 – 一嗨租车

广 告 主：一嗨租车

案例编号：E12597

参赛单位：北京地下铁道通成广告有限公司

作品名称：闻香识广告 – 卡玫尔香味墙贴

广 告 主：宝洁（中国）有限公司

媒体机构／公司及媒体服务类（其他媒体类）

银奖

案例编号：E12423
参赛单位：爱奇艺
作品名称：高级定制：斯柯达改装达人秀案例
广 告 主：上海大众斯柯达

铜奖

案例编号：E12146
参赛单位：凤凰网
作品名称：中国即客之旅，联想乐 Phone 与您同行
广 告 主：联想 MIDH 中国区市场推广部

案例编号：E12102
参赛单位：湖南省潇湘晨报传媒经营有限公司
作品名称："1+1 你就是湖南"潇湘晨报第 11 届读者节
广 告 主：潇湘晨报社

案例编号：E12631
参赛单位：河北电视台农民频道
作品名称：《雅迪 - 向幸福出发》传递幸福感受，铸就市场辉煌
广 告 主：江苏雅迪科技发展有限公司

办公用品及服务类

金奖

案例编号：E12574
参赛单位：奥美北京
作品名称：平行相交——IBM 社交商务
广 告 主：国际商业机器（中国）有限公司

房地产类

金奖

案例编号：E12009
参赛单位：麦肯光明广告有限公司上海分公司
作品名称：潮玩大尺度 Let's Play XXL
广 告 主：太古地产有限公司

铜奖

案例编号：E12595
参赛单位：明思力中国公关顾问有限公司
作品名称："You are the Style" - 上海新天地春夏风尚季整合营销传播项目
广 告 主：上海瑞安房地产有限公司

金融产品及服务类

金奖

案例编号：E12181
参赛单位：上海宝迪广告有限公司
作品名称：郑棒棒篇
广 告 主：支付宝（中国）网络技术有限公司

银奖

案例编号：E12640
参赛单位：三星鹏泰
作品名称：泰康 e 顺出行险 - 无处不在的小意外
广 告 主：泰康人寿

旅游景点类

金奖

案例编号：E12355
参赛单位：上海奥美
作品名称：假日奇想
广 告 主：洲际酒店集团

银奖

案例编号：E12007
参赛单位：北京瑞途环宇文化传播有限公司
作品名称：瑞士，触手可及！
广 告 主：瑞士国家旅游局和瑞士航空公司

铜奖

案例编号：E12672
参赛单位：卓越形象
作品名称：嬉戏谷“变身季”整合行销传播
广 告 主：环球动漫嬉戏谷

公益类

铜奖

案例编号：E12235
参赛单位：DDB China Group-DDB Shanghai
作品名称：隔离的键盘
广 告 主：热爱家园

政府机构类（空缺）

小预算类

金奖

案例编号：E12236
参赛单位：DDB China Group-DDB Shanghai
作品名称：隔离的键盘
广 告 主：热爱家园

铜奖

案例编号：E12238
参赛单位：DDB China Group-DDB Shanghai
作品名称：筷子树绿色行动
广 告 主：中华环境保护基金会

案例编号：E12242
参赛单位：DDB China Group-Tribal DDB (Shanghai)
作品名称：巨无霸情人节霸气装备
广 告 主：麦当劳（中国）有限公司

案例编号：E12135
参赛单位：阳狮广告有限公司上海分公司
作品名称：捡回珍珠计划
广 告 主：浙江新华爱心教育基金会

其他类

金奖

案例编号：E12553
参赛单位：上海新网迈广告传媒有限公司
作品名称：实战奥运赢冠军
广 告 主：麦当劳（中国）有限公司

2012年第七届中国元素国际创意大赛获奖名单

全场大奖

作品类别：户外
作品名称：隔离的键盘
参赛单位：熊超作品

金　奖

作品类别：影视
作品名称：捡回珍珠计划萤火虫篇
参赛单位：阳狮广告有限公司上海分公司

作品类别：平面
作品名称：国画篇、花鸟篇
参赛单位：北京马腾国际广告有限公司

作品类别：互动
作品名称：迈锐宝时光巡礼
参赛单位：华扬联众数字技术股份有限公司

作品类别：广播
作品名称：点将篇
参赛单位：DDB Shanghai

作品类别：产品
作品名称：China image– 带优盘功能的陶瓷首饰设计
参赛单位：景德镇大象广告有限公司

银　奖

作品类别：影视
作品名称：镰刀理发
参赛单位：徐峰导演

作品类别：影视
作品名称：屠夫与狼
参赛单位：太原理工大学赵柱军

作品类别：平面
作品名称：信念篇
参赛单位：百比赫广告（上海）有限公司

作品类别：平面
作品名称：国之心 器之芯
参赛单位：河北科技大学艺术学院视觉传达专业张亚州

作品类别：户外
作品名称：数字的艺术
参赛单位：厦门市唐码博美广告有限公司

作品类别：户外
作品名称：勇于改变 带带相传
参赛单位：正大中艺设计（大连）有限公司

作品类别：互动
作品名称：寻找史上最小商用主机 – 联想 M4350q
参赛单位：电众数码（北京）广告有限公司

作品类别：互动
作品名称：全球首个 iPad 舞龙献技
参赛单位：达彼思大中华

作品类别：广播

作品名称：庐山真面目篇（公益类）
参赛单位：上海东方广播电台

作品类别：广播
作品名称：对联篇
参赛单位：电通(上海)广告公司

作品类别：广播
作品名称：拆篇
参赛单位：电通(上海)广告公司

作品类别：产品
作品名称：城市之扇
参赛单位：天联广告有限公司上海分公司

作品类别：产品
作品名称：一缕茶香
参赛单位：林韶斌设计事务所

铜　奖

作品类别：影视
作品名称：梦兰家纺－丹俪
参赛单位：徐峰导演工作室

作品类别：影视
作品名称：不变的承诺
参赛单位：Lowe China/ 睿狮广告传播

作品类别：影视
作品名称：弹墨篇
参赛单位：广东岭南职业技术学院

作品类别：平面
作品名称：地狱篇
参赛单位：电通（上海）广告公司

作品类别：平面
作品名称：命纹
参赛单位：南开大学

作品类别：平面
作品名称：永远向前 keep walking
参赛单位：SH TYPE

作品类别：平面
作品名称：禧龙图－青花瓷、茶、古琴、竹、剑、禅、太极、礼、长城、京剧、棋
参赛单位：每日新报

作品类别：户外
作品名称：我的世界，充满色彩
参赛单位：北京电通广告有限公司上海分公司

作品类别：户外
作品名称：全球首个 iPad 舞龙献技
参赛单位：达彼思大中华

作品类别：户外
作品名称：小题大做篇
参赛单位：长沙反正广告有限公司

作品类别：互动
作品名称：鼓力中国－广发证券“鼓力运动”
参赛单位：英扬传奇 & 喜邑互动

作品类别：互动
作品名称：小米手机主题设计－笔墨香浓
参赛单位：爱思奇奥网络信息技术（北京）有限公司

作品类别：互动
作品名称：联想 U300s IMC campaign 网络传播
参赛单位：电众数码（北京）广告有限公司

作品类别：广播
作品名称：老北京吆喝新用
参赛单位：福建师范大学传播学院

作品类别：广播
作品名称：传球篇
参赛单位：新疆普拉纳广告有限公司

作品类别：广播
作品名称：西厢记篇
参赛单位：DDB Shanghai

作品类别：产品
作品名称：润蒽
参赛单位：华东理工大学＆上海壹和工业设计有限公司

作品类别：产品
作品名称：沁香百合
参赛单位：北京林业大学材料学院

作品类别：产品
作品名称：反正饮料“反正好玩才行”
参赛单位：长沙反正广告有限公司

文化贡献奖

品　　牌：中国好声音
社　　团：CCTV9 纪录频道《舌尖上的中国》摄制组
事　　件：成都“熊抱”伦敦奥运
人　　物：莫言

创业贡献奖

中广国际广告创意产业基地发展有限公司

第十届学院奖获奖名单

公益平面作品

金奖

命题项：碧生源减肥茶
作品名称：幸福在哪里？
参赛院校：淮海工学院
作者姓名：封敏
指导老师：王栋

银奖

命题项：碧生源减肥茶
作品名称：衣食行
参赛院校：宁波大学
作者姓名：刘慧珊、何伟娟
指导老师：高鸿、吴雪平

命题项：碧生源减肥茶
作品名称：减一减，生活更精彩
参赛院校：天津工业大学
作者姓名：李啸啸、王海燕、吕宏岩
指导老师：高彬

铜奖

命题项：碧生源减肥茶
作品名称：碧生源减肥茶之“增减篇”
参赛院校：桂林航天工业学院
作者姓名：黄平强、韦华刚
指导老师：马莉

命题项：碧生源减肥茶
作品名称：碧生源－纸杯篇
参赛院校：山东工艺美术学院
作者姓名：王羽
指导老师：郑建鹏

命题项：碧生源减肥茶
作品名称：心思与梦想
参赛院校：四川音乐学院绵阳艺术学院
作者姓名：黄逸
指导老师：高甫

公益其他类

银奖

命题项：碧生源减肥茶
作品名称：简·生活
参赛院校：山东艺术学院
作者姓名：张婷婷、张松、李建峰、李静、高亚飞
指导老师：郑晓迪、王静静

命题项：碧生源减肥茶
作品名称：美好生活
参赛院校：内蒙古师范大学
作者姓名：常悦、段紫珺、张曦勃、董晓丹
指导老师：高颂华、张帆

铜奖

命题项：碧生源减肥茶
作品名称：献血
参赛院校：浙江农林大学
作者姓名：单超翔
指导老师：宋建平、李宣

命题项：碧生源减肥茶
作品名称：碧生源减肥茶“简乐生活”公益栏目策划
参赛院校：湖南商学院北津学院
作者姓名：金晓亮、陈艳、陈仕英、夏珊、刘乐、唐钰淮
指导老师：陈杏娟、柏林

商业平面作品

金奖

命题项：蒙牛酸酸乳
作品名称：蒙牛酸酸乳乐队系列
参赛院校：华南理工大学
作者姓名：张峰、王宇涵
指导老师：韩镁

命题项：恒安七度空间
作品名称：我与七度空间的故事
参赛院校：辽宁大学
作者姓名：梁雨馨
指导老师：李芳凝

命题项：腾讯微博
作品名称：你的心声，世界的回声
参赛院校：广东工业大学
作者姓名：冯麟波、陈冠明、周肖仪
指导老师：黄蓓

命题项：宝达鞋业
作品名称：宝达潮流革命
参赛院校：重庆大学
作者姓名：李婧
指导老师：袁恩培

命题项：太阳雨太阳能
作品名称：太阳雨太阳能－昨天篇、今天篇
参赛院校：辽宁科技大学

作者姓名：毕英英、朱永峰

指导老师：刘微

命题项：奥洛菲化妆品

作品名称：缺氧不生活系列

参赛院校：广东轻工职业技术学院

作者姓名：邓慈欣、张凯鸣、刘鑫宇

指导老师：王汀

命题项：快克药业

作品名称：“战斗”储备

参赛院校：南海东软信息技术职业学院

作者姓名：李泽概、陈冰彤

指导老师：江明磊

命题项：荣昌制药

作品名称：太忙走不开？

参赛院校：宁波大学科技学院

作者姓名：王淑瑶、罗彦毅

指导老师：陈玲

命题项：广告师考试

作品名称：广告师那点事

参赛院校：济南大学

作者姓名：平迪、董远超

指导老师：刘东涛

命题项：朵唯女性手机

作品名称：美人“智”

参赛院校：沈阳化工大学

作者姓名：叶婷

指导老师：张娜、朱成实、甘海泉

命题项：雀巢咖啡

作品名称：我的敢性来源

参赛院校：海南大学三亚学院

作者姓名：黄伟明

指导老师：方超

银奖

命题项：蒙牛酸酸乳

作品名称：蒙牛唇唇欲动篇

参赛院校：南京航空航天大学金城学院

作者姓名：任路道、苏翔、许允博

指导老师：刘棠、王健

命题项：蒙牛酸酸乳

作品名称：吉他篇、萨克斯篇、提琴篇

参赛院校：浙江农林大学天目学院

作者姓名：卢杰、章静、卓雅婷

指导老师：汪永奇、程向明

命题项：盼盼食品

作品名称：艾比利透明装－真材实料，透出来！

参赛院校：厦门大学

作者姓名：卢静芳

指导老师：朱健强

命题项：盼盼食品

作品名称：美味眼见为实（番茄篇、香辣篇、烧烤篇）

参赛院校：浙江大学城市学院

作者姓名：陈娇晴、应珊丹

指导老师：骆小欢

命题项：恒安七度空间

作品名称：七度空间，我的清纯之选

参赛院校：山东建筑大学

作者姓名：朱静、张丽君

指导老师：倪鹏飞

命题项：恒安七度空间

作品名称：我与七度空间的故事

参赛院校：天津理工大学

作者姓名：王诗瑶、廖元
指导老师：陈志莹

命题项：腾讯微博
作品名称：名画篇
参赛院校：厦门大学
作者姓名：张壁纯
指导老师：朱健强

命题项：腾讯微博
作品名称：心的回声
参赛院校：南海东软信息技术职业学院
作者姓名：林沛丰、何嘉敏、李思琴
指导老师：江明磊

命题项：宝达鞋业
作品名称："潮"与"达"
参赛院校：重庆大学
作者姓名：韦锦城
指导老师：严屏

命题项：宝达鞋业
作品名称：时尚百搭男女
参赛院校：南宁职业技术学院
作者姓名：阎星程
指导老师：胡桩

命题项：太阳雨太阳能
作品名称：最接近太阳的地方
参赛院校：浙江传媒学院
作者姓名：舒腾杰、沈丹虹、叶明茜
指导老师：孙黎

命题项：太阳雨太阳能
作品名称："太阳妈妈"
参赛院校：安徽建筑工业学院
作者姓名：童竹青
指导老师：肖科坤

命题项：奥洛菲化妆品
作品名称："氧"出新鲜的你
参赛院校：南海东软信息技术职业学院
作者姓名：林沛丰、何嘉敏、李思琴
指导老师：江明磊

命题项：奥洛菲化妆品
作品名称："氧"出新鲜的你
参赛院校：内蒙古师范大学
作者姓名：孔祥婷
指导老师：阿伦娜

命题项：快克药业
作品名称：速效药 快克药
参赛院校：福州大学厦门工艺美术学院
作者姓名：张文静、李联鹤、江蓉
指导老师：黄志雄

命题项：快克药业
作品名称：快克出击就是快
参赛院校：泉州师范学院
作者姓名：郑津津、胡雯、金彦秀
指导老师：谢静艺

命题项：荣昌制药
作品名称：麻布篇、纱布篇、卫生纸篇
参赛院校：徐州工程学院
作者姓名：李佩茹、胡亚徽
指导老师：赵念念

命题项：荣昌制药
作品名称：手纸的阴谋
参赛院校：北京城市学院
作者姓名：黄道明
指导老师：任丽凤、刘秀伟

命题项：雀巢咖啡
作品名称：活出敢性滋味
参赛院校：天津财经大学珠江学院
作者姓名：刘思雨
指导老师：朱颖芳

命题项：雀巢咖啡
作品名称：活出敢性，不做房奴，不做车奴，不做剩女
参赛院校：广东轻工职业技术学院
作者姓名：罗佩仙
指导老师：郑龙伟

命题项：朵唯女性手机
作品名称：朵唯女人随身带
参赛院校：重庆大学
作者姓名：魏超
指导老师：袁恩培

命题项：朵唯女性手机
作品名称：朵唯手机系列
参赛院校：西安工业大学
作者姓名：李科
指导老师：王若鸿

命题项：广告师考试
作品名称：明媒正娶
参赛院校：闽江学院
作者姓名：林晓阳
指导老师：陈思达

命题项：广告师考试
作品名称：广告师考试
参赛院校：北京印刷学院
作者姓名：朱颖轩
指导老师：刘秀伟

铜奖

命题项：蒙牛酸酸乳
作品名称：弹、唱、跳
参赛院校：东华理工大学
作者姓名：刘湘、叶辉
指导老师：王宾旗、邹红梅、李儒俊

命题项：蒙牛酸酸乳
作品名称：坚持只为梦想
参赛院校：湖北美术学院
作者姓名：刘起阳、王雪倩、吴婷婷
指导老师：涂志初

命题项：蒙牛酸酸乳
作品名称：蒙牛酸酸乳音乐梦想系列
参赛院校：南京林业大学
作者姓名：胡倩倩、李笑、李金英
指导老师：周杨静

命题项：盼盼食品
作品名称：透出来的诱惑
参赛院校：天津师范大学
作者姓名：汤文娟、秦汉、邓菲
指导老师：尹良润

命题项：盼盼食品
作品名称：艾比利透明装
参赛院校：广西艺术学院
作者姓名：黄玉萍、秦玉涛、何梓芸
指导老师：申雪凤

命题项：盼盼食品
作品名称：艾比利薯片－辣椒篇、烧烤篇、原味篇
参赛院校：辽宁科技大学
作者姓名：李艳霞、麻丽媛、陈垤璇

指导老师：刘微、罗名映

命题项：盼盼食品
作品名称：好吃看得见系列
参赛院校：内蒙古师范大学
作者姓名：白罡
指导老师：刚强

命题项：盼盼食品
作品名称：透明诱惑
参赛院校：福建师范大学
作者姓名：江玉婷
指导老师：张培枫

命题项：盼盼食品
作品名称：盒装篇、桶装篇、袋装篇
参赛院校：福建农林大学
作者姓名：吴金世
指导老师：林槟苹

命题项：恒安七度空间
作品名称：快乐时光篇
参赛院校：福建师范大学协和学院
作者姓名：蔡雪蓉
指导老师：彭姝、黄恩武

命题项：恒安七度空间
作品名称：七度空间少女系列－做个超人自在飞
参赛院校：清华大学
作者姓名：王家园
指导老师：马泉

命题项：恒安七度空间
作品名称：恒安七度空间－梦境篇、生活篇、运动篇
参赛院校：南京林业大学
作者姓名：刘海琪、王亚楠、吴健妮

指导老师：周杨静

命题项：腾讯微博
作品名称：你的心声，世界的回声－蚂蚁篇
参赛院校：山东大学
作者姓名：李祥
指导老师：赵鹏

命题项：腾讯微博
作品名称：腾讯微博 看我的－顺风耳篇、河东狮吼篇
参赛院校：山东建筑大学
作者姓名：陈晨、韩晓旭
指导老师：倪鹏飞、姜芳

命题项：腾讯微博
作品名称：腾讯微博关注社会问题系列
参赛院校：上海理工大学
作者姓名：吉颖
指导老师：孙屹

命题项：宝达鞋业
作品名称：把潮流穿在脚上
参赛院校：信阳师范学院
作者姓名：魏星星
指导老师：王俊祥

命题项：宝达鞋业
作品名称：迷彩
参赛院校：广东轻工职业技术学院
作者姓名：董明杰
指导老师：郑龙伟

命题项：宝达鞋业
作品名称：宝达海陆空
参赛院校：兰州商学院
作者姓名：周永璐、陈继皓、王永辉
指导老师：赵炳兰

命题项：太阳雨太阳能

作品名称：太阳雨太阳能山泉篇、柴火篇

参赛院校：福建工程学院

作者姓名：陈捷

指导老师：周华清

命题项：太阳雨太阳能

作品名称：上善若水 情暖万家

参赛院校：四川美术学院

作者姓名：陈孟雪

指导老师：杨仁敏

命题项：太阳雨太阳能

作品名称：有一种爱是可以触摸的

参赛院校：金陵科技学院

作者姓名：李冠南

指导老师：全宁

命题项：奥洛菲化妆品

作品名称：奥洛菲化妆品补水篇

参赛院校：重庆师范大学

作者姓名：柏施丞

指导老师：易志敏

命题项：奥洛菲化妆品

作品名称：自然的氧 美丽零负担

参赛院校：重庆城市管理职业学院

作者姓名：曾陈成

指导老师：陈丹

命题项：奥洛菲化妆品

作品名称：我要呼吸

参赛院校：河池学院

作者姓名：王姿懿、刘江

指导老师：覃晓慧、陈红军

命题项：快克药业

作品名称：小快克剂量尺

参赛院校：西北大学现代学院

作者姓名：高惠洁、冯杰、靳雪娇

指导老师：无

命题项：快克药业

作品名称：“粒”即见效篇、“粒”即叫停篇

参赛院校：浙江农林大学天目学院

作者姓名：卢杰、章静、卓雅婷

指导老师：汪永奇

命题项：快克药业

作品名称：感冒，说走就走！

参赛院校：广东工业大学

作者姓名：彭振权、李荣强、蒋华环

指导老师：黄蓓

命题项：荣昌制药

作品名称：独特方法

参赛院校：湖南科技学院

作者姓名：钱佳莉、赵鹏、冯典宇

指导老师：刘春侠

命题项：荣昌制药

作品名称：肛泰贴之围魏救赵、声东击西、暗度陈仓

参赛院校：江苏大学

作者姓名：虞旭栋

指导老师：王宏奇

命题项：荣昌制药

作品名称：开关

参赛院校：吉林农业大学

作者姓名：张磊

指导老师：刘爽

命题项：雀巢咖啡

作品名称：活出敢性

参赛院校：北京印刷学院

作者姓名：朱颖轩

指导老师：刘秀伟

命题项：雀巢咖啡

作品名称：活出敢性系列

参赛院校：浙江万里学院

作者姓名：贾娜

指导老师：戎彦

命题项：雀巢咖啡

作品名称：活出敢性

参赛院校：广东轻工职业技术学院

作者姓名：黎清华

指导老师：王汀、郑龙伟

命题项：朵唯女性手机

作品名称：朵唯女性手机－戒指篇、耳环篇、项链篇

参赛院校：湖南商学院

作者姓名：盘可盈

指导老师：吴灿

命题项：朵唯女性手机

作品名称：问世间情为何物 直教人爱不释手

参赛院校：重庆大学

作者姓名：高彦彬

指导老师：袁恩培

命题项：朵唯女性手机

作品名称：朵唯，我的时尚闺蜜

参赛院校：青岛科技大学崂山校区

作者姓名：张翔

指导老师：廖景丽、葛卉

命题项：广告师考试

作品名称：笔底春风

参赛院校：吉林动画学院

作者姓名：刘金艳

指导老师：谭悦

命题项：广告师考试

作品名称：异床同梦

参赛院校：天津体育学院运动与文化艺术学院

作者姓名：卢姣

指导老师：刘顺利

命题项：广告师考试

作品名称：折纸系列－蝴蝶篇、天鹅篇、雄鹰篇

参赛院校：郑州华信学院

作者姓名：魏洪丞、朱泉威、刘洪飞

指导老师：李文辉

朵唯 UI 用户界面

金奖

命题项：朵唯女性手机

作品名称：女人如花

参赛院校：南京林业大学

作者姓名：李扬、单雷雷、王慧

指导老师：杨杰

银奖

命题项：朵唯女性手机

作品名称：女性专属橱柜

参赛院校：广东工业大学

作者姓名：马洁浩、洪小如

指导老师：张超

命题项：朵唯女性手机

作品名称：I EVA 的快乐生活

参赛院校：南京师范大学

作者姓名：龙忆琳

指导老师：吴振韩

铜奖

命题项：朵唯女性手机
作品名称：我的贴身密友
参赛院校：天津师范大学
作者姓名：康新国、许鸣洋、管华
指导老师：袁家宁、王浩

命题项：朵唯女性手机
作品名称：粉色系
参赛院校：北海艺术设计职业学院
作者姓名：查迪
指导老师：孙竹青

命题项：朵唯女性手机
作品名称：朵唯女性手机小手工布艺 UI 界面设计
参赛院校：南京邮电大学
作者姓名：周丹怡、顾一蓼
指导老师：陈媛媛

广告文案作品

金奖

命题项：荣昌制药
作品名称：肛泰软膏，以柔治肛
参赛院校：深圳大学
作者姓名：叶莉茵
指导老师：华薇

命题项：广告师考试
作品名称：广告师考试－广告人，出师更好入市
参赛院校：温州大学
作者姓名：张荣荣
指导老师：姜晨

银奖

命题项：雀巢咖啡
作品名称：雀巢想象篇
参赛院校：南京林业大学
作者姓名：吴佳佩
指导老师：陈相雨

命题项：荣昌制药
作品名称：荣昌制药广告文案作品
参赛院校：广西大学
作者姓名：张玮茹
指导老师：李念平

命题项：广告师考试
作品名称：身份证篇
参赛院校：江西农业大学南昌商学院
作者姓名：罗丽东、潘金伟、罗华
指导老师：马小平、刘炜

命题项：广告师考试
作品名称：考出来的一定是广告师
参赛院校：福建工程学院
作者姓名：杨洁璐、陈婉玲、吴惠峰
指导老师：周华清

铜奖

命题项：广告师考试
作品名称：有师为证
参赛院校：安徽财经大学
作者姓名：丁慕涵、王保锁、程胜利
指导老师：常斯维

命题项：广告师考试
作品名称：广告师考试之才华篇
参赛院校：南京林业大学

作者姓名：徐箫璐
指导老师：陈相雨

命题项：广告师考试
作品名称：广告师考试之实名篇
参赛院校：南京林业大学
作者姓名：叶子珍
指导老师：陈相雨

命题项：荣昌制药
作品名称：专心治痔
参赛院校：山西财经大学
作者姓名：兰波、王坤
指导老师：常宏

命题项：荣昌制药
作品名称：无痔轻松
参赛院校：广西大学
作者姓名：梁翩翩
指导老师：黄海珠

命题项：雀巢咖啡
作品名称：雀巢咖啡活出敢性七宗“最”
参赛院校：兰州大学
作者姓名：仇然
指导老师：权玺

命题项：雀巢咖啡
作品名称：四大名著话敢性
参赛院校：广西艺术学院
作者姓名：李昂
指导老师：翟灿

评委推荐奖

命题项：雀巢咖啡
作品名称：活出敢性－面对篇
参赛院校：西南交通大学
作者姓名：戴怡雯
指导老师：朱洁

影视广告作品

全场大奖

命题项：腾讯微博
作品名称：微·波
参赛院校：浙江财经学院东方学院
作者姓名：曾凌洁、许艳、陈伟民
指导老师：唐武峰

银奖

命题项：盼盼食品
作品名称：盼盼广告象棋篇
参赛院校：广东岭南职业技术学院
作者姓名：麦山松、王屿璐、黄飞洪、张秋思、林卓凝
指导老师：吴倍贝

命题项：荣昌制药
作品名称：贴肛泰 好舒服
参赛院校：山东建筑大学
作者姓名：耿辰、宋丹丹、王庆菊
指导老师：倪鹏飞、姜芳

命题项：雀巢咖啡
作品名称：活出敢性
参赛院校：四川美术学院
作者姓名：王钰婷、章川子、王义萍、邓睿灵、杨艺宸
指导老师：吕曦、富刚

铜奖

命题项：腾讯微博

作品名称：五味生活

参赛院校：长春师范学院

作者姓名：王怡潇、邝湛湛

指导老师：申琳、刘佳

命题项：腾讯微博

作品名称：心的回声

参赛院校：浙江传媒学院

作者姓名：刘皓、张目彭、徐淼、蒋文韬、刘剑炜

指导老师：金明琨

命题项：腾讯微博

作品名称：个体与世界

参赛院校：吉林大学珠海学院

作者姓名：曾晓聪、施乾汝、李游、钟冠兴、郭思滨

指导老师：周严、易琛

命题项：宝达鞋业

作品名称：宝达－潮鞋“穿”出来

参赛院校：苏州大学

作者姓名：王丹、钟天翼

指导老师：王伟明

命题项：荣昌制药

作品名称：肛泰黑板字篇

参赛院校：浙江工业大学之江学院

作者姓名：李妙、陈劼人、姚斌、黄圣声、林坚毅

指导老师：项建中、赵智慧

腾讯微博人气奖

命题项：恒安七度空间

作品名称：七度空间少女系列－做个超人自在飞

参赛院校：清华大学

作者姓名：王家园

指导老师：马泉

论文作品

一等奖

命题项：广告人杂志

作品名称：反思大卫·奥格威的广告学观点

参赛院校：华东师范大学

作者姓名：滕晓能

指导老师：金定海

二等奖

命题项：广告人杂志

作品名称：广告音乐对受众记忆度的影响研究

参赛院校：暨南大学

作者姓名：黄珊珊

指导老师：杨先顺

命题项：广告人杂志

作品名称：基于符号学视角的城市主题商品策略研究

参赛院校：浙江大学

作者姓名：朱宜量

指导老师：胡晓云

三等奖

命题项：广告人杂志

作品名称：民国时期香烟画的文化解读

参赛院校：南昌大学

作者姓名：范梦圆

指导老师：曾光

命题项：广告人杂志

作品名称：基于眼动跟踪的中国元素广告倾向性研究

参赛院校：上海师范大学

作者姓名：刘晔
指导老师：郑欢

命题项：广告人杂志
作品名称：欧美视角下的创意产业研究
参赛院校：浙江大学
作者姓名：柳絮青
指导老师：胡晓云

网络广告作品

金奖

命题项：盼盼食品
作品名称：薯片发展史
参赛院校：天津财经大学珠江学院
作者姓名：彪万、王宇超、田东
指导老师：赵世勇

银奖

命题项：太阳雨太阳能
作品名称：后羿射日
参赛院校：西北师范大学
作者姓名：郭浩、高博亚、白杨、吴亚莉、禄娟霞
指导老师：严富华、吴文春

命题项：宝达鞋业
作品名称：那些年，我们穿什么
参赛院校：海南大学
作者姓名：郑杨、李秉彝、谢文彬、余欣蓉
指导老师：何晶娇

铜奖

命题项：盼盼食品
作品名称：小丑薯片的消失
参赛院校：华南师范大学
作者姓名：甄志良、张丽娜、陈嘉文、李世伟、李婷
指导老师：李斐飞

命题项：盼盼食品
作品名称：偷吃篇
参赛院校：福建工程学院
作者姓名：马加川、杨培、孙逸飞、王孔伟
指导老师：周华清

命题项：蒙牛酸酸乳
作品名称：点点音乐
参赛院校：重庆邮电大学
作者姓名：黄俊璐、杨璐、付嘉、尹蔓、贺晓
指导老师：杨洁

营销策划作品

金奖

命题项：宝达鞋业
作品名称：达青年 潮天下－宝达品牌营销策划案
参赛院校：广西艺术学院
作者姓名：韦笑格、谭焱之、胡勇洁、覃瑶、马凤英
指导老师：申雪凤、丁洁、袁筱容

银奖

命题项：宝达鞋业
作品名称：九十度绽放
参赛院校：长春工业大学
作者姓名：王凯、李雨柽、韩雪霜
指导老师：李宝林、刘爽、杨松明

命题项：快克药业

作品名称：快带我回家

参赛院校：北京工商大学

作者姓名：张旻冉、王阳、赵锦程、唐梦娇、马群

指导老师：张翔

命题项：朵唯女性手机

作品名称：每个女人都是女王

参赛院校：暨南大学

作者姓名：张喆、陈梓妍、陈启勋、孙叶、甄瑞龙、陈晓峰

指导老师：李苗

铜奖

命题项：奥洛菲化妆品

作品名称：奥洛菲－培“氧”森女计划

参赛院校：湖南理工学院南湖学院

作者姓名：胡雨田、徐润华、周洁

指导老师：邱文中

命题项：宝达鞋业

作品名称：随享生活·自由我

参赛院校：北京工商大学

作者姓名：施维媛、刘丽婵、王曼、康世婷、王飞

指导老师：张翔、公克迪

命题项：盼盼食品

作品名称：艾比利薯片整合营销策划案

参赛院校：福建农林大学

作者姓名：沈雅萍、肖翠红、苏倩、边文琼、蔡少文

指导老师：王海燕

命题项：恒安七度空间

作品名称：七度空间，萌懂的爱

参赛院校：湖北大学

作者姓名：吴文婷、周琴、杨蕙、潘雪、徐斯涵、范舟

指导老师：黎明

命题项：奥洛菲化妆品

作品名称：裸活时代

参赛院校：郑州航空工业管理学院

作者姓名：卢纬、苏斌、裴文娟、许珑瀚、陈义斌、郭佳佳

指导老师：卢金婷、梅晓春、夏初蕾

命题项：快克药业

作品名称：快克药业之抗感快捷键

参赛院校：内蒙古师范大学

作者姓名：孙运、周梦、齐若桐、杨吉雅图、王涵、白小连

指导老师：张馨友

命题项：朵唯女性手机

作品名称：凹凸有致—朵唯 ieva 校园推广方案

参赛院校：南开大学滨海学院

作者姓名：陈灵、蒋珮莹

指导老师：侯钧生

命题项：朵唯女性手机

作品名称：“美丽正能量+”朵唯专属功能营销策划案

参赛院校：浙江大学城市学院

作者姓名：高旻彦、俞津艺、吕颖颖

指导老师：骆小欢

命题项：恒安七度空间

作品名称：7°控

参赛院校：北海艺术设计职业学院

作者姓名：姜静、沈会、李奉霖

指导老师：胡胜、李林平

命题项：盼盼食品

作品名称：艾的透彻

参赛院校：山东艺术学院

作者姓名：何骁霖、王颢锟、丁佰艳、孙玉静、宋凯桐

指导老师：郑晓迪、王静静

'2013 中国广告年鉴
China Advertising Yearbook

公益广告

Public Welfare Advertising

第十九届中国国际广告节“国酒茅台”中国公益广告黄河奖获奖名单

金奖

作品名称：捡珍珠复学计划萤火虫篇
获奖单位：阳狮广告有限公司上海分公司

作品名称：国际反地雷组织埃及金字塔篇、伊朗清真寺篇、柬埔寨吴哥窟篇
获奖单位：金鹃广告股份有限公司

作品名称：算不起的亲情账－账单篇
获奖单位：陕西广播电视台

作品名称：隔离的键盘
获奖单位：DDB China Group

作品名称：孰死孰生系列－北极熊篇、猩猩篇、老虎篇
获奖单位：北京电通广告有限公司上海分公司

银奖

作品名称：节约用着－打印篇
获奖单位：浙江电视台少儿频道

作品名称：谢谢系列
获奖单位：深圳市风火创意管理股份有限公司

作品名称：“好”字篇
获奖单位：上海东方广播有限公司

作品名称：世界无车日－“没事走两步”之被甩篇
获奖单位：北京人民广播电台

作品名称：抛弃等于杀害 /THE NOOSE
获奖单位：扬罗必凯（北京）广告有限公司广州分公司

作品名称：豆腐系列－房屋篇、桥梁篇
获奖单位：上海上广博报堂广告有限公司

作品名称：线控儿童
获奖单位：北京灵思远景营销顾问有限公司

作品名称：化学元素周期表篇
获奖单位：北京电通广告有限公司上海分公司

作品名称：一分钟洗澡歌
获奖单位：DDB China Group

铜奖

作品名称：农夫山泉－愿望
获奖单位：浙江博采传媒有限公司

作品名称：李瑞英－梦想的翅膀篇
获奖单位：中央电视台

作品名称：关注留守儿童－玻璃篇
获奖单位：中央电视台

作品名称：三种人系列：垃圾箱外篇、大厅内篇、

饭馆里篇
获奖单位：长沙盛美广告有限公司

作品名称：抵制全球变暖
获奖单位：珠海华发文化传播有限公司

作品名称：蔬菜安全－脑残菜篇、缺心眼菜篇、顶你个肺菜篇
获奖单位：厦门航空文化传媒有限公司

作品名称：我看到的城市－迷宫篇、墙壁篇、网状篇
获奖单位：贵州商业高等专科学校贸易经济系

作品名称：保护动物之杀无赦－走兽篇、飞禽篇、游鱼篇
获奖单位：上海圣峰广告有限公司

作品名称：母亲节－妈妈的算术题
获奖单位：陕西广播电视台交通广播

作品名称：庐山真面目
获奖单位：上海东方广播有限公司

作品名称：世界无车日－“没事走两步”之辞职篇
获奖单位：北京人民广播电台

作品名称：4A 手机礼仪
获奖单位：阳狮广告有限公司上海分公司

作品名称：倡导无烟 爱护公共生存环境之亲手残害
获奖单位：北京电通广告有限公司 第三事业本部

作品名称：保护海洋动物－海豚篇、鲨鱼篇、海龟篇
获奖单位：南昌公交广告传媒公司

作品名称：妇暴协会系列
获奖单位：阳狮广告有限公司上海分公司

作品名称：杀人无形
获奖单位：重庆狼卜品牌策划有限公司

作品名称：凶猛系列
获奖单位：广州市鼎立广告有限公司

作品名称：食品安全之变异系列－睡觉篇、吃奶篇、爬行篇
获奖单位：贵州天马传媒有限公司

作品名称：地狱篇
获奖单位：北京电通广告有限公司上海分公司

作品名称：其实，幸福就是这么简单－女儿篇、爱篇、母亲篇
获奖单位：江苏瑞晟传媒有限公司

作品名称：餐桌
获奖单位：重庆媒体伯乐公交广告有限公司

作品名称：立足系列
获奖单位：北京伊诺盛广告有限公司

优秀奖：（共 345 件，名单略）

’2013中国广告年鉴

China Advertising Yearbook

中国广告协会铁路分会会员单位选介

Railway Branch Member Units Selected Column of China Advertising Association

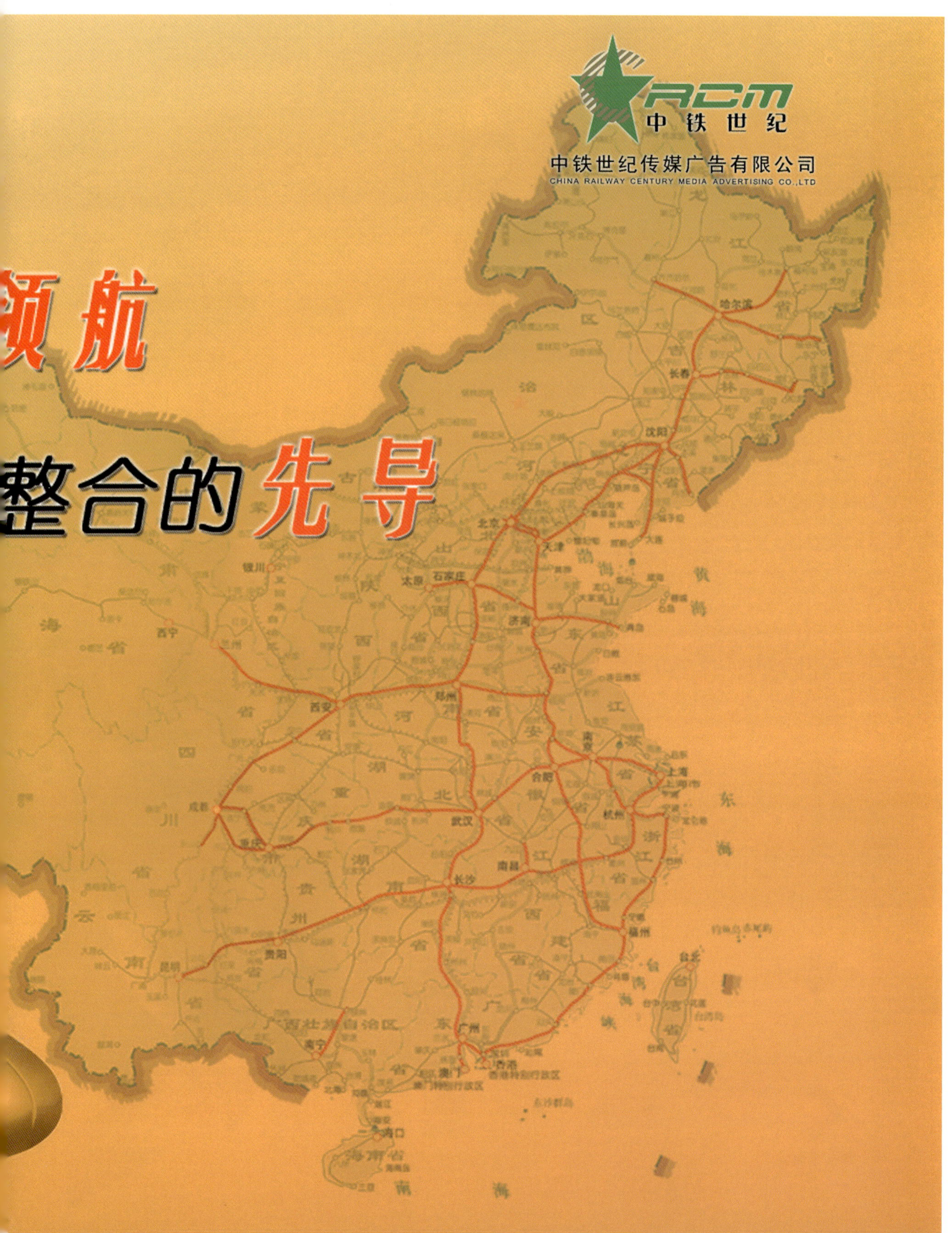
RCM
中铁世纪
中铁世纪传媒广告有限公司
CHINA RAILWAY CENTURY MEDIA ADVERTISING CO.,LTD
领航
整合的先导

广州铁路集团文化广告总公司

广州铁路集团文化广告总公司是一家拥有铁路站车自有媒体和具备策划、设计、制作、代理、发布国内外各类广告业务以及书刊编辑发行、文化娱乐服务、贸易实业等经营权的综合性专业公司。

一个人能走多远，取决于与谁同行，企业同样如此。广州铁路集团文化广告总公司先后与中国联通、中国移动、北京百城传媒、广州点与线广告公司等大中型企业、广告代理公司共同开发铁路广告市场，共享广告开发成果。并承诺以雄厚的实力、严谨的管理、诚信的态度、优质的服务，为客户提供最有效的支持。

广州铁路集团文化广告总公司成立于1994年，是广州铁路集团直属的非运输一级独立法人企业，下设三个广告分公司和一个印刷厂，集中经营管理广铁集团管内湘、粤、琼三省境内铁路站车广告媒体和印刷业务，公司坚持“诚信、变革、增长、和谐”的核心价值观，坚持做“大”规模，做“深”渠道，做“优”品质，做“好”服务，做“新”媒体，做“强”公司，现已成为华南地区最大的平面广告媒体供应企业之一。公司在2012年完成营业收入超6亿元，在所有铁路广告公司中继续保持第一。未来，公司将坚持深耕文化广告产业，真诚期待与您携手共赢，共图发展。

车站媒体

列车媒体

成都铁路文化传媒总公司是成都铁路局下属唯一一家以经营开发铁路车站、列车、桥梁广告为主的专业化传媒公司。拥有局管内川黔渝两省一市6400公里铁道营运里程、570个营业车站的铁路媒体资源。经过公司团队近几年的不懈努力，现今已发展成为集户外媒体、纸面媒体、网络媒体三大传媒资源于一体的综合媒体运营商，同时涉足印刷业、文化市场、有线电视、信息技术等产业领域。公司在矢志不渝地追求与奋斗中，彰显了蓬勃的生机与活力，获得“全国广告行业精神文明先进单位”、成都市“最有影响力广告传媒企业”、四川省“模范职工之家”等荣誉称号，走在了全国铁路文化传媒企业发展的前列。2012年完成收入1.8亿元，实现利润2100万元。

公司凭着全新的经营理念，以完善的组织架构和高效的运作机制，吸引、凝聚了相关领域的优秀人才，拥有一支团结、专业的设计团队，有着与全国知名传媒公司、西南两省一市大型企业合作的丰富经验。先后成功打造了以成都东站为代表的一批户外媒体精品；创办了以铁路文化为主题的高端DM《火车》杂志；建立了以“成铁在线”为主的电子商务平台。未来，公司将继续以诚信之心、专业之力竭诚为广大客户服务，致力于通过优质的传播服务来增加客户的价值，实现资源共享，互利共赢！

沈阳铁道文化传媒集团有限公司

长春西站立式灯箱媒体效果图

沈阳铁道文化传媒集团是2005年12月组建的沈阳铁路局专业化集团公司，是局管内唯一的广告媒体经营开发单位。媒体覆盖沈阳铁路局经营管辖全境。东至丹东、集安、图们，西跨山海关、达隆化，入河北省境，南抵大连，北于黑龙江蔡家沟，泰来，鹿道。纵贯辽宁、吉林两省全境及黑龙江、内蒙古、河北省区的部分地区，吸引区内共有212个市（盟）县（旗）总面积达60多万平方公里。

中国铁路总营业里程突破7.3万公里，位居亚洲第一，世界第三，是我国交通运输的最主要形式，经过1997—2004年五次全国性提速，已经形成“四纵两横”的密集高速网络，建立起连接全国3701个车站由点到线，由线到面的流动交叉型密集大众交通网络。

沈铁传媒依托沈阳铁路局辖内媒体资源，辖内有33条铁路干线，23条铁路专线，线路总延长18008公里，营业里程9299公里，营业站731个，特快、快速、旅游、直快和普通列车182.5对，共284列旅客列车。

集团业务包括：火车站广告、铁路桥房广告、旅客列车广告、客票广告、书刊杂志广告、站车书刊批发、企业形象设计、标识制作、大型活动组织策划等。集团成立以来，坚持“外创品牌，内树形象，规范管理，和谐发展”的发展战略和“忠诚忠实忠心、平稳平顺平安”的企业核心理念，经营规模逐步发展壮大。

沈阳中山广场

哈尔滨铁路站车文化传媒有限公司

哈尔滨铁路站车文化传媒有限公司，是哈尔滨铁路局所属的一家国有企业，主要经营哈尔滨铁路局管内车站广告传媒、商服、客票代售、有线电视、文化市场、兼业保险、驾驶培训和房屋租赁八大项业务。

公司下设哈尔滨、齐齐哈尔、牡丹江、佳木斯、大庆、绥化呼伦贝尔等10个子（分）公司和哈尔滨、齐齐哈尔、牡丹江、佳木斯4个有线电视站，业务覆盖黑龙江省和内蒙东部的呼伦贝尔，区域人口超过4100万。

哈尔滨铁路站车文化传媒有限公司共有三大类媒体资源：4万平方米固定平面媒体资源，分布在哈、齐、牡、佳、大庆等地区的站房、桥梁；流动媒体资源（列车广播、列车平面），分布在哈尔滨铁路局所属各等级列车上，以哈尔滨为中心辐射全国各地；视频媒体资源（火车站候车室及售票窗口电视），分布在哈尔滨局所属各车站。

列车媒体效果图

哈尔滨西站 候车层双面一体机

列车媒体效果图

灯箱媒体

户外媒体

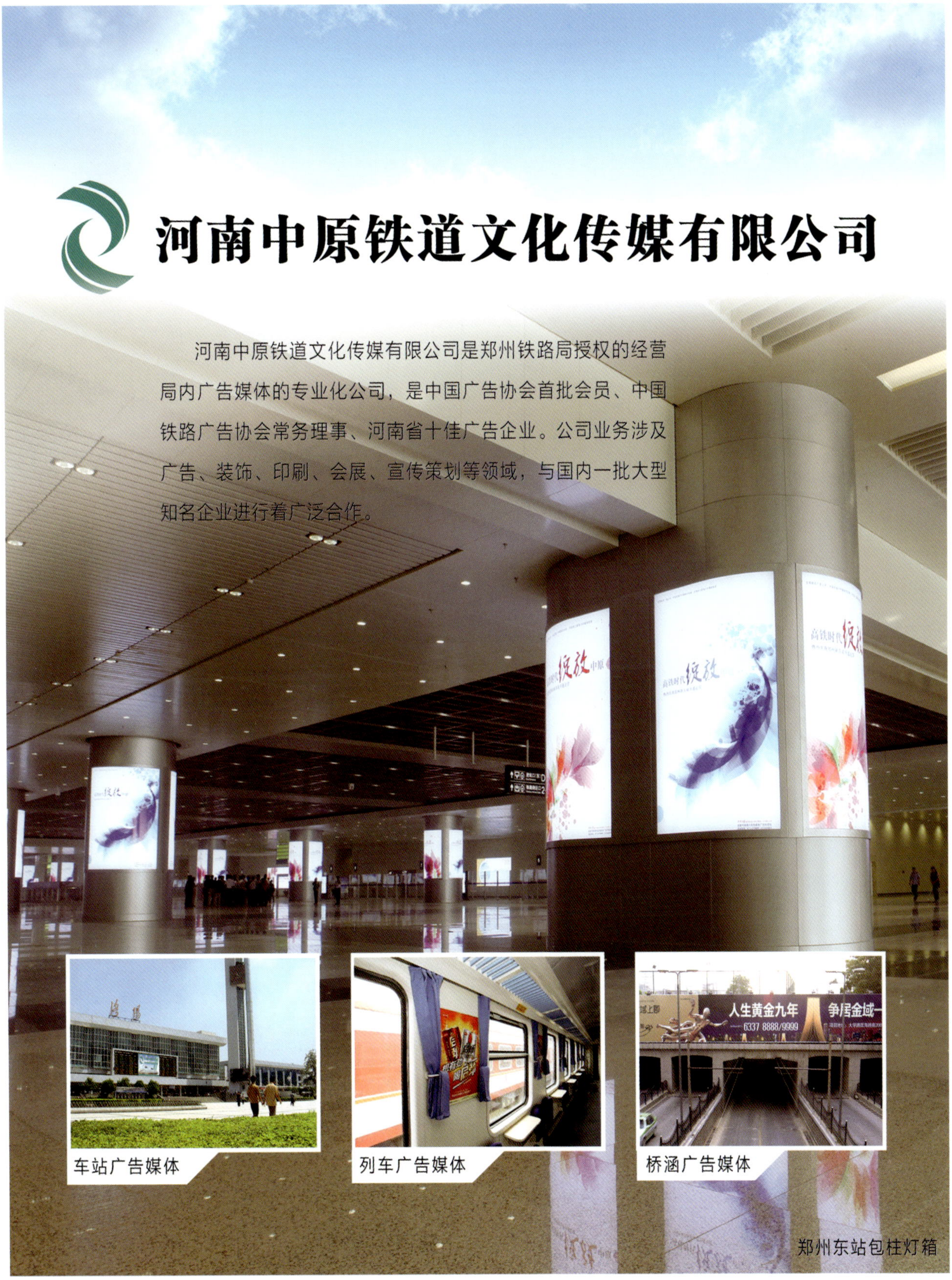
河南中原铁道文化传媒有限公司
河南中原铁道文化传媒有限公司是郑州铁路局授权的经营局内广告媒体的专业化公司，是中国广告协会首批会员、中国铁路广告协会常务理事、河南省十佳广告企业。公司业务涉及广告、装饰、印刷、会展、宣传策划等领域，与国内一批大型知名企业进行着广泛合作。
车站广告媒体
列车广告媒体
人生黄金九年
桥涵广告媒体
郑州东站包柱灯箱

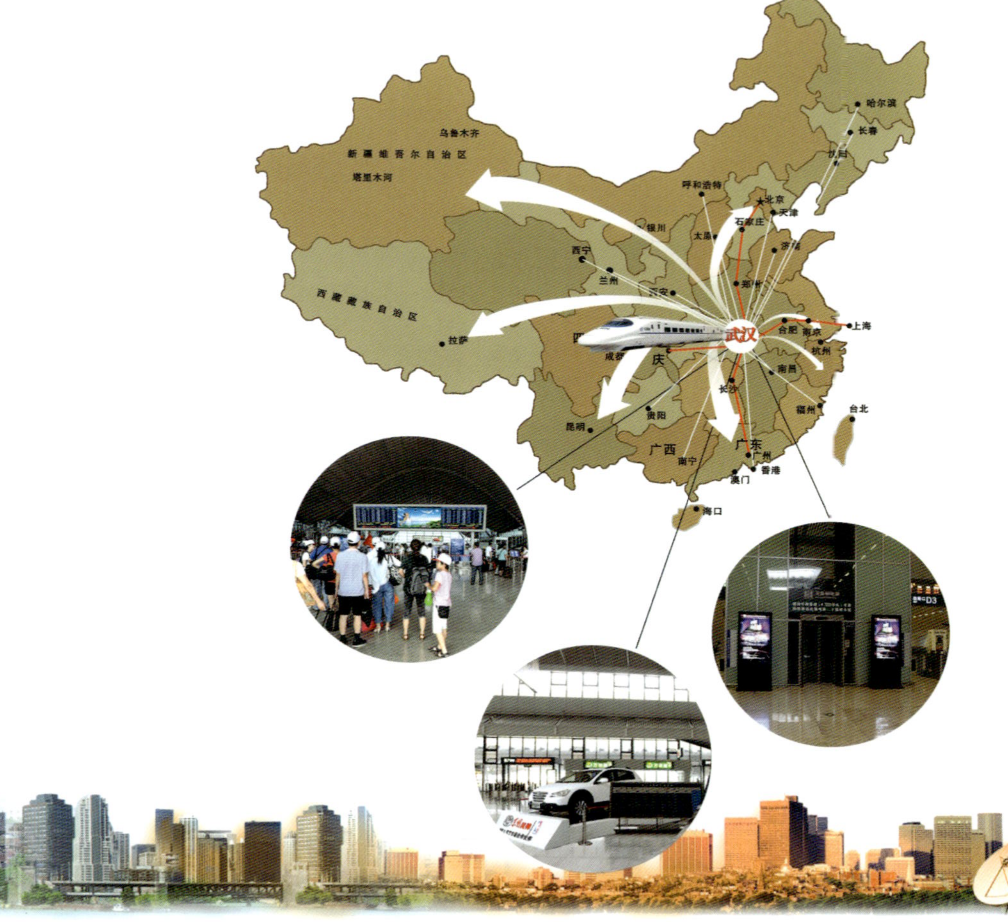

武汉
乌鲁木齐
新疆维吾尔自治区
塔里木河
西藏藏族自治区
拉萨
西宁
兰州
银川
呼和浩特
北京
天津
石家庄
太原
济南
西安
郑州
合肥
南京
上海
杭州
南昌
长沙
福州
台北
贵阳
昆明
广西
南宁
广东
广州
香港
澳门
海口
哈尔滨
长春
沈阳

陕西铁路客运服务有限责任公司

陕铁客服公司是一家拥有站车广告、商业、配送、零售、饭店等业务的大型现代化综合服务型企业。旗下陕西铁路广告传媒科技发展有限责任公司是一家集资源开发、品牌策划、创意设计、广告发布为一体的专业化公司，拥有的覆盖西安铁路局管辖的铁路车站、列车、货场、桥涵、建筑物等广告媒体资源。目前，已统一规划开发西安铁路局各车站户内外广告媒体以及动车组列车广告媒体资源。

公司凭借强大的资源优势、完善的服务以及良好的信誉，为诸多企业提供了多元化的广告传播服务。陕铁客服公司竭诚邀您合作，实现共赢！

陕铁客服公司主要广告媒体资源：

西安车站、宝鸡车站、西安北站、华山北站、渭南北站、汉中新站、咸阳西站、杨凌南站、岐山站、宝鸡南站等西安局管内各车站的LED电子显示屏、墙面灯箱、包柱灯箱、图腾立式灯箱、刷屏机、吊旗、电视视频等媒体；京西线、西广深线、西郑线、西宝线、西延线动车组列车的杂志、展板、头枕巾、小桌板媒体。正在规划开发西安局管内新站、其他三等客运车站的广告媒体资源和铁路桥梁、桥涵、铁路护坡等广告媒体资源。

列车车体广告

山东中铁旅游广告集团有限公司

山东中铁旅游广告集团有限公司是济南铁路局法人全资控股企业。集团公司下设3个子公司：山东中铁国际旅行社有限公司、青岛铁路国际旅行社有限公司、山东天佳拍卖有限公司；9个分公司：济南铁路广告分公司、青岛铁路广告分公司、票务分公司、视频广告分公司、列车广告分公司、潍坊广告分公司、淄博广告分公司、泰安广告分公司、烟台广告分公司；集团公司内设综合部、人力资源部、计划财务部、经营管理部、工程设计中心。

集团公司及所属企业主营业务包括：济南铁路局管辖范围内所有车站、旅客列车、铁路桥梁、建筑物等广告媒体的经营开发、广告发布；广告创意、设计、制作、发布；车站、列车书刊音像制品发行；国内国际旅游服务；旅游专列开行组织；旅游工艺品制作、销售；会议及展览服务；铁路客票销售代理；公物和艺术品拍卖；机动车辆保险、企业财产险、意外险。

集团公司拥有一只高素质的广告、旅游、客票代理和拍卖专业人才队伍，自成立以来，以蓬勃发展的铁路事业为根基，以多元化发展战略为经营指导，秉承“追求卓越、诚信天下”的企业经营理念，取得了各项主营业务的长足进展。集团公司广告业务涵盖了济南铁路局管辖范围内所有站车广告媒体的开发经营权，形成了覆盖全局的平面、视频、广播等多种业态的立体式广告宣传媒体；集团公司拥有的“齐鲁快车旅游专列”获得中国旅游“知名品牌”称号，“夕阳红”旅游品牌也是家喻户晓，有口皆碑，深得游客朋友的喜爱；“济铁票务”是集团公司统一经营、专业化管理的火车票代售品牌，拥有覆盖山东省各地的客票代售经营网点，为广大旅客就近购票提供了方便；集团公司拍卖业务涵盖了公物拍卖和艺术品拍卖业务，其中公物拍卖业务是山东省国有资产管理局指定的省内首家承担此项业务的单位。

近年来，集团公司及其所属公司先后获得省市工商局“重合同守信用企业”、省市旅游局“旅游先进单位”、市消费者协会“诚信单位”、济南市“十大拍卖企业”、济南铁路局“先进单位”等荣誉称号，在业界及客户中享有良好的声誉。

在激烈的市场竞争中，集团公司将始终坚持“创新、发展、团结、求实”的企业精神，不断提升专业水平，全方位为客户服务。我们真诚希望与各界朋友携手并肩，友好合作，互利共赢，共同开创更加辉煌的明天！

济南西站广告灯箱效果图

车厢媒体广告牌

南昌铁路文化广告传媒有限公司

南昌铁路文化广告传媒有限公司于2011年9月成立，为南昌局12家一级非运输企业之一。公司下设福建铁路广告传媒有限责任公司、南昌铁路局印刷厂，本部设有市场开发部、经营管理部、综合部、计财部及广告事业部、文化事业部、设计中心三个直属经营机构。公司业务范围主要包括局管内广告媒体资源开发，报刊图书批发零售、文化旅游纪念品销售、印刷喷绘及策划设计制作等。

为适应铁路多元化经营发展的新形势，公司以“均衡协调、快速发展，规范经营、提升品质，跻身全路文化广告产业先进行列”为目标，努力践行“重诺、笃行、超越、共赢”的经营理念，不断开拓市场，增收创效，为铁路实施多元化经营战略作出积极贡献。

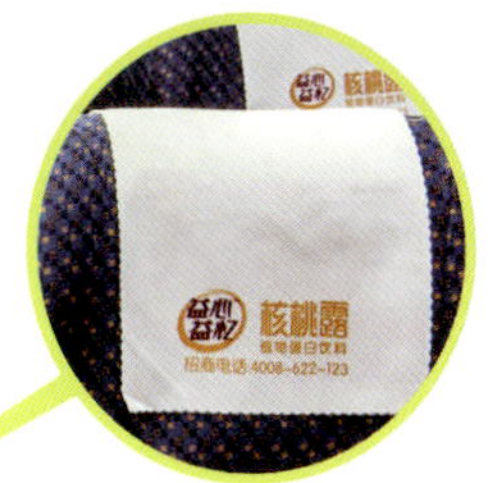

南昌铁路局是隶属铁道部的国有大型铁路运输企业，经营京九、浙赣、向莆、温福福建段、福厦、鹰厦、外福等铁路干线，管辖江西、福建两省全部和湖北、湖南部分铁路，纵贯南北、连接东西，在全国铁路“八纵八横”的路网中处于重要的位置，总营业里程5030公里，营业车站400个，开行列车170趟，旅客发送、到达量近2亿人次。

内蒙古呼铁旅游广告（集团）有限公司

呼和浩特东站广告位

内蒙古呼铁旅游广告（集团）有限公司（简称旅广集团）是2013年4月28日由呼铁局多家企业整合组建的，资产（原值）9199.22万元，（净值）3855.22万元，实收资本13150.14万元，职工总人数423人。业务涵盖国内各类广告设计、制作、发布、代理、会议展览、演艺咨询、礼仪服务、国内外旅游、车站商贸开发、铁路客票销售等多项业务。通过整合形成了资源共享、优势互补的完整产业链条。在新领导班子的带领下，各项工作都取得长足进步，截至8月31日，营业收入4945.24万元，实现利润510.98万元。旅广集团将紧紧抓住铁路深化改革机遇，努力盘活资产，开拓业务领域，强化职工队伍建设，力争本年度实现营业收入1亿元。

集团公司下设三个子公司：

内蒙古呼铁华建装饰设计工程有限公司：拥有设计、施工、预算、质检、验收等一系列优秀人才，技术力量雄厚，关系体系健全，能够胜任各类大中型装饰工程的设计和施工，可承担单位工程总造价在1500万元以下的室内装饰施工任务。

呼和浩特呼铁昭君商务服务有限公司：主营中餐、物流服务、会展服务、蔬菜花卉种植等。可接待中、小型会议团体用餐住宿，家庭休闲度假。生态餐厅可最多容纳百人同时就餐，还备有配套娱乐设施供来宾使用。

康之旅食品有限公司：是注册资金5000万元的铁路自主品牌旅行方便休闲食品企业，主营速食食品、副食食品、休闲食品等。

列车车体广告

金轮传媒
JINLUN CHUANMEI
ZhuanYe QuanMian ChuangXin GaoXiao
专业 全面 创新 高效

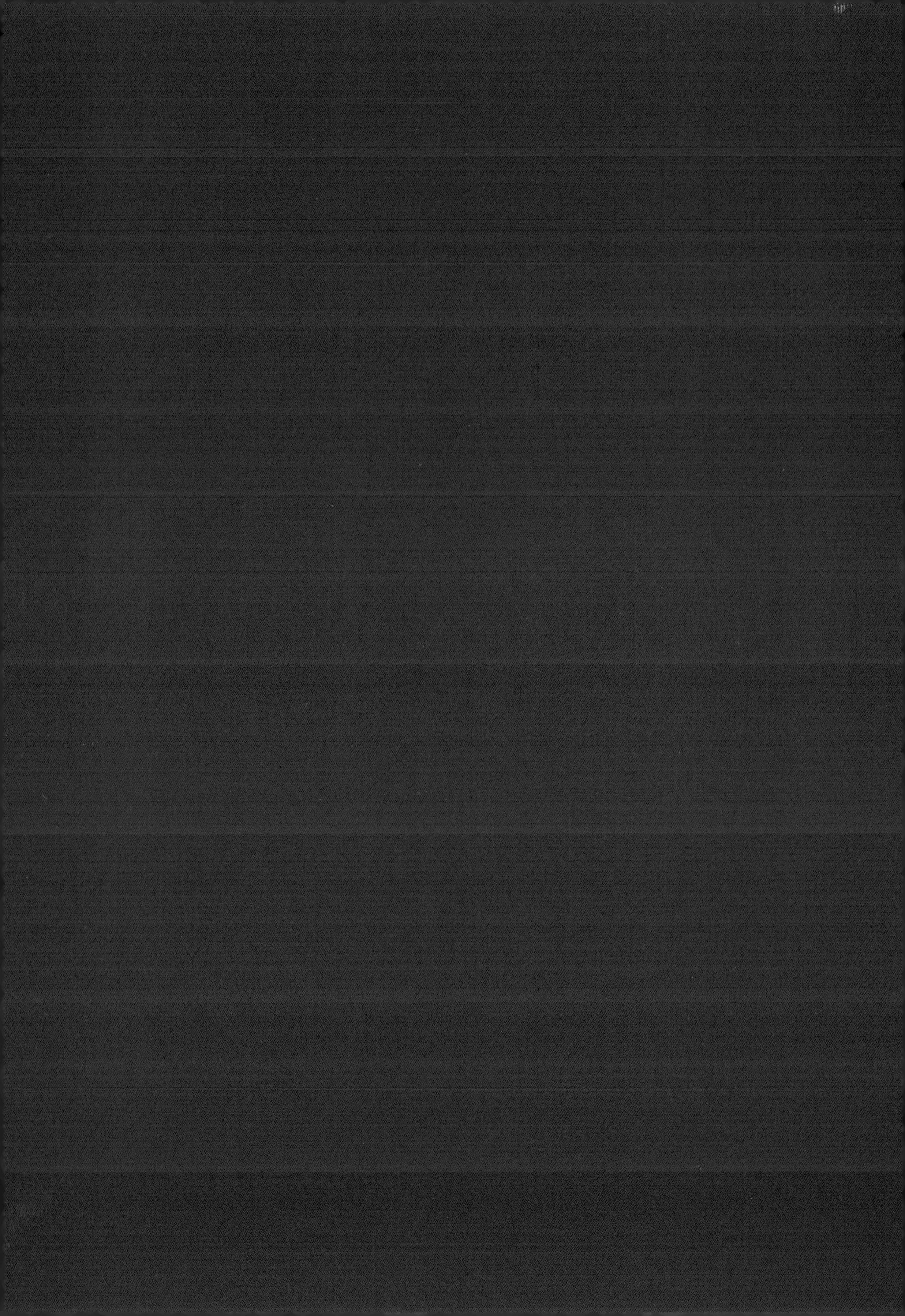

'2013 中国广告年鉴
China Advertising Yearbook

广告网站

Advertising Websites

全国主要广告网站名录

北京市

中国广告监管网

主办单位：国家工商行政管理总局
网　　址：www.saic.gov.cn/jgzf/zzwfgg

中国广告协会网

主办单位：中国广告协会
网　　址：www.cnadtop.com
地　　址：北京市宣武区广安门外大街 248 号机械大厦 2114
邮　　编：100055
电　　话：(010)63317484
电子邮箱：cnadtop@yahoo.com.cn

中国广告主协会网

主办单位：中国广告主协会
网　　址：www.cananet.org.cn
地　　址：北京市海淀区西三环中路 10 号
邮　　编：100142
电　　话：(010)88028796 88028818
传　　真：(010)88028895
电子邮箱：cana@cananet.org.cn

中国广告年鉴网

主办单位：中国广告年鉴编辑部
网　　址：www.nianjian100.com
地　　址：北京五芳园邮局 100 信箱
邮　　编：100040
电　　话：(010)68628860
传　　真：(010)68627480
电子邮箱：ad@nianjian100.com

中华广告网

网　　址：www.a.com.cn
电　　话：(010)62140066-263

北京市广告监测中心网

主办单位：北京市工商行政管理局
网　　址：ggjg.baic.gov.cn
地　　址：北京市海淀区苏州街 36 号
邮　　编：100080
电　　话：(010)82690905

广告资讯网

主办单位：全中广告文化发展集团（机构）
网　　址：www.adnews.com.cn
地　　址：北京五芳园邮局 72 信箱
邮　　编：100040
电　　话：(010)68628810
电子邮箱：ad@adnews.com.cn

广告导报

网　　址：www.newad.net
电　　话：(010)65058808
传　　真：(010)65059679
电子邮箱：ad@vip.sina.com

广告行业—hc360 慧聪网

网　　址：www.ad.hc360.com
电　　话：(010)82211822

广告门

网　　址：www.adquan.com
地　　址：北京市东城区新中街 19 号办公楼 309 室
邮　　编：100027

电子邮箱：adquan@gmail.com

北京广告网

网　　址：www.bjads.com

电子邮箱：bjads@126.com

广告买卖网

网　　址：www.admaimai.com

地　　址：北京市宋庄路顺三条 21 号嘉业大厦 II 期 2 号楼 9 层

电　　话：(010)51295558

中国媒体广告刊例在线

主办单位：北京光耀东方国际广告公司

网　　址：www.cmtad.com.cn

地　　址：北京市朝阳区立水桥

邮　　编：100012

电　　话：(010)84675196　57196095

电子邮箱：cmtad@126.com

品牌中国网

网　　址：design.brandcn.com

地　　址：北京市海淀区中关村南大街甲 6 号铸诚大厦 B 座 16 层

邮　　编：100086

电　　话：(010)51581866

报纸广告

网　　址：www.soubaoad.com

地　　址：北京市朝阳区小营路 12 号亚运花园 1-19 层

电　　话：(010)84626566

邮　　编：100101

电子邮箱：cau@263.net.cn

广告行业招聘

网　　址：guanggao.01hr.com

电　　话：(010)59646999　57930055

天津市

中国广告媒体网

主办单位：中国广告媒体网

网　　址：www.ad163.com

电　　话：(022)89195552

电子邮箱：webmaster@ad163.com

辽宁省

中国译商广告网

网　　址：www.chinayishang.com

电　　话：(024)23504968

电子邮箱：100@chinayishang.com

吉林省

吉林省广告协会网

网　　址：jl.cnadtop.com

地　　址：吉林省长春市南湖大路 599 号

邮　　编：130022

电　　话：(0431)85805730

黑龙江省

大庆广告网

网　　址：daqing.zg168.net

电　　话：13936912007

电子邮箱：ad@0459ad.com

上海市

中国户外广告网

主办单位：上海显辉信息技术有限公司

网　　址：www.adscn.net

地　　址：上海市黄浦区新桥路 68 号新桥大厦 1922-1925 室

邮　　编：200003

电　　话：(021)63593624－19
电子邮箱：outdoorad@outdoorad.cn

上海广告监督管理网
主办单位：上海市工商行政管理局
网　　址：www.shad.gov.cn/alc
地　　址：上海市肇嘉浜路 301 号 1709 室

上海市广告协会网
网　　址：www.shaa.org.cn
地　　址：上海市长安路 1001 号 1 号楼 4 楼
邮　　编：200070
电　　话：(021)63171262 63175971
传　　真：(021)63177525

互动中国
网　　址：www.damndigital.com
地　　址：上海市曹杨路 505 号尚诚国际大厦 1404 室
电　　话：(021)52340080
电子邮箱：damndigital@damndigital.com

中国广告设计网
网　　址：ad.cndesign.com
电　　话：(021)51115599
电子邮箱：chndesign@126.com

江苏省

中国广告黄页网
主办单位：无锡极点科技有限公司
网　　址：www.adurl.cn
电　　话：(0510)82720062
电子邮箱：jony1978@126.com

江苏广告网
网　　址：www.jsads.com
电子邮箱：master@jsads.com

苏州广告网
网　　址：suzhou.zg168.net
电子邮箱：adceo@163.com

常州广告网
网　　址：cz.jsads.com
电　　话：(0519)5126208

广告专题站
网　　址：www.adtopic.net

浙江省

中国广告人才网
网　　址：www.adrcw.com
地　　址：浙江省杭州市教工路 197 号颐高创业大楼 306
电　　话：(0571)88477840

浙江省广告监测中心网
主办单位：浙江省工商行政管理局
网　　址：www.zjggjc.com
地　　址：杭州市孩儿巷思敬 1 号凤起大厦南楼 8 楼
电　　话：(0571)87028633
电子邮箱：zjggjc@163.com

浙江广告网
网　　址：www.zjadw.com
电子邮箱：aakkme520@yahoo.com.cn

杭州广告网
网　　址：www.a571.com
地　　址：杭州市文三路 199 号创业大厦 1008 室
电　　话：(0571)56803900
电子邮箱：hza571@126.com

温州广告网
主办单位：温州市广告协会
网　　址：www.wzggxh.com

安徽省

中国广告网

网　　址：www.zg168.net

电　　话：(0551)2655114

电子邮箱：adceo@163.com

福建省

中国广告门户网

网　　址：www.yxad.com

地　　址：福建省福州市北环中路

电子邮箱：yxad@tom.com

福建省厦门市广告协会网（厦门广告信息网）

网　　址：www.ad189.com

地　　址：厦门市镇邦路 24 号 3 楼

电　　话：(0592)2052923

福建媒体资源网

网　　址：www.059a.com

地　　址：福建省福州市华林路 131 号欣骋楼 307#

邮　　编：350001

电　　话：400-0505-998

电子邮箱：992345992@qq.com

福建省工商局广告监管网

主办单位：福建省工商行政管理局

网　　址：www.fjaic.gov.cn

地　　址：福州市五四路 358 号

邮　　编：350003

电　　话：(0591)7826246

江西省

江西广告网

网　　址：www.ad119.cn/html/index.html

电子邮箱：info@jxad.org

江西省工商局广告监管网

主办单位：江西省工商行政管理局

网　　址：www.jxaic.gov.cn

地　　址：江西省南昌市省政府大院东三路 2 号

邮　　编：330046

电　　话：(0791)6350215

山东省

主角广告网

网　　址：www.zhujiao.com

地　　址：山东省淄博市华光路 79 号 6 号楼 804 室

电　　话：(0533)2097818

电子邮箱：zhujiao1369@163.com

山东广告网

网　　址：www.sdggw.com

电子邮箱：sdggw@sdggw.com

河南省

中国户外广告传媒网

网　　址：www.0127.cn

电　　话：(0371)63977090

电子邮箱：0127.cn@163.com

河南省广告监管网

主办单位：河南省工商行政管理局

网　　址：www.haaic.gov.cn/homepage.action

地　　址：郑州市郑花路 10 号

邮　　编：450008

湖北省

中国媒体广告刊例网

网　　址：www.mtklw.com.cn

地　　址：武汉市洪山区徐东路 7 号徐东花园三期 A 区 3-4-403
电　　话：(027)86701389
电子邮箱：86701381@163.com

湖北省广告协会网
网　　址：www.hbad.org.cn
地　　址：武汉市武昌区东湖路 145 号
电　　话：(027)87826176
电子邮箱：hbggxh@yahoo.com.cn

湖北省广告监管网
主办单位：湖北省工商行政管理局
网　　址：www.egs.gov.cn/structure/index.htm
地　　址：湖北省武汉市武昌区东湖路 145 号
电子邮箱：egsweb@egs.gov.cn

湖南省

新潮流影视广告网
主办单位：新潮流文化传播有限公司
网　　址：www.xincl.com
地　　址：长沙市中山路三角花园
电　　话：(0731)2680881
电子邮箱：xincl.com@126.com

广东省

中国广告网
网　　址：www.cnad.com
地　　址：广州市林和中路 188 号恒源大厦副楼 401
电　　话：(020)38181293

中国广告礼品网
主办单位：深圳市文联文化发展有限公司
网　　址：www.adgift.cn
地　　址：罗湖区宝安南路 2052 号宝丽大厦 A 座 22G
电　　话：(0755)25561737

广东省广告协会网（广东广告网）
主办单位：广东省广告协会
网　　址：www.gdad.com.cn
地　　址：广州市天河体育西路 57 号省工商大厦 23 楼
电　　话：(020)85587152

广东省佛山市广告协会网
网　　址：www.fsad1993.cn
地　　址：佛山市禅城区汾江中路 217 号佛山工商大厦 601
电　　话：(0757)83805448

深圳市广告协会网
网　　址：www.szadtop.com
地　　址：深圳市福田区深南大道 6008 号（特区大厦三楼西）
邮　　编：518009
电　　话：(0755)83518852

中国照明广告照明网
网　　址：www.zmads.com
电　　话：(0755)81148468
电子邮件：zmads@zmads.com

广告英才网
电　　话：(0755)-86328558
网　　址：ad.job1001.com

广西壮族自治区

广西广告监管网
主办单位：广西壮族自治区工商行政管理局
网　　址：www.gxhd.com.cn
地　　址：南宁市怡宾路 1 号
邮　　编：530028
电　　话：(0771)5531131　5533602　5531132

重庆市

重庆市广告协会网（重庆广告资讯网）

网　　址：www.cqad.com

地　　址：重庆市沧白路 73 号

电　　话：(023)63800118

四川省

中国广告人网

网　　址：www.chinaadren.com

电　　话：(028)89843511

电子邮箱：neology@chinaAdren.com

四川省成都市广告协会网

网　　址：www.cdadu.net

地　　址：成都市致民东路 6 号工商大厦附楼 10 楼

电　　话：(028)85394051

四川省广告监管网

主办单位：四川工商行政管理局

网　　址：www.scaic.gov.cn

地　　址：成都市玉沙路 118 号

邮　　编：610017

电　　话：(028)86740569

贵州省

贵州广告监管网

主办单位：贵州工商行政管理局

网　　址：www.gzaic.org.cn/index.do

电　　话：(0851)5850107

电子邮箱：info@gzgs.gov.cn

陕西省

中国广告网站联盟

网　　址：www.adwww.cn

电　　话：(029)88570586

电子邮箱：sxadw@sxadw.com

陕西广告网

网　　址：www.sxad.org

电　　话：(029)81790256

电子邮箱：sxadw@sxadw.com

西安广告网

网　　址：www.xaad.com

地　　址：西安市建设西路 169 号西藏办事处院内

电　　话：(029)81061238

电子邮箱：adv@xaad.com

宝鸡广告传媒网

网　　址：baojiad.com

电子邮箱：bjadcm@yahoo.com.cn

甘肃省

中国 LED 广告照明网

网　　址：www.ledcac.com

电　　话：(0931)3695728

电子邮箱：ledcac@163.com

甘肃省工商广告监管网

主办单位：甘肃省工商行政管理局

网　　址：www.gsaic.gov.cn

电子邮箱：gsaic@gsaic.gov.cn

新疆维吾尔自治区

新疆维吾尔自治区工商局广告监管网

主办单位：新疆工商行政管理局

网　　址：www.xjaic.gov.cn

地　　址：乌鲁木齐市人民路 267 号

广告监测与研究机构

Advertising Research and Supervision Institutes

全国主要广告监测与研究机构名录

北京市

国新出版物发行数据调查中心

成立时间：2005 年

地　　址：北京市海淀区太平路 5 号复兴路 22 号金盾出版社大厦 5 层

邮　　编：100036

电　　话：(010)68010749

传　　真：(010)68010749

研究与服务范围：

国内唯一从事出版物发行量调查统计和认证的机构，主要职能是向出版社、报刊社、互联网等出版单位、广告客户、广告商及有关调查研究机构提供图书、报刊、互联网等出版物印刷量、发行量及相关数据的认证和信息发布服务等。

中国广告教育研究会

研究与服务范围：

全国广告教育研究会学术年会是国内广告教育最高级别的学术盛会，由厦门大学、武汉大学、中国传媒大学、复旦大学、深圳大学等发起成立。之前每两年召开一次，2006 年之后每年一次。

传　　真：（010）65779096

央视－索福瑞（CSM）媒介研究有限公司

成立时间：1999 年

地　　址：北京市朝阳区建国路甲 92 号世茂大厦 24 层

邮　　编：100022

电　　话：(010) 85086666

传　　真：(010) 85086888

电子邮箱：csminfo@csm.com.cn

网　　址：http://www.csm.com.cn

研究与服务范围：

致力于专业的电视收视和广播收听的市场研究，为中国内地地区和香港传媒行业提供可靠的、不间断的收视率调查服务，并提供独立的收视率及收听率调查数据。

（CTR）央视市场研究

成立时间：1995 年

地　　址：北京市西城区德外大街 5 号

邮　　编：100088

传　　真：(010)63262416

电　　话：(010)82015388

电子邮箱：angelnest@ctrchina.cn

网　　址：http://www.ctrchina.cn

研究与服务范围：

主要致力于提供专业的市场调查和在市场调查基础上的分析与咨询建议服务。开展的主要研究业务包括：消费者固定样组、媒体与产品研究、媒体策略研究、广告监测和个案研究。

全中广告文化发展机构

地　　址：北京市五芳园邮局 73 邮箱

邮　　编：100040

电　　话：(010)68611900

传　　真：(010)68635808

研究与服务范围：

以广告资讯的搜集整理及研究为基础，多年来参与编辑出版大型广告行业指导性资料工具书《中国广告年鉴》、《2009-2010 环球广告资讯》、《中国广告经营单位名录》和《中国广告行业发展报告》等。

DCCI 互联网数据中心

地　　址：北京市朝阳区和平东街东土城路 12 号院 3 号楼怡和阳光大厦 C 座 1602 室

邮　　编：100013

电　　话：(010)51281006

传　　真：(010)59457008

电子邮箱：dcci@dcci.com.cn

网　　址：http://www.dcci.com.cn

研究与服务范围：

是中国互联网独立的第三方市场监测、受众测量平台，专业数据采集与研究平台。通过线下、线上等不同渠道，采用专业研究人员与技术相结合的手段，面向产业市场、用户受众两个方向，进行动态、精确的监测、测量、统计、分析、研究、预测。

数据服务产品线主要包括：Netmeasure 受众测量、Netmonitor 市场监测和 Netguide 年度调查报告／数据等。

中国传媒大学广告主研究所

研究与服务范围：

主要从事企业营销战略、品牌传播战略以及广告活动业务的基础理论与实务研究。负责编辑《市场观察——广告主》杂志。出版每年度的《中国广告主营销广告活动趋势发展报告》。

地　　址：朝阳区定福庄东街 1 号中国传媒大学广告学院 302 室

电　　话：(010)65453755

传　　真：(010)65453755

中国传媒大学传媒经济研究所

地　　址：北京市朝阳区定福庄东街 1 号

邮　　编：100024

电　　话：(010)65779096

中国传媒大学 IAI 国际广告研究所

成立时间：1995 年 6 月

研究与服务范围：

进行广告业务与理论研究、专项的委托研究以及广告学术交流。每年编辑出版《IAI 中国广告作品年鉴》。

北京大学现代广告研究所

成立时间：1999 年

地　　址：北京大学畅春园

邮　　编：100871

电　　话：(010)62761189

传　　真：(010)62761189

研究与服务范围：

广告学术研究是立所之本，研究所通过不断扩大海内外广告界的学术交流，定期举办各种学术活动，陆续编辑整理和出版广告资讯方面的图书，并译介海外广告研究的最新成果和最新著作。

联大应用文理学院现代广告传播研究所

成立时间：2003 年

地　　址：北京市西城区丰盛胡同 13 号

电　　话：(010)62011883

研究与服务范围：

研究所采用专业教育、行业指导和专业公司相结合的新型知识经济实体管理模式，实行系所合一的体制，建立广告教育与广告市场相激励的营运机制。主要从事广告传播方面的学术交流、课题研究、出版广告教材和专业项目操作的活动。同时，接受企业、政府和社会团体的委托，提供关于以上专业方向的咨询、诊断、管理策划和培训服务。

尼尔森（中国）市场研究有限公司

地　　址：北京市王府井大街 138 号新东安市场写字楼（尼尔森楼）第 1 座 11 层

邮　　编：100006

电　　话：(010)65125511

传　　真：(010)65125522

网　　址：http://cn.acnielsen.com

研究与服务范围：

在以顾客为核心的市场营销和媒介研究领域的创新中，为客户了解其经营业绩以及市场营销活动对收入和利润的影响，提供了可靠而公正的信息；提供市场动态，消费者行为，传统及新兴媒体监测及分析等。其为当今电视观众调查及其他媒介研究服务的全球巨人，也是当今市场资讯、媒介调查及媒介资讯以及商业媒介行业无可争议的全球领导者。

北京慧聪国际资讯有限公司

成立时间：1992年

地　　址：北京市西直门北大街42号节能大厦B座5层

电　　话：(010)82297421

传　　真：(010)82297075

网　　址：http://www.huicong.com

研究与服务范围：

涵盖慧聪研究、慧聪B2B电子商务、慧聪黄页商情广告；顺应市场对于信息的不同需求，在全国形成了跨多行业、拥有多种媒体、提供全面信息服务的体系，为中国内地首席商务信息资讯服务商。公司拥有三大核心业务：以买卖通（MMT）为核心产品的B2B电子商务平台，“慧聪商情”和“行业资讯大全”黄页广告和慧聪研究(HC Research)。

易观国际

成立时间：2000年

地　　址：北京市朝阳区望花西里18号望京大厦D座1-4层

邮　　编：100102

电　　话：(010)64666565

传　　真：(010)646678599

研究与服务范围：

提供中国信息化、互联网和新媒体以及电信运营行业规模最大的中国科技市场领先的研究和分析报告，包括连续性的技术市场追踪、技术及行业应用热点分析报告的多用户服务，以及顾问式专项咨询服务的全方位解决方案。

北京缔元信互联网数据技术有限公司

地　　址：北京市东城区朝阳门北大街8号富华大厦座16A室

邮　　编：100027

电　　话：(010)65546305

传　　真：(010)65546325

网　　址：http://www.dratio.com

电子邮箱：service@dratio.com

研究与服务范围：

采用全球领先的互联网数据采集、统计和数据挖掘技术，专业从事互联网数据监测、统计分析的技术研究、产品开发和应用服务。

上海市

上海艾瑞咨询（iResearch）集团

成立时间：2002年

地　　址：上海市徐汇区南曹溪北路333号中全国际广场B栋701室

邮　　编：200030

电　　话：(021)51082699

传　　真：(021)51082699-28

网　　址：http://www.iresearch.com.cn

研究与服务范围：

主要专注于网络媒体、电子商务、网络游戏、无线增值等新经济领域，深入研究和了解消费者行为，并为网络行业及传统行业客户提供市场调查研究和战略咨询服务，提供网络广告行业发展相关资讯。

艾瑞市场咨询（iResearch）目前的主要服务产品有iAdTracker（网络广告监测分析系统）、iUserSurvey（网络用户调研分析服务）、iDataCenter（网络行业研究数据中心）等。

好耶广告网络公司

成立时间：1998 年

地　　址：上海市长宁区长宁路 1018 号龙之梦购物中心大厦 21 楼

邮　　编：200042

电　　话：(021)62630808

传　　真：(021)33729066

电子邮箱：webmaster@allyes.com

网　　址：http://www.allyes.net

研究与服务范围：

一家集网络广告技术服务、线上营销服务和效果营销服务为一体的专业网络互动营销服务公司。

山东省

山东瑞丰广告制品研究所

地　　址：山东省淄博市张店区金乔小区 31 号

邮　　编：255000

电　　话：(0533)8078200

电子邮箱：litad@tom.com

网　　址：http://act-1842.atobo.com.cn

研究与服务范围：

超薄灯箱、灯箱、广告制品、广告材料、灯具。

聊城大学广告装饰艺术研究所

地　　址：山东聊城市文化路 34 号

邮　　编：252000

电　　话：(0635)6931007

研究与服务范围：

主要从事景观、雕塑、园林艺术的研究设计和施工，以及室内装潢，平面广告设计等。

主要产品／服务一览：雕塑、园林、广告、文具、电机、控制器、太阳能空调、玩具、陶艺、电动黑板、电动黑板擦。

广东省

广东省广告摄影研究会

成立时间：1991 年

地　　址：广州市新河浦二横路 6 号 3 楼

邮　　编：510080

研究与服务范围：

主营产品及服务：研究总结，技术咨询，展览组织，摄影设计制作。

四川省

四川大学文学与新闻学院广告研究所

成立时间：1998 年

研究与服务范围：

旨在加强广告学创新体系研究，提高师生广告理论的创造力和实践能力，形成广告学专业的产、学、研一体化良性发展。

陕西省

西安传媒与广告研究所

成立时间：2006 年

电　　话：(029)85520922/83012188

地　　址：西安市西影路 74 号西安市社会科学院 312 室

研究与服务范围：

研究新型传媒对社会的影响及传媒广告创新趋势和运用，为传媒及广告业发展提供智力支持。

’2013 中国广告年鉴
China Advertising Yearbook

广告行业展会

Advertising Exhibitions

全国主要广告行业展会名单

中国国际广告节

展会地点：不固定

展会周期：一年一届

创办时间：1982 年

主办单位：中国广告协会

展会简介：

中国国际广告节经国家工商总局批准，由中国广告协会主办，始办于 1982 年，原为“全国优秀广告作品展”活动，首届举办城市为北京，此后，先后在中国其他 11 个城市举办。自第七届（2000 年）开始更名为“中国广告节”，随着广告节自身内容和参会群体的不断国际化，从第十五届 (2008 年) 起，改为“中国国际广告节”。

中国国际广告节是中国最具权威、最专业、规模最大、影响最广的广告界盛会，它集专业比赛评比、媒体展会、设备展会、商务交流、高峰论坛等为一体，成功地推动了中国广告业发展，促进了国内国际广告业交流与合作。

随着戛纳国际广告节、纽约广告节、伦敦广告节、亚太广告节、日本电通赏、ONE SHOW 等国际顶极广告赛事的优秀作品展进驻中国国际广告节，国际知名企业领袖、传媒风云人物、广告大师的身影也频繁出现在广告节的嘉宾和演讲嘉宾中，跨国广告集团也越来越重视以参赛、参展、参会等形式参与中国国际广告节。中国国际广告节的专业化、综合性与代表性，使其成为国际广告业考察中国市场最便捷的通道，成为众多国际广告节及广告赛事最佳推广、展示平台。

中国国际广告节在运作上，采用由国家工商行政管理总局和举办地省政府批准，中国广告协会、国际广告协会中国分会、举办地省级工商局、市级人民政府共同主办，具体项目由中广协广告信息文化传播有限责任公司及地方省、市级协会、市级工商局等承办，每年 9 至 10 月间举办。

中国国际广告节参与单位包括：中外知名广告公司、中国强势媒体、中国大型广告主企业、全国广告行业发展管理部门及行业组织系统、高等院校广告、设计、营销等相关专业师生和众多广告爱好者，每年约有 3000 至 5000 广告界主流群体注册参会，3 万—4 万相关人士到会。

北京市

中国北京国际广告新媒体、新技术、新设备、新材料展示交易会（北京四新展）

展会地点：北京

展会周期：一年一届

创办时间：1994 年 11 月

展会简介：

交易会是展现北京广告标识行业市场现状和发展趋势的重要窗口。它是中国北方地区规模最大的广告展，也是中国广告标识行业历史最悠久的展览会，代表了中国北方地区 13 个省、自治区、直辖市的广告行业市场，面对约 5 亿人口的消费市场。 交易会主要内容有广告与数码影像制作设备、广告制作材料、 标识系统、展览展示系统、户内外广告媒体、大众传播媒体技术及设备和广告制作与广告礼品等，力图根据地域特点，打造一个国际化东北亚广告行业交易平台。

北京国际广告展

展会地点：北京

展会周期：一年一届

创办时间：2003 年

展会简介：

展会借助于北京区域优势，主动与国外同行及媒体、相关的国际企业协会、政府组织合作，每年吸引来自美国、法国、韩国、日本、俄罗斯、东南亚、中东、中亚五国等十几个国家的客商前来展会参观采购，协商合作，取得了很好的效果。展会主要内容有广告制作技术设备、广告材料及物料、户内外广告媒体、标识系统、展览展示器材、新媒体技术设备、创意创新设计产业、大屏幕及户外媒体、店铺商用技术设备及产品、广告礼品、书籍、图库软件、气模和广告摄影技术及设备等，致力于为广大的参展商和观众打造一个更全面、更规范、更先进、更直接、更集中、更高效的交流平台和机会。

辽宁省

大连国际广告技术和设备展览会

展会地点：大连

展会周期：一年一届

创办时间：2002 年 8 月

展会简介：

博览会以环渤海经济带为主，辐射到全国各地，内容涉及广告与数码影像制作设备、雕刻切割与亚克力设备、广告制作材料、标识系统、展览展示系统、店铺商用技术、户内外广告媒体和广告制作领域等，受到了行业内企业的高度重视和认可，是行业品牌展示先进技术、设备争夺大连乃至东北市场的新平台。

吉林省

长春广告博览会

展会地点：长春

展会周期：一年一届

创办时间：1998 年

展会简介：

博览会面对广告业快速成长的吉林地区，制定全面营销计划，以“专业专注、创新服务”为核心理念，凭借科学、全面的策划推广和快速、创新的宣传攻势在业界树立了专业地位，为参展商和参观商提供双向服务。展会内容涉及喷绘设备、霓虹灯及制作技术、广告印刷材料及物料、户内外媒体推广范围、展览展示媒体和广告礼品等，致力为海内外同行创造充分了解和合作的良机。

上海市

上海广告新技术、新设备、新材料、新媒体展览会

展会地点：上海

展会周期：一年一届

创办时间：1999 年

主办单位：中国商务广告协会

展会简介：

展会由中国商务广告协会等行业权威部门支持与主办，以上海为中心的长江三角洲是中国经济发展的重镇，历来是海外商家和买家重点关注的地方，展会凭借其规模大、专业水准高、参展厂商多、展出产品新而在业界影响深远、声誉卓著。展会内容涉及广告制作设备、广告材料、物料、展览展示系统及广告标识、霓虹灯及 LED 相关产品和大屏幕显示应用设备等几大部分，旨在借助上海区域优势，为企业创造一个交流、贸易、展示的良好平台。

上海国际广告技术设备展览会

展会地点：上海

展会周期：一年一届

创办时间：1993 年

展会简介：

展会保持了其一贯的“国际化、品牌化、专业化”的特点，秉承了“引领中国广告技术设备市场与全球知名企业强强对话，成就您的广告事业”的宗旨，通过十几年品牌发展壮大，已在广告设备行业中，获得极高赞誉和极大支持，成为同行业展览会中的“新航标”。展会内容有数字印刷喷绘技术设备、打印机及耗材、标识、标牌设备及标识标牌、展览展示、POP 及商用设施、新媒体技术设备和照明设备等，不遗余力地将众多品牌汇聚于此，让买卖双方省时、省力、节约成本，实现展会打造全球采购贸易平台的目标。

江苏省

南京广告四新及 LED 展览会

展会地点：南京

展会周期：一年两届

展会简介：

LED 是户外广告，是 21 世纪最具有发展前景的高新技术产业，正在引发全球性的照明光源和显示革命。展会将 LED 用于广告制作系统、商业标识设计系统、商业标识制作系统、商业标识影像制作处理系统、商业标识传播系统和广告礼品等各种新形式得以体现，并选择南京这一江苏省的政治、经济、文化中心，凭借科技力量，进一步挖掘 LED 市场的潜力。

福建省

福建国际广告四新展览会

展会地点：福州

展会周期：一年一届

创办时间：1999 年

展会简介：

展会由地区贸促会、行业协会、商会以及驻华大使馆等紧密合作筹办，集中展示最新的技术、设备，以及顺应业界发展及市场的需求。展会内容涉及广告与数码影像制作设备、标识、展览展示系统、广告媒体、耗材、广告制作材料、广告礼品、杂志、书刊、报刊、网络等，把专业观众及国际采购商的组织作为工作重点，力争打造亚洲重要的交流贸易平台。

山东省

山东国际广告四新展

展会地点：济南

展会周期：一年一届

创办时间：2007 年

主办单位：山东省国际经济贸易联合会和山东省轻工业协会

展会简介：

展会由山东省国际经济贸易联合会和山东省轻工业协会等权威部门支持与主办，以山东为中心，云集众多知名品牌，满足广告企业展示新技术、新材料、新媒体、新设备发展的需要，给供需双方提供一个产品展示、交流合作、贸易洽谈的平台。展会内容有广告设备及技术、展览展示系统、数字影像领域、广告设计、广告媒体及耗材、广告物料及耗材和广告礼品等，力图打造相关广告企业开拓北方市场、树立良好形象的最佳平台。

济南国际广告标牌、网印技术暨摄影器材展览会

展会地点：济南

展会周期：一年一届

创办时间：2000 年

主办单位：中国贸促会济南分会和山东省包装印刷工

业协会

展会简介：

展会由中国贸促会济南分会和山东省包装印刷工业协会联合主办，内容包括印前制版设备、印刷设备、印刷油墨、胶片、各类膜、刀片、印后加工设备、制版印刷新技术、包装加工设备、纸制、玻璃、金属、塑料包装材料及制品、各种制浆造纸机纸制品、造纸机械设备及化学品、环保及综合利用新技术设备等，在山东广告业界具有较大影响力和专业地位。

河南省

河南国际广告展览会

展会地点：郑州

展会周期：一年一届

创办时间：2006 年

展会简介：

展会以广告新技术、新设备、新材料、新媒体为核心，辅之以数码影像、婚纱影楼、标志标牌、霓虹灯和 LED 设备和技术进行现场展示洽谈。展会范围包括广告耗材及物料、媒体产品、印前处理系统、亮化与照明设备与技术材料、展览展示用品、广告资料和广告礼品等，力图为国内外客户提供高质量的现场服务。

中原国际广告展

展会地点：郑州

展会周期：一年一届

创办时间：1999

展会简介：

“中原国际广告四新展览会”从 1999 年创办以来，它的规模、影响都在其诞生的九年中持续递增着，其影响力已覆盖到全国，成为全国继上海、广州、北京之后行业最可信赖的广告品牌展会之一。

在中原地区，参加展会寻求商机是众多广告参展商的共识。其中的大多数，都把参加中原国际广告展作为首先；在全国，越来越多的广告供货商和采购商把目光投向中原，聚焦优质产品和企业。每届中原国际广告展吸引着众多的国内广告供货商和来自全国各地的数万名专业广告人士参观。中原国际广告展卓有成效的供采体系孕育巨大的商机。

湖北省

湖北广告与传媒展览会

武汉春季印刷包装技术设备展览会

展会地点：武汉

展会周期：一年一届

创办时间：1998 年

展会简介：

展会主题是“服务中小企业、促进技术升级”，旨在通过专业化的展览会平台，协助印刷包装企业适应市场形势的新变化，推介符合技术升级和产品结构调整方向的新设备、新工艺和技术进步服务方案，为湖北及武汉印刷包装行业科学发展贡献绵力。展会内容涉及广告制作系统、广告印制材料及物料广告设计、公共广告媒体电视媒体、电波媒体、印刷媒体、网络媒体（ICP、ISP）、户外广告媒体、电子显示设备、网络多媒体服务、影像处理系统、商业摄影、数字摄影、电子出版及印刷系统和电子出版物等，为中部的广告业注入新的活力。

湖南省

湖南广告四新及传媒展览会

展会地点：长沙

展会周期：一年一届

创办时间：2001 年

展会简介：

广告是现代城市发展必需的品牌推广方式。面对竞争日益激烈的广告市场，我们将全力为您打造中部广告商务采购平台，为各广告设备及材料供应商拓展中南市场做好用户邀请和接待服务工作。长沙作为国务院批准的长、株、潭城市群，全国资源节约型和环境友好型社会建设综合配套改革试验区，28% 的年增长率吸引了大批中外知名企业涌进湖南，使湖南经济空前活跃。湖南广告行业将搭乘国家“中部可持续发展战略”的快车，全力打造长株潭新型城市化道路，树立企业广告品牌意识，使湖南成为中部经济强省。每年一届的湖南广告展已成为中部地区广告行业的大聚会。

广东省

中国网印暨广告牌业展览会

展会地点：广州

展会周期：一年一届

创办时间：1985 年

展会简介：

展会是中国网印业的品牌展会，吸引了国内外的大量业者，为商家和客户提供良好的交流机会，在业内具有较大影响力。

华南国际数码影像暨广告设备展览会

展会地点：广州

展会周期：一年一届

创办时间：2001 年

主办单位：中国对外贸易中心（集团）

展会简介：

展会由中国对外贸易中心（集团）主办，内容以数码影像系统及相关设备和广告设备为主，一般分为印前专区、数码印刷专区、大幅面喷绘机专区、柔印专区、标签专区、印刷包装专区、印刷专区和广告设备专区几部分，是行业品牌展示先进技术、设备争夺华南市场的重要平台。

广州国际广告展览会

展会地点：广州

展会周期：一年一届

创办时间：1997 年

展会简介：

展会以交流、合作、共赢为主旨，为与会者带来了巨大商机，为买卖双方提供了全新的交流渠道，也为中国本土企业拓展海外市场、与世界零距离接触提供了展示平台。展会内容涉及广告制作技术设备及材料、打印机及耗材、展览展示及商用促销器材、户外发光体及城市景观照明和广告传播媒体等几大部分，是华南地区广告设备商和采购商与国内外同行交流合作的专业化贸易平台。

重庆市

中国西部广告与传媒博览会

展会地点：重庆

展会周期：一年一届

创办时间：2003 年

展会简介：

博览会是中国西部地区最具影响的行业盛会，被誉为中国西部广告博览的航母。展会汇聚海内外精品，内容涉及户外广告制作技术设备及材料、大众传播媒体技术及设备、多媒体技术及设备、大屏幕显示及应用设备、广告摄影、摄像技术及设备、广告礼品及工艺品、照明器材、广告霓虹灯设备及技术材料和霓虹灯产品等，通过现场展示、高级研讨会，为企业的新产品、新技术、新设备在重庆地区寻求合作伙伴，为已进入重庆的知名品牌扩展市场，缔造贸易良机。

四川省

德纳（成都）国际广告四新展览会

展会地点：成都

展会周期：一年一届

创办时间 :2003 年

展会简介：

“德纳（成都）国际广告展”（CDAE）经过多年的品牌积累，目前已经成为中国西部地区最具影响力的行业风向标，并被“亚洲标识”、“广告制品与制作”等知名媒体及众多的参展商、参观商一致评为“西部广告第一展”。

备注：展会地点安排将根据主办方的总体规划作相应调整。

’2013 中国广告年鉴
China Advertising Yearbook

广告教育

Advertising Education

全国高等院校广告专业名录

中国人民大学

院系全称：新闻学院
专业全称：广告学
学　　制：本科 4 年
地　　址：北京市海淀区中关村大街 59 号
邮　　编：100872
电　　话：(010)62511009

北京大学

院系全称：新闻与传播学院广告学系
专业全称：广告学
专业设置年份：1993 年
学　　制：硕士 3 年 本科 4 年 专科 3 年
地　　址：北京市海淀区北京大学新闻与传播学院
邮　　编：100871
电　　话：(010)62761189

清华大学

院系全称：美术学院装潢艺术设计系
专业全称：广告设计
地　　址：北京市海淀区清华园 1 号
邮　　编：100084
电　　话：(010)62798135

北京师范大学

专业全称：艺术设计
地　　址：北京市新街口外大街 19 号
邮　　编：100875
电　　话：(010)58809248

中央民族大学

院系全称：文学与新闻传播学院
专业全称：广告学
专业设置年份：2004 年
学　　制：本科 4 年
地　　址：北京市海淀区中关村南大街 27 号
邮　　编：100081
电　　话：(010)68932911

中国传媒大学

院系全称：广告学院
专业全称：广告学　艺术设计
专业设置年份：1988 年　2000 年
学　　制：博士 2 年　硕士 3 年　本科 4 年　函授 3 年
地　　址：北京市朝阳区定福庄东街 1 号中国传媒大学新闻传播学院
邮　　编：100024
电　　话：(010)65779370

北方工业大学

院系全称：艺术学院
专业全称：广告学
专业设置年份：2001 年
学　　制：本科 4 年
地　　址：北京市石景山区晋元庄路 5 号
邮　　编：100041
电　　话：(010)88803366

北京电影学院

院系全称：美术系
专业全称：广告学
地　　址：北京市海淀区西土城路 4 号
邮　　编：100088
电　　话：(010)82045883

北京林业大学

院系全称：材料科学与技术学院
专业全称：艺术设计系
地　　址：北京市海淀区清华东路 35 号
邮　　编：100083
电　　话：(010)62338150

中央美术学院

院系全称：设计学院
专业全称：平面设计
地　　址：北京市朝阳区花家地南街 8 号
邮　　编：100102
电　　话：(010)64771000

北京工业大学

院系全称：人文社科学院广告系
专业全称：广告学
专业设置年份：2001 年
学　　制：本科 4 年
地　　址：北京市朝阳区平乐园 100 号
邮　　编：100022
电　　话：(010)81990770

北京工商大学

院系全称：传播与传媒学院广告学系
专业全称：广告学
专业设置年份：1993 年
学　　制：硕士 3 年　本科 4 年
地　　址：北京市海淀区阜成路 33 号
邮　　编：100037
电　　话：(010)68984723

北京联合大学

院系全称：广告学院
专业全称：广告学
地　　址：北京市海淀区温泉镇东埠头路 1 号
邮　　编：100095
电　　话：(010)62489663

北京印刷学院

院系全称：出版传播与管理学院出版系
专业全称：广告学
专业设置年份：2000 年
学　　制：本科 4 年
地　　址：北京市大兴区兴华北路 25 号
邮　　编：102600
电　　话：(010)60227128

首都经贸大学

院系全称：文化与传播学院
专业全称：广告学
地　　址：北京市丰台区花乡张家路 121 号（西校区）
邮　　编：100070

电　　话：(010)83951667

北京航空航天大学

院系全称：视觉传达设计系
专业全称：艺术设计
地　　址：北京市海淀区学院路37号
邮　　编：100191
电　　话：(010)82315088

北京服装学院

院　　系：商学院
专业全称：广告学
地　　址：北京市朝阳区和平街北口
邮　　编：100029
电　　话：(010)64288410

北京理工大学

院系全称：设计与艺术学院
专业全称：艺术设计
地　　址：北京市海淀区白石桥路7号
邮　　编：100081
电　　话：(010)68912682

中央财经大学

院系全称：文化传播学院
专业全称：广告学
专业设置年份：2004年
学　　制：本科4年
地　　址：北京市西直门外学院南路39号
邮　　编：100081
电　　话：(010)62288251

北京吉利大学

院系全称：新闻与信息传播学院
专业全称：广告学
学　　制：本科4年
地　　址：北京市昌平区马池口
邮　　编：102202
电　　话：(010)60751710

华北电力大学（北京）

院系全称：人文与社会科学学院
专业全称：广告学
学　　制：本科4年
地　　址：北京市昌平区回龙观
邮　　编：102206
电　　话：(010)80796341

北京工商大学嘉华学院

院系全称：语言与传播系
专业全称：广告学
学　　制：本科4年
地　　址：北京通州区宋庄南路甲1号
邮　　编：101118
电　　话：(010)69597736

北京工业大学耿丹学院

院系全称：经济与管理系
专业全称：广告学
学　　制：本科4年
地　　址：北京市顺义区牛栏山镇牛富路牛山段3号
邮　　编：101301
电　　话：(010)60413297

首都师范大学科德学院

院系全称：艺术设计学院
专业全称：会展艺术与技术
学　　制：本科4年
地　　址：北京市大兴区榆垡镇榆祥路10号
邮　　编：102602
电　　话：(010)89229201

北京化工大学北方学院

院系全称：艺术院　、
专业全称：广告学
学　　制：本科4年
地　　址：北京东燕郊开发区迎宾北路45号
邮　　编：065201
电　　话：(0316)3380153

北京信息职业技术学院

院系全称：数字媒体与艺术系
专业全称：广告设计与制作
学　　制：专科3年
地　　址：北京市朝阳区芳园西路5号
邮　　编：100015
电　　话：(010)64312725

天津市

天津师范大学

院系全称：新闻传播学院
专业全称：广告学
专业设置年份：1992年
学　　制：硕士3年　本科4年　专科2年
地　　址：天津市滨水西道延长线
邮　　编：300384
电　　话：13001380628

天津工业大学

院系全称：艺术设计学院
专业全称：广告学
专业设置年份：2000年
学　　制：本科4年
地　　址：天津市河东区程林庄路63号
邮　　编：300160
电　　话：(022)24528157

天津理工大学

院系全称：经济管理学院广告学系
专业全称：广告学
专业设置年份：2001年　1994年
学　　制：本科4年
地　　址：天津市南开区红旗南路221号
邮　　编：300191
电　　话：(022)23679753

天津财经学院

院系全称：贸易经济系
专业全称：艺术设计
专业设置年份：2003年
学　　制：本科4年
地　　址：天津市河西区珠江道25号
邮　　编．300222
电　　话：(022)28114323

天津科技大学

专业全称：艺术设计
地　　址：天津市河西区大沽南路

1038 号
邮 编：300222
电 话：(022)28340538

天津职业技术师范大学

专业全称：艺术设计
地 址：天津市河西区大沽南路1310 号
邮 编：300222
电 话：(022)28117059

天津城市建设学院

院系全称：艺术系
专业全称：艺术设计
地 址：天津市西青区津静公路
邮 编：300384
电 话：(022)23783161

河北工业大学

院系全称：建筑与艺术设计学院
专业全称：艺术设计
地 址：天津市红桥区丁字沽光荣道 29 号
邮 编：300132
电 话：(022)26582623

天津国土资源和房屋职业学院

院系全称：艺术设计系
专业全称：广告设计与制作
学 制：专科 3 年
地 址：天津市大港区学府二路600 号
邮 编：300270
电 话：(022)63303817

河北省

河北师范大学

院系全称：传播学院广告传播系
专业全称：广告学 广告设计
专业设置年份：1994 年 1999 年
学 制：本科 4 年
地 址：石家庄市桥西红旗大街469 号河北师大西校区
邮 编：050091
电 话：(0311)86263227

河北经贸大学

院系全称：人文学院
专业全称：广告学
专业设置年份：2001 年
学 制：本科 4 年
地 址：石家庄市学府路 47 号
邮 编：050061
电 话：(0311)87655553

石家庄经济学院

院系全称：艺术设计学院
专业全称：广告学
专业设置年份：2000 年
学 制：本科 4 年
地 址：石家庄市槐安东路 136 号
邮 编：050031
电 话：(0311)87207228

河北科技师范学院

专业全称：艺术设计
专业设置年份：2004 年
学 制：本科 4 年
地 址：昌黎县城关四街
邮 编：066600
电 话：(0316)6062198

河北大学

院系全称：新闻传播学院广告学系
专业全称：广告学
专业设置年份：1993 年
学 制：硕士 3 年 本科 4 年
地 址：保定市合作路 88 号
邮 编：071002
电 话：(0312)4120195

石家庄学院

院系全称：文学与传媒学院
专业全称：广告学
学 制：本科 4 年
地 址：石家庄高新技术产业开发区长江大道 6 号
邮 编：050035
电 话：(0311)66617200

防灾科技学院

院系全称：人文社科系
专业全称：广告学
学 制：本科 4 年
地 址：三河市燕郊学院大街
邮 编：065201
电 话：(010)61596035

河北师范大学汇华学院

院系全称：文学学部
专业全称：广告学
学 制：本科 4 年
地 址：石家庄市红旗大街 601 号
邮 编：050091
电 话：(0311)83825041

石家庄经济学院华信学院

院系全称：人文社会科学学院
专业全称：广告学
学 制：本科 4 年
地 址：石家庄市汇丰路 18 号
邮 编：050091
电 话：(0311)87207400

保定科技职业学院

院系全称：人文艺术系
专业全称：广告艺术设计
学 制：专科 3 年
地 址：保定市南二环路 1956 号
邮 编：071000
电 话：(0312)6796022

山西省

山西大学

院系全称：文学院
专业全称：广告学
专业设置年份：1999 年
学　　制：本科 4 年
地　　址：太原市坞城路 580 号
邮　　编：030006
传　　真：(0351)7010466

山西财经大学

院系全称：文化传播系
专业全称：广告学
专业设置年份：2000 年
学　　制：本科 4 年
地　　址：太原市坞城路 696 号
邮　　编：030006
电　　话：(0351)7666258

太原理工大学

专业全称：艺术设计
地　　址：晋中市榆次区迎宾街 113 号
邮　　编：030600
电　　话：(0354)3362192

太原重型机械学院

院系全称：艺术系
专业全称：艺术设计
地　　址：太原市柏林区瓦流路 138 号
邮　　编：030024
电　　话：(0351)6222123

运城学院

专业全称：艺术设计
专业设置年份：2004 年
学　　制：本科 4 年
地　　址：运城市河东东街 333 号
邮　　编：044000
电　　话：(0359)2090418

晋中学院

院系全称：美术学院
专业全称：艺术设计
学　　制：本科 4 年
地　　址：晋中市榆次区文苑街 1 号
邮　　编：030600
电　　话：(0354)3035777

内蒙古自治区

内蒙古大学

专业全称：艺术设计
地　　址：呼和浩特市新城区大学路 1 号
邮　　编：010010
电　　话：(0471)4973162

内蒙古民族大学

院系全称：美术学院
专业全称：广告学
地　　址：通辽市霍林河大街 22 号
邮　　编：028043
电　　话：(0475)8314175

内蒙古师范大学

专业全称：广告学
地　　址：呼和浩特市新城昭乌达路
邮　　编：010022
电　　话：(0471)4393022

内蒙古科技大学

院系全称：艺术与设计学院
专业全称：广告学
专业设置年份：2001 年
学　　制：本科 4 年　专科 2 年
地　　址：包头市阿尔丁大街 7 号
邮　　编：014010
电　　话：13171209153

辽宁省

辽宁大学

院系全称：文化传播学院
专业全称：广告学
专业设置年份：1994 年
学　　制：硕士 3 年　本科 4 年
地　　址：沈阳市皇姑区崇山中路 66 号
邮　　编：110036
电　　话：(024)86864547

沈阳工业大学

院系全称：文法学院艺术设计系
专业全称：广告学
地　　址：沈阳市铁西区兴华南街 58 号
邮　　编：110023
电　　话：(024)25496111

沈阳航空工业学院

专业全称：艺术设计
地　　址：沈阳市皇姑区黄河北大街 52 号
邮　　编：110034
电　　话：(024)86141586

沈阳建筑大学

专业全称：广告学
地　　址：沈阳市浑南新区浑南东路 9 号
邮　　编：110168
电　　话：(024)24693969

渤海大学

院系全称：文理学院新闻系
专业全称：广告学
专业设置年份：2000 年
学　　制：本科 4 年　专科 3 年
地　　址：锦州市渤海大学东校区
邮　　编：121000
电　　话：(0416)3400179

辽宁师范大学

院系全称：文学院中文系
专业全称：广告学
地　　址：大连市黄河路 850 号
邮　　编：116029
电　　话：(0411)82158305

大连外国语学院

院系全称：国际艺术学院
专业全称：艺术设计
地　　址：大连市中山区延安路 94 号
邮　　编：116002
电　　话：(0411)82803168

大连民族学院

院系全称：工业艺术设计系
专业全称：艺术设计
地　　址：大连市开发区辽河西路 18 号
邮　　编：116600
电　　话：(0411)87656193

大连大学

院系全称：美术学院
专业全称：艺术设计
地　　址：大连市大连经济技术开发区学府大街 10 号
邮　　编：116622
电　　话：(0411)87402590

东北财经大学

院系全称：新闻传播学院
专业全称：广告学
学　　制：本科 4 年
地　　址：大连市沙河口区尖山街 217 号
邮　　编：116025
电　　话：(0411)84710505

辽宁工学院

院系全称：文化传播系
专业全称：广告学
学　　制：本科 4 年
地　　址：锦州市古塔区士英街 169 号
邮　　编：121001

辽宁科技学院

院系全称：艺术系
专业全称：广告学
学　　制：本科 4 年
地　　址：本溪市经济开发区香槐路 176 号
邮　　编：117004

吉林省

东北师范大学

院系全称：媒体科学学院广告学系
专业全称：广告学
专业设置年份：2000 年
学　　制：硕士 3 年　本科 4 年
地　　址：长春市东北师范大学净月校区
邮　　编：130117
电　　话：(0431)4531188

吉林大学

院系全称：文学院广告学系
专业全称：广告学
专业设置年份：1994 年
学　　制：本科 4 年　专科 3 年
地　　址：长春市朝阳区前卫路 10 号
邮　　编：130012
电　　话：(0431)5166160

吉林艺术学院

院系全称：设计学院
专业全称：视觉传达系
专业设置年份：1993 年
地　　址：长春市红旗街 2077 号
邮　　编：130012
传　　真：(0431)5882579

长春理工大学

院系全称：文法学院广告学系
专业全称：广告学
专业设置年份：2000 年
学　　制：本科 4 年
地　　址：长春市卫星路 7989 号
邮　　编：130022
电　　话：(0431)5583072

长春工业大学

院系全称：艺术学院
专业全称：广告学
地　　址：长春市延安大街 17 号
邮　　编：130012
电　　话：(0431)5914753

吉林工程技术师范学院

院系全称：艺术学院
专业全称：艺术设计
地　　址：长春市宽城区凯旋路 52 号
邮　　编：130052
电　　话：(0431)6908120

东北电力学院

院系全称：艺术学院
专业全称：环艺与装潢系
地　　址：吉林市长春路 169 号
邮　　编：132012
电　　话：(0432)4806384

吉林农业大学

院系全称：视觉艺术学院
专业全称：广告学
学　　制：本科 4 年
地　　址：长春市新城大街 2888 号
邮　　编：130118
电　　话：(0431)4532983

长春师范学院

院系全称：传媒科学学院
专业全称：广告学
学　　制：本科 4 年
地　　址：长春市长吉北路 677 号
邮　　编：130012
电　　话：(0431)6168222

吉林动画学院

院系全称：广告学院
专业全称：广告学
学　　制：本科 4 年
地　　址：长春市高新开发区博识路 168 号
邮　　编：130012
电　　话：(0431)87021942

长春理工大学光电信息学院

院系全称：人文分院
专业全称：广告学
学　　制：本科 4 年
地　　址：长春市高新技术产业开发区大新路 399 号
邮　　编：130012
电　　话：(0431)86903888

黑龙江省

黑龙江大学

专业全称：广告学
地　　址：哈尔滨市南岗区学府路 74 号黑龙江大学文学与新闻传播学院
邮　　编：150080
电　　话：(0451)86608643

东北林业大学

专业全称：广告学
地　　址：哈尔滨市和兴路 26 号东北林业大学
邮　　编：150040
电　　话：(0451)82113443

哈尔滨理工大学

专业全称：艺术设计
地　　址：哈尔滨市动力欧林园路 4 号南区 315 信箱
邮　　编：150080
电　　话：(0451)86392804

佳木斯大学

专业全称：艺术设计
专业设置年份：2004 年
学　　制：本科 4 年
地　　址：佳木斯市学府街 148 号佳木斯大学美术学院艺术设计系
邮　　编：154007
电　　话：(0454)8603975

齐齐哈尔大学

院系全称：艺术学院
专业全称：艺术设计
地　　址：齐齐哈尔市中华西路 35 号
邮　　编：161006
电　　话：(0452)2738301

上海市

同济大学

院系全称：传播与艺术学院
专业全称：广告学
专业设置年份：1995 年
学　　制：硕士 3 年　本科 4 年
地　　址：上海市四平路 1239 号
邮　　编：200092
电　　话：(021)65628565

复旦大学

院系全称：新闻学院广告学系
专业全称：广告学
专业设置年份：1994 年
学　　制：博士 3 年　硕士 3 年　本科 4 年　专科 2 年　函授 3 年
地　　址：上海市国定路 400 号
邮　　编：200433
电　　话：(021)65643694

华东师范大学

院系全称：人文学院传播学系
专业全称：广告学　艺术设计
学　　制：本科 4 年
地　　址：上海市中山北路 3663 号
邮　　编：200062
电　　话：(021)54343075

上海外国语大学

院系全称：新闻传播学院
专业全称：广告学
专业设置年份：1998 年
学　　制：硕士 3 年　本科 4 年
地　　址：上海市大连西路 550 号
邮　　编：200083
电　　话：(021)65311900-2941

上海工程技术大学

院系全称：艺术设计学院广告系
专业全称：广告学
专业设置年份：1997 年
学　　制：本科 4 年
地　　址：上海市仙霞路 350 号
邮　　编：200336
电　　话：(021)62752832

上海师范大学

院系全称：人文学院广告与网络传播系
专业全称：广告学
学　　制：硕士 3 年　本科 4 年
地　　址：上海市桂林路 100 号
邮　　编：200234
电　　话：(021)64321849

上海大学

院系全称：广告系
专业全称：广告学
地　　址：上海市宝山区上大路 99 号
邮　　编：200444
电　　话：(021)66135068

上海建桥学院

院系全称：广告艺术设计系
专业全称：艺术设计
地　　址：上海市唐桥路 1500 号
邮　　编：201319
电　　话：(021)58137181

华东理工大学

院系全称：艺术系
专业全称：艺术设计
地　　址：上海市梅陇路 130 号
邮　　编：200237
电　　话：(021)64253226

上海应用技术学院

专业全称：艺术设计
地　　址：上海市漕宝路 120 号
邮　　编：200235
电　　话：(021)64941077

上海戏剧学院

院系全称：广告系
专业全称：艺术设计
地　　址：上海市华山路 630 号
邮　　编：200040
电　　话：(021)62482920

上海理工大学

院系全称：印刷出版学院
专业全称：广告学
学　　制：本科 4 年
地　　址：上海市杨浦区军工路 516 号
邮　　编：200093
电　　话：(021)55530157

上海海事大学

院系全称：文理学院
专业全称：艺术设计
学　　制：本科 4 年
地　　址：上海市浦东临港新城海港大道 1550 号
邮　　编：200135
电　　话：(021)38282200

上海外国语大学贤达经济人文学院

院系全称：新闻传播学院
专业全称：广告学
学　　制：本科 4 年
地　　址：上海市虹口区东体育馆路 402 号
邮　　编：200083
电　　话：(021)51278087

江苏省

南京林业大学

院系全称：人文社会科学学院广告学系
专业全称：广告学
专业设置年份：1996 年
学　　制：本科 4 年　专科 2 年
地　　址：南京市龙蟠路 159 号
邮　　编：210037
电　　话：(025)85427485

南京大学

院系全称：新闻传播学院
专业全称：广告学
专业设置年份：1993 年
学　　制：硕士 3 年　本科 4 年
地　　址：南京市汉口路 22 号
邮　　编：210093
电　　话：(025)83593551

南京师范大学

院系全称：新闻与传播学院广告学系
专业全称：广告学
专业设置年份：1999 年
学　　制：硕士 2 年　本科 4 年
地　　址：南京市宁海路 122 号
邮　　编：210097
电　　话：(025)83598524

南京财经大学

院系全称：营销与物流管理学院
专业全称：广告学
专业设置年份：1993 年
学　　制：本科 4 年
地　　址：南京市南京财经大学仙林校区 13 号信箱
邮　　编：210046
电　　话：(025)84028455

南京工业大学

院系全称：艺术设计学院
专业全称：艺术设计
地　　址：南京市中山北路 200 号 87 号信箱
邮　　编：210009
电　　话：(025)83239617

南京艺术学院

院系全称：设计学院
专业全称：艺术设计
地　　址：南京市北津西路 74 号
邮　　编：210013
电　　话：(025)83498099

三江学院

院系全称：策划系
专业全称：广告学　艺术设计
学　　制：本科 4 年
地　　址：南京市雨花台区铁心桥龙西路 10 号
邮　　编：210012
电　　话：(025)52897066

江苏大学

院系全称：艺术学院艺术设计系
专业全称：艺术设计
专业设置年份：1991 年
学　　制：本科 4 年　专科 3 年　函授 3 年
地　　址：镇江市学府路 301 号
邮　　编：212013
电　　话：(0511)8791498

江苏技术师范学院

院系全称：艺术设计系
专业全称：艺术设计
专业设置年份：1985 年
学　　制：本科 4 年　专科 3 年　函授 3 年
地　　址：常州市育英路 2 号
邮　　编：213001
电　　话：(0519)6999778

江南大学

院系全称：设计学院
专业全称：广告学
专业设置年份：1998 年
学　　制：硕士 3 年　本科 4 年
地　　址：无锡市钱荣路 68 号
邮　　编：214064
电　　话：(0510)5501491

苏州大学

院系全称：文学院广告系
专业全称：广告学
专业设置年份：1993 年
学　　制：硕士 3 年　本科 4 年　专科 2 年
地　　址：苏州市苏州大学东区 535 信箱
邮　　编：215021
电　　话：(0512)67156443

苏州科技学院

院系全称：传媒与视觉艺术学院
专业全称：艺术设计
专业设置年份：1994 年
学　　制：本科 4 年
地　　址：苏州市苏州科技学院石湖校区
邮　　编：215009
电　　话：(0512)68418422

徐州师范大学

院系全称：商学院广告学系
专业全称：广告学　艺术设计
专业设置年份：1993 年　2004 年
学　　制：本科 4 年　函授 3 年
地　　址：徐州市和平路 57 号
邮　　编：221009
电　　话：(0516)3867587

淮阴工学院

院系全称：社科系
专业全称：艺术设计
地　　址：淮阴市北京北路 89 号
邮　　编：223001
电　　话：(0517)3591010

淮阴师范学院

专业全称：广告学
专业设置年份：2004 年
学　　制：本科 4 年
地　　址：淮阴市师专路 24 号
邮　　编：223001
电　　话：(0517)3511021

南京邮电大学

院系全称：传媒学院
专业全称：广告学
学　　制：本科 4 年
地　　址：南京市新模范马路 66 号
邮　　编：210003
电　　话：(025)83492251

宿迁学院

院系全称：社会服务系
专业全称：广告学
学　　制：本科 4 年
地　　址：宿迁市黄河南路 399 号
邮　　编：223800
电　　话：(0527)96889666

南京财经大学红山学院

专业全称：广告学
学　　制：本科 4 年
地　　址：南京市鼓楼区铁路北街 128 号
邮　　编：430074
电　　话：(025)83495939

南京师范大学泰州学院

院系全称：人文传媒学院
专业全称：广告学
学　　制：本科 4 年
地　　址：泰州市东风南路 518 号
邮　　编：225300
电　　话：(0523)86152006

扬州环境资源职业技术学院

院系全称：人文科学系
专业全称：广告设计与制作
学　　制：专科 3 年
地　　址：扬州市润扬南路 33 号
邮　　编：225127
电　　话：(0514)87436888

浙江省

浙江大学

院系全称：人文学院新闻传播系
专业全称：广告学
专业设置年份：1993 年
专业师资：副教授 4 人　讲师 5 人
学　　制：硕士 3 年　本科 4 年　函授 3 年
地　　址：杭州市天目山路 148 号
邮　　编：310028
电　　话：(0571)88973989

浙江工业大学

院系全称：人文学院新闻传播系
专业全称：广告学
专业设置年份：1999 年
学　　制：本科 4 年
地　　址：杭州市朝晖六区浙江工业大学人文学院
邮　　编：310014
电　　话：(0571)85290295、88320114

浙江工程学院

院系全称：艺术与设计学院
专业全称：广告学
专业设置年份：2001 年
学　　制：本科 4 年
地　　址：杭州市下沙高教园区西区
邮　　编：310018
电　　话：(0571)86843114

浙江财经学院

院系全称：人文艺术学院
专业全称：广告学
地　　址：杭州市文华路 269 号
邮　　编：310012
电　　话：(0571)88922827

浙江传媒学院

院系全称：广告系
专业全称：影视广告
专业设置年份：1992 年
学　　制：本科 4 年　专科 3 年
地　　址：杭州市下沙高教园区学源区 998 号
邮　　编：310018
电　　话：(0571)86832172

杭州商学院

院系全称：人文与公共管理学院
专业全称：广告学
专业设置年份：1999 年
学　　制：本科 4 年
地　　址：杭州市教工路 149 号
邮　　编：310035
电　　话：(0571)88075603

中国美术学院

院系全称：职业技术学院
专业全称：艺术设计
专业设置年份：2004 年
学　　制：专科 4 年
地　　址：杭州市南山路 218 号
邮　　编：310024
电　　话：(0571)87091375

浙江科技学院

院系全称：艺术学院
专业全称：艺术设计
地　　址：杭州市留和路 318 号
邮　　编：310023
电　　话：(0571)85070553

杭州师范学院

院系全称：美术学院
专业全称：艺术设计
地　　址：杭州市西湖万塘路 258 号
邮　　编：310036
电　　话：(0571)28865736

浙江农林大学

院系全称：人文学院
专业全称：广告学
专业设置年份：2000 年

学　　制：本科 4 年　函授 3 年
地　　址：临安市环城北路 88 号
邮　　编：311300
电　　话：(0571)63730908

宁波大学

院系全称：传播与艺术学院传播系
专业全称：广告学
专业设置年份：1995 年
地　　址：浙江省宁波市江北区风华路 818 号
邮　　编：315211
电　　话：(0574)87600441

浙江万里学院

院系全称：设计艺术与建筑学院
专业全称：艺术设计
地　　址：宁波市高教园区钱湖南路 8 号
邮　　编：315100
电　　话：(0574)88222480

湖州师范学院

院系全称：人文学院
专业全称：广告学
地　　址：湖州市学士路 1 号
邮　　编：313000
电　　话：(0572)2321128

温州大学

院系全称：管理学院
专业全称：广告与广告管理
专业设置年份：1998 年
学　　制：硕士 3 年　本科 4 年
地　　址：温州市茶山
邮　　编：325035
电　　话：(0577)86598000

温州师范学院

院系全称：美术系
专业全称：平面设计
专业设置年份：1998 年
学　　制：本科 4 年
地　　址：温州市温州师范学院美术系
邮　　编：325000
电　　话：(0577)86680929

浙江师范大学

院系全称：文化创意与传播学院
专业全称：广告学
地　　址：金华迎宾大道 688 号
邮　　编：321004
电　　话：(0579)2282645

浙江理工大学

院系全称：艺术与设计学院
专业全称：广告学
学　　制：本科 4 年
地　　址：杭州市下沙高校园区 2 号大街
邮　　编：310018
电　　话：(0571)86843285

浙江工商大学

院系全称：人文学院
专业全称：广告学
学　　制：本科 4 年
地　　址：杭州市下沙高教园区学正街 18 号
邮　　编：310018
电　　话：(0571)28877065

宁波工程学院

院系全称：人文学院
专业全称：广告学
学　　制：本科 4 年
地　　址：宁波市风华路 201 号
邮　　编：315211
电　　话：(0574)87616023

安徽省

安徽大学

院系全称：艺术系
专业设置年份：2004 年
地　　址：本科 4 年
地　　址：合肥市龙河路 3 号
邮　　编：230039
电　　话：(0551)3861230

安徽农业大学

院系全称：轻纺工程与艺术学院
专业全称：艺术设计
地　　址：合肥市长江西湾 130 号
邮　　编：230036
电　　话：(0551)2823795-3455

合肥工业大学

专业全称：广告学
地　　址：合肥市屯溪路 193 号
邮　　编：230009
电　　话：(0551)2901517

淮南师范学院

院系全称：中文与传媒系
专业全称：广告学
地　　址：淮南市学院路
邮　　编：232001
电　　话：(0554)6672620

安徽师范大学

专业全称：广告学
地　　址：芜湖市北京东路 1 号
邮　　编：241000
电　　话：(0553)5910027

安徽工程科技学院

专业全称：广告学
专业设置年份：2004 年
学　　制：本科 4 年
地　　址：芜湖市赭山东路 8 号
邮　　编：241000
电　　话：(0551)2871043

阜阳师范学院

院系全称：美术系
专业全称：艺术设计
地　　址：阜阳市清河路 741 号
邮　　编：236041
电　　话：(0558)2596220

淮北煤炭师范学院

院系全称：美术系
专业全称：艺术设计
地　　址：淮北市淮北煤炭师范学院
邮　　编：235000
电　　话：(0561)3802248

安徽财经大学

院系全称：文学与艺术传媒学院
专业全称：广告学
学　　制：本科 4 年
地　　址：蚌山区曹山路 962 号
邮　　编：233030
电　　话：(0552)3173101

巢湖学院

院系全称：中文系
专业全称：广告学
学　　制：本科 4 年
地　　址：巢湖市半汤温泉度假区
邮　　编：238000
电　　话：(0565)2361098

福建省

福建工程学院

专业全称：广告学　艺术设计
学　　制：本科 4 年
地　　址：福州市铜盘路软件大道 89 号
邮　　编：350007
电　　话：(0591)28081500

仰恩大学

专业全称：广告学
地　　址：泉州市仰恩大学
邮　　编：362014
电　　话：(0595)22091988、22085622

华侨大学

院系全称：文学院
专业全称：广告学
学　　制：本科 4 年
地　　址：泉州市城华北路 269 号
邮　　编：362021
电　　话：(0595)22693656

福建农林大学

院系全称：人文社科学院广告系
专业全称：广告学
学　　制：本科 4 年
地　　址：福州市金山学区
邮　　编：350002
电　　话：(0591)83789324

泉州师范学院

院系全称：人文学院
专业全称：广告学
学　　制：本科 4 年
地　　址：泉州市丰泽区东海滨城
邮　　编：362000
电　　话：(0595)22919911

漳州师范学院

院系全称：新闻传播系
专业全称：广告学
学　　制：本科 4 年
地　　址：漳州市芗城区县前直街 36 号
邮　　编：363000
电　　话：(0596)2591337

江西省

南昌大学

院系全称：新闻与传播系
专业全称：广告学　艺术设计
专业设置年份：1993 年　2004 年
学　　制：本科 4 年　专科 3 年
地　　址：南昌市南京东路 235 号南昌大学新闻与传播系
邮　　编：330047
电　　话：(0791)8320289、3816475

江西师范大学

院系全称：传播学院
专业全称：广告学
专业设置年份：1992 年
学　　制：硕士 3 年　本科 4 年
　　　　　专科 3 年　函授 3 年
地　　址：南昌市北京西路 437 号
邮　　编：330027
电　　话：(0791)88506130

江西科技师范学院

院系全称：文学院
专业全称：广告学
地　　址：南昌市江西科技师范学院（红角洲）
邮　　编：330013
电　　话：(0791)3832211

南昌航空工业学院

院系全称：艺术系
专业全称：艺术设计
地　　址：南昌市丰和南大道 696 号
邮　　编：330063
电　　话：(0791)3863762、3863768

东华理工大学

专业全称：广告学
地　　址：抚州市学府路 56 号
邮　　编：344000
电　　话：(0794)8258828、8258835

宜春学院

专业全称：广告学
地　　址：宜春市学府路 576 号
邮　　编：336000
电　　话：(0795)3201916

江西理工大学

院系全称：文法学院
专业全称：艺术设计
专业设置年份：2003 年
学　　制：本科 4 年
地　　址：赣州市红旗大道 86 号
邮　　编：341000
电　　话：(0797)8312129

赣南师范学院

院系全称：美术学院
专业全称：广告学
专业设置年份：1993 年
学　　制：本科 4 年
地　　址：赣州市赣南师范学院黄金校区
邮　　编：341000
电　　话：(0797)8393658

华南理工大学

专业全称：广告学
学　　制：本科 4 年
地　　址：广州市天河区五山路 381 号
邮　　编：344000

电　　话：(0794)87114544

九江学院

院系全称：文化传播学院
专业全称：广告学
学　　制：本科 4 年
地　　址：九江前进东路 551 号
邮　　编：332005
电　　话：(0792)8310030

南昌理工学院

院系全称：传媒系
专业全称：广告学
学　　制：本科 4 年
地　　址：南昌市英雄经济开发区 288 号
邮　　编：330013
电　　话：(0791) 87040586

江西城市职业学院

院系全称：人文学院
专业全称：广告学
学　　制：本科 4 年
地　　址：南昌市新建联福大道 001 号
邮　　编：330100
电　　话：(0791)83653588

江西大宇职业技术学院

院系全称：艺术学院
专业全称：广告设计与制作
学　　制：专科 3 年
地　　址：南昌市湾里区翠岩路 200 号
邮　　编：330004
电　　话：(0791)3767666

江西工业贸易职业技术学院

院系全称：工程技术与艺术设计系
专业全称：广告设计与制作
学　　制：专科 3 年
地　　址：南昌市红谷滩新区红角洲嘉言路 699 号
邮　　编：330038
电　　话：(0791)3777831

江西工程职业学院

院系全称：新闻广告系
专业全称：广告设计与制作
学　　制：专科 3 年
地　　址：南昌市安石路 69 号
邮　　编：330025
电　　话：(0791)86571682

江西科技职业学院

院系全称：艺术分院
专业全称：广告设计与制作
学　　制：专科 3 年
地　　址：南昌市银三角昌南高校园(316 国道金山 1 号)
邮　　编：330200
电　　话：(0791)5160008

江西旅游商贸职业学院

院系全称：艺术设计系
专业全称：广告设计与制作
学　　制：专科 3 年
地　　址：南昌市经济技术开发区丁香路 1 号
邮　　编：330100
电　　话：(0791)83771915

江西经济管理职业学院

院系全称：工商管理系
专业全称：广告设计与制作
学　　制：专科 3 年
地　　址：南昌市红角洲卧龙路 269 号
邮　　编：330088
电　　话：(0791)83956683

山东省

山东大学

院系全称：文学与新闻传播学院
专业全称：广告学
地　　址：济南市山东大学南路 27 号
邮　　编：250100
电　　话：(0531)88364608

山东工艺美术学院

院系全称：人文艺术学院
专业全称：广告学
专业设置年份：1998 年
学　　制：本科 4 年　专科 2 年
地　　址：济南市历下区千佛山东路 23 号
邮　　编：250014
电　　话：(0531)89619416

山东建筑大学

院系全称：艺术学院
专业全称：广告学
专业设置年份：1999 年
学　　制：本科 4 年
地　　址：济南市临港开发区凤鸣路 1000 号
邮　　编：250101
电　　话：(0531)86361827、86362000

济南大学

院系全称：艺术学院
专业全称：艺术设计
地　　址：济南市市中区济微路 106 号
邮　　编：250022
电　　话：(0531)82765825

山东轻工业学院

院系全称：艺术设计系
专业全称：广告学
地　　址：济南市西部新城大学科技园
邮　　编：250353
电　　话：(0531)89631999

山东艺术学院

专业全称：广告学　艺术设计
专业设置年份：2004 年
学　　制：本科 4 年
地　　址：济南市文化东路 91 号
邮　　编：250014
电　　话：(0531)86423552

山东理工大学

院系全称：文学与新闻传播学院广告学系
专业全称：广告学
专业设置年份：2000 年
学　　制：本科 4 年
地　　址：淄博市张周路 12 号
邮　　编：255049
电　　话：(0533)2782070

山东科技大学

院系全称：艺术与设计学院
专业全称：广告学　广告设计
学　　制：本科 4 年
地　　址：青岛市经济技术开发区前湾港路 579 号
邮　　编：266590
电　　话：(0532)86057531

青岛大学

院系全称：文学院广告学系
专业全称：广告学　广告艺术设计
专业设置年份：1992 年
学　　制：博士 3 年　硕士 3 年
　　　　　本科 4 年
地　　址：青岛市宁夏路 308 号
邮　　编：266071
电　　话：(0532)85951066

青岛科技大学

院系全称：文学与艺术学院
专业全称：广告学
专业设置年份：1997 年
学　　制：本科 4 年
地　　址：青岛市高科园松岭路 99 号
邮　　编：266061
电　　话：(0532)88958981

青岛理工大学

院系全称：人文社会科学学院
专业全称：广告学
地　　址：青岛市抚顺路 11 号
邮　　编：266033
电　　话：(0532)85071118

莱阳农学院

院系全称：传播学院
专业全称：艺术设计
地　　址：青岛市城阳区长城路 700 号
邮　　编：266109
电　　话：(0532)86080222

德州学院

院系全称：美术系
专业全称：艺术设计
地　　址：德州市德城区大学西路
　　　　　566 号
邮　　编：253023
电　　话：(0534)8985880

潍坊学院

院系全称：美术系
专业全称：艺术设计
地　　址：潍坊市潍城区东风东街
　　　　　149 号
邮　　编：261061
电　　话：(0536)8785130

烟台师范学院

专业全称：艺术设计
专业设置年份：2004 年
学　　制：本科 4 年
地　　址：烟台市红旗中路
邮　　编：264025
电　　话：(0535)6246451

曲阜师范大学

院系全称：信息技术与传播学院
专业全称：广告学
专业设置年份：2000 年
学　　制：本科 4 年
地　　址：日照市烟台路 80 号
邮　　编：276825
电　　话：(0633)3980316

临沂师范学院

专业全称：广告学
专业设置年份：2004 年
学　　制：本科 4 年
地　　址：临沂市双岭路中段
邮　　编：276005
电　　话：(0539)8766021

山东建筑大学

院系全称：艺术学院
专业全称：广告学
学　　制：本科 4 年
地　　址：济南市临港开发区凤鸣路
邮　　编：250101
电　　话：(0531)86367222

山东经济学院

院系全称：文学院
专业全称：广告学
学　　制：本科 4 年
地　　址：济南市历下区二环东路
　　　　　7366 号
邮　　编：250014
电　　话：(0531)88525423

山东农业大学

专业全称：广告学
学　　制：本科 4 年
地　　址：泰安市岱宗大街 61 号
邮　　编：271018
电　　话：(0538)8242206

青岛农业大学

院系全称：艺术与传媒学院
专业全称：广告学
学　　制：本科 4 年
地　　址：青岛市城阳区长城路 700 号
邮　　编：266109
电　　话：(0532)6080517

青岛滨海学院

院系全称：基础部
专业全称：广告学
学　　制：本科 4 年
地　　址：青岛经济技术开发区嘉陵
　　　　　江西路 425 号
邮　　编：266555
电　　话：(0532)86728687

青岛酒店管理职业技术学院

院系全称：艺术学院
专业全称：广告设计与制作
学　　制：专科 3 年
地　　址：青岛市李沧区九水东路
　　　　　599 号
邮　　编：266100
电　　话：(0532)86051666

日照职业技术学院

院系全称：艺术学院
专业全称：广告设计与制作
学　　制：专科 3 年
地　　址：日照市烟台北路 16 号
邮　　编：276826
电　　话：(0633)8172111

山东省工会管理干部学院

院系全称：艺术学院
专业全称：广告设计与制作
学　　制：专科 3 年
地　　址：济南市桑园路 60 号
邮　　编：250100
电　　话：(0531)88960001

河南省

河南财经政法大学

院系全称：文化传播系
专业全称：广告学
专业设置年份：1997年
学　　制：本科4年
地　　址：郑州市文化路80号
邮　　编：450002
电　　话：(0371)63519165

郑州大学

院系全称：新闻与传播学院广告系
专业全称：广告学
专业设置年份：1994年
学　　制：本科4年
地　　址：郑州市高新技术开发区100号郑州大学文化与传播学院
邮　　编：450001
电　　话：(0371)67761556

河南工业大学

院系全称：新闻与传播学院
专业全称：广告学
地　　址：郑州市高新技术产业开发区莲花街
邮　　编：450001
电　　话：(0371)67756380

郑州航空工业管理学院

专业全称：艺术设计
专业设置年份：2004年
学　　制：本科4年
地　　址：郑州市大学中路
邮　　编：450015
电　　话：(0371)66002054、68889638

洛阳师范学院

院系全称：美术学院
专业全称：广告学
地　　址：洛阳市龙门路71号美术学院
邮　　编：471022
电　　话：(0379)65515020

河南大学

院系全称：新闻与传播学院
专业全称：广告学
专业设置年份：1996年
学　　制：本科4年　专科3年　函授3年
地　　址：开封市明伦街85号河南大学
邮　　编：475001
电　　话：(0378)2859388

河南理工大学

院系全称：文学与传播系
专业全称：广告学
学　　制：本科4年
地　　址：焦作高新区世纪大道2001号
邮　　编：454000
电　　话：(0391)3987226

河南机电高等专科学校

院系全称：艺术设计系
专业全称：广告设计与制作
学　　制：专科3年
地　　址：新乡市平原路东段699号
邮　　编：453002
电　　话：(0373)3691000

河南大学民生学院

专业全称：广告学
学　　制：本科4年
地　　址：开封市明伦街
邮　　编：475001
电　　话：(0378)3880262

河南职业技术学院

院系全称：环境艺术工程系
专业全称：广告设计与制作
学　　制：专科3年
地　　址：郑州市郑东新区龙子湖高校园区祭城路
邮　　编：450046
电　　话：(0371)65687733

河南商业高等专科学校

专业全称：广告设计与制作
学　　制：专科3年
地　　址：郑州市惠济区英才街2号
邮　　编：450045
电　　话：(0371)63515953

湖北省

湖北大学

院系全称：文学院新闻传播系
专业全称：视觉传达设计
专业设置年份：1994年
学　　制：本科4年
地　　址：武汉市武昌区湖北大学
邮　　编：430062
电　　话：(027)88663809

湖北美术学院

院系全称：设计系
专业全称：广告学
专业设置年份：1985年
学　　制：本科4年
地　　址：武汉市武昌区小东门中山路374号
邮　　编：430060
电　　话：(027)68895070

中南民族大学

院系全称：文学院广告学系
专业全称：广告学
专业设置年份：1996年
学　　制：本科4年
地　　址：武汉市洪山区民院路708号
邮　　编：430074
电　　话：(027)67842696

武汉大学

院系全称：新闻与传播学院广告学系
专业全称：广告学
专业设置年份：1994 年
学　　制：博士 3 年　硕士 3 年　本科 4 年　专科 2 年
地　　址：武汉市武昌珞珈山武汉大学新闻与传播学院
邮　　编：430072
电　　话：(027)68756969

华中农业大学

院系全称：文法学院广告与传播学系
专业全称：广告学
专业设置年份：1999 年
学　　制：硕士 3 年　本科 4 年　函授 3 年
地　　址：武汉市洪山区狮子山街特 1 号
邮　　编：430070
电　　话：(027)87282069

华中科技大学

院系全称：新闻与信息传播学院
专业全称：广告学
专业设置年份：2000 年
学　　制：本科 4 年
地　　址：武汉市洪山区珞瑜路 1037 号
邮　　编：430074
电　　话：(027)87543520

江汉大学

院系全称：人文学院新闻传播系
专业全称：广告学
地　　址：武汉市沌口经济开发区
邮　　编：430056
电　　话：(027)84226819

武汉科技学院

院系全称：社会科学系
专业全称：广告学
专业设置年份：1999 年
学　　制：本科 4 年
地　　址：武汉市鲁巷纺织路 1 号
邮　　编：430073
电　　话：(027)87611623-371

武汉理工大学

院系全称：人文学院
专业全称：广告学
专业设置年份：1995 年
学　　制：本科 4 年
地　　址：武汉市洪山区珞狮路 122 号
邮　　编：430070
电　　话：(027)87651131

湖北工业大学

院系全称：艺术设计学院
专业全称：广告学
地　　址：武汉市武昌南湖李家墩一村 1 号
邮　　编：430068
电　　话：(027)88034039

湖北经济学院

专业全称：艺术设计
地　　址：武汉市江夏区藏龙岛开发区杨桥湖大道 8 号
邮　　编：430205
电　　话：(027)81973935、81973870

咸宁学院

专业全称：艺术设计
专业设置年份：2004 年
学　　制：本科 4 年
地　　址：咸宁市咸安区永安大道 2 号
邮　　编：437005
电　　话：(0715)8338004

襄樊学院

院系全称：艺术学院
专业全称：广告学
地　　址：襄樊市 296 号
邮　　编：441053
电　　话：(0710)3593223

长江大学

院系全称：文学院
专业全称：广告学
学　　制：本科 4 年
地　　址：荆州市南环路 1 号
邮　　编：434023
电　　话：(0716)8060550

武汉工程大学

院系全称：艺术设计学院
专业全称：广告学
学　　制：本科 4 年
地　　址：武汉市洪山区雄楚大街 693 号
邮　　编：430073
电　　话：(027)87194663

湖北师范学院

院系全称：文学院
专业全称：广告学
学　　制：本科 4 年
地　　址：黄石市磁湖路 11 号
邮　　编：435002
电　　话：(0714)6572179

孝感学院

院系全称：人文学院广告系
专业全称：广告学
学　　制：本科 4 年
地　　址：孝感市交通大道 272 号
邮　　编：432000
电　　话：(0712)2345678

湖北第二师范学院

院系全称：文学院
专业全称：广告学
学　　制：本科 4 年
地　　址：武汉市东湖新技术开发区高新二路 129 号
邮　　编：430205
电　　话：(027)87803403

武汉理工大学华夏学院

院系全称：人文系
专业全称：广告学
学　　制：本科 4 年
地　　址：武汉东湖新技术开发区关山大道 589 号
邮　　编：430223
电　　话：(027)81695501

华中科技大学文华学院

院系全称：人文社会学学部
专业全称：广告学
学　　制：本科 4 年
地　　址：武汉市光谷创业街文华路 1 号
邮　　编：430074
电　　话：(027)87599065

武汉科技学院外经贸学院

专业全称：广告学
学　　制：本科 4 年
地　　址：武汉市江夏区庙山开发区阳光大道 1 号
邮　　编：430020
电　　话：(0931)8698906

武汉大学东湖分校

院系全称：新闻学院
专业全称：广告设计与制作 广告学
学　　制：专科 3 年，本科 4 年
地　　址：武汉市江夏区纸坊街正汤北路 1 号
邮　　编：430212
电　　话：(027)81931188

湖北城市建设职业技术学院

专业全称：广告设计与制作
学　　制：专科 3 年
地　　址：武汉市东湖高新技术开发区藏龙岛科技园区藏龙大道 28 号
邮　　编：430205
电　　话：(027)81326809

长江职业学院

院系全称：艺术学院
专业全称：广告设计与制作
学　　制：专科 3 年
地　　址：武汉市武昌雄楚大街 918 号
邮　　编：430074
电　　话：(027)87170202

湖北交通职业技术学院

院系全称：设计艺术系
专业全称：广告设计与制作
学　　制：专科 3 年
地　　址：武汉市洪山区雄楚大街 455 号
邮　　编：430079
电　　话：(027)87424984

武汉科技大学中南分校

院系全称：艺术学院
专业全称：广告设计与制作
学　　制：专科 3 年
地　　址：武汉市武昌江夏大道 18 号
邮　　编：430223
电　　话：(027)81652037

湖南省

湖南大学

院系全称：新闻传播与影视艺术学院
专业全称：广告学
专业设置年份：2003 年
学　　制：硕士 3 年　本科 4 年
地　　址：长沙市麓山南路 1 号
邮　　编：410082
电　　话：(0731)88821699

湖南商学院

院系全称：艺术设计系
专业全称：艺术设计
地　　址：长沙市岳麓区岳麓大道 569 号
邮　　编：410205
电　　话：(0731)88686604

中南大学

院系全称：艺术学院
专业全称：广告学
地　　址：长沙市岳麓山
邮　　编：410083
电　　话：(0731)8836761

湖南师范大学

院系全称：新闻与传播学院
专业全称：广告学
专业设置年份：2003 年
学　　制：博士 1 年　硕士 3 年
本科 4 年　函授 3 年
地　　址：长沙市麓山南路 36 号
邮　　编：410081
电　　话：(0731)88662109

湖南工程学院

院系全称：纺织工程系
专业全称：艺术设计
专业设置年份：1996 年（专科）
2000 年（本科）
学　　制：本科 4 年　专科 3 年
地　　址：湘潭市东湖路 18 号
邮　　编：411104
电　　话：(0732)8680041

湖南农业大学

专业全称：艺术设计
专业设置年份：2004 年
学　　制：本科 4 年
地　　址：长沙市东郊西湖
邮　　编：410128
电　　话：(0731)4617888、4618001

湘潭大学

院系全称：文学与新闻学院广告系
专业全称：广告学　艺术设计
专业设置年份：1997 年　2004 年
学　　制：本科 4 年
地　　址：湖南湘潭市湘潭大学文科楼 4 楼
邮　　编：411105
电　　话：(0731)858292169、858292439

湘潭工学院

院系全称：广告学
专业设置年份：2000 年
学　　制：本科 4 年
地　　址：湘潭市北郊
邮　　编：411207
电　　话：(0732)8290011

湖南理工学院

院系全称：新闻传播学院
专业全称：广告学
专业设置年份：2001 年
学　　制：本科 4 年　专科 3 年
地　　址：岳阳市学院路
邮　　编：414006
电　　话：(0730)8640952

中南林业科技大学

院系全称：家具艺术设计学院
专业全称：艺术设计、广告学
专业设置年份：1986 年、2004 年
学　　制：博士 3 年　硕士 3 年
本科 4 年　专科 3 年
地　　址：湖南省长沙市韶山南路 498 号
邮　　编：410004
电　　话：(0731)85623096

湖南文理学院

院系全称：美术学院
专业全称：艺术设计
地　　址：常德市洞庭大道 170 号
邮　　编：415000
电　　话：(0736)7186137

怀化学院

院系全称：艺术设计系
专业全称：艺术设计
地　　址：怀化市怀化学院
邮　　编：418008
电　　话：(0745)2855188

吉首大学

院系全称：文学与新闻传播学院
专业全称：广告学
地　　址：吉首市吉首大学文学与新闻传播学院
邮　　编：416000
电　　话：(0743)8564106

湖南科技大学

院系全称：艺术学院
专业全称：艺术设计
学　　制：本科 4 年
地　　址：湖南省湘潭市桃园路
邮　　编：411201
电　　话：(0731)58290011

湖南工业大学

院系全称：文学与新闻传播学院
专业全称：广告学
学　　制：本科 4 年
地　　址：株洲市文化路
邮　　编：412008
电　　话：(0731)22261003

衡阳师范学院

院系全称：新闻与传播系
专业全称：广告学
学　　制：本科 4 年
地　　址：衡阳市黄白路 165 号
邮　　编：421008
电　　话：(0734)8486679

湖南科技学院

院系全称：新闻传播系
专业全称：广告学
学　　制：本科 4 年
地　　址：永州市零陵区杨梓塘路 130 号
邮　　编：425100
电　　话：(0746)6382188

广东省

暨南大学

院系全称：新闻与传播学院
专业全称：商业美术设计
专业设置年份：1994 年
学　　制：硕士 3 年　本科 4 年
地　　址：广州市黄埔大道 601 号
邮　　编：510632
电　　话：(020)85222397

广州大学

院系全称：艺术与设计学院
专业全称：艺术设计
地　　址：大学城外环西路 230 号
邮　　编：510091
电　　话：(020)86237571

广州美术学院

院系全称：装潢艺术设计系
专业全称：广告学
地　　址：广州市海珠区昌岗东路 257 号
邮　　编：510260
电　　话：(020)84017740

广东商学院

院系全称：人文传播学院
专业全称：广告学
专业设置年份：2001 年
学　　制：本科 4 年
地　　址：广州市海珠区仑头路 21 号
邮　　编：510320
电　　话：(020)84096903

广东外语外贸大学

专业全称：艺术设计
专业设置年份：2004 年
学　　制：本科 4 年
地　　址：广州市白云大道北 2 号
邮　　编：510420
电　　话：(020)86627595

广东技术师范学院

院系全称：艺术设计系
专业全称：艺术设计
地　　址：广州市天河区中山大道 293 号
邮　　编：510665
电　　话：(020)38257155

华南农业大学

院系全称：艺术学院
专业全称：艺术设计
地　　址：广州市天河区五山路
邮　　编：510642
电　　话：(020)85280048

华南师范大学

院系全称：美术学院
专业全称：艺术设计
地　　址：广州市石牌华南师范大学美术学院
邮　　编：510631
电　　话：(020)85211338

韶关学院

院系全称：美术学院
专业全称：艺术设计
地　　址：韶关市韶关学院
邮　　编：512005
电　　话：(0751)8121423

韩山师范学院

院系全称：美术系
专业全称：艺术设计
地　　址：潮州市韩山师范学院
邮　　编：521041
电　　话：(0768)2526493

汕头大学

院系全称：长江艺术与设计学院
专业全称：广告学
专业设置年份：1988 年
学　　制：本科 4 年
地　　址：汕头市大学路 243 号
邮　　编：515063

深圳大学

院系全称：文学院传播系
专业全称：艺术设计
专业设置年份：1989 年
学　　制：本科 4 年　专科 3 年　函授 3 年
地　　址：深圳市南山区南海大道 3688 号
邮　　编：518060
电　　话：(0755)26535207、26536114

肇庆学院

院系全称：美术系
地　　址：肇庆市端州区迎宾大道
邮　　编：526061
电　　话：(0758)2716352

吉林大学珠海学院

院系全称：中国语言文学系
专业全称：广告学
学　　制：本科 4 年
地　　址：珠海市金湾区草堂湾
邮　　编：519041
电　　话：(0756)7626296

北京师范大学—香港浸会大学联合国际学院

院系全称：人文与社会科学学部
专业全称：广告学
学　　制：本科 4 年
地　　址：珠海市唐家湾金凤路 28 号
邮　　编：519085
电　　话：(0756)3620615

广东农工商职业技术学院

院系全称：广东农工商职业技术学院计算机科学系
专业全称：广告设计与制作
学　　制：专科 3 年
地　　址：广州市天河区粤垦路 198 号
邮　　编：510507
电　　话：(020)85230071

广州城市职业学院

院系全称：广州城市职业学院艺术设计学院
专业全称：广告设计与制作
学　　制：专科 3 年
地　　址：广州市广园中路 248 号
邮　　编：510405
电　　话：(020)86375471

广东女子职业技术学院

院系全称：艺术设计与信息技术系
专业全称：广告设计与制作
学　　制：专科 3 年
地　　址：广州市番禺区市莲路南浦段 2 号
邮　　编：511450
电　　话：(020)34557001

广西壮族自治区

广西大学

院系全称：文化与传播学院
专业全称：广告学
专业设置年份：1993 年
学　　制：本科 4 年　专科 3 年
地　　址：南宁市大学路 100 号
邮　　编：530004
电　　话：(0711)3232310

广西艺术学院

院系全称：设计学院
专业全称：广告学
专业设置年份：1993 年
学　　制：硕士 2 年　本科 4 年
地　　址：南宁市教育路 7 号
邮　　编：530022
电　　话：(0771)5358915

玉林师范学院

专业全称：艺术设计
专业设置年份：2004 年
学　　制：本科 4 年
地　　址：玉林市教育中路 229 号
邮　　编：537000
电　　话：(0775)2803156

桂林理工大学

院系全称：人文社会科学学院
专业全称：广告学
学　　制：本科 4 年
地　　址：桂林市建干路 12 号
邮　　编：541004
电　　话：(0773)5896575

广西师范学院

院系全称：新闻传播系
专业全称：广告学
学　　制：本科 4 年
地　　址：南宁市明秀东路 175 号
邮　　编：530001
电　　话：(0771)3903928

广西财经学院

院系全称：国际经济与贸易系
专业全称：广告学
学　　制：本科 4 年
地　　址：南宁市明秀西路 100 号
邮　　编：530003
电　　话：(0771)3859737

海南省

海南大学

专业全称：广告学
地　　址：海口市海甸岛人民路 58 号
邮　　编：570228
电　　话：(0898)66259926

海南大学三亚学院

院系全称：人文与传播学院
专业全称：广告学
学　　制：本科 4 年
地　　址：三亚市迎宾大道学院路
邮　　编：572022
电　　话：(0898)88386666

海南科技职业学院

院系全称：人文学院
专业全称：广告设计与制作
学　　制：专科 3 年
地　　址：海口市琼山大道 18 号
邮　　编：571126
电　　话：(0898)65969889

重庆市

四川外语学院

院系全称：新闻传播学院
专业全称：广告学
专业设置年份：2003 年
学　　制：本科 4 年
地　　址：重庆市沙坪坝烈士墓壮志路 33 号
邮　　编：400031
电　　话：(023)65385337

重庆工商大学

院系全称：文学与新闻学院
专业全称：广告学
地　　址：重庆市南岸区学府大道 19 号
邮　　编：400067
电　　话：(023)62769390

重庆交通大学

院系全称：人文学院
专业全称：广告学
学　　制：本科 4 年
地　　址：重庆市南岸区学府大道 66 号
邮　　编：400074
电　　话：(023)62652497

四川省

四川大学

院系全称：文学与新闻学院广告系
专业全称：广告学
专业设置年份：1993 年
学　　制：博士 3 年　硕士 3 年　本科 4 年　专科 2 年
地　　址：成都市望江路 29 号
邮　　编：610064
电　　话：(028)85412710

四川农业大学

院系全称：人文社科学院
专业全称：广告学
专业设置年份：2002 年
学　　制：本科 4 年
地　　址：雅安市雨城区新康路 46 号
邮　　编：625014
电　　话：(0835)2882232

成都理工大学

院系全称：传播科学与艺术学院
专业全称：广告学
专业设置年份：2001 年
学　　制：本科 4 年
地　　址：成都市二仙桥东三路 1 号
邮　　编：610059
电　　话：(028)84076718、84079968

四川师范大学

专业全称：广告学
地　　址：成都市镇江区静安路 5 号
邮　　编：610068
电　　话：(028)84442612

西南民族学院

院系全称：艺术学院
专业全称：艺术设计
地　　址：成都市一环路南四段西南民族学院
邮　　编：610041
电　　话：(0812)85524112

西南交通大学

院系全称：艺术与传播学院
专业全称：艺术设计
地　　址：成都市二环路北二段 111 号
邮　　编：610031
电　　话：(028)87600508

西南财经大学

院系全称：工商管理学院
专业全称：广告学
地　　址：成都市光华村街 55 号
邮　　编：610074
电　　话：(028)87352246

绵阳师范学院

专业全称：艺术设计
专业设置年份：2004 年
学　　制：本科 4 年
地　　址：绵阳市仙人路一段 30 号
邮　　编：621000
电　　话：(0816)2200018

西南石油学院

专业全称：广告学
专业设置年份：2004 年
地　　址：南充市油院路 30 号
邮　　编：637001
电　　话：(0817)2642302

内江师范学院

院系全称：美术系
专业全称：艺术设计
地　　址：内江市桐梓坝
邮　　编：641112
电　　话：(0832)2341742

宜宾学院

院系全称：美术系
专业全称：艺术设计
地　　址：宜宾市五粮液大道东段西圣路 8 号
邮　　编：644000
电　　话：(0831)3545011

西南科技大学

院系全称：文学与艺术学院
专业全称：广告学
学　　制：本科 4 年
地　　址：绵阳市涪城区青龙大道中段 59 号
邮　　编：621010
电　　话：(0816)6089071

四川师范大学成都学院

院系全称：人文社科系
专业全称：广告学
学　　制：本科 4 年
地　　址：成都市郫县团结镇学院街 65 号
邮　　编：611745
电　　话：(028)87953080

贵州省

贵州民族学院

院系全称：传媒学院
专业全称：广告学
专业设置年份：1995 年
学　　制：本科 4 年
地　　址：贵阳市花溪区贵州民族学院文学与传播学院
邮　　编：550025
电　　话：(0851)3610255、3613465

贵州财经学院

院系全称：文化财经学院
专业全称：广告学
学　　制：本科 4 年
地　　址：贵阳市鹿冲关路 276 号
邮　　编：550004
电　　话：(0851)6902969

云南省

云南大学

院系全称：艺术与设计学院
专业全称：广告学
专业设置年份：1994 年
学　　制：本科 4 年
地　　址：昆明市翠湖北路 2 号
邮　　编：650091
电　　话：(0871)5036627

云南师范大学

院系全称：艺术学院
专业全称：广告学
专业设置年份：1993 年
学　　制：本科 4 年　专科 3 年　函授 3 年
地　　址：昆明市一二一大街 298 号
邮　　编：650092
电　　话：(0871)5516203

陕西省

西北大学

院系全称：新闻传播学院广告系
专业全称：广告学
专业设置年份：1993 年
学　　制：本科 4 年
地　　址：西安市高新四路 15 号
邮　　编：710075
电　　话：(029)88302525

曲靖师范学院

专业全称：艺术设计
专业设置年份：2004 年
学　　制：本科 4 年
地　　址：曲靖市麒麟区三江大道
邮　　编：655011

西安美术学院

院系全称：设计系
专业全称：展示设计
地　　址：西安市含光南路 100 号
邮　　编：710065
电　　话：(029)88222342、88216989

西安工业学院

院系全称：人文学院
专业全称：广告学
专业设置年份：2002 年
学　　制：本科 4 年
地　　址：西安市金花北路 4 号
邮　　编：710032
电　　话：(029)83208308、83208114

西安石油大学

院系全称：人文学院
专业全称：广告学
专业设置年份：2001 年
学　　制：本科 4 年
地　　址：西安市电子二路 18 号
邮　　编：710065
电　　话：(029)88382753

长安大学

院系全称：人文社会科学学院广告学系
专业全称：广告学
专业设置年份：2001 年
学　　制：本科 4 年
地　　址：西安市南二环路中段长安大学
邮　　编：710064
电　　话：(029)62630089

渭南师范学院

专业全称：艺术设计
专业设置年份：2004 年
学　　制：本科 4 年
地　　址：渭南市朝阳路西段
邮　　编：714000
电　　话：(0913)2133041

宝鸡文理学院

院系全称：中文系

专业全称：广告学
专业设置年份：2001 年
学　　制：本科 4 年
地　　址：宝鸡市高新大道 1 号
邮　　编：721013
电　　话：(0917)3364307

西安工程大学

院系全称：服装与艺术设计专业
专业全称：广告学
学　　制：本科 4 年
地　　址：西安市金花南路 19 号
邮　　编：710048
电　　话：(029)82330087

咸阳师范学院

院系全称：文学与传播学院
专业全称：广告学
学　　制：本科 4 年
地　　址：咸阳市文林路
邮　　编：712000
电　　话：(0910)3722373

西安外国语大学

院系全称：文化传播学院
专业全称：广告学
学　　制：本科 4 年
地　　址：西安市郭杜教育科技产业开发区文苑南路
邮　　编：710128
电　　话：(029)85319274

西安财经学院

院系全称：文法学院
专业全称：广告学
学　　制：本科 4 年
地　　址：西安市长安区韦常路南台 2 号
邮　　编：710100
电　　话：(029)82348361

西安民族学院

院系全称：新闻传播学院
专业全称：广告学
学　　制：本科 4 年
地　　址：咸阳市文汇东路 6 号
邮　　编：712082
电　　话：(029)33755799

西安翻译学院

院系全称：艺术设计系
专业全称：广告学
学　　制：本科 4 年
地　　址：西安市长安区太乙宫
邮　　编：710105
电　　话：(029)85896666

西安财经学院行知学院

院系全称：人文社科系
专业全称：广告学
学　　制：本科 4 年
地　　址：西安市灞桥区狄寨路 57 号
邮　　编：710038
电　　话：(029)82617590

西安思源学院

院系全称：人文学院
专业全称：广告设计与制作
学　　制：专科 3 年
地　　址：西安市东郊水安路 28 号
邮　　编：710038
电　　话：(029)82601888

陕西青年职业学院

院系全称：人文社会科学系
专业全称：广告设计与制作
学　　制：专科 3 年
地　　址：西安市含光北路 155 号
邮　　编：710068
电　　话：(029)88413889

甘肃省

兰州大学

院系全称：新闻与传播系
专业全称：广告学
地　　址：兰州市嘉峪关西路 9 号
邮　　编：730000

兰州交通大学

院系全称：艺术设计学院
专业全称：广告设计系
专业设置年份：2001 年
学　　制：本科 4 年
地　　址：兰州市安宁区西路 88 号
邮　　编：730070

兰州商学院

院系全称：商务传媒学院
专业全称：广告学
地　　址：兰州市段家滩 496 号
邮　　编：730020
电　　话：(0931)5252090

西北民族大学

院系全称：新闻传播学
专业全称：广告学
学　　制：本科 4 年
地　　址：兰州市西北新村 1 号
邮　　编：730030
电　　话：(0931)2938003

兰州商学院长青学院

院系全称：艺术系
专业全称：广告学
学　　制：本科 4 年
地　　址：兰州市城关区店子街 45
邮　　编：730020
电　　话：(0931)8698906

青海省

青海民族大学

院系全称：文学与新闻传播学院
专业全称：广告学
学　　制：本科 4 年
地　　址：西宁市八一中路 3 号
邮　　编：810007
电　　话：(0971)8808501

宁夏回族自治区

宁夏大学

院系全称：人文学院新闻系
专业全称：广告创意与传播
专业设置年份：2000 年
学　　制：专科 3 年
地　　址：银川市西夏区贺兰山西路 489 号
邮　　编：750021
电　　话：(0951)2061705、2077800

北方民族大学

院系全称：文史学院
专业全称：广告学
学　　制：本科 4 年
地　　址：银川市西夏区文昌北街 204 号
邮　　编：750021
电　　话：(0951)2066992

新疆维吾尔自治区

新疆大学

院系全称：人文学院新闻系
专业全称：广告学
地　　址：乌鲁木齐市胜利路 14 号
邮　　编：830046
电　　话：(0991)8582815

新疆艺术学院

院系全称：影视戏剧系
专业全称：广告学
学　　制：本科 4 年
地　　址：乌鲁木齐市团结路 734 号
邮　　编：830049
电　　话：(0991)2568202

’2013 中国广告年鉴
China Advertising Yearbook

全国广告经营单位选介

Introduction of Selected Advertising Units in China

北京市

公 司 类

北京品尚广告有限公司

地　址：北京市朝阳区广渠路 28 号珠江帝景 210 楼 2107 室
邮　编：100124
电　话：(010)59527001

北京北方国联信息技术有限公司

地　址：北京市朝阳区广渠路 28 号珠江帝景 210 楼 2107 室
邮　编：100124
电　话：(010)59527001

北京地下铁道通成广告有限公司

地　址：北京市东城区长安街 1 号东方广场 W3 座 1201 室
邮　编：100738
电　话：(010)85010888

北京通惠国际投资管理中心

地　址：北京市朝阳区西大望路甲 12 号通惠国际传媒广场
邮　编：100124

北京维美盛景广告有限公司

地　址：北京市东城区东直门外大街 46 号天恒大厦 2207
邮　编：100000
电　话：(010)84608006

北京七彩通达广告传媒有限责任公司

地　址：海淀区西三环北路 21 号久凌大厦南楼 6 层
邮　编：100089

百度在线网络技术北京有限公司

地　址：北京市海淀区上地十街十号
邮　编：100085

北京巴士传媒股份有限公司广告分公司

地　址：海淀区紫竹路 32 号北京巴士传媒股份有限公司广告分公司
邮　编：100048
电　话：(010)84045159

广东警视文化传播有限公司北京分公司

地　址：北京市朝阳区朝阳北路 237 号复星国际中心 1703 室
邮　编：100020

中国气象局华风气象传媒集团

地　址：北京海淀区中关村南大 46 号
邮　编：100081

北京市首发高速公路经营管理有限公司

地　址：北京市通州区京哈高速进京方向田象府服务区
邮　编：101116
电　话：(010)61530705

中铁世纪传媒广告有限公司

地　址：北京市海淀区羊坊店路 17 号育通写字楼
邮　编：100038
电　话：(010)51829670

北京国联视讯广告有限公司

地　址：北京市海淀区北洼路西里甲 3 号嘉城商务中心
邮　编：100089

北京华诚广告有限公司

地　址：北京市西城区北展北街 F 座 7 层
邮　编：100044
电　话：(010)88320378

北京新浪互联信息服务有限公司

地　址：北京市海淀区北四环西路 58 号理想国际大厦
邮　编：100080
电　话：(010)82628888

北京未来广告有限公司

地　址：北京市朝阳区建国路甲 92 号世茂大厦 B 座 19 层
邮　编：100022
电　话：(010)59573188

北京搜狐新媒体信息技术有限公司

地　址：北京市中关村东路 1 号搜狐网络大厦 15 层
邮　编：100084
电　话：(010)62726666

北京东方博杰广告有限公司

地　址：北京市朝阳区麦子店街 53 号
邮　编：100125
电　话：(010)89986688

北京海潮瑞德尔电子技术有限责任公司

地　址：北京市昌平区回龙观二拨子新村龙祥工业园 8 号
电　话：(010)51659765

蒙卫国际传媒广告（北京）有限责任公司

地　址：北京市朝阳区东三环北路 38 号院北京国际中心 4 号楼 903 室
邮　编：100026
电　话：(010)85879495

广而告之合众国际广告有限公司

地　址：北京市西城区金融街 35 号国际企业大厦 B 座 6 层
邮　编：100033
电　话：(010)88091099

北京航美传媒广告有限公司

地　址：北京市东城区东直门外大街 46 号天恒大厦 15 层
邮　编：100027
电　话：(010)84608181

北京地铁广告事业部

地　址：北京市东城区苏州胡同 61 号
邮　编：100005

北京环宇广告公司

地　址：北京市西城门西大街甲 97 号
邮　编：100031
电　话：(010)63076490

全中广告文化发展机构

地　址：北京市五芳园邮局 100 邮箱
邮　编：100040
电　话：(010)68611900

北京世纪双龙广告有限公司

地　址：北京市密云县鼓楼东大街 13 号
邮　编：101500
电　话：(010)69049788

北京华奥广告有限公司

地　址：北京市丰台区右安门外大街 2 号迦南大厦 1408 室
邮　编：100028
电　话：(010)84405701

北京奥美地亚广告有限公司

地　址：北京市朝阳区建国路 88 号 SOHO 现代城 C 座 1201 室
邮　编：100022
电　话：(010)85806066

北京白孔雀广告有限公司

地　址：北京市顺义区站前东街商业楼 321 室
邮　编：101300
电　话：(010)69420580

北京超炫广告有限公司

地　址：北京市石景山区苹果园南 1 号
邮　编：102488
电　话：(010)88790717

北京创意时空广告有限公司

地　址：北京市西城区广内大街 338 号
邮　编：100053
电　话：(010)83518560

北京大有视界传媒广告有限公司

地　址：北京市东城区安定门外大街 2 号安贞大厦 2001 室
邮　编：100013
电　话：(010)51278910

北京第七传媒广告有限公司

地　址：北京市朝阳区光华路七号汉威大厦 C 区 11 层 B1106 号
邮　编：100004
电　话：(010)64447262

北京缔元信互联网数据技术有限公司

地　址：北京市东城区青龙胡同 1 号歌华大厦 A 座 612 室
邮　编：100007
电　话：(010)84186666

北京电通广告有限公司

地　址：北京市东城区富华大厦 F 座 11 层
邮　编：100027
电　话：(010)65545085

北京东方捷先广告传播公司

地　址：北京市朝阳区裕民路 12 号华展国际公寓 A 座 604 室
邮　编：100029
电　话：(010)82253750

北京东方情缘广告有限公司

地　址：北京市朝阳区惠新东街 8 号 2 号楼设计大厦 9 层
邮　编：100101
电　话：(010)84662096

北京东方仁德广告有限公司

地　址：北京市朝阳区建国路 93 号万达商务大厦 A1 座 21 层
邮　编：100022
电　话：(010)58205551

北京斐思态广告有限公司

地　址：北京市朝阳区朝外大街 18 号丰联广场 A 座 810
邮　编：100020
电　话：(010)65881406

北京福禄财广告有限公司

地　址：北京市平谷区西环北路 2 号
邮　编：101200
电　话：(010)69984927

北京高狮广告公司

地　址：北京市朝阳区裕民路 12 号华展国际公寓 A 座 703
电　话：(010)82252551

北京公交广告有限责任公司

地　址：北京市东城区交道口南大街 16 号
邮　编：100007
电　话：(010)64007772

北京古韵广告有限公司

地　址：北京市密云县檀城北区 1 号 9 门
邮　编：101500
电　话：(010)69042919

北京光耀天润广告公司

地　址：北京市海淀区北小马厂 6 号华天大厦 22 层
邮　编：100038
电　话：(010)63322460

北京恒华伟业广告有限公司

地　址：北京市朝阳区半壁店 290 号小红帽物流中心 3 层
邮　编：100061
电　话：(010)87741845

北京华教通用航空公司

地　址：北京市海淀区彰化路银利娜物业 6 号楼
邮　编：100089
电　话：(010)51505298

北京华扬联众广告有限公司

地　址：北京市建国门内贡苑 6 号
电　话：(010)85135000

北京吉祥鸟广告有限公司

地　址：北京市密云县长安商业街 3–19 号
邮　编：101500
电　话：(010)69062323

北京金羽翼广告中心

地　址：北京市门头沟区新桥大街 40 号
邮　编：102300
电　话：(010)69861384

北京九九联盟广告公司

地　址：北京市海淀区西直门北大街 60 号首钢国际大厦 12A 层
邮　编：100088
电　话：(010)82293900

北京旷达广告公司

地　址：北京市怀柔区府前街西口
邮　编：101400
电　话：(010)69656374

北京联合趋势国际广告有限公司
电 话：(010)85805202

北京凌鹏时代科技有限公司
地 址：北京市海淀区安宁庄东路30号
邮 编：100085
电 话：(010)51299131

北京绿谷缘广告有限公司
地 址：北京市平谷区新平北路63号
邮 编：101200
电 话：(010)89989001

北京伦世达广告企划有限公司
地 址：北京市珠市口东大街1号新阳商务楼B座5层
邮 编：100061
电 话：(010)67082355

北京平谷金鼎广告公司
地 址：北京市平谷区旧城街8号
邮 编：101200
电 话：(010)89984730

北京瑞成创亿广告有限公司
地 址：北京市朝阳区大郊亭金海国际
电 话：(010)58200846

北京三基色广告有限公司
地 址：北京市门头沟区潭柘寺新大街1号
邮 编：102300
电 话：(010)69863458

北京桑夏广告公司
地 址：北京市朝阳区霞光里66号远洋新干线A座7层
邮 编：100027
电 话：(010)84466415

北京盛事晨威广告公司
地 址：北京市西城区珠市口西大街120号太丰慧中大厦5层522室
邮 编：100050
电 话：(010)63552772

北京世邦联合广告有限公司
地 址：北京市朝阳区建国路88号现代城SOHO-COFT-0327号
邮 编：100022
电 话：(010)85802468

北京视奥联合广告有限公司
电 话：(010)84263333

北京太阳圣火广告有限公司
地 址：北京市朝阳区建国路88号现代城SOHO-A座2309
邮 编：100022
电 话：(010)85800003

北京天龙时代广告有限公司
地 址：北京市密云县鼓楼东大街26号
邮 编：101500
电 话：(010)69025898

北京未名广告有限责任公司
地 址：北京市长春桥路新起点嘉园2号楼2108
邮 编：100089
电 话：(010)82561156

北京西藏国风广告有限公司
地 址：北京市朝阳区霞光里9号
邮 编：100125
电 话：(010)65088200

北京新文化广告公司
地 址：北京市昌平区南环路26-6号
邮 编：102200
电 话：(010)69714687

北京炎黄时代广告有限公司
地 址：北京市西城区文津街7号国图2层
邮 编：100802
电 话：(010)66129928

北京研桑广告制作中心
地 址：北京市顺义区拥军路（电视台院内）
邮 编：101300
电 话：(010)69423368

北京友林广告公司
地 址：北京市顺义区顺平路579号
邮 编：101300
电 话：(010)69476663

北京远大工商广告公司
地 址：北京市大兴区兴政街23号
邮 编：102600
电 话：(010)69247401

北京中电报科技发展有限公司
地 址：北京市海淀区紫竹院路66号赛迪大厦7层
邮 编：100044
电 话：(010)88559583

北京中视电传广告公司
地 址：北京市建国路93号院万达广场10号楼1106
电 话：(010)58208858

北京中天艺圣广告公司
地 址：北京市丰台区长辛店镇杜家坎南路8号321室
邮 编：100072
电 话：(010)83884812

北青传媒股份有限公司
地 址：北京市朝阳区白家庄东里23号院A栋
邮 编：100026
电 话：(010)65902199

迪思传播集团
地 址：北京市朝阳区东三环中路乙10号艾维克大厦1201
邮 编：100022
电 话：(010)65661919

北京海润新时代广告公司
地 址：北京市朝阳区安慧北里安园5号海润大厦3层
电 话：(010)64899933

北京蓝之象启划机构
地 址：北京市海淀区成府路华清嘉园18号楼-2-101
电 话：(010)82867007

北京中视北广广告有限公司
地 址：北京市朝阳区建国路18号
邮 编：100020
电 话：(010)65403066

海天网联公关顾问公司
地 址：北京市朝外大街26号朝外门B座21层
邮 编：100020
电 话：(010)85655666

灵智精实广告有限公司

地　址：北京市东城区北三环东路 36 号环球贸易中心 B 座 19 楼
邮　编：100013
电　话：(010)59232700

麦肯光明广告有限公司

地　址：北京市朝阳区酒仙桥路 14 号兆维大厦 9 楼
邮　编：100015
电　话：(010)58040000

全景视觉网络科技有限公司

地　址：北京市朝阳区朝外大街乙 12 号昆泰国际大厦 707 室
邮　编：100020
电　话：(010)58790667

三星影视交流中心

地　址：北京市海淀区什坊院 6 号京都信苑饭店 10 层
邮　编：100036
电　话：(010)63901020

宣亚国际广告公司

地　址：北京市朝阳区建外大街甲 92 号世茂大厦 12-4 层
邮　编：100022
电　话：(010)85079666

央视市场研究股份有限公司

地　址：北京市西城区德外大街 5 号
邮　编：100088
电　话：(010)82015388

中国高新技术产业导报社有限公司

地　址：北京市海淀区木樨地茂林居 15 号 5 层
邮　编：100043
电　话：(010)68667802

中国邮政广告有限责任公司

地　址：北京市西城区北礼士路甲 8 号
邮　编：100868
电　话：(010)88381361

中视金桥国际广告有限公司

地　址：北京市海淀区阜成路 58 号新州商务大厦 606
邮　编：100036
电　话：(010)88116820

北京同路传播机构

地　址：北京市朝阳区建国门外大街永安东里 8 号华彬大厦 1301-1307
邮　编：100022
电　话：(010)85289319

铁旭广告有限责任公司

地　址：北京市朝阳区亮马桥路 32 号高斓大厦 18F
邮　编：100016
电　话：(010)64642122-3807

广播电视类

中央电视台

地　址：北京市海淀区复兴路 11 号
邮　编：100036
电　话：(010)68507484

北京电视台

地　址：北京市朝阳区建国路甲 98 号北京电视台广告部
邮　编：100022
电　话：(010)68429520

中国农业电影电视中心

地　址：中关村南大街 10 号 1 号楼 708 室
邮　编：100081
电　话：(010)82101813

国家广播电影电视总局电影卫星频道节目制作中心

地　址：北京市西土城路 2 号
邮　编：100088
电　话：(010)82046622

中央人民广播电台

地　址：北京市复兴门外大街 2 号
邮　编：100866
电　话：(010)86090261

北京人民广播电台

地　址：北京市朝阳区建外大街甲 14 号北京广播大厦 A507
邮　编：100022
电　话：(010)65159028

中国教育电视台广告中心

地　址：北京市朝阳区东三环南路 98 号韩建丹阳大厦 10 层 1007 室
邮　编：100021
电　话：(010)58611311

北京密云广播电视中心广告部

地　址：北京市密云县西大桥路 18 号
邮　编：101500
电　话：(010)89095550

中国国际电视总公司广告部

地　址：北京市海淀区羊坊店路 9 号京门大厦
邮　编：100038
电　话：(010)63950016

中国国际广播电台广告部

地　址：北京市石景山区石景山路甲 16 号广告部
邮　编：100040
电　话：(010)68892521、68892080

新闻出版类

中国证券报社

地　址：北京市宣武门西大街甲 97 号
邮　编：100031
电　话：(010)63072603

法制晚报广告部

地　址：北京市朝阳区建国路 71 号惠通时代 A1 座
邮　编：100025
电　话：(010)58635353

中国烟草杂志社

地　址：北京市西城区月坛南街 55 号
邮　编：100053
电　话：(010)63605472

中国矿业报社广告部

地　址：北京市西城区广安门南滨河路 23 号
邮　编：100037
电　话：(010)63422533

北京广播电视报社

地　址：北京市崇文区安乐林路 18 号
邮　编：100075
电　话：(010)67134368

北京晨报社

地　址：北京市朝阳区广渠路 3 号竞园
邮　编：100600
电　话：(010)87955757

电　话：(010)65091871

北京青年报社广告部

地　址：北京市朝阳区白家庄东里23号院A栋
邮　编：100026
电　话：(010)65902199

北京商报社

地　址：北京市朝阳区和平里西街21号
邮　编：100013
电　话：(010)84285566

北京晚报广告部

地　址：北京市建国门内大街26号
邮　编：100734
电　话：(010)85201183

电脑商报社广告部

地　址：北京市西城区佟麟阁路95号尚信大厦10层
邮　编：100055
电　话：(010)66422050

电子游戏软件杂志社广告部

地　址：北京市安德里北街恒通伟业大厦4层403
邮　编：100011
电　话：(010)64472920

法制晚报社

地　址：北京市朝阳区建国路71号惠通时代A1座
邮　编：100025
电　话：(010)58635355

工人日报社广告部

地　址：北京市东城安德路甲61号
邮　编：100718
电　话：(010)84151121

光明日报社广告部

地　址：北京市西城区永安路106号
邮　编：100050
电　话：(010)67078200

华夏时报社

地　址：北京市朝阳区建国路93号万达广场西区C座8号楼
邮　编：100022
电　话：(010)59250005

环球时报社

地　址：北京市朝阳区金台西路2号
邮　编：100026

解放军报社

地　址：北京市西城区阜外大街34号
邮　编：100832
电　话：(010)68570796

金融时报社

地　址：北京市海淀区中关村南大街甲18号北京国际D座18层
邮　编：100073
电　话：(010)82198333

京华时报社广告中心

地　址：北京市朝阳区左家庄前街1号百灵大厦5层
邮　编：100028

经济日报农村版

地　址：北京市西城区月坛南街26号
邮　编：100825
电　话：(010)68516119

科技日报社广告部

地　址：北京市复兴路15号
邮　编：100038
电　话：(010)58884123、58884124

科学时报社

地　址：北京市海淀区中关村南一条乙三号
邮　编：100190
电　话：(010)82613536

瞭望周刊社

地　址：北京市宣武门西大街甲97号701室
邮　编：100031
电　话：(010)63073937

人民日报海外版

地　址：北京市朝阳区金台西路2号
邮　编：100733
电　话：(010)65369408

人民日报社

地　址：北京市朝阳区金台西路2号
邮　编：100733
电　话：(010)65368759

人民邮电报社

地　址：北京市朝阳区安苑路11-1
邮　编：100044

电　话：(010)64982809、64962994

首钢日报社

地　址：北京市石景山区首钢总公司大院内
邮　编：100043
电　话：(010)68873088

新京报社

地　址：北京市东城区幸福（北）大街37号新京报社
邮　编：100061
电　话：(010)67106666

中国妇女报社广告部

地　址：北京市西城区地安门西大街103号
邮　编：100009
电　话：(010)83226311

中国工商报社

地　址：北京市丰台区花乡纪家庙
邮　编：100070
电　话：(010)63711924

中国国防报社广告部

地　址：北京市西城区阜外大街34号
邮　编：100832
电　话：(010)68570796

中国花卉报社

地　址：北京市丰台区东铁匠营横六条19号
邮　编：100073
电　话：(010)84019808

中国化工报社

地　址：北京市西城区六铺炕北小街甲2号
邮　编：100011
电　话：(010)82037800

中国环境报社

地　址：北京市东城区广渠门内大街16号1105室
邮　编：100061
电　话：(010)67167403

中国教育报刊社

地　址：北京市海淀区文慧园北路10号
邮　编：100082
电　话：(010)62257722、82296688

中国经济导报广告策划部

地　址：北京市西城区广安门内大街315号信息大厦B座
邮　编：100824
电　话：(010)63691591

中国经营报社广告部

地　址：北京市西四环北路6号院1号楼
邮　编：100089
电　话：(010)88469630

中国贸易报社

地　址：北京市朝阳区北三环东路静安西街2号
邮　编：100028
电　话：(010)64671063

中国企业报社广告部

地　址：北京市海淀区紫竹院南路17号
邮　编：100044
电　话：(010)68420501

中国汽车报社广告部

地　址：北京市海淀区阜成路115号北京印象1号楼2门4层
邮　编：100036
电　话：(010)88136860

中国青年报社广告部

地　址：北京市东城区海运仓2号
邮　编：100702
电　话：(010)64098333、64098277

中国日报社

地　址：北京市朝阳区惠新东街15号
邮　编：100029
电　话：(010)64995000

瑞丽杂志社

电　话：(010)85119820

中国食品报社

地　址：北京市丰台区太平桥东里5号
邮　编：100073
电　话：(010)63272076

中国体育报广告部

地　址：北京市东城区体育馆路8号
邮　编：100061
电　话：(010)67144586

中国体育报业总社广告部

地　址：北京市东城区体育馆路8号
邮　编：100061
电　话：(010)67111386

中国信息报社广告部

地　址：北京市西城区月坛南街57号
邮　编：100073
电　话：(010)63376799

作家文摘报社

地　址：北京市东城区王家园10号
邮　编：100026
电　话：(010)65518029

天津市

公　司　类

天津市今晚传媒广告有限公司

地　址：天津市南京路358号
邮　编：300100
电　话：(022)27501732

天津市北岛广告发展有限公司

地　址：天津市南开区卫津南路78号立达公寓E座2F
邮　编：300381
电　话：(022)23955538

天津市天健广告有限责任公司

地　址：天津市河西区绍兴道罗马花园D座1802
邮　编：300074
电　话：(022)28010288

天津市新地广告有限公司

地　址：天津市和平区云南路12号清华园商务大厦B座120F
邮　编：300051
电　话：(022)83525081

广播电视类

天津电视台广告部

地　址：天津市和平区电台道19号天宇大酒店3层
邮　编：300070
电　话：(022)28201908

天津人民广播电台广告经营中心

电　话：(022)23374567

新闻出版类

天津日报社

地　址：天津市大沽南路873号天津日报大厦
邮　编：300211
电　话：(022)28201284

天津市今晚报社

地　址：天津市南京路358号
邮　编：300100
电　话：(022)27500172

每日新报广告部

地　址：天津市大沽南路873号天津日报大厦
邮　编：300211
电　话：(022)28201943

天津广播电视报社

地　址：天津市和平区卫津路143号
邮　编：300070
电　话：(022)23601038

河北省

公 司 类

任丘市远大广告有限公司
地 址：任丘市京开北道远大商贸城1楼
邮 编：062550
电 话：(0317)2230000

八达广告公司
地 址：秦皇岛市海港区港城大街176号
邮 编：066000
电 话：(0335)3088333

保定市东风广告有限责任公司
地 址：保定市东风中路1125号
邮 编：071051
电 话：(0312)7911566

保定市宏图广告有限公司
地 址：保定市恒通财富中心1540室
邮 编：071000
电 话：(0312)3330886

保定市盛邦广告有限公司
地 址：保定市莲池南大街87号
邮 编：071051
电 话：(0312)2038158

沧州市红斑马广告有限公司
地 址：沧州市解放中路市电镀院内
邮 编：061001
电 话：(0317)2102625

沧州市狮城霓虹广告有限公司
地 址：沧州市解放中路328号
邮 编：061001
电 话：(0317)2083266

长城广告展览公司
地 址：秦皇岛市海港区驻总商务大厦905室
邮 编：066000
电 话：(0335)3058500

长虹广告公司
地 址：秦皇岛市海港区香格里拉一栋402
邮 编：066000
电 话：(0335)3077345

晨光广告装潢艺术有限公司
地 址：邯郸市李新北大街69号负4号
邮 编：056002
电 话：(0310)3044555

承德广告总公司
地 址：承德市南银子大街承德剧场院内
邮 编：067000
电 话：(0314)2071753

大道广告公司
地 址：石家庄市中山东路85中学
邮 编：050019
电 话：(0311)86045297

邯郸市东宇广告有限公司
地 址：邯郸市复兴路27号
邮 编：056003
电 话：(0310)4188089

邯郸市当代广告有限公司
地 址：邯郸市黎明街23号
邮 编：056002
电 话：(0310)5905806

邯郸市亚太广告有限公司
地 址：邯郸市城内中街96号
邮 编：056002
电 话：(0310)3155850

邯郸市银华广告有限公司
地 址：邯郸市陵东街陵园内服楼
邮 编：056001
电 话：(0310)3051546

河北春秋文化传播有限公司
地 址：石家庄市裕华东路100号省军区二招B座
邮 编：050021
电 话：(0311)85819390

河北大智广告资讯有限公司
地 址：唐山市新源道和馨园1楼2门203
邮 编：063000
电 话：(0315)2234567

河北华根广告有限公司
地 址：石家庄市广安大街美东国际A座12楼
邮 编：050021
电 话：(0311)89690501

河北霓虹广告有限公司
地 址：石家庄市广安大街24号财富大厦
邮 编：050000
电 话：(0311)85266188

河北省安通广告公司
地 址：保定市永华南路双彩广场北侧186–39号
邮 编：071000
电 话：(0312)2038880

河北消费广场广告有限公司
地 址：廊坊市新华路6号
邮 编：065000
电 话：(0316)2032588

河北亚太广告有限公司石家庄分公司
地 址：石家庄市广安大街77号安侨商务5层513室
邮 编：050000
电 话：(0311)85260317

河北益和文化传播有限公司
地 址：石家庄市广安大街36号时代方舟B座1706
邮 编：050011
电 话：(0311)86045640

河北邮电广告有限公司

地　址：石家庄市健康路 33 号
邮　编：050011
电　话：(0311)86677842

怀来县天缘广告有限责任公司

地　址：张家口市怀来县沙城镇府前东街建设局 201 室
电　话：(0313)6234000

廊坊利辉广告图文设计制作有限公司

地　址：廊坊市解放道东安市场 1 栋
邮　编：065000
电　话：(0316)2011883

廊坊市手拉手广告装潢有限公司

地　址：廊坊市迎春路
邮　编：065000
电　话：(0316)2011112

廊坊市消费广场广告有限公司

地　址：廊坊市新华路 6 号
邮　编：065000
电　话：(0316)2038833

秦皇岛共达广告公司

地　址：秦皇岛市马坊街 39 号
邮　编：066000
电　话：(0335)3600281

秦皇岛金三元广告公司

地　址：秦皇岛市文化路胜利村
邮　编：066000
电　话：(0335)3064053

秦皇岛青年美术制作公司

地　址：秦皇岛市海港区民族南路 99 号鸿祥大厦 1004 室
邮　编：066000
电　话：(0335)3251820

深蓝广告策划有限公司

地　址：保定市阳光北大街 139 号
邮　编：071051
电　话：(0312)3015220

声屏之友广告部

地　址：石家庄市体育南大街 302 号
邮　编：050000
电　话：(0311)81587348

石家庄都市文化传播有限公司

地　址：石家庄市广安大街 77 号安桥商务 1201
邮　编：0500511
电　话：(0311)86053626、85115577

石家庄辉煌商务广告公司

地　址：石家庄市中山西路 322 号开元大厦 1603 室
邮　编：050000
电　话：(0311)86684966

石家庄极艺投资顾问有限公司

地　址：石家庄市裕华西路 9 号裕园广场 C 座 C2601
邮　编：050000
电　话：(0311)85288568

石家庄天马广告有限公司

地　址：石家庄和平东路 260 号 -1 号
邮　编：050000
电　话：(0311)86672119

唐山市公共交通广告公司

地　址：唐山市新火车站南 100 米
邮　编：063000
电　话：(0315)2312522

唐山市蓝星广告有限公司

地　址：唐山市路南区西电路 12 号
邮　编：063000
电　话：(0315)2330150

唐山市唐新集团

地　址：唐山市丰润区光华道 39 号
邮　编：063030
电　话：(0315)3242706

唐山市天翼广告有限公司

地　址：唐山市路北区华严路体育场西
邮　编：063000
电　话：(0315)7257111

唐山原创文化传媒有限公司

地　址：唐山市路南区新天地购物乐园 E1 区 18、19 号
邮　编：063000
电　话：(0315)2326168

天马广告有限公司

地　址：张家口市宣化区商业大厦 7 楼
邮　编：075100
电　话：(0313)3037198

新世纪广告有限公司

地　址：廊坊开发区四海路 71 号
邮　编：065000
电　话：(0316)6087270

邢台宝业广告有限公司

地　址：邢台市邢州南路五一桥岗南斜街 50 米路东
邮　编：054000
电　话：(0319)3029107

邢台市飞天广告有限公司

地　址：邢台市中兴西大街时代广场 5 单元 1502
邮　编：054000
电　话：(0319)3608079

邢台市新城广告有限公司

地　址：邢台市中心东大街 111 号商银大厦 7 楼
邮　编：054000
电　话：(0319)3607999

艺源文化广告有限公司

地　址：任丘市燕山道 24 号
邮　编：053000
电　话：(0317)2751799

益民伟业广告装饰有限公司

地　址：张家口市宣华西马道 15 号
邮　编：075100
电　话：(0313)3038063

张家口市天元广告有限责任公司

地　址：张家口市桥东区工业街 24 号
邮　编：075000
电　话：(0313)2163566

张家口宣化国美广告有限公司

地　址：张家口市宣化玉皇庙街 4 号
邮　编：075100
电　话：(0313)3023183

中仁广告艺术有限公司

地　址：石家庄市体育北大街 56 号美丽华大酒店 26 层
邮　编：050000
电　话：(0311)85260222

广播电视类

河北电视台广告经营管理中心

地　址：石家庄市建华南大街 101 号中方商务 4 层
邮　编：050031
电　话：(0311)66613226

蔚县广播电视台广告部

地　址：张家口市蔚县蔚州镇光明南街
邮　编：075700
电　话：(0313)7213347

任丘市电视台广告信息部

地　址：任丘市西环路 12 号增 1 号
邮　编：062550
电　话：(0317)2223643

抚宁县广电中心广告部

地　址：抚宁县城关迎宾路 133 号
邮　编：066300
电　话：(0335)6683727

迁安市电视台

地　址：迁安市祺福大街 350 号
邮　编：063000
电　话：(0315)7699185

宁晋县电视台广告信息部

地　址：邢台市宁晋县宁高路 86 号
邮　编：055550
电　话：(0319)5801234

邯郸人民广播电台

地　址：邯郸市人民路 246 号
邮　编：054000
电　话：(0310)3090313

南皮县文体广电局

地　址：沧州市南皮县
邮　编：061500
电　话：(0317)8851492

衡水电视台广告部

地　址：衡水市红旗大街 693 号
邮　编：053000
电　话：(0318)2106003

廊坊人民广播电台广告部

地　址：廊坊市永丰道 8 号
邮　编：065000
电　话：(0316)2311383、2311332

霸州电视局广告部

地　址：霸州建设东道 103 号霸州广播电视局
邮　编：065000
电　话：(0316)7213312

泊头市广播电视局

地　址：泊头市裕华路西段
邮　编：062150
电　话：(0317)8290101、8290088

沧州市电视台广告信息部

地　址：沧州市解放西路 5 号
邮　编：061001
电　话：(0317)2024013、2026058

沧州市气象局广告部

地　址：沧州市浮阳北大道 19 号
邮　编：061001
电　话：(0317)2089642

昌黎县广电局广告部

地　址：秦皇岛市昌黎县广电大楼 1 层
邮　编：066600
电　话：(0335)2023624、2028624

大厂县电视台广告部

地　址：廊坊市大厂县广播电视局
邮　编：065000
电　话：(0316)8835854

东光广播电视局

地　址：沧州市东光县府前街
邮　编：061600
电　话：(0317)7721316

丰宁县广播电视台广告部

地　址：丰宁爱民街 25 号
邮　编：068350
电　话：(0314)8010452

固安县广播电视局

地　址：廊坊市固安县电视局
邮　编：065000
电　话：(0316)6161798

邯郸市人民广播电台

地　址：邯郸市人民路 246 号
邮　编：056002
电　话：(0310)3090313

邯郸县电视台广告部

地　址：邯郸市邯郸县陵园路东段
邮　编：056001
电　话：(0310)8012654、8025848

河北人民广播电台

地　址：石家庄市裕华东路 63 号
邮　编：050012
电　话：(0311)86044143

黄骅市广播电视局广告策划中心

地　址：黄骅市建设大街
邮　编：061100
电　话：(0317)5325400

廊坊电视台广告部

地　址：廊坊市永丰道 8 号
邮　编：065000
电　话：(0316)2311376

保定电视台广告经济信息中心

地　址：保定市朝阳南大街 105 号
邮　编：071000
电　话：(0312)3095332

滦平县广播电视局广告部

地　址：承德市滦平县栾平镇新建路南山广播电视局内 3 层
邮　编：068250
电　话：(0314)8585752

南宫市电视台信息部

地　址：南宫市胜利街
邮　编：055750
电　话：(0319)5222956、5263856

秦皇岛广播电台

地　址：秦皇岛市迎宾路 9 号
邮　编：066000
电　话：(0335)3601001

秦皇岛市电视台广告部

地　址：秦皇岛市迎宾路 9 号
邮　编：066000
电　话：(0335)3065139

沙河市广播电视局广告文艺部

地　址：沙河市体育路
邮　编：054100
电　话：(0319)8801896

石家庄市电视台广告部

地　址：石家庄市体育南大街 302 号
邮　编：050000
电　话：(0311)81587158

秦皇岛电台广告部

地　址：秦皇岛市迎宾路 9 号秦皇岛电台广告部
邮　编：066000
电　话：(0335)3601001

唐山市丰南区电视台

地　址：唐山市丰南区广电局内
邮　编：063000
电　话：(0315)8160661、8169951

唐山市丰润区广播电视局

地　址：唐山市丰润区赤暇路 50 号
邮　编：064000
电　话：(0315)5116518、5122417

文安县广播电视局

地　址：廊坊市文安县城北
邮　编：065000
电　话：(0316)5232797、5231786

香河县广播电视台广告部

地　址：廊坊市香河县府前街 2 号
邮　编：065000
电　话：(0316)8316185

邢台电视台广告节目信息中心

地　址：邢台市中兴西大街 3-3 号
邮　编：054000
电　话：(0319)2027600

张家口电视台广告信息中心

地　址：张家口市桥东区建国路 17 号
邮　编：075000
电　话：(0313)2081518

新闻出版类

燕赵都市报社

地　址：石家庄市裕华东路 86 号
电　话：(0311)88631199

精品导报

地　址：石家庄市中山东路 313 号
邮　编：066000
电　话：(0311)88629319、88629291

河北广播电视报社广告部

地　址：石家庄市建华南大街 100 号
邮　编：053000
电　话：(0311)85657440

秦皇岛日报社广告部

地　址：秦皇岛市迎宾路 139 号
邮　编：066000
电　话：(0335)3642400

保定日报社广告部

地　址：保定市东风中路 1835 号
邮　编：071051
电　话：(0312)3024629

沧州广播电视报广告部

地　址：沧州市解放西路 12 号
邮　编：061001
电　话：(0317)2011047

沧州日报社广告部

地　址：沧州市新华东路 6 号报业大厦 8 层
邮　编：061001
电　话：(0317)3155621、2025761

邯郸日报社广告中心

地　址：邯郸市滏河北大街 42 号
邮　编：056002
电　话：(0310)

河北法制报

地　址：石家庄市裕华西路 120 号
邮　编：050051
电　话：(0311)85208367、83027456

河北工人报社广告部

地　址：石家庄市中华南大街 68 号
邮　编：050051
电　话：(0311)87017658、87019885

河北广播电视报广告部

地　址：石家庄市青园街 156 号
邮　编：050031
电　话：(0311)85672177、85675866

河北经济日报

地　址：石家庄市裕华西路 186 号
邮　编：050081
电　话：(0311)88606081

河北科技报社广告部

地　址：石家庄市富强大街 92 号
邮　编：050021
电　话：(0311)85814557

河北农民报社

地　址：石家庄市裕华东路 86 号
邮　编：050013
电　话：(0311)88631714

河北青年报

地　址：石家庄市中华南大街 503 号
邮　编：050091
电　话：(0311)83838000

河北日报

地　址：石家庄市裕华东路 86 号
邮　编：050013
电　话：(0311)88631228

开滦日报社

地　址：唐山市增盛路东街 8 号
邮　编：063000
电　话：(0315)3022073

廊坊日报广告部

地　址：廊坊市文明路 18 号
邮　编：065000
电　话：(0316)2035405

石家庄日报

地　址：石家庄市中山东路 313 号
邮　编：050011
电　话：(0311)88629340

河北工人报

地　址：石家庄市中华南大街 68 号
邮　编：050051
电　话：(0311)87013068、87017658

秦皇岛日报社

地　址：秦皇岛市海港区迎宾路 139 号
邮　编：066001
电　话：(0335)3636449

秦皇岛晚报广告部

地　址：秦皇岛市迎宾路报业大厦 3 层
邮　编：066000
电　话：(0335)3088755

唐山晚报

地　址：唐山市西山道 4 号
邮　编：063000
电　话：(0315)2826001

糖烟酒周刊杂志社

地　址：石家庄市广安大街 36 号银泰国际大厦 15 层
邮　编：050011
电　话：(0311)89105660

邢台广播电视报社广告部

地　址：邢台市郭守敬北路 265 号
邮　编：054000
电　话：(0319)2211228

邢台日报广告部

地　址：邢台市桥东区南园街 2 号
邮　编：054000
电　话：(0319)3129962

燕赵晚报

地　址：石家庄市中山东路 313 号
邮　编：050011
电　话：(0311)88629345

张家口广播电视报社广告部

地　址：张家口市桥东建国路 17 号
邮　编：075000
电　话：(0313)2013623

张家口日报社广告部

地　址：张家口市桥东区建国路 39 号
邮　编：075000
电　话：(0313)2019390、2017983

山西省

公　司　类

山西日报报业集团广告总公司

地　址：太原市双塔寺街 124 号
邮　编：030012
电　话：(0351)4282231

大同市黑蚂蚁广告装饰有限公司

地　址：大同市大东街 8 号
邮　编：037004
电　话：(0352)2056363

大同市经典广告设计有限公司

地　址：大同市大东街路南 4 号楼
邮　编：037006
电　话：(0352)7558813

大同市美好广告装饰有限公司

地　址：大同市新建北路甲 8 号
邮　编：037006
电　话：(0352)2065088

河津市大地广告有限公司

地　址：河津市新耿街
邮　编：043300

吕梁大地广告有限公司

地　址：吕梁市离石区龙凤南街马茂庄路
邮　编：033000
电　话：(0358)8231796

吕梁非凡传媒有限公司

地　址：吕梁市离石区文化路 32 号
邮　编：033000

吕梁市阿里郎文化传媒有限公司

地　址：吕梁市离石区长治路 9 号
邮　编：033000
电　话：(0358)8281825

吕梁市邮政局广告分局

地　址：吕梁市离石区永宁中路 65 号
邮　编：033000
电　话：(0358)8238000

山西领先广告有限公司

地　址：太原市新建北路 39 号
邮　编：030000
电　话：(0351)8225555

山西思高传媒有限公司

地　址：太原市万柏林区漪兴路 1 号 801 座
邮　编：030024

太原市苹果印刷设计有限公司

地　址：太原市迎泽区建设南路 161 号
邮　编：030012

太原市旭辉力华文化传播有限公司

地　址：太原府西街 169 号华宇国际大厦 B−9D、E
邮　编：030002
电　话：13007079999

太原汪氏广告有限公司

地　址：太原市平阳路 173 号
邮　编：030006
电　话：(0351)7239110

广播电视类

山西广播电视台

地　址：太原市迎泽大街 318 号
邮　编：030001
电　话：(0351)8302200

晋城人民广播电台

地　址：晋城市凤台东街晋城人民广播电台广告部
邮　编：048000
电　话：(0356)2056962

长治市广播电视总台

地　址：长治市英雄中路 87 号
邮　编：046000
电　话：(0355)2024938

大同电视台

地　址：大同市迎宾东路云汽园 8 号
邮　编：037008
电　话：(0352)5801852

大同人民广播电台

地　址：大同市迎宾西路 17 号广电大楼大同人民广播电台
邮　编：037006
电　话：(0352)5033417

临汾电视台

地　址：临汾市广宣街 10 号临汾电视台
邮　编：041000
电　话：(0357)2220098

晋城电视台

地　址：晋城凤台西街广电中心四楼广告部
邮　编：048000
电　话：(0356)2038684

吕梁电视台

地　址：吕梁市离石区新华街一号吕梁电视台
邮　编：033000
电　话：(0358)8283246

山西省人民广播电台

地　址：太原市迎泽大街318号
邮　编：030001
电　话：(0351)8302563

朔州电视台

地　址：朔州市振华东街朔州电视台
邮　编：036002
电　话：(0349)2165535

阳泉广播电视总台

地　址：阳泉开发区宁波路1号广电楼广告经营中心
邮　编：045000
电　话：(0353)2903555

新闻出版类

山西法制报

地　址：太原市二营盘狄村北街11号
邮　编：030012
电　话：(0351)2681173

山西经济日报

地　址：太原市桃园北路水西关街26号
邮　编：030002
电　话：(0351)4660888、4660881

山西老年杂志

地　址：太原市劲松路5号
邮　编：30002
电　话：(0351)4045011

山西商报

地　址：太原市新建路78号
邮　编：030002
电　话：(0351)8222158

山西晚报

地　址：太原市双塔寺街124号
邮　编：030012
电　话：(0351)4282226

太原日报社广告管理中心

地　址：太原市新建路78号
邮　编：030002
电　话：(0351)8222009

长治日报社上党晚报广告部

地　址：长治市长兴中路116号
邮　编：046000
电　话：(0355)2049096

太原晚报

地　址：太原市新建路78号
邮　编：030000
电　话：(0351)8222855

内蒙古自治区

公　司　类

巴彦淖尔市星宇文化传播广告装饰有限公司

地　址：巴彦淖尔市临河区团结路25号
邮　编：015000
电　话：(0478)8217277

包头市白天鹅广告公司

地　址：包头市昆区乌兰道7号
电　话：(0472)5116662

包头市精信广告策划有限责任公司

地　址：包头市钢铁大街46号精顶大厦11层
邮　编：014030
电　话：(0472)5155092

包头市双子广告有限公司

地　址：包头市钢铁大街工商会馆4楼
邮　编：014010
电　话：(0472)5995555

包头市众恒公交广告有限公司

地　址：包头市东河区铁西建设路3号公交二公司院内3楼
邮　编：014030
电　话：(0472)3132421

包头邮政广告

地　址：包头市昆区钢铁大街64号
电　话：(0472)2122668

赤峰春晖礼仪广告公司

地　址：赤峰市红山区松州巷南段
邮　编：024000
电　话：(0476)8255388

内蒙古博洋广告有限公司

地　址：呼和浩特市新城南街鼓楼世纪商厦国美电器北六楼
邮　编：010010
电　话：(0471)6263039

内蒙古博洋广告有限责任公司

地　址：呼和浩特市新城南街新世纪古楼商厦北6楼
邮　编：010010
电　话：(0471)3390399

内蒙古恒隆广告有限公司

地　址：鄂尔多斯市东胜区伊金霍洛西街34号
邮　编：017000
电　话：(0477)8363228

内蒙古卡乐广告有限公司

地　址：呼和浩特市新城区哲里木路军区第四干休所
邮　编：010010
电　话：(0471)6510469

内蒙古锐意广告有限公司

地　址：呼和浩特市新城区北垣东街272号

邮　编：010010
电　话：(0471)4974455

内蒙古盛典广告公司

地　址：呼和浩特市北垣东街3号203室
邮　编：010010
电　话：(0471)6600379

内蒙古盛唐广告有限公司

地　址：呼和浩特市北垣东街3号
邮　编：010010
电　话：(0471)58205717、2353688

内蒙古世爵领跑文化传媒有限公司

地　址：呼和浩特市大学西街71号银都大厦B座1101-02
邮　编：010020
电　话：(0471)6680006

内蒙古先行广告有限公司

地　址：呼和浩特市回民区大学西路71号银都大厦B座4层
邮　编：010030
电　话：(0471)5882705

内蒙古邮政广告有限公司

地　址：呼和浩特市锡林北路38号
邮　编：010010
电　话：(0471)6260433

锡盟起点广告有限公司

地　址：锡林郭勒市三联大十字路口北路东100米
邮　编：026000
电　话：(0479)8248078

锡盟邮政局广告部

地　址：锡林郭勒市锡林大街26号
邮　编：026000
电　话：(0479)8235548

广播电视类

呼和浩特电视台广告中心

地　址：呼和浩特市公园西路159号
邮　编：010031
电　话：(0471)6968371

巴彦淖尔电视台

地　址：巴彦淖尔市临河区新华西街26号
邮　编：015000
电　话：(0478)8215151

包头人民广播电台

地　址：包头市钢铁大街12号广电大厦电台广告部
邮　编：014030
电　话：(0472)2885688、2885658

赤峰电视台广告部

地　址：赤峰市红山区钢铁西街广播电视大楼101室
邮　编：024000
电　话：(0476)8880899

鄂尔多斯电视台

地　址：鄂尔多斯市东胜区满都海巷11号
邮　编：17000
电　话：(0477)8377004

鄂尔多斯人民广播电台

地　址：鄂尔多斯市东胜区宝日陶亥东街4号（军分区对面）鄂尔多斯人民广播电台广告部
邮　编：017000
电　话：(0477)8320944

呼和浩特电视台

地　址：呼和浩特市中山西路1号首府广场9楼
电　话：(0471)6912135

呼和浩特人民广播电台

地　址：呼和浩特市玉泉区公园西路159号
邮　编：010035
电　话：(0471)2286059、2286027

呼伦贝尔电视台

地　址：呼伦贝尔电视台广告部
邮　编：021008
电　话：(0470)8256111

通辽电视台

地　址：通辽市霍林河大街2066号
邮　编：028000
电　话：(0475)8225678

锡林郭勒电视台广告部

地　址：锡林浩特市开发区广电大楼锡林郭勒电视台广告部
邮　编：026000
电　话：(0479)8207001

锡盟东乌旗广播电视台

地　址：锡盟东乌旗电视台广告部
邮　编：026300
电　话：(0479)3221039

锡盟西苏旗广播电视局广告中心

地　址：包头市锡盟西苏旗赛汉塔拉镇
邮　编：011200
电　话：(0479)7222645

包头电视台广告部

地　址：包头市青山区钢铁大街12号
电　话：(0472)6988628

新闻出版类

包头日报

地　址：包头市昆区乌兰道20号
邮　编：014010
电　话：(0472)2100312

包头电视报社

地　址：包头市青山区钢铁大街12号
电　话：(0472)5153236

包头家庭周报社

地　址：包头市青山富强路8号
电　话：(0472)3325000

包头晚报广告部

地　址：包头市昆区乌兰道20号
电　话：(0472)2514192

包头日报社

地　址：包头市昆都仑区乌兰道20号
邮　编：014010
电　话：(0472)2100312

北方家庭报

地　址：呼和浩特市金桥开发区内蒙古日报广告部11层北方家庭报
邮　编：010040
电　话：(0471)6635330

北方经济报

地　址：呼和浩特市金桥开发区世纪大道5号内蒙古日报社11楼北方经济报广告部
邮　编：010040
电　话：(0471)6635172

北方新报

地　址：呼和浩特市新华大街 61 号
邮　编：010010
电　话：(0471)6635105

呼和浩特日报

地　址：呼和浩特市金桥新市区滨河路传媒大厦东
邮　编：010020
电　话：(0471)6564010、6290543

内蒙古晨报

地　址：呼和浩特市新城区展东路北段中华家园
邮　编：010050
电　话：(0471)3369755

内蒙古法制报

地　址：呼和浩特市新华大街东影南路 124 号
邮　编：010010
电　话：(0471)4687563

内蒙古广播电视报

地　址：呼和浩特市新华大街 71 号
邮　编：010058
电　话：(0471)6631021、6631005

内蒙古日报

地　址：呼和浩特市新华大街 74 号
邮　编：010058
电　话：(0471)6656562

内蒙古商报

地　址：呼和浩特市兴安北路 64 号
邮　编：010050
电　话：(0471)6552698

锡盟日报社广告中心

地　址：锡林郭勒市锡林大街 43 号
邮　编：026000
电　话：(0479)8213684

辽宁省

公　司　类

沈阳龙邦国际广告有限公司

地　址：沈阳市沈河区三经街七纬路 27 号
邮　编：110041
电　话：(024)22856388

沈阳逐日数码广告传播有限公司

地　址：沈阳市和平区三好街 84 号东软电脑城 F 座 8 单元 2 楼
邮　编：110003
电　话：(024)83688108

铁岭先锋广告有限公司

地　址：铁岭市银州区工人街44号(西安丰宾馆)
邮　编：112000
电　话：(0410)4893999、4895333

大连国域无疆传媒有限公司

地　址：大连市中山区人民路 68 号宏誉大厦 8 层
邮　编：116001
电　话：(0411)82734888

大连天歌传媒广告公司

地　址：大连市沙河区东北路 99 号亿达广场 7 楼
邮　编：116021
电　话：(0411)88116406

葫芦岛市交通霓虹工程公司

地　址：葫芦岛市龙港区龙程街汽车客运总站
邮　编：125001
电　话：(0429)2126822

葫芦岛市霓虹装饰公司

地　址：葫芦岛市连山区新华大街 5 号北院
邮　编：125001
电　话：(0429)2131911

葫芦岛银河实业有限公司

地　址：葫芦岛市新华大街 11 号
邮　编：125001
电　话：(0429)2181773

葫芦岛邮政局函件广告分局

地　址：葫芦岛市连山区中央大街 12 号
邮　编：125000
电　话：(0429)2121372

辽宁龙邦传播事业有限公司

地　址：沈阳市沈河区七纬路 27 号
邮　编：110014

辽宁盛京广告有限公司

地　址：沈阳经济技术开发区花海路梁子湖街 11 号
邮　编：110141
电　话：(024)25375023

沈阳创源广告有限公司

地　址：沈阳和平区南三经街 22 号嘉隆大厦 A 座 11 楼
邮　编：110003
电　话：(024)23252233

沈阳市东祥广告有限公司

地　址：沈阳市铁西区新顺南街 107 号
邮　编：110021
电　话：(024)25871902

沈阳铁道文化传媒集团有限公司

地　址：沈阳市和平区新心街 19 号
邮　编：110006

沈阳智虹商情广告有限公司

地　址：沈阳和平区南京北街 21 号
邮　编：110002
电　话：(024)22511410

广播电视类

大连广播电视台有限公司

地　址：大连市民权街 162 号
邮　编：116110
电　话：(0411)88118668

辽宁卫视传媒有限公司

地　址：沈阳市和平区青年街 286 号华润大厦 3307 号

邮　编：110004

辽宁电视台广告部

地　址：沈阳市和平区文体路 2 甲 2 号
邮　编：110004
电　话：(024)23181563

鞍山电视台

地　址：鞍山市铁东区二一九路 3 号
鞍山电视台广告部
邮　编：114001
电　话：(0412)2227751

葫芦岛广播电视台新闻综合频率和交通文艺频率

地　址：葫芦岛市龙湾新区
邮　编：125000
电　话：(0429)3230333

铁岭人民广播电台

地　址：铁岭市南环路 61 号广电大厦
0107 室
邮　编：112000
电　话：(0410)2215669

辽阳广播电视台广告部

地　址：辽阳市青年大街 59 号
邮　编：111000
电　话：(0419)4125533

大连电视台天歌传媒

地　址：大连市沙河口区东北路 99 号
天歌传媒
邮　编：116021
电　话：(0411)88116666、88116128

大连人民广播电台

地　址：大连市沙河口区民权街 162
号大连电台经营管理中心
邮　编：116022
电　话：(0411)88118927

丹东电视台广告中心管理部

地　址：丹东市振兴区山上街 111 号
邮　编：118000
电　话：(0415)2190459

阜新电视台

地　址：辽宁省阜新市海东区新华路
127-7
邮　编：123000
电　话：(0418)3339516

盘锦人民广播电台

地　址：辽宁省盘锦市兴隆台区市政
大街
邮　编：124010
电　话：(0427)2824558

铁岭电视台

地　址：铁岭电视台广告部 0116
邮　编：112000
电　话：(0410)2215999

营口电视台

地　址：营口市站前区渤海大街东 10 号
邮　编：115000
电　话：(0417)2834288

新闻出版类

华商晨报社

地　址：沈阳市皇姑区崇山东路 71 号
邮　编：110032
电　话：(024)86207666

沈阳晚报社广告部

地　址：沈阳市沈河区北三经街 67 号
邮　编：110014
电　话：(024)22690350

本溪日报

地　址：本溪市东明路 59 号
邮　编：117000
电　话：(0414)3223474

大连日报

地　址：大连市中山区民康区 15 号
508 室
邮　编：116001
电　话：(0411)82560669

丹东日报

地　址：丹东市十纬路 23 号
邮　编：118000
电　话：(0415)2124489

锦州日报广告部

地　址：锦州市复东路 2 号
邮　编：121003
电　话：(0416)3705727

辽宁日报

地　址：沈阳市和平区北四经街 28 号
521 室辽宁日报广告部
邮　编：110003
电　话：(024)31688446、81011163

盘锦日报

地　址：盘锦市兴隆台区市政府大街
10 号
邮　编：124010
电　话：(0427)2831955

沈阳日报

地　址：沈阳市生河街北三经街 51 号
A 沈阳日报广告部
邮　编：110014
电　话：(024)82171404

时代商报

地　址：沈阳市沈河区中山路 339 号
时代商报广告部
邮　编：110014
电　话：(024)22699556、22878400

吉林省

公 司 类

吉林省正进供求世界广告有限公司
地　址：延吉市河南街 24 号
邮　编：133000
电　话：(0433)8903330

白城市东方广告公司
地　址：白城市洮安东路 84 号
邮　编：137000
电　话：(0436)3248866

白城市万达广告公司
地　址：白城市海明东路 41 号
邮　编：137000
电　话：(0436)3223512

长春吉广传媒集团有限公司
地　址：长春市高新区星火路 106 号
邮　编：130000
电　话：(0431)

长春吉广集团
地　址：长春市高新技术开发区星火路 106 号
邮　编：130012
电　话：(0431)85199088

辽源市邮政邮购广告有限公司
地　址：辽源市西宁大路 130 号
邮　编：136200
电　话：(0437)3112199

大安市气象局广告部
地　址：大安市锦华街 3 委 6 组
邮　编：131300
电　话：(0436)5223275

辽源市风驰广告有限公司
地　址：辽源市泰安街
邮　编：136200
电　话：(0437)2998868

吉林省长江广告有限公司
地　址：长春市重庆路 77 号
邮　编：130041
电　话：(0431)88952699

吉林省大禹广告有限公司
地　址：长春市同志街 3536 号
邮　编：130021
电　话：(0431)85695290

吉林省天成龙行广告有限公司
地　址：长春市绿园区青年路 81-83 号彩云间大厦南门 8 楼
邮　编：130062
电　话：(0431)86158577

广播电视类

吉林市电视台广告中心
地　址：吉林市南京街 2 号
电　话：(0432)2498111

吉林市人民广播电台
地　址：吉林市南京街 2 号
电　话：(0432)2461300

吉林市有线广播电视传输有线责任公司
地　址：吉林市恒山路龙润大厦广电公司
邮　编：132013
电　话：(0432)4688742

大安市安广电视台广告部
地　址：大安市安广镇
邮　编：131302
电　话：(0436)5567593

沈阳铁路局白城有线电视站广告部
地　址：白城市明仁南街 175-1 号
邮　编：137000
电　话：(0436)6123310

通榆县电视台广告部
地　址：通榆县开通镇北
邮　编：137200
电　话：(0436)4262133

吉林人民广播电台
地　址：长春市卫星路 2066 号
邮　编：130033
电　话：(0431)85815099

长春人民广播电台广告部
地　址：长春市百草路 149 号
邮　编：130061
电　话：(0431)88929092

吉林电视台
地　址：长春市卫星路 2066 号
邮　编：130033
电　话：(0431)85817503

白城电视台广告部
地　址：白城市幸福南大街 82 号
邮　编：137000
电　话：(0436)3677808

白城广播电台广告部
地　址：白城市幸福南大街 82 号
邮　编：137000
电　话：(0436)3677958

新闻出版类

新文化报社
地　址：吉林省长春市人民大街 6906 号
邮　编：130022
电　话：(0431)85388822

白城日报社广告部
地　址：白城市中兴西大路 43 号
邮　编：137000
电　话：(0436)3323838

长春日报
地　址：长春市新民大街 1002 号长春日报广告部
邮　编：130021
电　话：(0431)85649912

都市新报
地　址：吉林市解放东路 139 号江城报业大厦

邮　编：132002
电　话：(0432)2523419

长春商报

地　址：长春市新民大街10号
邮　编：130021
电　话：(0431)85648715

长春晚报

地　址：长春市新民大街1002号长春晚报广告部
邮　编：130021
电　话：(0431)85611851、85651077

吉林日报

地　址：长春市自由大路6426号吉林日报广告部
邮　编：130033
电　话：(0431)88600711

家庭主妇报

地　址：吉林市解放东路139号
电　话：(0432)2523460

演讲与口才杂志社

地　址：吉林市吉林大街三亚路7号
电　话：(0431)84696559

视听导报社白城分社

地　址：白城市幸福南大街82号
邮　编：137000
电　话：(0436)3677935

黑龙江省

公　司　类

哈尔滨天鹅购物有限公司

地　址：哈尔滨市平房区会宾路21号
邮　编：150060
电　话：(0451)58952014

哈尔滨工大集团广告传媒有限公司

地　址：哈尔滨市南岗区红旗大街301号会展办公区313室
邮　编：150090
电　话：(0451)82273090

哈尔滨北方广告公司

地　址：哈尔滨市香坊区珠江路010号
邮　编：150036
电　话：(0451)55150011

哈尔滨电车广告公司

地　址：哈尔滨市动力区和平路167号
邮　编：150040
电　话：(0451)82627117

哈尔滨高阳广告公司

地　址：哈尔滨市南岗区华山路8号
邮　编：150090
电　话：(0451)82288000

哈尔滨海润国际广告传播集团

地　址：哈尔滨市南岗区昆仑商城天顺街22号
邮　编：150090
电　话：(0451)82343255

哈尔滨南方智典广告公司

地　址：哈尔滨市道里区田地街副24号田地大厦9楼
邮　编：150010
电　话：(0451)84670385

哈尔滨潜龙广告公司

地　址：哈尔滨市赣水路277号
邮　编：150001
电　话：(0451)82311105

哈尔滨日月广告公司

地　址：哈尔滨市赣水路30号地工大厦1205室
邮　编：150090
电　话：(0451)82283885

哈尔滨神笔画业广告公司

地　址：哈尔滨市南岗区康顺街28号
邮　编：150010
电　话：(0451)82313022

哈尔滨市公共汽车广告公司

地　址：哈尔滨市南岗区国民街93号
邮　编：150001
电　话：(0451)87007763

哈尔滨市共和广告公司

地　址：哈尔滨市道里区新阳路329号
邮　编：150076
电　话：(0451)84623538

哈尔滨市邮政局信函广告公司

地　址：哈尔滨市南岗区松花江街15号
邮　编：150001
电　话：(0451)84689465

哈尔滨铁路广告传媒集团公司

地　址：哈尔滨市道里区通达街199号
邮　编：150076
电　话：(0451)83199998

哈尔滨希望鸟文化传播广告公司

地　址：哈尔滨市南岗区大顺街17号
邮　编：150090
电　话：(0451)82656488

哈尔滨晓升广告集团公司

地　址：哈尔滨市南岗区长江路135号
邮　编：150090
电　话：(0451)82353093

哈尔滨亚龙广告公司

地　址：哈尔滨市昆仑商城美顺18号
邮　编：150090
电　话：(0451)87001708

黑龙江润通广告公司

电　话：(0451)82289125

讷河市博闻广告有限责任公司

地　址：讷河市康安路193号
邮　编：161300
电　话：(0452)3332419

讷河市策思广告有限责任公司

地　址：讷河市育才街118号
邮　编：161300
电　话：(0452)3393363

齐齐哈尔劳动信息广告部

地　址：齐齐哈尔市龙沙区永安大街市社保局内
邮　编：161005
电　话：(0452)2419009

齐齐哈尔起点广告有限责任公司

地 址：齐齐哈尔市铁锋区龙华路339号
邮 编：161000
电 话：(0452)2181777

齐齐哈尔任侃广告有限公司

地 址：齐齐哈尔市富拉尔基区春阳街明珠城46号
邮 编：161041
电 话：(0452)6887945

齐齐哈尔市海燕广告有限公司

地 址：齐齐哈尔市铁锋区龙南小区17号楼6门
邮 编：161000
电 话：(0452)2443788

齐齐哈尔市文龙广告有限公司

地 址：齐齐哈尔市龙沙区安智小区19号楼
邮 编：161005
电 话：(0452)2440360

齐齐哈尔市鑫峰广告装饰有限公司

地 址：齐齐哈尔市龙沙区龙沙小区37号
邮 编：161005
电 话：(0452)2436041

齐齐哈尔铁道广告有限责任公司

地 址：齐齐哈尔市铁锋区南居宅南花园和平3号－A楼
邮 编：161000
电 话：(0452)2142770

首都机场广告公司黑龙江分公司

地 址：哈尔滨市南岗区民航路30－1
邮 编：150001
电 话：(0451)82896696

广播电视类

黑龙江电视广告公司

地 址：哈尔滨市南岗区汉水路333号
邮 编：150090
电 话：(0451)82890099

哈尔滨电视台广告部

地 址：哈尔滨市南岗区满洲里街33号
邮 编：150006
电 话：(0451)53638085

佳木斯人民广播电台

地 址：佳木斯市顺和路35号
邮 编：154002
电 话：(0454)8240121

齐齐哈尔电视台新闻综合频道广告部

地 址：齐齐哈尔市中环南路10号
邮 编：161005
电 话：(0452)2465678

大庆电视台

地 址：大庆市东风路甲1号
邮 编：163311
电 话：(0459)6377147

大兴安岭电视台电视生活频道

地 址：大兴安岭广播电视台生活频道
邮 编：165000
电 话：(0457)2127958

鹤岗电视台

地 址：鹤岗市向阳区九马路广播电视局广告中心
邮 编：154100
电 话：(0468)3213628

黑龙江人民广播电台

地 址：哈尔滨市汉水路333号
邮 编：150001
电 话：(0451)82898888

七台河人民广播电台

地 址：七台河市桃山区广播电视中心102室
邮 编：154600
电 话：(0464)8259913

齐齐哈尔人民广播电台

地 址：齐齐哈尔市中环南路2号
邮 编：161005
电 话：(0452)2465539

绥化电视台

地 址：绥化市西直北五路口
邮 编：152000
电 话：(0455)8217881

绥化交通人民广播电台

地 址：绥化市交通广播电台广告部（黄河北路广电中心）
邮 编：152000
电 话：(0455)8280004

新闻出版类

哈尔滨日报报业集团有限责任公司

地 址：哈尔滨市道里区友谊路399号哈尔滨日报社广告部
邮 编：150010
电 话：(0451)84890888

哈尔滨广播电视报社

地 址：哈尔滨市南岗区满洲里街33号
邮 编：150006
电 话：(0451)53636011

黑龙江晨报

地 址：哈尔滨市开发区长江路101号
邮 编：150090
电 话：(0451)82284128

黑龙江日报报业集团

地 址：哈尔滨市道里区地段街1号
邮 编：150010
电 话：(0451)84692615

上海市

公 司 类

上海基美文化传媒股份有限公司

地 址：上海市南京西路 1717 号会德丰广场 4801 室
邮 编：200040
电 话：(021)62718777

上海铁路文化发展有限公司

地 址：上海市闸门北区天目中路 59 号 3 楼
邮 编：200071
电 话：(021)51236020

上海翡翠东方传播有限公司

地 址：上海市长乐路 989 号世纪商贸广场 320 楼
邮 编：200031
电 话：(021)54031111

上海匡吉太乐广告有限公司

地 址：上海市北京西路 1465 号国立大厦 9 楼上海热线
邮 编：200040
电 话：(021)52122211

上海机场德高动量广告有限公司

地 址：上海市浦东新区浦东南路 1118 号 8 楼
邮 编：200122
电 话：(021)38600191

上海新民传媒广告有限公司

地 址：上海市延安中路 839 号 2 楼
邮 编：200040
电 话：(021)62791333

上海东方娱乐传媒集团有限公司

地 址：上海市南京西路 657 号广电大厦 11 楼
邮 编：200041
电 话：(021)62565899

郁金香广告传媒股份有限公司

地 址：上海市延安西路 1088 号 2701 室
邮 编：200052
电 话：(021)62523000

中广国际广告创意产业基地发展有限公司

地 址：上海市长宁区凯旋路 369 号龙之梦雅仕大厦 1706 室
邮 编：200052
电 话：(021)52581122

上海大统广告有限公司

地 址：上海市长宁区江苏路 369 号兆丰世贸 25 楼 A 座
邮 编：200050
电 话：(021)52401333

上海公共交通广告有限公司

地 址：上海市建国东路 525 号 9 楼
邮 编：200025
电 话：(021)53857878

上海广告有限公司

地 址：上海市长宁区华山路 888 号
邮 编：200050
电 话：(021)63668828

上海文广广告有限公司

地 址：上海市武定西路 1371 弄 20 号
邮 编：200042
电 话：(021)52376022

上海信息广告有限公司

地 址：上海市江苏路 500 号 12 楼
邮 编：200050
电 话：(021)62713002

上海申通德高地铁广告有限公司

地 址：上海市长宁区仙霞路 333 号 121 楼
邮 编：200336
电 话：(021)61511888

上海东湖广告装饰有限公司

地 址：上海市徐汇区东湖路 70 号 4 号楼 3 层
邮 编：200031
电话：(021)64156934

上海分众德峰广告传播有限公司

地 址：上海市江苏路 369 号兆丰大厦 27–29 层
邮 编：200050
电 话：(021)32124661

上海高越文化传媒股份有限公司

地 址：上海市南京西路 1717 号会德丰国际广场 4801
邮 编：200040
电 话：(021)62718777

上海李奥贝纳广告有限公司

地 址：上海市淮海西路 570 号红坊 F 栋 2 楼
邮 编：200240
电 话：(021)62816611

上海旭通广告有限公司

地 址：上海市淮海中路 887 号 1005 室
邮 编：200002
电 话：(021)64674118

上海中智广告有限公司

地 址：上海市徐汇区衡山路 922 号 21 楼 A 座
邮 编：200030
电 话：(021)64078003

上海新云传媒有限公司

地 址：上海市浦东新区浦东南路 2304 号
邮 编：200127
电 话：(021)50588282

上海电力广告有限公司

地 址：上海市徐家汇路 430 号 611 室
邮 编：200005
电 话：(021)64154303

上海杨航文化传媒有限公司

地 址：上海市杨浦国定东路 233 号甲栋 1205 室

邮　编：200433
电　话：(021)51673636

上海中润解放传媒有限公司

地　址：上海市杨浦国定东路 233 号 13A08
邮　编：200433
电　话：(021)31333333

上海翰荣文化传播有限公司

地　址：上海市黄浦区广东路 500 号世界贸易大厦 32 楼
邮　编：200001
电　话：(021)33313328

上海赤兔广告有限公司

地　址：上海市恒丰路现代交通大厦 218 号 1002 室
邮　编：200070
电　话：(021)51286996-66

上海大众广告有限公司

地　址：上海市中山西路 1515 号 707
邮　编：200235
电　话：(021)64289139、64287280、64285636

上海神兵广告有限公司

地　址：上海市徐汇区徐虹中路 20 号 2 栋 6 楼 2535 室
邮　编：200235
电　话：(021)64699790、64699792

上海美术设计公司

地　址：上海市徐汇区漕溪路 258 弄 23 号
邮　编：200233
电　话：(021)64836699

上海景色广告有限公司

地　址：上海市徐家汇路 158 弄 1 号 5F
邮　编：200025
电　话：(021)54653909-22

上海市外滩广告装潢有限公司

地　址：上海市卢湾区徐家汇路 558 弄 1 号双钱公寓 8 楼 D 座
邮　编：200025
电　话：(021)64153083

上海唐神广告传播有限公司

地　址：上海市金陵东路 2 号 25 楼
邮　编：200002
电　话：(021)63239018

上海魅惑广告有限公司

地　址：上海市余姚路 339 号 3 楼
邮　编：200040
电　话：(021)51098699

东方航空传媒有限公司

地　址：上海市虹桥机场空港一路 280 号
邮　编：200335
电　话：(021)64398821

大广广告（上海）有限公司

地　址：上海市静安区石门一路 211 号 12 楼
电　话：(021)62178585

上海前景广告有限公司

地　址：上海市浦东大道 720 号国际航运金融大厦 17 楼 D-E 座
电　话：(021)50367101

北京电通广告有限公司上海分公司

地　址：上海市南京西路 128 号 21 楼
邮　编：200003
电　话：(021)635016660-2088

海南白马广告媒体投资有限公司上海分公司

地　址：上海市黄陂北路 227 号 2602-2604 室
邮　编：200003
电　话：(021)637558789-308

前锦网络信息技术（上海）有限公司

地　址：上海市浦东新区张东路 1387 号 3 号楼
邮　编：201203
电　话：(021)61601888

上海 DMG 国际广告有限公司

地　址：上海市卢湾区斜土路 468 号
邮　编：200023
电　话：(021)53027711

上海昂立广告有限公司

地　址：上海市宜山路 700 号 A5 楼 105 室
邮　编：200233
电　话：(021)54271688

上海奥美广告有限公司

地　址：上海市长乐路 989 号世纪商贸广场 26 楼
邮　编：200031
电　话：(021)24051888

上海博报堂广告有限公司

地　址：上海市淮海西路 1118 号龙之梦大厦 12 楼
邮　编：200052
电　话：(021)52306776

上海博派广告有限公司

地　址：上海市嘉定区嘉戬公路 398 号
电　话：(021)52357088

上海彩虹广告装潢有限公司

地　址：上海市会文路 50 号 18 楼
邮　编：200071
电　话：(021)66531197

上海池田广告有限公司

地　址：上海市程家桥路 311 号甲
邮　编：201103
电　话：(021)64466950

上海传广广告传播有限公司

地　址：上海市嘉定区嘉罗路 2079 号 - 783
邮　编：201800

上海传能广告有限公司

地　址：上海市人民路 885 号淮海中华企业大厦 1606 室
邮　编：200010
电　话：(021)63262255

上海大同广告有限公司

地　址：上海市长宁区兴义路 48 号新世纪广场 C 座 403 室
电　话：(021)62786769

上海电气（集团）广告装潢公司

地　址：上海市雁荡路 3 号 21 室
邮　编：200020
电　话：(021)53836385

上海东方明珠移动电视有限公司

地　址：上海市南京东路 627 号 6 楼 A 座

邮 编：200001
电 话：(021)63610077

上海东艺广告有限公司

地 址：上海市宝路 202 号
邮 编：200071
电 话：(021)56974620

上海飞帆广告有限公司

地 址：上海市中山南二路 777 弄 2 号 14 楼
邮 编：200032
电 话：(021)54248300

上海风颖文化传播有限公司

地 址：上海市卢湾区东台路 277 号国际广场 B 座 1803 室
邮 编：200021
电 话：(021)53067560

上海高文传播装潢有限公司

地 址：上海市镇宁路 9 号 2 幢 1C 室
邮 编：200050
电 话：(021)63273141

上海广告装潢有限公司

地 址：上海市巨鹿路 417 号 3F
邮 编：200020
电 话：(021)62713667

上海国际广告展览有限公司

地 址：上海市恒丰路 218 号现代交通商务大厦 21 层
邮 编：200070
电 话：(021)51797008

上海合力广告有限公司

地 址：上海市江宁路 495 号 1908 室
邮 编：200041
电 话：(021)51154493

上海华映文化传媒有限公司

地 址：上海市徐汇区建国西路 285 号 1 楼

上海嘉美传播广告有限公司

地 址：上海市长宁区长宁路 1033 号联通大厦 16 楼
电 话：(021)52729000

上海焦点广告传播有限公司

地 址：上海市斜土路 768 号（孜远大厦）605 室

邮 编：200023
电 话：(021)63055858

上海解放广告有限公司

地 址：上海市汉口路 309 号
邮 编：200001
电 话：(021)63609610

上海锦德国际物流有限公司

地 址：上海市延安东路 700 号 14 楼

上海蓝梦广告有限责任公司

地 址：上海市大统路 988 号 B 座 19 楼
邮 编：200070
电 话：(021)56555666

上海联纵智达咨询顾问机构

地 址：上海市浦东小区陆家嘴银城中路 68 号时代金融中心 1801－1803
邮 编：200120

上海灵诺策划传播机构

地 址：上海市愚园路 1258 号绿地商务大厦 1103－1106
电 话：(021)52389190

上海灵狮广告有限公司

地 址：上海市威海路 755 号 15 楼
邮 编：200040
电 话：(021)52921000

上海龙韵广告传播股份有限公司

地 址：上海市浦东松林路 97 弄海怡别墅 2 号
邮 编：200120

上海马良广告有限公司

地 址：上海市长宁区长宁路 1200 号 517 室
电 话：(021)62520709

上海美景广告传播有限公司

地 址：上海市长寿路 587 号沙田大厦 1712－1717 室
邮 编：200060
电 话：(021)62305798

上海麒麟在线文化传媒中心

地 址：上海市长宁区武夷路 695 弄 5 号
邮 编：200051

电 话：(021)62741199

上海强生广告有限公司

地 址：上海市南京西路 934 号 101 室
邮 编：200041
电 话：(021)62583166

上海三欣广告装潢有限公司

地 址：上海市静安区威海路 567 号晶采世纪大厦 10 楼

上海上腾娱乐有限公司

地 址：上海市淮海中路 1720 号众联别墅 G 座
邮 编：200031
电 话：(021)64338111－232

上海上知营销策划有限公司

地 址：上海市徐汇区愚山路 520 号中华门大厦 1009 室
电 话：(021)64682529

上海申空广告有限公司

地 址：上海市徐家汇蒲西路 166 号 1 号楼 704 室
邮 编：200030
电 话：(021)84896489

上海申通德高广告公司

地 址：上海市天山路 310 号 3 楼
邮 编：200333
电 话：(021)61511800

上海世博广告有限公司

地 址：上海市四平路 2500 号 23 楼
邮 编：200433
电 话：(021)55092266

上海腾隆广告有限公司

地 址：上海市普陀区西康路 1243 号

上海天波广告有限公司

地 址：上海市延安西路 1289 弄 10 号 6 楼
邮 编：200050
电 话：(021)62256843

上海天润广告传播有限公司

地 址：上海市海防路 421 号 1 号楼 7 楼
邮 编：200437
电 话：(021)62667878

上海网迈广告有限公司

地　址：上海市徐汇区肇嘉浜路 736 号 9 楼

上海－庆余广告有限公司

地　址：上海市徐汇区肇嘉浜路 1065 号 2205 室

上海西南广告有限公司

地　址：上海市中山南二路 777 弄 2 号 14 楼
邮　编：200032
电　话：(021)54253029

上海欣影国际传播有限公司

地　址：上海市普陀区曹杨路 540 号 7 楼
邮　编：200063
电　话：(021)62444869

上海雅仕维广告有限公司

地　址：上海市长宁路 1027 号兆丰广场 2102 室
邮　编：200050

上海雅视广告有限公司

地　址：上海市打浦路 80 弄 1 号楼 23 层 A、B 座
邮　编：200023
电　话：(021)64678292

上海弈动广告传媒有限公司

地　址：上海市长宁区延安西路 1118 号龙之梦 7 楼 706
电　话：(021)61159760

上海印济广告有限公司

地　址：上海市卢湾区斜土路 468 号 3A 室
邮　编：200023

上海邮人商务有限公司

地　址：上海市卢湾区泰康路 210 弄 3 号 210
邮　编：200020
电　话：(020)64663342

上海邮政商函广告有限公司

地　址：上海市武定路 458 号 12 楼
邮　编：200041
电　话：(021)32170189

上海元太传媒有限公司

地　址：上海市南京西路 1168 号中信泰富广场 1404 室
邮　编：200041
电　话：(021)32144518

上海元太广告有限公司

地　址：上海市南京西路 1168 号 1404–1406 室
邮　编：200041
电　话：(021)32144518

上海智高广告有限公司

地　址：上海市长宁区金钟路 658 弄 17 号楼
邮　编：200335
电　话：(021)51781000

旭通世纪（上海）广告有限公司

地　址：上海市淮海中路 887 号 9005 室
邮　编：200020
电　话：(021)64748908

雅兰（上海）广告有限公司

地　址：上海市虹口区华昌路 9 号金象大厦 2105 室
邮　编：200081
电　话：(021)61483188

广播电视类

浦东广播电视台

地　址：上海市浦东新区丁香路 716 号 A 座
邮　编：200135
电　话：(021)68541000

上海东方传媒集团有限公司

地　址：上海市南京西路 651 号广电大厦 11 层

新闻出版类

新闻报社

地　址：闵行区都市路 4855 号 2 座 9 楼
邮　编：201199
电　话：(021)24176427

申江服务导报社

地　址：上海市都市路 4855 号解放日报大厦 2 号楼 8 楼
邮　编：201199
电　话：(021)24176500

解放日报报业集团

地　址：上海市汉口路 300 号
邮　编：200001
电　话：(021)635211112

新闻晨报

地　址：上海市汉口路 300 号
邮　编：200001
电　话：(021)63601016

上海日报社广告部

地　址：上海市静安区威海路 755 号 37 楼
邮　编：200041
电　话：(021)52920163

上海文艺出版总社

地　址：上海市延安西路 593 号
邮　编：200050
电　话：(021)61229100

文汇报社广告部

地　址：上海市延安中路 839 号 3 楼
邮　编：200040
电　话：(021)62793809

新民晚报广告经营中心

地　址：上海市延安中路 839 号
邮　编：200040

江苏省

公 司 类

江苏大唐灵狮广告有限公司

地　址：南京市玄武区北京东路 22 号和平大厦 9 楼
邮　编：210018
电　话：(025)86896060

苏州工业园区嘉都广告有限公司

地　址：苏州市工业园区旺墩路 188 号建屋大厦 3F
邮　编：215000
电　话：(0512)66608800

江苏金鼎广告传播有限公司

地　址：南京市山西路 67 号世界贸易中心大厦 A1 栋 1101 室
邮　编：210009

常州剪报发展有限公司

地　址：常州市劳动西路 17 号
邮　编：213001
电　话：(0519)86640022、86647766

常州市艾肯网络广告公司

地　址：常州市新北区太阳城大厦 908 室
邮　编：213003
电　话：(0519)86605483

常州市扬子江广告营销策划有限公司

地　址：常州市世纪明珠园 33 乙 201
邮　编：213003
电　话：(0519)86699531

常州外事旅游广告有限公司

地　址：常州市晋陵中路 400 号嘉乐广场 B916
邮　编：213003
电　话：(0519)86608282

南京永达户外传媒有限公司

地　址：南京市中山路 268 号汇杰广场 1301 室
邮　编：210008
电　话：(025)84573380、3685、3817

苏州华方传媒文化有限公司

地　址：苏州市三香路 1 号锦宁大厦 1808 室
邮　编：215000
电　话：(0512)65090008

苏州工业园区新概念广告有限公司

地　址：苏州市干将东路 889 号东锦商务楼 415 室
邮　编：215000
电　话：(0512)65240996

苏州美丽华传媒文化有限公司

地　址：苏州市南园南路 116 号 3 楼
邮　编：215007
电　话：(0512)65299999

苏州市明日企业形象策划传播有限公司

地　址：苏州市干将东路 636 号丽景苑 1-201
邮　编：215005
电　话：(0512)65118581

盐城市大周广告有限公司

地　址：盐城市锦绣北苑 1 号
邮　编：224002
电　话：(0515)88370611

盐城市湖海广告有限公司

地　址：盐城市环城北路 88 号
邮　编：224002
电　话：(0515)88393399

盐城市千禧龙广告喷绘有限公司

地　址：盐城市黄海中路 65 号
邮　编：224002
电　话：(0515)88395626

南通报业广告公司

地　址：南通市西寺路 10 号南二楼
邮　编：226001
电　话：(0513)85529908

卓越形象品牌创意产业机构

地　址：南京市中山东路 218 号长安国际 8 楼
邮　编：210001
电　话：(025)86649489

广播电视类

泰州市广播电视台广播广告中心

地　址：泰州市梅兰东路 128 号
邮　编：225300
电　话：(0523)86890909

宿迁人民广播电台

地　址：宿迁市发展大道 7 号广播电视总台
邮　编：223800
电　话：(0527)84359428

宿迁广播电视总台广告中心

地　址：宿迁市发展大道 7 号宿迁广播电视总台
邮　编：223800
电　话：(0527)84359448

扬州电视台

地　址：扬州市维扬路 168 号广电中心广告部
邮　编：225009
电　话：(0514)87855888

常州人民广播电台广告部

地　址：常州市新园路 88 号
邮　编：213016
电　话：(0519)83270940、83279666

东台广播电视台广告部

地　址：东台市金海西路广电大厦
邮　编：224200
电　话：(0515)85219777

阜宁县广播电视台广告中心

地　址：盐城市阜宁县城河路 63 号
邮　编：224400
电　话：(0515)87225688

江苏广播电视总台

地　址：南京市中山东路 132 号江苏广播大厦
邮　编：210002
电　话：(025)83195881

江苏教育电视台

地　址：江苏省南京市草场门大街 105 号
邮　编：210036
电　话：(025)86367630

金坛市人民广播电台广告部

地　址：常州市金坛晨风路 61 号
邮　编：213200
电　话：(0519)82108081

溧阳广播电视台

地　址：溧阳市昆仑北路 25 号
邮　编：213300
电　话：(0519)87306901

南京广播电视集团广告有限公司

地　址：南京市白下路 358 号广电大厦
邮　编：210001
电　话：(025)84561883

南京人民广播电台

地　址：南京市龙蟠中路 338 号
邮　编：210001
电　话：(025)84561883

射阳县广播电视台广告部

地　址：盐城市射阳县合德镇人民西路 48 号
邮　编：224300
电　话：(0515)82329797

武进电视台广告部

地　址：常州市武进县湖塘永盛路 168 号
邮　编：213161
电　话：(0519)86570999

新闻出版类

海门日报社

地　址：海门市人民西路 1 号
邮　编：226100
电　话：(0513)82217600

周末报社

地　址：南京市龙蟠中路 223 号
邮　编：210002
电　话：(025)84686720、84686721

东台日报社广告部

地　址：东台市望海西路 18 号
邮　编：224200
电　话：(0515)85212236、85886676

江苏法制报

地　址：南京市草场门大街 101 号
邮　编：210036
电　话：(025)86261523

金陵晚报

地　址：南京市龙蟠中路 223 号金陵晚报
邮　编：210002
电　话：(025)84687111

南京晨报

地　址：南京市管家桥 65 号
邮　编：210092
电　话：(025)84707521

武进日报社广告部

地　址：常州市武进区广电中路 168 号
邮　编：213000
电　话：(0519)86598210、86598219

盐阜大众报报业集团广告部

地　址：盐城市解放北路 7 号
邮　编：224001
电　话：(0515)88311744

扬子晚报

地　址：南京市中山路 55 号新华大厦
邮　编：210005
电　话：(025)84545001

浙江省

公　司　类

象山博大广告有限公司

地　址：象山丹城新丰路 228 号
邮　编：315700
电　话：(0574)65725904

浙江银马广告有限公司

地　址：台州市黄岩区电大路东茂大厦 3 楼
邮　编：318020
电　话：(0576)84257773

宁波联合动力广告有限公司

地　址：宁波市海曙区联丰路民丰街 11 号
邮　编：315012
电　话：(0574)87164256

宁波市顺通广告装潢公司

地　址：宁波市东钱湖工业区黄谢路 19 号
邮　编：315121
电　话：(0574)88387188

宁波市友谊发展有限公司

地　址：宁波市中山西路 138 号天宁大厦 9 楼
邮　编：315010
电　话：(0574)87271618—660

宁波市镇海爱博广告有限公司

地　址：宁波市镇海城河东路 463 号
邮　编：315200
电　话：(0574)86293818

上海铁路文化广告发展有限公司浙江广告分公司

地　址：杭州市环城东路 12 号
邮　编：310009
电　话：(0571)87807205

思美传媒股份有限公司

地　址：杭州市上城区虎玉路 41 号(八卦田公园正大门)
邮　编：310008

电 话：(0571)87926111

义乌市恒风公交广告装饰有限公司

地 址：义乌市宾王路 223 号交通大厦 6 楼
邮 编：322000
电 话：(0579)85130596

广播电视类

浙江广播电视集团广告管理中心

地 址：杭州市莫干山路 111 号浙江广播电视集团广告管理中心
邮 编：310005
电 话：(0571)56352183

杭州电视台综合生活频道营销部

地 址：杭州市环城北路 141 号永通信息广场西 1 楼
邮 编：310004

浙江电视台教育科技频道

地 址：杭州市环城北路华浙广场 1 号 27 楼 A 座
邮 编：310005
电 话：(0571)88234777

宁波广播电视广告中心

地 址：宁波市长春路 146 号
邮 编：315000
电 话：(0574)87194401

台州广播电视总台

电 话：(0576)8315898

温州市广播电视总台

地 址：温州市新城大道广电中心 2303 室
邮 编：325000
电 话：(0577)88922117

新闻出版类

钱江晚报

地 址：杭州市体育场路 178 号
电 话：(0571)85310737

丽水日报广告部

地 址：丽水市丽阳街 491 号
电 话：(0578)2128242

湖州晚报广告部

地 址：湖州市仁皇山路 588 号
邮 编：313000
电 话：(0572)2399709

嘉兴广播电视报社广告部

地 址：嘉兴市禾兴北路 46 号
电 话：(0573)82203477

金华日报社广告中心

地 址：金华市双龙南街 276 号
邮 编：321017
电 话：(0529)2398707

衢州日报社广告中心

地 址：衢州市三江东路衢州日报报业大楼西区广告中心
电 话：(0570)3085236

绍兴晚报广告部

地 址：绍兴市胜利西路 293 号绍兴晚报广告部
邮 编：312000
电 话：(0575)85130038

绍兴日报报业广告有限公司

地 址：绍兴市胜利西路 293 号

宁波日报报业集团广告部

电 话：(0574)87682100

体坛报广告部

地 址：杭州市建国北路 333 号
邮 编：310003
电 话：(0577)85159361

温州日报报业集团商报社

地 址：温州市黎明西路 205 号
邮 编：325000
电 话：(0577)88823635

安徽省

公 司 类

安徽高速传媒有限公司

地 址：合肥市望江西路 520 号皖通大厦
邮 编：230088
电 话：(0551)62840285

金鹃广告股份有限公司

地 址：合肥市庐阳区濉溪路 251 号
邮 编：230041
电 话：(0551)5611111

安徽黑白广告有限责任公司

地 址：合肥市阜南路 168 号富临大厦 3 楼
邮 编：230061
电 话：(0551)2888888、2833666

合肥白马广告有限公司

地 址：合肥市太湖东路万振逍遥苑 3 栋 103 室
邮 编：230001
电 话：(0551)3436666、3440555

合肥新视野广告有限公司

地 址：合肥市屯溪路 168 号风和园小区 30 幢 A 楼 303 室
邮 编：230001
电 话：(0551)4669917

广播电视类

合肥人民广播电台

地 址：合肥市阜阳路 100 号
邮 编：230001
电 话：(0551)2672817

蚌埠电视台

地 址：蚌埠市胜利东路东首广电中心 A1 区
邮 编：233000
电 话：(0552)3131097

亳州广播电视台

地 址：亳州市人民中路 62 号
邮 编：236800
电 话：(0558)5501122

池州市广播电视总台广告中心

地　址：池州市秋浦东路 77 号
邮　编：247000
电　话：(0566)2317955、2317956

淮南电视台

地　址：淮南市洞山西路
邮　编：232001
电　话：(0554)6653288

马鞍山人民广播电台

地　址：马鞍山市雨山西路广电中心 1 楼
邮　编：243000
电　话：(0555)2333088

宿州电视台

地　址：宿州市恒丰大厦 12 楼
邮　编：234000
电　话：(0557)3024243

宿州人民广播电台

地　址：宿州市恒丰大厦 12 楼
邮　编：234000
电　话：(0557)3033995

新闻出版类

合肥晚报社

地　址：合肥市临泉中路报业中心
邮　编：230011
电　话：(0551)4249462

安徽经济报

地　址：合肥市屯西路 200 号
邮　编：230009
电　话：(0551)4655947

安徽老年报

地　址：合肥市阜南路 40 号富康大厦 3 楼
邮　编：230001
电　话：(0551)2615992

安徽市场新报

地　址：合肥市永红路 10 号
邮　编：230001
电　话：(0551)7136933

工商导报

地　址：合肥市淮河路 260 号
邮　编：230001
电　话：(0551)2652215

江淮晨报

地　址：合肥市新站区临泉中路江淮晨报广告中心 1 楼 109 室
邮　编：230011
电　话：(0551)4249527、4249519

皖西日报

地　址：六安市梅山北路 1 号
邮　编：237001
电　话：(0564)3339772

福建省

公　司　类

厦门易兰商贸有限公司

地　址：厦门市湖里大道 1 号新时代大厦 5F
邮　编：361006
电　话：(0592)3668888

福建电广福视广告有限公司

地　址：福州市新权南路 12 号金福大厦 7 层
邮　编：350005
电　话：(0591)83353838

福建电广广播电视报广告有限公司

地　址：福州市白马北路 253 号 4 层
邮　编：350001
电　话：(0591)87540046

福建电广广播广告有限公司

地　址：福州市古田路 2 号
邮　编：350001
电　话：(0591)83319881

福建都市传媒股份有限公司

地　址：厦门市思明区北路湖滨北路 37-39 号 4 楼
邮　编：361004
电　话：(0592)8068957

福建分众传媒有限公司

地　址：厦门市厦禾路 855 号英才商厦 2118

福建海峡传播总公司

地　址：厦门市湖滨北路育秀里 37-39 号
邮　编：361004
电　话：(0592)2960113

福建三维广告传播事业有限公司

地　址：福州市鼓楼区六一北路 256 号星光灿烂南门 6 层
邮　编：350011
电　话：(0591)87506765

福建省锦绣广告有限公司

地　址：福州市台江区五一中路 138 号金钻世家 B 座 8F
邮　编：350001
电　话：(0591)

蓝道（中国）广告公司

地　址：泉州市泉秀路农行大厦 16 楼
邮　编：362000
电　话：(0595)22197188

厦门广播电视台广告有限公司

地　址：厦门市湖滨北路广电中心 13 楼
邮　编：361012
电　话：(0592)5301998

厦门华盟广告有限公司

地　址：厦门市湖滨北路 59 号中信惠扬商务楼 9EF
邮　编：361012
电　话：(0592)5082582

厦门世通华纳文化传媒有限公司

地　址：厦门市湖滨北路 10 号新港广场 10 楼
邮　编：361012
电　话：(0592)5395977

厦门市路桥广告有限公司

地　址：厦门市海沧海虹路 3 号
邮　编：361026
电　话：(0592)5828969

厦门唐马博美广告有限公司

地　址：厦门市思明区湖滨北路 59 号中信惠扬商务楼 22F
邮　编：361012
电　话：(0592)5206868

厦门欣美广告有限公司

地　址：厦门市湖滨西路 9 号大西洋海景城 A 幢 5D
邮　编：361004
电　话：(0592)2392233

广播电视类

泉州电视台

地　址：泉州市温陵路天都广场 1 楼
邮　编：362000
电　话：(0595)22288809

厦门广播电视广告有限公司

地　址：厦门市湖滨北路 123 号广电中心 13 楼
邮　编：361000
电　话：(0592)5301038

福州电视集团广告中心

地　址：福州市广达路 68 号金源大广场西区 29 层
邮　编：350005
电　话：(0591)83371888

福建教育电视台

地　址：福州市五四路 217 号
邮　编：350003
电　话：(0591)87802248

福州人民广播电台

地　址：福州市晋安区远洋路 1 号广播中心
邮　编：350014
电　话：(0591)83994876

南平广播电视总台

地　址：南平市武夷花园 9 号楼南平广播电视台大楼
邮　编：353000
电　话：(0599)8833733、8822006

宁德电视台

地　址：宁德市东桥天湖东路 10 号广电大厦 5 楼
邮　编：352100
电　话：(0593)2931999

厦门广播电视广告中心

地　址：厦门市湖滨北路 123 号广电中心 13 楼
邮　编：361012
电　话：(0592)5301998—858

漳州电视台

地　址：漳州市平等路 87 号
邮　编：363000
电　话：(0596)2045008

漳州人民广播电台

地　址：漳州市广电中心漳州广播电台广告部
邮　编：363000
电　话：(0596)2062918

新闻出版类

闽北日报

地　址：南平市延平区眉峰路 45 号
邮　编：353000
电　话：(0599)8855106

闵东日报

地　址：宁德市蕉成北路 15 号闵东日报广告部
邮　编：352100
电　话：(0593)2076506、2823365

东南快报社

地　址：福州市古楼区东街 59 号 3 山大厦 4 楼
邮　编：350001
电　话：(0591)87809408

福建科技报

地　址：福州市福东路 7 号科技报广告部
邮　编：350003
电　话：(0591)87855558

福建青年杂志社

地　址：福州市晋安金鸡山路 23 号
邮　编：350011
电　话：(0591)87336950

福建日报

地　址：福州市华林路 84 号
邮　编：350003
电　话：(0591)87095876、87820601

福州晚报

地　址：福州市新城大道温州晚报大厦广告部
邮　编：350000
电　话：(0591)83773226

福州晚报广告部

地　址：福州市鼓楼区小柳路 85 号
邮　编：350025
电　话：(0591)83762693

海峡都市报

地　址：福州市华林路 84 号海峡都市报广告部
邮　编：350003
电　话：(0591)87079100

海峡教育报

地　址：福州市华林路 84 号海峡教育报广告部
邮　编：350003
电　话：(0591)87095141

海峡消费报

地　址：福州市杨桥路中闽大厦 B 座 12 层
邮　编：350001
电　话：(0591)28377036

梅州日报

地　址：莆田市梅州日报社广告部
邮　编：351100
电　话：(0594)2691145

闽南日报广告部

地　址：漳州市胜利西路 152 号
邮　编：363000
电　话：(0596)2525081

宁德日报

地　址：宁德市蕉成北路 15 号宁德日报广告部
邮　编：352100
电　话：(0593)2823365

泉州日报

地　址：泉州市刺桐路晚报大厦 1 楼广告部

邮　编：362000
电　话：(0595)22500207

三明日报

地　址：三明市列东红岩新村 41 号
邮　编：365000
电　话：(0598)8223675

厦门日报

地　址：厦门市吕岭路 122 号厦门日报社广告部
邮　编：361009
电　话：(0592)5581511、5581502

江西省

公 司 类

江西高速广告装饰有限公司

地　址：南昌市桃苑大街桃苑大厦 A 座 8 楼
邮　编：330025
电　话：(0791)86525937

玉山县新纪元广告装饰有限公司

地　址：五金小区
邮　编：334700
电　话：(0793)2553917

江西省上饶市创世纪实业有限公司

地　址：上饶市广丰县新鸟林街 43 号 2 楼
邮　编：334600
电　话：(0793)2658226

江西年代广告公司

地　址：南昌市广场南路 333 号恒茂国际中心 16 栋 A 座 15A0708
邮　编：330009
电　话：(0791)86669660

景德镇市飞龙广告有限公司

地　址：景德镇市中国陶瓷城上海路 5 号
邮　编：333000
电　话：(0798)8562886

萍乡市亮点广告有限公司

地　址：萍乡市北桥外奋发巷 5 号
邮　编：337000
电　话：(0799)6669888

安福县奋进广告装饰设计有限公司

地　址：武功山大道 266 号王家巷路口
邮　编：343200
电　话：(0796)7634118

萍乡市公共交通总公司广告分公司

地　址：萍乡市公园北路 2 号
邮　编：337000
电　话：(0799)6881858

江西星际广告有限公司

地　址：南昌市站前西路三星大厦 A 座 1402
邮　编：330003
电　话：(0791)86491139

丰城市普城广告装饰有限公司

地　址：丰城市人民路口公路大厦 2 楼
邮　编：331100
电　话：(0795)6420262

江西省杨帆广告礼仪有限公司

地　址：广丰县公主楼 5 单元 2 楼
邮　编：334600
电　话：(0793)2613986

奉新县天人广告装潢有限公司

地　址：宜春市奉新县滨河东路 116 号
邮　编：330700
电　话：(0795)4621064

抚州市现代广告装饰工程有限公司

地　址：抚州市赣东大道 152 号
邮　编：344000
电　话：(0794)8211181

赣州华信广告有限公司

地　址：赣州市姚府里 10 号
邮　编：341000
电　话：(0797)8225688

赣州市金道广告有限公司

地　址：赣州市八一四大道 1 号金道广告 2 楼
邮　编：341000
电　话：(0797)8130999

赣州市空间创意广告有限公司

地　址：赣州市健康路 67−3 号
邮　编：341000
电　话：(0797)8271306

赣州市三马广告装饰工程有限公司

地　址：赣州市大公路 148 号
邮　编：341000
电　话：(0797)8233838

赣州视通广告实业有限公司

地　址：赣州市文清路 2 号
邮　编：341000
电　话：(0797)8200123

吉安明珠集团井冈明珠广告有限公司

地　址：南昌市井冈山大道 209 号
邮　编：343000
电　话：(0796)8256999

吉安市邮政局广告公司

地　址：吉安市吉州区鹭洲东路 11 号
邮　编：343000
电　话：(0796)8211188

江西晨光实业有限公司

地　址：九江市庐山南路 229 号图书馆四楼
邮　编：332000
电　话：(0791)88191839

江西方圆传媒有限公司

地　址：南昌市红谷滩丽景路鹿璟万盛国际公寓 6F
邮　编：330038
电　话：(0791)83839333

江西庐山东方艺术广告公司

地　址：九江市庐山河西路 21 号

电　话：(0792)8286709

江西仁达企业发展有限公司

地　址：吉安市庐境园 38 号
邮　编：343100
电　话：(0796)8222339

江西省贵溪市新产业公司

地　址：贵溪市冶炼厂新产业公司企划部
邮　编：335400
电　话：(0701)3379005

江西省杨凡广告礼仪有限公司

地　址：广丰县公主楼 5 单元 2 楼
邮　编：334600
电　话：(0793)2613986

江西盛世骄阳广告公司

地　址：新余市仙来中大道
邮　编：338000
电　话：(0790)6456909

江西世纪星晖广告企划传播有限公司

地　址：南昌市中山路 177 号太平洋商务大厦 D-D712 室
邮　编：330006
电　话：(0791)86732776

江西腾飞广告装潢有限公司

地　址：泰和县白凤大道
邮　编：343700
电　话：(0796)5323837

江西天义广告有限公司

地　址：抚州市上沿河路 92 号天义大楼 3 楼
邮　编：344000
电　话：(0794)8266099

江西永达广告有限公司

地　址：南昌市井冈山大道 232 号巨融 1401 室
邮　编：330001
电　话：(0791)86495751

江西邮政广告有限责任公司

地　址：南昌市桃苑大街 8 号金源大厦 A 座 8 楼
邮　编：330025
电　话：(0791)8891339

江西中盛广告有限公司

地　址：江西省府大院东四路 23 号
邮　编：330046
电　话：(0791)86231600

景德镇大象广告有限公司

地　址：景德镇市莲社北路 50 号景德镇商城写字楼 K7
邮　编：333000
电　话：(0798)8284900

景德镇市百花广告装潢有限公司

地　址：景德镇市珠山西路 32 号
邮　编：333000
电　话：(0798)8505577、8205522

景德镇市宏达广告装饰有限公司

地　址：景德镇市瓷都大道海慧公园左侧 A 区 8 号
邮　编：333000
电　话：(0798)8332166

景德镇市华云气象广告有限公司

地　址：景德镇市气象局
邮　编：333000
电　话：(0798)8584045

景德镇市开心广告有限公司

地　址：景德镇市广场北路金厦大厦 307 室
邮　编：333000
电　话：(0798)8239116

景德镇市南方实业有限公司

地　址：景德镇市珠山东路 20 号
邮　编：333000
电　话：(0798)8231291

九江市公交广告有限公司

地　址：九江市环城路锦湖豪庭 A 座 2006 室
邮　编：332000
电　话：(0792)8238863

九江艺高传媒广告有限公司

地　址：九江市环城路锦湖豪庭 A 座 1905
邮　编：332000
电　话：(0792)8219000

南昌公交广告公司

地　址：南昌市青山南路 37 号
邮　编：330003
电　话：(0791)8613333

南昌虹谊广告有限公司

地　址：南昌市抚河中路 469 号文化大厦 7 楼 706
邮　编：330029
电　话：(0791)86636613

南昌盛世华纳广告传媒有限公司

地　址：南昌市上营坊街 67 号 401 室
邮　编：330006
电　话：(0791)86290663

南昌市绿风广告有限公司

地　址：南昌市中山西路 28 号名实花园高层北楼 A 座 502
邮　编：330006
电　话：(0791)86592821

南康市新天地广告有限责任公司

地　址：南康市泰康中路市房管局 1 楼
邮　编：341400
电　话：(0797)6611060

萍乡市佳艺装潢广告设计工程有限公司

地　址：萍乡市公园南路 70 号
邮　编：337000
电　话：(0799)6837768

新余市大胡子广告有限公司

地　址：新余市城北五一南路
邮　编：338000
电　话：(0790)6444410

新余市桂新月台广告有限责任公司

地　址：新余市城北平安路 368 号
邮　编：338000

新余市红日东升广告策划有限责任公司

地　址：新余市抱石大道 1 号 6 楼肯德基对面
邮　编：338000
电　话：(0790)6238858

宜春市北信广告有限公司

地　址：宜春市东风大街 287 号
邮　编：336000
电　话：(0795)3228800

鹰潭市飞兔文化传播有限责任公司

地　址：鹰潭市电影院2楼
邮　编：335000
电　话：(0701)6228588

鹰潭市公共交通有限责任公司广告部

地　址：鹰潭市环城西路52号
邮　编：335000
电　话：(0701)6232688

鹰潭市江山广告有限公司

地　址：鹰潭市站江路8号
邮　编：335000
电　话：(0701)6212801

鹰潭市迅泰苹果电脑设计制作中心

地　址：鹰潭市农业局水产公司
邮　编：335000

广播电视类

江西公共频道广告中心

地　址：南昌市北京西路88号江信国际大厦1805
邮　编：330046
电　话：(0791)86304716

南康市电视台广告部

地　址：南康市泰康中路
邮　编：341400
电　话：(0797)6622333

九江人民广播电台

地　址：九江市长虹大道84号
邮　编：332000
电　话：(0792)8137000

樟树市广播电视台广告经营部

地　址：樟树市锦绣共和
邮　编：331200
电　话：(0795)7339234

分宜县电视台

地　址：新余市分宜县分宜县电视台
邮　编：336600
电　话：(0790)5882426、5896678

萍乡市安源区电视台广告中心

地　址：萍乡市安源世纪广场旁安源广电中心
邮　编：337000
电　话：(0799)6661809

抚州人民广播电台

地　址：抚州市临川大道抚州人民广播电台办公室
邮　编：344000
电　话：(0794)8251268

赣州电视台广告部

地　址：赣州市红旗大道56号创业大厦3楼
邮　编：341000
电　话：(0797)8216858

赣州人民广播电台广告管理部

地　址：赣州市健康路人防办2楼电台广告部
邮　编：341000
电　话：(0797)8221046

赣州市龙南县电视台广告部

地　址：赣州市龙南县文化街龙南县电视台广告部
邮　编：341700
电　话：(0797)3513426

高安市广播电视局

地　址：高安市瑞州商贸广场
邮　编：330000
电　话：(0795)5252569

江西电视台广告中心

地　址：南昌市北京西路88号江信国际大厦23层
邮　编：330046
电　话：(0791)86301111

江西人民广播电台

地　址：南昌市洪都中大道207号
邮　编：330046
电　话：(0791)8313750

景德镇市电视台

地　址：景德镇市瓷都大道1073号广电中心2楼
邮　编：333000
电　话：(0798)8576600

九江电视台广告部

地　址：九江市湓浦路35—47号
邮　编：332000
电　话：(0792)8227626

临川广播电视台

地　址：抚州市上顿渡区龙井路392号
邮　编：344000
电　话：(0794)8432818

南昌人民广播电台

地　址：南昌市八一大道357号财富广场A座1211
邮　编：330003
电　话：(0791)87160102

南丰县有线电视台广告部

地　址：抚州市南丰县交通路11号
邮　编：344500
电　话：(0794)3221013

上饶人民广播电台

地　址：江西省上饶市庆丰路3号
邮　编：334000
电　话：(0793)8218818

遂川县广播电视台广告部

地　址：吉安市遂川县电视台
邮　编：343900
电　话：(0796)6326161

峡江县广电局广告部

地　址：吉安市峡江县广播电视局
邮　编：331409
电　话：(0796)3673372

宜春电视台广告部经济部

地　址：宜春市广播电视局13楼电视台广告中心
邮　编：336000
电　话：(0795)3990882

余江县气象局广告部

地　址：鹰潭市余江县邓埠镇四青路165号
邮　编：335200
电　话：(0701)5881180

余江县文化广播电视局广告部

地　址：鹰潭市余江县文化广播电视局
邮　编：335200
电　话：(0701)5886313

抚州广播电视报社

地　址：抚州市临川大道228号
邮　编：344000

电　话：(0794)8251232、8261769

赣南广播电视报广告部

地　址：赣州市章贡区姚府里 2 号 2 楼广告部(原文艺学校对面)
邮　编：341000
电　话：(0797)8204433

新闻出版类

光华时报

地　址：南昌市叠山路 511 号
邮　编：330008
电　话：(0791)6832825

江南都市报

地　址：南昌市红谷中大道 1326 号
邮　编：330038
电　话：(0791)6849639

江西日报社广告部

地　址：南昌市阳明路 190 号
邮　编：330006
电　话：(0791)6849125

江西商报社

地　址：南昌市西湖区三元井街 39 号
邮　编：330003
电　话：(0791)8680778、6283295

经济晚报广告部

地　址：南昌市省委大院内
邮　编：330006
电　话：(0791)6820366

九江日报社广告中心

地　址：九江市南湖支路 17 号
邮　编：332000
电　话：(0792)8557890

九江晚报社广告中心

地　址：九江市南湖支路 17 号
邮　编：332000
电　话：(0792)8581387

临川晚报广告中心

地　址：抚州市临川区赣东大道 469 号
邮　编：344000
电　话：(0794)8239888

南昌广播电视报广告部

地　址：南昌市环湖路 39 号
邮　编：330006
电　话：(0791)6237122、6223255

南昌日报社广告中心

地　址：南昌市阳明东路 757 号奥斯卡大厦 B 座 4 楼 4004
邮　编：330008
电　话：(0791)6822471

新余广播电视报社

地　址：新余市仙来中大道 49 号
邮　编：338000
电　话：(0790)6443289

新余日报社广告部

地　址：新余市北湖西路 1 号
邮　编：338000
电　话：(0790)6442342

信息日报广告部

地　址：南昌市阳明路 190 号
邮　编：330006
电　话：(0791)6849215

宜春日报社广告部

地　址：宜春市中山中路 530 号
邮　编：336000
电　话：(0795)3223764

山东省

公　司　类

山东高速文化传媒有限公司

地　址：济南市历下区龙奥北路 8 号山东高速大厦 7 楼 705
邮　编：250098
电　话：(0531)86598776

华众禾晨广告传媒有限公司烟台分公司

地　址：烟台市莱山机场宾馆
邮　编：264000
电　话：(0535)6299268、6299527-8005

烟台广告创意产业园区管委办

地　址：烟台市通世南路 7 号
邮　编：264000
电　话：(0535)6739505

德州齐鲁大钟广告有限公司

地　址：德州市湖滨北路 19 号
邮　编：253000
电　话：(0534)2695586

德州市天虹广告装饰有限公司

地　址：德州市三八中路 1104 号
邮　编：253014
电　话：(0534)2632989

德州市兆瑞广告有限公司

地　址：德州市德城区新湖路新湖商务港 417
邮　编：253000
电　话：(0534)2669990

德州天海广告有限公司

地　址：德州市东风中路 45 号
邮　编：252300
电　话：(0534)2675777

德州铁艺广告装饰有限公司

地　址：德州市天衢中路 1969 号
邮　编：253000
电　话：(0534)2367736

东营市飞来广告有限公司

地　址：东营市淄博路 9 号百年大厦 4 层 410 室
邮　编：257000
电　话：(0546)7365156

东营市公共交通汽车公司广告经营部

地　址：东营市东城胶州路 448 号
邮　编：257000
电　话：(0546)8983456

东营市邮政商函广告局

地　址：东营市邮政局商函广告局

邮　编：257000
电　话：(0546)8231006

高速公路开发总公司潍坊分公司

地　址：潍坊市经济开发区友谊路10号
邮　编：261041
电　话：(0536)8655340

菏泽公交广告装潢公司

地　址：菏泽市定陶路2号
邮　编：274000
电　话：(0530)6089206

济宁市公交广告公司

地　址：济宁市建设路81号
邮　编：272000
电　话：(0537)2325999

济宁市邮政商函广告局

地　址：济宁市邮政商函广告局
邮　编：272000
电　话：(0537)2217777

济宁众望广告公司

地　址：济宁市黄河东路大众日报济宁分社
邮　编：272000
电　话：(0537)2391039

聊城三维广告有限公司

地　址：聊城市振兴西路20号
电　话：(0635)8385099

聊城市现代广告艺术发展有限公司

地　址：聊城市东昌东路94号军分区对面五交化4楼
电　话：(0635)8225521

齐鲁鑫泰文化传播有限公司

地　址：德州市东方红路49号帝景苑综合楼3单元406
邮　编：253000
电　话：(0534)2318888

青岛金桥广告有限公司

地　址：青岛市香港西路67号光大国际金融中心9C—E
邮　编：266071
电　话：(0532)83877876

荣成市海波广告装饰中心

地　址：荣成市成山大道
邮　编：264300
电　话：(0631)7556888

山东爱达传媒有限公司

地　址：日照市黄海一路36号
邮　编：276826
电　话：(0633)8398999

山东博大航空广告有限公司

地　址：济南市泉城路17号华能大厦7层
邮　编：250011
电　话：(0531)86098757

山东长城梅地亚文化传播有限公司

地　址：山东省济南市青年东路16号8层
邮　编：250011
电　话：(0531)82677101

山东唐码龙骏传媒有限公司

地　址：济南市历下区泉城路180号齐鲁国际大厦Z709
邮　编：250011
电　话：(0531)86905657

山东艺景广告装饰有限公司

地　址：莱芜市莱城区长勺北路艺景大街006号
邮　编：271100
电　话：(0634)5611111

山东震环日月星国际广告传媒有限公司

地　址：东营区淄博路9号百年大厦D段5楼
邮　编：257000
电　话：(0546)8205466

山东正伟广告有限公司

地　址：枣庄市市中区华山中路枣庄市建设科技中心4楼
邮　编：277100
电　话：(0632)5100888

威海黑眼睛广告公司

地　址：威海市文化东路41-7号
邮　编：264200
电　话：(0631)5203333

威海红黄蓝广告有限公司

地　址：威海市顺河街212号106室
邮　编：264200
电　话：(0631)5280800

威海巨鲨广告有限公司

地　址：威海市文化中路52号五棵松文化广场5楼
邮　编：264200
电　话：(0631)5221356

威海路通工程有限公司

地　址：威海市青岛北路55号
邮　编：264200
电　话：(0631)5235786

威海明珠广播电视广告有限公司

地　址：威海市统一路395号
邮　编：264200
电　话：(0631)5223022

威海缘也广告有限责任公司

地　址：威海市统一路418号
邮　编：264200
电　话：(0631)5237777

潍坊广达广告有限公司

地　址：潍坊市东风街与鸢飞街交叉路口
邮　编：261041
电　话：(0536)8227762、2109891

潍坊科艺广告有限公司

地　址：昌邑市河东工业园
邮　编：261300
电　话：(0536)7213861

潍坊市公交广告公司

地　址：潍坊市奎文区东风东街295号
邮　编：261041
电　话：(0536)8256549

香港大千企划有限公司

地　址：潍坊市福寿街与和平路交叉路西南角巴黎假日大厦17层
邮　编：261011
电　话：(0536)8275416

烟台市广告美术人有限公司

地　址：烟台市胜利路336号
邮　编：264000
电　话：(0535)6511888

烟台市天马广告有限公司

地　址：烟台市胜利路208号汇丰广场908
邮　编：264000
电　话：(0535)6239334

烟台玉彤广告有限公司

地　址：烟台市西南河路 121 号
邮　编：264000
电　话：(0535)6664534

淄博奥特传媒发展有限公司

地　址：淄博市张店区共青团西路 95 号 12 层 A 座
邮　编：255000
电　话：(0533)2318899

淄博齐林众信广告有限公司

地　址：淄博市张店区昌国西路 26 号
邮　编：255000
电　话：(0533)2287777

广播电视类

青岛广电影视传媒集团有限公司

地　址：青岛市宁夏路 200 号
邮　编：266071

齐鲁电视台

地　址：济南市经十路 18567 号
邮　编：250062
电　话：(0531)82925718

青岛电视广告实业总公司

地　址：青岛市宁夏路 200 号
邮　编：266071
电　话：(0532)85701888

菏泽电视台广告中心

地　址：菏泽市中华东路 1428 号
邮　编：274000
电　话：(0530)5336264

东营人民广播电台新闻频道

地　址：东营市南一路 260 号
邮　编：257091
电　话：(0546)8330449

济宁人民广播电台交通文艺台

地　址：济宁市中区常青路 9 号广电大厦 1304
邮　编：272037
电　话：(0537)2235577

东营电视台广告部

地　址：东营市东城南一路 260 号
邮　编：257091
电　话：(0546)8333358

淄博人民广播电台

地　址：淄博市张店区华光路 52 号广电大厦交通文艺广播广告部
邮　编：255000
电　话：(0533)6213110

菏泽人民广播电台

地　址：菏泽市中华路 1389 号
邮　编：274000
电　话：(0530)5960516

烟台市广播电视台广告中心

地　址：烟台市青年路 50 号
邮　编：264000
电　话：(0535)6242962

滨州人民广播电台音乐交通之声

地　址：滨州市黄河五路 358 号广电大厦 1408 室
邮　编：256600
电　话：(0543)3183866

德州人民广播电台

地　址：德州市东方红路 1266 号
邮　编：253012
电　话：(0534)2687963

菏泽电视台广告中心

地　址：菏泽市中华路 1428 号
邮　编：274033
电　话：(0530)5336264

济宁电视台广告中心

地　址：济宁市中区常青路 9 号
邮　编：272037
电　话：(0537)2221234

济宁市威城电视台

地　址：济宁市金宇路 26 号
邮　编：272000
电　话：(0537)2357887

莱芜广播电视局

地　址：莱芜市高新区汶河大道 001 号
邮　编：271100
电　话：(0634)8866958

聊城人民广播电台

地　址：聊城市财干路 6 号聊城电视台广告中心
邮　编：252000
电　话：(0635)8088881

临沂广播电视台

地　址：临沂市兰山区金雀山路 33 号
邮　编：276001
电　话：(0539)2952805

临沂人民广播电台

地　址：临沂市金雀山路 21 号广播电视大厦 19 楼
邮　编：276000
电　话：(0539)2952145

青岛人民广播电台

地　址：青岛市宁夏路 200 号广电大厦
邮　编：266071
电　话：(0532)85701510

日照广播电视台广告中心

地　址：日照市烟台路 179 号
邮　编：276826
电　话：(0633)8802191

山东电视广告发展总公司

地　址：济南市经十路 83 号山东电视大厦 1003 室
邮　编：250062
电　话：(0531)82958801

泰安人民广播电台

地　址：泰安市泰山区迎暄大街 200 号
邮　编：271000
电　话：(0538)6126599

威海广播电视台广告中心

地　址：威海市文化中路 66 号
邮　编：264200
电　话：(0631)5191072

潍坊电视台广告信息中心

地　址：潍坊市胜利东街 85 号
邮　编：261061
电　话：(0536)8781386

潍坊人民广播电台

地　址：潍坊市奎文区东风东街 248 号
邮　编：261041
电　话：(0536)8236672

潍坊市潍城区电视台广告中心

地　址：潍坊市向阳路 108 号
邮　编：261021
电　话：(0536)8188596、8188887

枣庄电视台广告中心

地　址：枣庄市中区光明西路 88 号广电大厦
邮　编：277100
电　话：(0632)3323789

枣庄广播影视总台

地　址：枣庄市光明西路 88 号广电大厦
邮　编：277101
电　话：(0632)3321273

枣庄山亭区广播电视局

地　址：枣庄市山亭区府前路
邮　编：277200
电　话：(0632)8811393

枣庄市峄城区广播电视局广告部

地　址：枣庄市环山路 68 号
邮　编：277300
电　话：(0632)7713936

新闻出版类

半岛都市报

地　址：青岛市南京路 110 号半岛都市报大厦
邮　编：266071
电　话：(0532)80889117、80889202

烟台日报社广告部

地　址：烟台市北大街 54 号
邮　编：264000
电　话：(0535)6631225

生活日报社广告部

地　址：济南市经十路 16122 号
邮　编：250014
电　话：(0531)85196362、82963188

大众日报

地　址：济南市经十路 46 号
邮　编：250014
电　话：(0531)85196701

德州日报社广告信息部

地　址：德州市经济开发区东方红东路 2177 号
邮　编：253000
电　话：(0534)2562876

东营市诱惑风杂志社

地　址：东营区淄博路 71 号诱惑风杂志社
邮　编：257000
电　话：(0546)8701995

菏泽日报广告部

地　址：菏泽市太原路 66 号
邮　编：274000
电　话：(0530)5969516、5969510

济南日报

地　址：济南市经七路 28-1 号
邮　编：250001
电　话：(0531)82886248

济南时报

地　址：济南市经七路 28-1 号
邮　编：250001
电　话：(0531)82062778

济宁广播电视报

地　址：济宁市中区常青路 9 号
邮　编：272000
电　话：(0537)2271866、2238056

济宁日报社广告部

地　址：济宁市红星东路 15 号
邮　编：272000
电　话：(0537)2343207、2343326、2343963

齐鲁晚报广告部

地　址：济南市经十路 16122 号
邮　编：250014
电　话：(0531)82616676

山东广播电视报社东营分社广告部

地　址：东营市东城南一路 260 号
邮　编：257091
电　话：(0546)8318688

山东广播电视报社胜利分社

地　址：东营市影视街 12 号
邮　编：257000
电　话：(0546)8777365、8771750

山东商报

地　址：济南市山师东路 4 号
邮　编：250014
电　话：(0531)88197665

潍坊广播电视报社广告中心

地　址：潍坊市奎文区文正路 2 号
邮　编：261041
电　话：(0536)8888751

河南省

公 司 类

河南华视广告文化传播有限公司

地 址：郑州市农业东路 2 号院
邮 编：450000
电 话：(0371)65751380

河南惠乔广告有限公司

地 址：郑州市东明路 218 号索克大厦 5 楼
邮 编：450000
电 话：(0371)65677251

河南天明公交广告有限公司

地 址：郑州市金水路与英协路交叉路口盛润白宫东塔 1010
邮 编：450000
电 话：(0371)66227934、60156008

河南维思广告有限公司

地 址：郑州市经三路 28 号融丰花苑 B 座 16FB
邮 编：450000
电 话：(0371)65786202、65786254

河南新乡博雅广告有限公司

地 址：平原路 158 号
邮 编：453000
电 话：(0373)3020777

洛阳大禾广告文化传播有限公司

地 址：洛阳市西工区九都路星河国际 504 室
邮 编：471000
电 话：(0379)63372979

洛阳兰勃形象设计工作室

地 址：洛阳市沙厂南路中泰新城泰康苑三楼 C 座
邮 编：471000
电 话：(0379)63900675

洛阳上德赛诺广告有限公司

地 址：洛阳市沙厂南路中泰商务楼 2007 室
邮 编：471000
电 话：(0379)65288179

洛阳市澳特广告有限公司

地 址：洛阳市沙厂南路通元花园 3 号楼 B 座 1102
邮 编：471000
电 话：(0379)63123322

洛阳市电力广告有限公司

地 址：洛阳市西工区健康西路 5 号
邮 编：471000
电 话：(0379)63398418

洛阳市多恩广告有限公司

地 址：洛阳市涧西区建设路 154 号
邮 编：471004
电 话：(0379)64966174

洛阳市烽火广告有限公司

地 址：洛阳市西工区沙厂南路通元国际花园裙楼 3 层
邮 编：471000
电 话：(0379)6326111

洛阳市士奇广告文化传播有限公司

地 址：洛阳市沙厂南路中泰商务楼 1907 室
邮 编：471000
电 话：(0379)63937998

洛阳市众联成志广告文化传播有限公司

地 址：洛阳市沙厂南路通元花园 B 座 1204 室
邮 编：471000
电 话：(0379)63120138

洛阳视觉广告传播有限公司

地 址：洛阳市西工区沙厂南路中泰新城泰安苑 A 座 6 楼
邮 编：471000
电 话：(0379)63300958

洛阳太阳升广告有限公司

地 址：洛阳市涧西区联盟路雅赛城 D 座 102 室
邮 编：471004
电 话：(0379)5280111

洛阳天明公交广告有限责任公司

地 址：洛阳市涧西区南苑路停车场 3 楼
邮 编：471000
电 话：(0379)4329092

新乡市奔马文化传播有限公司

地 址：新乡市平原路石牌仿商业街 19 号
邮 编：453000
电 话：(0373)2059988

新乡市东方广告有限公司

地 址：新乡市平原路豫北大厦 11 层
邮 编：453000
电 话：(0373)2072222

新乡市黑马广告装饰有限公司

地 址：新乡市劳动路中段 83 号 2 楼
邮 编：453000
电 话：(0373)2818000

新乡市红绿蓝广告有限公司

地 址：新乡市胜利路中段新世纪广场 1084 室
邮 编：453000
电 话：(0373)2717000

新乡市新生活资讯广告有限公司

地 址：新乡市健康路 28 号
邮 编：453000
电 话：(0373)2056218

新乡市阳光广告有限公司

地 址：新乡市开发区启明小区 2 号楼五单元 1 楼
邮 编：453000

新乡市银河公交广告传媒有限公司

地 址：新乡市和平大道南 238 号
邮 编：453000
电 话：(0373)5091155

新乡市中山广告装潢有限公司

地　址：新乡市人民路恒升世家 B 座 19 层
邮　编：453000
电　话：(0373)3060000

广播电视类

河南电视台

地　址：郑州市金水区郑花路 18 号
邮　编：450008
电　话：(0371)65888888

河南人民广播电台

地　址：郑州市经五路 2 号广播大厦
邮　编：450003
电　话：(0371)65889366

南阳电视台

地　址：南阳市滨河路 56 号
邮　编：473056
电　话：(0377)63143888

商丘电视台广告中心

地　址：商丘市文化路 272 号商丘电视台广告部
邮　编：476000
电　话：(0370)2530601

郑州电视台

地　址：郑州市淮河路 67 号郑州电视台广告部
邮　编：450052
电　话：(0371)68866555

洛阳市电视台

地　址：洛阳市西工区九都路 66 号
邮　编：471000
电　话：(0379)62682665

洛阳人民广播电台

地　址：洛阳市西工区九都路 67 号
邮　编：471000
电　话：(0379)63150526

新闻出版类

河南日报报业集团有限公司

地　址：郑州市农业路东段 28 号河南日报报业大厦 2102
邮　编：450008
电　话：(0371)65795870

大河报

地　址：郑州市农业路东 28 号
邮　编：450008
电　话：(0371)65796171

洛阳日报报业集团广告总公司

地　址：洛阳市新区开元大道 218 号
邮　编：471000
电　话：(0379)63256081

耐火材料编辑部

地　址：洛阳市涧西区西苑路 43 号
邮　编：471039
电　话：(0379)64205958

经济视点报社广告部

地　址：郑州市农业路 72 号
邮　编：450000
电　话：(0371)63862338、63862332

洛阳广播电视报社

地　址：洛阳市西工区九都路 67 号
邮　编：471000
电　话：(0379)63353871

河南东方今报

地　址：郑州市经五路 2 号东方今报社
邮　编：450003
电　话：(0371)65887909

河南商报

地　址：郑州市金水路 16 号附 1 号中青大厦 8 楼河南商报社
邮　编：450002
电　话：(0371)65866233

开封日报

地　址：开封市劳动路开封日报社
邮　编：475002
电　话：(0378)2921688

洛阳晚报社

地　址：洛阳新区开元大道 218 号
邮　编：471000
电　话：(0379)63232389

郑州晚报

地　址：郑州市陇海西路 80 号郑州晚报新闻大厦西大厅广告经中心
邮　编：450000
电　话：(0371)67655209、67655027

湖北省

公　司　类

武汉广夏同仁广告有限公司

地　址：武汉市江岸区中山大道锦江苑附 31 楼
邮　编：430014
电　话：(027)85556811

湖北东方广告有限公司

地　址：武汉市武昌区 90 号楼富贵里 3 层
邮　编：430062
电　话：(027)88562146

武汉丽兰传媒有限公司

地　址：武汉市江岸区解放大道 1511 号化工大厦 8 楼
邮　编：430000
电　话：(027)59236918

武汉尊荣广告国际传播发展有限公司

地　址：武汉市江岸区中山大道 1166 号金源大厦 B 座 28 层
邮　编：430013
电　话：(027)82778898

北京首都机场广告有限公司湖北分公司

地　址：武汉市发展大道 164 号
邮　编：430023
电　话：(027)83518738

湖北视星广告有限责任公司

地　址：武汉市解放大道 1328 号中原大厦 17 楼 AB
邮　编：430010
电　话：(027)82740365

湖北中兴广告装饰有限公司

地　址：武汉市汉口邬家墩 115 号金贸中心 C 座 7 楼
邮　编：430023
电　话：(027)85880418

潜江市华昌广告有限公司

地　址：潜江市东风路 108 号
邮　编：433100
电　话：(0728)6248490

武汉大众设计策划有限公司

地　址：武汉市江岸区洞庭街 139 号柏林公寓 10 楼 D 座
邮　编：430014
电　话：(027)82822315

武汉光明广告有限公司

地　址：武汉市江汉区万松园路 52 号
邮　编：430022
电　话：(027)85780898

武汉利器广告传播有限公司

地　址：武汉市江汉经济开发区汉口创业中心 1 号楼 5 楼
电　话：(027)83567356

武汉新纪元广告装饰有限公司

地　址：武汉经济技术开发区创业道 2 号绿岛实业 3 楼
邮　编：430056
电　话：(027)84896650

武汉新联达广告有限公司

地　址：武汉市江岸区惠济路 38 号
邮　编：430010
电　话：(027)82864656−801

广播电视类

湖北长江广电广告有限公司

地　址：武汉市武昌区公正路 216 号平安国际大厦 12 楼
邮　编：430071
电　话：(027)87329728

鄂西电视台

地　址：恩施市东风大道 278 号恩施州广播电视局
邮　编：445000
电　话：(0718)8244657

孝感电视台

地　址：孝感市长征路 106 号
邮　编：432100
电　话：(0712)2323930

荆门电视台广告部

地　址：荆门市长宁大道 51 号
邮　编：448000
电　话：(0724)2360333

鄂州广播电视局广告中心

地　址：鄂州市滨湖西路新广电大楼
邮　编：436000
电　话：(0711)3357378

湖北楚天广播电台广告部

地　址：武汉市汉口解放大道 1237 号
邮　编：430022
电　话：(027)85762122

湖北电视经济频道

地　址：武汉市中北路 1 号湖北经视大厦 19 楼
邮　编：430071
电　话：(027)87713331

黄冈电视台广告部

地　址：黄冈市黄州区东门路 169 号
邮　编：438000
电　话：(0713)8812077

黄石电视台

地　址：黄石市广会路黄石广电中心
邮　编：435000
电　话：(0714)6352247

荆州电视台广告中心

地　址：荆州市江津西路 266 号广电大厦
邮　编：434000
电　话：(0716)8266888

荆州人民广播电台

地　址：荆州沙市区江津西路 266 号广电大楼
邮　编：433000
电　话：(0716)8527567

十堰人民广播电台

地　址：十堰市人民北路 4 号广电大楼 810 室
邮　编：442000
电　话：(0719)8681007

随州电视台

地　址：随州市清和路 35 号
邮　编：441300
电　话：(0722)3241476、3222406

随州人民广播电台

地　址：随州市烈山大道 359 号
邮　编：441300
电　话：(0722)3230029

武汉教育电视台广告部

地　址：武汉市江汉区常青路 58 号 1 楼
邮　编：430023
电　话：(027)85605900、65654710

咸宁人民广播电台

地　址：咸宁市温泉路 38 号
邮　编：437100
电　话：(0715)8262959 办

襄樊人民广播电台

地　址：襄樊市樊城区中山后街 78 号
邮　编：441000
电　话：(0710)3485964

新闻出版类

宜昌三峡日报传媒集团有限责任公司

地　址：宜昌市东山大道 119 号
邮　编：443000
电　话：(0717)6449702

湖北长江商报社

地　址：武汉市洪山区珞瑜路 78 号长江传媒大厦 20 楼 2004 室
邮　编：430070
电　话：(027)87660211

武汉晚报社

地　址：武汉市建设大道 760 号
邮　编：430010
电　话：(027)82868131

湖北日报报业集团楚天广告总公司

地　址：武汉市东湖路 181 号
邮　编：430000
电　话：(027)88567860

潜江报社广告部

地　址：潜江市章华中路 5 号
邮　编：433100
电　话：(0728)6244546、6238926

武汉晨报广告部

地　址：武汉市江汉区建设大道长江日报路特 1 号
邮　编：430015
电　话：(027)85719543

幸福杂志社

地　址：武汉市汉口洞庭街 127 号
邮　编：430017
电　话：(027)82788982

知音杂志社

地　址：武汉市武昌区东湖路 169 号知音传媒集团
邮　编：430077
电　话：(027)68890808

湖南省

公 司 类

湖南广视广告公司

地　址：长沙市劳动西路 346 号有色大厦十楼
邮　编：410007
电　话：(0731)85156110

湖南东文新锐传媒有限公司

地　址：长沙市芙蓉区火星镇天泰花园中门 1 楼
邮　编：410007
电　话：(0731)84743999

湖南新广联巴士广告有限公司

地　址：长沙市韶山北路 139 号文化大厦 2118
邮　编：410011
电　话：(0731)82259668

永州市丰一广告创意有限公司

地　址：永州市冷水滩区先永路中亚家园 2202
邮　编：425002
电　话：(0746)8331118

怀化市闪闪星星广告有限公司

地　址：怀化市迎丰中路 251 号
邮　编：418000
电　话：(0745)2241222、2132888

宏远广告策划有限公司

地　址：吉首市团结东路 18 号
邮　编：416000
电　话：(0743)8711698

长沙市达美文化传播有限公司

地　址：长沙市人民中路 400 号长沙城投 12 楼
邮　编：410011
电　话：(0731)84156560

怀化市晨龙广告装饰有限公司

地　址：怀化市河西经济开发区德天五交化 2 楼
邮　编：418000
电　话：(0745)2316668

怀化美广文化艺术传播有限公司

地　址：怀化市人民南路建行鹤城支行大院
邮　编：418000
电　话：(0745)2291368

湖南新金果传媒有限公司

地　址：长沙市凯华大厦 6 楼
邮　编：410007

长沙铁路广告装饰公司

地　址：长沙市五一大道 149 号
邮　编：410001
电　话：(0731)82630770

长沙邮政信息广告公司

地　址：长沙市芙蓉东路 3 段 468 号
邮　编：410015
电　话：(0731)85231985

常德市楚天广告有限公司

地　址：常德市武陵大道小西门建材市场 A 栋 2 楼
邮　编：415000
电　话：(0736)7206117、7206112

常德市佳视广告公司

地　址：常德市建设路
邮　编：415000
电　话：(0736)7769551

常德市金都广告实业有限公司

地　址：常德市武陵大道南首创大厦 1603 号
邮　编：415000
电　话：(0736)7767711、7767766

常德市灵智彩视策划设计有限公司

地　址：常德市武陵大道中段华信大厦 502
邮　编：415000
电　话：(0736)7727848

常德市天能广告有限公司

地　址：常德市朗州南路丹阳楼
邮　编：415000
电　话：(0736)7260999

常德市紫色光广告有限公司

地　址：常德市皂果路海利公寓 2 楼
邮　编：415000
电　话：(0736)7769368

郴州市诚功广告有限公司

地　址：郴州市中山北街 21－13 号（郴州卫生局对面）
邮　编：423000
电　话：(0735)2258762

郴州市深海广告有限公司

地　址：郴州市锦湘花园 B 座 501 室
邮　编：423000
电　话：(0735)2246089

衡阳市大地传媒广告有限公司

地　址：衡阳市石鼓区碧水蓝天 1 栋
邮　编：421001
电　话：(0734)8210768

衡阳市飞龙广告有限公司

地　址：衡阳市红湘北路附 39 号

邮　编：421001
电　话：(0734)6683699

湖南木林森文化发展有限公司

地　址：长沙市芙蓉南路一段 368 号 CTA 财富中心 20 楼
电　话：(0731)85819488

湖南省广告美术公司

地　址：长沙市雨花区韶山北路 356 号包装大厦 B 座 4 楼
邮　编：410007
电　话：(0731)84417289

湖南省拓通广告有限公司

地　址：长沙市解放西路汇源大厦 1907 室
邮　编：410005
电　话：(0731)82273222

湖南天马广告经贸有限公司

地　址：株洲市七一路 2 号中旺锦安城 A 座 19 楼
邮　编：412000
电　话：(0731)28217886

湖南幸福文化品牌传媒有限公司

地　址：长沙市芙蓉中路 776 号湘凯石化大厦 1805、1806 室
邮　编：410005
电　话：(0731)82810556

湖南幸运星·上扬广告有限公司

地　址：长沙市韶山北路 216 号维一星城国际 6 层
邮　编：410011
电　话：(0731)84152550

怀化市银峰广告装饰有限公司

地　址：怀化市河西西南陶瓷城 6 栋 502 室
邮　编：418000
电　话：(0745)2277878

怀化市邮政局信函广告分局

地　址：怀化市人民南路 48 号
邮　编：418000
电　话：(0745)2241904

怀化市正兴广告艺术有限公司

地　址：怀化市步步高 10 楼
邮　编：418000
电　话：(0745)2230898

湘西自治州天和广告公司

地　址：湘西自治州吉首市团结东路 18 号
邮　编：416000
电　话：(0743)8721245

湘西自治州邮政信函广告分局

地　址：吉首市武陵山人民北路 62 号
邮　编：416000
电　话：(0743)8271636

新化县晨宇广告公司

地　址：娄底市新化县建设局
邮　编：417600
电　话：(0738)3211631

益阳市安化云天广告艺术有限公司

地　址：益阳市安化县东坪镇湘资市场 1 号楼
邮　编：413500
电　话：(0737)7229989

益阳市飞翔广告有限公司

地　址：益阳市大桃路 559 号
邮　编：413000
电　话：(0737)4243222

益阳市贵宝广告实业有限公司

地　址：益阳市长益路 20 号
邮　编：413000
电　话：(0737)4247938

益阳市金翔广告设计有限公司

地　址：益阳市银城大市场
邮　编：413000
电　话：(0737)2661007

益阳市三鑫广告装饰有限公司

地　址：益阳市桃花仑西路 148 号
邮　编：413000
电　话：(0737)4236159

益阳市邮政局邮送广告部

地　址：益阳市益阳大道东 421 号
邮　编：413000
电　话：(0737)6351278

益阳市振强广告有限公司

地　址：益阳市资阳区五一西路 111 号
邮　编：413001
电　话：(0737)4315888

永州市奔腾彩印有限公司

地　址：永州市凤凰园开发区向荣路西侧
邮　编：425000
电　话：(0746)8224298、8221488

沅江市跃马广告装饰设计有限公司

地　址：沅江市琼湖西路金旺小区 3 楼
邮　编：413100
电　话：(0737)2710398

岳阳华实广告装饰有限公司

地　址：岳阳市东茅岭工商银行
邮　编：414000
电　话：(0730)8210819

岳阳金达电视广告有限公司

地　址：岳阳市金鹗山 32 号
邮　编：414000
电　话：(0730)8202016

岳阳金帆广播电视广告总公司

地　址：岳阳市南湖大道岳阳电视台
邮　编：414000
电　话：(0730)8214555

岳阳市创一广告装饰有限公司

地　址：岳阳市室内装饰城 9 栋 2–3 层
邮　编：414000
电　话：(0730)8264826

岳阳市东方广告装饰有限公司

地　址：岳阳市站前西路文盛大厦 202 室
邮　编：414000
电　话：(0730)8235161

岳阳市公交广告有限公司

地　址：岳阳市东茅岭路 53 号
邮　编：414000

岳阳市金宇广告装饰有限公司

地　址：岳阳市鑫八达广告市场
邮　编：414000
电　话：(0730)8229886

岳阳市久鸿广告有限公司

地　址：岳阳市五里牌工业品市场 2 区 D 栋 13
邮　编：414000
电　话：(0730)3133000

广播电视类

长沙电视台政法频道

地　址：长沙市侯家塘有色大厦 3 楼
邮　编：410007
电　话：(0731)82884866

湖南经视

地　址：长沙市浏阳河桥东省广电中心西裙楼
邮　编：410003
电　话：(0731)84802816

益阳人民广播电台

地　址：益阳市广播电视中心 9 楼广播电台综合部
邮　编：413000
电　话：(0737)4380566

常德电视台广告公司

地　址：常德市武陵大道中段 267 号常德电视台广告公司
邮　编：415000
电　话：(0736)7202883

怀化人民广播电台城市之声频道

地　址：怀化市城东新区广电中心电台城市之声频道
邮　编：418000
电　话：(0745)2858954

娄底电视台

地　址：娄底市娄底电视台公共频道
邮　编：417000
电　话：(0738)8762518

双牌县广播电视局

地　址：永州市万山路 20 号
邮　编：425200
电　话：(0746)7727599

桃江县广播电视局广告部

地　址：益阳市桃江县桃花路三角坪
邮　编：413400
电　话：(0737)8823272、8822863

湘西电视台广告部

地　址：吉首市湘西自治州电视台广告部
邮　编：416000
电　话：(0743)8222515

湘西州电视台

地　址：湘西自治州吉首市砂子坳湘西州电视台
邮　编：416000
电　话：(0743)8222515

益阳电视台

地　址：益阳市益阳电视台广告公司
邮　编：413000
电　话：(0737)4380261

新闻出版类

湖南潇湘晨报传媒经营有限公司

地　址：湖南省长沙市韶山南路 258 号
邮　编：410004
电　话：(0731)85011908

三湘都市报

地　址：长沙市芙蓉中路一段 440 号
邮　编：410005
电　话：(0731)84329373

益阳广播电视报社广告部

地　址：益阳市朝阳东路广电中心 1 楼
邮　编：413000
电　话：(0737)4381788

长沙晚报

地　址：长沙市芙蓉区晚报大道 267 号
邮　编：410016
电　话：(0731)2205019

郴州日报社广告部

地　址：郴州市苏仙北路 42 号
邮　编：423000
电　话：(0735)2882653

当代商报

地　址：长沙市开湖区建乡新村 88 栋
邮　编：410008
电　话：(0731)4375333

洞庭之声报广告部

地　址：岳阳市广播电视局
邮　编：414000
电　话：(0730)2959150

衡阳日报广告部

地　址：衡阳市市环城北路 3 号
邮　编：421001
电　话：(0734)8247333

湖南日报社

地　址：长沙市芙蓉中路
邮　编：410000
电　话：(0731)4329888

怀化日报社广告部

地　址：怀化市湖天南路
邮　编：418000
电　话：(0745)2712029

益阳日报广告部

地　址：益阳市益阳大道西 209 号益阳日报社新闻楼广告部
邮　编：413000
电　话：(0737)4223845

永州日报社广告部

地　址：永州市冷水滩区铁塔路
邮　编：425002
电　话：(0746)8360651

广东省

公 司 类

广东省南方广告有限公司

地　址：广州市越秀区广州大道中289号
邮　编：510599
电　话：(020)87376527

广东新路广告有限公司

地　址：广州市白云区机场路1735号南粤物流大厦3楼
邮　编：510410
电　话：(020)22353708

广州市珍宝广告有限公司

地　址：广州市体育西路103号维多利亚A塔33楼
电　话：(020)38103810

珠海天月影视有限公司

地　址：珠海市吉大九洲大道中嘉丽苑813号
邮　编：519000
电　话：(0756)2521958

阳江市维雅设计有限公司

地　址：阳江市体育路68号
电　话：(0662)3976818

河源市巨龙广告策划有限公司

地　址：河源市东华路109号
邮　编：517000
电　话：(0762)3881983

汕头市泰峰广告策划有限公司

地　址：汕头市金砂中路友谊国际大厦11楼A室
邮　编：515100
电　话：(0754)88633779

汕头市丽影影视广告有限公司

地　址：汕头市金砂路友谊国际大厦1905
邮　编：515100
电　话：(0754)88322869

珠海市艺恒广告制作有限公司

地　址：珠海市翠微东路268号
邮　编：519000
电　话：(0756)8614875

清远尚美传播有限公司

地　址：清远市新城连江西路丽清花园丽兴苑A、B座2楼
邮　编：511515
电　话：(0763)3366999

大广（广州）广告有限公司

地　址：广州市东风中路410号时代地产大厦801–802室
邮　编：510030
电　话：(020)83487151

东莞市视艺传播广告有限公司

地　址：东莞市园岭路49号晓翠园兴业大厦8楼
邮　编：523012
电　话：(0769)22500278

东莞市心域广告有限公司

地　址：东莞市南城区胜和路胜和广场B座9D
邮　编：523000
电　话：(0769)22238838

恩平市蓝天广告装潢有限公司

地　址：恩平市新平北路55号
电　话：(0750)7711662

恩平市永和广告装饰有限公司

地　址：恩平市新平北路16号慧景楼203室
电　话：(0750)7112880

高州市粤港广告装修公司

邮　编：525200
电　话：(0668)6671679

广东广旭广告有限公司

地　址：广州市中山二路18号电信广场26楼
邮　编：510081
电　话：(020)88889818

广东力臣国际广告有限公司

地　址：广州市东风东路713号广东发展银行大厦25楼
邮　编：510000
电　话：(020)87311871

广东麦智传扬广告传播有限公司

地　址：广州市黄浦大道中翠华街83号B栋3层
邮　编：510630
电　话：(020)61003394

广东汕特装饰工程有限公司

地　址：揭阳市东山区榕贵园1区108号
邮　编：522031
电　话：(0663)8609999、8609888

广东省电信实业集团深圳市有限公司广告分公司

地　址：深圳市福田区皇岗路3009号培训大楼7楼
邮　编：518026
电　话：(0755)83501322

广东省广告股份有限公司

地　址：广州市东风东路745号之二金广大厦
邮　编：510080
电　话：(020)87600168

广东新快报媒体广告有限公司

地　址：广州市天河路533号
邮　编：510000
电　话：(020)85180888

广东新庆丰广告有限公司

地　址：广州市天河林和东路中旅商务大厦东座侨晖阁2806号房
邮　编：510000
电　话：(020)38803855

广东英扬传奇广告公司

电　话：(020)83489200

广东志明广告有限公司

地　址：清远市新城区连江路金沙商务大厦4楼4B03B
邮　编：511518
电　话：(0763)3360188

广州白云天骏国际传媒有限公司

地　址：广州市白云区机场路云霄街340号白云天骏大楼2楼
邮　编：510405

广州鼎盛广告公司

地　址：广州市越秀区五羊新城寺右南二街三巷(广兴华别墅区)3-4号2楼
邮　编：510600
电　话：(020)87365512

广州交易会广告有限公司

地　址：广州市流花路117号
邮　编：510014
电　话：(020)26081701

广州市蓝色火焰广告有限公司

地　址：广州市越秀区寺右新马路五羊新城广场1901号
邮　编：510600
电　话：(020)87377708

广州市旭日因赛广告有限公司

地　址：广州市珠江新城临江大道3号发展中心20F
邮　编：510623
电　话：(020)62606088

广州市致诚广告有限公司

地　址：广州市中山一路57号南方铁道大厦27楼
邮　编：510600
电　话：(020)61282235

广州思源广告有限公司

地　址：广州市水荫路2号华信大厦西座15楼
邮　编：510075
电　话：(020)37601478、37602260

广州中球广告有限公司

地　址：广州市越秀区水荫路56号3栋12楼
邮　编：510176
电　话：(020)87300018

和平县海天建筑工程有限公司

地　址：和平县阳明镇东山路101号
邮　编：517200
电　话：(0762)5688778

河源市风正广告设计有限公司

地　址：河源市红星路112-5号
邮　编：517000
电　话：(0762)3333337

河源市华宇广告公司

地　址：河源市茶亭街河源建筑设计院2楼
邮　编：517000
电　话：(0762)3371499

河源市新野广告策划有限公司

地　址：河源市中山大道御福花园21楼
邮　编：517000
电　话：(0762)3888013

河源市兄弟广告有限公司

地　址：河源市大同路168-1号
邮　编：517000
电　话：(0762)3886169

惠州市黄山影业有限公司

地　址：惠州市惠城区下埔路21号惠隆大厦
邮　编：516001
电　话：(0752)2119939

惠州市惠阳新兴广告装饰工程有限公司

地　址：惠州市惠阳区淡水镇开城大道富华东区首层115号铺
邮　编：516211
电　话：(0752)3378910

惠州市佳盛广告有限公司

地　址：惠州市下角南路150号益阳大厦9楼
邮　编：516002
电　话：(0752)5818888

惠州市杰出实业有限公司

地　址：惠州市惠城区世贸大厦18楼
电　话：(0752)2102000

江门博艺广告公司

地　址：江门市蓬江区迎宾大道中44号3楼
电　话：(0750)3911188

江门市新会区广富广告有限公司

地　址：江门市新会区三和大道北114号
电　话：(0750)6330999

江门市新会真色彩广告有限公司

地　址：江门市新会区圭峰西路38号203
电　话：(0750)6197882

揭阳市广告有限公司

地　址：揭阳市建阳路怡东花园东101号
邮　编：522031
电　话：(0663)8226102

揭阳市榕城区中天广告公司

地　址：揭阳市榕城区榕湖小区斜对面天洋二楼
邮　编：522000
电　话：(0663)8635313

开平市飞扬广告有限公司

地　址：开平市幕沙路107号2-3座
电　话：(0750)2330199

开平市红绿蓝广告有限公司

地　址：开平市义祠客运总站首层B12
电　话：(0750)2255518

黎丽个人广州千里马广告有限公司

地　址：广州市环四东路498号广发花园柏丽商业中心11楼
电　话：(020)87609985

龙帆传媒

地　址：深圳市福田区振华东路航天立业2901
电　话：(0755)83749171

罗定广告有限公司

地　址：罗定市龙园路26号
邮　编：527200
电　话：(0766)3838710

茂名日报广告有限责任公司

地　址：茂名市迎宾四路156号茂名日报社
邮　编：525000
电　话：(0668)2963993

茂名石化印务有限公司

地　址：茂名市厂前东路五大院5号
邮　编：525011
电　话：(0668)2260410

茂名市缤纷广告装潢有限公司

地　址：茂名市迎宾二路128号嘉富豪庭首层
邮　编：525000
电　话：(0668)3397388

茂名市飞鹿广告装潢有限公司

地　址：茂名市双山三路69号
邮　编：525000
电　话：(0668)2990999

茂名市风云广告有限公司

地　址：茂名市迎宾路135号丰年大厦3楼311室
邮　编：525000
电　话：(0668)2873616

茂名市集美设计广告装饰工程有限公司

地　址：茂名市迎宾路三路189号新时代花园2楼A座
邮　编：525000
电　话：(0668)2288699

茂名市青苹果广告印务有限公司

地　址：茂名市人民南路151号
邮　编：525000
电　话：(0668)2898141

茂名市万通广告公司

地　址：茂名市新福一街68号市工商局对面
邮　编：525000
电　话：(0668)2891146

茂名市兴发广告装潢有限公司

地　址：茂名市迎宾1路30号2楼
邮　编：525000
电　话：(0668)2291162

茂名市正凌广告有限公司

地　址：茂名市人民南路90号
邮　编：525000
电　话：(0668)2293333

梅州市白金广告有限公司

地　址：梅州市嘉应东路
电　话：(0753)2393288

梅州市报业广告有限公司

地　址：梅州市江南沿江东路
电　话：(0753)2263888

梅州市马良广告有限责任公司

地　址：梅州市梅新路61号
电　话：(0753)2273163

梅州市新建广告有限公司

地　址：梅州市丽都新村梅花苑115—117店
电　话：(0753)2312368

梅州市艺之林广告有限公司

地　址：梅州市华南大道园缘路37-40号
电　话：(0753)2256389

梅州市志昌广告有限公司

地　址：梅州市嘉应东路侨联大厦首层
电　话：(0753)2285338

普宁市智能广告有限公司

地　址：普宁市河滨路1号金叶大厦附属楼3楼
邮　编：515300
电　话：(0663)2254893

清远时兴广告传播有限公司

地　址：清远市清城区桥北路牛皇庙74号
邮　编：511500
电　话：(0763)3320421

清远市彩虹广告有限公司

地　址：清远市南步路23号
邮　编：511515
电　话：(0763)6817777

清远市共鸣广告装潢有限公司

地　址：清远市人民二路7号行政服务中心
邮　编：511500
电　话：(0763)3381398

清远市时尚广告装饰有限公司

地　址：清远市清新县太和镇玄真路39号
邮　编：511500
电　话：(0763)5834567

清远市游艺广告装饰有限公司

地　址：清远市清城桥北路中医院对面
邮　编：511500
电　话：(0763)3338598

汕头市长龙广告有限公司

地　址：汕头市华山路江山花园5座201室
邮　编：515100
电　话：(0754)88363400

汕头市汉鼎广告有限公司

地　址：汕头市龙湖区丹阳庄东路59栋2楼
邮　编：515100
电　话：(0754)88851949

汕头市汉威泰合设计顾问有限公司

地　址：汕头市韩江路豪景大厦401
邮　编：515100
电　话：(0754)88733808

汕头市恒泽广告策划有限公司

地　址：汕头市长平路金泰庄23幢202
邮　编：515100
电　话：(0754)88889097

汕头市华艺广告有限公司

地　址：汕头市汕樟北路浮西路段
邮　编：515100
电　话：(0754)88348442

汕头市兰德广告有限公司

地　址：汕头市金砂东路奋发航空大厦902室
邮　编：515100
电　话：(0754)88838745

汕头市林毅广告有限公司

地　址：汕头市乐山路1号
邮　编：515100
电　话：(0754)88867888

上海李奥贝纳广告有限公司广州分公司

地　址：广州市海珠海区阅江中路688号保利国际广场北场5楼
邮　编：510380
电　话：(020)28360333

上海太动文化传播有限公司

地　址：广州市天河北路233号中信

广场 5704 室
邮　编：510613

韶关市博文广告公司
地　址：韶关市环园西路十幢之一首层
邮　编：512000
电　话：(0751)8873678

韶关市凌翔广告策划有限公司
地　址：韶关市和平路 88 号粤海大厦南侧附楼 206 号
邮　编：512000
电　话：(0751)8916688

韶关市天合广告装饰有限公司
地　址：韶关市浈江区升平路 78 号
邮　编：512026
电　话：(0751)8889998，8873308

韶关市天马制作工程有限公司
地　址：韶关市新华南路长兴楼首层 9 号铺
邮　编：512026
电　话：(0751)8741414

深圳柏高广告有限公司
地　址：深圳市福田区华丰大 2408 室
邮　编：518034
电　话：(0755)83146100

深圳灵臻广告有限公司
地　址：深圳市福田区红荔西路第一世界广场 B 座 21 楼 E
邮　编：518000
电　话：(0755)83777255

深圳市蓝太阳广告有限公司
地　址：深圳市福田区福华三路国际商会中心 B24 楼

深圳市唐码之光广告有限公司
地　址：深圳市罗湖区南湖路国贸商助大厦 22 楼 A
邮　编：518041
电　话：(0755)82281628

深圳唐马之光广告公司
地　址：深圳市罗湖区南湖路国贸商厦
邮　编：518000
电　话：(0755)82282638

四会市广播电视广告有限公司
地　址：四会市通远街 16 座 2 号
电　话：(0758)3331243

台山市天马广告有限公司
地　址：台山市台城镇合新路 68 号
电　话：(0750)5676888

台山市天艺广告策划有限公司
地　址：台山市台城镇桥湖路 2 号 114 室
电　话：(0750)5510170

腾讯
地　址：深圳市南山区高新科技园科技中一路腾讯大厦 8 楼
邮　编：518057
电　话：(0755)86013388−87992

天行健文化传播有限公司
地　址：湛江市赤坎区人民大道北 98 号
邮　编：524000
电　话：(0759)3200332

西江报业传媒有限公司
地　址：肇庆市沙墩路 10 号
邮　编：526238
电　话：(0758)82721330

谢佩伦营销策划机构
地　址：广州市花城大道 3 号南天广场皇朝阁 1505 室
邮　编：510623
电　话：(020)22223309

信宜市广信广告有限公司
地　址：信宜市人民北路 88 号
邮　编：525300
电　话：(0668)8883748

星空传媒（中国）有限公司
地　址：广州市东风中路 410−4121 健力宝大厦 906 室
邮　编：510030
电　话：(020)83486833

阳江市昌辉广告有限公司
地　址：阳江市东风东路 4 号
邮　编：529500
电　话：(0662)3355333

阳江市教育印务公司
地　址：阳江市江城区东风三路 45 号
邮　编：529500
电　话：(0662)3316812

阳江市四色广告有限公司
地　址：阳江市漠江路新疆花园 11 号
邮　编：529500
电　话：(0662)3133288

阳江市星河传播广告有限公司
地　址：阳江市新江北路 105 号
邮　编：529500
电　话：(0662)3279000

云浮市诚发广告有限公司
地　址：云浮市云城区河南路 146 号
邮　编：527300
电　话：(0766)8816688

云浮市意达广告装饰有限公司
地　址：云浮市云河滨东路 255 号
邮　编：527300
电　话：(0766)8823765

云浮市永丽广告装饰有限公司
地　址：云浮市云城区兴云东路 8 号
邮　编：527300
电　话：(0766)8863395

云浮市粤云广告装饰有限公司
地　址：云浮市云城镇星岩三路 68 号
邮　编：527300
电　话：(0766)8821984

云浮市云城光明广告公司
地　址：云浮市云城区星岩二路 76 号
邮　编：527300
电　话：(0766)8828284

湛江开发区广告公司
地　址：湛江市椹川大道北 60 号棉织三厂内
邮　编：524000
电　话：(0759)3218891、3334908

湛江市佳艺广告有限公司
地　址：湛江市椹川大道家具城对面
邮　编：524000
电　话：(0759)2274799

湛江市金枫广告有限公司
地　址：湛江市霞山区解放东路 10 号
邮　编：524013
电　话：(0759)2202103

湛江市日月广告设计有限公司
地　址：湛江市赤坎区康顺路 33 号虹

都大厦 B 座 401 室
邮　编：524043
电　话：(0759)3177342

湛江市世方广告有限公司

地　址：湛江市霞山区人民大道南114 号
邮　编：524000
电　话：(0759)2231098

湛江市新浪潮广告有限公司

地　址：湛江市霞山区海景路 9 号 702
邮　编：524009
电　话：(0759)2380050

湛江市永固广告有限公司

地　址：湛江市霞山区海滨大道南 46 号绿茵家园 C 栋 309 室
邮　编：524000
电　话：(0759)2261243

肇庆市彩虹广告有限公司

地　址：肇庆市和平路 2 号
邮　编：526238
电　话：(0758)2310918

肇庆市广播电视发展总公司

地　址：肇庆市古塔南路 6 号
邮　编：526238
电　话：(0758)2224288

肇庆市金桐广告有限公司

地　址：肇庆市古塔中路 16 号 1 幢 201
邮　编：526238
电　话：(0758)2281101

肇庆市前丰广告有限公司

地　址：肇庆市工农南路丽日华庭南面首层
电　话：(0758)2271843

肇庆市一帆广告有限公司

地　址：肇庆市江滨东路 59 号华英花苑首层
邮　编：526238
电　话：(0758)2327388

肇庆市智尚广告设计有限公司

地　址：肇庆市玑东路科技学院南侧
邮　编：526238
电　话：(0758)2203444

中山市腾龙互动信息广告工程有限公司

地　址：中山市东区东苑路 8 卡
邮　编：528400
电　话：(0760)88311425

中山市通润广告装饰工程有限公司

地　址：中山市东区土瓜岭颐富苑二座
邮　编：528403
电　话：(0760)

中山市中城创建广告有限公司

地　址：中山市桃源路东景亭 B 座 101
邮　编：528403
电　话：(0760)88331078

珠海博爵企业策划广告有限公司

地　址：珠海市吉大景乐路 55 号珠光电子大厦 4 楼
电　话：(0756)3369016

珠海经济特区王牌广告艺术有限公司

地　址：珠海市香洲区银桦新村栋2201
邮　编：519000
电　话：(0756)3360688

珠海市北合广告制作有限公司

地　址：珠海市吉大水湾路 386 号
电　话：(0756)3368081

珠海市集艺斋广告有限公司

地　址：珠海市柠溪路 100 号
电　话：(0756)2278883

珠海市世纪星马广告有限公司

地　址：珠海市拱北水湾路 60 号红塔大厦 501 室
电　话：(0756)3358222

珠海市天王广告有限公司

地　址：珠海市香洲区红山路 288 号国际科技大厦 B 座 610
邮　编：519000
电　话：(0756)2521686

珠海市万象广告发展有限公司

地　址：珠海市香洲区银桦路 8 号深圳发展银行大厦 15 楼 A2
邮　编：519000
电　话：(0756)2173878

珠海市消费黄页信息有限公司

地　址：珠海市人民东路 163 号珠信大厦 519 室
邮　编：519000
电　话：(0756)2297315

广播电视类

广东人民广播电台

地　址：广州市人民北路
邮　编：510012
电　话：（020）26185000

广东南方电视台

地　址：广州市环市东路 331 号北座
邮　编：510066
电　话：(020)83316688

珠海人民广播电台

地　址：珠海市九洲大道东 1129 号
邮　编：519015
电　话：(0756)3325639

深圳广播电影电视集团

地　址：深圳市福田区鹏城一路深圳广电大厦 19 楼
邮　编：518026
电　话：(0755)88310170

江门广播电视台经营中心

地　址：江门市鹏江区建设二路 2 号长怡商业中心 4 楼
邮　编：529000
电　话：(0750)3239333

德庆县电视台

地　址：肇庆市德庆县
电　话：(0758)7789028

茂名广播电视台广告中心

地　址：茂名市迎宾四路
邮　编：525000
电　话：(0668)2966619

罗定市广播电视局广告部

地　址：罗定市迎宾路广播电视台首层
邮　编：527200
电　话：(0766)3839529

潮州广播电视台广告中心

地　址：潮州市西荣路48号附楼
邮　编：521000
电　话：(0768)2180030

东莞电视台广告经营中心

地　址：东莞市东城南路电视综合大楼正对面广告经营中心
邮　编：523129

恩平市广播电视台

地　址：恩平市恩城广新街1号（冯如广场侧）
电　话：(0750)7722286

佛山人民广播电台

地　址：佛山市新城区裕和路新闻中心电台大楼6楼经营中心
邮　编：528000
电　话：(0757)28365866

广州电视台广告部

地　址：广州市先烈中路69号东山广场31层
邮　编：510095
电　话：(020)87320818

开平电视台广告部

地　址：开平市长沙东兴大道安吉路东1号
电　话：(0750)2219858

开平人民广播电台广告部

地　址：开平市东兴大道安吉路东1号广播电视中心
电　话：(0750)2283433

梅州电视台

地　址：梅州市江北文化公园侧广播电视台
邮　编：514011
电　话：(0753)2187666

梅州市广播电视台广告中心

地　址：梅州市江北文化公园侧广播电视台广告中心
电　话：(0753)2187666

汕头人民广播电台

地　址：汕头市潮汕路广播电视中心广播广告部
邮　编：515021
电　话：(0754)88210960

韶关电视台

地　址：韶关市武江北路60号海景花园A座2层
邮　编：512026
电　话：(0751)8915070

台山市广播电视台广告部

地　址：台山市台城镇双亭街18号
电　话：(0750)5511611

新兴县广播电视台广告部

地　址：云浮市新兴县新城镇城北新区C号地
邮　编：527400
电　话：(0766)2898238

信宜市电视台广告部

地　址：信宜市迎宾大道
邮　编：525300
电　话：(0668)8873990

阳江电台

地　址：漠江路114号
邮　编：529500
电　话：(0662)3419321

云浮电视台广告部

地　址：云浮市市区宝马路广播电视大楼2楼
邮　编：527300
电　话：(0766)8823599

肇庆广播电视台广告经营中心

地　址：肇庆市古塔南路6号肇庆广播电视台经营管理中心
邮　编：526040
电　话：(0758)2224288

珠海广播电视台

地　址：珠海香洲区银桦路500号
邮　编：519000
电　话：(0756)2526246

新闻出版类

广州日报报业经营有限公司

地　址：广州市越秀区同乐路10号
邮　编：510003
电　话：(020)81883088

广东南方报业传媒集团有限公司

地　址：广州市广州大道中289号
邮　编：510601
电　话：(020)87373998

羊城晚报社

地　址：广州市东风东路733号
邮　编：510085
电　话：(020)87138888

南方都市报

地　址：广州市越秀区广州大道中289号
邮　编：510600
电　话：(020)87366783、87366770

广州先锋报业有限公司

地　址：广州市海珠中路97号
邮　编：510120
电　话：(020)81330003

河源日报广告部

地　址：河源市沿江东路
邮　编：517000
电　话：(0762)3386290

河源晚报广告部

地　址：河源市红星路101号河源晚报社
邮　编：517000
电　话：(0762)3661599

梅州日报社广告部

地　址：梅州市沿江东路报业大厦
电　话：(0753)2263888

汕头经济特区报社广告中心

地　址：汕头市金新路
邮　编：515100
电　话：(0754)88312781

韶关日报社

地　址：韶关市熏风路11号
邮　编：512018
电　话：(0751)8914921

深圳报业集团

地　址：深圳市深南大道6008号
邮　编：518009
电　话：(0755)83518460

信息时报

地 址：广州市中山六路 2 号新宝利大厦 1106 室
邮 编：510180
电 话：(020)34323133

阳江日报社广告部

地 址：阳江市万福路 5 号
邮 编：529500
电 话：(0662)3280289

云浮日报社

地 址：云浮市城南天鹅路 2 号
邮 编：527300
电 话：(0766)8860888

珠海特区报社

地 址：珠海市香洲区银桦路 566 号
邮 编：519000
电 话：(020)2639890

珠江时报社

地 址：佛山市南海区南桂西路桂园 39 号珠江时报
邮 编：528000
电 话：(0757)82732198

足球报社

地 址：广州市海珠中路 97 号足球报社
邮 编：510120
电 话：(020)81330001

广西壮族自治区

公 司 类

广西综路传媒有限公司

地 址：南宁市金湖路 55 号亚航财富中心 19 层
邮 编：530032
电 话：(0771)5511368

贵港市飞翔广告传媒有限公司

地 址：贵港市京港大道财富中心 9 楼
邮 编：537100
电 话：(0775)4569898

北海广告美术公司

地 址：北海市长青路 24 号
邮 编：536000
电 话：(0779)3058132

防城港市白马广告有限公司

地 址：防城港市防城区育财路 3 号
邮 编：538021
电 话：(0770)3258501

防城港市东南广告装饰艺术有限公司

地 址：防城港市防城区富兴路 27 号
邮 编：538021
电 话：(0770)3258986

广西超然广告公司

地 址：南宁市葛村路 9 号珉旖大厦
邮 编：530022
电 话：(0771)5840458

广西科嘉艺营销广告有限公司

地 址：南宁市七星路 137 号外贸大厦 16 楼
邮 编：530022
电 话：(0771)5332114

广西科嘉艺营销广告有限责任公司

地 址：南宁市七星路 137 号 16 楼
邮 编：530022
电 话：(0771)5332114

贵港市木林森广告公司

地 址：贵港市江北大道中段港北区人民医院路口
邮 编：537100
电 话：(0775)4243226

贵港市邮政局广告部

地 址：贵港市中山北路
邮 编：537100
电 话：(0775)4552801

合众鼎原国际传媒广告贵港分公司

地 址：贵港市劳动保障局内
邮 编：537100
电 话：(0775)4556726

河池市海顿文化传播有限公司

地 址：河池市南新西路 149 号
邮 编：547000
电 话：(0778)2299290

河池市华宇广告有限公司

地 址：河池市新建路 118 号华隆假日城堡 A 栋 1 单元 301 室
邮 编：547000
电 话：(0778)2291043

河池市金城江广告有限公司

地 址：河池市南新西路 123—18 号
邮 编：547000
电 话：(0778)2299127

河池市龙滩广告营销有限公司

地 址：河池市文体路文华园 5 号
邮 编：547000
电 话：(0778)2295359

河池市英岳广告策划有限公司

地 址：河池市南新西路 483—2 号
邮 编：547000
电 话：(0778)2202440

贺州市东风广告公司

地 址：贺州市建设东路银河苑 1—16
邮 编：542800
电 话：(0774)5126028

来宾市银龙广告有限责任公司

地 址：来宾市北海南路 32 号
电 话：(0772)4215206

柳州市纳川田广告有限公司

地 址：柳州市海关路 4 号
邮 编：545001
电 话：(0772)2924964

柳州市一禾广告有限公司

地 址：柳州市潭中东路 17 号华信国际 A 座 1101 号
邮 编：545001
电 话：(0772)2851111

南宁金岛广告有限公司

地 址：南宁市双拥路 40 号汇金苑大厦 10 楼
邮 编：530022

电　话：(0772)5597136

南宁两岸策划广告有限责任公司

地　址：南宁市民族大道东段 81 号气象大厦 17 层
邮　编：530012
电　话：(0771)5843131

南宁市公交车厢广告公司

地　址：南宁市民族大道 82 号嘉和城南湖之都 1807 号
邮　编：530012
电　话：(0771)5761661

南宁智锐影视营销广告有限公司

地　址：南宁市金洲路 25 号太平洋世纪广场 A 座 1506 室
邮　编：530022
电　话：(0771)5888100

日高广告

地　址：百色市右江区向阳路 7 号阳光新城 7 层 708 室
邮　编：533000
电　话：(0776)2837033

梧州珍宝广告有限公司

地　址：梧州市文栏路 88 号
邮　编：543000
电　话：(0774)3826783

右江广告公司

地　址：百色市中山一路 7 号
邮　编：533000
电　话：(0776)2891322

玉林金拇指广告装饰有限公司

地　址：玉林市广场东路 425 号
邮　编：537000
电　话：(0775)2812471

玉林市超时代广告有限公司

地　址：玉林市民主中路 343 号
邮　编：537000
电　话：(0775)2838642

玉林市天和广告装饰有限公司

地　址：玉林市教育中路 625 号
邮　编：537000
电　话：(0775)2852888

玉林正泰彩印包装有限公司

地　址：玉林市经济开发区正泰路 1 号
邮　编：537000
电　话：(0775)2825949

至尊广告公司

地　址：百色市田东县
邮　编：531500
电　话：(0776)5230066

广播电视类

广西电视台

地　址：南宁市民族大道 73 号
邮　编：530022
电　话：(0771)2196136

百色电视台广告部

地　址：百色市右江区城北二路 18 号
邮　编：533000
电　话：(0776)2823355

北海电视台

地　址：北海市贵州路 36 号
邮　编：536000
电　话：(0779)3032374

北海人民广播电台广告部

地　址：北海市贵州路 36 号
邮　编：536000
电　话：(0779)3033486、3055727

大新电视台广告部

地　址：崇左市大新镇广播电视局
邮　编：532300
电　话：(0771)3632988

防城港市广播电视广告中心

地　址：防城港市港口区四川路 79 号
邮　编：538001
电　话：(0770)2826901

广西钦州市电视台广告中心

地　址：钦州市丽桥街 18 号
邮　编：535000
电　话：(0777)2827288

广西人民广播电台广告部

地　址：南宁市民族大道 75 号
邮　编：530022
电　话：(0771)5802638

贵港人民广播电台广告部

地　址：贵港市广播电视台广告部
邮　编：537100
电　话：(0775)4235566

桂林电视台

地　址：桂林市安新洲广播电视大楼
邮　编：541002
电　话：(0773)3840344

桂平市广播电视台

地　址：桂平市桂贵路
邮　编：537200
电　话：(0775)3384222

河池市电视台广告部

地　址：河池市新建路 93 号
邮　编：547000
电　话：(0778)2288255

柳州电视台广告部

地　址：柳州市桂中大道 1 号
邮　编：545006
电　话：(0772)2695333

柳州人民广播电台

地　址：柳州市桂中大道 1 号
邮　编：545006
电　话：(0772)2695058

柳州市广播电视中心

地　址：柳州市桂中大道 1 号广告部
邮　编：545006
电　话：(0772)2695025

龙州县电视台广告部

地　址：崇左市龙州县白沙镇白沙街 74 号
邮　编：532400
电　话：(0771)8823288

梧州市电视台广告信息中心

地　址：梧州市新兴三路 69 号
邮　编：543000
电　话：(0774)3825869

象州电视台广告部

地　址：象州县广播电视局
电　话：(0772)2981595

雅安电视台

地　址：雅安市苍平山环山路 9 号
邮　编：625000
电　话：(0835)2221916

宜州市广播电视局广告部
地　址：宜州市庆远镇公园东路 8 号
邮　编：546300
电　话：(0778)3141371

新闻出版类

柳州日报社
地　址：柳州市中山西路 67 号
邮　编：545001
电　话：(0772)2824727

北海广播电视报广告部
地　址：北海市市贵州路 36 号
邮　编：536000
电　话：(0779)3072999

防城港日报社广告部
地　址：防城港市贵州路 18 号
邮　编：538001
电　话：(0770)2825278

广西日报
地　址：南宁市民主路 21 号
邮　编：530026
电　话：(0771)5690162

贵港日报社
地　址：贵港市江北大道西段石羊塘报社大楼
电　话：(0775)4523230

河池日报社
地　址：河池市南新西路 119 号
邮　编：547000
电　话：(0778)2250464

柳州广播电视报
地　址：柳州市桂中大道 1 号
邮　编：545007
电　话：(0772)2695331

南国早报
地　址：南宁市民主路 21 号
邮　编：530026
电　话：(0771)5645863、5690162

南宁日报
地　址：南宁市嘉宾路 2 号新闻大厦 1 楼新闻中心
邮　编：530028
电　话：(0771)5530672、5530557

南宁晚报
地　址：南宁市嘉宾路 2 号新闻大厦 1 楼新闻中心
邮　编：530028
电　话：(0771)5530704

海南省

公　司　类

海南画王广告有限公司
地　址：海口市龙魂南路 39−2 号肖海阳光大厦 3 楼
电　话：(0898)66759191

海口惠嘉广告有限公司
地　址：海口市世贸东路世贸大厦 F 座 1808
邮　编：570125
电　话：(0898)68513196

海口领先广告有限公司
地　址：海口市滨海大道财富广场 13AA1 座
邮　编：570105
电　话：(0898)66786996

海口天使广告有限公司
地　址：海口市南海大道 2 号 A 栋 5 单元 509
邮　编：570106
电　话：(0898)66899298

海南白马广告有限公司
地　址：海口市海福一横路华宇大厦 1003 室
邮　编：570203
电　话：(0898)65365887

海南国语广告有限公司
地　址：海口市金贸区世贸东路 2 号世贸中心 E 座 19 层 1907 房
邮　编：570125
电　话：(0898)68520520

海南中视集团
地　址：海口市滨海大道 123 号鸿联商务广场 7、11 层
邮　编：570105
电　话：(0898)68583399

三亚大方广告有限公司
地　址：三亚市新风路金鹿大厦 A 座 3 楼
邮　编：572200
电　话：(0898)88276766

三亚富亚广告有限公司
地　址：三亚市解放二路 2 号商务楼 2 楼铺面
邮　编：572000
电　话：(0898)88256138

三亚三森广告有限公司
地　址：三亚市解放二路 69 号
邮　编：572000
电　话：(0898)88282858

三亚文王广告装饰工程有限公司
地　址：三亚市解放二路
邮　编：572000
电　话：(0898)88233117

广播电视类

海口广播电视台广告中心
地　址：海口市新华区玉沙路 42 号
邮　编：570125
电　话：(0898)66801272

三亚广播电视台
地　址：三亚市解放四路新闻大厦 1 层
邮　编：572000
电　话：(0898)88899545

新闻出版类

海南日报有限责任公司
地　址：海口市金盘路 30 号
邮　编：570216

电　话：(0898)66810260

海口晚报社广告部

地　址：海口市南沙路 69 号
邮　编：570206
电　话：(0898)66829835

海南特区报

地　址：海口市龙昆南路 89 号汇龙广场 3 单元 4 楼
邮　编：570206
电　话：(0898)66725877

重庆市

公 司 类

重庆年度广告传媒有限公司

地　址：重庆市大渡口春晖街道金桥路 8 号服务中心大楼 4 层
邮　编：400084
电　话：(023)88613888

重庆金牛慧通广告有限公司

地　址：重庆市渝州路西亚广场 A 座 33-25-4-1
邮　编：400039
电　话：(023)68692222

重庆媒体伯乐公交广告有限公司

地　址：重庆市渝中区大都会商厦 12 楼
邮　编：400010
电　话：(023)6382233

重庆唐码传媒有限公司

地　址：重庆市高新区科园三路 68 号金果园商务楼 D1 幢
邮　编：400039
电　话：(023)89089090、68636863

重庆天地广告有限公司

地　址：重庆市渝中区两路口健康路花园大厦 B 栋 6 楼
邮　编：400014
电　话：(023)63638008

重庆写真广告有限公司

地　址：重庆市九龙坡区杨家坪跃华新都 17-7
邮　编：400041
电　话：(023)68637186

广播电视类

重庆广播电视传媒集团股份有限公司

地　址：重庆市九龙坡区渝州路 68 号彩电中心广告楼
邮　编：400039
电　话：(023)68882055

新闻出版类

重庆新女报传媒有限公司

地　址：重庆市渝中区解放西路 66 号
邮　编：400012
电　话：(023)63907788

重庆晨报

地　址：重庆市渝中区解放西路 66 号日报大院
邮　编：400010
电　话：(023)63907500

重庆晚报

地　址：重庆市解放西路 66 号重庆晚报经营中心
邮　编：400012
电　话：(023)63907335

重庆时报社

电　话：(023)62771321

商界杂志社

地　址：重庆市渝中区中山三路 168 号中安国际大厦 13 楼
邮　编：400015

重庆日报社

地　址：重庆市渝中区解放西路 66 号
邮　编：400012
电　话：(023)63907714

四川省

公 司 类

成都视点映画文化传播有限公司

地　址：成都市天益街 38 号理想中心 4 栋 603
邮　编：610042
电　话：(028)85193778

成都大西南广告公司

地　址：成都市总府路 15 号王府井商务公寓 B 座 18A
邮　编：610016
电　话：(028)86784466

攀枝花市创世纪广告公司

地　址：攀枝花市炳草岗文响巷 29 号
邮　编：617000
电　话：(0812)3356333

攀枝花市红帆海肯广告有限公司

地　址：攀枝花市炳草岗人民街 490 号
邮　编：617000
电　话：(0812)3344999

攀枝花市市政广告有限公司

地　址：攀枝花市东区江南二路二村
邮　编：617000
电　话：(0812)3329975

四川华视广告策划有限公司

地　址：成都市高升桥东路罗马假日广场嘉乐楼 7 楼
邮　编：610041
电　话：(028)85108525

四川省巴蜀新形象广告传媒股份有限公司

地　址：成都市鼓楼南街 117 号世界贸易中心 A 座 20 层
邮　编：610017
电　话：(028)86758811、86782266

四川省邮政广告公司

地　址：成都市下南大街 2 号
邮　编：610012
电　话：(028)86166563

四川西南国际广告有限公司

地　址：成都市青羊区太升北路 58 号江信大厦 24 层
邮　编：610017
电　话：(028)66103944

广播电视类

成都电视台广告营销策划中心

地　址：成都市人民南路三段 2 号汇日央扩国际广场 9f
邮　编：610041
电　话：(028)85516786

四川电视台广告部

地　址：成都市西安中路 42 号
邮　编：610072
电　话：(028)87787755

四川人民广播电台

地　址：成都市红星路二段 119 号副 1 号四川广播电视台
邮　编：610017
电　话：(028)86526271

巴中电视台

地　址：巴中市巴州区巴通大道 155 号
邮　编：636000
电　话：(0827)5221974

达州人民广播电台

地　址：达州市通川区金龙大道广电中心
邮　编：635000
电　话：(0818)2376296

达州市电视台

地　址：达州市通川区金龙大道广电中心
邮　编：635000
电　话：(0818)2372817

广元电视台广告中心

地　址：广元市建设路 105 号
邮　编：628000
电　话：(0839)3264841

绵阳电视台广告部

地　址：绵阳市一环路南段 232 号
邮　编：621000
电　话：(0816)2262837

内江人民广播电台

地　址：内江市中区祥龙山祥龙路一巷 33 号
邮　编：641000
电　话：(0832)2053190

南充广播电台

地　址：南充市顺庆区丝绸路 12 号
邮　编：637000
电　话：(0817)2805966

南充市电视台

地　址：南充市顺庆区丝绸路 6 号广电大厦
邮　编：637000
电　话：(0817)2808456

攀钢电视台广告部

地　址：攀枝花市东区向阳村农贸楼 5 层传媒中心广告部
邮　编：617067
电　话：(0812)3391624

攀枝花广电节目广告中心

地　址：攀枝花市炳草岗二街坊原有线电视台 2 楼
邮　编：617000
电　话：(0812)3333898

宜宾电视台

地　址：宜宾市翠屏区南岸长江大道中段 7 号
邮　编：644000
电　话：(0831)23333422

新闻出版类

成都日报

地　址：成都市庆云南街 19 号成都日报广告部
邮　编：610017

电　话：(028)86740203、86623932

成都商报

地　址：成都市书院西街1号
邮　编：610016
电　话：(028)86750822

成都晚报

地　址：成都市书院西街亚太大厦4层
电　话：(028)86512111

南充广播电视报广告部

地　址：南充市顺庆区丝绸路6号广电大厦5楼
邮　编：637000
电　话：(0817)2805979

四川省达州日报社

地　址：达州市通川区通川中路118号
邮　编：635000
电　话：(0818)2377273

天府早报

地　址：成都市红星中路二段70号
邮　编：610000
电　话：(028)86968707

贵州省

公司类

遵义风火广告有限公司

地　址：遵义市香港路港湾丽都C401室
邮　编：563000
电　话：(0852)8975933

贵州高速广告有限公司

地　址：贵阳市富水中路16号天业大厦
邮　编：550001
电　话：(0851)5818110

贵州天马传媒有限公司

地　址：贵阳市花溪大道北段76号
邮　编：550002
电　话：(0815)5377368

广播电视类

贵州电视台

地　址：贵阳市神奇路1号贵州电视台A507
邮　编：550002
电　话：(0851)5377250

安顺电视台广告部

地　址：安顺市西秀区金虹路18号
邮　编：561000
电　话：(0853)3281198

毕节电视台

地　址：毕节市市东环城路184号
邮　编：551501
电　话：(0857)8293688

赤水市广播电视台广告部

地　址：赤水市广播电视台广告部
邮　编：564700
电　话：(0852)2821426

贵州电视台广告运营中心

地　址：贵阳市瑞金南路25号
邮　编：550002
电　话：(0851)5377249

六盘水电视台广告部

地　址：六盘水市钟山开发区交通路
邮　编：553000
电　话：(0858)8686673

黔南人民广播电台广告部

地　址：都匀市普安路86号
邮　编：558000
电　话：(0854)8226330

铜仁市广播电视台广告部

地　址：铜仁市解放路27号
邮　编：554300
电　话：(0856)5211318

遵义电视台广告部

地　址：遵义市大兴路湘江大厦4层
邮　编：563000
电　话：(0852)8221819

新闻出版类

法制生活报

地　址：贵阳市解放路224号
邮　编：550002
电　话：(0851)5895004

贵阳日报传媒集团

地　址：贵阳市中山东路25号
邮　编：550002
电　话：(0851)5817999

贵州广播电视报

地　址：贵阳市青云路302号
邮　编：550002
电　话：(0851)5984286

贵州日报报业集团

地　址：贵阳市宝山北路372号
邮　编：550001
电　话：(0851)6626333、6625823

贵州商报

地　址：贵阳市宝山北路372号
邮　编：550001
电　话：(0851)6625066

经济信息时报

地　址：贵阳市西湖路100号
邮　编：550002
电　话：(0851)5895119

铜仁日报

地　址：铜仁市开发区梵净山大道
邮　编：554300
电　话：(0856)5250210

云南省

公司类

昆明白宇现代广告有限公司

地　址：昆明市东风东路 36 号建 2 大厦 1801
邮　编：650051
电　话：(0817)63104286

昆明风驰传媒有限公司

地　址：昆明市江滨西路 47 号鸿城广场 8 楼
邮　编：650021
电　话：(0871)3142212

昆明高新白马广告有限公司

地　址：昆明市人民西路 51 号
邮　编：650021
电　话：(0871)3622666

昆明公交（集团）有限责任公司广告分公司

地　址：昆明市北市区霖雨路 146–148 号
邮　编：650224
电　话：(0871)5815978

昆明市广告公司

地　址：昆明市青年路小花园
邮　编：650031
电　话：(0871)3191520

昆明铁路客运广告公司

地　址：昆明市官渡区南窑新村 319 号客运公司内
邮　编：650011

云南白马广告有限公司

地　址：昆明市人民西路 51 号
邮　编：650031
电　话：(0871)3617999

云南杰地广告工程有限公司

地　址：昆明市学府路金鼎科技园创业服务中心大楼
邮　编：650031
电　话：(0871)5329128

云南体育广告公司

地　址：昆明市东风东路 14 号省体育场 7 号门
邮　编：650041
电　话：(0871)3176162

云南星耀高科技发展有限公司

地　址：昆明市环城东路 279 号
邮　编：650041
电　话：(0871)3336688

云南玉昆广告有限公司

地　址：昆明市关上中心区 24 号
邮　编：650200
电　话：(0871)7151308

广播电视类

云南广电传媒集团有限公司

地　址：昆明市五华区人民中路 182 号
邮　编：650000
电　话：(0871)65370008

怒江电视台广告部

地　址：怒江州泸水县六库镇向阳西路
邮　编：673100
电　话：(0886)3622566

昆明电视台

地　址：昆明市西园路 902 号集成大厦 2 楼
邮　编：650118
电　话：(0871)5352168

迪庆州人民广播电台广告部

地　址：迪庆州香格里拉县建塘镇长征大道 37 号
邮　编：674400
电　话：(0887)8222189

保山电视台

地　址：保山市建设路 76 号保山电视台广告部
邮　编：678000
电　话：(0875)2209155

大理电视台

地　址：大理市兴盛路 18 号
邮　编：671000
电　话：(0872)2121540

德宏电视台广告部

地　址：潞西市芒市南蚌路 51 号
邮　编：678400
电　话：(0692)2121159

迪庆州电视台广告部

地　址：迪庆州香格里拉县建塘镇长征路中段
邮　编：674400
电　话：(0887)8222469

红河电视台

地　址：红河州个旧市中山路红河电视台
邮　编：661000
电　话：(0873)2124783

红塔区电视台广告信息中心

地　址：玉溪市玉兴路 51 号
邮　编：653100
电　话：(0877)2038202

西双版纳州电视台

地　址：西双版纳州广电路 4 号
邮　编：666100
电　话：(0691)2124135

玉溪电视台广告信息中心

地　址：玉溪市棋阳路 117 号
邮　编：653100
电　话：(0877)2038202

云南人民广播电台

地　址：昆明市人民西路 182 号
邮　编：650031
电　话：(0871)5310441

新闻出版类

云南信息报

地　址：昆明市滇池路口电池书城4楼
邮　编：650031
电　话：(0871)4155126、4155797

都市时报

地　址：昆明市丹霞路新闻中心大楼11楼
邮　编：650118
电　话：(0871)5391950、5391903

春城晚报

地　址：昆明市新闻路337号
邮　编：650032
电　话：(0871)4100000

昆明日报社

地　址：昆明市丹霞路198号
邮　编：650118
电　话：(0871)5391909

生活新报社

地　址：昆明市证券大厦2楼（春城路62号）
邮　编：650011
电　话：(0871)3115615

云南经济日报社

地　址：昆明市新闻路339号
邮　编：650021
电　话：(0871)4108623

云南法制报

地　址：昆明市书林街石桥铺28号
邮　编：650011
电　话：(0871)3196428

云南日报广告中心

地　址：昆明市新闻路337号
邮　编：650032
电　话：(0871)4155975

西藏自治区

公　司　类

西藏南方广告有限公司

地　址：拉萨市夺底路10号天路康桑小区1栋1单元
邮　编：850000
电　话：(0891)6385750

民航西藏广告公司

地　址：拉萨市城关区娘热路1号民航局2楼
邮　编：850000
电　话：(0891)6829832

西藏国华广告有限公司

地　址：拉萨市林廓北路11号
邮　编：850000
电　话：(0891)6324230

西藏零点广告有限公司

地　址：拉萨市当热西路52号天路康灼小区31栋-1
邮　编：850000
电　话：(0891)6817167

西藏起点广告有限公司

地　址：拉萨市北京中路47号
邮　编：850000
电　话：(0891)6835818

西藏腾辉广告装饰工艺部

地　址：拉萨市江苏路人民体育场对面
邮　编：850000
电　话：(0891)6362379

西藏雅雪广告装饰有限公司

地　址：拉萨市林廓西路23号（拉萨中学北侧50米）
邮　编：850000
电　话：(0891)6816315

广播电视类

西藏电视台广告部

地　址：拉萨市北京中路180号
邮　编：850000
电　话：(0891)6820827

西藏人民广播电台

地　址：拉萨市北京中路41号
邮　编：850000
电　话：(0891)6831723、6831725

石河子电视台

地　址：石河子市北二路19号
邮　编：832000
电　话：(0993)6661888、2016463

哈密电视台

地　址：哈密市红星西路2号哈密电视台广告部
邮　编：839000
电　话：(0902)2231700、2260338

哈密人民广播电台

地　址：哈密市红星西路2号哈密广播电台广告部
邮　编：839000
电　话：(0902)2234185、2233100

新闻出版类

拉萨晚报

地　址：拉萨市江苏路19号拉萨晚报广告部
邮　编：850000
电　话：(0891)6339945

西藏日报

地　址：拉萨市朵森格路36号西藏日报广告部
邮　编：850000
电　话：(0891)6322866

西藏商报

地　址：拉萨市朵森格路36号西藏商报广告部
邮　编：850000
电　话：(0891)6349996

陕西省

公司类

西安美灵广告有限责任公司
地 址：西安市高新区新型工业园企业一号公园 23 号
邮 编：710061
电 话：(029)85691811

西部机场集团广告传媒（西安）有限公司
地 址：西安市莲湖区沣镐路 2 号
邮 编：710082
电 话：(029)88791304

宝鸡市国强广告策划有限公司
地 址：宝鸡市车站广场中平 12 号
邮 编：721000
电 话：(0917)3231788

宝鸡市华沙广告有限责任公司
地 址：宝鸡市西凤路 11 号 317 室
邮 编：721000
电 话：(0917)3206986

宝鸡市吉协广告装饰工程有限公司
地 址：宝鸡市渭滨区广元路 6 号
邮 编：721000
电 话：(0917)3229954

宝鸡市精彩飞扬文化传播有限公司
地 址：宝鸡市英达路 13 号
邮 编：721006
电 话：(0917)3600586

宝鸡市俊成影像广告有限公司
地 址：宝鸡市经二路 106 号
邮 编：721000
电 话：(0917)3225508

宝鸡市美典艺术广告有限责任公司
地 址：宝鸡市汉中路南段 1 号
邮 编：721000
电 话：(0917)3240197

宝鸡市明珠广告有限责任公司
地 址：宝鸡市西凤路 1 号院
邮 编：721000
电 话：(0917)3455759

宝鸡市三彩广告有限责任公司
地 址：宝鸡市西凤路步行街
邮 编：721000
电 话：(0917)3229925

宝鸡市新兴广告装饰有限责任公司
地 址：宝鸡市西凤路南段 12 号
邮 编：721000
电 话：(0917)3228433

宝鸡市艺帆广告装饰有限责任公司
地 址：宝鸡市火炬路 4 号创新大厦 302 室
邮 编：721000
电 话：(0917)6807777

宝鸡市志德广告有限责任公司
地 址：宝鸡市滨河路 1 号图书馆西侧
邮 编：721000
电 话：(0917)3225110

金桥广告有限公司
地 址：咸阳市杨凌示范区西农路
邮 编：712100
电 话：(029)87018644

洛南县邮政局广告部
地 址：洛南县城
邮 编：726100
电 话：(0914)7322699

陕西环美广告有限公司
地 址：西安市西高新亚美大厦聚福阁 303
邮 编：712100
电 话：(029)88313493

陕西巨象广告有限责任公司
地 址：西安市南二环民生银行大厦 606 室
邮 编：710065
电 话：(029)88255555

陕西理想艾科广告装饰有限责任公司
地 址：宝鸡市西凤路 11 号太阳商城写字楼 6 楼
邮 编：721000
电 话：(0917)3222687

商洛市大羽广告装饰有限公司
地 址：商洛市州城路
邮 编：726000
电 话：(0914)2319832

商洛市慧通广告信息有限公司
地 址：商洛市黄沙桥东 200 米（商州区外贸公司 1 楼）
邮 编：726000
电 话：(0914)2311855

商洛市世纪广告装饰有限公司
地 址：商洛市商州商城 20 号楼
邮 编：726000
电 话：(0914)2333022

商洛市邮政局广告部
地 址：商洛市邮政局
邮 编：726000
电 话：(0914)2336535

西安麦道品牌传播有限公司
地 址：西安市西华门 1 号凯爱大厦 B-8-8
邮 编：710003
电 话：(029)87201299

西安三安国际传媒有限公司
地 址：西安市高新区沣惠南路 2 号杰座广场 703 室
邮 编：710075
电 话：(029)88328877

西安沙龙广告装饰公司
地 址：西安市长安中路 89 号阳明国际 19 层
邮 编：710061
电 话：(029)85262588

杨凌创想广告有限公司

地　址：西安市杨凌示范区会展路1号
邮　编：712100
电　话：(029)87036661

杨凌红苹果广告设计公司

地　址：西安市杨凌示范区公园路东段
邮　编：712100
电　话：(029)87019129

杨凌华丽雅广告装饰有限公司

地　址：西安市杨凌示范区康乐东路
邮　编：712100
电　话：(029)87015177

杨凌金桥广告有限公司

地　址：西安市杨凌示范区西农路6号老管委会315室
邮　编：712100
电　话：(029)87018644

杨凌前沿广告设计工作室

地　址：西安市姚安西二街
邮　编：712100
电　话：(029)87010690

杨凌三和文化传播有限公司

地　址：西安市杨凌康乐路33号
邮　编：712100
电　话：(029)87019700

杨凌卓艺广告有限公司

地　址：西安市杨凌示范区饮食街
邮　编：712100
电　话：(029)87015258

广播电视类

陕西广播电视台

地　址：西安市长安南路493号
邮　编：710061
电　话：(029)85339368

西安人民广播电台广告中心

地　址：西安市曲江池西路60号
邮　编：710065
电　话：(029)88402173

安康电视台

地　址：安康市大桥路9号
邮　编：725000
电　话：(0915)3214219

陕西人民广播电台

地　址：西安市西长安南路336号
邮　编：710061
电　话：(029)85339380

商洛电视台

地　址：商洛市团结路28号
邮　编：726000
电　话：(0914)2333368

安康电视台广告中心

地　址：安康市大桥路9号
邮　编：725000
电　话：(0915)3214505、3214219

安康人民广播电台

地　址：安康市巴山中路113号
邮　编：725000
电　话：(0915)3213571

宝鸡电视台广告中心

地　址：宝鸡市新建路东段4号
邮　编：721000
电　话：(0917)3210609、3213837

汉中电视台广告中心

地　址：汉中市东建设巷14号
邮　编：723000
电　话：(0916)2248866

汉中人民广播电台

地　址：汉中市前进东路电视塔1楼
邮　编：723000
电　话：(0916)2526699

太原电视台广告中心

地　址：太原市漪汾街2号
电　话：(0351)5676234

铜川人民广播电台

地　址：铜川市铜川人民广播电台广告部
邮　编：727000
电　话：(0919)8102815

渭南电视台

地　址：渭南市东风街中段广电中心广告中心
邮　编：714000
电　话：(0913)8101088

渭南人民广播电台

地　址：渭南市临渭区西四路广电中心渭南人民广播电台
邮　编：714000
电　话：(0913)8101105

西安电视台广告中心

地　址：西安市曲江新区曲江池西路60号
邮　编：710065
电　话：(029)87811888

延安广播电视台

地　址：延安市百米大道
邮　编：716000
电　话：(0911)2119626

杨凌电视台

地　址：西安市杨凌示范区新桥路政务大厦8楼
邮　编：712100
电　话：(029)87033712

榆林电视台

地　址：榆林市灵秀街8号
邮　编：719000
电　话：(0912)3829077

新闻出版类

陕西日报社

地　址：陕西省西安市环城南路东段1号
邮　编：710054
电　话：(029)82267888

西安日报社

地　址：西安市太阳庙门街43号
邮　编：710002
电　话：(029)87618162

宝鸡日报

地　址：宝鸡市经二路东段5号宝鸡日报社
邮　编：721000
电　话：(0917)3273352

汉中日报社广告中心

地　址：汉中市中山街41号汉中日报社
邮　编：723000
电　话：(0916)2513446

陕西工人报

地 址：西安市莲湖路 239 号
邮 编：713000
电 话：(029)87321847

陕西老年报

地 址：西安市西七路 380 号
邮 编：710003
电 话：(029)87251110、87214923

商洛日报

地 址：商洛市北新街西段商洛日报广告部
邮 编：726000
电 话：(0914)2317997

铜川日报

地 址：铜川市延安路 78 号铜川日报广告部
邮 编：727000
电 话：(0919)2681740

西安商报

地 址：西安市解放路 318 号音像批发市场 7 楼
邮 编：710005
电 话：(029)82100373

西安晚报

地 址：西安市小南门里太阳庙街 43 号
邮 编：710002
电 话：(029)87618162

咸阳日报

地 址：咸阳市渭阳西路付 64 号咸阳日报广告部
邮 编：712000
电 话：(029)33345966

延安日报

地 址：延安市南大街 84 号延安日报广告部
邮 编：716000
电 话：(0911)8216262

杨凌后稷印刷厂

地 址：西安市杨凌示范区西农路 6 号
邮 编：712100
电 话：(029)87018159

甘肃省

公 司 类

白银好美装饰有限公司

地 址：白银市全民健身广场商业城 B 区 7 号
邮 编：730900
电 话：(0943)8251111

白银日报

地 址：白银市白银区五星街 36 号
邮 编：730900
电 话：(0943)8303551

甘肃汇视广告传播有限公司

电 话：(0931)8875558

甘肃金轮文化传媒有限公司

电 话：(0931)4922348

甘肃省广告美术公司

电 话：(0931)8824235

甘肃新世纪广告装饰有限责任公司

地 址：城关区民主西路 7 号 13 层
邮 编：730000
电 话：(0931)13399466666

兰州大名广告有限责任公司

电 话：(0931)4640667

兰州公交集团万众广告彩印有限公司

电 话：(0931)8479438

兰州海润广告有限公司

电 话：(0931)4633333

庆阳市三木广告公司

地 址：庆阳市西峰区安定东路 58 号
邮 编：745000
电 话：(0934)8229155

庆阳市邮政广告公司

地 址：庆阳市西峰区北大街 254 号
邮 编：745000

庆阳协力广告有限公司

地 址：庆阳市西峰区南大街 24 号
邮 编：7450000

广播电视类

甘肃省广播电影电视总台（集团）广告经营管理中心

地 址：兰州市城关区张苏滩 561 号
邮 编：730010
电 话：(0931)8569275

白银人民广播电台

地 址：白银市白银区王岘东路 67 号
邮 编：730900
电 话：(0943)6913555

定西电视台

地 址：定西市永定西路 2 号广电局 1 楼
邮 编：743000
电 话：(0932)8217588

靖远广播电影电视局

地 址：白银市靖远县城南大街
邮 编：730600
电 话：(0943)6135819

酒泉电视台

地 址：酒泉市苏州区酒泉电视台盘旋东路 1−6 号
邮 编：735000
电 话：(0931)2611440

平川广播电视台

地 址：白银市平川区平中路
邮 编：730913

新闻出版类

甘肃日报报业集团有限责任公司兰州晨报分公司

地 址：兰州市城关区白银路 123 号
邮 编：730030
电 话：(0931)8123740

读者杂志社
地　址：兰州市南滨河东路 520 号
邮　编：730000
电　话：(0931)8773309

都市天地报
地　址：兰州市张掖路 246 号都市天地报广告部
邮　编：730030
电　话：(0931)8407777

金昌日报
地　址：金昌市长春路 29 号
邮　编：737100
电　话：(0935)8313822

酒泉日报广告部
地　址：酒泉市新城区神州路 27 号
邮　编：735000
电　话：(0937)2682343

兰州晚报
地　址：兰州市张掖路 246 号兰州晚报广告部
邮　编：730030
电　话：(0931)8489243、8467224

少年文摘报
地　址：兰州市城关区民主西路 97 号大公大厦 9 楼
邮　编：730030
电　话：(0931)8112383

西部商报
地　址：兰州市城关区白银路 123 号
邮　编：730030
电　话：(0931)8159339

青海省

公　司　类

青海国茂会展有限公司
电　话：(0971)8233386

青海巨洋广告有限公司
电　话：(0971)6166038

青海联丰广告有限公司
电　话：(0971)6110360

青海气象广告有限公司
电　话：(0971)6116912

青海远翔体育广告有限公司
电　话：(0971)82220888227033

西宁公交广告公司
电　话：(0971)6109668

西宁天下设计装饰公司
电　话：(0971)7725030

广播电视类

西宁人民广播电台
电　话：(0971)8211768

青海广播电台广播电视中心
电　话：(0971)6329334

青海电视台广告经营中心
地　址：西宁市昆仑路 1 号
邮　编：810001
电　话：(0971)6144323

青海人民广播电台
地　址：西宁市西关大街 81 号
邮　编：810008
电　话：(0971)6329348

西宁市广播电视局广告中心
地　址：西宁市南关街 43 号
邮　编：810000
电　话：(0971)8247464

新闻出版类

青海法制报
地　址：西宁市西关大街 79 号
邮　编：810000
电　话：(0971)6315171

青海青年报
地　址：西宁市北大街 3 号
邮　编：810000
电　话：(0971)4919209

青海日报
地　址：西宁市长江路 5 号青海日报广告中心
邮　编：810000
电　话：(0971)8457757

西海都市报
地　址：西宁市长江路 10 号西海都市报广告部
邮　编：810000
电　话：(0971)6109239

西海商报社广告部
地　址：西宁市长江路 5 号
邮　编：810000
电　话：(0971)8459787

西宁晚报
地　址：西宁市南关街 43 号
邮　编：810000
电　话：(0971)8248965

西海商报社
电　话：(0971)3595329

民族经济与社会发展杂志社
电　话：(0971)8482843

宁夏回族自治区

公司类

宁夏点合点广告传媒有限公司

电　话：(0951)6083088

宁夏动感飞扬广告有限公司

地　址：银川市公园街10号宁夏体育场东北角
邮　编：750001
电　话：(0951)5055661

宁夏黑马广告有限公司

电　话：(0951)5065518

宁夏宏强广告有限公司

地　址：银川市金凤区黄河东路888-1号恒泰大厦17-8F
邮　编：750004
电　话：(0951)6026875

宁夏众望广告有限公司

地　址：银川市清和北街30号（东升大厦3楼302）
电　话：(0951)6017766

吴忠市敦煌广告印刷有限公司

电　话：(0953)2056975

银川昊都快讯广告有限公司

地　址：银川市金凤区庆丰街159号
电　话：(0951)5011107

广播电视类

宁夏气象影视中心

地　址：银川市开发区气象局大院
邮　编：750001
电　话：(0951)5029865

宁夏广电传媒集团有限公司广播广告部

地　址：银川市新华东街53号
邮　编：750001
电　话：(0951)6041323

银川有线电视台

地　址：银川市中山北街5号
电　话：(0951)6023264

新闻出版类

宁夏日报社广告部

地　址：银川市中心南街47号
电　话：(0951)6093337

新消息报社

地　址：银川市中山南街47号
邮　编：750004
电　话：(0951)6032745

银川晚报广告部

电　话：(0951)6029134

宁夏广播电视报社

地　址：银川市鼓楼北街35号
邮　编：750000
电　话：(0951)6011046

新疆维吾尔自治区

公司类

斗星传媒

电 话：(0991)8312018

润达尔广告

电 话：(0991)2303098

新疆浩然广告有限公司

电 话：(0991)8780512

新疆普拉纳广告有限公司

电 话：(0991)2308289

广播电视类

乌鲁木齐电视台

地 址：乌鲁木齐市新民路 28 号
邮 编：830002
电 话：(0991)8986338、2622112

乌鲁木齐人民广播电台广告管理部

地 址：乌鲁木齐市红山路
邮 编：830002
电 话：(0991)8838222、2643284

新疆广播电视报

地 址：新疆乌鲁木齐市团结路 84 号
邮 编：830044
电 话：(0991)2561803

新闻出版类

新疆日报

地 址：乌鲁木齐市扬子江路 1 号
邮 编：830051
电 话：(0991)5818200

工人时报

地 址：乌鲁木齐体育馆路 6 号
邮 编：830002
电 话：(0991)2629514

乌鲁木齐晚报

地 址：乌鲁木齐市青年路 20 号
邮 编：830002
电 话：(0991)2626802

’2013 中国广告年鉴
China Advertising Yearbook

广告刊户索引

Index

广告刊户索引

广州日报报业经营有限公司
常州文化科技创意发展有限公司
中央人民广播电台
北京电视台
北京市首发高速公路经营管理有限公司
北京国联视讯广告有限公司
广东警视文化传播有限公司
北京维美盛景广告有限公司
百度在线网络技术（北京）有限公司
国家广播电影电视总局电影卫星频道节目制作中心
北京地下铁道通成广告有限公司
中华广告网
北京品尚广告有限公司
上海东方娱乐传媒集团有限公司广告经营中心
上海分众德峰广告传播有限公司
上海基美文化传媒股份有限公司
郁金香广告传播（上海）股份有限公司
新闻报社
上海广告有限公司
航美传媒集团有限公司
上海公共交通广告有限公司
上海翡翠东方传播有限公司
中国电信股份有限公司上海分公司
上海申通德高地铁广告有限公司
上海电力广告有限公司
上海信息广告有限公司
北京通惠国际投资管理中心
青岛国家广告产业园区
烟台广告创意产业园区管委办
成都市广告创意产业运营管理有限公司
湖北长江广电广告有限公司
重庆广播电视传媒集团股份有限公司
河北电视台
云南广电传媒集团有限公司
辽宁卫视传媒有限公司
陕西广播电视台
黑龙江电视广告公司
广东人民广播电台
成都市广播电视台
齐鲁电视台
大连广播电视台有限公司
青岛广电影视传媒集团有限公司
河南日报
广东省南方广告有限公司
天津日报社
海南日报有限责任公司
天津市今晚传媒广告有限公司
新晚报
陕西日报社
河南电视台都市频道
西安报业传媒集团
甘肃日报报业集团有限责任公司兰州晨报分公司
重庆年度广告传媒有限公司
成都视点映画文化传播有限公司
昆明白宇现代广告有限公司
贵州天马传媒有限公司
吉林省正进供求世界广告有限公司
吉林市中东新生活购物乐园有限公司
哈尔滨工大集团广告传媒有限公司
安徽高速传媒有限公司
江苏大唐灵狮广告有限公司
湖南广视广告公司

华商晨报社
湖南经视广告部
郑州中原广告产业园发展有限公司
中国广告年鉴
中铁世纪传媒广告有限公司
上海铁路文化广告发展有限公司
广州铁路集团文化广告总公司
成都铁路文化传媒总公司
沈阳铁道文化传媒集团有限公司
哈尔滨铁路站车文化传媒有限公司
河南中原铁道文化传媒有限公司
武汉武铁中力文化传媒有限公司
陕西铁路客运服务有限责任公司
山东中铁旅游广告集团有限公司
南昌铁路文化广告传媒有限公司
内蒙古呼铁旅游广告（集团）有限公司
甘肃金轮文化传媒有限公司
广告资讯网
北京通惠国际投资管理中心
中铁世纪传媒广告有限公司

北京国家广告产业园区

Beijing National Advertising Industrial Park

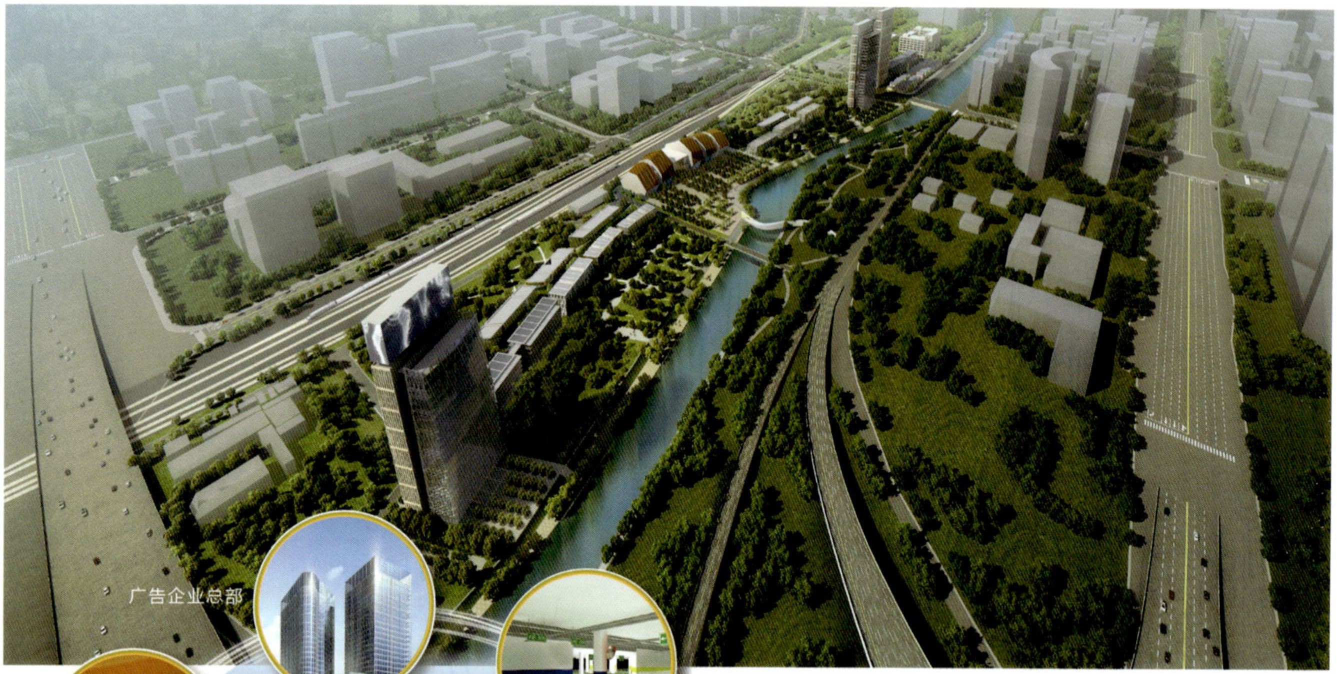

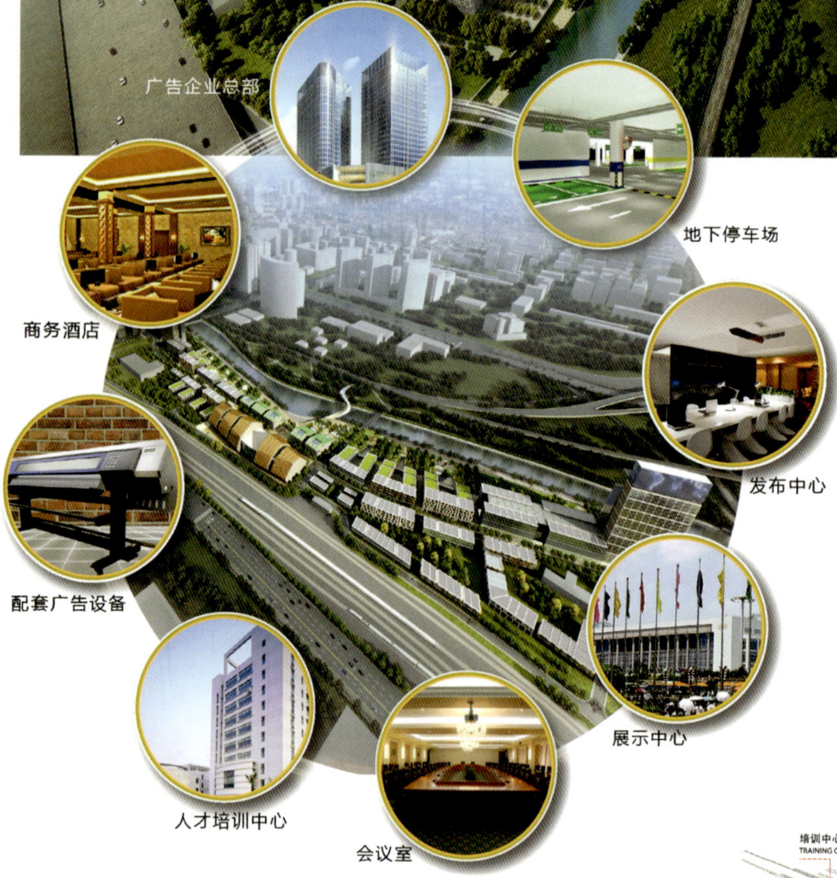

北京国家广告产业园区核心区位于北京电视台新址南侧，北临通惠河，南至京秦铁路，西起东三环庆丰公园，东至东四环路，占地面积约35万平方米，主要建筑为办公写字楼和配套商务酒店等商业设施，同时搭建多种广告功能平台，为广告企业发展提供完善的服务。

北京国家广告产业园区建设已初具规模，目前，核心区已建成12万平方米，部分已经投入使用。北京国际广告传媒集团、阿里巴巴、联动文化等多家国内知名广告和新媒体企业已入驻园区。

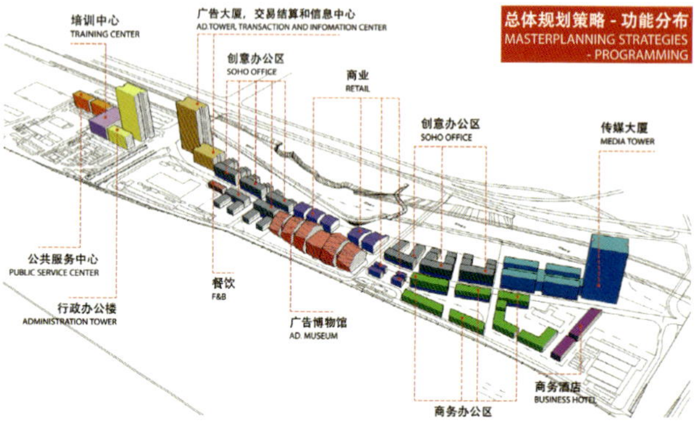

联系地址：北京市朝阳区西大望路甲12号

服务热线：4000085777

招商电话：010-67797777

网　　址：www.bjadpark.com

北京国家广告产业园区
Beijing National Advertising Industrial Park

公共服务平台初步建成并投入使用

–物理空间–

北京国家广告产业园区自开园以来，完善服务功能重点搭建公共技术服务平台、公共信息发布平台、广告展示平台及政府综合服务平台，从而形成基础设施完善，功能全面的公共服务中心平台。公共服务中心平台总面积约3000平方米，包括多功能展示大厅、多媒体远程互动平台、广告电子信息资料库、环幕显示系统、多点触摸互动屏等设施。实现展示、发布、检索、推介及一站式服务平台等现代化功能。

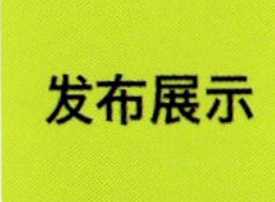

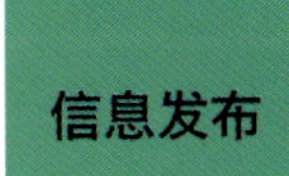

–网络空间–

搭建广告行业公共协同服务平台，借助园区网络，通过信息化手段，建设以高速光纤宽带、云计算数据中心，具有高度一致性和扩展弹性的网络公共服务平台，为园区企业提供虚拟呼叫中心、视频会议、客户管理云系统、企业经营分析云系统等多种服务，实现“园区私有云”落地应用。

——为企业内部的管理和应用提高了效率、节省了成本

——为广告企业之间的交流和互通提供了有效的平台

——汇聚了大量专业资源和业内信息，可以迅速获取市场信息和行业发展最新动态

——加强企业之间的交流和沟通，为业务合作、技术创新创造了机会